Die Kindheit ist politisch!

Sven Fuchs

Die Kindheit ist politisch!

Kriege, Terror,
Extremismus, Diktaturen
und Gewalt als Folge
destruktiver Kindheitserfahrungen

Mattes Verlag Heidelberg

Bibliographische Information Der Deutschen Bibliothek
Die Deutsche Bibliothek verzeichnet diese Publikation in der Deutschen Nationalbibliographie; detaillierte bibliographische Daten sind im Internet über http://dnb.ddb.de abrufbar.

ISBN 978-3-86809-143-4

Mattes Verlag 2019
Hergestellt in Deutschland

Inhalt

Prolog

Eine wichtige Anmerkung zuerst: Dieses gesamte Buch soll keine als Kind gedemütigten, misshandelten, missbrauchten und/oder vernachlässigten Menschen stigmatisieren, ausgrenzen, geringschätzen oder ihnen gar eine automatische Täterschaft ankreiden! Die Grundthese, die meinen Text und mein Denken durchzieht, ist gerade nicht, dass *automatisch* aus gedemütigten Kindern später Gewalttäter, Terroristen, Kriegstreiber und ähnliche Akteure werden (was auch empirisch nicht haltbar wäre), sondern dass Gewalttäter, Terroristen, Kriegstreiber und ähnliche Akteure als Kind nicht geliebt wurden und diese Art von Akteuren sogar ganz im Gegenteil ein enormes Ausmaß an Destruktivität und belastenden Kindheitserfahrungen erlitten haben. Belastende Kindheitserfahrungen sind also bildlich gesprochen quasi das Fundament, das derart destruktives Verhalten möglich macht. Weitergedacht bedeutet diese Feststellung also auch, dass als Kind geliebte, gewaltfrei und umsorgt aufgewachsene Menschen nicht zu Gewalttätern, Terroristen, Kriegstreibern und ähnlichen Akteuren werden. Die Belege für diese Thesen werde ich im Buchverlauf ausbreiten.

Des Weiteren soll dieses Buch keine Täter und Täterinnen in Schutz nehmen oder sie gar für ihre Taten entschuldigen! Verhalten erklären ist etwas anderes, als es zu entschuldigen. An dem *Erklären* sollten wir allerdings ein echtes Interesse haben, damit wir menschliche Destruktivität eindämmen oder gar verhindern können.

Es bleibt meiner Erfahrung nach nicht aus, dass wir Mitleid fühlen und berührt werden, wenn wir uns mit dem Kindheitsleid von destruktiven Akteuren befassen. Dieses Mitleid sollte den Kindern gelten, die diese Menschen einst waren. In Anbetracht von Massenmord, Terror und kriegerischem Agieren scheint es dagegen wenig angebracht, den Tätern und Täterinnen mit Mitleid oder gar Nachsicht auf Grund ihrer Kindheit zu kommen. Erwachsene Menschen sind für ihr Tun verantwortlich und strafrechtlich zu verfolgen, sofern sie andere Menschen verletzt haben, egal wie ihre Kindheit aussah.

Ich selbst wurde als junger Mann anfänglich stark durch Bücher von Alice Miller und Arno Gruen beeinflusst. Später entdeckte ich für mich dann den Forschungsbereich *Psychohistorie* vor allem nach Lloyd de-Mause (und dabei besonders sein bahnbrechendes Buch: *Das emotionale Leben der Nationen*). Alle drei Autoren sind große Augenöffner, so man will. Jeder von ihnen hat dabei einen eigenen Stil: Alice Miller mit ihrer konsequenten, fast schon kämpferischen Position und ihrer einfachen Sprache, Arno Gruen mit seiner fast schon philosophischen Herangehensweise und Sprache in Bildern und Fallbeispielen, Lloyd de-Mause mit seiner sehr amerikanischen, direkten Art, einer Tendenz zu extremen, aber eben auch sehr mutigen und klugen Ideen, die vieles anstoßen und sich natürlich auch noch weiterentwickeln lassen. Was mir persönlich fehlt, ist allerdings eine grundlegende und umfassende Zusammenfassung der Fakten und dabei eben auch eine sozialwissenschaftlichere Herangehensweise. Mir fehlt bisher ein Buch, das faktenbasiert klar macht, dass es irrational ist, die politische Bedeutung von Kindheit anzuzweifeln oder diese bei umfassenden Gesellschaftsanalysen auszublenden. Diese Lücke möchte ich hiermit schließen. Ich hoffe sehr, dass ich diesem eigenen Anspruch gerecht werden kann.

Mein Ziel ist somit vor allem die klassische Sozialwissenschaft und Geschichtswissenschaft (mit Glück auch die Medien) zu erreichen. In stark psychologisch oder psychoanalytisch (immer wieder aber auch in psychohistorisch) geprägten Arbeiten (das gilt auch für z. B. Miller und Gruen) gibt es eine Tendenz dahin, psychologisches Hintergrundwissen vorauszusetzen und psychotherapeutische Praxiserfahrungen zu verallgemeinern. Das ist oft auch ein Gewinn, weil dann die Gedanken und Thesen ausgebreitet werden können, um die es geht. Für andere Wissenschaftsrichtungen reicht dies aber als Beweiskraft nicht aus. Dafür braucht es vor allem repräsentative Daten, Statistiken und Studienergebnisse.

Bei der Recherche zu dem Thema fühlte ich mich ein bisschen wie jemand, der puzzelt. Mittlerweile gibt es sehr viele einzelne wissenschaftliche Beiträge und Erkenntnisse (vor allem etwa ab dem Jahr 2000 wurde das Thema Kindesmisshandlung weltweit immer weiter und systematischer beleuchtet), die, wenn sie zusammengetragen werden, ein sehr komplexes Gesamtbild ergeben. Insofern werde ich Stück für Stück meine gesammelten Erkenntnisse vortragen und hoffe sehr, damit etwas bewirken und anstoßen zu können.

Ich lege sehr viel Wert auf Zahlen und Fakten. Diese helfen, die Welt zu deuten und zu verstehen und auch Abgleiche mit eigenen Weltbildern, Vorurteilen, Emotionen und Denkweisen vorzunehmen. Auf dem Themenkomplex *Kindesmisshandlung* lasten erfahrungsgemäß sehr viele Dinge, die einen rationalen Zugang erschweren. Der Leser und die Leserin werden schnell feststellen, dass ich mir den Raum nehme, den Dingen ausführlich auf den Grund zu gehen. Faktenbasierte Ausführlichkeit, davon bin zumindest ich überzeugt, hilft ungemein, den Blick auf das Wesentliche zu richten und sich nicht von eigenen Emotionen und psychischen Mechanismen ablenken zu lassen. Ich begnüge mich z. B. nicht damit zu schreiben: *Adolf Hitler hatte eine schlechte Kindheit.* Ich möchte Details ausbreiten, damit man als Mensch die Möglichkeit bekommt, eine Ahnung von dem realen Grauen zu bekommen, das dieser Mann in seiner Kindheit erlitten hat. Ich begnüge mich auch nicht damit zu schreiben: *Weltweit wird die Mehrheit der Kinder regelmäßig von ihren Eltern geschlagen.* Einen solchen Satz, der auf Grund der Faktenlage wahr ist, lesen wir vielleicht einmal in einer Zeitung, aber er bewegt im ersten Moment nichts. Die Wahrheit, die hinter diesem Satz steckt, ist so unglaublich und unfassbar, dass er von unserer Psyche erst einmal beiseitegeschoben wird. Insofern breite ich die Datenlage über das Ausmaß der Gewalt gegen Kinder relativ ausführlich (aber letztlich immer noch lückenhaft) aus, damit die Lesenden wirklich bewusst verstehen, dass dieser Satz kein Scherz ist, dass er nicht ausgedacht wurde, sondern dass unzählige Studien in aller Welt ein Ausmaß der (nicht nur körperlichen) Gewalt gegen Kinder belegen, das uns als Menschen beschämen, aber in der Folge letztlich auch dazu ermuntern sollte, mehr für den Schutz der Kinder zu leisten.

Das ganze hier in diesem Buch behandelte Thema ist im Grunde unfassbar, auch und immer noch für mich selbst. Als moderne Menschen haben wir doch alle irgendwie ein Ideal im Kopf, das da lautet: Eltern sorgen für ihre Kinder, Eltern schützen ihre Kinder und Eltern lieben ihre Kinder. Doch leider geht die größte Gefahr für Kinder sehr oft gerade von den eigenen Eltern aus. Das an sich ist schon schwer zu fassen. Das enorme Ausmaß von menschlicher Gewalt in der Geschichte (wie auch aktuell) gegen Kinder geht auch konträr zu evolutionären Prinzipien, deren wichtigstes Ziel das Überleben und gesunde Aufwachsen des Nachwuchses ist. Kinder scheinen im Laufe der Menschheitsgeschichte starke Überlebensmechanismen entwickelt zu haben (inklusive der Fähigkeit der psychischen Spaltung), nur so konnte unsere Art in Anbetracht der Grausamkeiten gegenüber dem eigenen Nachwuchs überleben.

Meine Herangehensweise im ersten Teil ist die, deutlich zu machen, dass erzieherische Schläge keine Liebe sind (was aus unserer heutigen Zeit in unserer nordeuropäischen Region bereits vielen – aber bei weitem nicht allen – Menschen klar sein wird, aber in anderen Zeiten und anderen Regionen durchaus eine ganz neue Erkenntnis wäre) und wo wir eigentlich herkommen, auf welchem Grund wir stehen und wie die Kindheiten unserer Vorfahren aussahen. Da Kindererziehungspraktiken sehr oft von einer Generation auf die nächste *vererbt* werden (auch wenn *Formen* und *Farben* variieren können), stehen wir alle auf eine Art in Verbindung mit dem, was unsere Vorfahren erlitten haben. Die Aufgabe jedes einzelnen Menschen ist es, den Kreislauf der Gewalt und Destruktivität – so noch nicht geschehen – zu durchbrechen.

Sehr viel Raum werde ich den Kindheiten von destruktiven Akteuren wie Terroristen, Gewalttätern, Massenmördern, Diktatoren und ausgewählten politischen Führern geben, aber auch speziellen Gruppen wie Soldaten oder Hitlers Helfern. Außerdem ist das Ausmaß von belastenden Kindheitserfahrungen in der allgemeinen Bevölkerung für mich zentral bei der Gesellschaftsanalyse, denn die Menschen eines Landes gestalten jeden neuen Tag das Leben und ihre Umwelt. Insofern bin ich bemüht, möglichst viele Ländervergleiche anzuführen.

Trotz all der Zahlen und Fakten glaube ich, dass der Text auch spannend ist. Ich hoffe sehr, dass das die Lesenden auch so sehen.

Was man in meinem Buch vergeblich suchen wird, ist eine lupenreine Definition von dem, was ich unter *als Kind geliebte Menschen* verstehe oder gar eine Form von Erziehungsratgeber. Im Vorfeld meiner Arbeit an dem Buchprojekt habe ich bei manchen Menschen ein Bedürfnis nach Klarheit bezüglich dem, was ich unter *liebevoller Kindererziehung* verstehe, wahrgenommen. Wenn man allerdings in meinem Text genau hinschaut, dann kann man erkennen, um was es mir geht. Unter anderem im hinteren Teil des 17. Kapitels und im vorderen Teil des Fazits habe ich einige Schlüsselwörter dazu benutzt. Auf jeden Fall sollte klar werden, dass elterliche Gewaltfreiheit (keine psychische, körperliche und sexuelle Gewalt gegen das Kind, keine Gewalt zwischen den Eltern oder gegen Geschwister, sowie keine Vernachlässigung der Kinder) gepaart mit elterlicher Zuwendung die Grundbedingung für eine liebevolle Kindererziehung darstellt. (Wobei ich damit nicht meine, dass die Eltern-Kind-Beziehung ein einziges harmonisches Paradies werden muss, was weder gut tut, noch realistisch wäre. Der Alltag mit Kindern ist immer auch anfällig für Konflikte, Fehler oder auch mal Ungerechtigkeit seitens der Erwachsenen, was ganz normal ist. Wer das Buch liest, wird sehen, dass es mir nicht um menschliche Fehler und Konflikte geht, sondern um Belastungsfaktoren, die nachhaltig schädlich auf Kinder wirken.) Wenn diese Grundbedingung breitflächig erfüllt sein würde, hätten wir in der Folge bereits eine andere Welt. Dass eine glückliche Kindheit an sich mehr ist, als nur elterliche Gewaltfreiheit und elterliche Zuwendung, versteht sich. Im Textverlauf werden etliche weitere Belastungsfaktoren für Kinder angesprochen, die es zu reduzieren und/oder aufzufangen gilt.

1. Komplexe Einleitung

Historische Erziehungseinstellungen, belastende Kindheitserfahrungen und deren Folgen und warum die Kindheit politisch ist

„Der Wille des Kindes muss gebrochen werden, d. h. es muss lernen, nicht sich selbst, sondern einem anderen zu folgen." Dieser Satz stammt aus der *Enzyklopädie des gesamten Erziehungs- und Unterrichtswesens* aus dem Jahr 1887.[1] Der Satz steht, wie wir im Textverlauf sehen werden, exemplarisch für das grundsätzliche Erziehungsverhalten gegenüber Kindern nicht nur im Deutschen Reich, sondern galt (und gilt weiterhin in vielen Teilen der Welt) im Grunde weltweit. In den meisten Regionen und auch Zeiten brauchte es allerdings kein Regelwerk wie das oben genannte oder überhaupt ein bewusstes Ziel, um Kinder zu brechen. Es geschah (und geschieht weiterhin) einfach aus dem Grund, weil Eltern, Pädagogen und alle, die für Kinder zuständig sind und Macht über Kinder haben, stets das weitergaben, was sie selbst als Kind erlitten hatten.

Wir werden im Textverlauf sehen, dass eine gewaltfreie Kindererziehung oder besser gesagt eine gewaltfreie und fürsorgliche Elternschaft eine recht neue *Erfindung* der Menschheit ist. Der Psychoanalytiker und Philosoph Erich Fromm formulierte einst treffend: „Es ist eine immer noch offene Frage, wie viele Eltern ihre Kinder lieben. Die Berichte über Grausamkeiten gegenüber Kindern, von physischer bis zu psychischen Quälereien, von Vernachlässigung und purer Besitzgier bis hin zum Sadismus, die wir in Bezug auf die letzten zwei Jahrtausende westlicher Geschichte besitzen, sind so schockierend, dass man geneigt ist zu glauben, liebevolle Eltern seien die Ausnahme, nicht die Regel."[2]

Der Eigenwille des Kindes sei „schwach", „verkehrt" und von Anfang an „verdorben", schreibt der Autor der eingangs zitierten Enzyklopädie weiter. Bereits der „Säugling braucht und empfängt Zucht." Zucht sei vor allem „Tat, Machtausübung, Beugung des sich entwickelnden Willens unter einen fremden Willen. (…) Wenn der Einzelwille nicht mehr überlegen genug ist, um den Einzelwillen zu beugen und zu brechen, so tritt der Wille des Ganzen, des Volkes, der Kirche usw. ein (...).“[3] Zucht sei vor allem Strafe. Und der Wille des Kindes müsse vor allem durch „den Schmerz, den körperlichen oder seelischen“ gebrochen werden.[4]

Der Autor hat bereits die politischen und gesellschaftlichen Konsequenzen – von ihm als wünschenswert dargestellt – dieser Gewalt gegen Kinder erfasst: Das von Geburt an zum Gehorsam und zur Unterwerfung gezwungene Kind fügt sich schließlich dem Willen Anderer und gibt seine Individualität und auch eigene Gefühlswelt auf. Ein solch geprägter Mensch ist ein perfekter Befehlsempfänger, Untertan, Gläubiger oder weitergedacht auch Soldat. Die Umgebung, Lebenswelt und Tradition um sich herum wird als gegeben hingenommen und man fügt sich seinem Schicksal. Die Kindheit ist entsprechend hoch politisch! Dies zeigt sich ergänzend auch dann, wenn man die Machtzentren und die in ihr agierenden politischen Führer genauer betrachtet. Denn auch diese waren einst Kinder. Besonders destruktive oder gar grausame politische Führer fallen dabei besonders durch eine Gemeinsamkeit auf: eine destruktive, oftmals sogar von erheblicher elterlicher Grausamkeit geprägte Kindheit. Der Kindheit von etlichen politischen Führern werde ich im Textverlauf sehr viel Aufmerksamkeit zukommen lassen.

Vorwegnehmen möchte ich ein Zitat aus den Erinnerungen des NS-Massenmörders Adolf Eichmann, welches sich hier sehr gut einfügt. Eichmann wurde 1906 geboren und ist – was man dem Zitat deutlich entnehmen kann – genau in dieser zuvor dargestellten Tradition der *Schwarzen Pädagogik* und mit strikten Gehorsamsforderungen aufgewachsen (zusätzlich erlebte er, dass seine Mutter starb, als er ca. 10 Jahre alt war, was ergänzend ein schweres Kindheitstrauma darstellt). Gleich im ersten Teil des Zitates ist auch die klassische Vermischung von erlebter Strenge, Unterwerfung und Strafe mit Liebe zu sehen, indem sich Eichmann an den strengen Vater erinnert und gleichzeitig meint, dieser wäre ihm in „liebevoller Zuneigung“ begegnet:

„Irgend etwas aber muss es doch gewesen sein, dass es meinen seligen Vater schon in meiner frühesten Jugend dazu bewogen haben muss, trotz liebevollster Zuneigung und Freude an mir, gerade mich besonders streng zu erziehen, eine Strenge, wie sie meine Geschwister nie in diesem Umfange zu verspüren bekommen hatten. (...) Von der Kinderstube angefangen also, war bei mir der Gehorsam etwas Unumstößliches, etwas nicht ‚ausderweltzuschaffendes'. Als ich dann später (...) zur Truppe kam, fiel mir das Gehorchen nun keinen Deut schwerer als das Gehorchen in der Kinderstube (...). Ich anerkannte meinen Vater als absolute Autorität, ebenso meine leider früh verstorbene Mutter; ich erkannte meine Lehrer und beruflichen Vorgesetzten als Autorität an und ebenso später meine militärischen und dienstlichen Vorgesetzten. Es wäre denkbar gewesen, dass das berühmte Kamel durch das Nadelöhr geht, aber undenkbar wäre es gewesen, dass ich nicht mir gegebenen Befehlen gehorcht hätte."[5] Am Beispiel von Adolf Eichmann kommt aber noch etwas zu Tage. Die möglichen Folgen der autoritären Erziehung sind nicht nur blinder Gehorsam. Sie sind auch Fühllosigkeit, Denken in Extremen und eine Leidenschaft für Destruktivität und Zerstörung.

Eichmann soll laut Knopp (1998) von einem „Gefühl großer Zufriedenheit" in Anbetracht von Millionen Juden, die er auf den Gewissen habe, gesprochen haben. An anderer Stelle sagte er: „Hätte ich das Amt eines KZ-Kommandanten ausfüllen müssen (...). Und hätte ich den Befehl bekommen, Juden zu vergasen oder zu erschießen, hätte ich die Befehle durchgeführt."[6] So spricht keiner, der nur Befehlsempfänger ist. So spricht jemand, der Spaß an Macht und an Vernichtung hat und kein Mitgefühl kennt. Und – das ist mir besonders wichtig und eine zentrale These in meinem Text – so spricht keiner, der als Kind geliebt und fürsorglich behandelt wurde.

Die Kindheit ist aber nicht nur politisch, weil Akteure bewusst und mit einem Ziel vor Augen Kinder brechen (wie es z. B. in Reinform in den NS-Erziehungsidealen zwischen 1933 und 1945 zu sehen war oder bei der Rekrutierung und Ausbildung von Kindersoldaten in aller Welt). Sie ist vor allem politisch – darum soll es hier vor allem gehen –, weil sie so enorm folgenreich ist und zwar folgenreich in zwei Richtungen. Es gibt zwei idealtypische Extreme: das gewaltfrei, liebevoll und fürsorglich behandelte Kind und das Kind, das nur Leid, Elend, Vernachlässigung, Misshandlung und Missbrauch erlebt, keine Lichtblicke kennt und nie Hilfe, Unterstützung und einen Raum, über das Erlittene zu sprechen, bekommt. Zwischen diesen Polen gibt es unzählige Graustufen und auch Mischformen.

Ich habe immer wieder während meiner Beschäftigung mit dem Thema Kindesmisshandlung gelesen, dass sich Betroffene des extremsten destruktiven Poles als Überlebende eines Konzentrationslagers fühlen, nur dass das *Lager* das eigene zu Hause war. Ein Mann berichtet in einem Artikel in der Süddeutschen Zeitung, dass „ich meine Kindheit als KZ betrachte: Ich war unberechenbarer, grenzenloser und völlig willkürlicher Gewalt ausgesetzt." Und er gibt einen kurzen Einblick in dieses „KZ": „Ich hatte eine solche Angst vor dem Tod. So habe ich meine Kindheit in Erinnerung. Als eine niemals enden wollende Gewaltorgie. Ich wurde permanent geschlagen. Ihr zu widersprechen oder gar sich gegen sie aufzulehnen, war für meine Mutter das schlimmste Verbrechen, das ein Kind begehen konnte. Als ich so zwischen sieben und zehn Jahre alt war, hat mich meine Mutter oft mehrmals die Woche fürchterlich geprügelt, hat so ungefähr zwanzig Kochlöffel auf mir zerschlagen, dazu die drei Besenstiele und die gar nicht mehr zu zählenden Ohrfeigen und Schläge und Misshandlungen mit der bloßen Hand. Mein Vater peitschte mich mit dem Ledergürtel aus, wenn meine Mutter es verlangte. (...) Alles Schreckliche, was mir passierte, musste ich runterschlucken, in mir vergraben und mit mir rumtragen. Ich war völlig allein, absolut einsam und total verloren auf dieser Welt."[7]

Ein anderes Beispiel habe ich ebenfalls der Süddeutschen Zeitung entnommen. Diesmal geht es um extreme Erlebnisse in einem katholischen Kinderheim in Bayern, nicht etwa – wie man zuerst denken könnte – während des Mittelalters, sondern während der 1960er und 1970er Jahre. „Manchmal konnte es ihren eigenen Körper nicht ertragen. Da lag das Mädchen nachts im Bett des Schlafsaals, konnte nicht sitzen, nicht liegen. Die Bettwäsche, das Nachthemdchen – alles bereitete Schmerzen, wegen der Striemen an den Beinen und der blutigen Wunden. Tagsüber setzte es im Kinderheim Ohrfeigen, grundlos, aus dem Hinterhalt. Auch Faustschläge, Tritte, Kopfnüsse. Nach der Beichte gab es Hiebe auf den nackten Hintern. Es kam vor, dass die Kinder den Stock selbst mitbringen mussten. ‚Einen, der ordentlich pfeift', befahl der Pfarrer. Nicht selten lag es eingenässt da, wie andere Kinder in der Anstalt; aus purer Angst, und weil es verboten war, nachts auf die Toilette zu gehen. Wer ins Bett machte, durfte zwei Tage nichts trinken. Ein Mädchen schlich doch mal zum Abort, irgendwann in düsteren Stunden, um aus der Kloschüssel zu trinken. Es wurde erwischt – und bekam Prügel."[8]

Ich stelle immer wieder fest, dass es kaum Grenzen zu geben scheint, was Kinderquälerei angeht. Immer wieder dachte ich in der Vergangenheit, dass ich schon über alles gelesen hatte. Dann las ich über einen neuen Fall und war sprachlos über das Ausmaß und die Formen der Gewalt. Ich selbst bezeichne diese extremsten Pole nicht als KZ-ähnliche Kindheiten, sondern als *Folter.* Diese Kinder sind Folteropfer. Je weiter wir historisch zurückschauen, desto mehr finden sich solche Kindheitserfahrungen, die an Foltererfahrungen erinnern. Die Kindererziehungspraxis hat sich auch in Deutschland ungleichzeitig entwickelt, so dass wir heute immer noch Kindheiten wie die zuvor geschilderten finden, die eher mittelalterlich erscheinen. Die Gewaltspirale konnte in solchen Familien – aus welchen Gründen auch immer – bisher nicht durchbrochen werden.

Grundsätzlich ist es so, dass gerade körperliche Gewalt ganz real mit begründeter Todesangst zu tun hat. Kinderkörper sind sehr zerbrechlich, vor allem auch je jünger die Kinder sind. Mir ist diese Nähe zwischen möglichem Tod und Kindesmisshandlung besonders durch einen Betroffenenbricht in Erinnerung geblieben. Sonja berichtet: „Das Schreckliche war doch, dass ich mich als erwachsene Frau eine Zeit lang sehr für Scheinhinrichtungen interessiert habe. Und mich immer verwundert fragte, woher diese Anziehung kommt. Denn Scheinhinrichtungen sind ja eine Foltermethode. Erst sehr viel später habe ich verstanden, dass das genau das war, was mir als kleines Kind passiert ist. Denn wenn man noch nicht abstrahieren kann, also so sechs Jahre alt ist, weiß man einfach nicht, ob man den Gang die Kellertreppe hinunter mit dem Rohrstock in der Hand überlebt. Jedes Mal, wenn ich den Schmerz der Schläge spürte, wenn es losging mit der Prügelei, habe ich geglaubt, ich werde sterben. Schon wenn es die Treppe hinunter in den Keller ging, habe ich gedacht, nun ist es aus. Dieses Mal überlebe ich es nicht."[9]

Im *greenpeace magazin* fiel mir einst eine Definition von (politisch motivierter) Folter ins Auge: „Bei Folter geht es im Wesentlichen darum, den Willen, die Menschlichkeit und den Geist des Individuums zu zerstören, sodass es die Kontrolle über sich verliert und bereit ist, seinen Folterern die Kontrolle über sich zu übergeben."[10] Ich ändere jetzt mal diese Definition für Folter folgendermaßen: *Bei dem Missbrauch und der Misshandlung von Kindern geht es im Wesentlichen darum, den Willen, die Menschlichkeit und den Geist des Kindes zu zerstören, sodass es die Kontrolle über sich verliert und bereit ist, seinen Eltern die Kontrolle über sich zu übergeben.* Zwischen Folter und Kindesmisshandlung bestehen erschreckend deutliche Parallelen.

Andererseits spricht dieser Vergleich seinerseits dafür, dass Folterer einst misshandelte und gedemütigte Kinder waren, die selbst erlittene folterähnliche Erziehungsmethoden an ihren Opfern wiederaufführen und das Ganze politisch oder qua Befehlen rechtfertigen. Die Kindheit wäre auch hier wieder politisch. Diese Vermutung scheint nicht abwegig zu sein, wenn man sich einige Zeilen von Dr. Ulrike Heckl und Dr. Peter Boppel anschaut, die sich mit der Ausbildung von Folterern in diversen Ländern befasst haben. Vor allem während der Ausbildung zum Elitesoldaten würde von den Ausbildern gezielt darauf geachtet, wer „für eine ‚Weiterqualifizierung' geeignet scheint. Ein hohes Destruktionspotential, große Gehorsamsbereitschaft und ausgeprägte Selbstwertprobleme scheinen hierfür eine gute Voraussetzung zu sein. Der Aufwand, einen jungen Mann mit stabilen psychischen Voraussetzungen zum Folterer auszubilden, ist viel zu hoch. Insofern ist es einfacher und billiger, Personen auszuwählen, die bereits gewisse Auffälligkeiten in ihrer Persönlichkeit aufweisen. Solche jungen Männer kommen häufig aus ländlichen Gebieten und haben keine gute Ausbildung genossen. In ihrer Kindheit haben sie meist schon Erziehungsmaßnahmen erfahren, die ihr Selbstwertgefühl schwer geschädigt haben, was sie für die geforderten Grausamkeiten prädestiniert."[11] (Wie schädigende Erziehungsmaßnahmen in der Kindheit von (Elite-)Soldaten aussehen können, habe ich ausführlich im Kapitel *Die Kindheiten von Soldaten und Soldatinnen* besprochen.)

Folterähnliche Erziehungsmethoden in der Familie oder in Institutionen – wie oben beschrieben – sind eine Sache. Dazu kommt noch etwas, was man *Kultur der Gewalt* nennen könnte. Damit meine ich ein Aufwachsen von Kindern, die sowohl im Elternhaus, in der Schule (Körperstrafen durch Lehrkräfte), als auch in ihrer Nachbarschaft ständig Gewalt ausgesetzt sind. Ein Beispiel dazu ist ein Bericht aus dem Dharavi-Slum in Mumbai (Indien). Die Kinder berichten von Fremden aus der Nachbarschaft, die sie schlagen, einfach weil sie draußen spielen; sie berichten von schlagenden und sie vernachlässigenden Eltern, aber auch von schlagenden Lehrern. Diese erlittene *Kultur der Gewalt* spitzt sich in einem eindrucksvollen und erschütternden Zitat zu. Eine Sozialarbeiterin aus dem Projekt *Dharavi Art Room*, wo Kinder einen Schutzraum haben und malen lernen, berichtet: „Wir müssen die Kinder erst einmal umgewöhnen. Die meisten kennen das nicht, dass ihnen ein Erwachsener so nahekommt, ohne sie zu schlagen. Wenn ich ihnen zu Nahe komme, sagen sie erst einmal ‚ahh!' (*Anmerkung Sven Fuchs: dabei macht die Frau eine Abwehrbewegung mit den Händen*) und ich muss sagen: ‚Ich werde Dich doch nicht schlagen!'."[12]

Bezüglich Individuen gilt, dass die Folgen und Auswirkungen von Kindheit wesentlich von dem Erlebten abhängen. Eine liebevolle und gewaltfreie Kindheit ist ebenso folgenreich wie eine gewaltbelastete Kindheit, weil Kindheit an sich den Menschen prägt, formt und begleitet. Entsprechend ist es nur logisch, dass auch Gesellschaften stark von den Kindheiten ihrer Mitglieder geprägt werden und sind. Bezüglich Gesellschaften kommt es darauf an, wie sich die unterschiedlichen Kindheiten in der Bevölkerung verteilen und ob destruktive Kindheiten die Mehrheit betreffen. Es ist im Grunde ganz leicht nachzuvollziehen, dass eine Gesellschaft psychisch und emotional ganz anders aufgestellt ist, wenn alle die in ihr lebenden Menschen vielleicht zu unter 10% körperliche Elterngewalt erlebt haben (eine solche Gesellschaft gibt es bisher nicht, dies gleich vorweg), als eine Gesellschaft in der fast 90% der Menschen körperliche Elterngewalt erlitten haben (solche Gesellschaften gibt es, dies gleich vorweg).

Heute wissen wir, dass Gewalt gegen Kinder und belastende Kindheitserfahrungen an sich erhebliche schädliche Folgen haben und umgekehrt betrachtet eine gewaltfreie und unbelastete Kindheit entsprechend das Ideal sein sollte, um eine optimale und gesunde Entwicklung des Kindes zu ermöglichen. Für eine Metastudie wurden 111 Studien ausgewertet. Die ausgewerteten Studien umfassen Daten für 160 927 Kinder. 99% der Studien fanden schädliche Effekte von körperlicher Gewalt gegen Kinder *und* keinerlei positive Effekte. 17 negative Effekte wurden erfasst, darunter z. B. Aggressionen, antisoziales Verhalten, psychische Probleme, geringes Selbstbewusstsein, geringere kognitive Fähigkeiten, geringere verinnerlichte Moralvorstellungen, Alkohol-

und Drogenmissbrauch und das Gutheißen von Körperstrafen gegen Kinder.[13]

Auch die Gehirnforschung entschlüsselt immer mehr, in wie weit Kindesmisshandlung und -vernachlässigung dauerhafte Schäden hinterlässt. Der Wissenschaftler und Psychiater Martin H. Teicher schreibt: „Weil Kindesmisshandlung in einer für die Hirnentwicklung entscheidenden Phase stattfindet, in welcher das Gehirn durch neue Erfahrungen und Erlebnisse physisch geprägt wird, können schwere Belastungen unauslöschliche Spuren in seiner Struktur und Funktion hinterlassen. Anscheinend löst die Misshandlung eine Flut molekularer und neurobiologischer Wirkungen aus, die die neurale Entwicklung unwiderruflich verändern."[14] Bis in die frühen 1990er Jahre hinein glaubten Fachleute, so Teicher, Kindesmisshandlung führe zu verzögerter psychosozialer Entwicklung und zu schädlichen psychischen Abwehrmechanismen im Erwachsenenalter. Man hielt dies für eine Art *Software-Problem*, das durch Therapie zu lösen sei. Bildgebende Verfahren und Experimente zeigten jedoch, dass Kindesmisshandlung die neurale Struktur und Funktion des reifenden Gehirns dauerhaft schädigen könne.

Insofern verweist der Wissenschaftler auf die Bedeutung von Prävention: „Wir nehmen an, dass unser Gehirn ohne intensiven frühkindlichen Stress und bei angemessener Erziehung eine Entwicklung nimmt, die zu einem weniger aggressiven und emotional ausgeglichenen Erwachsenen führt, der sich sozial und mitfühlend verhält. Dieser Vorgang ermöglicht es uns sozialen Wesen, komplexe zwischenmenschliche Beziehungen einzugehen und unser kreatives Potenzial besser zu nutzen. Die Gesellschaft erntet, was sie sät – in der Weise, wie sie ihre Kinder aufzieht. Stress prägt dem Gehirn verschiedene zwar angepasste, aber antisoziale Verhaltensweisen ein. Körperliche, emotionale oder sexuelle Misshandlung, aber auch das frühe Erleben von Krieg, Hungersnot oder Seuchen können hormonelle Änderungen auslösen, die das kindliche Gehirn dauerhaft so verdrahten, dass es mit einer böswilligen Welt fertig zu werden vermag. Auf diese Weise pflanzen sich Gewalt und Missbrauch von einer Generation zur nächsten und von einer Gesellschaft zur anderen fort. Für uns folgt aus alledem zwingend, dass viel mehr getan werden muss, damit Kindesmissbrauch erst gar nicht stattfindet. Denn wenn die geschilderten Veränderungen im Gehirn einmal eingetreten sind, ist der Schaden nicht wiedergutzumachen."[15]

Ich bin nicht wirklich über den Stand der Gehirnforschung auf diesem Gebiet informiert und bin fachlich auch nicht ausgebildet, alle Details über das Gehirn zu verstehen. Allerdings kann jeder Mensch verstehen, was das nachfolgende Bild (Abb. 1) aussagt. Es zeigt den Unterschied zwischen dem Gehirn eines gesund entwickelten dreijährigen Kindes und dem Gehirn eines dreijährigen Kindes, das extreme Vernachlässigung erlitten hat. Das Gehirn des stark vernachlässigten Kindes ist deutlich kleiner, zeigt verkümmerte Hirnrindenbereiche und vergrößerte Hirnventrikel:

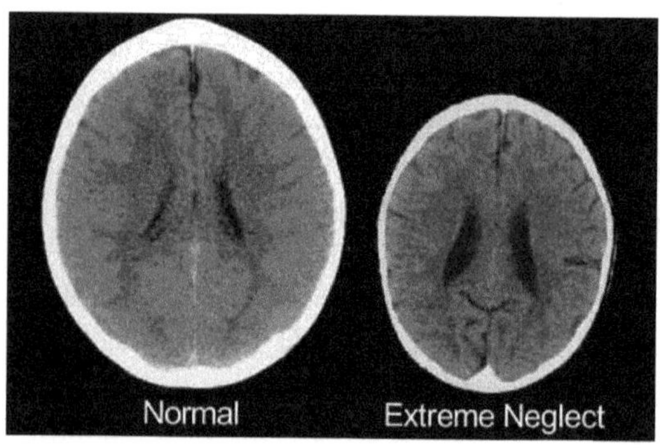

Abb. 1. Gehirn eines dreijährigen Kindes: gesund entwickeltes Kind (links) und stark vernachlässigtes Kind (rechts).[16]

Im Erwachsenenalter fallen vor allen auch veränderte Gehirnfunktionen und Vernetzungsstrukturen auf. Martin H. Teicher und Kollegen haben in einem Fachartikel Unterschiede zwischen den Gehirnfunktionen/-vernetzungen von als Kind misshandelten und nicht-misshandelten Erwachsenen dargestellt. Insgesamt wurden für die Studie 265 Personen (142 wurden als misshandelt, 123 als nicht-misshandelt klassifiziert) untersucht. Die Forschenden stellten deutlich den schädlichen Einfluss von Misshandlungen in der Kindheit für das Gehirn fest. Vor allem Funktionen in Gehirnregionen, die für emotionale Regulationen und Selbst- und Fremdwahrnehmungen zuständig sind, waren bei den als Kind misshandelten Erwachsenen verändert.[17]

Dass bei Erwachsenen diese Beobachtung gemacht werden konnte, verwundert nicht. „Frühe Gewalterfahrungen, Vernachlässigung, sexuelle Ausbeutung und Misshandlungen oder der Verlust Sicherheitbietender Bezugspersonen sind die wichtigsten Auslöser unkontrollierbarer Stressreaktionen während der frühen Phasen der Hirnentwicklung und führen bei Kindern auch weitaus rascher als bei Erwachsenen zur Aktivierung der archaischen Notfallreaktionen im Hirnstamm. (...) Kindergehirne sind – vor allem in den höheren Bereichen und auf den komplexeren Verarbeitungsebenen – noch nicht stabil vernetzt, diese Strukturen müssen erst noch erfahrungsbedingt stabilisiert werden. Frühkindliche Traumatisierungen manifestieren sich daher nicht auf der Ebene und im Kontext bereits vorhandener Strukturen, sondern auf der Ebene des nun weiter ablaufenden Strukturierungsprozesses. Die erlebten Traumata und die zu ihrer Bewältigung gefundenen Strategien bilden jetzt gewissermaßen die (neue) Grundlage und das (neue) Fundament, von dem aus nun die weitere Nutzung des Gehirns und damit auch seine weitere Strukturierung, d. h. die Ausbildung und Ausformung von neuronalen Verschaltungsmustern in den sich erst noch entwickelnden Bereichen des Gehirns bestimmt wird."[18] Gerald Hüther und Kollegen betonen auf Grund dieser Erkenntnisse, wie wichtig es sei, Kindern Halt, Sicherheit, positive Beziehungserfahrungen und vielfältige Anregungen zu bieten. Sie weisen ergänzend darauf hin, dass für traumatisierte Menschen mit Hilfe traumazentrierter, mehrjähriger Psychotherapie (und unter optimalen Bedingungen) gute Prognosen, Heilung und Integration möglich seien. Das Gehirn sei plastischer und in seiner Organisation und inneren Struktur veränderbarer, als bisher angenommen.

Was die Gehirnforschung heute dank technischer Möglichkeiten – wie oben im Textverlauf gezeigt – nachweisen kann, konnten allerdings auch gängige sozialwissenschaftlich angelegte Studien deutlich belegen: nämlich wie stark belastende Kindheitserfahrungen die Menschen prägen und schädigend wirken.

Vincent J. Felitti hat Mitte der 1990er Jahre eine bahnbrechende und wegweisende Gesundheits-Studie – die sogenannte *Adverse Childhood Experiences (ACE) Study* – durchgeführt.[19] Für die US-amerikanische Krankenversicherung *Kaiser Permanente* und in Kooperation mit den *Centers for Disease Control and Prevention* wurden Daten von 17 421 erwachsenen Mittelschichtsamerikanern ausgewertet. Acht unterschiedliche Belastungsfaktoren in der Kindheit (ACE-Werte) wurden abgefragt: Körperliche, emotionale und sexuelle Misshandlung, Miterleben von häuslicher Gewalt, Verlust mindestens eines Elternteils, Gefängnisaufenthalt eines Familienmitgliedes, Alkohol- oder Drogensucht eines Familienmitgliedes und psychische Erkrankung eines Familienmitgliedes. Die Ergebnisse zeigen, dass mit jedem ACE-Wert die Wahrscheinlichkeit für diverse Gesundheitsprobleme (u. a. Rauchen, chronisch obstruktive Lungenerkrankung, Hepatitis, sexuell übertragbare Krankheiten, Herzerkrankungen, Diabetes, Alkoholsucht, psychische Erkrankungen) stark steigt.

Jemand, der beispielsweise einen ACE-Wert von sechs aufweist, hat eine um 4600% erhöhte Wahrscheinlichkeit, drogensüchtig zu werden, im Vergleich zu jemandem mit einem ACE-Wert von null. Befragte mit einem ACE-Wert von vier und mehr haben ein um 460% erhöhtes Risiko an einer Depression zu erkranken und ein um 1220% erhöhte Wahrscheinlichkeit eines Suizidversuches, als jemand mit einem ACE-Wert von null.[20] Ab einem ACE-Wert von sechs und höher ist die Wahrscheinlichkeit für einen Suizidversuch sogar um 3000 bis 5100% erhöht.[21]

Ganz ähnliche Befunde zeigen sich auch in kriminologischen Schülerbefragungen in Deutschland. So hatten 36,8% der Schüler, die in Kindheit und Jugend schwere körperliche Elterngewalt erlitten und wenig elterliche Zuwendung erfahren hatten, einen Selbstmordversuch unternommen. Und nur 10,9% dieser Gruppe schätzten ihre Lebenszufriedenheit als sehr hoch ein. Dagegen gaben 2,6% der Schüler, die keine körperliche Elterngewalt in Kindheit und Jugend und ein hohes Maß an elterlicher Zuwendung erfahren hatten, an, einen Selbstmordversuch unternommen zu haben. Und ganze 52,7% dieser Gruppe schätzten ihre Lebenszufriedenheit als sehr hoch ein.[22]

Grundsätzlich fanden sich in den ACE-Studien bei Menschen mit einem ACE-Wert von Null – also Menschen, die den abgefragten Kriterien entsprechend unbelastet durch ihre Kindheit gingen – die niedrigsten Befunde von allgemeinen Gesundheitsproblemen (siehe dazu auch das unten nachfolgende Diagramm). Felitti schreibt „Die Ergebnisse unserer ACE-Studie ermöglichen einen bemerkenswerten Einblick in unser persönliches Erwachsenwerden und unser Werden als Nation. Sie sind medizinisch, sozialpolitisch und wirtschaftlich von größter Bedeutung."[23] Oder anders formuliert: Die Kindheit ist politisch!

Die Original-ACE Studie ist mittlerweile etliche Male wiederholt worden (auch international). In den USA wurde die Studie zwischen 2009 und 2014 in 32 Staaten durchgeführt; insgesamt wurden in diesem Zeitraum 53 784 Menschen befragt. Man fand mehr als 40 verschiedene negative Effekte von belastenden Kindheitserfahrungen. Für diese 40 negativen Effekte wurde von den *Centers for Disease Control and Prevention* ein Diagramm (Abb. 2) mit der durchschnittlichen Effektstärke erstellt, das für sich spricht.

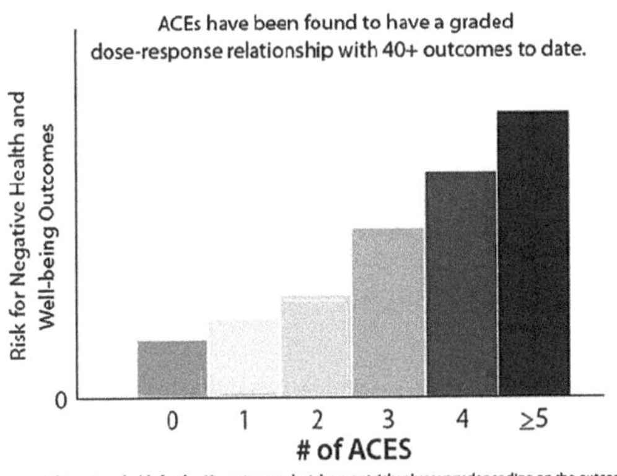

Abb. 2. ACE-Studienauswertung – *Centers for Disease Control and Prevention.*[24]

Anzumerken ist, dass bezüglich der körperlichen Elterngewalt in die Auswertungen der ACE-Studien nur Misshandlungen eingingen. Andere Formen von körperlicher Gewalt, die nicht der Definition von Misshandlung entsprachen, wurden nicht einbezogen. Das Autorenteam Afifi et al. (2017) hat auf dieses Fehlen von *leichteren* Formen körperlicher Elterngewalt (im Englischen „spanking") in den ACE Studien hingewiesen. Außerdem ergab eine Teilauswertung der Daten (8316 Befragte) von der Original ACE-Studie, dass andere Formen von körperlicher Elterngewalt als Misshandlungen ebenso deutlichen Einfluss auf den Gesundheitszustand hatten. Die Autoren schlagen entsprechend vor, dass das *spanking* in zukünftige ACE-Studien als ein ergänzender ACE-Wert mit einbezogen werden sollte.[25]

Diese Hinweise lassen den Schluss zu, dass in der oben aufgeführten Grafik innerhalb des Balkens mit dem Wert 0 wohl teilweise auch Daten von Befragten stecken, die im Grunde nicht gewaltfrei aufgewachsen sind. Zu vermuten wäre, dass sich der Balken mit dem Wert 0 nochmals leicht verändern würde, wenn ein ergänzender ACE-Wert wie vorgeschlagen eingeführt würde. Vermutlich würden dann die Befragten mit dem neuen Wert 0 (also auch ohne jegliches *spanking*) den niedrigsten Balken bezüglich Gesundheitsproblemen aufweisen, der grafisch gesehen auch noch einmal niedriger ausfallen würde, als der oben aufgeführte.

Eine große schwedische Studie macht deutlich, dass die ACE-Skala auch noch ausgeweitet werden kann. Für die Studie wurden fast alle zwischen 1984 und 1988 in Schweden Geborenen einbezogen, insgesamt 476 103 Menschen.[26] Als ACE-Werte wurden definiert: Tod eines Elternteils, Suizid eines Elternteils, elterliches Suchtverhalten, elterliches kriminelles Verhalten, elterliche psychische Störungen, Trennung der Eltern, Sozialhilfebezüge der Eltern, Kinderschutzinterventionen, häufige Wohnortwechsel. Es fanden keine Befragungen statt. Die Quelle für diese kindlichen Belastungsfaktoren waren in Schweden zugängliche (behördliche) Datensammlungen und Register. Formen von Kindesmisshandlung wurden also nicht direkt erfasst. Allerdings zeigt die Auswertung, dass auch diese definierten ACE-Werte deutliche Auswirkungen hatten. Ein Teil der untersuchten Population (insgesamt 9149 Personen) wurde im Alter zwischen 15 und 19 Jahren durch Gewalttaten polizeilich registriert. Diese Straftäter waren im Vergleich zur Gesamtpopulation bei jedem einzelnen ACE-Wert deutlich höher belastet. Zudem hatte diese Teilpopulation ein vielfach erhöhtes Selbstmordrisiko.

Die Weltgesundheitsorganisation (WHO) hat online einen ebenfalls deutlich ergänzten, internationalen Standardfragebogen (genannt: ACE-IQ) veröffentlicht, der vom *International ACE Research Network* entwickelt wurde.[27] Neben den bekannten Formen von Kindesmisshandlung und destruktiven elterlichen Verhalten wurden noch Gewalterfahrungen innerhalb der Gleichaltrigengruppe, Miterleben von Gewalt im Wohnort/Nachbarschaft und Miterleben von Krieg und kriegsähnlichen Situationen als ACE-Werte abgefragt.

Solche umfassenden Fragebögen leuchten noch tiefer aus, was Kinder alles an leidvollen Erfahrungen gemacht haben und wie sich dies auswirkte.

Ergänzend schlage ich vor, dass auch das Miterleben von Tod eines Geschwisterkindes als ein Belastungsfaktor für Kinder in den Blick genommen wird. Der Tod eines oder mehrere Kinder ist zudem immer auch eine schwere psychische Belastung für die Eltern und ich denke, dass diese Erfahrungen ggf. auch das elterliche Verhalten und den elterlichen Gesundheitszustand negativ beeinflussen können, was sich dann wiederum auf die lebenden Kinder auswirkt, um die sich die Eltern kümmern müssen. Die Kindersterblichkeitsrate der unter Fünfjährigen ist global sehr unterschiedlich verteilt, so dass auch die Belastungen der überlebenden (Geschwister)Kinder und deren Eltern unterschiedlich verteilt sind.

Die niedrigste Kindersterblichkeit findet sich in Europa und Nordamerika mit 6 auf 1000 Lebendgeburten im Jahr 2016 (Deutschland weist eine Rate von 4 aus), gefolgt von Ost- und Südostasien mit einer Rate von 16, Lateinamerika und die Karibik mit einer Rate von 18, Ozeanien mit 23, Westasien und Nordafrika mit 28, Zentral- und Südasien mit 46 und Subsahara Afrika mit der weltweit höchsten Durchschnittsrate von 79.[28] Wobei zu bedenken ist, dass dies Durchschnittswerte sind. Afghanistan liegt z. B. mit einer Kindersterblichkeitsrate von 70 deutlich über dem Durchschnitt der Region. Die Durchschnittsrate von Ozeanien würde sich dagegen ohne die Berücksichtigung von Australien und Neuseeland (wo die Kindersterblichkeit bei einer Rate von 4 liegt) verdoppeln. Fest steht auch, dass es keine Region gibt, in der sich die Kindersterblichkeit nicht deutlich reduziert hat. Weltweit konnte zwischen 1990 und 2016 die Kindersterblichkeitsrate um 56% gesenkt werden. Das bedeutet auch immer weniger Belastungen für (Geschwister)Kinder und deren Eltern. Dieser Trend wird sich sehr wahrscheinlich fortsetzen.

Die durchschnittliche Kindersterblichkeitsrate für die gesamte Welt lag nach vorgenannter Studie im Jahr 2016 bei 41 Todesfällen auf 1000 Lebendgeburten (oder 4,1%). Wenn man bedenkt, dass noch im Jahr 1800 43% aller weltweit geborenen Kinder vor ihrem fünften Lebensjahr gestorben sind[29], dann wird der Fortschritt und die sinkende Belastung für die Angehörigen noch deutlicher.

Was in der Original-ACE Studie im Gegensatz zu der zuvor oben vorgestellten schwedischen Studie weitgehend fehlte, war die Frage nach Gewaltverhalten und Kriminalität als mögliche Folge von belastenden Kindheitserfahrungen. Das Thema wurde nur angerissen. Eine Teilauswertung von 8629 Befragten ergab beispielsweise, dass sich das Risiko für eine Täterschaft von Männern (häusliche Gewalt gegen die Lebenspartnerin) bezogen auf drei berichtete ACE-Werte (körperliche Misshandlung, speziell körperliche Misshandlung durch Mütter und sexueller Missbrauch) mit jedem einzelnen ACE-Wert in etwa verdoppelt. Männer, die über alle drei ACE-Werte berichteten, hatten das höchste Risiko für eine Täterschaft; Männer, die über keinen der drei ACE-Werte berichteten, das niedrigste.[30]

Allerdings wurden dem Vorbild der ACE-Studie von Vincent J. Felitti nach etliche Befragungen von Straftätern und Straftäterinnen in den USA durchgeführt, die eindrucksvoll zeigen, dass diese spezielle Population besonders stark in der Kindheit belastet war, sowohl was die Werte an sich angeht als auch im Vergleich zur Allgemeinbevölkerung.[31] Auf diese Studien werde ich im Verlauf des Buches noch ausführlicher eingehen.

Interessant ist eine große deutsche Studie des Kriminologischen Forschungsinstituts Niedersachen (KFN) für die 44 610 Schülerinnen und Schüler in Deutschland bezüglich Opfererfahrungen und Täterverhalten befragt wurden. Für ein Diagramm wurde erlebte körperliche Elterngewalt in fünf Stärkegrade eingeteilt: „keine Gewalt in der Kindheit"; „selten leichte Gewalt nur in Kindheit"; „selten leichte Gewalt in Kindheit und Jugend"; „schwere oder häufig leichte Gewalt nur in Kindheit"; „schwere oder häufig leichte Gewalt in Kindheit und Jugend". In der nachfolgenden Grafik (Abb. 3) sieht man eindrucksvoll, wie mit jeder Eskalationsstufe der körperlichen Elterngewalt die Täterraten (Gewalttäterschaft innerhalb der letzten 12 Monate und Mehrfachtäterschaft) ansteigen.

Die Ergebnisse einer US-amerikanische Studie, für die 3346 Eltern befragt wurden, ergänzen dieses Bild. Die Studie kombinierte nämlich körperliche Gewalt durch Eltern und entsprechende Eskalationsstufen (keine körperliche Gewalt, geringfügige körperliche Gewalt, schwere körperliche Gewalt und besonders schwere körperliche Gewalt) mit psychischer Gewalt durch Eltern und dabei ebenfalls entsprechenden Es-

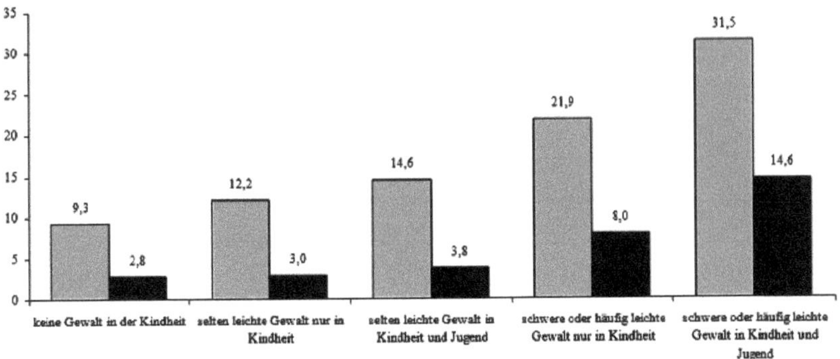

Abb. 3. Gewalttäterraten nach erlebter elterlicher Gewalt in Kindheit und Jugend (in %; gewichtete Daten, signifikant bei p < .001). ▪ 12-Monatsprävalenz, ■ Mehrfachtäterschaft (mind. 5 Taten).[32]

kalationsstufen in Form von Häufigkeitsangaben (von 0 bis über 100 Mal psychische Gewalt innerhalb eines Jahres). Mit jeder Steigerung der Gewalt erhöhen sich die Raten von Kindern/Jugendlichen bezüglich Aggressionen, Delinquenz und diversen zwischenmenschlichen Problemen. Dies gilt sowohl für die unterschiedlichen Gewaltarten an sich, als auch für die Kombination beider. Entsprechend ergibt sich in der Studie, dass Kinder/Jugendliche, die sowohl keinerlei psychische Gewalt als auch keinerlei körperlicher Gewalt erlebten, eine Rate bezüglich Aggressionen, Delinquenz und zwischenmenschlichen Problemen aufweisen, die gegen Null tendiert. Auf der anderen Seite stehen die Kinder/Jugendlichen, die sowohl besonders schwere körperliche Gewalt, als auch psychische Gewalt in einer Häufigkeit von über 100 Mal pro Jahr erlebt haben. Diese weisen bei allen drei Problemlagen die höchsten Raten auf.[33] Zwischen diesen beiden Extrempolen ergeben sich entsprechende Abstufungen, die man sich grafisch ähnlich wie oben aufgezeigt vorstellen kann.

Das bedeutet zusammengefasst mit Blick auf die zuvor vorgestellten Studienergebnisse, dass *sowohl* eine Mehrfachbelastung (mehrere erlittene ACEs) *als auch* eine gesteigerte Intensität und Häufigkeit innerhalb eines Belastungsfaktors die Wahrscheinlichkeit für schädliche Folgen stark erhöhen! Dies sind ganz wesentliche Feststellungen, die auch die Komplexität des Themas deutlich machen.

Auf einige spezielle Zusammenhänge hat der Kriminologe Christian Pfeiffer hingewiesen. Aus einer kriminologischen Befragung von 9512 Jugendlichen wurden zwei Extremgruppen gegenübergestellt: Einmal die Jugendlichen, die gewaltfrei (bezogen nur auf körperliche Gewalt!) in Kindheit und Jugend und mit viel elterlicher Zuwendung aufgewachsen sind (n = 1750) und auf der anderen Seite die Jugendlichen, welche schwere körperliche Gewalt in Kindheit und Jugend erlitten und zudem wenig elterliche Zuwendung erlebt haben (n = 142). Einige Ergebnisse ähneln denen aus den ACE-Studien. So gaben z. B. nur 4,6% der gewaltfrei Aufgewachsenen an, manchmal Selbstmordgedanken gehabt zu haben, dagegen 48% der stark Gewaltbelasteten. 1,8% der gewaltfrei Aufgewachsenen konsumierten wiederholt Marihuana, dagegen 14,8% der Gewaltbelasteten. Ähnliche Unterschiede fanden sich bezogen auf Gewalt- und Eigentumsdelikte. Dazu kommen einige spezielle Zusammenhänge. 61,5% der gewaltfrei Aufgewachsenen gaben eine hohe Lebenszufriedenheit an, dagegen nur 11,1% der stark Gewaltbelasteten. 2,3% der gewaltfrei Aufgewachsenen schwänzten wiederholt die Schule, dagegen 14,5% der Gewaltbelasteten. 13,4% der gewaltfrei Aufgewachsenen trugen ein Messer, Schlagring oder Totschläger mit sich, dagegen 31% der Gewaltbelasteten. 5,1% der gewaltfrei Aufgewachsenen wünschen sich als Erwachsene den Besitz einer Schusswaffe, dagegen 11,8% der Gewaltbelasteten.[34]

Bezüglich des wiederum speziellen Themas Obdachlosigkeit legen zwei kleinere qualitative Studien (eine größere Zahl Obdachloser zu befragen, scheint nicht einfach zu sein) den Schluss nahe, dass auch hier Kindheitseinflüsse eine gewichtige Rolle spielen. Hessel (2016) hat drei obdachlose Männer befragt. Bei allen dreien zeigten sich problematische Verläufe in Kindheit und Jugend wie elterliche Gewalt und Missachtung, unerträgliche familiäre Umstände, Heimaufenthalt und/oder früher Rausschmiss (mit 13 Jahren) von zu Hause.

In New York wurden für eine amerikanische Studie 20 alkoholabhängige Obdachlose befragt. 13 (65%) berichteten von Misshandlungen in ihren Familien. 19 (95%) verließen freiwillig oder unter Zwang vor dem 18. Lebensjahren ihr Elternhaus. Von 13 Befragten (65%) war mindestens ein Elternteil alkoholabhängig. Teils deuten sich extreme Fallgeschichten wie Heimunterbringungen nach Kinderschutzinterventionen oder Schwangerschaft einer Befragten auf Grund sexuellen Missbrauchs durch den eigenen Vater an.[35]

Dass nicht alle schwer belasteten Kinder später zu Obdachlosen werden, ist logisch. Es wäre aber nachlässig, diesen Faktor nicht in die Ursachenkette mit einzubeziehen. Wenn es um allgemeine mögliche Folgen von Kindheitsleid geht und eine Liste erstellt würde, so würde ich dem also auch den Punkt *Obdachlosigkeit* hinzufügen.

Das gleiche gilt auch für den Bereich Prostitution. Diverse Studien aus unterschiedlichen Ländern zeigen eine enorme und vielfältige Belastung von Prostituierten in deren Kindheit (auffällig häufig auch sexuelle Missbrauchserfahrungen).[36] Natürlich kommen auch hier weitere Faktoren wie z. B. gesellschaftliche Geschlechtsrollenbilder, Armut und/oder niedrige Bildung hinzu, aber die massiv destruktiven Kindheitserfahrungen sollten bei der Ursachenanalyse von Prostitution nicht ausgeblendet werden.

Die komplexen individuellen Folgen (mit einer Konzentration vor allem auf psychiatrische Krankheitsbilder) speziell von Kindesmisshandlung (also sexuelle, körperliche und psychische Misshandlung + Vernachlässigung) sind letztlich weitgehend erforscht und in etlichen Fachbüchern und Fachartikeln dargelegt.[37] Erstaunlich ist dabei, dass die gesamtgesellschaftlichen Folgen und erst recht die politischen Folgen von destruktiven Kindheitserfahrungen vor allem in der Öffentlichkeit nach meinem Eindruck im Grunde unbesprochen sind. Die o. g. ACE Studien sind ein Lichtblick, ihre Ergebnisse sind im öffentlichen Bewusstsein (aber auch in weiten Teilen der Wissenschaft) bisher allerdings nicht angekommen.[38]

Die Ergebnisse von Vincent J. Felitti zeigen ihrerseits auf, warum diese Dinge ausgeblendet werden. Die Stärke der proportionalen Beziehungen zwischen Kindheitserfahrungen und Verhalten, emotionalen Zuständen und körperlicher Gesundheit im Erwachsenenalter „(...) ist immens, auch wenn aufgrund der Patienteninterviews deutlich wird, dass diese Zusammenhänge üblicherweise nicht bewusst wahrgenommen werden. Die Zusammenhänge sind unbewusst."[39] Wenn die Patienten und Patientinnen selbst keinen Zusammenhang zwischen ihren Kindheitserfahrungen und ihren Problemen wahrnehmen konnten und belastende Kindheitserfahrungen nachweislich ein weit verbreitetes Phänomen in menschlichen Gesellschaften darstellen, dann wird deutlich, warum auch gesamtgesellschaftlich in Medien, Politik oder im Alltag der Menschen diese Zusammenhänge kaum bewusst erkannt und benannt werden.

Wobei Teile der Wissenschaft als solches eigentlich schon weiter sind, was die obigen Besprechungen von Studien gezeigt haben. Mittlerweile gibt es sogar Studienansätze, die zentral der Frage nachgehen, was für gesellschaftliche Effekte ein deutlicher Rückgang von belastenden Kindheitserfahrungen hätte, statt nur einfach der Frage nachzugehen, was für Folgen Gewalt gegen Kinder an sich hat. Hsiao und Kollegen (2018) haben errechnet, dass Gewalt gegen Kinder der südafrikanischen Gesellschaft fast 5% ihres Bruttoinlandproduktes kostet, was entsprechend einzusparen wäre, wenn Gewalt gegen Kinder flächendeckend verhindert werden könnte. Die Forschenden haben außerdem für jeweils fünf Belastungsfaktoren (sexuelle, psychische und körperliche Gewalt, Vernachlässigung und Miterleben von häuslicher Gewalt) darzustellen versucht, um viel Prozent sich jeweils kollektive Probleme wir z.B. Depressionen, Alkohol- und Drogenmissbrauch, Selbstverletzungen, ernsthafte psychische Erkrankungen, HIV-Infektionen, Gewaltverhalten usf. verringert würden, wenn der jeweilige kindliche Belastungsfaktor nicht bestehen würde. Das Ganze wurde grafisch aufbereitet und die Balken zeigen alle samt deutlich nach unten, sofern Gewalt gegen Kinder präventiv verhindert würde.[40] Dies sind mutige und zukunftsweisende wissenschaftliche Arbeiten, die – so meine Einschätzung – noch vor 20 Jahren belächelt und nicht veröffentlicht worden wären.

Wir müssen uns darüber klar werden, dass es historisch kein Bewusstsein dafür gab, dass Gewalt gegen Kinder schädlich wirkt; sondern man war ganz im Gegenteil davon überzeugt, dass Schläge und Strafen gegen Kinder wichtig seien, um die kindliche Entwicklung positiv zu fördern bzw. Kinder vor Schaden zu bewahren. Die eingangs besprochene Enzyklopädie aus dem Jahr 1887 macht dies bereits deutlich. In selbiger steht auch der gut geheißene Leitsatz: „Das Kind fängt an frei zu werden, wenn es den Eltern und Lehrern gehorcht." Und über die gesellschaftliche Bedeutung von Gehorsam und der Zucht (bzw. Gewalt), die diesen erzwingt, steht im selben Text geschrieben: „Man sehe in die Häuser, ob und welche Zucht daselbst geübt wird, und man kann sich eine Rechnung machen, wie das öffentliche Leben beschaffen sein wird bei den Nachwachsenden. Und ebenso sicher ist aus den Zuständen des öffentlichen Lebens in der Gegenwart auf die häusliche Zucht in der Vergangenheit zu schließen. ‚Du sollst deinen Vater und deine Mutter ehren' – dieses Gebot enthält die einfachste Pflicht und seine Befolgung den reichsten Segen."[41]

Schon im Alten Testament steht: „Erspar dem Knaben die Züchtigung nicht; / wenn du ihn schlägst mit dem Stock, wird er nicht sterben. Du schlägst ihn mit dem Stock, / bewahrst aber sein Leben vor der Unterwelt.[42]" oder „Wer seinen Sohn liebt, hält den Stock für ihn bereit, / damit er später Freude erleben kann."[43] Diese Erziehungsprinzipien sind jahrtausendealt und wirkten entsprechend nach.

Der Lehrer und Autor des Erziehungsratgebers „*Wie erziehen wir unseren Sohn Benjamin?*" (Ein Bestseller um die Jahrhundertwende; Erstveröffentlichung im Jahr 1897; insgesamt 14 Auflagen bis 1922) Dr. Adolf Matthias bezog sich auf solcher Art o. g. Textstellen in der Bibel bei der Rechtfertigung von Körperstrafen.[44] Und er beschreibt, wie Kinder gebrochen werden sollen, um sie – so die verdrehte Denkweise – zu rechten Menschen zu machen: „Hast Du Deinen Benjamin erst an rechten und echten Gehorsam gewöhnt, hast Du diesen ihm zur anderen Natur gemacht, dann hast Du den besten und schwierigsten Teil der Erziehung hinter Dir. Du kannst ihn dann ruhig der Zukunft überlassen. Viel Sorge wird er Dir dann kaum noch machen. Der rechte und echte Gehorsam ist für Benjamin der Anfang der Weisheit."[45] Eigensinn gelte es auszutreiben und Kinder müssten von allem, was Eigensinn fördern würde – „Verweichlichung, Verwöhnung, Verzärtlichung und Nachgiebigkeit" –, ferngehalten werden und sich fügen. Schon frühzeitig seien Kinder – vor allem die mit ausgeprägtem Eigensinn – körperlich zu strafen: „(...) bei kleinen Kindern, die Mienen, Worte und Gebärden noch nicht recht verstehen, wirke man durch die Rute, durch Prügel; wenn's not tut, durch recht gründliche Prügel."[46]

Der Arzt und Naturforscher Johann Gottlob Krüger schrieb 1752 in seinen *Gedanken von der Erziehung der Kinder*: „Wenn euer Sohn nichts lernen will, weil ihr es haben wollt, wenn er in der Absicht weint, um euch zu trotzen, wenn er Schaden tut, um euch zu kränken, kurz, wenn er seinen Kopf aufsetzt: *Dann prügelt ihn, dann laßt ihn schrein: Nein, nein, Papa, nein, nein!* Denn ein solcher Ungehorsam ist ebensogut, als eine Kriegserklärung gegen eure Person. Euer Sohn will euch die Herrschaft rauben, und ihr seid befugt, Gewalt mit Gewalt zu vertreiben, um euer Ansehen zu befestigen, ohne welches bei ihm keine Erziehung stattfindet. (...) Hat er sich aber das erstemal für überwunden erkannt, und sich vor euch demütigen müssen, so wird ihm schon der Mut genommen sein, aufs neue zu rebellieren. (...) Doch kann man auch manchesmal, besonders wenn sie ehrgeizig sind, selbst bei großen Verbrechen, der Schläge überhoben sein, wenn man sie zum Exempel barfuß gehen, hungern und bei Tisch aufwarten läßt, oder sie sonst an einem solchen Ort angreift, wo es ihnen weh tut."[47]

Der Theologe und Philosoph der Aufklärung Johann Georg Sulzer schrieb in seinem Aufsatz *Versuch von der Erziehung und Unterweisung der Kinder* im Jahr 1748: „Ein Kind, das gewohnt ist, seinen Eltern zu gehorchen, wird auch, wenn es frei und sein eigener Herr wird, sich den Gesetzen und Regeln der Vernunft gern unterwerfen, weil es einmal schon gewohnt ist, nicht nach seinem Willen zu handeln. Dieser Gehorsam ist so wichtig, dass eigentlich die ganze Erziehung nichts anderes ist, als die Erlernung des Gehorsams. (...) Diesen Gehorsam aber den Kindern einzupflanzen, ist nicht sehr leicht. (...) Diese ersten Jahre haben unter anderen auch den Vorteil, dass man da Gewalt und Zwang brauchen kann. Die Kinder vergessen mit den Jahren alles, was ihnen in der ersten Kindheit begegnet ist. Kann man da den Kindern den Willen benehmen, so erinnern sie sich hernach niemals mehr, dass sie einen Willen gehabt haben. Und die Schärfe, die man wird brauchen müssen, hat auch eben deswegen keine schlimmen Folgen."[48] Dieses Wissen um die Wirkungsweise von Schlägen (dem Verlust des eigenen Willens) gerade im frühen Kindesalter und deren bewusste Anwendung ist uralt und bereits im Alten Testament erwähnt: „Beug ihm den Kopf in Kindestagen; schlag ihn aufs Gesäß, solange er klein ist, sonst wird er störrisch und widerspenstig und du hast Kummer mit ihm."[49]

Alle diese historischen Rat*schläge* (im wahrsten Sinne des Wortes), kamen von erwachsenen Menschen, die alle selbst einst Kinder waren. Und natürlich werden auch sie als Kinder genauso oder ähnlich gebrochen, gedemütigt und geschlagen worden sein, wie sie es später als Erwachsene als (angeblich) wohlwollende Erziehung predigten, die (angeblich) nicht schädlich sei. Es ist klar, dass Erwachsene, die solche Formen der schwarzen Pädagogik predigten, keinerlei emotionalen Zugang zu dem Kind hatten, das sie selbst einmal waren. *Vergessen* wurden die Schmerzen, die Schamgefühle, die Ohnmacht, die Angst und all die furchteinflößenden Gefühle, die sie selbst durchlitten haben mussten. Insofern ließ sie folglich auch das Gewalterleben von Kindern gänzlich kalt und sie riefen dazu auf, jede neue Kindergeneration mit Gewalt zu überziehen und ihren Willen zu brechen. Und die von erwachsenen Menschen (die auch alle einst Kinder waren) gemachten Gesetze stützen das Leid von Kindern im Schulterschluss zu den Predigten der Erzieher.

Berühmt wurde der Fall Mary Ellen, der sehr viel darüber aussagt, wie schutzlos Kinder historisch waren. 1874 kam ihr Fall – der an alte Märchen von der bösen Stiefmutter erinnert – vor ein Gericht in New York. Dort sagte sie aus: „Mein Name ist Mary Ellen McCormack. Ich weiß nicht, wie alt ich bin. Ich darf nicht mit anderen Kindern spielen. Ich war auch noch nie draußen, auf der Straße. Wenn Mama weggeht, sperrt sie mich im Zimmer ein. Ich schlafe auf dem Boden auf einem Stück Teppich. Mama hat mich fast jeden Tag geschlagen und ausgepeitscht – warum, weiß ich nicht. Ich möchte nicht zurück zu Mama."[50]

Die Polizei und auch die Behörden hatten zuvor jede Unterstützung von Mary Ellen abgelehnt, weil es keine gesetzliche Handhabe gab. Hilfe kam erst durch den Präsidenten der – einige Zeit zuvor gegründeten – ersten amerikanischen Tierschutzorganisation Henry Bergh, denn Kinderschutzorganisationen gab es schlicht nicht. Das Argument, mit dem der Tierschützer Mary Ellen helfen wollte, lautete: „Das Kind ist ein Tier. Wenn es als menschliches Wesen keine Gerechtigkeit erfährt, dann soll es zumindest die Rechte eines streunenden Straßenköters haben. Misshandelt werden darf es nicht."[51] Sicher nicht zufällig erschien das Kind in eine Pferdedecke gewickelt vor Gericht. „Der Fall Mary Ellen wirkte wie eine Initialzündung. Noch 1875 wurde die New York Society for the Prevention of Cruelty to Children (NYSPCC) gegründet, die gleich im ersten Jahr ihres Bestehens 300 Fälle von Kindesmisshandlung untersuchte. Die NYSPCC war weltweit die erste ihrer Art – eines der Gründungsmitglieder und erster Vizepräsident war Tierschützer Henry Bergh."[52] Dieser Fall steht sowohl für eine positive Wendung in der Geschichte und für den langsamen Beginn der Kinderschutzbewegung in den USA (und in der Folge auch in Europa), die allerdings erst ab den 1960er Jahren richtig an Fahrt aufnahm. Der Fall steht aber auch wie eine Art Mahnmal dafür, dass in der Menschheitsgeschichte Tierschutz vor Kinderschutz kam.

Grundsätzlich zeigt beispielsweise auch die rechtliche Entwicklung in Deutschland, dass Kinder beim Schutz vor Gewalt stets als Letzte bedacht wurden. „Als Folge gesellschaftlicher Modernisierung und Demokratisierung wurde zunächst im 20. Jahrhundert der zuvor gesellschaftlich akzeptierte Einsatz von Gewalt gegenüber „Untergebenen“ abgeschafft, später auch gegen Frauen in der Ehe und Familie. Kinder waren somit die letzte Gruppe, an der rechtmäßig Gewalt ausgeübt werden durfte.“[53]

Der Volkskundler Walter Hävernick stellte noch im Jahr 1970 in einer veröffentlichten Studie über das Ausmaß von Köperstrafen gegen Kinder in Deutschland die These auf, dass ein Rückgang von Körperstrafen zu einem Anstieg der Jugendkriminalität führen würde.[54] In seinem Schlusswort wird er noch deutlicher: „Wenn man in Unkenntnis die ‚Munt‘ (*Anmerkung Sven Fuchs: Althochdeutsch für Vormund*) im menschlichen Bereich als ‚autoritär‘ beschimpft und darauf abzielt, auch hier ‚freiheitliche‘ Gesinnung einzuführen, so würde das zu einer Verwahrlosung und Verelendung des hilflosen Nachwuchses führen. (...) Darum ist es reine Theorie, wenn man sich vorzustellen versucht, was geschehen würde, wenn es wirklich zu einem schnellen und gänzlichen Erlöschen der Sitte käme, ohne dass eine ähnliche Kraft an ihre Stelle träte. Ein solcher schrankenloser Individualismus würde für den Menschen (...) eine Katastrophe unbegrenzten Ausmaßes sein: ohne Rückhalt in einer Gemeinschaft seinesgleichen würde er im Kampf aller gegen alle sich gegenseitig ausrotten.“[55] Untergangsängste wurden hier geschürt, falls Kinder nicht mehr massenhaft geschlagen und autoritär erzogen würden. Dass Gewalt negative Folgen hat und auch gegen die Menschenwürde verstößt, kam dem 1905 geborenen – und vermutlich selbst autoritär erzogenen – Volkskundler überhaupt nicht in den Sinn.

Im historischen Rückblick ist es wahrlich erstaunlich, dass den Erwachsenen mit solcher Art Einstellungen offensichtlich keine Zweifel kamen. Grundsätzlich muss klar sein, dass die oben im Text aufgeführten Ergebnisse der heutigen Forschung über die negativen Folgen von Kindesmisshandlung und belastenden Kindheitserfahrungen zu allen Zeiten und auch für alle Kulturen galten. Das Kind, das im 18. Jahrhundert oder vor 1000 Jahren lebte und misshandelt wurde, wird ganz ähnliche Folgeschäden davongetragen haben, wie das Kind, dass heute lebt und misshandelt wird, auch wenn in den früheren Schriften – wie geschildert – die angeblichen Erfolge des Kinderprügelns gefeiert wurden.

Dass diese Zusammenhänge und der *Schaden am Kind* nicht erkannt und gesehen wurden (was sich leider bis in unsere heutige Zeit fortgesetzt hat), erkläre ich mir mit einer ausgeprägten *emotionalen Blindheit.*[56] Den Kindern wurde von klein auf eingetrichtert, dass Schläge, Gewalt und Demütigungen nur zu *ihrem Besten* seien und elterliche Gewalt mit elterlicher Liebe gleichzusetzen sei. Diese Lektion kommt im Grunde einer Art Gehirnwäsche gleich oder fachlich formuliert: einer *Identifikation mit dem Aggressor.* Die einst geschlagenen und gedemütigten Kinder wiederholen dann als Erwachsene gebetsmühlenartig die Sicht ihrer Eltern und machen sie sich schließlich zu Eigen.

Der Wissenschaftsjournalist Jörg Zittlau (2010) hat eines seiner Bücher gleich nach einem Satz von Martin Luther betitelt: *„Sie meinten's herzlich gut"* (Untertitel: „Berühmte Leute und ihre schrecklichen Eltern"). Mit diesem Titel hat Zittlau den Fokus auf die Verdrehung kindlicher Wahrnehmung gelegt, denn Luther sprach diesen zitierten Satz gleich in Anschluss seiner Schilderungen über eigens erlebte elterliche Misshandlungen. „Meine Eltern haben mich hart gehalten, dass ich auch darüber gar schüchtern wurde; und ihr ernst und gestreng Leben, das sie mit mir führten, war eine Ursache dafür, dass ich hernach in ein Kloster lief und ein Mönch wurde. Die Mutter stäupte (*Anmerkung Sven Fuchs: Stäuben stand für das Festhalten oder Festzurren von Kindern und dem anschließenden Prügeln*) mich einmal um einer geringen Nuss willen, dass das Blut danach floss. Aber sie meinten's herzlich gut."[57] Speziell über seinen Vater sagte Luther: „Mein Vater stäupte mich einmal so sehr, dass ich vor ihm floh und dass ihm bange war, bis er mich wieder zu sich gewöhnt hatte."[58]

Neben der kindlichen Verdrehung der Wahrnehmung – nämlich dass schlagende Eltern es gut mit dem Kind meinen – zeigte der erwachsene Luther auch eine Übernahme der elterlichen Erziehungseinstellung, indem er sich für das Schlagen von Kindern aussprach. „Man soll die Kinder und Schüler also strafen, dass allewege der Apfel neben der Ruten ist. Es ist ein bös Ding, wenn Kinder und Schüler ihren Eltern und Lehrern gram werden. (...) Ein jedes Regiment muss auf den Unterschied der Gaben achten. Man muss Kinder stäuben und strafen, aber gleichwohl soll man sie auch lieb haben."[59] Luther hatte seine Lektion gelernt, wie so Viele. Und er scheint diese Erziehungseinstellung auch in sein Gottesbild und generell in sein Gesellschaftsbild übertragen zu haben. In einer an Eltern gerichtete Predigt, die dazu ermahnte, die Kinder gottesfürchtig zu erziehen, sagte Luther: „In der Linken hat Gott die Rute und schmeißt zu, in der Rechten den Apfel"[60] In einem anderen Kontext sagte der Reformator: „Der Esel will Schläge haben, und der Pöbel will mit Gewalt regiert sein. Das wusste Gott wohl; drum gab er der Obrigkeit nicht einen Fuchsschwanz, sondern ein Schwert in die Hand."[61]

Ein besonders verstörendes Beispiel ist eine Aussage von Paula Hitler, der Schwester von Adolf Hitler. Paula schrieb einst in einem Zeitungsartikel im Jahr 1959: „Wenn ich ehrlich sein soll, dann ist mein Bruder vor allem durch unsere Mutter verdorben worden. Wenn er als Kind eine festere Hand gespürt hätte, dann wäre er wohl nie der meistgehasste Mann der Welt geworden. (...) Immer musste er das sein, was seine Mutter in ihm gesehen hatte: der Stärkste, der Größte von allen. Und das führte schließlich zu seinem Untergang und zu all dem Unglück. Ist es wohl zu sagen, dass ein paar kräftige Ohrfeigen, ausgeteilt im Jahr 1900, vielleicht den Ausbruch des Zweiten Weltkrieges verhindert hätten?"[62]

Wie viele Menschen hätten noch im Jahr 1959, als diese Zeilen erschienen, Paulas Aussage zugestimmt, dass ein Mehr an Schlägen Kinder im Allgemeinen davor bewahren würden, Unrecht zu tun und weitergedacht insbesondere das Kind Adolf Hitler vor dem Schaden bewahrt hätten, ein Massenmörder zu werden? Vermutlich hätten dem nicht Wenige zugestimmt.

Dabei muss Paula beim Formulieren dieser Zeilen klar gewesen sein, dass es ihrem Bruder als Kind nicht an Schlägen fehlte, ganz im Gegenteil war er sogar ein besonders schwer misshandeltes Kind (dazu im Textverlauf mehr). Paula selbst hatte ausgesagt: „Mein Bruder Adolf forderte meinen Vater zu extremer Strenge heraus und erhielt dafür jeden Tag eine richtige Tracht Prügel."[63] Die Schuld für die Prügel liegen ihrer Meinung nach also im Verhalten des Kindes Adolf, dass dazu „herausforderte"; der Vater wird gleichsam von jeder Verantwortung befreit. Dies alles spricht für eine starke *Identifikation mit dem Aggressor*. Paula hatte ganz offensichtlich kein Problem mit der Erziehung durch Schläge und konnte auch keinen Zusammenhang zwischen den häufigen und massiven Misshandlungen seitens des Vaters und dem (selbst-) zerstörerischen Weg seines Sohnes erkennen. Ich kann mir an dieser Stelle nicht verkneifen anzumerken, dass noch mehr *emotionale Blindheit* kaum vorstellbar ist. Paula hätte es besser wissen können und müssen.

Der einstige König von Marokko Hassan II. (1929–1999) machte in seinen Erinnerungen eine erstaunliche, aber im Grunde auch klassische Bemerkung. Er berichtet zunächst von seiner Kindheit und der Gewalt und Strenge seines Vaters, um dann im gleichen Atemzug zu unterstreichen, dass es ihn glücklich gemacht habe, wenn sein Vater der Strafende war und er, der Sohn, habe wiederum seine eigenen Kinder genauso erzogen: „Bis zum Alter von zehn, zwölf Jahren erhielt ich Stockschläge, und ich war glücklich, wenn es mein Vater und kein anderer war, der die Strafe ausführte. Wissen Sie, in den Koranschulen besitzt der Koranlehrer auch heute noch einen Stock. Vor allem auf das Handgelenk wurde geschlagen. Meine Kinder erzog ich mit der gleichen Strenge und, Gott sei gedankt, ich hatte keine Probleme bei ihrer Erziehung. Man soll einem Kind keine Logik predigen, denn man würde ja damit von ihm verlangen, eigene Schlüsse zu ziehen, was seinen Verstand überfordert. Wenn Sie versuchen, mit dem Kind zu argumentieren, glaubt es, dass Sie verhandeln wollen. Einfacher ausgedrückt, muss man in diesem Alter (...) die Maschine zähmen, sie in ihre Schranken weisen. Erst viel später wird das Kind verstehen können und ihren Versuch, mit ihm zu diskutieren, nicht mehr als ein Zeichen der Schwäche deuten.“[64] Keinerlei Zweifel kamen hier auf, dass elterliche Gewalt gegen Kinder irgendwie falsch sein könnte. Und keinerlei Mitgefühl kamen dem König mit dem Kind in den Sinn, das er selbst einst war.

Wie aktuell die historischen o. g. Erziehungseinstellungen weiterhin in anderen Teilen der Welt sind, zeigt sich exemplarisch an einer Begebenheit. Unter dem Kapiteltitel „*Wer seine Kinder liebt, der züchtigt sie*“ schreiben die beiden Rechtsmediziner Michael Tsokos und Saskia Guddat folgendes:

„Am Institut für Rechtsmedizin der Charité werden häufig ägyptische Gastärzte geschult. Wenn sie unsere Vorträge über Kindesmisshandlung hören, zeigen sich viele von ihnen verwundert, dass Körperstrafen in Deutschland als Mittel der Kindererziehung verboten sind. ‚Bei uns darf man seine Kinder ja auch nicht totschlagen‘, sagte einmal ein ägyptischer junger Arzt zu uns. ‚Aber wie erzieht ihr eure Kinder denn, wenn ihr sie nicht schlagt?' und ein Kollege von ihm fügt hinzu: ‚Das ist doch schließlich mein Kind, das ich schlage, nicht das Kind meines Nachbarn.'"[65] Fassungslos macht die Fassungslosigkeit dieser gebildeten Ärzte über eine gewaltfreie Kindererziehung. Kinder gewaltfrei zu erziehen, ist für sie schlicht gar nicht vorstellbar, so wie es oben zitierte historische Quellen in Deutschland auch zeigten. Ägypten gehört zu einem der gewalttätigsten Länder der Welt was den Umgang mit Kindern angeht. Die fehlende Vorstellungskraft, wie man anders als mit Gewaltverhalten Kinder erziehen könnte, betrifft also nicht nur diese beiden zitierten Ärzte.

Für eine Fernsehdokumentation wurde eine türkische Männergruppe in Berlin und ihr Leiter Kazım Erdoğan begleitet. Ein Mann (der in der Türkei geboren und als junger Man nach Deutschland gekommen ist) berichtet in der Männergruppe von Panikattacken und führt dann aus: „Die Angst habe ich ja schon seit der Kindheit. (...) Ich wurde geschlagen, bis ich 20 war. Du wirst vom Vater geschlagen und von der Mutter geschlagen und von den Geschwistern. Dann gehst Du in die Schule und dann wirst Du auch geschlagen. So hat mein Vater das Buch gehalten (*Anmerkung Sven Fuchs: Nimmt ein Buch und hält es vor sich*) und zu mir gesagt, ich solle lesen und seine andere Hand war so (*Anmerkung Sven Fuchs: Er ballt eine Faust und hält sie über seinen Kopf*). ‚Lies!'. Ich saß also da wie jetzt, die Faust meines Vaters im Nacken. Und dann schlug mein Vater zu und ich bekam vom Buch auch eine gewischt. Seht ihr, woher die Angst kommt? Schon da hat die Angst angefangen!"[66] Dieser Bericht des Mannes ist erschütternd. Bis zum 20. Lebensjahr wurde er von den Eltern (aber vorher auch anderen Personen) geschlagen. Es gab keine gewaltfreien Lebensbereiche; ein unfassbares, jahreslanges Trauma der Gewalt. In der Dokumentation wurde die Antwort eines älteren Mannes in der Männergruppe wiedergegeben: „Vielleicht wollte ihr Vater erreichen, dass sein Sohn studiert und später erfolgreich wird?" Der Leiter der Männergruppe berichtet im Verlauf des Films, dass fast alle Männer der Gruppe als Kind geschlagen worden sind. Insofern zeigt sich hier auch an Hand der Reaktion des genannten Mannes, wie tief die Verdrehung der Wahrnehmung wirkt. Auf einen Bericht von quasi elterlicher Folter erfolgt der Hinweis, dass es der Vater ja evtl. nur *gut gemeint* habe im Sinne der besseren Bildung seines Sohnes. Das Kindheitsleid bleibt in dieser Antwort des Mannes gänzlich ausgeblendet. Er übernimmt somit die Sicht der strafenden Eltern, vermutlich auch der eigenen.

Ein anderes Beispiel zeigte sich in einem ZEIT-Interview mit dem Kriminologen Christan Pfeiffer und der Historikerin Rebekka Habermas (Tochter des bekannten Philosophen und Soziologen Jürgen Habermas). Pfeiffer führte zunächst aus, dass der Rückgang von Gewaltkriminalität wesentlich durch einen Wandel der Kindererziehung bedingt sei. Er sagte weiter: „Gewalt wird erzeugt durch prügelnde Eltern. Wir haben Menschen aller Altersgruppen in Deutschland gefragt: Wie war deine Kindheit? Heraus kam, dass Kindesmisshandlungen bis in die siebziger Jahre auf relativ hohem Niveau blieben, dann ging die Zahl steil nach unten. Zugleich wuchs die Zuwendung der Eltern: ‚Mehr Liebe, weniger Hiebe'." Die Reaktion von Rebekka Habermas auf diese Sätze stellte sich wie folgt dar: „Hiebe können auch Liebe sein. Gewaltausübung in Familien heißt ja nicht, dass Kinder nicht geliebt werden."[67] Es ist ganz und gar erstaunlich, wie im Jahr 2018 öffentlich von einer hoch gebildeten Person solche Sätze kommen können.

Natürlich kann man auch heute noch in Deutschland in der Allgemeinbevölkerung eindeutige Einstellungen finden. Der User *Hand of God* schrieb am 3.3.2017 in einem Onlinekommentar auf ZEIT-Online über Erziehungsfragen: „Wenn ich gelogen habe, hat meine Mutter mir eine geknallt. Wenn ich meinen Bruder geärgert habe, hat meine Mutter mir eine geknallt. Als ich Möbelstücke aus dem Fenster geworfen habe, hat meine Mutter mir eine geknallt. Als ich Geld ungefragt aus ihrem Portemonnaie genommen habe, hat meine Mutter mir eine geknallt. Was glauben Sie wie oft ich das danach nochmal gemacht habe? Eine Ohrfeige hat mir zumindest nicht geschadet."[68] Die Wahrnehmung des Erwachsenen, dass ihm die einst als Kind erlittene Gewalt nicht geschadet hätte, ist an sich schon eine Folge der Gewalt.[69]

Wenn Eltern Gewalt anwenden, ist dies keine Gewalt. Wenn Eltern Gewalt anwenden, dann nur zum Wohle des Kindes. Wenn Eltern Gewalt anwenden, dann schadet dies dem Kind nicht, sondern bewahrt es vor Schaden. Wenn Eltern Gewalt anwenden, dann ist das Liebe. Solch eine Verdrehung der Wahrnehmung und von Realität ist an sich eine Folge oder besser gesagt ein Folgeschaden eben dieser Gewalterfahrungen. Das Kind übernimmt wortgetreu die Sicht der ihn misshandelnden Eltern, hat seine eigenen Empfindungen beiseitegeschoben und ist entsprechend gefährdet, später selbst Gewalt gegen die eigenen Kinder oder andere Menschen anzuwenden oder diese Gewalt zu tolerieren. Diesen Punkt werde ich noch aufgreifen und dabei vor allem auf die Arbeiten des Psychoanalytikers Arno Gruen eingehen.

Diese Verdrehung der Wahrnehmung gilt natürlich nicht nur für das Schlagen von Kindern, sondern auch für andere destruktive Verhaltensweisen von Eltern. Für Kinder scheint es überlebenswichtig zu sein, ihre Eltern immer als gut anzusehen, egal was diese tun oder speziell ihnen als Kinder antun. Ein Paradebeispiel dafür ist Anthony Kiedis, der als Sänger der Gruppe *Red Hot Chili Peppers* berühmt wurde. Sein Vater war ein Drogendealer und Anthony kam erstmalig bereits als Vierjähriger mit Drogen in Berührung. In einem Interview sprach der Sänger offen über seine Kindheit und blickte zurück: „Immerhin hat mir mein Vater stets eine Banane in die Drogencocktailmilch geschnitten, die er mir gab, als ich acht war – um mir das Leben zu versüßen. Ich habe ihn dafür geliebt."[70] Darauf stellt der Interviewer folgende Frage: „Sie haben nichts an den Erziehungsmethoden Ihres Vaters auszusetzen?" Antwort Kiedis: „Erziehungsmethoden? Was für Erziehungsmethoden? Ich habe mich ganz alleine großgezogen. Und ich habe mich nie über die Härten meines Lebens beschwert. (...)." Kinder sind Überlebenskünstler. Ein Kind könnte die Wahrheit nicht ertragen. Die Wahrheit ist, dass ein Vater, der seinem Kind Drogen gibt, dieses Kind schwer missbraucht und zudem eine massive Körperverletzung begeht, was natürlich gar nichts mit Liebe zu tun hat. Das Kind nimmt jeden Notnagel, den es bekommen kann. In diesem Fall die Banane: *denn Vater kann es ja nur gut mit mir meinen, wenn er mir doch eine süße Banane gibt.*

In ihrem Buch mit dem Titel *Die Geprügelte Generation* merkt die Journalistin Müller-Münch (2012) an, dass sie sich nicht vorstellen kann, „dass wir Kinder der 50er und 60er Jahre aus lauter Liebe und Fürsorge derart geschunden wurden. Dass unsere Eltern es tatsächlich, so wie sie immer behauptet haben, nur gut mit uns meinten. Denn die mit Hilfe von Handfegern, Kochlöffeln, Teppichklopfern, Reitgerten, Peitschen und Rohrstöcken verabreichten Hiebe fühlten sich meiner Erinnerung nach so gar nicht nach Zuwendung und Zuneigung an."[71] Besser kann man die Geschichte des Kinderprügelns – und der Verdrehung der Wirklichkeit mit dem Leitspruch *Gewalt sei Liebe* – kaum kommentieren.

Mit diesem einleitenden Rückblick auf Erziehungseinstellungen möchte ich deutlich machen, wo wir herkommen und was unsere Geschichte ist. Auf das historische Leid der Kinder gehen ich weiter unten nochmal vertiefend ein. In dieser Einleitung war es mir wichtig, die Identifikation mit destruktiven Eltern aufzubrechen und historisch zu zeigen, wie fest verwurzelt diese Gehirnwäsche war. Natürlich ist diese Geschichte des Kinderleids und Kinderbrechens leider noch längst nicht zu Ende, was weiter unten ausgeführt werden wird. Ich möchte vorweggreifen, dass aktuell immer noch die Mehrheit aller Kinder auf der Welt von Erziehungspersonen geschlagen werden. Deutschland ist mittlerweile allerdings weltweit verglichen vorbildlich was Kinderschutz, Kinderfürsorge und Erziehungsverhalten angeht. Gewalt gegen Kinder kommt weiterhin hierzulande in Teilen der Bevölkerung vor, ist aber nicht mehr toleriert oder gesellschaftsfähig.

Ich möchte nochmal meine einleitenden Gedanken zusammenfassen, die ich im Textverlauf noch detailreicher ausgestalten werde. Letztlich beinhaltet die Einleitung aber bereits weitgehend alle wichtigen Punkte, um die es mir geht.

1. Kindheit war historisch stets gewaltbesetzt und destruktiv. Das Ausmaß und die Alltäglichkeit des historischen Kindheitsleid ist bisher nicht Teil des öffentlichen Bewusstseins geworden.

2. Eine gewaltfreie Kindheit ist eine recht neue *Erfindung* der Menschheit. Gesellschaften, in denen beispielweise die Mehrheit der Kinder ohne körperliche Elterngewalt aufwachsen, sind bis heute nur wenige zu finden

3. Trotz dieser beiden ersten Punkte zeigt die Datenlage, dass es Grund zu Optimismus gibt. Gewalt gegen Kinder ist (vor allem in Europa) stetig rückläufig und dieser Prozess scheint sich sogar zu beschleunigen. Parallel dazu gibt es weltweit große Bemühungen der Gesetzgeber um mehr Kinderschutz.

4. Der Spruch, dass elterliche (bzw. erzieherische) Gewalt Kindern nicht schaden würde, sondern positive Auswirkungen auf diese hätte, ist wissenschaftlich (und auch von jedem gesunden menschlichen Fühlen her) eindrucksvoll widerlegt. Ganz im Gegenteil hat jegliche Gewalt gegen Kinder deutlich schädliche Auswirkungen auf die Kinder und somit auch auf die später Erwachsenen.

5. Es werden vor allem in der Öffentlichkeit, Medienlandschaft und oft auch in der Wissenschaft zwei Dinge nicht miteinander verknüpft: die vielfältigen destruktiven Folgen von Kindesmisshandlung und belastenden Kindheitserfahrungen und das hohe Ausmaß von Kindesmisshandlung und belastenden Kindheitserfahrungen.

Denn beides zusammen bedeutet, dass in vielen Gesellschaften die Mehrheit der Menschen an destruktiven Folgen von Kindheitsleid leidet. Entsprechend *kränkeln* auch die entsprechenden Gesellschaften und das umso mehr, je mehr destruktive Kindheitserfahrungen in der Bevölkerung verbreitet sind. Diese simple Feststellung macht die Kindheit gesellschaftlich so bedeutsam und somit hoch politisch.

6. Die vielfältigen schädlichen Folgen von Kindesmisshandlung und belastenden Kindheitserfahrungen sowie das Ausmaß selbiger gilt natürlich nicht nur für die Allgemeinbevölkerung, sondern auch für spezielle Gruppen wie Politiker, Beamte, Militärs, Wirtschaftsführer, Medien- und Kulturschaffende usw. Auch Menschen aus diesen einflussreichen Gruppen waren einst Kinder und ihre Kindheitserfahrungen prägen – wie bei allen Menschen – ihr Agieren und ihre psychische Situation als Erwachsene.

7. Verstärkt seit den 1990er Jahren steigt das wissenschaftliche Interesse an den (kollektiven) Gesundheitsfolgen von Kindheitsleid, aber auch speziellen Folgen wie Kriminalität oder hohen gesellschaftlichen Kosten. Diese Themenbereiche sind mittlerweile recht gut erforscht. Wenn es allerding um Politik geht, wird das wissenschaftliche Feld sehr viel dünner. Destruktives Agieren von Politikern und Politikerinnen, Terrorismus/Extremismus und auch Kriege werden i.d.R. nicht in einen Zusammenhang mit belastenden Kindheitserfahrungen gebracht. Eine Ausnahme stellt der in Wissenschaft und Öffentlichkeit kaum beachtete Forschungsbereich *Psychohistorie* (englisch: *Psychohistory*) dar. Dieser Forschungszweig stellt routinemäßig Zusammenhänge zwischen Kindheit und Krieg, Kindheit und Terror/Extremismus, Kindheit und sozialen Verwerfungen, Kindheit und wirtschaftlicher, kultureller und sozialer Rückständigkeit, Kindheit und destruktiver Politik, Kindheit und gesellschaftlicher Selbstzerstörung usw. her. Dafür wird er i.d.R. ignoriert. Diese Ignoranz ist mittlerweile nicht mehr tragfähig, da es etliche Forschungsergebnisse gibt, die psychohistorische Thesen stark stützen.

Diese werde ich in diesem Gesamttext nach bestem Wissen und Gewissen darstellen.

8. Es ist zu erwarten, dass eine deutliche Reduktion von Kindesmisshandlung in all ihren Formen und belastenden Kindheitserfahrungen starke positive Effekte auf Gesellschaften – ihre Politik, den Gesundheitszustand der Menschen, ihre Medien, Alltagsverhaltensweisen, Gewaltverhalten/Kriminalität, Moralvorstellungen oder einfach ihr gesamtgesellschaftliches emotionales Befinden – hat und auch bereits hatte. Die Frage an die Wissenschaft wird zukünftig immer drängender sein, warum Gewalt und Destruktivität in der Gesellschaft im langfristigen Trend betrachtet immer weiter abnimmt? Wer bei der Beantwortung dieser Frage die sich stetig verbessernde Kinderfürsorge und eine stetige Abnahme von Gewalt gegen Kinder bei der Analyse außen vor lässt, wird keine ausreichende Antwort bekommen.

9. Die Kindheit ist auch politisch im privaten Raum, denn jede neue Elterngeneration, die ihre Kinder liebevoller und gewaltfreier erzieht als die Generation davor, verändert dadurch Stück für Stück die Gesellschaft und die Zukunft.

10. Blick in die Zukunft: In den nächsten 50 Jahren werden die positiven Effekte der sich stetig entwickelnden Kinderfürsorge überdeutlich zu Tage treten. Schon jetzt gibt es Länder, in denen nur noch eine Minderheit der Kinder elterliche Gewalt erlebt und elterliche Zuwendung immer mehr ansteigt. Dies ist ein bahnbrechender Fortschritt in der Evolution von Kindheit. Immer mehr Länder verbieten zudem durch Gesetze jegliche Gewalt gegen Kinder. Der Trend zu einer gewaltfreien Kindheit ist meiner Auffassung nach nicht mehr zu stoppen, sondern wird sich zukünftig sogar beschleunigen und weltweit verbreiten. Ich bin sehr dafür, dass wir die Zukunft noch näher an uns heranholen. Deswegen ist dieser gesamte Text im Grunde auch ein großer Aufruf an die Weltgemeinschaft, den weltweiten Kinderschutz deutlich schneller voranzutreiben und somit massiv in die Zukunft der Menschheit zu investieren.

2. Es gab kein Paradies! Gewalt in vorzivilisatorischen Gesellschaften

Voranstellen möchte ich dem Kapitel über die Geschichte der Kindheit einige Gedanken über die vorzivilisatorische Kindheit. Bezüglich Kindheit hörte ich im privaten Rahmen oft dieses klassische: *früher war alles besser*. Der Blick geht dabei nicht zu weit historisch zurück, aber er bezeichnet eine vermutete Grundannahme (die ich für falsch halte), um die es mir auch hier geht.

Es gibt Fachmenschen, die davon ausgehen, dass erst durch den zivilisatorischen Prozess in der Geschichte der Menschheit Gewalt aufkam[1] und somit weitergedacht auch Gewalt gegen und Unterdrückung von Kindern zunahm. Leider richtete auch Arno Gruen – dessen Gesamtwerk ich sehr schätze und dessen Arbeit mich selbst stark beeinflusst hat – seinen Blick stark nach hinten. Er schreibt: „Ich glaube also, dass uns eine Analyse der Hauptelemente des primitiven Denkens helfen kann, uns selbst besser zu verstehen."[2] Mit primitiven Denken meint er die Lebensformen bei Jägern und Sammlern, die er als „niemals abstrakt" denkend und als wenig vom Gehorsam durchzogen beschreibt und meint, einen hohen Grad an Selbstachtung/Selbstwert, „Achtung für das, was der Mensch ist" und eine „ganzheitliche Sicht" bei ihnen zu finden.[3] Dass Gruen auch die Kindererziehung in Stammesgesellschaften idealisierte, wird besonders dadurch deutlich, dass er immer wieder in seinen Arbeiten und Vorträgen ein Beispiel einer *Eipo*-Mutter aus West-Neuguinea anführte, die ihre Kinder in einer beobachteten Szene zum Teilen anregte.[4] Gerade bei den *Eipo* finden sich hohe Raten von Kindestötungen und ergänzend sehr kriegerisches Agieren der Erwachsenen, worauf ich weiter unten im Text gleich noch eingehen werde. Auch Lloyd deMause hat gerade am Beispiel von Stammesgesellschaften in Neuguinea ausgeführt, wie extrem traumatisch und missbräuchlich Kindheit in dieser Region war und ist.[5]

DeMause hat zudem – unter dem Zwischentitel „Die Idealisierung von Kindheit bei primitiven Gesellschaften“ – stark kritisiert, dass viele Sozialwissenschaftler und Anthropologen davon ausgehen, dass die Zivilisation und stetig komplexer werdende Gesellschaften stets auf Kosten von Kindern gingen und sich die Kindererziehungspraxis von einer liebenden und fördernden zu einer vernachlässigenden und missbrauchenden Praxis gewandelt hätte.[6]

Das *Paradies* der Menschheit läge dann dementsprechend weit zurück, deutlich vor 10 000 v. Chr. (oder bei den wenigen Stämmen, die heute noch ohne Kontakt zur Zivilisation leben), wo Menschen durchgängig in weitgehend egalitären Stammesgesellschaften – angeblich – friedlich lebten und – angeblich – kindgerecht mit ihrem Nachwuchs umgingen.

Kommen wir zunächst zurück in unsere heutige Zeit. Im Kapitel *Das Ausmaß der Gewalt gegen Kinder in der Welt – Kindheiten der Allgemeinbevölkerung* werde ich ausführlich auf das Ausmaß von Kindesmisshandlung in der heutigen Welt eingehen. Die Zahlen und Daten zeigen deutlich, dass eine gewaltfreie Kindheit weltweit die Ausnahme darstellt. Zudem zeigen die Daten, dass Gesellschaften, die sich erst in Modernisierungsprozessen befinden und die verglichen mit Europa stark an traditionelle Lebensformen festhalten, die weltweit verglichen höchsten Raten von Kindesmisshandlung aufweisen (vor allem Gesamtafrika und der Nahe Osten, aber auch andere Teile in der Welt). Mir stellt sich eine brennende Frage: Wenn es ein *Paradies* gab, dabei vor allem ein Paradies für Kinder, ein Leben von Kindern in einer menschlichen Gruppe, in dem sie angenommen wurden und keinerlei oder nur in sehr geringen Ausmaß Gewalt, Missbrauch, Unterdrückung, Demütigung und/oder Zwang erfahren hätten, dann würde dies nach unserem heutigen Wissen bedeuten, dass aus diesen Kindern sehr gesunde, kaum aggressive, kaum destruktive, kaum selbstschädigende Erwachsene mit einer breiten und lebendigen Gefühlswelt geworden wären. Diese Erwachsenen hätten dann wiederum ganz selbstverständlich an ihre Kinder weitergegeben, was sie selbst als Kind erlebt haben. Warum hätten diese aus dem *Paradies* stammenden Menschen plötzlich – nur weil sie wirtschaftliche Prinzipien, Besitz, Ackerbau etc. erfunden hatten – anfangen sollen, ihre Kinder zu malträtieren, zu demütigen und zu schlagen? Warum hätte dieses Prinzip der Gewalt und Mitleidlosigkeit gegen Kinder weltweit alle Gesellschaften durchdringen können und zwar so durchgängig, dass wir immer noch in unserer heutigen modernen Welt auf das hingewiesene enorme Ausmaß von Kindheitsleid stoßen? Ich glaube nicht an ein Paradies! Ich glaube vielmehr an die Evolution von Kindheit und daran, dass ein Blick zurück nicht lohnt, um zu lernen, was wir besser machen können. Nur der Blick nach vorne bringt uns weiter.

Ich bin letztlich kein Fachmensch für Ethnologie und ähnlichen Gebieten. Ich möchte allerdings einige Gedankengänge und Fragen ausführen. Mir ist bisher keine Forschungsarbeit bekannt, die das wesentliche Ziel hatte, ein umfassendes Bild über den Umgang mit Kindern in (von der Zivilisation weitgehend unberührten) Stammesgesellschaften zu erhalten und ergänzend gezielt und systematisch traumatische und belastende Kindheitserfahrungen untersucht hat. Eine solche Studie hätte ähnliche Faktoren untersuchen müssen, die heute bei den ACE-Studien abgefragt werden: Körperliche, sexuelle und psychische Gewalt, Vernachlässigung, Unterernährung, Tod von Elternteilen und Geschwistern, Rauschmittelkonsum, psychische Krankheiten usw. Diese Studie hätte zudem von Fachleuten begleitet werden müssen, die sich mit der kindlichen Psyche und den Folgen von belastenden Kindheitserfahrungen auskennen und einen entsprechend geschulten Blick für diese Dinge haben, den Anthropologen und Ethnologen fachlich gesehen nicht haben werden. Erst unter solchen Bedingungen hätten wir ein einigermaßen reales Bild von dem, was Kindheit in solchen Gesellschaften bedeutete. Heute ist es für solche Studien im Grunde zu spät, weil es fast keine Völker mehr gibt, die unberührt von der Zivilisation leben.

Zudem fallen mir folgende Fragen ein: Was passiert eigentlich mit Kindern, die behindert sind, besonders schwächlich auf die Welt kommen oder sonstige Besonderheiten aufweisen? Was passiert mit Kindern, die sehr charakter- und willensstark auf die Welt kommen und/oder außergewöhnlich intelligent sind, wie werden diese in die Gemeinschaft eingeformt? Oder wird sich ihrer entledigt?

Noch im Jahr 2009 gab es Berichte von Stämmen aus dem Urwald in Brasilien über missgebildete Kinder, die bei lebendigem Leibe vergraben wurden. In dem Bericht heißt es: „Rituelle Kindstötungen kommen in mehreren Eingeborenenstämmen in Brasilien vor. Betroffen sind etwa Kinder mit Behinderungen oder Albinos. Manche Stämme glauben auch, dass in Zwillingen Gut und Böse vertreten sind. Sie töten daher das Kind, welches sie für das personifizierte Böse halten. Neben Begräbnissen bei lebendigem Leibe kommt es auch vor, dass Kinder im Urwald ausgesetzt und sich selbst überlassen werden."[7]

In einem anderen Bericht über die selbe Region werden weitere Gründe für das Töten des Säuglings genannt: u. a. die Mutter muss sich noch um andere Kinder kümmern, Tod der Mutter, das Kind hat keinen sozialen Vater oder der Vater kommt von einem anderen Stamm.[8] In einem weiteren Bericht heißt es, dass Babys getötet werden „weil sie Mädchen sind, weil sie mit einem Hautfleck oder einem gewöhnlich längst heilbaren Geburtsfehler zur Welt" kommen.[9] Die Säuglinge dürfen bei mindestens 13 Stämmen des Landes durch Vergiften, lebendiges Begraben, durch Bogenpfeile und andere Methoden getötet werden. Nebenbei wird in dem zuvor zitierten Bericht auch erwähnt, dass Sex in der Kultur der *Apuriná*-Indios mit acht bis neun Jahre alten Mädchen erlaubt ist und auch praktiziert wird. Sowohl gegen den sexuellen Missbrauch als auch gegen die Praxis der Kindestötungen, die die Jahre davor aus *Respekt* vor der indigenen Kultur toleriert wurden, regt sich in Brasilien mittlerweile öffentlicher Widerstand.

Schätzungen zufolge kommt es im Amazonas-Dschungel allerdings immer noch zu jährlich bis zu 600 solcher Kindstötungen.[10]

Je nach Kultur gibt es andere *Gründe*, um Säuglinge umzubringen. Bei den in der afrikanischen Kalahari lebenden *San* (einer klassischen Jäger- und Sammlergesellschaft) darf eine stillende Mutter nicht schwanger werden. Wird sie es doch, wird das Neugeborene getötet.[11]

Oder die Kindestötungen wurden schlicht und einfach ausgeführt, weil man keine Mädchen bekommen wollte. Bei einigen *Eskimo*-Stämmen in Kanada legte das von Anthropologen festgestellte Geschlechterverhältnis nahe, dass 66% der weiblichen Säuglinge getötet worden waren.[12] Bei den *Eipo* (in Westneuguinea) wurden einer Untersuchung des Anthropologen Wulf Schiefenhövel nach 20 bis 30% aller Neugeborenen getötet, was er als eine Art Bevölkerungskontrolle deutet.[13] Auch wenn Schiefenhövel ansonsten in seinen Arbeiten gerne auf die intensive Zuwendung der *Eipo*-Mütter zum Säugling und Kleinkind hinweist, fragt man sich, wie es sich für die überlebenden Kinder anfühlte, mitzubekommen, wie Säuglinge getötet werden.

Oder wie fühlte es sich für Kinder an, mitzubekommen, wie ein getöteter Feind in einer „kannibalischen Zeremonie“ im Dorf verzehrt wird oder Gewalt und Krieg mitzuerleben, denn die Wahrscheinlichkeit, durch Gewalt zu sterben, lag bei den *Eipo*-Männern noch bis Ende der 1970er Jahre hinein bei ca. 25%, bei den *Eipo*-Frauen bei ca. 13%.[14]

Einer Untersuchung von 29 Stämmen der *Yanomamo* (im venezolanisch-brasilianischen Regenwaldgebiet) nach starben 43% der Mädchen im ersten Lebensjahr, die Hälfte davon wahrscheinlich durch Kindestötungen. Von den Jungen starben 27% innerhalb des ersten Lebensjahres, allerdings vermuten die Forschenden, dass nur 7% durch Abtreibung, Totgeburten oder Kindestötungen umkamen. Gezielt Mädchen umzubringen, diente den Forschenden nach offensichtlich der Bevölkerungskontrolle, da die Stämme nicht wachsen wollten.[15] Ergänzend viele Tote durch Verletzungen, Unfälle aber auch kriegerische Auseinandersetzungen bedingten, dass nur 22% der Bevölkerung der *Yanomamo* über 30 Jahre alt war. Der Tod war entsprechend allgegenwärtig.

Robert B. Edgerton erklärt, was ein weiterer Grund für den Säuglingsmord bei den *Yanomamo* war. Traditionell sei es den Frauen ab dem Zeitpunkt einer entdeckten Schwangerschaft bis zur Entwöhnung des geborenen Kindes verboten, Geschlechtsverkehr mit ihrem Mann zu haben. „Anstatt die lange Zeit des Zölibats zu ertragen, zogen es manche jungen Paare vor, die Säuglinge zu töten.“[16]

Es ist auffällig, dass Kindestötungen in solchen Kulturkreisen von vielen Forschenden oftmals rational (Stichwort: Bevölkerungskontrolle) oder nachsichtig erklärt werden. Der Professor für Ethnologie Jürg Helbling schrieb gar (aus zweckrationaler Sicht der tribalen Kultur gesprochen): „Weiblicher Infantizid ist eine sinnvolle Strategie, wenn man von den politischen Interessen der Lokalgruppen in einer kriegerischen Umwelt ausgeht. Durch weiblichen Infantizid wird der Anteil kriegsfähiger Männer an der Gruppengröße erhöht, ohne die Gruppengröße proportional ansteigen zu lassen. Gleichzeitig werden die ‚Unterhaltskosten‘ für Frauen während ihrer unproduktiven Zeit reduziert.“[17] Deutlich wird, dass diese Schlussfolgerungen Deutungen (die sich aus den sozialen Folgen der Kindestötungen ergeben) der Forschenden sind. Es ist kaum vorstellbar, dass die Menschen vor Ort, die ihre weiblichen Säuglinge umbrachten, derart zweckrational argumentieren würden (und was ist eigentlich schlimmer: eine irrationale Kindestötung oder eine derart planvolle, zweckrationale Kindestötung?).

Das vorgenannte Beispiel bei den *Yanomamo* zeigt bereits, dass die kindermordenden Eltern manches Mal ganz andere Motive haben. De-Mause führt aus, was die Menschen aus entsprechenden Kulturen noch für *Gründe* angeben, Säuglinge umzubringen: weil „Kinder zu viele Probleme bereiten", weil „die Mütter auf ihre Ehemänner wütend waren", weil sie „dämonische Kinder" wären, weil das Kind „ein Hexer werden könnte", weil „ihre Ehemänner zu einer anderen Frau gehen, um mit ihr Sex zu haben, während sie den Säugling stillen müssten", weil „sie keine Kinder haben wollten, die sie in ihren Liebschaften einschränken würden", weil „es weiblich war", weil „sie einen bald verlassen würden" oder weil „sie nicht bleiben werden, um im Alter auf uns zu schauen."[18]

Margaret Mead, die in ihren Arbeiten manche indigene Völker idealisierte (siehe ausführlich auch weiter unten im Text), berichtete in ihren Briefen nach Hause im Jahr 1932 aus Kenakatem in Neu-Guinea, dass die Leute vor Ort ständig ihre Babys „wegschmissen": „And we've had one corpse float by, a newborn infant; they are always throwing away infants here (...)."[19] Dies wird auch von einer anderen Quelle bestätigt, die auch erklärt, warum die Säuglinge im Wasser trieben: „In Neuguinea brachte man die neugeborenen Kinder an einen Fluss und befeuchtete ihnen die Lippen mit Wasser. Ein Kind, das dieses Wasser nicht nehmen mochte, wurde weggeworfen."[20] Auch dies ist überdeutlich ein absolut irrationaler Akt. Der zitierten Textstelle von Mead voraus gingen Schilderungen über Kannibalismus (auch unter Kindern), der noch vier Jahre vor ihrer Ankunft praktiziert wurde. „(...) boys of twelve have eaten human flesh and they show merely a mischievous and merry glee in describing their previous diet."[21]

An Hand von Meads Schilderungen zeigt sich, dass die Kindheit selbstverständlich auch in Stammesgesellschaften politisch ist, denn die Kindheitserfahrungen prägen die Gesellschaften, auch wenn es kleine Gesellschaften sind. Weit verbreitete Kindestötungen deuten auf einen massiven destruktiven Umgang mit Kindern an sich hin. Bezüglich Kindestötungen wird außerdem oft vergessen, dass es immer auch überlebende Kinder gibt, die in dem kleinen Lebensrahmen einer Stammeskultur sicher mitbekommen, wie ihre Brüder und Schwestern oder ihre neugeborenen Nachbarskinder umgebracht werden oder *verschwinden*.

Dies bedeutet eine extrem belastende Erfahrung und starke Ängste vor den eigenen Eltern, was diese Kinder prägen und nachhaltig verändern wird. Es verwundert entsprechend nicht, dass Mead Kannibalismus in einer Gesellschaft ausmachte, die gleichzeitig ständig ihre Kinder umbrachte.

Ergänzt werden müsste das Bild außerdem um belastende oder traumatische Initiationsrituale und rituelle Deformierungspraktiken, die weit bei indigenen Völkern verbreitet sind. Beispielsweise gibt es Berichte über das *Anspitzen* von Zähnen bei einigen Stammesgesellschaften in Afrika. Alle Mitglieder der beobachteten Stämme hatten ab einem Alter von 14 Jahren *angespitzte* Frontzähne. Diese Prozedur ist mit starken Schmerzen sowie auch Folgeschäden verbunden.[22] In anderen Kulturen werden Kindern einige Zähne entfernt (durch ausschlagen, rausschneiden oder heraushebeln), so z. B. bei den *Koma* in Kamerun. „Dort wurde bei den 12 bis 13jährigen Mädchen das Zahnfleisch bzw. Parodontium mit einer Pflanze aufgeweicht und anschließend die oberen mittleren Schneidezähne heraus gehebelt. Die Frauen zeigen einen gewissen Stolz über dieses Ritual.“[23] Es ist nicht davon auszugehen, dass die Kinder bei der Deformation oder Entfernung ihrer Zähne betäubt wurden.

In afrikanischen Kulturen oder auch bezüglich indigener amerikanischer Völker finden sich zudem Berichte über Deformierungen von Armen, Beinen oder dem Schädel.[24]

Auch wenn solche Praktiken als *kulturelle Tradition* verpackt sind, stellen sie eine erhebliche Belastung bzw. einen schweren Übergriff für Kinder dar, der psychische Folgen haben wird. Archäologische Funde belegen zudem nach Garve (2011), dass rituelle Deformierungen bereits vor Jahrtausenden praktiziert wurden.

Dazu kommt das Thema Genitalienverstümmelung. Die junge *Massai* Nancy berichtet: „Wenn du aus der Schule kommst, sind plötzlich eine Menge Leute um dich herum und sagen Dir, dass du jetzt beschnitten wirst. Ich hab gebettelt, dass sie aufhören sollen. Aber ein paar Frauen haben meine Arme festgehalten, meine Beine, und eine andere hat geschnitten.“[25] Die „paar Frauen“ waren Nancys Mutter und ihre Tanten. Der Vertrauensverlust sei entsprechend massiv und nachhaltig gewesen. Bei den *Massai* (Ostafrika) sei die Verstümmelung der Genitalien eine uralte Tradition. Bei den nomadischen Hirtenvölkern der *Massai*, *Somali*, *Samburu* oder *Pokot* werden immer noch – trotz gesetzlicher Verbote – zwischen 75 und über 90 Prozent der jungen Mädchen genital verstümmelt. Danach folgt weiteres Grauen: „Mit 13 wirst du dann an einen alten Mann verheiratet. Denn für uns Massai bist du nach der Beschneidung eine Frau. Also warum solltest du dann noch bei Deiner Mutter leben. Du gründest eine eigene Familie. Also: Die Genitalverstümmelung geht Hand in Hand mit Kinderehen.“[26] Diese schwer traumatisierten Mädchen werden irgendwann Mütter und für die Sozialisation der neuen Kindergeneration zuständig sein.

Mit Blick auf die genannten Deformierungspraktiken und Genitalienverstümmelungen lässt sich zusammenfassen, dass Generation für Generation die Erwachsenen weitergaben, was sie selbst als Kind erlitten hatten. Erlebter Schmerz, Ohnmacht und Überwältigung durch erwachsene Bezugspersonen wird im Sozialisationsprozess verdrängt und umgedeutet zu kultureller Notwendigkeit und (wohlwollender) Tradition, ganz ähnlich wie es für das Prügeln von Kindern in Europa galt.

Bezüglich der Initiationsrituale in Stammesgesellschaften und der routinemäßigen Verknüpfung selbiger mit Schmerzen hat Houseman (1989) einige Zeilen des französischen Ethnologen Pierre Clastres übersetzt, die für sich sprechen: „Von einem Stamm zum anderen, von einer Region zur anderen unterscheiden sich die Techniken und die Mittel der Grausamkeit; aber das Ziel bleibt das Gleiche: man muss den Initianten leiden lassen. … in den primitiven Gesellschaften ist die Folter das Wesentliche des Initiationsrituals.“[27] Diese Schmerz- oder Opferrituale treffen vor allem Kinder und Jugendliche und sollten bei der Bewertung bezüglich möglicher Traumatisierungen eine wichtige Rolle einnehmen.

Einige Beispiele für übliche Initiationsriten in Papua-Neuguinea möchte ich zitieren: „Gesellschaften überall im Hochland von Papua-Neuguinea forderten (…), dass die Knaben eine Initiationszeremonie durchliefen, bei der sie nur geringfügig verdünnten Löschkalk trinken mussten, der im Mund und Rachenraum Blasen hervorrief, sie mit Brennnesseln geschlagen wurden, kein Wasser trinken durften, man ihnen harte, stachelige Grashalme in die Harnröhre schob, die blutende Stellen verursachten, sie gebogene Bambusrohre schlucken mussten, bis sie sich erbrachen, und ältere Männer fellationieren mussten, die auch Analverkehr mit ihnen hatten.“[28] Da es sich hierbei um einen tief verwurzelten Ritus handelt, wird erneut deutlich, dass die früheren Opfer (die nun erwachsenen Männer) ihre eigenen traumatischen Erlebnisse an der neuen Kindergeneration wiederaufführen dürfen. Vermutlich ist dies sogar der eigentliche (emotionale) Zweck des Rituals, der nach außen hin nur kulturell gefärbt ist.

Für mich waren die Beschreibungen von Lloyd deMause bezüglich der psychischen Situation von Stammesgesellschaften geradezu eine Erweckung. Er beschreibt diese Gesellschaftsformen als die denkbar destruktivsten für Kinder – inkl. sehr hoher Raten von Kindestötungen. Auf Grund des häufigen Vorkommens von Kindestötungen in Stammeskulturen bezeichnet deMause in seiner idealtypischen Aufstellung von historischen Persönlichkeiten oder *Psychoklassen* die Zeit des Tribalismus als *früh infantizid.* Was Anthropologen und Ethnologen oft als Tradition und Kultur beschreiben – schamanische Trance, Halluzinationen, Glaube an Geister etc., Initiationsrituale, Opferungen, Tier/Fetisch-Alter-Egos, entsprechende Kunst – sind für DeMause Ausdrucksformen von kindlichen Traumatisierungen. Er bezeichnet die Menschen aus (früheren) Banden-/Stammesgesellschaften idealtypisch als *schizoide Persönlichkeiten* (einschließlich paranoider und psychopathischer Persönlichkeiten, wie er betont) die derart innerlich zerrissen sind und keine engen Beziehungen aushalten, dass sie sich soziokulturell nicht weiterentwickeln und höher organisieren können.[29] Auch hier zeigt sich also, wie politisch Kindheit ist.

In der Fernsehdokumentation *„Geheimnisvolle Völker (1/4). Die Geister der Simatalu"* wurde z. B. der Stamm der *Simatalu*, die auf der indonesischen Insel Siberut leben, in der Filmbeschreibung wie folgt vorgestellt: „Die Angehörigen dieses Stammes glauben, dass ihre Körper von Waldgeistern bewohnt werden. Sie versuchen stets sicherzustellen, dass die Geister sich bei ihnen wohlfühlen. Durch Tanz, Gesang und gute Lebensführung verhindern sie, dass die Geister sie verlassen – denn das hätte Krankheit oder Tod zur Folge."[30] DeMause würde dazu wahrscheinlich sagen, dass diese Menschen durch traumatische Kindheitserfahrungen innerlich schwer zerrissen sind und die inneren Geister für frühere (elterliche) Verfolger stehen. In der Tat gibt es in der Dokumentation deutliche Hinweise auf schwer belastete Kindheiten (was im Film aber nicht sonderlich hervorgehoben wird!). So berichtet in der Dokumentation eine Frau des Stammes darüber, dass ihr Vater ihr als Mädchen einen ganzen Tag lang mit einer Machete die Zähne gefeilt und angespitzt (natürlich ohne Betäubung) habe, was sehr schmerzhaft gewesen sei und der Schmerz hätte auch noch einen Monat lang angehalten. Dazu erfährt man in der Doku von Kinderehen, ein Mädchen wurde z. B. mit fünfzehn Jahren mit einem älteren Mann aus einem Nachbarstamm verheiratet. Auch sexueller Missbrauch wird angesprochen: „Wisst ihr schon das Neuste", fragt eine Frau im Gespräch mit anderen Frauen. Ein Mädchen sei im Schlaf von einem Mann sexuell belästigt worden. Außerdem wird berichtet, dass die Hälfte der Kinder des Stammes vor Erreichen des fünften Lebensjahres sterben. Neben der fehlenden medizinischen Versorgung muss man annehmen, dass diese hohe Kindersterblichkeit auch etwas mit dem Verhalten der Betreuungspersonen zu tun haben wird. Die Idealisierung dieses Stammes steht bereits deutlich sichtbar in der Filmbeschreibung. Die Simatalu lebten „im Einklang mit ihrer Umwelt, was für sie bedeutet, die Regeln der Natur ebenso zu respektieren wie die Regeln ihrer Gesellschaft."[31]

Die Auswirkungen der Gewalt in Stammesgesellschaften sind auch noch heute dort spür- und messbar, wo indigene Gruppen nicht mehr so leben wie ihre Vorfahren. Die *Māori* in Neuseeland sind im Verhältnis zu anderen indigenen Völkern relativ gut integriert. Für eine neuseeländische Studie wurden zudem relativ junge Menschen befragt (1011 Befragte, Geburtenkohorte 1977). Trotzdem ergaben sich in der Studie deutliche Unterschiede zwischen *Māori* und Nicht-*Māori* was ihre Kindheitssituation anging. Die *Mā*ori waren bei allen abgefragten Belastungsfaktoren (sexueller Missbrauch, körperliche Elterngewalt, Gewalt zwischen den Eltern, Drogen- und Alkoholmissbrauch der Eltern, Kriminalität der Eltern) deutlich stärker betroffen. Zudem waren sie bezüglich der höheren Schweregrade bei Gewaltakten besonders betroffen. Beispielsweise erlebten 14% der *Māori* besonders schwere körperliche Elterngewalt in der Kindheit, gegenüber 5,5% der Nicht-*Māori*; 20,9% der *Māori* erlebte den schwersten möglichen Grad an häuslicher Gewalt zwischen Elternteilen mit, dagegen 7,2% der Nicht-*Māori*.[32]

In der Studie werden die Ursachen für diese besondere Belastung der *Māori* in sozio-ökonomischen Faktoren und belasteten Familienverhältnisse (Drogen und Alkohol, Bildungsniveau etc.) verortet. Allerdings wurde auch ergänzend festgestellt, dass die *Māori*, die sich rein ihrer Ethnie zugehörig fühlten, deutlich stärker von körperlicher Elterngewalt und dem Miterleben von Gewalt betroffen waren, als die *Māori*, welche ihre Identität in Neuseeland komplexer betrachteten. Es gab allerdings trotz dieser Feststellung keine gedankliche Verknüpfung mit der Gewaltgeschichte in Stammesgesellschaften an sich und der deutlich ungleichzeitigen Entwicklung von den Eltern-Kind-Beziehungen.

Eine Veröffentlichung über die Situation der indigenen Bevölkerung Kanadas zeigte auf, dass 8 von 10 indigenen Frauen Opfer von häuslicher Gewalt wurden (im Verhältnis acht Mal häufiger, als die nichtindigene weibliche Bevölkerung), dass 50% der indigenen weiblichen Kinder unter 14 Jahren sexuellen Missbrauch erlebt haben, dass in manchen nördlichen indigenen Gemeinden 40% der Kinder von einem Familienmitglied misshandelt wurden und dass indigene Kinder extrem überrepräsentiert sind was Kinderschutzmaßnahmen/Inobhutnahmen angeht.[33]

Für eine Übersichtsstudie aus den USA fassten die Autoren zusammen, dass die indigene Bevölkerung in den USA und in Alaska die – verglichen mit anderen Gruppen/Ethnien – zweithöchsten Raten bezüglich häuslicher Gewalt und die höchsten Raten bezüglich Kindesmisshandlung aufweist.[34]

Ein ähnliches Bild zeigt sich bezüglich der *Aborigines* in Australien. Im Zeitraum 2000–2001 wurden in Westaustralien Kinder aus *Aborigines*-Gemeinschaften fast acht Mal häufiger als Opfer von Kindesmisshandlung (in all ihren Formen) registriert, als andere Kinder in der Region. Ebenso zeigte sich, dass häusliche Gewalt um ein vielfaches häufiger in *Aborigines*-Familien vorkam, als in anderen Familien.[35] Im Jahr 2007 erregte die Intervention der australischen Regierung im *Northern Territory* (wo überwiegend die *Aborigine*s leben) international für Aufsehen. Vorausgegangen war eine Expertise, die von systematischem Kindesmissbrauch in den dortigen *Aborigines*-Gemeinschaften, aber auch weit verbreitetem Alkoholismus berichtete. Nachdem das geltende Anti-Diskriminierungs-Gesetz vorübergehend außer Kraft gesetzt worden war, wurden Polizisten, Soldaten, Ärzte, Krankenschwestern und Sozialarbeiter in die entsprechenden Siedlungen entsandt.[36]

Natürlich muss die Benachteiligung, soziale Ungleichheit und auch die historischen Taten der Kolonisatoren (Stichwort: Kollektives Trauma) an der indigenen Bevölkerung mit in die Ursachen-Analyse einfließen, wenn es um die Frage geht, warum in den indigenen Gemeinden katastrophale Zustände herrschen. Allerdings muss *auch* die Historie und traditionelle Lebenswelt – die ich auch oben im Text angesprochen habe – in solchen Stammesgesellschaften Beachtung finden, die ohne Einfluss von der modernen Zivilisation bis heute ihre ganz eigene Nachwirkung hat. An Hand einer Quelle aus dem Jahr 1965 berichtet beispielsweise deMause, dass die *Aborigines* früher bis zu 50% ihrer Säuglinge umbrachten.[37] Eine andere Quelle aus dem Jahr 1957 erwähnt eine generell hohe Kindersterblichkeit und ergänzend Raten bezüglich Säuglingstötungen von bis zu 30% bei einigen traditionell lebenden *Aborigine*-Stämmen.[38] Zudem gibt es Berichte über Kannibalismus und Mütter, die ihre Kinder zwangen, getötete Neugeborene zu essen, Genitalienverstümmelungen an Mädchen, Kindesmissbrauch und Kindesvergewaltigungen sowie schwere körperliche Gewalt. DeMause meint zusammengefasst, dass die *Aborigines* wahrscheinlich die gewaltvollsten aller indigenen Stammeskulturen auf der Welt waren, was den Umgang mit Kindern angeht.[39] Dies wird sich entsprechend von Generation zu Generation ausgewirkt haben und auch heute noch ganz sicher einen wesentlichen Anteil am Ausmaß der Gewalt gegen Kinder vor Ort haben.

Offizielle Daten der australischen Regierung zeigen, dass die allgemeine Säuglingssterblichkeitsrate bei der indigenen Bevölkerung deutlich höher lag, als bei der nicht-indigenen Bevölkerung. Im Jahr 1967 starben ca. 85 von 1000 lebend geborene indigene Kinder, die Sterblichkeitsrate der nicht-indigenen Bevölkerung lag dagegen im selben Jahr bei ca. 25 auf 1000.[40] Die Raten gingen in den Folgejahren stetig zurück, allerdings starben im Zeitraum zwischen 2008 und 2012 immer noch 1,7 Mal so viele *Aborigines*-Säuglinge verglichen mit Säuglingen von Nicht-Aborigines in Australien. Die Frage ist hier, in wie weit der historische Infantizid in den Stammeskulturen ursächlich mit in diese unterschiedlichen Sterberaten hineinspielt (ob nun durch verdeckte Kindestötung oder dem In-Kauf-Nehmen des Todes, unzureichende Säuglingsfürsorge, fehlender Empathie für den Säugling, Drogen-/Alkoholkonsum während der Schwangerschaft und ähnlichem)? Die Daten der australischen Regierung deuten ihrerseits bereits darauf hin, dass sich indigene Mütter sehr destruktiv während der Schwangerschaft verhalten. Die Hälfte der indigenen schwangeren Frauen rauchen während der Schwangerschaft, dagegen 12% der nicht-indigenen Schwangeren.[41]

Ähnliche Zusammenhänge vermute ich auch bezüglich der Kriminalitätsrate. Für erwachsene Indigene in Australien ist die Rate bezüglich Inhaftierungen 13 Mal höher als die für Nicht-Indigene. Und 40% aller Aufsichts-/Kontrollmaßnahmen durch das Justizsystem betreffen indigene Jugendliche, obwohl diese nur ca. 5% der jugendlichen Bevölkerung ausmachen.[42] Hier zeigt sich, dass die oben festgestellten belastenden Kindheitserfahrungen und ihr verhältnismäßig hohes Ausmaß ihre destruktive Wirkung entfalten und diese Überrepräsentation mit erklären. Ergänzend kann man die hohen Kriminalitätsraten bei der indigenen Bevölkerung auch als eine Nachwirkung einer generell schon früher vorhandenen hohen Gewaltbereitschaft deuten.

Für den *Aborigine* Stamm *Murngin* wurde im Zeitraum 1906–1926 eine jährliche Mordrate von 330 auf 100 000 Einwohner festgestellt, für den Stamm *Tiwi* im Zeitraum 1893–1903 eine Rate von 160.[43] Kein einziger heutiger Staat erreicht auch nur annährend solch hohe Mordraten! Fry & Söderberg (2013a+b) werteten Daten bezüglich Mordtaten von 21 Jäger- und Sammler Gruppen aus. Die Autoren haben zwar keine Mordraten errechnet, allerdings möchte ich festhalten, dass der australische Stamm *Tiwi* sich als derart gewalttätig entpuppte, dass er in den statistischen Auswertungen gesondert dargestellt wurde, um die Ergebnisse nicht zu verzerren.

Ein Paradebeispiel für die Idealisierung von Stammesgesellschaften ist der seit dem ersten Erscheinen im Jahr 1977 mehrfach aufgelegte Weltbestseller „*Auf der Suche nach dem verlorenen Glück: Gegen die Zerstörung unserer Glücksfähigkeit in der frühen Kindheit*“ von Jean Liedloff (2017). Der deutsche Titel bringt den Kern des Buches auf den Punkt. Liedloff geht von einem generellen Unglücklichsein in der modernen Zivilisation aus. In ihrem Buch bekommt man schnell den Eindruck, dass sie ihre eigene Gefühlwelt auf das Außen projiziert hat. Im Textverlauf deutet sie Verletzungen seitens ihrer Mutter an, erwähnt Verunsicherungen ihrer Kindheit und spricht von ihrer persönlichen Suche nach einem „Gefühl der Erlösung“.[44] Dieses Gefühl meint sie bei den *Yequana*-Indios in Venezuela, die sie als besonders glücklich und in Harmonie lebend beschreibt, wiedergefunden zu haben. Die wesentliche Ursache für das Glück der Indios verortete sie in deren Umgang mit den Kindern bzw. vor allem mit dem Säugling, der immer am Körper getragen, überall hin mitgenommen und jederzeit bei Bedarf gestillt wird. Das gesamte Buch ist allerdings derart ideologisch aufgebaut und in krassen schwarz-weiß Tönen (Zivilisation = schlecht / Stammesgesellschaft = gut) eingefärbt, dass es jeglicher Objektivität entbehrt.

Zudem ist es aufschlussreich wie die Autorin einzelne Beobachtungen stets zu Gunsten der Stammeskultur umdeutet. Unkontrolliertes Spielen der Kinder mit Feuer, Messern oder in Flüssen (die *Yequana* sehen es der Autorin nach grundsätzlich nicht als ihre Aufgabe, Kinder vor Gefahren zu schützen) wird zum Vertrauensvorschuss in das Talent der Kinder; die Anwesenheit von Säuglingen und Kleinkindern beim Sex der Eltern wird zum „wichtigen psychobiologischem Verbindungsglied zu seinen Eltern"; dass Kinder, die sich verletzten, keine mitleidigen Töne von sich geben und auch kein großes Mitgefühl von den Erwachsenen bekommen, deutet die Autorin als Zeichen für das sichere Gefühl der Kinder durch das Getragenwerden im Säuglingsalter und obwohl sie selbst berichtet, dass die *Yequana* ihre Jagdhunde mittels Bestrafungen abrichten (einschließlich Schlagen mit Fäusten, Stöcken, Steinen oder Schnitten in die Ohren) bleibt sie beim generellen Bild eines friedvollen Volkes.[45]

Die Überlegungen des Züricher Professors für Ethnologie Jürg Helbling machen deutlich, wie schnell sich Ethnologen bei der Beurteilung von der Gewaltbereitschaft entsprechender Kulturen irren können: „Nehmen wir an, eine Wildbeuter-Population umfasst 150 Menschen, was durchaus eine realistische Größenordnung ist. Nehmen wir weiter an, dass es dort durchschnittlich alle 15 Jahre zu einem Tötungsdelikt kommt. Das ist subjektiv ein seltenes Ereignis, und ein feldforschender Ethnologe muss schon jede Menge ‚Glück' haben, gerade zum Zeitpunkt dieses Totschlags anwesend zu sein. Wenn man das jedoch auf 100 000 Menschen normiert, kommt man zu 44 Tötungen pro Jahr. Damit verglichen, lebt es sich in der Bronx so sicher wie in Abrahams Schoß. In dem 1,3 Millionen Einwohner zählenden New Yorker Stadtteil ist als Ergebnis der Null-Toleranz-Politik der beiden letzten Bürgermeister die Tötungsrate von 653 im Jahr 1990 auf nur noch 136 in 2003 gesunken (...). 136 Tote auf 1,3 Millionen Menschen ergibt, auf 100 000 normiert, gerade mal 10,46 pro Jahr."[46]

Ein anderes Beispiel ist die berühmt gewordene Anthropologin Margaret Mead, die ab 1928 öffentlich von Stammeskulturen auf dem Inselstaat Samoa in Polynesien berichtete und dabei – ähnlich wie später Jean Liedloff – ein Bild von Harmonie und Frieden schilderte. Der Anthropologe Derek Freeman hat 1983 die Arbeit von Mead scharf kritisiert. Freeman verbrachte ab 1940 zusammengerechnet über sechs Jahre in Samoa, lernte die Sprache und wurde sogar in einem dortigen Dorf zum Häuptling ernannt. „In seinem nüchtern-kritischen Licht erscheint Meads Samoa-Bild (…) als das Werk einer gewaltigen Selbsttäuschung – ein Monument für die Macht des Wunschdenkens. (…) Das Samoa, das Freeman beschreibt und aus eigener Erfahrung und Aberhunderten von Zeugnissen belegt, sieht ganz anders aus. (…) Die Kinder seien durchaus an ihre Eltern gebunden; da diese sie aber keineswegs repressionsfrei, sondern im Gegenteil sehr autoritär erzögen, entwickelten sie eine charakteristische Ambivalenz: Sie liebten und hassten ihre Eltern gleichzeitig; sie lernten, ihre Gefühle unter einer gleichbleibenden ergebenen Höflichkeit zu verstecken, aber darunter brodelten Vulkane. (…) Ihre ganze Gesellschaft sei bis in den letzten Winkel hierarchisch durchstrukturiert. (…) Krieger seien hochgeachtet, ihre Kriege, bis die Kolonialmächte ihnen ein Ende setzten, zahlreich und unbarmherzig gewesen.“[47] Ebenso seien Vergewaltigungs-, Mord- und Selbstmordraten bezogen auf die Einwohnerzahl höher als z. B. die der USA. Psychische Störungen seien häufig. Die Einwohner zeigten eine ausgeprägte, oftmals gewalttätige Neigung zu Eifersuchts- und Konkurrenzverhalten. Und Kinder und Jugendliche würden auf Samoa von ihren Eltern, aber auch von den älteren Geschwistern mit drakonischen Strafmaßnahmen malträtiert.[48]

Der Professor für Anthropologie und Psychologie Robert B. Edgerton hat weitere Beispiele beschrieben, in denen Feldforscher ein Bild von Harmonie und Frieden in Stammesgesellschaften zeichneten, das sich später widerlegen ließ oder umgezeichnet werden musste.[49] Er schreibt: „Aus einer Reihe von Gründen (…) haben sich viele Anthropologen dafür entschieden, die dunklere Seite der Naturgesellschaften auszulassen, oder wenigstens nicht sehr viel darüber zu schreiben. Unter sich, bei einem Kaffee oder Cocktail, sprechen sie vielleicht freimütig über die Formen von Grausamkeit, Irrationalität und Leiden, die ihnen bei ihren Feldforschungen begegneten, doch nur eine verhältnismäßig geringe Zahl hat über derlei Dinge geschrieben oder über die vielen Arten, in denen Menschen in verschiedenen Naturvolkgesellschaften etwas tun, das ihnen selbst und anderen schadet.“[50]

Gründe für diese Wegsehen sieht er u. a. in persönlichen Vorurteilen/Idealismus oder darin, dass die Feldforscher die entsprechende Kultur nicht beleidigen oder herabsetzen wollten. Es gäbe auch eine Art „wohlmeinender Verschwörung seitens einiger Anthropologen (...), das Vertrauen eines Volkes, mit dem sie gelebt und gearbeitet haben (und das sie am Ende mochten und respektierten), nicht zu enttäuschen, indem sie über dessen am wenigsten sympathische (...) Bräuche schrieben. Tatsächlich herrscht unter Anthropologen sogar die Annahme, dass die seit langem bestehenden Glaubensvorstellungen und Praktiken einer Population (...) eine positive Rolle in deren Leben spielen müssen, da die Überzeugungen und Bräuche andernfalls keinen Bestand gehabt hätten. Deshalb wird immer wieder gesagt und geschrieben, dass Kannibalismus, Folter, Kindesmord, Fehden, Zauberei, schmerzhafte Initiationen der männlichen Jugendlichen, genitale Verstümmelung der Mädchen, zeremonielle Vergewaltigung, Kopfjägerei und andere Praktiken, die vielen von uns grausig erscheinen mögen, in den Gesellschaften, in denen sie traditionell praktiziert werden, irgendeiner nützlichen Funktion dienen müssen. (...) Wenn man einer Gesellschaft begegnete, deren traditionelle Glaubensvorstellungen und Praktiken als sinnlos oder sogar schädlich erschienen, gab man häufig einem von außen kommenden störenden Einfluss die Schuld. Auf diese Weise hielt sich die Überzeugung, dass das Leben traditioneller Populationen in der Zeit vor der sozialen Desorganisation und der kulturellen Verwirrung, die durch Kontakt mit Fremden entstanden, wenn nicht idyllisch, so doch wenigstens harmonisch und sinnvoll gewesen sein muss."[51] Wenn man den gesamten Ausführungen von Edgerton folgt, fragt man sich etwas kopfschüttelnd, ob die Feldforscher eigentlich grundsätzlich davon ausgingen, dass Menschen durchweg rational handeln und es so etwas wie Irrationalität und gestörte Emotionen gar nicht gibt.

Der Titel von Edgertons (1994) Buch sagt bereits viel: *Trügerische Paradiese. Der Mythos von den glücklichen Naturvölkern.* Er befasst sich darin u. a. mit Leid, Hunger, Krankheiten, Tod, psychischen Erkrankungen, Eifersucht, Frauenbenachteiligung, Tierquälerei, Glaube an Hexerei, Zwietracht, destruktiven Initiationsritualen, Selbstmord, Krieg und Gewalt in Stammeskulturen.

Der Anthropologe und Ethnologe Pierre Clastres wunderte sich im Jahr 1977 in einem Essay – ähnlich wie Edgerton – darüber, dass in den meisten der seit einigen Jahren und Jahrzehnten zuvor zunehmenden Zahl ethnologischer Schriften bezüglich traditionell lebender Kulturen Gewalt kaum thematisiert wurde. Wenn sie thematisiert wurde, dann um darzulegen, dass diese Gesellschaften „darauf bedacht sind, sie zu kontrollieren, zu kodifizieren und zu ritualisieren, kurzum, wie sehr sie bemüht sind, sie einzudämmen, wenn nicht gar gänzlich zum Verschwinden zu bringen. Es kommt zwar die Rede auf die Gewalt, vornehmlich aber um den Schrecken zu verdeutlichen, welchen sie den primitiven Gesellschaften einflößt, und ferner um daraus den Schluss zu ziehen, dass diese Gesellschaften gegen Gewalt seien."[52]

Mir stellt sich die Frage, ob nicht beginnenden mit Margaret Mead und danach durch den Zeitgeist der späten 1950er und 1960er Jahre, in denen der Wunsch groß war, nach neuen, alternativen (herrschaftslosen) Gesellschaftsformen zu suchen, einfach ein Trend zur Verklärung des Lebens von *Naturvölkern* herrschte? Denn folgt man den weiteren Ausführungen von Clastres, dann war das Bild über diese Kulturen die Jahrhunderte vorher stets gleich: „Entdecker und Missionare, Händler oder Forschungsreisende vom 16. Jahrhundert bis zum (jüngst erreichten) Ende der Eroberung der Welt sind sich in einem Punkt einig: Die primitiven Völker, es mag sich um die amerikanischen (von Alaska bis Feuerland) oder um afrikanische, um Völker aus den Steppen Sibiriens oder von den melanesischen Inseln, um Nomaden aus den Wüsten Australiens oder um sesshafte Ackerbauern aus dem Dschungel Neuguineas handeln, werden als dem Krieg leidenschaftlich ergeben vorgestellt, und stets erstaunt ihr ausnehmend kriegerisches Wesen die europäischen Beobachter. (...) So sehr herrscht das Bild vor, dass es einen soziologischen Befund nahelegt: Die primitiven Gesellschaften sind gewalttätige Gesellschaften, ihr gesellschaftliches Sein ist ein *Sein-für-den-Krieg.*"[53]

Clastres weist auch darauf hin, dass die neuere Ethnologie kaum noch Möglichkeiten hat, wirklich ursprüngliche Kulturen zu untersuchen. Die meisten Kulturen ständen – abgesehen von einigen Regionen vor allem im Amazonas – unter dem Einfluss der Außenwelt und der „primitive Krieg ist unsichtbar, weil es keine Krieger mehr gibt, um ihn zu führen."[54]

Die indigene Gesellschaft sei ein abgeschlossenes Ganzes, „ein ungeteiltes Wir" und orientiere sich einzig an den Gesetzen der Ahnen. Neurungen und Wandlungen würden bedeuten „den gesellschaftlichen Körper zu entstellen“. Insofern ist in diesen Gesellschaften auch das Ausschließen „der Anderen“ (benachbarte Stämme und Gruppen) zentral, wobei jede Gruppe für die Unversehrtheit ihres Territoriums sorgt und ihren Unterschied gegenüber der Anderen behauptet.[55] „Die Möglichkeit des Krieges ist dem Sein der primitiven Gesellschaft eingeschrieben. Der Wille jeder Gemeinschaft, ihre Unterschiedenheit zu behaupten, kann tatsächlich jederzeit Anlass dafür werden, dass sich bei dem geringsten Zwischenfall die Spannung entlädt und als wirklicher Streit äußert. Eine Verletzung des Territoriums, eine angebliche Aggression des Schamanen einer benachbarten Gemeinschaft; es braucht nicht viel dafür, dass der Krieg ausbricht. Ein unsicheres Gleichgewicht ist die Folge: Die Möglichkeit eines Krieges und bewaffneter Auseinandersetzungen ist hier stets eine unmittelbare Gegebenheit.“[56]

Innerhalb des Stammes herrscht ein Gefühl von „wir sind alle gleich“ (was westliche Beobachter wohl oft dazu veranlasst, von einer Harmonie in solchen Stämmen zu sprechen). Dies gilt aber wohlgemerkt nur für die Mitglieder des Stammes, alle Anderen sind Fremde (und potentiell Feinde!) und nicht gleich.[57] Die strikte Abgrenzung nach außen, vor allem auch durch kriegerische Gewalt, gilt – folgt man den Ausführungen von Clastres – aber letztlich auch nach Innen. Jegliche Abweichung von den gesetzten Normen und dem Wir-Gefühl oder der Versuch, sich aus den Verbindungen der Gesellschaft zu lösen, wird nicht toleriert. An einer Passage wird dies exemplarisch deutlich: „Dem Häuptling, der ‚den Häuptling geben‘ will, kehrt man bestenfalls den Rücken; im schlimmsten Fall tötet man ihn.“[58] Besonders kriegerische Gesellschaften – Clastres bezieht sich dabei vor allem auf Kulturen in Süd- und Nordamerika – stünden allerdings vor einem Problem, denn der Krieger erhält für seine Taten stets Ruhm und Prestige von seinem Stamm. Die Gefahr besteht, dass er Macht anhäuft und dadurch zum Unglück für die Gesellschaft werden kann, „indem er als getrenntes Organ der Macht den Keim der Teilung in sie einführt.“[59] Die indigene Gesellschaft will aber ein *ungeteiltes Ganzes* sein und sich nicht verändern. Die Lösung ist laut Clastres, dass der Krieger von der Stammesgesellschaft von vornherein zum Tode verurteilt ist. Der Krieger wird zum Gefangenen seines Ruhmesbegehrens und der Anerkennung durch seinen Stamm. Er zieht immer wieder in den Krieg oder unternimmt Überfälle (manchmal auch ganz alleine), bis er schließlich stirbt. Das Sein des Kriegers sei ein *Sein-für-den-Tod.*

Aber was bedeutet dies alles eigentlich für die Kinder, die in eine solche kollektive und abgeschlossene Gesellschaft hineingeboren werden? Eines ganz sicher: Sie müssen so werden und sich so verhalten, wie es das Leben des Stammes und die Ahnen vorgeben. Sie haben keine andere Wahl! Hier wäre die entscheidende Frage, *wie* in den verschiedenen Kulturen durch Eltern- und Bezugspersonen abweichendes Verhalten von Kindern sanktioniert oder entgegnet wird? Dies geschieht vermutlich auch subtil, so dass kurzeitig anwesende westliche Besucher diese Mechanismen schwer durchschauen können. Oder es geschieht überdeutlich, wie wir oben bezüglich der Kindestötung von *andersartigen* Säuglingen gesehen haben. Für die überlebenden Kinder sind solche Kindestötungen eine deutliche Botschaft: Starke Abweichungen von der Norm sind lebensgefährlich.

So oder so machen bereits die Ausführungen von Pierre Clastres deutlich, dass diese Gesellschaften potentiell und auch real gewalttätig waren. Das ist – in meinem modernen Verständnis – kein schönes und gesundes Aufwachsen für Kinder, um es milde auszudrücken. Grundsätzlich spricht auch kaum etwas dagegen, die gleiche Schablone bezüglich Stammesgesellschaften zu nutzen, die sich in diesem Gesamttext an Hand etlicher Studien gebildet hat. Diese Schablone weist auf eine Tendenz hin: Je gewalttätiger und destruktiver Menschen sind, desto gewaltbelasteter und destruktiver war ihre Kindheit. Und wie real Gewalt in indigenen Gesellschaften war, zeigen auch die nachfolgenden Ausführungen.

Bereits oben im Text kam ich an zwei Stellen auf den Stamm *Eipo* in Westguinea zu sprechen. Diese Gruppe lebte noch bis in die 1970er Jahre hinein – so man will – als *Naturvolk.* Der Ethnologe und Arzt Wulf Schiefenhövel kam nach seiner Feldforschung rechnerisch auf eine Mordrate von 3 auf 1000 Einwohner[60], was umgerechnet 300 auf 100 000 Einwohner bedeutet. Die *Eipo* haben eigene Begriffe für Krieg (Schiefenhövel übersetzt dies mit *auf Kriegspfad sein* oder *Geisterpfeil*) und besondere Kriegsbekleidung. Und sie hatten bestimmte Taktiken, wie Hinterhalte oder nächtliche Überfälle auf Dörfer der Gegner. Viele Aggressionen wurden allerdings auch untereinander ausgetragen. Der Autor legt in seinem Text ergänzend viel wert darauf zu betonen, dass die Einwohner vor Ort auch über Instrumente der Aggressionskontrolle verfügten (z. B. Zeremonien, Frauen als Schlichterinnen). Man kann dies den Einwohnern positiv anrechnen, was offensichtlich das Anliegen des Autors ist. Man kann aber auch formulieren, dass die Mordrate nur einen Teil der Aggressionen abbildet und darüber hinaus deutlich mehr Tote zu erwarten wären, würden vor allem die Frauen vor Ort nicht aufkommende Streitigkeiten (vor allem zwischen den Männern) schlichten.

Der Wissenschaftler Max Roser hat für das an der Universität von Oxford produzierte Onlineprojekt *Our World in Data*[61] gewaltsame Todesraten (bezogen auf 100 000 Einwohner) von nicht-staatlichen Gesellschaften/Stammesgesellschaften mit denen von staatlich organisierten Gesellschaften verglichen. Archäologische sowie ethnologische Untersuchungen zeigten demnach, dass in prähistorischen Zeiten sowie bei untersuchten Stammeskulturen extrem höhere Gewaltraten zu verzeichnen sind, als in staatlich organisierten Gesellschaften (die niedrigsten Gewaltraten verzeichnet im Übrigen die Welt des 21. Jahrhunderts.). Die Daten sind grafisch online auf den Seiten des Projektes ersichtlich und ich empfehle einen Blick darauf.

Zur Verhältnismäßigkeit: Zwischen 2004 und 2009 führte El Salvador weltweit die Rangliste bezüglich gewaltvoller Todesraten mit über 60 Opfern pro Jahr auf 100 000 Einwohner.[62] El Salvador war in den Jahren nach dem Bürgerkrieg und auch bedingt durch weit verbreitete Bandenkriminalität ein extrem unsicheres Land. Die meisten Länder, die wir heute als unsicher empfinden (z. B. Irak, Zentralafrikanische Republik, Sudan, Südafrika etc.), verzeichneten in dem genannten Zeitraum gewaltvolle Todesraten unterhalb der genannten 60 pro Jahr.

Die Daten von Max Roser zeigen für fast alle aufgestellten nichtstaatlichen Gesellschaften gewaltvolle Todesraten von weit über 100 pro Jahr auf 100 000 Einwohner, mit Spitzenwerten zwischen 710 bis 1450.[63] Steven Pinker hat sich ebenfalls ausführlich mit gewaltbedingten Todesraten in nicht-staatlichen Gesellschaften befasst. Der Durchschnittswert für 27 untersuchte Völker (Jäger und Sammler / Jäger und Gärtner) liegt bei 524 pro Jahr auf 100 000 Einwohner.[64] Besonders erhellend fand ich eine Anmerkung von Pinker bezüglich seiner Auswertung. Die Bewohner der Andamaneninseln im indischen Ozean fielen durch unterdurchschnittliche gewaltvolle Todesraten (20 je 100 000 Einwohner) im Verhältnis zu den durchschnittlichen 524 Toten auf. Pinker kommentiert: „Man weiß aber, dass sie zu den aggressivsten Gruppen von Jägern und Sammlern gehören, die es heute auf der Erde noch gibt."[65] Denn Fremde, die in das Gebiet eindringen, werden mit Pfeilen begrüßt und nach Möglichkeit sofort getötet, was Pinker an Hand von Fallbeispielen ausführt. Da der Stamm auf den Inseln sehr isoliert lebt, gibt es offensichtlich schlicht kaum Möglichkeiten für Mord und Krieg, trotz ständiger Bereitschaft dazu.

Der Ethnologe Jürg Helbling hat Mordraten für 8 komplexere Jäger und Sammler bzw. tribale Gesellschaften aufgestellt. Nur die Gruppe der *Semai* fällt mit einer Mordrate von 30 auf 100 000 Einwohnern etwas heraus (liegt damit aber immer noch im Verhältnis zu Mordraten in modernen Staaten sehr hoch[66]). Die anderen sieben Gesellschaften verzeichnen Mordraten zwischen 166 und 778. Für alle acht Gesellschaften habe ich einen Durchschnittswert von ca. 456 errechnet. Ergänzend hat Helbling Mordraten für fünf reine Jäger und Sammler bzw. Wildbeutergesellschaften aufgestellt. Drei Gesellschaften verzeichnen Mordraten zwischen 40 und 53, eine weitere 178 und die *Copper-Inuit* stechen mit 419 deutlich heraus.[67]

Die Kriminologin Amy E. Nivette hat für 93 verschiedene traditionelle nicht-staatliche Gesellschaften eine durchschnittliche Mordrate von 182,9 errechnet.[68]

Nochmal zum Vergleich: In Deutschland liegt die Mordrate pro Jahr derzeit bei 0,8.[69] In einer Stadt wie Hamburg mit ihren ca. 1,8 Millionen Einwohnern würden bei einer Mordrate von 182,9 auf 100 000 Einwohner (siehe zuvor genannten Durchschnittswert von Nivette) jedes Jahr 3292 Menschen umgebracht werden; jeden Tag 9. Tatsächlich wurden im gesamten Jahr 2016 in Hamburg nur 15 Morde polizeilich registriert.[70] Bei *Stammeskultur-Verhältnissen* hätten die Hamburger dagegen wahrlich ein großes Sicherheitsproblem. (Nebenbei bemerkt berichtet deMause, dass Anthropologen üblicherweise die Infantizid-Raten nicht in errechnete allgemeine Mordraten von untersuchten Kulturen mit einbeziehen.[71] Insofern stellen die zuvor dargestellten durchschnittlichen Mordraten wohl eine absolute Untergrenze dar.)

Auch die kriegsbedingte Mortalität (Todesrate bezogen auf alle Einwohner) ist in Stammesgesellschaft sehr hoch. Helbling (2006) hat für 19 verschiedene Stammesgesellschaften (er selbst spricht von *tribalen Gesellschaften*; reine nicht-sesshafte Jäger und Sammler sind damit nicht gemeint, diese bezeichnet er als *Wildbeuter* und analysiert diese gesondert) eine durchschnittliche kriegsbedingte Todesrate von 25,2% errechnet. Bezüglich archäologischer Befunde zeigen Daten für 10 weitere tribale Gesellschaften eine durchschnittliche kriegsbedingte Todesrate von 23,7%. Zum Vergleich hat Helbling auch Daten für Staaten aufgestellt. Beispielsweise lag die kriegsbedingte Mortalität für das Deutsche Reich für die Weltkriegsjahre zwischen 1939 und 1945 bei 5%.[72] An anderer Stelle in seinem Buch hat Helbling die Kriegsmortalität speziell für die Volksgruppe *Yanomami* (in Südvenezuela) für Männer aufgestellt. Für sechs Lokalgruppen mit jeweils mehreren Dörfern ließen sich kriegsbedingte Todesraten bei Männern zwischen 10 und 30% ermitteln.[73]

Was bedeutet dies hohe Ausmaß von Gewalt und Tod für die Kinder in nicht-staatlichen Gesellschaften? Es bedeutet gleich zwei traumatische Erfahrungen: Das Miterleben von Gewalt und kriegerischen Auseinandersetzungen als solches (aus unserer heutigen Sicht würden wir von *Kriegskindheit* sprechen) und gewaltbedingter Tod und somit Verlust von Elternteilen, weiteren Familienmitgliedern und engen Bezugspersonen.

Was mich bei meinen Recherchen irritierte, war die Uneinigkeit der Experten, ob nicht-sesshafte Jäger- und Sammlergesellschaften (und in solchen hat die Menschheit den größten Teil ihrer Geschichte gelebt) Kriege führten oder nicht. Steven Pinker schreibt etwa: „Zwei ethnologische Übersichtsuntersuchungen zufolge führen etwa 60 bis 70 Prozent aller Gruppen von Jägern und Sammlern mindestens alle zwei Jahre einmal Krieg, 90 Prozent beteiligen sich mindestens einmal in jeder Generation an gewalttätigen Konflikten, und praktisch alle übrigen berichten über kulturelle Überlieferungen, die von früheren Kriegen erzählen."[74] Nach Jürg Helbling vertritt allerdings die Mehrheit der Ethnologen die These, dass Jäger und Sammler (bzw. Wildbeuter) kaum Kriege geführte haben.[75] Offensichtlich gibt es unter Ethnologen auch unterschiedliche Definitionen, was unter Krieg zu verstehen ist und welche Gruppen man als Jäger und Sammler ansieht und welche nicht.

Allerdings betont auch Helbling, dass Jäger und Sammler nicht in einem „,Garten Eden' der allgemeinen Friedfertigkeit" lebten, sondern durch hohe Mordraten auffallen und dass – wie er betont – trotz fehlender äußerer Einflüsse wie z.B. Alkohol, Dekulturierung, Migration, Sesshaftwerden, Kommerzialisierung und dergleichen.[76] Ähnliches wurde auch von Fry & Söderberg (2013a+b) festgestellt, die Daten von 21 Jäger- und Sammler-Gruppen ausgewertet haben. Die Wissenschaftler kommen zu dem Ergebnis, dass die meisten gewaltbedingten Todesfälle in solchen Gesellschaften Mordtaten sind. Kriegerisch seien Jäger und Sammler dagegen nur selten (was allerdings auch bedeutet, dass Kriege an sich nicht ausgeschlossen sind. Bei den *Vedda* aus Sri Lanka ist gar eine Konfliktsituation – Fall Nr. 22. – zwischen zwei Gruppen mit ca. 20 bis 30 Toten angegeben.[77]). Im Median ereigneten sich in den untersuchten Gesellschaften vier tödliche Gewaltereignisse (nicht selten mit mehr als einem Mordopfer; soweit ich sehen konnte wurden Säuglingstötungen nicht aufgeführt und müssten gedanklich noch hinzugerechnet werden). Mordraten haben die Autoren nicht errechnet. Im gesondert veröffentlichten ergänzendem Material (Methodik, Quellen etc.) zur Studie wird allerdings angegeben, dass die Größe der untersuchten Stämme zwischen ca. 15 (Durchschnittwert für die kleinsten Gruppen) und ca. 45 (Durchschnittwert für die größten Gruppen) Personen liegt.[78] Man kann sich entsprechend mit Blick auf die Mordtaten vorstellen, dass die Mordraten bezogen auf eine so kleine Gruppe nicht gerade niedrig sind.

Eindeutig stellt sich das Bild bezüglich „komplexeren Jägern und Sammlern" oder „tribalen Gesellschaften" (dazu zählt Helbling weitgehend selbstversorgende, herrschaftsfreie Lokalgruppen wie einfache Feldbauern, Viehzüchternomaden, sesshafte Fischer, die ergänzend auch sammeln und jagen und als Grenzfall auch berittene Jäger) dar, die häufig Krieg führten und sich letztlich auch in Friedenszeiten oftmals in einem permanenten Kriegszustand befanden, in dem jederzeit Krieg ausbrechen konnte.[79]

Was ich mich zunächst gefragt habe ist, warum Helbling keine Verknüpfung zwischen den hohen Mordraten in Wildbeutergesellschaften und den Kriegen der tribalen Gesellschaften vorgenommen hat. Aber letztlich ist die Antwort darauf naheliegend. Er deutet tribale Kriege vor allem auf der strukturellen Ebene (vor allem fehlende staatliche Zentralgewalt und Abhängigkeit der Gruppen von lokalen Ressourcen und hoher Aufwand/Kosten im Falle eines Wegzugs aus der Region, um z. B. Konflikte mit Nachbarn zu vermeiden). Strukturen sind bei der Analyse nicht unbedeutend. Aus meiner Sicht – und der Gesamtanalyse in meinem Buch – haben Morde und mörderische Aggressionen ihre wesentliche Ursache allerdings in destruktiven Kindheitserfahrungen. Verändern sich gesellschaftliche Strukturen (z. B. durch Sesshaftigkeit und Landwirtschaft) ergeben sich neue Konflikte und Möglichkeiten. Bleibt die Kindheit allerdings weitgehend destruktiv, dann bleiben auch die Wut, Rachebedürfnisse, der innere Hass und die Ohnmachtsgefühle (vermutlich auch gepaart mit fehlender Frustrationstoleranz) wirksam. Diese explosive Gefühlswelt bedingt bereits u. a. hohe Mordraten (inkl. Säuglingstötungen) bei Wildbeutern. Entwickeln sich diese Gruppen dann weiter, werden sesshaft, bekommen Nachbarn usw. wirkt auch dann diese explosive Gefühlswelt weiter und trifft nunmehr auf andere Strukturen. Die häufigen Kriege in tribalen Gesellschaften wären demnach nicht einfach das Resultat neuer Strukturen, sondern Resultat von neunen Strukturen gepaart mit einem weiterhin niedrigen Modus der Kindererziehungspraxis und -fürsorge.

Die Archäologin Angelika Franz beschreibt – dies zum Abschluss dieses Kapitels – in einem Artikel, dass im heutigen Kenia am Ufer des Turkana-Sees mindestens 27 Tote Jäger und Sammler gefunden wurden, von denen nachweisbar viele vor ca. 10 000 Jahren durch Pfeile und stumpfe Schlagwaffen umgebracht wurden.[80] Und sie schreibt weiter: „Die Toten vom Turkana-See sind nicht die frühesten bekannten Konfliktopfer. Schon in der Altsteinzeit dürften sich Menschen gegenseitig die Schädel eingeschlagen haben. Dafür sprechen gleich mehrere, 500 000 Jahre alte Funde an Schädeln von Homo erectus und Homo heidelbergensis noch aus dem Altpaläolithikum. (...) Während des Mittelpaläolithikums (300 000 bis 40 000 Jahre vor unserer Zeit) änderte sich offenbar wenig an der Austragung von Konflikten. Sowohl Neandertaler als auch anatomisch moderne Menschen starben immer wieder gezeichnet von schweren Verletzungen, die ihnen mit großer Wahrscheinlichkeit von Mitgliedern ihrer oder fremder Gruppen zugefügt wurden. Auch im Jungpaläolithikum (40 000 bis 12 000 Jahre vor unserer Zeit) sah es kaum anders aus."[81]

Es sollte deutlich gworden sein, dass wir bezüglich Frieden und Gewaltfreiheit nach vorne schauen müssen, nicht zurück. Historisch betrachtet gabt es kein *Paradies*. Das gilt insbesondere auch für die Kinder.

3. Die Historie des Kinderleids – Ein Überblick

Bereits in der Einleitung habe ich historische Vorstellungen von der Unterwerfung von Kindern, Gehorsamsforderungen und dem Kinderprügeln kurz dargestellt. So schockierend diese Vorstellungen aus dem 18., 19. und auch noch 20. Jahrhundert sind, noch schockierender ist vielleicht, dass diese Zeit bereits relativ fortschrittlich bezüglich des Umgangs mit Kindern war. Zu dieser Feststellung muss man – auch wenn es kaum zu glauben ist – kommen, wenn man sich mit weitaus früheren Epochen befasst.

Unzählige Textstellen fallen mir in diesem Zusammenhang ein. Vielleicht trifft ein Zitat besonders gut, was Kindheit deutlich weiter zurückgedacht bedeutete. Der Heilige Augustinus (oder Augustinus von Hippo, ca. 354–430 n. Chr.) rief noch im hohen Alter von 62 Jahren aus: „Wer würde denn nicht mit Entsetzen zurückweichen und lieber den Tod wählen, wenn man ihm die Wahl ließe zwischen Sterben und wieder Kind sein."[1] Augustinus habe sich vor allem mit Schrecken an seine Schuljahre erinnert (wobei ich in Anbetracht dieser heftigen Aussage stark vermute, dass er auch ergänzend zur Schule leidvolle Kindheitserfahrungen gemacht hatte, u. a. in seiner Familie). In der verwendeten Quelle wird auch kurz vor diesem Zitat auf allgemeine Strafpraktiken in antiken Schulen eingegangen. „Die Hand für die Peitsche hinhalten" sei auf Latein eine Umschreibung für „zur Schule gehen".

„Die Peitsche ist nur die gewöhnliche Waffe, mit der der Lehrer seine Autorität stützt. In schweren Fällen greift er zu einer ausgeklügelten Strafe, die eine ganze Inszenierung erfordert. Der Schuldige wird auf die Schultern eines Kameraden gehoben, der zu diesem Dienst aufgefordert wird (...), und nach allen Regeln der Kunst ausgepeitscht."[2] Man bedenke auch, dass die antike Schule vor allem reichen Kindern vorbehalten war. Wenn solche Strafmaßnahmen übliche Praxis in den mächtigen Gesellschaftsschichten waren, ahnt man, wie sehr Gewalt das Leben von antiken Kindern im Allgemeinen prägte.

Mir ist es letztlich nicht möglich in diesem Rahmen ausführlich und differenziert auf die Geschichte der Kindheit einzugehen und ich werde entsprechend nur einen groben Einblick wiedergeben. Dieses Kapitel hat so viele Facetten (auch je nach Region auf der Welt), dass man ganze Bücher damit füllen kann. Insofern verweise ich erweiternd auch auf einige Quellen, die ausführlich auf die Geschichte der Kindheit oder besser gesagt auf die Geschichte der Gewalt gegen Kinder und des Kindesleids eingegangen sind: Radbill (1978), deMause (1980), Zenz (1981), Trube-Becker (1997), Bensel et al. (2002), deMause (2005) und Pinker (2011).[3] Die Schilderungen in diesen Quellen über das historische Kindesleid, sind oft kaum zu ertragen.

Bezüglich der Geschichte des sexuellen Missbrauchs an Kindern hat Trube-Becker zusammengefasst: „Seit Menschengedenken, d. h. seit es Menschen gibt, ist das Kind als Eigentum der Eltern angesehen und in jeder Weise auch sexuell ausgenutzt worden. Die Macht des Erwachsenen über das Kind ist selbstverständlich und schon deshalb wird nicht darüber geredet. Heldenerzählungen, Mythen, Klagelieder, Sprichwörter und Gesetze der Sumerer geben schon vor etwa 5000 Jahren Hinweise auf sexuelle Handlungen von Erwachsenen mit kleinen Mädchen."[4] DeMause spitzt dies noch einmal zu: „In der Antike lebte das Kind in den ersten Jahren in einer Atmosphäre sexuellen Missbrauchs. In Griechenland oder Rom aufzuwachsen bedeutete oft, von älteren Männern sexuell missbraucht zu werden. Form und Häufigkeit des Missbrauchs waren je nach Ort und Zeit verschieden."[5] Andere Autoren fassen die Kindheit historisch wie folgt zusammen: „Richtet man den Blick zur Durchleuchtung des Gewaltverständnisses in die Vergangenheit, erscheint die Anwendung von Gewalt jahrhundertelang als gesellschaftlich akzeptiert und toleriert – und dies besonders im familiären Bereich. Vor allem Kinder nahmen historisch gesehen (bis zum letzten Jahrhundert!) den untersten Platz in der gesellschaftlichen Hierarchie ein – sie hatten teilweise sogar einen noch geringeren Stellenwert als Tiere."[6]

Aufschlussreich sind auch überlieferte Gesetze aus Zeiten weit vor Christi Geburt, wie mit rebellischen Kindern zu verfahren sei: „Im Codex Hammurabi wurde das rebellische Verhalten eines Sohnes, der seinem Vater gegenüber handgreiflich wurde, für ein schweres Verbrechen gehalten, das durch die Abtrennung der Hand des Sohnes zu ahnden war. Ein adoptierter Sohn, der die Bindung zu den Eltern löste, indem er sich vom Adoptivvater lossagte, war dadurch zu bestrafen, dass ihm die Zunge herausgeschnitten wurde (CH §§ 192 u. 193). Das Mosaische Gesetz war noch entschiedener, indem es den Tod des Sohnes forderte, der Vater oder Mutter geschlagen hatte. (...) Die Möglichkeit des rebellischen Verhaltens einer Tochter ist in den Gesetzen nicht erwähnt – vielleicht weil sie ohne weiteres verheiratet oder verkauft werden konnte, wenn ihr Benehmen den Eltern nicht passte."[7] Im Alten Testament finden sich außerdem Textstellen wie diese: „Wenn ein Mann einen störrischen und widerspenstigen Sohn hat, der nicht auf die Stimme seines Vaters und seiner Mutter hört, und wenn sie ihn züchtigen und er trotzdem nicht auf sie hört, dann sollen Vater und Mutter ihn packen, vor die Ältesten der Stadt und die Torversammlung des Ortes führen und zu den Ältesten der Stadt sagen: Unser Sohn hier ist störrisch und widerspenstig, er hört nicht auf unsere Stimme, er ist ein Verschwender und Trinker. Dann sollen alle Männer der Stadt ihn steinigen und er soll sterben. Du sollst das Böse aus deiner Mitte wegschaffen. Ganz Israel soll davon hören, damit sie sich fürchten."[8] Oder: „Jeder, der seinen Vater oder seine Mutter verflucht, wird mit dem Tod bestraft. Da er seinen Vater oder seine Mutter verflucht hat, soll sein Blut auf ihn kommen."[9]

Wahrscheinlich ist die nachfolgende Zuspitzung und Zusammenfassung des Psychohistorikers Lloyd deMause die welche, die weltweit von ihm und bezüglich der Geschichte von Kindheit an sich am häufigsten zitiert worden ist, ob nun um ihn zu kritisieren oder ihm beizupflichten: „Die Geschichte der Kindheit ist ein Alptraum, aus dem wir gerade erst erwachen. Je weiter wir in der Geschichte zurückgehen, desto unzureichender wird die Pflege der Kinder, die Fürsorge für sie, und desto größer die Wahrscheinlichkeit, dass Kinder getötet, ausgesetzt, geschlagen, gequält und sexuell missbraucht wurden."[10] Ich bin kein Historiker, aber nach allem was ich in den letzten Jahren über Kindheit und Gewalt gegen Kinder gelesen habe, kann ich mich dieser Aussage von deMause nur anschließen.

Im vorherigen Kapitel habe ich bereits dargestellt, dass die vorzeitliche Menschheitsgeschichte und die Lebenswelt von Jägern und Sammlern stark gewaltbelastet war, auch und gerade für Kinder. Ich wiederhole hier auch meinen Hinweis auf das Kapitel: *Das Ausmaß der Gewalt gegen Kinder in der Welt – Kindheiten der Allgemeinbevölkerung.* Das enorme weltweite Ausmaß der Gewalt gegen Kinder in unserer heutigen Zeit, das umfassend eigentlich erst wirklich in den letzten ca. 10 Jahren erforscht wurde, sollte allen Historikern und ähnlich Forschenden stark zu denken geben, wenn sie im historischen Rückblick meinen, weit verbreitet gewaltfreie und liebevolle Kindheiten erkannt zu haben.

Die Ägyptologin Erika Feucht hat in einem Beitrag für den Band *Zur Sozialgeschichte der Kindheit* direkt auf das oben zuletzt genannte Zitat von deMause Bezug genommen und meint, dass diese psychohistorische Feststellung keinesfalls für das alte Ägypten galt, denn „die Einstellung des Ägypters zum Kind war im Allgemeinen sehr positiv. Kindesaussetzung, -tötung oder -misshandlung galten als unmenschlich. (...) Die Bindung der Mitglieder der Kleinfamilie zueinander war sehr eng."[11] Nun kann man ihr anrechnen, dass 1986 das Ausmaß der Gewalt gegen Kinder noch gänzlich unerforscht war. Allerdings wissen wir heute, dass Ägypten zu einem der destruktivsten und gewaltvollsten Länder der Erde gehört, was den Umgang mit Kindern angeht – inkl. eins extrem hohen Ausmaßes von weiblicher Genitalienverstümmelung. Wie wäre diese krasse gesamtgesellschaftliche Wandlung psychologisch zu erklären zwischen dem alten Ägypten, wo – angeblich – harmonisch mit den Kindern umgegangen worden sein soll und heute, wo fast alle ägyptischen Kinder mit Gewalt überzogen werden?

Selbst wenn man den genannten Bezug zum heutigen Ägypten vielleicht kritisch sehen mag, so zeugen historische Befunde an sich davon, dass das Leben für Kinder im antiken Ägypten alles andere als erfreulich war. Kindestötungen sind z. B. in der Form überliefert, dass im alten Ägypten gesunde Kinder mit ihren verstorbenen Eltern zusammen eingesperrt bzw. begraben wurden, um ihnen im Jenseits zu dienen.[12] Auch kamen Kindesopfer in Ägypten vor.[13] In ägyptischen Papyri wurden häufig Sklaven erwähnt, „die von der *kopria* stammen, d. h. dem Schutthaufen, auf dem man Kinder auszusetzen pflegte (...)."[14] In einer anderen Quelle wird formuliert: „In alten Zeiten war die Kindheit ein gefährliches Lebensalter. Das Kind wurde erst als menschliches Wesen betrachtet, nachdem an ihm bestimmte Zeremonien vorgenommen waren. Die ägyptische Hebamme musste darum beten, dass die Seele in das Kind fuhr (...). Erst dann war ein Kind seines Lebens sicher."[15] In der gleichen Quelle steht auch etwas weiter im Text: „Im alten Ägypten war Kindestötung weit verbreitet, obwohl das Gesetz dies verbot.“[16] Autor dieser Zeilen ist Samuel X. Radbill, früher Dozent für Geschichte der Kinderheilkunde in den USA. Ich habe mich gefragt, ob Radbill – dessen Arbeit in der englischsprachigen Originalausgabe bereits 1968 in dem Klassiker *The Battered Child* erschien – sich vielleicht irrte, denn bei meiner Recherche fand ich auch weitere Quellen, die meinen, dass Kindestötungen im alten Ägypten nicht üblich gewesen wären. In einer komplett überarbeiteten Neuauflage des Textes und geschrieben neben Radbill von zwei weitere Autoren wurde Jahre später allgemeiner formuliert: „Kindestötung wurde von allen antiken Gesellschaften praktiziert, die Aufzeichnungen hinterlassen haben.“[17] Vor allem die Römer und Griechen haben offensichtlich sehr deutlich Kindestötungen und die entsprechende Gesetzeslage beschrieben. „Bis zum 4. Jahrhundert n. Chr. galt in Griechenland wie Rom der Kindesmord weder vor dem Gesetz noch in der öffentlichen Meinung als etwas Unrechtes.“[18] Die Vorstellung, dass Kinder Besitz seien, rechtfertige Kindestötungen einmal mehr. Der bekannte griechische Philosoph Aristoteles schrieb: „Der Spruch eines Herren oder Vaters ist etwas anderes als derjenige eines Bürgers, denn ein Sklave oder ein Sohn ist Besitz, und Unrecht gegenüber dem eigenen Besitz kann es nicht geben.“[19]

Bezüglich Ägypten bleiben mir gewisse Fragezeichen. Allerdings hat Erika Feucht in ihrem Text aus dem Jahr 1986 selbst darauf hingewiesen, dass in Ägypten eine hohe Kindersterblichkeit herrschte; sie sieht diese allerdings rein in Zusammenhang mit Unterernährung und Krankheiten.[20] Wenn ich mir die gleich nachfolgenden Informationen vor Augen führe, bekomme ich das Bild einer sehr gewalttätigen Gesellschaft was den Umgang mit Kindern anging. Die Frage bleibt, in wie weit diese Gewalt gegen Kinder auch mit einer hohen Kindersterblichkeit in Verbindung stand? Ich vermute, dass es deutliche Zusammenhänge gab.

Die weibliche Genitalienverstümmelung soll ihren Ursprung in Ägypten haben. Die erste bekannte Beschneidungsszene stammt aus dem Karnak-Tempel in Ägypten ca. 1350 v. Chr.[21] Die schwerste Form der Genitalienverstümmelung wird auch *pharaonische Beschneidung* genannt, was bezüglich des Ursprungs des Wortes für sich spricht. Noch in unserer heutigen Zeit ist die Genitalienverstümmelung in Ägypten sehr weit verbreitet; 91% aller ägyptischen Frauen zwischen 15 und 49 Jahren wurden genital verstümmelt.[22]

Waren das wohlwollende Menschen, die ihre Töchter verstümmeln ließen? War die Pädagogik im alten Ägypten wohlwollend, obwohl aus dieser Zeit und Region pädagogische Sprüche überliefert sind wie diese: „Die Ohren des Jugendlichen sind auf dem Rücken angebracht; er hört zu, wenn man ihn schlägt." Oder: „Du hast mich erzogen, als ich Kind war, du schlugst mich auf den Rücken, und deine Lehre drang in mein Ohr ein."[23] Überliefert sind auch Sätze eines ägyptischen Lehrers an seinen Schüler: „Ich habe gehört, du wirbelst herum vor Vergnügen und hast das vergessen, was ich gesagt habe ... Ich werde deine Füße daran hindern auf der Straße zu gehen, wenn du mit der Hippopotamuspeitsche geschlagen wirst."[24]

Das letzte Zitat stammt erneut von Erika Feucht, diesmal allerdings aus einer Veröffentlichung aus dem Jahr 2005, innerhalb der sie relativ ausführlich Misshandlungen von Kindern im Altertum und in Ägypten besprochen hat. Die gewaltvolle Pädagogik in Ägypten scheint mittlerweile sogar so weit belegt zu sein, dass ich in der Kindersachbuchreihe *Was ist Was Junior* folgende Aussage fand: „Die Lehrer im alten Ägypten waren sehr streng. Wenn ein Schüler faul oder unaufmerksam war, wurde er mit dem Stock geschlagen!"[25]

Erika Feucht geht in ihrem aktuelleren Text auch darauf ein, dass ein Teil der männlichen ägyptischen Kinder sehr früh zum Soldatentum - auch mit Gewalt - gedrängt wurde. Sie zitiert z. B. eine Quelle wie folgt: „Kaum ist das Kind aus dem Leib der Mutter gekommen, läuft es zu seinem Vorgesetzten: der Kleine ist im Gefolge des Soldaten (wohl als Leibbursche), das Bürschchen ist ein junger Krieger. Der Kleine wird nur großgezogen, um aus den Armen seiner Mutter gerissen zu werden. Noch als kleiner Junge wird er in die Baracke gesperrt und schwer geschlagen."[26] Ich vermute in Anbetracht der gezeigten Informationen, dass sie ihren Text aus dem Jahr 1986 heute anders schreiben würde.

Erstaunt hat mich bereits in dem frühen Text, dass sie, wenn auch kurz, auf damalige Gehorsamsforderungen und auch dem väterlichen Recht, Kinder körperlich zu züchtigen, eingegangen war[27] und trotzdem das Bild einer wenig gewaltvollen Gesellschaft gegenüber Kindern zeichnete. Diese Trennung zwischen *Züchtigungen* und *Misshandlungen* scheint Ausdruck der Rechtslage in Deutschland im Jahr 1986 gewesen zu sein, denn Kindesmisshandlung (schwere Gewaltformen, auch mit Spuren wie Blutergüssen, Prellungen, Knochenbrüchen etc.) war verboten, körperliche Züchtigungen waren noch erlaubt. Heute betrachtet man in Deutschland alle Formen von körperlicher Gewalt als schädlich für das Kind und sie sind entsprechend gesetzlich verboten. Ebenso erstaunt hat mich in Anbetracht ihres gezeichneten Bildes von einer positiven Einstellung zum Kind, dass sie gleichwohl geschildert hatte, wie ägyptische Väter ihre Kinder verpfänden, in Schuldhaft geben oder als Sklaven verkaufen konnten.[28]

Übrigens wurde 2013 ein Artikel veröffentlicht, in dem die Ergebnisse einer bioarchäologischen Untersuchung eines Kinderskeletts vorgestellt worden sind. Die Forscher meinen, dass ihr Fund mit hoher Wahrscheinlichkeit den bisher frühsten archäologisch dokumentierten Fall von schwerer Kindesmisshandlung darstellt.[29] Der Fund stammt aus der *Dachla*-Oase in Ägypten.

Am Beispiel des Alten Ägyptens zeigt sich – mit Blick auf das heutige Ausmaß von Gewalt gegen Kinder in der Region – eindrücklich, wie Kindesmisshandlung seit einigen Tausend Jahren von einer Generation auf die nächste *vererbt* wurde.

Die gezeigte Annahme von Friedfertigkeit in der Geschichte, die später deutlich widerlegt werden kann, erinnert an ähnliche Prozesse, die ich in dem Kapitel *Es gab kein Paradies! Gewalt in vorzivilisatorischen Gesellschaften* beschrieben habe. Dies liegt wahrscheinlich an zwei wesentlichen Faktoren. Erstens wusste die Welt noch bis in die 1960er und 1970er Jahre hinein nicht viel über den Komplex Kindesmisshandlung. Es verwundert insofern nicht, dass viele Fachleute, die sich mit der Geschichte befasst haben, an diesen Dingen vorbeischauten oder sie nicht richtig einordneten. Zweitens sind Historiker, Archäologen, Ethnologen etc. naturgemäß i.d.R. keine Fachleute, die sich mit der Psyche und erste Recht mit der kindlichen Psyche befasst haben. Um die Verletzlichkeit von Kindern wirklich erfassen zu können, braucht es entsprechendes Fachwissen, aber – diesen Hinweis erlaube ich mir hier – auch Empathie.

Die Arbeit des Historikers Philippe Ariès ist ein weiteres Lehrstück dafür, wie die Forschenden auch *Kinder ihrer Zeit* sind. *Geschichte der Kindheit*[30] lautet der deutsche Titel seines Werkes, das erstmalig 1960 in Frankreich erschien. Ausgearbeitet hatte er das Buch in den 1950er Jahren. Sein Buch wird bezüglich der Erforschung von historischer Kindheit bis heute als eines der bedeutsamsten Werke betrachtet. Zudem wird es oft als Gegenpol zu den psychohistorischen Thesen von Lloyd deMause gesehen.

Ariès ging im Gegensatz zu deMause davon aus, dass sich die Lebensverhältnisse für Kinder im Übergang zwischen Spätmittelalter und Moderne verschlechtert hätten.[31] Die Ausweitung des privaten Bereiches, die Entstehung von Kleinfamilien (statt der mittelalterlichen Gemeinschaftsfamilie), die Individualisierung und die Ausweitung der Schule bewertet er negativ, das Gemeinschafsleben des Mittelalters verklärt er dagegen als Ideal. Die Familie und die Schule habe dem Kind „(...) die Zuchtrute, das Gefängnis, all die Strafen beschert, die den Verurteilten der niedrigsten Stände vorbehalten waren. Doch verrät diese Härte, dass wir es nicht mehr mit der ehemaligen Gleichgültigkeit zu tun haben: wir können vielmehr auf eine besitzergreifende Liebe schließen, die die Gesellschaft seit dem 18. Jahrhundert beherrschen sollte."[32] Dass körperliche Gewalt gegen Kinder keine neue Erfindung war, haben wir oben schon gesehen. Wenn Kindesmisshandlung zudem auch noch mit dem Wort Liebe in Verbindung gebracht wird, schlagen bei mir immer die Alarmglocken. Ebenso erklangen bei mir diese *Alarmglocken*, als er von einer Fülle sexueller Übergriffe und Grenzüberschreitungen in den ersten Lebensjahren von Ludwig XIII. berichtete und dann verharmlosend anhängte: „(...) es fällt einem nicht schwer, sich vorzustellen, was der moderne Psychoanalytiker dazu sagen würde! Doch hätte dieser Psychoanalytiker unrecht. Die Einstellung zur Sexualität und zweifellos auch die Sexualität selbst ist von Milieu zu Milieu und insbesondere auch von Epoche zu Epoche und von Mentalität zu Mentalität verschieden. Heute scheinen uns Berührungen, wie Heroard sie beschrieben hat, hart an sexuelle Anomalie zu grenzen, und niemand würde sie öffentlich wagen. Zu Beginn des 17. Jahrhunderts sah das noch anders aus."[33]

Der 1914 geborene Ariès hatte ganz offensichtlich einen getrübten Blick für das Leid und die Situation von Kindern. Er hat allerdings zumindest in einem später hinzugefügten Vorwort geschrieben, dass, wenn er das Buch erneut konzipieren müsste, er es in erster Linie um den geduldeten Kindesmord, der sich in Europa hartnäckig bis gegen Ende des 17. Jahrhunderts gehalten habe, ergänzen würde. „Der Kindesmord war ein Verbrechen, das schwer bestraft wurde. Dennoch wurde er wohl insgeheim recht häufig praktiziert, und zwar als Unfall getarnt: die Kinder starben im Bett der Eltern, in dem auch sie schliefen, eines natürlichen Erstickungstodes. Man tat nichts dafür, um sie zu schützen oder zu retten."[34] Ihm scheint ein Stück weit klar geworden zu sein, dass er das historische Kindheitsleid weitgehend in seinem Buch ausgeklammert hatte.

Meine Kritik an bzw. die Besprechung der Texte von Feucht und Ariès hat an sich den Vorteil, dass hier viele Informationen über die Geschichte der Kindheit zu Tage gebracht werden konnten. Diese Geschichte umfasst – wie eingangs geschildert – aber noch weit mehr als ich hier in diesem Rahmen beschreiben kann: u. a. Aussetzung von Kindern, *Entsorgung* unehelicher Kinder, katastrophaler Umgang mit Waisenkindern, religiöse Kindesopfer, Weggabe von Kindern (inkl. zu Arbeitszwecken, Verkauf der Kinder oder – bei reicheren Familien – Weggabe in der frühen Kindheit zu Ammen), Kinderarbeit, Kinderehen, Abhärtungsrituale und straffes, einengendes Wickeln.

Auf den letzteren Punkt möchte ich noch kurz eingehen, gerade weil das straffe Wickeln eine sehr unscheinbare Form von Kindesmisshandlung ist, die entsprechend oft von Historikern übersehen wird. „In der Antike und im Mittelalter wurde das Einwickeln vollzogen, indem man den Säugling fest auf ein reales Brett band, damit er oder sie sich nicht bewegen konnte. (...) Wickeln ist weltweit praktiziert worden und reicht unzweifelhaft bis in Zeiten stammesgeschichtlicher Kulturen zurück (...). Asiatische Eltern bevorzugten Techniken wie das Einschlagen des Kindes in eine Decke und es so in einem Korb aus Stroh oder Bambus (ejiko) zu binden, bis es 3 oder 4 Jahre alt war. (...) Die Auswirkungen des Wickelns auf jeden des in den letzten zehntausend Jahren geborenen Menschen waren katastrophal."[35] DeMause beschreibt einige mögliche Folgen: Schlechte Durchblutung, Brechen des Brustkorbs oder der Rippen, Verdichtung des Gewebes, Verhaltensstörungen wie Lustlosigkeit und Zurückgezogenheit, Behinderungen, später Beginn des Laufens aber auch lebenslange Störungen des Hormonhaushaltes durch frühen Stress.

Straffes Wickeln wird auch heute noch praktiziert, z. B. in Teilen Osteuropas.[36] Oder es gibt Menschen, die sich noch an solche Praktiken erinnern können. Die Autorin Necla Kelek berichtete in einem 2007 herausgebrachten Buch über den Umgang mit Säuglingen in dem anatolischen Dorf ihrer Mutter. Die Säuglinge wurden in zwölf Meter lange Tücher so sehr eingewickelt, dass sie sich nicht mehr bewegen konnten. „Dem Kind wurde, damit es vor dem ‚bösen Blick' oder auch vor Fliegen geschützt war, ein Tuch über die Augen gelegt. Solche Tücher gehören bei jeder Frau zur Aussteuer. Oft wurde ein Kleinkind ein Jahr lang so mumifiziert, es konnte weder etwas sehen noch sich bewegen. Wenn man das Kind vom Tuch befreite, schüttelte es wie wild den Kopf hin und her, weil das unbekannte Licht grell in den Augen schmerzte."[37] Kelek betont, dass diese Praxis heute in Anatolien nicht mehr üblich sei. Man kann sich allerdings vorstellen, dass dieser traumatische Terror gegen das Kind in seinen ersten 12 Lebensmonaten nachhaltig wirkte, sowohl auf die Persönlichkeit der so terrorisierten, als auch auf deren Umgang mit ihren eigenen Kindern.

Abschließend möchte ich noch eine Anmerkung machen, die mir bezüglich historischer Kindheit von größter Bedeutung zu sein scheint. So etwas wie *romantische Liebe* scheint es in früheren Zeiten kaum gegeben zu haben. Patriarchale Verhältnisse regelten, wer mit wem verheiratet wurde. Meist wurden junge Frauen/Jugendliche mit deutlich älteren Männern verheiratet. Sex in diesen arrangierten Ehen kommt nach unserem heutigen Verständnis eher einer Vergewaltigung gleich. Aus diesen *Nicht-Liebes-Ehen* gingen die Kinder hervor. Und die in diese Ehen gezwungenen Frauen waren für die Erziehung und Versorgung der Kinder zuständig. Diese patriarchalen Strukturen und die schwierige Situation von in Ehen gezwungenen Frauen bedingen meiner Auffassung nach von Grund auf einen ersten schweren Riss im Eltern-Kind-Verhältnis. Insofern halte ich die historische Befreiung der Frauen in vielen Teilen der Welt und ihre nun freie Partnerwahl für einen ungemein wichtigen Schritt in der Menschheitsgeschichte hin zu einer deutlich besseren Situation auch von Kindern. Der Kampf für Frauenrechte ist also immer auch gleichzeitig ein Gewinn für die Kinder, denn glückliche Frauen sind bessere Mütter. Das gleiche gilt natürlich auch für die Väter, denn auch diese waren stets patriarchalen Regeln und Rollenmodellen unterworfen und erhalten durch die Emanzipation der Geschlechter mehr Freiräume.

4. Die Geschichte aller bisherigen menschlichen Gesellschaft ist die Geschichte vom misshandelten Kind (und was das generell für die Forschung bedeutet)

Die Kapitel über Gewalt und Kindheit in vorzivilisatorischen Gesellschaften und über die Geschichte der Kindheit an sich lassen einen Schluss zu: Eine gewaltfreie und liebevolle Kindheit ist eine relativ neue *Erfindung* der Menschheit. Lloyd deMause hat bezüglich der körperlichen Gewalt geschrieben, dass die frühsten von ihm entdeckten Lebensläufe von Kindern, die nachweisbar überhaupt nicht geschlagen wurden, aus den Jahren 1690 und 1750 datieren.[1] „Man findet in der Antike und im Mittelalter kein Kind, das schwerem physischem Missbrauch entkam – zu Hause, in der Schule, in der Lehre; alle litten vom Kleinkindalter bis zur Adoleszenz unter dem ‚Geschlagenen-Kind-Syndrom'".[2] Die Grenze für Misshandlungen war lange Zeit der Tod des Kindes. Ein mittelalterliches Gesetz besagte: „Wenn man ein Kind schlägt, bis es blutet, dann wird es sich das merken – wenn man es aber totschlägt, dann kommt das Gesetz zur Anwendung."[3] Das mögliche Leid von Kindern umfasst natürlich noch weit mehr, als nur körperliche Gewalt und auch eine glückliche Kindheit an sich ist mehr, als nur die Abwesenheit von Gewalt. Im 19. Jahrhundert ging zumindest das vorher verbreitete Auspeitschen von Kindern in Europa und Amerika allmählich zurück. Ein Rückgang der körperlichen Gewalt bedeutete aber nicht ein Weniger an Leid. „Als das Schlagen zurückzugehen begann, musste allerdings ein Ersatz dafür gefunden werden. Im achtzehnten und neunzehnten Jahrhundert wurde zum Beispiel das Einsperren von Kindern im Dunkeln sehr beliebt. Die Kinder wurden in ‚dunkle Klosetts' eingesperrt, wo sie manchmal stundenlang bleiben mussten. (...) Manchmal blieben Kinder sogar tagelang in Räumen eingesperrt."[4]

DeMause hat die Kindheit um das Jahr 1900 herum im Deutschen Reich an anderer Stelle noch ausführlicher beschrieben. Widerspenstige Kinder wurden auf einen glühend heißen Ofen gesetzt, tagelang an Bettpfosten gefesselt, in kaltes Wasser oder Schnee geworfen, gezwungen, stundenlang auf einem Holzbalken an der Wand zu knien, während ihre Eltern aßen oder lasen oder die Eltern verkleideten sich in geisterhafte Schreckfiguren, um ihre Kinder zu ängstigen.[5] Allerdings waren die Jahrzehnte um das Jahr 1900 in der westlichen Welt auch der eigentliche Wendepunkt im Umgang mit Kindern, was Steven Pinker betont. Die Wertschätzung von Kindern wuchs, ihre emotionale Bedeutsamkeit für ihre Eltern erwachte immer mehr und Kinderschutzgesetze wurden erlassen.[6] Der eigentliche Rückgang des Kinderschlagens begann laut Pinker allerdings erst langsam ab den 1950er Jahren die Gesellschaften zu durchdringen. Bevor ich jetzt wieder in Ausführungen über die Geschichte verfalle, möchte ich zu dem kommen, um was es mir in diesem Kapitel geht.

Die Gewalt gegen Kinder und die Missachtung, Ausbeutung und Demütigung von Kindern war so umfassend, dass alle Forschenden, die sich mit der menschlichen Geschichte befassen, sich automatisch – meist ohne es zu Wissen – mit als Kind (oft schwer) traumatisierten Menschen befassen. Das Ausmaß der Gewalt gegen Kinder – sowohl in der Geschichte, als auch aktuell – muss jedem Forschenden, der sich mit Menschen und menschlichen Gesellschaften befasst, bewusst sein, damit die Forschung richtig durchgeführt und Ergebnisse richtig gedeutet werden können. Wir wissen schlicht im historischen Rückblick nicht, wie menschliches Leben und Handeln ausgesehen hätte, wenn die Mehrheit der Kinder ohne Gewalt und liebevoll aufgewachsen wäre, denn diese gewaltfreien und liebevollen Kindheiten gab es nicht. Folgt man allerdings der psychohistorischen Theorie von Lloyd deMause, dann zeigt sich in der gesamten Menschheitsgeschichte eine stetige, wenn auch langsame und auch ungleichzeitige Verbesserung der Kindererziehungspraxis bzw. der Lebensbedingungen für Kinder und parallel dazu eine stetige Abnahme von menschlicher Gewalt.[7] Beides sieht er in einem deutlichen Zusammenhang.

Letztlich entstehen erst in unserer Zeit Gesellschaften, in denen die Mehrheit aller Kinder wirklich gewaltfrei aufwachsen, worauf ich später noch weiter eingehen werde. Die Effekte dieses gewaltfreien Aufwachsens werden vor allem in der Zukunft überdeutlich zu Tage treten. Schon heute wundern sich viele Experten über den allgemeinen Rückgang von Gewalt. Leider weisen nur wenige öffentlich bekannte und anerkannte Experten wie z. B. der Kriminologe Christian Pfeiffer immer wieder auf den Zusammenhang zwischen dem Rückgang von Gewalt gegen Kinder und dem Rückgang der Gewaltkriminalität hin.[8]

Verbreiteter ist nach meinem Eindruck hingegen, dass Kindheitserfahrungen ausgeblendet werden, sowohl was den Rückgang von Gewalt angeht, als auch was Gewaltverhalten oder destruktives Verhalten an sich angeht. Dies galt auch für das sogenannte *Milgram-Experiment* (das wohl bekannteste sozialpsychologische Experiment der Welt), das erstmals Anfang der 1960er Jahre in den USA durchgeführt wurde.[9]

Milgram hatte das Experiment bewusst mit Bezug zur NS-Zeit und der Gehorsamsbereitschaft von Millionen Deutschen angelegt und wollte wissen, ob es auch in den USA möglich sei, Menschen zu willigen Vollstreckern zu machen, wenn ein entsprechendes Umfeld geschaffen wurde. Universitäre Räumlichkeiten und ein Wissenschaftler als Autorität und Versuchsleiter wurden inszeniert. Auf Befehl des Versuchsleiters mussten die Probanden (die *Lehrer*) einem erwachsenen *Schüler* Stromstöße (Spanne lag zwischen 15 und – in Abstufungen – bis 450 Volt) durch eine Apparatur verabreichen, sobald dieser auf eine Frage falsche Antworten gab. Nach jedem Fehler wurde die Voltstärke erhöht. Die Stromstöße waren nur fiktiv und der Schüler war ein Schauspieler, der ab einem gewissen Grad der Stromstöße schrie, das Experiment abbrechen wollte, noch lauter schrie, Sätze sagte wie *Ich kann den Schmerz nicht mehr aushalten!* oder *Lasst mich hier raus!* usw. und schließlich am Ende – bei (fiktiven) über 330 V – verstummte, so dass man annehmen musste, er sei schwer verletzt oder sogar gestorben. Wenn Probanden ihren Unwillen zeigten, das Experiment fortzusetzen oder Fragen stellten, wies der Versuchsleiter sie mit kurzen sachlichen Sätzen an, fortzufahren und machte klar, dass die Probanden keinerlei Verantwortung hätten, diese hätte er als Versuchsleiter. Ich selbst habe als Student einmal eine deutsche Variante des Experiments als Videovorführung gesehen und war zutiefst schockiert über den Ablauf und den Gehorsam, den die meisten Probanden zeigten.

Milgram hat verschiedene Varianten des Experiments ausprobiert, die ich hier in diesem Rahmen nicht besprechen kann. Grundsätzlich war es ihm möglich, innerhalb eines Versuchsaufbaus mit 40 Probanden 26 (also 65%) dazu zu bringen, bis zur maximalen Voltstärke von 450 zu gehen. Nur 5 Personen brachen nach 300 Volt ab; kein einziger brach vorher ab.[10] Zusammenfassend schrieb Milgram: „Wir haben mittlerweile mehrere hundert Teilnehmer im Gehorsamsexperiment getestet und dabei ein Niveau an Gehorsamsbereitschaft feststellen müssen, das beunruhigend ist. Mit betäubender Regelmäßigkeit war zu sehen, wie nette Leute sich den Forderungen der Autorität beugten und gefühllos und hart handelten."[11] „Gefühllos" und „hart" stimmt allerdings nicht immer, denn viele Versuchsteilnehmer zeigten starke psychosomatische Symptome wie z. B. zittern, schwitzen und weitere emotionale Spannungen. Arno Gruen hat sich mit dieser Beobachtung befasst und vermutet, dass die Reaktionen der Probanden Anzeichen einer Entfremdung von der eigenen Wahrnehmung und den eigenen Gefühlen sind. „Die Not des anderen, seine Schmerzen, sein Leid, seine Verzweiflung drangen also nicht wirklich in ihr Bewusstsein vor, obwohl es eindeutige psychosomatische Reaktionen darauf gab."[12] Gruen sieht grundsätzlich destruktive Kindheitserfahrungen in einem ursächlichen Zusammenhang von Entfremdungsprozessen. Auf diese Kindheitseinflüsse werde ich gleich zurückkommen.

Bei anderen Experimentvarianten mit mehr Nähe zum Schüler brachen 20 bis 50% der Probanden kurz vor oder um die 180 Volt ab, allerdings machten auch 30 bis 62,5% – trotz zunehmender Nähe zum *Schüler* – bis 450 Volt weiter. Milgrams Besprechung von einem Fallbeispiel zeigt auch, dass manche Probanden das Experiment (trotz großer Nähe zum Schüler) eiskalt, gleichgültig und ohne jede Regung oder irgendwelchen psychosomatischen Reaktionen durchzogen.[13]

Kommen wir nach diesen langen aber notwendigen Ausführungen jetzt also zurück zur Kindheit. Milgrams Probanden waren zwischen 20 und 50 Jahren alt. Das Experiment wurde zwischen 1960 und 1963 durchgeführt. Entsprechend stammten die Probanden aus den Geburtsjahrgängen zwischen 1910 und 1943. Noch heute ist das Ausmaß an Gewalt und Vernachlässigung gegenüber Kindern in den USA hoch. Zweifellos wurde die Mehrheit der Kinder zwischen 1910 und 1943 in den USA geschlagen und gedemütigt. Das konnte Milgram damals nicht wissen, weil es schlicht keine Daten über das Ausmaß der Gewalt gab.

Das *Milgram-Experiment* ist häufig als Beleg dafür herangezogen worden, dass *ganz normale* Menschen jederzeit nur qua der Umgebungsbedingungen und durch Agieren von Autoritäten zu grausamen Handeln fähig seien. Was in Wahrheit erfasst wurde, ist das Verhalten von ganz *normal* (der damaligen Norm entsprechend) als Kind geschädigten Menschen. Dieser letzte Satz gilt letztlich für alle historischen Beobachtungen von menschlichen Gesellschaften!

Das Experiment sagt gar nichts über die menschliche Natur oder das grundsätzliche Verhalten von Menschen unter den inszenierten Bedingungen aus, weil die Probanden vorher nicht bezüglich ihrer Sozialisation und Kindheitserfahrungen kategorisiert wurden. Nach unserem heutigen Wissen hätte man die Probanden am Beispiel der bereits im Text besprochenen ACE-Studien über Kindheitserfahrungen befragen müssen. Danach hätten Kategorien entlang der verabreichten Schweregrade an Elektroschock gebildeten und diese mit den Kindheitserfahrungen in einen Zusammenhang gesetzt werden können. Ergänzend bezüglich dieser Kategorien hätte man auch noch unterscheiden können zwischen Menschen, die starke psychosomatische Reaktionen zeigten und solchen, die das Experiment eiskalt durchzogen.

Worauf ich hinaus will, ist klar. Meine starke Vermutung ist, dass Menschen, die das Experiment früh abbrachen, sich bezüglich ihrer Kindheitserfahrungen deutlich von denen unterschieden, die das Experiment eiskalt bis zu den 450 Volt durchzogen. Letztere Gruppe wäre vermutlich die als Kind am meisten geschädigte, während sich bei den Ungehorsamen überdurchschnittlich mehr Menschen finden würden, die weniger Gewalt, weniger Unterwerfung, weniger Vernachlässigung und mehr Zuwendung in der Kindheit erlebt hätten. Zwischen diesen Extrempolen würden sich vermutlich einige Abstufungen bezüglich des Kindheitsleids der Probanden finden.

Meine Vermutungen werden durch den Gesamttext hier untermauert, allerdings auch durch eine sehr spezielle Forschungsarbeit gestützt. Eva Fogelman (1998) – die einst Schülerin von Milgram war! – hat auf ihre Art einen Gegenentwurf zum *Milgram-Experiment* entworfen (erstaunlicher Weise bekam ihre Arbeit im Vergleich zu der von Milgram nach meinem Eindruck deutlich weniger Aufmerksamkeit oder ist vielen Menschen, die Milgrams Arbeit kennen, sogar gar nicht bekannt). Sie hat gefragt, was Menschen während der NS-Zeit dazu brachte, Juden zu retten und sich entsprechend ungehorsam zu verhalten. Im Laufe von zehn Jahren hat sie zusammen mit einer Forschungsgruppe mehr als 300 Judenretter und Judenretterinnen in diversen Ländern befragt. Fogelman schreibt, dass diese Männer und Frauen so willkürlich zusammengewürfelt erschienen, wie die Fahrgäste in der U-Bahn.[14] Allerdings verband die meisten Retter vor allem eines: ihre Kindheitserfahrungen.

„Motor des Handelns waren die inneren Werte, die die Retter schon frühzeitig in ihrer Kindheit ausgebildet haben. Entsprechende Kindheitserfahrungen und -erinnerungen ziehen sich wie ein Leitmotiv durch die Geschichten der meisten Retter. Nach vielen Gesprächen mit Rettern wunderte es mich kaum mehr, wenn folgende prägenden Faktoren in ihrer Kindheit eine Rolle spielten: ein behütetes, liebevolles Elternhaus; ein altruistischer Elternteil oder ein liebes Kindermädchen, das als Vorbild für altruistisches Verhalten diente; Toleranz gegenüber Menschen, die anders sind; eine schwere Krankheit während der Kindheit oder der Verlust einer nahestehenden Person, wodurch die eigene Widerstandskraft auf die Probe gestellt und besondere Hilfe nötig wurde; eine verständnisvolle und fürsorgliche Erziehung zu Unabhängigkeit, Selbstständigkeit und Disziplin, die nicht mit körperlichen Strafen und Liebesentzug operierte. Selbstverständlich haben nicht alle Retter solche Erfahrungen gemacht, aber die meisten. Auch sind die genannten Faktoren allein kein hinreichender Grund, um Zuschauer zu Rettern zu verwandeln. Ebenso wichtig war die Stimmigkeit der Umstände, des Zeitpunktes und der Gelegenheit zur Rettung. Gleichwohl steht für mich nach meinen Gesprächen mit Rettern zweifelsfrei fest, dass ihre Fähigkeit, sich dem Rassismus zu widersetzen und mit den Verfolgten zu sympathisieren, auch durch ihre Kindheitserfahrungen und die Werte, die ihnen in dieser Zeit eingeschärft wurden, bedingt ist."[15] Diese Ergebnisse sind umso aussagekräftiger, wenn man sich erneut klar macht, dass diese Generation oft mit schwarzer Pädagogik überzogen wurde. Wenn die Mehrheit der Judenretter gerade nicht der Mehrheit was Kindheitshintergründe angeht entsprach, so spricht dies für alles andere als einen Zufall.

Zu ähnlichen Ergebnissen kamen im Übrigen auch Oliner & Oliner (1992). Diese haben 406 Judenretter und -retterinnen aus verschiedenen europäischen Ländern befragt und die Daten mit 126 Nicht-Rettern (von denen allerdings 52 bekundeten, dass sie gegen die Nazis agiert oder Juden geholfen hätten, was allerdings nicht überprüfbar war), die zur gleichen Zeit in den gleichen Regionen gelebt hatten, verglichen. Die Kindheiten und Familien der Judenretter unterschieden sich signifikant von den Kindheiten und Familien der Nicht-Retter. So wurde

z. B. nur in 1,4% der Familien der Judenretter der Gehorsam betont, bei den Nicht-Rettern waren es 8,5%. In 70,3% der Familien der Retter wurden ethische Werte betont, bei den Nicht-Rettern waren es dagegen 55,9%. 78,4% der Retter hatten einen starken familiären Zusammenhalt erlebt, dagegen 55,7% der Nicht-Retter. 32% der Retter und 40% der Nicht-Retter berichteten von Körperstrafen in der Familie. Auffällig dabei ist, dass die Körperstrafen in den Familien der Retter eher keine Erziehungsroutine waren, sondern selten oder manchmal vorkamen und häufig den Strafen Belehrungen und Begründungen vorausgingen oder manchmal – den Fallbeispielen folgend – sogar Entschuldigungen folgten. Bei den Nicht-Rettern zeigten sich mehr regelmäßige Strafen und weniger oder keine Begründungen.[16] Ich bin mir sicher, dass die Besonderheiten in den Familien der meisten Retter noch deutlicher zu Tage getreten wären, wenn man als Vergleichsgruppe überzeugte Nazis und Judenhasser gewählt hätte.

Eine für die damalige Zeit ungewöhnliche Kindheit hatten auch die Geschwister Scholl[17], die nach anfänglicher Schwärmerei für die Hitler-Jugend bald das wahre Gesicht der NS-Ideologie erkannten und mit der Gruppe *Weiße Rose* ihre Form von Widerstand organisierten. Ihre Eltern waren sehr liberal eingestellt und ermöglichten ihren Kindern eine geborgene Kindheit. Die Mutter übernahm dabei hauptsächlich die Kindererziehung, der Vater war Pazifist (er hatte u. a. im Ersten Weltkrieg als einer von Wenigen den Dienst an der Waffe verweigert) und hatte stets und frühzeitig vor Hitler gewarnt. Im Elternhaus lernten die Kinder auch zu widersprechen, wenn sie anderer Meinung waren.

Beide Scholl-Eltern hatten entgegen den üblichen Erziehungsmethoden der Zeit Schläge gegen ihre Kinder abgelehnt. Es ist eine Ironie der Geschichte, dass der sonst sanfte Vater seine Tochter Inge erstmalig ohrfeigte, als diese in die Hitler-Jugend eintreten wollte und er sich zuvor sehr darüber erregt hatte.[18]

Ich gehe soweit zu behaupten, dass Menschen wie die Geschwister Scholl auch das *Milgram-Experiment* frühzeitig abgebrochen hätten.

Lloyd deMause hat das *Milgram-Experiment* deutlich kommentiert. Er geht davon aus, dass die Probanden durch den Anschluss an eine Gruppe dazu gebracht wurden, in abgespaltene Anteile von sich (er nennt dies *soziale Alter-Egos*), zu wechseln (die einst durch destruktive Kindheitserfahrungen entstanden sind)[19] und sich dann in *sozia-*

ler Trance befanden. Experten, die sich über die Ergebnisse von Milgram noch immer wundern, würden einfach die Menge an Traumata unterschätzen, die die meisten Menschen erlebt hätten. Interessant ist, dass deMause sogar anzweifelt, dass Milgram überhaupt das Ausmaß von Gehorsam gemessen hat. Wichtiger wäre viel mehr gewesen, dass das Ziel des Experiments war, einen anderen Menschen zu schädigen. „Die Nazis hätten Hitler nicht gehorcht, wenn er sie gebeten hätte, nett zu den Juden zu sein. Es ist der internalisierte Inhalt des sozialen Alter Egos, der in der Herstellung destruktiven Gehorsams effektiv wird, und nicht die Folgsamkeit gegenüber Autoritäten. Milgrams Subjekte – wie alle, die an Kriegen und sozialer Gewalt teilnehmen – verloren ihre Fähigkeit zur Empathie mit den Opfern nur im Zustand sozialer Trance."[20] Das Hadern mit sich selbst während des Experiments – die beschrieben psychosomatischen Reaktionen – deutet deMause als Kampf zwischen dem abgespaltenen *sozialen Alter-Ego* und der eigentlichen Persönlichkeit der Probanden.

Ergänzend und abschließend möchte ich anmerken, dass der Versuchsleiter im Experiment stets auf den Nutzen und die Bedeutung für die Wissenschaft hinwies. Man könnte übertragen auch sagen, er formulierte, dass die Schmerzen des Schülers *zum Wohle aller* nötig waren. Ist es nicht genau das, was von ihren Eltern misshandelte und gedemütigte Kinder oftmals hören, dieses: *Wir müssen Dir weh tun, aber es geschieht zu Deinem Besten, Deinem Wohle*? Ich kann deMause nur beipflichten, dass Milgram, ohne es bewusst gewollt zu haben, frühkindliche Ebenen und Ohnmachtserfahrungen der Probanden aktivierte.

Wir sehen an diesem Beispiel, wie enorm wichtig es für die Wissenschaft ist, das Ausmaß der Gewalt und Lieblosigkeit gegenüber Kindern zu kennen und auch um die möglichen Folgen zu wissen, damit wirklich aussagekräftige Ergebnisse der Forschung erzielt werden können.

Die Beispiele ließen sich fortführen. Feministische Forschende deuten z. B. das Gewaltverhalten von Männern meist als eine Folge von sozialisierten Männlichkeitsbildern und vorhandenen patriarchalen Machtstrukturen. So wichtig und richtig dieser Ansatz auch ist, er lässt meist männliche Ohnmachtserfahrungen – vor allem auch aus der Kindheit – außen vor. Nach meinem Ansatz müssten zwei Kernfrage lauten: Warum sind manche Männer gewalttätig und viele Männer nicht (trotz gleicher gesellschaftlicher Machtstrukturen, in denen sie aufwachsen)? Wie unterscheidet sich die Kindheit von männlichen Gewalttätern von der Kindheit von friedlichen Männern? Was die feministische Theorie allerdings sehr gut erklären kann ist, warum Frauen weniger offen gewalttätig sind als Männer. Sie verfügten historisch einfach nicht über die Macht, Destruktivität offen auszuleben. Allerdings verfügten sie stets über viel Macht über Kinder und missbrauchten diese Macht ausgiebig. Die Unsichtbarkeit weiblicher Gewalt bzw. die verbreitete Unwissenheit über weibliche Täterschaft in Bezug zu Kindern ist in meinen Augen ein so wichtiger Punkt, dass ich diesem Thema nachfolgend ein eigenes Kapitel gewidmet habe.

5. Weibliche Täterschaft gegenüber Kindern

„Das Gesicht meiner Mutter ist ganz nah. ‚Du weinst doch nicht?' Sie schlägt meinen Kopf auf den Boden und wiederholt freundlich: ‚Du weinst doch nicht, oder?' Es ging ihr nicht darum, mir das Weinen zu verbieten. Sie wollte, dass ich Schmerzen litt und nicht mehr wusste, dass es mir weh tat. Ich sollte lachen, während sie mich quälte. Ich sollte verrückt werden. Das ist ein Stück aus dem Alltag mit meiner großen Feindin, meiner Mutter. Das ist Teil der sexuellen Ausbeutung. Vor niemandem hatte ich so maßlose Angst wie vor meiner Mutter. Sie kannte mich viel besser. Sie besaß mehr Druckmittel. Sie konnte viel weiter gehen. Sie gab mir zu essen oder verweigerte es mir. Sie wusch mich oder tauchte mir den Kopf ins Wasser. Sie brachte mich ins Bett oder sperrte mich aus der Wohnung. Darüber hinaus war sie den ganzen Tag mit mir allein. Sie konnte mich schlagen, mir Brandwunden zufügen, mich in den Schrank sperren, mich zwingen, stundenlang still zu stehen, und sie konnte mich jederzeit berühren. Sie hatte Zeit. Sie hatte Zeit, zu warten bis meine Kraft nachließ; Zeit ihre Drohungen auszukosten. Ich fühlte mich wie ein Tier auf dem Sprung. Der Tag war eine graue Masse: warten auf den Mittag, warten auf den Abend, warten auf den Morgen, warten bis jemand hereinkam, dann war ich sicher."[1] Dies ist ein Betroffenenbericht von *Mona* (Pseudonym).

Es gibt diverse weitere Betroffenenberichte dieser Art darüber, was Mütter ihren Kindern antun. Erstaunlicher Weise sind Mütter/Frauen als Täterinnen von Kindesmisshandlungen in der öffentlichen Wahrnehmung kaum präsent. Mir fiel in der Vergangenheit immer wieder auf, dass viele Menschen keine realistische Vorstellung davon haben, in wie weit Frauen (bzw. vor allem Mütter/Stiefmütter) an der Misshandlung von Kindern beteiligt sind und auch historisch waren. Einmal bekam ich nach einer Onlinediskussion sogar die Einschätzung präsentiert, dass das Zahlenverhältnis ca. 10:1 männliche Täter gegenüber Täterinnen bei Kindesmisshandlung sei.

Klassisch sind auch Kommentare wie der vom Schriftsteller Bruno Preisendörfer. Er schrieb einen Artikel über erzieherische Gewalt und kam auch auf das Bürgerliche Gesetzbuch zu sprechen, in dem im Jahr 1896 noch im § 1631 stand: Kraft Erziehungsrechts darf der Vater angemessene Zuchtmittel gegen das Kind anwenden. Preisendörfer kommentiert: „Der Vater, nicht die Mutter! Der Mutter war es beschieden, die Kinder zur Brust zu nehmen und ihnen ins Gewissen zu reden, den Gürtel von der Hose schnallen konnte und durfte nur der Vater. Zeitlich ziemlich genau in der Mitte zwischen dieser Festschreibung des väterlichen Züchtigungsrechtes 1896 und der Festschreibung des kindlichen Rechts auf gewaltfreie Erziehung im Jahr 2000 hatte das väterliche Züchtigungsrecht wegen der mütterlichen Gleichberechtigung seine Exklusivität eingebüßt. Das Gleichstellungsgesetz vom Juli 1958 drückte auch den Müttern den Stock in die Hand. Doch blieben die meisten von ihnen bei der nachhaltigeren Methode des Liebesentzugs. Erst wenn das nicht fruchtete, behalfen sich die Mütter mit der Androhung der Strafe, die dann der Vater zu vollstrecken hatte. ‚Warte nur, bis Papa nach Hause kommt' – wer aus meiner Generation kann von sich behaupten, dies nie aus dem Mund der Mutter gehört zu haben.“[2]

Dass Väter rechtlich und von der patriarchalen Sitte her in der Geschichte die Machthaber in den Familien waren, ist unbestritten. Doch aus diesem Recht und dieser Macht kann man nicht ableiten, dass Frauen bzw. Mütter keine oder sehr viel weniger Gewalt gegen ihre Kinder ausübten oder gar erst damit angefangen haben, nachdem sie rechtlich einigermaßen gleichgestellt wurden. Denn zwischen erwachsenen Frauen und Kindern besteht ein großes Machtgefälle, natürlich wurde und wird diese Macht auch missbraucht. Der Autor irrt komplett mit seiner Einschätzung. Deutsche Mütter hatten selbstverständlich bereits vor 1958 den Stock in der Hand, um im Bild von Bruno Preisendörfer zu bleiben.

Mitte 1950 bis Anfang 1951 wurden 444 deutsche Jugendliche bzw. junge Menschen in verschiedenen Regionen nach ihren Erziehungserfahrungen in der Familie befragt. Bei 46,2% der Jugendlichen wurden Strafen (und Strafen waren nach Angaben der Befragten vor allem Körperstrafen, die von der großen Mehrheit der Befragten erlitten wurden) durch die Mutter vollzogen, 33,4% durch den Vater und bei 13,7% durch beide Elternteile.[3] Der Volkskundler Walter Hävernick hat Anfang der 1960er Jahre sowohl junge Menschen, als auch Erwachsene nach ihren Kindheitserfahrungen bezüglich Körperstrafen befragt. (insofern reichen die Erziehungserfahrungen der Befragten je nach befragter Gruppe zu einem Teil auch weit vor die 1950er Jahre zurück) Je nach befragter Gruppe betrug der Anteil der Mütter an den erlebten Körperstrafen zwischen 60 und 69%. Hävernick erwähnt auch, dass Mütter den Rohrstock genauso oft benutzten, wie die Väter und er keine im Verhältnis zum Vater milderen Straffformen beim weiblichen Geschlecht erkennen konnte.[4]

Ein etwas aktuelleres Bild für Deutschland zeigt der *Datenreport zur Gleichstellung von Frauen und Männern in der Bundesrepublik Deutschland* aus dem Jahr 2005. Darin heißt es: „Die meisten Studien der Familiengewaltforschung kommen zu dem Ergebnis, dass Mütter in gleich hohem oder höherem Ausmaß wie Väter elterliche körperliche Gewalt gegenüber ihren Kindern ausüben."[5]

Die Sozialwissenschaftlerin Claudia Heyne hat ein ganzes Buch zum Thema Täterinnen geschrieben. Nach ihren Recherchen schwanken in der Literatur die Zahlen über den Anteil der Täterinnen bei der körperlichen Kindesmisshandlung zwischen 40% und 70%.[6]

Auch der Blick in die Geschichte zeigt, dass Frauen im erheblichen Umfang Kinder als „Giftcontainer" – wie deMause es ausdrückt – für ihre Gefühle benutzten. Lloyd DeMause hat darauf hingewiesen, dass bis zur Moderne vor allem Frauen (als Mütter, Großmütter, Tanten, Ammen, weibliche Dienerschaft, Hebammen usw.) für Kinder verantwortlich waren und Männer beim Heranziehen der Kinder meist gar keine Rolle spielten. Der Psychohistoriker zeigt an Hand einer Fülle von Beispielen auf, wie Frauen in der Geschichte routinemäßig ihre Kinder getötet, vernachlässigt, missbraucht und misshandelt haben. Diese Gewalt gegen die Kinder stand wiederum im engen Verhältnis zu eigenen, erheblichen Gewalterfahrungen der Frauen.[7]

Es scheint so zu sein, dass stets nach unten *weitergetreten* wird und ganz unten stehen nun mal die Kinder. Sie sind die Schwächsten im Glied. Aufschlussreich in diesem Sinne ist auch, dass heute noch stark patriarchal geprägte Länder ein besonders hohes Ausmaß von Frauengewalt gegen Kinder aufweisen. Eine repräsentative Studie aus Indien kam beispielsweise zu dem Ergebnis, dass 50,9% der gewaltbetroffenen Kinder körperliche Gewalt durch ihre Mutter erfahren haben, 37,6% der gewaltbetroffenen Kinder erlebten Gewalt durch den Vater.[8] Zusammen mit der *Gesellschaft für Technische Zusammenarbeit*, der *CARITAS*, der Nichtregierungsorganisation *vivo international e.V.* und der *Universität Konstanz* wurden 287 Schulkinder aus Kabul (Afghanistan) befragt. Die Ergebnisse wurden in einer Diplomarbeit veröffentlicht. 59,9% der Kinder wurden von ihrer Mutter geschlagen, 41,6% von ihrem Vater.[9] In Ägypten wurden 400 Schulkinder und deren Mütter befragt. 76,3% der Kinder wurden körperlich durch ihre Mütter bestraft bzw. geschlagen.[10] Innerhalb einer großen Studie wurde das Gewaltverhalten von Eltern in Ägypten, Marokko, dem Libanon und in den palästinensischen Gebieten ermittelt.[11] Die Ergebnisse habe ich ausführlich im Kapitel *Das Ausmaß der Gewalt gegen Kinder in der Welt – Kindheiten der Allgemeinbevölkerung* dargestellt. Grundsätzlich lässt sich sagen, dass in Ägypten, Marokko und den palästinensischen Gebieten Mütter deutlich häufiger ihre Kinder schlagen, als die Väter. Nur im Libanon ist das Verhältnis in etwa ausgeglichen.

Die Daten und Statistiken ließen sich fortsetzen. Das hohe Ausmaß von Frauengewalt in diesen Regionen ist wie gesagt sicherlich ein Zeichen dafür, dass eigens erlittene Gewalt, systematische Frauenunterdrückung und Demütigungen nach unten weitergegeben werden. Anderseits halten Frauen durch ihr Gewalthandeln den kollektiven Kreislauf der Gewalt am Laufen. Denn die Jungen, die heute von ihren Müttern (wie auch Vätern) gedemütigt und misshandelt werden, sind ein paar Jahren später Männer, die in die patriarchalen Fußspuren ihrer Väter treten und die Gesellschaft gestalten werden. Als Kind schwer gedemütigte Männer werden mit hoher Wahrscheinlichkeit patriarchale Machtstrukturen eher erhalten und die Frauenunterdrückung fortsetzen wollen. Zumindest ist es das, was wir beispielsweise bei der Betrachtung der indischen, ägyptischen oder afghanischen Gesellschaften oftmals sehen.

Abschließend möchte ich noch auf einen Punkt hinweisen, der schon kurz in dem oben aufgeführten Zitat von Bruno Preisendörfer angerissen wurde. „‚Warte nur, bis Papa nach Hause kommt‘ – wer aus meiner Generation kann von sich behaupten, dies nie aus dem Mund der Mutter gehört zu haben.“, schreibt der Autor. Dieser Satz ist weiterhin quasi Sprachallgemeingut in Deutschland und jeder weiß auch heute noch, was damit gemeint ist. Ingrid Müller-Münch (2012) hat für ihr Buch *Die geprügelte Generation* ein Interview mit dem Autor Tilmann Röhring über dessen Kindheit geführt. An einer Stelle sagte Röhring: „Ich kam aus der Schule. Und die Stiefmutter sagte, heute Abend bekommst du Prügel. Ich hatte gar nichts gemacht. Also fragte ich, wieso, warum, um Himmelswillen? Damit du nicht über die Stränge schlägst, wurde mir erklärt. Können sie sich ein Kind vorstellen, was den ganzen Nachmittag zittert? Und dann kommt der Vater nach Hause. Man empfängt ihn draußen an der Garage. Er ist fröhlich, lacht und streichelt einen vielleicht sogar, geht ins Haus und eine halbe Stunde später wird man reingerufen, und man kriegt eine Tracht Prügel. Also, das ist furchtbar.“[12]

Tilman Röhring wurde vom Vater mit einer Reitpeitsche durchgeprügelt und übrigens nicht nur auf Anweisung der Stiefmutter geschlagen, sondern zusätzlich auch aus eigenem Antrieb des Vaters. Diese Szene zeigt allerdings überdeutlich das ganze Grauen, das diese angekündigte, delegierte Gewalt beim Kind auslöste. Den Schlägen ging die seelische Folter voran, stundenlang musste das Kind in dem Wissen leben, dass es abends Schläge erhalten würde. Diese Stiefmutter wäre in einer quantitativen Studienbefragung ziemlich sicher als nichtmisshandelnder Elternteil eingestuft worden. Dass sie die Gewalt delegierte, wäre nicht erfasst worden. Die Frage ist nur, wie viele Frauen früher (oder auch noch heute) körperliche Gewalt – ergänzend zum eigenen Gewaltverhalten – an den Vater delegierten? Mir ist bisher keine Studie bekannt, die dies erfasst hat.

6. Das große Schweigen

Im Jahre 1978 hielt Astrid Lindgren unter dem Titel *Niemals Gewalt!* eine glühende Rede für die gewaltfreie Erziehung. Anlass war die Verleihung des Friedenspreises des Deutschen Buchhandels. Ihre Rede sorgte damals allerdings schon vor der Verleihung für einen Eklat, weil die Verantwortlichen nach der Lektüre des Manuskripts sagten, sie solle den Preis „kurz und gut" ohne Rede entgegennehmen. Astrid Lindgren ließ sich darauf nicht ein, drohte mit Verzicht und durfte doch noch in Frankfurt am Main sprechen.[1]

Was hatte die damals Verantwortlichen derart irritiert und gestört, dass sie dieser weltberühmten Kinderbuchautorin, die sie selbst eingeladen hatten, zunächst ihre Dankesrede verbieten wollten? Mir scheint, es war die Verknüpfung von (gewaltvollen) Kindheiten und (gewaltvoller) Politik, die Lindgren ins Abseits brachte. Lindgren sagte: „Ob ein Kind zu einem warmherzigen, offenen und vertrauensvollen Menschen mit Sinn für das Gemeinwohl heranwächst oder aber zu einem gefühlskalten, destruktiven, egoistischen Menschen, das entscheiden die, denen das Kind in dieser Welt anvertraut ist, je nachdem, ob sie ihm zeigen, was Liebe ist, oder aber dies nicht tun."[2] Sie sprach davon, dass es für uns alle ein Glück ist, wenn wider Erwarten ein Kind, das von seinen Eltern liebevoll und ohne Gewalt behandelt wurde, später als Erwachsener zu denen gehört, die (politische) Macht haben. Denn, so Lindgren, „auch künftige Staatsmänner und Politiker werden zu Charakteren geformt, noch bevor sie das fünfte Lebensjahr erreicht haben."[3] Sie fragte: „Wie aber war denn nun die Kindheit aller dieser wirklich ‚verdorbenen Knaben', von denen es zur Zeit so viele auf der Welt gibt, dieser Diktatoren, Tyrannen und Unterdrücker, dieser Menschenschinder? Dem sollte man einmal nachgehen. Ich bin überzeugt davon, dass wir bei den meisten von ihnen auf einen tyrannischen Erzieher stoßen würden, der mit einer Rute hinter ihnen stand, ob sie nun aus Holz war oder im Demütigen, Kränken, Bloßstellen, Angstmachen bestand."[4]

Lindgrens gesamte Rede ist auch heute noch sehr lesenswert und war im Jahr 1978 ein wegweisender Meilenstein. Die Reaktion der Verantwortlichen auf das Manuskript ist allerdings ebenso erhellend, wie auch klassisch. Das Thema *gewaltvolle Kindheit* ist an sich ein Thema, über das lieber geschwiegen als viel geredet wird. Werden ergänzend destruktive Kindheiten mit destruktiver Politik verknüpft, dann übertritt man eine weitere Schwelle, die oftmals starke Kritik und noch viel öfter Schweigen und Ignoranz hervorruft (ich spreche da aus Erfahrung).

Die anwesenden Zuschauer bei der Preisverleihung 1978 werden vermutlich mehrheitlich, ebenso wie die Verantwortlichen, eher im Alter zwischen 40 und vielleicht 70 Jahren gewesen sein. Entsprechend entstammten sie aus den Geburtsjahrgängen zwischen 1908 und 1938. Diese Zeit, wie auch die Zeit davor, war – wie eingangs dargestellt – in Deutschland die dunkle Zeit der Schwarzen Pädagogik. Die Mehrheit der Anwesenden, die einer leidenschaftlichen Rede über die destruktiven Folgen der Gewalt gegen Kinder beiwohnten, wird als Kind von den eigenen Eltern und auch den Lehrern in der Schule (später teils auch von den Lehrherren) geschlagen worden sein. Und nicht wenige der Anwesenden werden den verdrehten Grundsatz verinnerlicht haben, dass Gewalt, wenn sie als wohlwollende Erziehung verpackt wird, einem Kind nicht schaden würde.

Ich selbst erinnere mich an eine allgemeine Vorlesungsreihe an der Universität Hamburg zum Thema NS-Zeit und Ursachen. Der Titel lautete: *Denn sie wussten und wollten, was sie taten. Der Holocaust und seine Täter*". (Ringveranstaltung am Fachbereich Erziehungswissenschaft der Uni Hamburg, WS 2002/2003) Diese wöchentliche Abendveranstaltung wurde vorwiegend von Menschen besucht (und auch veranstaltete), die diese Zeit selbst miterlebt hatten oder in den Nachkriegsjahren aufgewachsen waren. Entsprechend emotional verliefen oftmals die Lesungen. Es wurden im Laufe der Lesungsreihe viele interessante Aspekte dieser Zeit vorgestellt. Auch wurden verschiedene politisch-soziologische und wirtschaftliche Zusammenhänge als Ursachen für die NS-Zeit aufgeführt, die alle wirklich sehr logisch und nachvollziehbar und sicherlich auch wahr waren und sind.

Das spannende für mich war aber folgendes. Einer der hauptverantwortlichen Dozenten für diese Reihe reichte einmal ca. in der Mitte der gesamten Lesereihe für jeden Anwesenden ein Blatt mit dem Inhalt der entsprechenden Lesung an diesem Abend im Publikum herum. Auf der Rückseite des Blattes hatte er, ganz entgegen des Themas dieses Lesungstages, die Inhaltsangabe des Buches *Der Fremde in uns* von Arno Gruen kopiert, in dem vor allem die *Identifikation mit dem Aggressor* bzw. destruktive Kindheitserfahrungen als Ursache für Krieg und speziell auch der NS-Zeit benannt sind. Auf diese rückseitige Inhaltsangabe machte der Dozent nicht aufmerksam, er reichte sie einfach stillschweigend herum. Überhaupt waren destruktive Kindheitserfahrungen als eine mögliche Ursache von Krieg und Täterschaft in dieser Veranstaltungsreihe kein Thema. Trotzdem machte der Dozent leise auf Arno Gruens Thesen aufmerksam. Am 6. 2. 2003 fand mit dem Schlussthema *Wie können Menschen zu Tätern werden?* die Abschlusssitzung der gesamten Lesereihe statt. Auch hier wurde wieder nicht auf destruktive Kindheitserfahrungen als mögliche Ursache hingewiesen (und das obwohl die Lesereihe am Fachbereich Erziehungswissenschaft stattfand).

Als ich dann nach der Lesung im Plenum freundlich darauf hinwies, dass mir das psychoanalytische Ursachenverständnis von Krieg und Täterschaft eines Arno Gruen gefehlt hätte und dies obwohl ein leitender Dozent in einem Beiblatt sogar auf das Buch *Der Fremde in uns* und somit auf den Zusammenhang mit destruktiven Kindheitserfahrungen hingewiesen hätte, bekam ich als Reaktion aus dem Plenum ein Raunen und teils offene Anfeindungen. An eine Frau erinnere ich mich noch besonders. Sie stand auf und rief irgendetwas wie: „Eine Welt, wie sie sie wollen, gibt es nicht!“ Und ich hätte unrecht mit meinen Gedanken usw. Was genau diese Frau meinte, erschließt sich mir nicht. Letztlich blieb bei mir der Eindruck, dass es unerwünscht war, über Kindheitseinflüsse zu sprechen. Auch von den leitenden Dozenten wurde mein Hinweis durch Ausschweifungen gänzlich abgebügelt.

Dieses Erlebnis spiegelt allerdings auch die Widersprüchlichkeit oder besser gesagt das *Hin-und-Her-gerissen-Sein* wider, das sich oft bei dem Thema findet: Das Thema will hier und da gesehen werden, aber wiederum auch nicht und bloß nicht zu deutlich. Zum einen haben Autoren wie Arno Gruen oder Alice Miller Bestseller geschrieben (Bücher von Alice Miller wurden in dreißig Sprachen übersetzt), die auch heute noch in vielen öffentlichen Bücherhallen und Buchhandlungen stehen und in etlichen Auflagen erschienen sind. Beide Autoren haben immer wieder deutlich gemacht, wie sehr destruktive Kindheiten Gesellschaften prägen und bis hin zu Krieg und Terror führen können. Arno Gruen erhielt 2001 für sein Werk *Der Fremde in uns* sogar den Geschwister-Scholl-Preis, seine Arbeit wurde also sehr wohl gesehen und anerkannt. Als Alice Miller 2010 und Arno Gruen 2015 verstarben, wurde ihrer in fast allen überregionalen Zeitungen gedacht.

Trotz dieser Aufmerksamkeit ist mir persönlich bis heute nur ein einziger Beitrag eines Sozialwissenschaftlers (von Dr. Jürgen Haberleithner, der aktuell an der Universität von Colima in Mexiko lehrt) bekannt, der explizit bezüglich Arno Gruens Thesen auf die „soziale Dimension" und eine entsprechende „makrosoziologische Bedeutung" hingewiesen hat und Gruens Erkenntnisse in den „gesellschaftspolitischen Bereich transferieren und dadurch neue Forschungshorizonte" eröffnen möchte. In seiner Zusammenfassung schreibt Haberleithner weiter: „Arno Gruens ‚Theorie zur menschlichen Destruktivität' stellt eine wichtige Grundlage dar, um destruktiven Massenphänomenen wie zum Beispiel dem Zweiten Weltkrieg oder dem historisch inkludierten Holocaust verständlicher zu machen. Die Keimzelle der menschlichen Destruktivität liegt in den frühkindlichen Ereignissen des ‚Anerkannt werden' oder des ‚Abgelehnt werden' des sich entwickelnden ‚Ichs'. Wird das kindliche ‚Ich' von klein auf in seiner Existenz negiert und mit erzieherischer Gewalt überzogen, so entsteht eine Identifikation mit dem ‚Aggressor' und das eigene Bedürfnis weicht einer pathologischen Treue dem ‚Aggressor' gegenüber. So entstehen sozialisierte Formen des Gehorsams, die emphatische Wahrnehmungen verunmöglichen und zur ‚Nicht-Identität' der Menschen beitragen."[5]

Klassisch ist eher, dass in entsprechend sozialwissenschaftlichen Analysen von kollektiver Gewalt und Extremismus Kindheitserfahrungen gänzlich ausgeblendet werden. Ein Beispiel dafür ist das *Handbuch Kriegstheorien*[6], das nach eigenen Angaben der Autoren erstmals in der deutschen wissenschaftlichen Literatur einen systematischen und interdisziplinären Zugang zu den Theorien des Krieges suchte. Trotz dieses Anspruches findet sich in dem Handbuch keine Besprechung von Kindheitseinflüssen.

Klassisch ist auch, dass dort, wo Kindheitseinflüsse kurz angedeutet werden, diese Einflussfaktoren sogleich kleingeredet werden, was folgendes Beispiel zeigt. In dem Grundlagenwerk *Terrorismusforschung in Deutschland* findet sich kein Schwerpunktbeitrag über Kindheitseinflüsse. Immerhin werden diese Einflüsse in dem Band von Daase & Spencer (2011) innerhalb e i n e s Absatzes kurz angesprochen. Sie weisen zunächst auf eine Studie über weibliche Terroristinnen hin, die traumatische Kindheitshintergründe, einen tyrannischen Vater und eine schwache Mutter bei den Befragten fand, um dann gleich anzuschließen: „Die Schwäche individualistischer und individualpsychologischer Terrorismustheorien ist ihr Hang zur Übergeneralisierung und die ‚Aura des Pathologischen', mit der sie den Terrorismus umgeben. Die wenigsten Menschen, die eine traumatische Kindheit hatten, werden zu Terroristen; und selbst irrationale Handlungen wie Selbstmordattentate müssen als rationales Verhalten verstanden werden, wenn man sie sozialwissenschaftlich erklären will."[7] Damit scheint das Thema Kindheitseinflüsse für die Autoren erledigt zu sein.

Im gleichen Band hat man beim Fazit fast den Eindruck, dass das Autorenteam Harbrich, Kocks & Spencer (2011) in Anbetracht der diversen Ansätze und fehlenden Einigkeit in der Terrorismusforschung über Ursachen und Prävention etwas resigniert. Sie fragen, ob überhaupt noch neue Erkenntnisse zukünftiger Forschung zu erwarten wären und hängen an: „Ist Terrorismusforschung in Deutschland überhaupt (noch) ein lohnenswertes Unterfangen oder sollte der Letzte nicht besser das Licht ausmachen?"[8] Unter dem Punkt 2.2 mit der Zwischenüberschrift „Das Problem der Bestimmung der Ursachen" wird dann in diesem Fazit die Kritik bezüglich Kindheitseinflüssen wie oben dargestellt wiederholt.[9] Es ist ganz und gar erstaunlich, wie bewusst hier an wesentlichen Erkenntnissen vorbeigeschaut wird.

Interessant ist auch das *Handbuch Politische Gewalt: Formen – Ursachen – Legitimation – Begrenzung.* Auch in diesem Band findet sich kein Schwerpunktbeitrag über Kindheitseinflüsse. Immerhin wird in einem Beitrag mit dem Titel „Biotische, psychische und soziale Bedingungen für Aggression und Gewalt" ein Satz dazu geschrieben. Dieser lautet: „Als Risikofaktoren für die Aggressivität der Kinder erweisen sich u. a. frühe Schwangerschaften, Geburtskomplikationen, Stress und negative Bindungsmuster, autoritäre, kontrollierende, aber auch zu schwach kontrollierende, vernachlässigende Erziehung."[10] Und einige Seiten weiter wird bezüglich Prävention aufgeführt: „Für die Prävention von *individueller* Gewalt sind zunächst *familiale Risikofaktoren* zentral, darunter Defizite der Eltern-Kind-Bindung und -Beziehung sowie soziale und gesundheitliche Belastungen der Familien."[11] Es bleibt allerdings bei diesen zwei konkreten Sätzen ohne vertiefende Ausführungen.

Die Ursachen wie auch Präventionsmaßnahmen für individuelle Gewalt mögen die Autoren allerdings nicht wirklich auf die Ebene der kollektiven Gewalt übertragen. Sie schreiben: „Mechanismen individueller Aggression wirken teilweise auch bei gruppeninterner, -externer bzw. kollektiver Gewalt (z. B. aggressionserhöhende Furcht, Frustration, verzerrte Wahrnehmung). Doch hat Gewalt *in* Gruppen und Gesellschaften (Eliten vs. Rebellen, Diadochenkämpfe usw.) *von* und *zwischen* Gruppen, Stämmen, Bevölkerungsteilen, Staaten und internationalen Allianzen auch eigene Faktoren und Dynamiken. Gewalt von Gruppen und Kollektiven ist nicht nur Fortentwicklung individueller Gewalt, beide entstanden in *Ko-Evolution.*"[12]

Erstens bleiben also die Kindheitseinflüsse so kurz erwähnt, dass sie im Text – und erst recht im gesamten Handbuch – kaum ins Gewicht fallen. Zweitens wird kollektive Gewalt als etwas Eigenes definiert, was mit individueller Gewalt nicht wirklich vergleichbar wäre. Dieses Beispiel zeigt darüber hinaus sehr gut auf, dass die Autoren grundsätzlich die Folgen belastender Kindheitserfahrungen erkannt haben und in einen Zusammenhang zu Aggression/Gewalt stellen. *Aber*: da sie diese Erkenntnisse nicht mit dem enormen Ausmaß von belastenden Kindheitserfahrungen verknüpft haben, blenden sie diese entsprechend bezüglich kollektiver Gewalt aus.

Peter R. Neumann (2016) befasst sich nach Angaben seines Verlages seit über 20 Jahren mit Terrorismus und Radikalisierungsprozessen und leitete das *International Centre for the Study of Radicalisation* (ICSR). In seinem 2016 veröffentlichten Buch *Der Terror ist unter uns: Dschihadismus, Radikalisierung und Terrorismus in Europa* befasst er sich u. a. auch mit Anders Breivik. Er schreibt: „Breivik war ein großgewachsener, blonder Mann aus Norwegen, Sohn eines Diplomaten, mit einer sicheren Zukunft in einem der reichsten Länder der Welt." Breivik hatte „keinen Identitätskonflikt und litt unter keiner Diskriminierung. Es gab keinen Grund, weshalb er sein Land hassen sollte. Doch am 22. Juli 2011 beging er den mit insgesamt 77 Todesopfern schwersten terroristischen Anschlag in der Geschichte Norwegens."[13] Kein Wort findet sich in dem Buch über Breiviks extrem traumatische Kindheit und dem Verhalten seiner destruktiven Mutter (darauf bin ich ausführlich im Kapitel *Kindheiten von öffentlich bekannten Extremisten und Terroristen* eingegangen), obwohl Breivik viel Raum im Buch bekommt, seit dem Anschlag einige Jahre vergangen sind und es bis 2016 einzelne Veröffentlichungen rund um die traumatische Kindheit von Breivik gab.

In dem gesamten Buch von Neumann taucht überhaupt nur ein einziges Mal das Wort *Kindheit* auf (dank E-Book-Format ist dies per Suchanfrage schnell ermittelt) und zwar an dieser Stelle: „Am umstrittensten ist, inwiefern gewaltprägende Erfahrungen, die lange vor der kognitiven Radikalisierung stattgefunden haben, mit Gewaltbereitschaft während der Radikalisierung zusammenhängen. So ist beispielsweise bekannt, dass Missbrauch während der Kindheit mit einer Reihe von sozial negativen Verhalten wie Kriminalität und häuslicher Gewalt korreliert. Doch gilt dieser Zusammenhang auch für politisch motivierte Gewalt?"[14] Diese Frage beantwortet der Forscher im gesamten Buch nicht, weil er ihr überhaupt nicht weiter nachgeht. Nach diesen zitierten Sätzen und seinem Fragezeichen verschwimmen außerdem die kurzen Hinweise des Autors auf Kindheitserfahrungen, weil er sich nachfolgend plötzlich über häusliche Gewaltakte von zwei Attentätern gegen ihre Ehefrauen auslässt. Dabei ging es doch zuvor nicht um einen Zusammenhang zwischen Gewalt gegen Ehefrauen und politischer Gewalt, sondern um erlebte Gewalt in der Kindheit und politische Gewalt. Wir sehen hier erneut, dass so manche Forschenden durchaus das Problemfeld Kindesmisshandlung und die möglichen Folgen daraus wahrnehmen, aber es wirkt manchmal fast so, als *wollten* sie sich einfach nicht damit befassen.

Der Ethnologe Jürg Helbling hat ein über 600 Seiten starkes Buch über Kriege in nicht-staatlichen Gesellschaften verfasst, das fachlich und sprachlich wirklich sehr gut ist und in dem alle Facetten des tribalen Krieges besprochen werden. Wobei ich diese Aussage wiederum auch gleich etwas einschränken muss, denn Kindheits-/Erziehungseinflüsse hat der Autor geradezu in seinem Buch *versteckt*. Obwohl sich der Autor an allen erdenklichen Theorien des Krieges jeweils in eigenen Kapiteln abarbeitet (z. B. Humanethologie, Soziobiologie, Psychologie, Psychoanalyse, Ökonomie, Geschichte, Gruppenprozesse), hat er die Besprechung von Kindheitseinflüssen in dem Kapitel *Krieg und Kultur* in einem Unterkapitel unter *Modalitäten der Sozialisation* auf nur gut drei Seiten besprochen.[15] Selbstverständlich fehlt wie gewohnt jeglicher Hinweis auf die Psychohistorie und die Auseinandersetzung damit, obwohl sich gerade auch die Psychohistorie ausführlich mit Kindheit, Gewalt und Kriegen in tribalen Gesellschaften befasst hat. Ansonsten macht der Autor innerhalb dieses kurzen Abschnitts durch die Auswahl seiner Quellen sehr deutlich, dass Kindheitseinflüsse für ihn unbedeutend sind. Er schreibt: „Männliche Initiationsrituale und aggressive Erziehungspraktiken mögen zwar (...) mit dem kriegerischen Charakter einer Gesellschaft korrelieren, doch muss auch die Sozialisation – ebenso wie die Werte und Normen – als kulturelle Anpassung an eine kriegerische Umwelt verstanden werden." Sozialisation für Gewalttätigkeit sei „keine Ursache, sondern Konsequenz des Krieges."[16] Mit diesen Hinweisen erübrigt sich quasi jegliche Auseinandersetzung mit Kindheitsleid (und den entsprechenden Folgen), da selbiges als notwendige, zweckrationale Sozialisation im Angesicht des Krieges oder potentiellen Krieges gedeutet wird. Zumindest erkennt der Autor auf eine Art zunächst an, dass eine aggressive Sozialisation eine Wirkung hat, in dem sie die Kinder auf den Krieg vorbereitet.

Er geht dann aber noch weiter und zweifelt die Wirkung von destruktiver Erziehung bzw. Erziehung an sich an, wenn es um Frieden, Gewalt oder Krieg in einer Gesellschaft geht: „Unklar ist, worin Erziehungspraktiken, die Aggressivität fördern, überhaupt bestehen. Die permissiven, repressionsfreien Erziehungspraktiken bei Wildbeutern in einem Sample von Fabbro korrelieren beispielsweise mit einem hohen Level interpersoneller Gewalt und hohen Homizidraten (wenn auch nicht mit Krieg), während Gesellschaften ohne Krieg (Hutterer, Tristan da Cunha) gleichzeitig eine autoritäre, repressive Erziehung und ein geringes Maß interpersoneller Gewalt aufweisen (...)."[17]

Die genannte Studie von Fabbro (1978) habe ich mir durchgesehen. In der Tat werden in einer Tabelle fünf (Semai, Siriono, Mbuti, Kung und Copper Eskimo bzw. Inuit) von sieben Kulturen bezüglich der Kindersozialisation als *permissiv* (nachgiebig, wenig kontrollierend) beschrieben (wobei das Wort *repressionsfrei* in der Tabelle nicht auftaucht).[18] Schaut man allerdings im gesamten Text, werden z. B. Säuglingstötungen bei den *Kung* und den *Copper Eskimos* erwähnt. Bei den *Semai* werden Kinder, die sich unerwünscht verhalten, durch das Heraufbeschwören von bösen Geistern oder dem Geschehen von bösen Dingen zu Verhaltensänderungen gedrängt; auch Kneifen in die Wange oder leichte Schläge auf die Hände sind üblich. Bei den *Copper Eskimos* sei körperliche Gewalt gegen Kinder im Allgemeinen keine generelle Praxis, aber einen Schlag mit der Faust können Kinder schon einmal erwarten, heißt es im Text. (Da fragt man sich gleich, ob die betroffenen Kinder dies dann auch als k e i n e generelle Gewalt deuten?) Ansonsten würden üblicherweise Kinder, die sich unerwünscht verhalten, bei den *Copper Eskimos* durch die sie ausschließende Gruppe zu angepasstem Verhalten gebracht. Auch bei den *Mbuti* werden Köperstrafen angedeutet.[19]

Helbling hat es sich sehr einfach gemacht, indem er sich rein auf die Daten einer Tabelle bei Fabbro bezogen hat. Zudem sei angemerkt, dass Fabbro seine Studie in einer Zeit veröffentlicht hat, in der es weltweit kein einziges Land gab, dass jegliche Körperstrafen gegen Kinder gesetzlich verboten hat. In der elterlichen Erziehung war das Meiste, was keine schwere oder tödliche Misshandlung war, erlaubt. Insofern wurden Gewaltformen unterhalb von diesem Level offensichtlich nicht wirklich in den Blick genommen und bewertet. Über psychische Gewalt hat sich damals eh noch kaum jemand Gedanken gemacht (auch diese deutet sich wie beschrieben bei den angeblich repressionsfreien Kulturen an).

Zur gedanklichen Anregung möchte ich ergänzend darauf hinweisen, dass empirisch nachweisbar Eltern aggressiver Kinder im Vergleich zu Eltern von nicht-aggressiven Kindern in gewisser Hinsicht *permissiver* sind. Sie setzen dem Verhalten ihrer Kinder kaum Grenzen und beenden keine destruktiven Verhaltensweisen ihrer Kinder. Im Vergleich zu Eltern nicht-aggressiver Kinder verfolgen Eltern aggressiver Kinder weniger genau, wo sich ihre Kinder aufhalten, was sie tun und welche Kontakte sie pflegen.[20] Sicher lässt sich diese Erkenntnis aus unserer modernen Welt nicht eins zu eins auf einfachere Gesellschaften übertragen, aber wir sollten nicht ausschließen, dass *permissive* Erziehung in einfachen Kulturen auch eine Art von Vernachlässigung sein kann. (Nebenbei bemerkt habe ich mich unabhängig von meinen Einwendungen gegenüber Helbling bei meinen Recherchen gefragt, ob die permissive Erziehungspraxis bei manchen einfachen Völkern oftmals als ein

Ideal gedeutet wurde – statt sie als Vernachlässigungspraxis zu sehen –, weil die Feldforscher meist Anfang des 20. Jahrhunderts geboren wurden und somit in eine strikte, autoritäre und stark kontrollierende Erziehungswelt hineingewachsen sind.)

Die beiden von Helbling erwähnten friedlichen Kulturen (mit stark autoritärer Kindererziehung) passen zudem kaum in das Bild. Die *Hutterer* sind eine ethnische, streng religiöse Gruppe in Nordamerika (vergleichbar der *Amish*), die sich nicht mit Stammeskulturen vergleichen lässt und unter staatlicher Kontrolle steht. *Tristan da Cunha* ist eine stark isolierte Inselgruppe, was an sich Kriege schon unmöglich macht. Zudem ist die dortige Bevölkerung winzig. Die Erwachsenen schlagen allerdings ihre Kinder und zwar in Abstufungen umso stärker, je älter die Kinder werden. Zudem gibt es Gewalt zwischen Eheleuten.[21] Auch wenn es keine Morde (und keine Kriege, weil diese unmöglich vor Ort sind) auf der Insel gibt, scheint dies kaum eine Gesellschaft zu sein, die als friedvolles Vorbild dienen kann oder als Beispiel dafür, dass eine autoritäre Erziehung keine destruktiven gesellschaftlichen Folgen hat. Die Folgen sind offensichtlich ein ständiger Kreislauf von häuslicher Gewalt.

Da Helbling wie gezeigt Kindheitseinflüsse weitgehend ausblendet, ergeben sich auch bezüglich anderer Sachverhalte in meinen Augen falsche Rückschlüsse. Helbling deutet weiblichen Infantizid als eine zweckrationale Entscheidung von tribalen Gesellschaften im Angesicht des Krieges. Durch die Tötungen von weiblichen Säuglingen würde der Anteil der Männer (potentielle Krieger) erhöht, ohne dass die Gruppe zu stark wachse und Unterhaltskosten während unproduktiver Phasen der Frauen gesenkt. Ein Zusammenhang zwischen Krieg und weiblichem Infantizid sei „empirisch plausibel", was er an Hand einer zitierten Studie untermauert.[22] Für einige tribale Gesellschaften (untersuchte Gesamtpopulation = 1009) zeigte sich auf Grund des festgestellten Geschlechterverhältnisses, dass Gruppen, die häufig und aktuell Krieg führten, die höchsten Werte von (weiblichen) Kindestötungen aufzeigten. Je weiter der letzte Krieg zurücklag, desto weniger Kindestötungen. Tribale Gruppen, bei denen der letzte Krieg über 25 Jahre her war, hatten ein beinahe ausgeglichenes Geschlechterverhältnis und töteten folglich auch nicht systematisch weibliche Säuglinge.

Aus dieser Sachlage würde ich schließen, dass es einen Zusammengang zwischen weiblichem Infantizid und Krieg (nicht umgekehrt) gibt.

Häufige Kindestötungen bedeuten nicht nur den Tod für die Säuglinge, sondern sie bedeuten auch das reine Grauen und traumatische Erfahrungen für die überlebenden Kinder, die diese Tötungen im kleinen Rahmen der tribalen Gruppe miterleben. Kindestötungen sind darüber hinaus immer auch ein Hinweis auf sonstigen destruktiven Umgang mit Kindern. Zudem bedeuten Kindestötungen auch, dass mit den erwachsenen Tätern durch ihre Taten *etwas passiert*. Man kann keine Säuglinge töten, ohne dass sich dies psychisch negativ auf einen Menschen auswirkt. Und diese psychisch angeschlagenen (abgestumpften?) Erwachsenen betreuen wiederum Kinder und prägen diese. Aus diesen Kindern werden irgendwann Erwachsene, die ihre traumatischen Erfahrungen ausdrücken oder reinszenieren werden. Wir sehen also zusammengefasst am Beispiel von Helbling, dass es viel zu den Dingen zu sagen gibt, die von Forschenden bezüglich Kindheitseinflüssen einfach beiseitegeschoben werden.

Immer wieder ist mir zudem aufgefallen, dass klassische Historiker, die sich mit politischen Führern befassen, entweder destruktive Kindheitserfahrungen nur am Rande erwähnen und nicht weiter kommentieren oder deren Einfluss auf das spätere Verhalten nicht anerkennen. Ein Paradebeispiel für Letzteres ist die Biografie *Adolf Hitler. Biographie Band 1: Die Jahre des Aufstiegs 1889–1939* des Historikers Volker Ullrich. Er beschreibt zunächst Hitlers Vater Alois als „strengen, leicht aufbrausenden Hausvater“, der von seinen Kindern „unbedingten Respekt und Gehorsam“ forderte und „gern zum Rohrstock“ griff.[23] Obwohl Ullrich im Textverlauf und auch besonders in den Fußnoten 79 und 85 auf diverse Quellen hinweist, die häufige und schwere Gewaltanwendungen seitens des Vaters gegenüber seinem Sohn Adolf bezeugen, hält er dies für „eine Übertreibung“, denn Alois Hitler „kümmerte sich im Grunde wenig um die Erziehung der Kinder.“ Etwas weiter danach wird er noch deutlicher. „Doch sollten sich Biographen hüten, zu weitreichende Schlüsse aus frühen Kindheitserlebnissen zu ziehen. Körperliche Züchtigung war damals als Erziehungsmittel durchaus noch an der Tagesordnung. (…) Nach allem, was wir wissen, scheint Hitler eine ziemlich normale Kindheit verbracht zu haben, jedenfalls gibt es keine gesicherten Hinweise auf eine abnorme Persönlichkeitsbildung, aus der sich die späteren Verbrechen ableiten ließen.“[24] Mir persönlich erschließt sich nicht, wie man als Historiker sehenden Auges Hitlers massive Gewalterfahrungen als Kind derart beiseiteschieben kann.

Ähnliche Aussagen fand ich auch von dem Hitlerbiograph Alan Bullock. Er schreibt beispielsweise zunächst über Hitler, dass dieser „nie schlecht behandelt" wurde und zudem in finanziell abgesicherten Verhältnissen aufwuchs.[25] Einige Sätze weiter weist Bullock allerdings dann doch auf die autoritäre und selbstsüchtige Art von Alois Hitler (Hitlers Vater) und dessen verständnislosen Umgang mit seinen Kindern hin. Obwohl der Historiker ein Mammutwerk von über 1200 Seiten über Hitler (und parallel auch Stalin) verfasst hat, bleibt es letztlich bei diesen kurzen und oberflächlichen Ausführungen über Destruktivität in Hitlers Kindheit. Und das obwohl er ganz offensichtlich auch mehr dazu erfahren hatte, denn er schreibt: „Es konnte nicht ausbleiben, dass Psychologen und Psychiater sich im Nachhinein für Hitler interessierten; mehrere einschlägige Abhandlungen untersuchten insbesondere seine Beziehung zu einer überfürsorglichen Mutter und einem dominanten Vater, eine in der deutschsprachigen Welt der Jahrhundertwende ziemlich häufige Konstellation (...). Die meisten Historiker halten jedoch von psychologischen ‚Erklärungen' des Phänomens Hitler nicht allzuviel (...)."[26]

Ein weiteres Beispiel dieser Art zeigt, dass selbst berühmte Psychologen wie Erich Fromm an den Dingen vorbeischauten. In seiner Einleitung zum Kapitel *Hitlers Eltern und frühe Kindheit* schreibt er: „Für jemand, der an die stark vereinfachende Formel glaubt, dass die schlechte Entwicklung eines Kindes etwa der ‚Schlechtigkeit' seiner Eltern proportional ist, bietet die Untersuchung des Charakters von Hitlers Eltern eine Überraschung, denn – soweit aus den uns bekannten Daten zu ersehen ist – waren sowohl sein Vater als auch seine Mutter stabile, wohlmeinende und nicht destruktive Leute."[27] Allerdings wurde Fromm ganz offensichtlich auf destruktive Züge in der Familie aufmerksam, hat aber trotzdem eine solch eindeutige Einleitung formuliert, was erstaunt. Er schreibt z. B. über Hitlers Mutter: „Zusammenfassend kann man sagen, dass Hitlers Mutter für ihn nie zu einer Person geworden ist, zu der er eine liebevolle oder zärtliche Zuneigung empfand. Sie war für ihn ein Symbol der beschützenden und zu bewundernden Göttinnen, aber auch die Göttin des Todes und des Chaos."[28] Über Adolf Hitlers Vater schreibt Fromm: „Alois Hitler war eine weit weniger sympathische Figur. (…) Man hat Alois Hitler gelegentlich als einen brutalen Tyrannen beschrieben – vermutlich deshalb, weil dies eine einfache Erklärung für den Charakter seines Sohnes wäre. Er war aber kein Tyrann, sondern nur ein autoritärer Mensch, der an Pflicht und Verantwortungsgefühl glaubte und der Ansicht war, dass es seine Aufgabe war, das Leben seines Sohnes zu bestimmen, bis dieser mündig war. Soweit bekannt, hat er ihn nie geschlagen."[29]

Nun ist es so, dass Fromm damals noch nicht über die Masse an Informationen verfügte, die wir heute über Hitler und seine Kindheit haben (inkl. Berichte über häufige körperliche Misshandlungen). Sehr wohl hat er aber destruktive Züge und bezüglich des Vaters sogar tyrannische Züge in Erfahrung gebracht. Dies veranlasste ihn aber nicht, entsprechend vorsichtig zu formulieren. Ganz im Gegenteil formuliert er am Ende seiner Analyse der Eltern: „Wie ist es zu erklären, dass diese beiden wohlmeinenden, stabilen, normalen und nicht destruktiven Menschen das spätere ‚Ungeheuer' Adolf Hitler zur Welt brachten?"[30]

Dieser abschließenden Frage hängte er in einer Fußnote diverse Verweise auf psychoanalytische Thesen (vor allem auch den *Ödipuskomplex*) an, die alle samt die alptraumhafte Kindheit von Hitler außen vor ließen. Ich möchte Fromm auf seine Frage antworten: Das Ungeheuer Adolf Hitler ist nur über einen offenen Blick auf seine extrem destruktive Kindheit zu erklären. Wirklich als Kind geliebte und gewaltfrei aufgewachsene Menschen werden nicht zu einem Hitler.

Ein ganz besonderes Beispiel für das kollektive Schweigen ist die filmische Hitler-Parodie *Mein Führer – Die wirklich wahrste Wahrheit über Adolf Hitler* von Dany Levy aus dem Jahr 2007. Der Regisseur sah sich auf Grund einer durchgängig starken Kritik an seinem Film genötigt, in einem Artikel in der *Welt am Sonntag* am 20.1.2007 eine ausführliche Stellungnahme zu geben. Man muss diesen Film nicht mögen, darum geht es nicht. Der Film hatte aber das Potential, eine große Debatte über Hitler und *die Deutschen* zu entfachen. Durch die massiven medialen Kritiken wurde diese vertan.

Dany Levy schreibt: „In vielen Kritiken war zu lesen, der Film würde Hitler ‚vermenschlichen', ihn ‚auf die Therapiecouch legen' und ihn dadurch ‚auf den Sockel kollektiver Empathie heben'. In diesem Fall muss ich den wachsamen Mahnern und Warnern recht geben. Der Film zeigt Hitler tatsächlich als Menschen. Das scheint 2007 in Deutschland immer noch ein Problem zu sein. (...) Ich kann und will den Nationalsozialismus nur als ein menschliches Problem beschreiben. Als ein psychologisches Desaster der Zeit. (...) Es war für mich sehr erhellend zu lesen, mit welcher Rigorosität und Vehemenz der Ansatz der Psychoanalytikerin Alice Miller vom Tisch gefegt wird. Wie eine Litanei wird in auffällig vielen Kritiken runtergebetet, man könne doch Hitler ‚nicht mit seiner schweren Kindheit entschuldigen'. Dieser Satz steckt ungebrochen in den deutschen Köpfen. Ich glaube, damit verweigern Sie sich einem ziemlich substanziellen Ursachenverständnis von Faschismus. Die ‚Schwarze Pädagogik', mit der Millionen Deutsche zu gehorsamen, gewaltbereiten und unempathischen Befehlsempfängern zurechtgeprügelt wurden, hat den Nationalsozialismus entscheidend mitgeschaffen. Wollen wir nicht lieber darüber streiten, anstatt es einfach zu ignorieren?"[31] Levy hatte in dem Film immer wieder Hitlers extrem destruktiven Kindheitserfahrungen sowie auch dessen psychische Probleme angesprochen. Der Film war in dieser Hinsicht keine Parodie, sondern gab belegte Tatsachen wieder.

Besonders erstaunlich fand ich auch die Einleitung des Kriminologen Dieter Schenk über die Kindheit und Jugend von Hans Frank (höchster Jurist in der NS-Diktatur und NS-Generalgouverneur des besetzten Polen). Schenk schreibt: „Bis zum 12. Lebensjahr war die Welt des Hans Frank einigermaßen in Ordnung, er fühlte sich im Elternhaus geborgen und wuchs in einer freundlichen kleinen Familie auf."[32] Mit diesen Sätzen beginnt die Biografie und der Autor scheint dem Inhalt dieser Sätze somit viel Gewicht verleihen zu wollen. In dem Kapitel *Die Kindheit von Hitlers Gefolgsmännern* werde ich ausführlicher auf die Kindheit von Hans Frank eingehen. Meine Quelle für diese Kindheit ist wiederum der o. g. Autor Dieter Schenk. Denn trotz seiner anfänglichen recht harmonischen Darstellung über Franks Kindheit weist er selbst im Textverlauf genau das Gegenteil nach. Deutlich vor dem 12. Lebensjahr gab es schwere Belastungen in der Familie. Die Einleitung der Biografie macht also überhaupt keinen Sinn.

Ein ganz besonderes Beispiel für das Vorbeisehen an Belegen ist das Buch *Gewalt. Eine neue Geschichte der Menschheit* von dem Evolutionspsychologen Steven Pinker (2011). Pinker hat umfassend und sehr eindrucksvoll dargelegt, dass diverse Formen von Gewalt (inkl. Krieg) und die Opferraten pro 100 000 Einwohner seit Menschengedenken stetig abnahmen und wir uns derzeit in der friedlichsten Epoche der Menschheit befinden. Resümierend schreibt er: „(...) ich bin der Ansicht, dass die vielen Datenbestände, denen zufolge die Gewalt in Wellenlinien nach unten geht, ein bedenkenswertes Rätsel darstellen."[33] Pinker selbst beschreibt auf etlichen Seiten – fast schon im Stile eines Psychohistorikers – den historischen Rückgang von Kindesmord, Prügelstrafen, Misshandlungen und Schikanen gegenüber Kindern, allerdings ohne daraus Schlussfolgerungen zu ziehen.[34] Und das, obwohl er fünf Bücher bzw. Texte von deMause verwendet hat, einmal ein Zitat[35] anbringt, das in der Quelle gleich vor dem Kapitel „Die historische Evolution der Kindererziehung und die Abnahme menschlicher Gewalt"[36] steht, er deMause folgend folterähnliche Erziehungspraktiken bei japanischen Kindern beschreibt und dann in Klammern (!) anmerkt: „DeMause, der nicht nur Psychohistoriker, sondern auch Psychoanalytiker ist, verfügt also über viel Material, mit dem er die Gräueltaten des Zweiten Weltkrieges erklären konnte."[37] Pinker klammert diese Erkenntnisse ein und dadurch wiederum aus. Es ist ganz und gar erstaunlich, warum der Evolutionspsychologe diese Dinge, die er doch eigentlich selbst wahrgenommen hat (hohes historisches Ausmaß von Gewalt gegen Kinder, allerdings auch stetige Abnahme der Gewalt gegen Kinder, quasi parallel eine Abnahme von Gewalt in der Gesellschaft und die Thesen und Erkenntnisse von deMause) nicht zusammengeführt hat. Für den Forschungsbereich Psychohistorie ist dagegen die sich historisch stetig verbessernde Kindererziehungspraxis der wesentliche Motor der Evolution von Psyche und Gesellschaft, von Fortschritt und Gewaltrückgang.[38]

Die Beispiele ließen sich fortführen. Ergänzt wird das Bild von Analysen und Beiträgen in den Medien. Auch wenn in den deutschen Medien seit der flächendeckenden Thematisierung von sexuellem Missbrauch und Misshandlungen in kirchlichen Einrichtungen und Heimen das Gesamtthema Kindesmisshandlung kaum mehr ein Tabu zu sein scheint, herrscht weiterhin großes Schweigen bezüglich der Verknüpfung von Kindheitsleid mit Terror, Extremismus und Krieg. Extrem selten sind Sätze wie dieses beiläufige Zitat von dem Gehirnforscher Gerald Hüther innerhalb eines Artikels in der Süddeutschen Zeitung, der sich eigentlich mit gewaltvoller Kindererziehung in fundamentalchristlichen Kreisen befasst: „Wenn man (...) den Willen der Kinder bricht, dann erzeugt man willige Werkzeuge. (...). Auf diese Grundlage stützen sich überhaupt autoritäre Systeme. Auch die Nationalsozialisten konnten auf die Konsequenzen autoritärer Erziehungsstrategien aufbauen."[39] Ein anderes seltenes Beispiel ist ein Textabschnitt formuliert in einem Buch über Kindesmisshandlung von den beiden Rechtsmedizinern Michael Tsokos und Saskia Gudda: "Prügel sind zweifellos ein bewährtes Mittel, um den kindlichen Willen zu kontrollieren und Gehorsam zu erzwingen. Aber Kindesmisshandlung ist gleichzeitig die sicherste Methode, um Gewalttätigkeit – von Körperverletzung über Mord und Totschlag bis hin zu Bürgerkriegen und Krieg – von einer Generation zur nächsten zu ‚vererben'."[40] Im Buch selbst führen sie zwar den Kreislauf der Gewalt aus (vom Opfer zum Kindesmisshandler oder vom Opfer zum Kriminellen), lassen aber die politischen Folgen wie Bürgerkriege oder Kriege außen vor. Dies erwähnen sie nur innerhalb dieses einen Zitats.

Diese einfachen Sätze von Gerald Hüther oder den beiden Rechtsmedizinern haben eigentlich das Potential für ein Titelthema in einer großen überregionalen Zeitung mit mehrseitigen Analysen und anschließend auf andere Medien übergreifende Debatten. Doch es herrscht breites Schweigen. Eine starke mediale Aufmerksamkeit bezüglich solcher Zusammenhänge gab es meines Wissens nach in Deutschland noch nicht.

Wobei – um es genauer zu beschreiben – auch bezüglich des öffentlichen Bewusstseins wieder dieses *Hin-und-Her-gerissen-Sein* gilt: dieses aufkommende Bewusstsein über Zusammenhänge zwischen Kindheit und Gesellschaft, aber auch wiederum nicht zu offen darüber – vor allem auch nicht konkret über Kindesmisshandlung – sprechen wollen oder es selbst auch nicht richtig greifen können.

Es gab beispielsweise unter dem Eindruck der NS-Diktatur nach dem Krieg *Studien zum autoritären Charakter*[41] und Theodor W. Adorno verfasste 1966 seinen viel zitierten Text *Erziehung nach Auschwitz* in dem er u. a. schrieb: „Erziehung wäre sinnvoll überhaupt nur als eine zu kritischer Selbstreflexion. Da aber die Charaktere insgesamt, auch die, welche im späteren Leben die Untaten verübten, nach den Kenntnissen der Tiefenpsychologie schon in der frühen Kindheit sich bilden, so hat Erziehung, welche die Wiederholung verhindern will, auf die frühe Kindheit sich zu konzentrieren."[42] Weiter im Text schrieb er: Das „Erziehungsbild der Härte, an das viele glauben mögen, ohne darüber nachzudenken, ist durch und durch verkehrt. Die Vorstellung, Männlichkeit bestehe in einem Höchstmass an Ertragenkönnen, wurde längst zum Deckbild eines Masochismus, der – wie die Psychologie dartat – mit dem Sadismus nur allzu leicht sich zusammenfindet. Das gepriesene Hart-Sein, zu dem da erzogen werden soll, bedeutet Gleichgültigkeit gegen den Schmerz schlechthin. Dabei wird zwischen dem eigenen und dem anderer nicht einmal so sehr fest unterschieden. Wer hart ist gegen sich, der erkauft sich das Recht, hart auch gegen andere zu sein, und rächt sich für den Schmerz, dessen Regungen er nicht zeigen durfte, die er verdrängen musste. Dieser Mechanismus ist ebenso bewusst zu machen wie eine Erziehung zu fördern, die nicht, wie früher, auch noch Prämien auf den Schmerz setzt und auf die Fähigkeit Schmerzen auszuhalten.“[43]

Im Kontext meines Textes erscheinen die ausgewählten Zitate Adornos passgenau. Doch dies täuscht etwas darüber hinweg, dass auch der 1903 geborene Adorno *Kind seiner Zeit* war. So war er z. B. nicht grundsätzlich gegen Körperstrafen an Kindern. Bestimmte Autoritätserscheinungen, wie er schrieb, hielt er für richtig, wenn sie vor allem eine gewisse Durchsichtigkeit für das Kind hätten. Dem fügte er an: „Wenn die Eltern dem Kind ‚eine auf die Pfoten hauen‘, weil es einer Fliege die Flügel ausreißt, so ist das ein Moment der Autorität, das zur Entbarbarisierung beiträgt.“[44] In diesem Sinne blieb er dem alten Prinzip treu, dass Gewalt durch Gewalt verhindert werden könnte und Kinder etwas Aggressives mit auf die Welt brächten, dem durch Erziehung zu begegnen sei. Ich verstehe seine Texte allerdings auch so, dass er gegen zu große Härte, zu heftige Autorität – gerade auch unter dem Eindruck der NS-Zeit – war, was an sich bereits einen Fortschritt darstellte.

Es gab also im Prinzip ein aufkommendes Bewusstsein für den Einfluss von autoritärer Erziehung auf Gesellschaften und kollektiv wurde gerade in Deutschland im Rahmen der 1968er Bewegung mit ihren Experimenten der *antiautoritären Erziehung* gezielt und durch Handeln der NS-Geschichte geantwortet. Andererseits blieb alles auch auf eine Art verschwommen (auch den zitierten Gesamttext *Erziehung nach Auschwitz* empfinde ich als verschwommen, in dem eher ein Kerngefühl wo es hingehen soll steckt, aber weniger konkretes), nicht direkt ausgesprochen und wenig strukturiert, das ist zumindest mein Eindruck. Vor allem aber gab es keine gesamtgesellschaftliche und mediale Debatte über diese Dinge. Ende der 1960er Jahre gab es allerdings auch noch kein komplexes Bild von der Geschichte der Kindheit, dem historischen Kindheitsleid, den entsprechenden Folgeschäden, dem Gesamtkomplex Kindesmisshandlung an sich und es gab auch noch kaum Erfahrungen mit gewaltloser und demokratischer Erziehung. Wohl aber wurden in dieser Zeit wichtige Anstöße gegeben. Heute haben wir viel mehr Informationen und viel mehr Erfahrungen. Doch trotzdem bleibt es leise, auch heute noch. Nun, ich hoffe, ich konnte deutlich machen, was ich unter das *große Schweigen* verstehe.

7. Das Ausmaß der Gewalt gegen Kinder in der Welt – Kindheiten der Allgemeinbevölkerung

Um unterschiedliche Länder und Regionen aussagekräftig miteinander vergleichen zu können, braucht es den Blick ins Detail und in die Tiefe. Oberflächendaten können nur oberflächlich hilfreich sein. In dem *Ending Violence in Childhood – Global Report 2017* wurden beispielsweise die Weltregionen miteinander verglichen. Körperstrafen gegen Kinder innerhalb der Familie sind demnach am Geringsten in Industrienationen (58%) und in Zentral- und Osteuropa sowie in manchen Ländern Zentralasiens (62%) verbreitet. Am Häufigsten werden Körperstrafen in der Familie in West-/Zentralafrika (86%), Südasien (83%), Ost-/Südafrika (82%) und in Nordafrika/Mittleren Osten (80%) erlitten. In der Mitte steht der ostasiatische und pazifische Raum (71%) sowie Lateinamerika und die Karibik (67%).[1] Diese grobe Unterteilung der Welt entspricht von der regionalen Differenz im Gewaltverhalten von der Tendenz her weitgehend auch dem, was ich bei meinen Recherchen festgestellt habe.

Allerdings sollte man sich davor hüten, solche Vergleichszahlen als große Überschriften zu nutzen. Man erfährt dadurch nichts über die unterschiedlichen Schweregrade der Gewalt, die Häufigkeitsraten (selten, manchmal, oft, sehr oft oder gar täglich?) und das Durchschnittsalter der Kinder, die geschlagen werden. Man erfährt auch nicht, ob diese Gewalt einen isolierten Belastungsfaktor für die Kinder darstellt oder ob dies nur ein Belastungsfaktor von vielen ist. Sprich man kann auf Grund der genannten Zahlen nicht sagen, dass es ca. 60% der Kinder in Europa genauso schlecht ergeht wie den über oder um die 80% in Afrika oder dem Mittleren Osten. Oder noch einmal deutlich in eine Richtung formuliert: So manch ein Kritiker würde vielleicht auf die Idee kommen, sofern er die politischen Folgen der Gewalt gegen Kinder gering reden möchte, zu schreiben, dass doch im relativ friedlichen Europa fast 60% der Kinder Gewalt erleben, während in Lateinamerika, wo sich mehr (politische) Gewalt und Kriminalität findet, doch nur einige Prozent mehr – nämlich 67% – Gewalt erleben. Bezüglich der groben Zahlen hätte der Kritiker Recht, aber wenn man in die Tiefe schaut (z. B. auf die Schweregrade der Gewalt), ergibt sich ein ganz anderes Bild.

Noch etwas muss man beachten. Auf Grundlage der *Gewaltstudie 2013*[2] wurden in diversen deutschen Medien Überschriften formuliert wie z. B. „Jedes vierte Kind in Deutschland wird geschlagen" (Berliner Morgenpost)[3] oder „JEDES VIERTE KIND ERFÄHRT GEWALT IM ALLTAG. Hört auf, uns zu schlagen!" (BILD)[4] Es ist natürlich wichtig, Gewalt gegen Kinder öffentlich anzuprangern und ich kann die Intention der Medien verstehen. Allerdings fehlt hier die historische Einordnung. Wenn man sich die historische Entwicklung der Gewalt gegen Kinder in Deutschland vor Augen führt, dann hätte man auch titeln können: *Bahnbrechende Entwicklung. Ca. 75% der Kinder werden nicht mehr geschlagen.* Darüber hinaus wurde in der *Gewaltstudie 2013* eine Misshandlungsrate (also schwerere Gewalt) von ca. 5% festgestellt. Das ist verglichen mit anderen Regionen in der Welt oder auch mit anderen Zeiten in Deutschland eine niedrige Rate.

Ich werde entsprechend versuchen, ausführlich auf das Ausmaß der Gewalt in unterschiedlichen Regionen einzugehen. Für dieses Buch ist eine umfassende Analyse wichtig, weil ich u. a. von deutlichen politischen und sozialen Folgen der Gewalt ausgehe, die sich weltweit entsprechend der unterschiedlichen Lage von Kindern auch unterschiedlich ausdrücken. Auf Grund der Menge an Daten und Ländern muss auch ich mich beschränken.

Tendenziell befasse ich mich nachfolgend mehr mit körperlicher Gewalt. Erstens gibt es für diese Gewaltform mittlerweile etliche internationale Studien (auch Vergleichsstudien). Zweitens sagt diese Gewaltform immer auch etwas über den sonstigen Umgang mit Kindern aus. Kinder, die z. B. schwer körperlich misshandelt werden, werden nicht gleichzeitig im restlichen Familienalltag besonders freundlich, herzlich, fürsorglich und liebevoll behandelt. Das Ausmaß von körperlicher Gewalt gegen Kinder ist ein guter Indikator für das Wohlergehen oder auch dem Schlechtergehen von Kindern an sich. Es ist entsprechend auch kein Zufall, dass für so manche Länder, für die ich auch weitere (oft auch schwere) Belastungsfaktoren der Kinderpopulation ermittelt habe, hohe Raten von körperlicher Kindesmisshandlung zu finden sind.

Im Jahr 1979 – ein Jahr nach Lindgrens Rede *Niemals Gewalt!*, auf die ich im Kapitel *Das große Schweigen* eingegangen bin – war Schweden das erste Land der Welt, das sowohl jegliche Körperstrafen wie auch sonstige kränkende Behandlungen in der elterlichen Erziehung gesetzlich verbot. Dies war ein Meilenstein in der Geschichte des Kinderschutzes! Die Schweden sind aber nicht nur in der Gesetzgebung wegweisend, sondern auch in der realen Erziehungspraxis. Eine ländervergleichende Studie zeigt, dass in Schweden 75,9% der Eltern ihre Kinder gewaltfrei (keine körperliche Gewalt *und* keine psychischen Bestrafungen) erziehen. 3,4% wenden schwere Gewaltformen gegen ihre Kinder an. 20,7% stehen in der Mitte und wenden leichte körperliche Bestrafungen und andere Sanktionen an.[5]

Ein Vergleich zwischen verschiedenen schwedischen Studien zeigt einen deutlichen Gewaltrückgang. In den 1960er Jahren wendeten noch über 90% der schwedischen Eltern körperliche Gewalt an. Danach sanken die Gewaltraten rapide auf 50% in den 1970er Jahren, 35% in den 1980er Jahren, 20% in den 1990er Jahren und ca. 12–14% ab dem Jahr 2000. Auffällig wie auch bezüglich der Bewertung möglicher Folgeschäden bedeutsam ist auch, dass die meisten der gewaltbetroffenen Kinder (diesbezüglich verfügbare Daten erst ab 1994) nur gelegentlich geschlagen wurden. In einer ausgewerteten Studie aus dem Jahr 2011 berichteten beispielsweise nur noch 3% der Kinder öfter geschlagen worden zu sein.[6] Einen solch spektakulären Gewaltrückgang gegenüber Kindern habe ich bisher in keinem anderen Land auf der Welt gefunden.

Interessant ist auch, dass sich – landesweiten Umfragen des schwedischen Meinungsforschungsinstituts SIFO zufolge – 1965 noch 53% der schwedischen Eltern für Körperstrafen aussprachen, 1994 war die Zahl der Befürworter auf 11% gesunken.[7] Trotz der real hohen Gewaltraten in den 1960er Jahren – wie oben gezeigt – scheint von der Stimmung her bereits ein Wandel in Gang gewesen zu sein, wenn sich doch bereits zu dieser Zeit fast die Hälfte der Bevölkerung nicht mehr für Körperstrafen aussprachen (und in den 1970er Jahren wurden diese ca. 50% wie oben gezeigt auch bereits in die Praxis umgesetzt). Vielleicht war es gerade dieser Stimmungswandel, der die revolutionäre Gesetzesänderung aus dem Jahr 1979 mit beflügelt hatte, so dass die Regierung nur dem folgte, was die Bevölkerung bereits mehrheitlich empfand? Der eigentliche Wandel in Schweden wäre demnach aus einer Evolution der Kindererziehungseinstellungen und auch Erziehungspraxis entstanden, nicht rein aus dem neuen Kinderschutzgesetz heraus.

Auch die Schwedin Astrid Lindgren ist unter sehr fürsorglichen und liebevollen Eltern quasi in einer Bullerbü-Kindheit aufgewachsen[8], die sie dann schriftstellerisch wiederaufführte. Menschen wie Lindgren lehnen Gewalt ganz selbstverständlich aus einem tiefen inneren Gefühl heraus ab. Lindgren sagte in ihrer berühmten Rede: „Ein Kind, das von seinen Eltern liebevoll behandelt wird und das seine Eltern liebt, gewinnt dadurch ein liebevolles Verhältnis zu seiner Umwelt und bewahrt diese Grundeinstellung sein Leben lang.“[9]

Eine gewaltfreie Kindheit ist dagegen leider auch heute noch in fast allen Ländern auf dieser Welt der Mehrheit der Kinder nicht vergönnt. Die Hälfte der globalen Kinderpopulation (6 bis 17 Jahre) lebt in Ländern, in denen Körperstrafen an Schulen nicht verboten sind.[10] Weltweit sind aktuell nur 10% der Kinder durch Gesetze in allen Lebensbereichen geschützt. Tatsächlich gibt es in nur 53 Ländern Gesetze, die körperliche Gewalt gegen Kinder in allen Kontexten (einschließlich der Familie, Schule, Tagespflege und anderen Einrichtungen) verbieten, die meisten davon in Europa.[11] Allerdings haben weitere 56 Länder zugesagt, sich für eine entsprechende Gesetzgebung zu engagieren. In der Tat gibt es enormen Handlungsbedarf. Das reale Erziehungsverhalten zeigt, dass 75% der zwei bis vier Jahre alten Kinder in der Welt (Längsschnitt für 79 Länder – ohne Nordamerika und ohne eine Auswahl aus West-/Nord- und Südeuropa) regelmäßig körperliche und/oder psychische Gewalt (oder aufgetrennt: 63% körperliche und 67% psychische Gewalt) durch Erziehungspersonen erleben. Für 29 Länder wurde in der gleichen Studienauswertung bezogen auf die besonders sensible Altersgruppe der einjährigen Kinder festgehalten, dass 24% durch Erziehungspersonen geschüttelt wurden, 30% wurden geschlagen, 5% wurden mit Gegenständen geschlagen und 1% wurden mit einem Gegenstand und/oder durch so hart wie es nur geht ausgeführte Schläge schwer misshandelt.[12] Diese Ergebnisse stammen aus Befragungen von Erziehungsberechtigten (man könnte auch bezogen auf die gewaltausübenden Elternteile von *Täterbefragungen* sprechen) und wir dürfen daher – trotz der bereits hohen Zahlen – annehmen, dass nicht unbedingt immer die ganze Wahrheit gesagt wurde. Die genannten Zahlen dürften also das Mindestmaß an erlittener Gewalt abbilden.

Die Entwicklung der Gewaltraten gegen Kinder in Deutschland werden wir uns gleich ausführlich anschauen. Das „Gesetz zur Ächtung von Gewalt in der Erziehung“, das erst Ende 2000 in Deutschland in Kraft trat, formulierte erstmals einen umfassenden Schutz der Kinder vor allen Formen elterlicher Gewalt: „Kinder haben ein Recht auf gewaltfreie Erziehung. Körperliche Bestrafungen, seelische Verletzungen und andere entwürdigende Maßnahmen sind unzulässig.“[13] So steht es seitdem in § 1631 Absatz 2 des Bürgerlichen Gesetzbuches.

Eine bundesdeutsche Repräsentativstudie aus den 1990er Jahren kam zu folgenden Ergebnissen: 74,9% der Befragten gaben an, in ihrer Kindheit körperliche Gewalterfahrungen seitens ihrer Eltern erlebt zu haben. 38,4% wurden häufiger als selten körperlich gezüchtigt. Elterliche Misshandlungen erlebten 10,6%, 4,7% häufiger als selten.[14] Wetzels hat innerhalb der Studie auch nachgewiesen, dass körperliche Elterngewalt abnimmt. Von den befragten 16- bis 20jährigen (Geburtsjahrgänge 1972–1976) hatten 30,5% nie Gewalt erlebt, von den 50- bis 59jährigen (Geburtsjahrgänge 1933–1942) dagegen nur 22,9%.[15]

Ein Vergleich zwischen drei großen Jugendstudien (jeweils 1992, 2002 und 2005) zeigt, dass ca. 30% (jeweils nach Jahreszahlen 31,8%, 29,6 % und 32%) der Jugendlichen gewaltfrei (körperlich und psychisch) erzogen wurden. Die große Mitte sind die konventionell erzogenen, die leichte körperliche Bestrafungen und andere Sanktionen erfahren haben und in deren Erziehung weitgehend auf schwere körperliche Gewalt verzichtet wurde (36,4%, 51,2% und 46,7%). Eine gewaltbelastete Erziehung (diese Gruppe weist bei allen Sanktionsarten – inkl. psychischer Gewalt – eine überdurchschnittlich hohe Häufigkeit auf, insbesondere auch schwere Körperstrafen) erlebten jeweils nach Jahreszahlen 31,8%, 19,3% und 21,3%.[16]

Eine repräsentative Schülerbefragung des Kriminologischen Forschungsinstituts Niedersachsen (KFN) aus dem Jahr 2009 ergab, dass 42,1% der Befragten über keinerlei gewalttätige, körperliche Übergriffe der Eltern berichteten. 42,7% erlebten leichte körperliche Gewalt (40,5% selten, 2,2% häufiger). Insgesamt 15,3% der Befragten geben an, vor ihrem zwölften Lebensjahr schwerer Gewalt durch Elternteile ausgesetzt gewesen zu sein (12,3% selten, 3% häufiger); von diesen können – laut

Definition der Studie – 9% als Opfer elterlicher Misshandlung in der Kindheit bezeichnet werden (7% selten, 2% häufiger).[17] Eine Übersicht über die KFN-Schülerbefragungen zwischen 1998 und 2015 zeigt, dass im Jahr 2015 mittlerweile 60,8% der Schüler und Schülerinnen angaben, keinerlei körperliche Elterngewalt erlitten zu haben.[18]

Eine aktuellere Repräsentativ-Studie wertete Daten von 11 428 Personen im Alter von 16 bis 40 Jahren aus. Im Schnitt erlebten 51,4% keinerlei körperliche Gewalt, 35,7% mindestens einmal leichte Gewalt und 13% schwere Gewalt. Ein Blick auf die Altersgruppen zeigt auch hier eine deutliche Abnahme der Gewalt. Keinerlei körperliche Elterngewalt erlebten 61,7% der 16- bis 20jährigen (Geburtsjahrgänge ca. 1991–1995), 53,6% der 21- bis 30jährige (Geburtsjahrgänge ca. 1981–1990) und 44,9% der 31- bis 40jährigen (Geburtsjahrgänge ca. 1971–1980). Die Prävalenz von schwerer Gewalt in den beiden Extremgruppen hat sich nahezu halbiert (von 16,2% der 31- bis 40jährigen auf 8,5% der 16- bis 20jährigen).[19] Besonders wichtig ist hier anzumerken, dass die große Mehrheit der Gewaltbetroffenen die elterliche Gewalt *selten*, gefolgt von *manchmal* und dann in deutlichem Abstand gefolgt von *häufig* und *sehr häufig* erlebt hat. Zur Veranschaulichung sei beispielhaft das Gewaltverhalten von Müttern bezüglich des Items … *mir eine runtergehauen* genannt: 21,2% selten, 6,9% manchmal, 2% häufig, 0,9% sehr häufig.[20] Bei den 2 bzw. 0,9% sind größere Folgeschäden zu erwarten, als bei den 21,2%.

Ein wichtiges Ergebnis der vorgenannten Studie möchte ich noch zitieren (Kombination: keine körperliche Gewalt und hohe Zuwendung): „Bezogen auf die Gesamtstichprobe kann in knapp der Hälfte der Fälle (49,6%, n = 5627) von einer liebevollen Kindheit gesprochen werden: Diese Befragten waren völlig gewaltfrei erzogen worden und hatten gleichzeitig ein hohes Maß an elterlicher Zuwendung erfahren."[21]

Für eine weitere repräsentative Befragung wurden 2524 Männer und Frauen in Deutschland befragt. In der Studie wurde nicht ausgewiesen, wie viel Prozent der Befragten keinerlei Elterngewalt erlitten haben. Allerdings wurden einzelne Gewaltformen aufgeführt und für drei Alterskohorten ausgewertet. Für sieben von neun abgefragten körperlichen Gewaltformen zeigt sich ein deutlicher Rückgang der Gewalt. So gaben beispielsweise 14,6% der Befragten über 61jährigen (Geburtenjahrgänge unter ca. 1955) an, als Kind mit einem Stock kräftig auf den Po geschlagen worden zu sein. Bei den 31- bis 60jährigen (Geburtsjahrgänge ca. 1956–1985) waren es 6,5% und bei den 14- bis 30jährigen (Geburtenjahrgänge ca. 1986–2002) nur noch 2,7%. Eine schallende Ohrfeige hatten 24,5% der über 61jährigen erlitten, dagegen 19,6% der 31- bis 60jährigen und 10,4% der 14- bis 30jährigen.[22]

Für die *Gewaltstudie 2013* – unter der Leitung des Bielefelder Erziehungswissenschaftlers Holger Ziegler – wurden 900 Kinder und Jugendliche zwischen sechs und sechszehn Jahren (entsprechend Geburtsjahrgänge ca. 1997–2007) aus Köln, Berlin und Dresden befragt. Insgesamt 22,3% wurden von Erwachsenen oft oder manchmal geschlagen, also erleben im Durchschnitt 77,7% keine Gewalt. Allerdings zeigt die Aufschlüsselung in *Kinder ab sechs Jahre* (28% wurden geschlagen) und *Jugendliche ab 12 Jahren* (16,6% wurden geschlagen), dass die Rate bezüglich Gewalterfahrungen in der Kindheit höher liegt, wenn man die Jugendlichen außen vor lässt. Insofern kann festgehalten werden, dass 72 % der Kinder keine elterliche Gewalt erlebt haben (diese Zahl ist vermutlich auf große Städte in Deutschland übertragbar). Knapp 5% gaben an, zumindest manchmal von Erwachsenen so geschlagen worden zu sein, dass sie blaue Flecke hatten (was insofern als Misshandlung anzusehen ist). Von diesen Erfahrungen berichten jüngere Kinder (bis 11 Jahre) etwas häufiger als Jugendliche (6,7% vs. 3,5%). Insofern gehe ich bezüglich dieser Studie hier von einer Misshandlungsrate von 6,7% aus.[23]

Im Jahr 2012 wurden im Rahmen der *Partner 4* Studie 862 junge Menschen im Alter von 16 bis 19 Jahren (Geburtsjahrgänge 1993–1996) in Ostdeutschland repräsentativ befragt. 77% gaben an, noch nie von ihren Eltern geschlagen worden zu sein (23% wurden demnach geschlagen). Interessant ist auch, dass die Daten mit denen der Vorgängerstudie *Partner 3* aus dem Jahr 1990 verglichen wurden. 1990 gaben nur 53% an, nie geschlagen worden zu sein. Entsprechend zeigt sich ein eindrucksvoller Rückgang der Gewalt in Ostdeutschland, aber auch eine Zunahme liebevoller Erziehung, was nachfolgende Zahlen zeigen. Während 1990 30% ihren Vater als uneingeschränkt liebevoll erlebten, sind es 2013 42%, hinsichtlich der Mutter sagten das 1990 53% der Befragten, 2013 waren es 65%.[24]

Innerhalb der großen KFN-Gewaltstudie von Hellmann (2014) – die oben bereits besprochen wurde – wurde auch eine Gruppe von 1586

Befragten, die mit Kindern (eigenes, Pflegekinder etc.) unter 18 Jahren in einem Haushalt leben, gesondert zu eigenem Gewaltverhalten gegen Kinder befragt. Ca. 78% (78,6% hatten nie leichte Gewalt und 98,7% nie schwere Gewalt angewandt) hatten bis zum Zeitpunkt der Befragung noch nie körperliche Gewalt angewandt. Die befragten Eltern waren im Schnitt ca. 33 Jahre alt (Geburtsdatum im Schnitt ca. 1978). Interessant ist, dass der Alterskohortenvergleich zwischen den 21-bis 30jährigen (Geburtsjahrgänge ca. 1981–1990) und den 31- bis 40jährigen (Geburtsjahrgänge ca. 1971–1980) nochmals einen weiteren Gewaltrückgang zeigt. Ca. 86% der 21- bis 30jährigen Eltern hatte noch nie im Haushalt mitlebende Kinder geschlagen.[25] Wenn wir diese Daten zusammen mit den Daten von Weller (2013) und Ziegler (2013) betrachten, dann ist es höchst wahrscheinlich, dass die aktuelle Kindergeneration in Deutschland zu deutlich über 70% gewaltfrei (bezogen auf körperliche Gewalt) aufwächst.

Der allgemeine Trend des Gewaltrückganges gegen Kinder in Deutschland zeigt sich auch in einem Deliktfeld, in dem es auf Grund der Art und Weise der Taten ein besonders geringes Dunkelfeld gibt: Mord und Totschlag. Dieses Deliktfeld (begangen an 0- bis unter 14jährigen) ist zwischen 1995 und 2016 von 172 auf 68 Fälle zurückgegangen. Pro 100 000 Einwohner dieser Altersgruppe ergibt dies eine Abnahme um ganze 51,8 %.[26] In der gleichen Quelle wird auch nachgewiesen, dass ab den Geburtenjahrgängen der 1960er Jahre schwere Elterngewalt gegen Kinder kontinuierlich gesunken ist (was zum Bild der sinkenden Mord- und Totschlagsfälle passt) und parallel der Anteil der Kinder, die ein hohes Maß an elterlicher Zuwendung erfahren haben, beständig angestiegen ist. Der Anteil der Kinder mit einem erlebten hohen Grad elterlicher Zuwendung hat sich von ca. 30% bei den Geburtenjahrgängen bis Ende der 1950er Jahre stetig und steil nach oben auf ein Level von über 60% für den Geburtenjahrgang 1990 entwickelt. Gesonderte Schülerbefragungen (mit hohen Fallzahlen) in Niedersachsen zeigen ergänzend, dass die Geburtenjahrgänge um das Jahr 2000 mittlerweile zu 78,6% über ein hohes Maß an elterlicher Zuwendung berichten.[27] Der Positivtrend scheint sich demnach immer mehr zu beschleunigen. Nebenbei bemerkt wurde bei den Befragungen in Niedersachsen auch abgefragt, wie viele Kinder häufig psychische Gewalt im Elternhaus erlebt haben (ein Forschungsfeld, das weniger gut beleuchtet ist). Ca. 9%

der Geburtenjahrgänge zwischen ca. 1998 und 2000 berichten, dies erlitten zu haben.

Betrachtet man zusammenfassend die oben genannten Studien, stellt man für Deutschland eine stetige und deutliche Verbesserung der Kindererziehungspraxis fest. Die aktuellsten Studien zeigen außerdem, dass wir auf eine Gesellschaft zusteuern, in der die deutliche Mehrheit aller Bundesbürger als Kind keine körperliche Elterngewalt erlebt haben wird; ein Gesellschaftszustand, den unser Land bisher nicht kannte und der als geradezu bahnbrechend bezeichnet werden muss. (Die gesellschaftlichen positiven Effekte dieser Entwicklungen werden überdeutlich zu Tage treten, wenn diese gewaltfrei und liebevoller erzogene Generation politisch, medial und ökonomisch relevante Positionen besetzten wird und die Gesellschaft gestaltet.)

Noch Mitte der 1960er Jahre galten Schläge bei 80 bis 85% aller deutschen Eltern als notwendiges Erziehungsmittel. Jedes dritte Kind wurde sogar mit einem Stock verprügelt.[28] Auch Anfang der 1950er Jahre sah die Lebenssituation der Kinder nachweisbar düster aus. 444 junge Menschen aus verschiedenen deutschen Regionen wurden befragt. 73,4% der Befragten erlebten *schwere körperliche Züchtigungen* durch ihre Eltern (Jungen erlebten dies deutlich mehr, nämlich ca. 85% während Mädchen zu ca. 62% betroffen waren). 41,9% der Befragten erlebte *leichte Züchtigungen.* In der Studie wurde nicht deutlich gemacht, wie viele Kinder nie Gewalt erlitten haben, vermutlich deutlich unter 20%. 38,4% wurden zusätzlich in der Schule von Lehrern geschlagen, 4,7% besonders brutal und hart. Zudem wurden von den Befragten 36 Einstellungen der Eltern als Erzieher genannt. Die am Häufigsten genannte Einstellung war mit 301 Nennungen (67,79%) *unbedingten Gehorsam fordern.*[29] (Diese Zahlen aus den 1950er und 1960er Jahren sollten uns im Verlauf des Buches im Gedächtnis bleiben, weil diese Generationen zeitlich näher an der Generation dran ist, die die NS-Zeit zu verantworten hat.)

Auch bezüglich sexueller Gewalterfahrungen von Kindern zeigt sich ein rückläufiger Trend, der am deutlichsten zu Tage tritt, wenn man sich drei Alterskohorten aus einer Repräsentativstudie des Kriminologischen Forschungsinstituts Niedersachsen anschaut: „So haben die heute weiblichen 31- bis 40jährigen der vorliegenden Untersuchung bis zu ihrem 16. Lebensjahr zu 9,5% einen Missbrauch mit Körperkontakt erlitten, die

21- bis 30jährigen zu 7,1%, die 16- bis 20jährigen dagegen nur zu 2,9%. Bei den Männern lauten die Vergleichsquoten 2,0%, 1,4% und 0,8%."[30] Denkt man beide Trends bezüglich körperlicher Gewalt und sexuellen Missbrauchs an Hand der genannten Zahlen einige Jahrzehnte oder gar über 100 Jahre oder noch weiter zurück, bekommt man eine ungefähre Ahnung davon, was die deutschen Kinder in der Geschichte erlitten haben.

Ich möchte dem noch anmerken, dass es auffällige Unterschiede im Erziehungsverhalten von deutschen Familien und Familien mit Migrationshintergrund (Asien, islamische Länder, Türkei und ehemalige Sowjetunion) gibt. Bei KFN-Schülerbefragungen aus dem Jahr 2015 gaben 79,9 % der deutschen Schüler ein hohes Maß an elterlicher Zuwendung an, bei den Migrantenkindern lag der Anteil bei 69,4%. 8,7% der deutschen Schüler berichteten von Erlebnissen von schwerer körperlichen Gewalt durch Elternteile, dagegen 22,7% der Schüler mit Migrationshintergrund (wobei hierbei nicht nach Häufigkeit der erlebten Gewalt unterschieden wurde, was sicher auch noch einmal interessant wäre). Häufig psychische Gewalt durch Elternteile erlebten 7,5% der deutschen Schüler und 13,3% der Schüler mit Migrationshintergrund.[31] Diese Unterschiede verwundern nicht, denn wie wir weiter im Textverlauf sehen werden, ist das Ausmaß von Gewalt gegen Kinder vor allem außerhalb von Europa sehr hoch.

Den Blick auf die Situation von Kindern in Deutschland möchte ich mit einigen Ausführungen des Soziologen und Entwicklungspsychologen Martin Dornes (2012) schließen. Dornes hat ein umfassendes und hoch systematisches Buch unter dem Titel *Die Modernisierung der Seele* verfasst. Wer wissen möchte, wie in Deutschland Kindheit, Jugend und Elternschaft aktuell aussieht, muss dieses Buch lesen. Er schreibt: „Eine angemessene Gesamteinschätzung der Erziehungssituation in deutschen Familien müsste aus meiner Sicht so lauten: Wohl gibt es Eltern, die zu wenig Zeit haben, beruflich überfordert, charakterlich nicht geeignet oder psychisch gestört sind, kein Interesse an ihren Kindern haben, keine klaren Vorstellungen von deren Entwicklungsbedürfnissen, konfliktscheu oder übermäßig ehrgeizig sind und vieles andere mehr. Für manche dieser Subgruppen gibt es Daten über ihren Umfang, für andere ist man auf Vermutungen angewiesen. Die (...) dargestellten Studien lassen folgende verlässliche Aussagen zu: 80 bis 90% der Kinder und Jugendlichen fühlen sich in ihren Familien wohl; 80 bis 90% finden, ihre Eltern hätten genügend Zeit für sie; 10% leben in als konflikthaft empfundenen Familien, 10% spielen zu häufig Computerspiele; 10 bis 15% klagen über elterlichen Schuldruck und/oder Schulstress, etwa die gleiche Zahl über ehrgeizige Freizeiteltern oder zu wenig Freizeit; und 10% sind (...) behandlungsbedürftig psychisch erkrankt. All dies lässt sich zu der Aussage verdichten, dass etwa 80 bis 85% der Eltern ihrer Erziehungsaufgabe insgesamt gewachsen sind und 15 bis 20% damit Schwierigkeiten haben."[32]

Und: „Zusammenfassend kann man festhalten, dass es zu keiner Zeit der Mehrzahl der Kinder in Deutschland so gut ging wie heute, und zwar in jeder nur denkbaren Hinsicht: in materieller, psychischer, körperlicher, kognitiver und bildungsmäßiger. (...) Darüber hinaus ist festzuhalten: Zum ersten hat noch in keiner Generation zuvor sich die Mehrzahl der Eltern so hingebungsvoll und zeitintensiv um ihre Kinder gekümmert wie heute; zum zweiten war dementsprechend in keiner anderen Generation das Verhältnis zwischen Kindern und Eltern so entspannt und solidarisch wie heute; zum dritten ist die diesbezüglich geäußerte Befürchtung, das Abflachen des Generationenkonflikts habe nachteilige Folgen für die kindliche Entwicklung, unzutreffend. Wieso in Anbetracht all dieser Tatsachen ‚das Katastrophenszenario die beliebteste Stilform (ist), wenn hierzulande über Familien berichtet wird' (...), bleibt ein aufklärungsbedürftiger Sachverhalt (...)."[33]

Dornes geht davon aus, dass sich in Deutschland in der Folge von verändertem Erziehungsverhalten und einem Mehr an Fürsorge ein nachhaltiger Identitätswandel vollzieht. Die Eltern-Kind-Beziehungen hätten sich stark demokratisiert und seien gekennzeichnet durch stabile Verbundenheit, elterliche Wärme, zugewandtes, aber auch grenzsetzendes Erziehungserhalten, was wiederum eine neue Psychostruktur hervorgebracht hätte, die sehr autonom, flexibel und bestens gerüstet sei für eine sich ständig wandelnde und entwickelnde Gesellschaft. (Der *starre Charakter*, der mit geringer Verbundenheit und mit einem autoritären Erziehungsstil aufgewachsen ist, neigt dagegen dazu, ein hohes soziales Wandlungstempo kaum bewältigen zu können, was Dornes kurz beschreibt. Die starre Psyche sei auch besonders anfällig für den Nationalsozialismus nach dem Ersten Weltkrieg gewesen.) Die Psyche der Menschen würde insgesamt aufgelockert und entkrampft, der Charakter wäre weniger starr, die Menschen seien lebendiger, authentischer und freier, aber auch verletzlicher. Diese (neue) Psychostruktur bezeichnet er als *postheroische Persönlichkeit.*[34] Ich gehe davon aus, dass diese Psychostruktur in etwa dem entspricht, was deMause (2005) als *individualisierte Psychoklasse*, die den *helfenden Kindererziehungsmodus* erlebte, kennzeichnet.

In Dänemark (wo 1997 jegliche Körperstrafen gegen Kinder gesetzlich verboten wurden) wurden 2980 24jährige des Geburtenjahrgangs 1984 befragt. Insofern wurde die Kindheit der 1980er und 1990er Jahre in Dänemark erfasst. Körperliche Vernachlässigung durch Eltern oder Erziehungsberechtigte erlebten 3% der Befragten. Emotionale Misshandlungen erlitten 5,2%, körperliche Misshandlungen 5,4% und sexuellen Missbrauch 3,4 %.[35] Dies sind international verglichen sehr geringe Misshandlungsraten. Es ist sehr wahrscheinlich, dass sich seit dem Jahr 2000 die Misshandlungsraten in Dänemark nochmals verringert haben. Die zukünftige Elterngeneration stimmt zumindest hoffnungsvoll: Zwischen 2009 und 2010 wurden 1008 dänische Schüler und Schülerinnen im Alter zwischen 12 und 16 Jahren befragt. 81,8% der Kinder waren gegen jegliche Körperstrafen gegenüber Kindern. 9,6% meinten, dass Körperstrafen in Ordnung seien, solange sie in milden Formen ausgeführt werden. 1,8% der Kinder waren für Körperstrafen ohne Einschränkungen.[36]

In Österreich wurden Daten von zwei repräsentativen Studien (Befragung der Allgemeinbevölkerung über 15 Jahre) miteinander verglichen. 2014 stimmten 16% der Befragten dem Satz zu: „Ein kleiner Klaps ab und zu schadet keinem Kind", 48% lehnten ihn komplett ab. Im Jahr 1977 stimmten diesem Satz noch 85% der Befragten zu und nur 4% lehnten ihn ab. Dem Satz „Wenn einem hie und da die Hand ausrutscht, wenn ein Kind schlimm ist, so ist gar nichts dabei." stimmten 2014 nur 3% der Befragten zu, 77% lehnten ihn ab. 1977 stimmten dem Satz noch 57% zu und nur 10% lehnten ihn ab. 2014 stimmten nur 1% dem Satz „Es ist auch heute noch richtig, einem Kind, das etwas angestellt hat, eine ordentliche Tracht Prügel zu verabreichen" zu, 93% lehnten ihn ab. 1977 stimmten diesem Satz noch 7% zu und nur 66% lehnten ihn komplett ab.[37] Im weiteren Vergleich der beiden Studien zeigt sich auch eine deutlichere Ablehnung von autoritärer Erziehung im Jahr 2014 als solches und ebenso eine im Vergleich zu 1977 zunehmende Zustimmung zu – nennen wir es – demokratischer Erziehung an sich.

Großbritannien gehört zu einer Minderheit von europäischen Ländern, in denen es immer noch kein generelles gesetzliches Verbot von Körperstrafen gegen Kinder im Elternhaus gibt. Trotzdem zeichnet sich auch in Großbritannien – dem europäischen Trend folgend – ein Rückgang der Gewalt gegen Kinder ab. Im Auftrag der *National Society for the Prevention of Cruelty to Children* wurden 1998 (2869 Befragte) und 2009 (1897 Befragte) Befragungen von jungen Erwachsenen durchgeführt. 1998 ergab sich im Schnitt eine Gewaltrate bezogen auf erlebte Schläge (durch Erwachsene im Elternhaus, Schule oder anderswo) mit der Hand auf das Gesäß von 53,1%, 2009 waren es dagegen 41%. Schläge auf Beine, Arme oder Hände sanken im gleichen Zeitvergleich von 61% auf 43%. Schläge ins Gesicht, an den Kopf oder Ohren nahmen von 21,3% auf 13,4% ab. Schwere Misshandlungen in Form von Zusammenschlagen oder wiederholten Schlägen gegen das Kind sanken von 6,6% auf 4,3%. Im Zeitvergleich sank auch für fast alle Items die verbale Aggression gegen Kinder.[38]

Eine andere Studie aus Großbritannien konnte ebenfalls einen Rückgang der Gewalt ermitteln. Im Jahr 2009 wurden insgesamt 6196 Eltern, Kinder und junge Erwachsene befragt. Die 18- bis 24jährigen erlebten zu 8,4% körperliche Misshandlungen durch Elternteile oder Erziehungsberechtigte, die 11- bis 17jährigen zu 6,9% und die unter 11jährigen zu 1,3%. Das Miterleben von häuslicher Gewalt sank von 23,7% bei den 18 bis 24jährigen, auf 17,5% bei den 11- bis 17jährigen und 12% bei den unter 11jährigen. Vernachlässigung sank von 16% bei den 18 bis 24jährigen, auf 13,3% bei den 11- bis 17jährigen und 5% bei den unter 11jährigen. Emotionale Misshandlungen halbierten sich fast im Vergleich zwischen den unter 11jährigen (auf 3,6%) und den beiden anderen Altersgruppen (ca. 6,9%).[39]

Was im internationalen Vergleich auffällt ist, dass viele Länder und Regionen, die historisch für schwere Konflikte, hohe Kriminalitätsraten, Kriege, Krisen, Diktaturen, autoritäre Staatsstrukturen und/oder Rekrutierungsgebiete für Terroristen stehen, gleichzeitig sehr hohe Gewaltraten gegen Kinder aufweisen. Nachfolgend einige ausgesuchte Beispiele.

UNICEF hat 2014 die weltweit bisher größte Studie zum Ausmaß der Gewalt gegen Kinder veröffentlicht. Die Studie ist derart umfangreich, dass hier nur auszugsweise auf wesentliche Gewaltdelikte eingegangen werden kann. 6 von 10 Kindern (fast eine Milliarde Kinder) werden der Studie folgend regelmäßig von Erziehungspersonen geschlagen.[40] Innerhalb der Studie wurden 23 Länder hervorgehoben, in denen mindestens 20% der Kinder (2- bis 14jährige) besonders schwere körperliche Elterngewalt erleben. Aus diesen Ländern habe ich aus Platzgründen neun beispielhaft herausgesucht (die anderen vierzehn sind: Tschad, Vanuatu, Nigeria, Tunesien, Niger, Guinea-Bissau, Liberia, Mauretanien, Kamerun, Kongo, Algerien, Marokko, Dschibuti und Jordanien). Die folgenden Zahlen gelten für das Gewalterleben innerhalb von vier Wochen vor der Befragung (Gewaltraten für die gesamte Kindheit dürften entsprechend höher liegen!):

Jemen: körperliche und/oder psychische Gewalt: 95%, körperliche Gewalt: 86%, besonders schwere körperliche Gewalt: ca. 43%, psychische Gewalt: 92%

Ägypten: körperliche und/oder psychische Gewalt: 91%, körperliche Gewalt: 82%, besonders schwere körperliche Gewalt: ca. 42%, psychische Gewalt: 83%

Afghanistan: körperliche und/oder psychische Gewalt: 74%, körperliche Gewalt: 69%, besonders schwere körperliche Gewalt: ca. 38%, psychische Gewalt: 62%

Demokratische Republik Kongo: körperliche und/oder psychische Gewalt: 92%, körperliche Gewalt: 80%, besonders schwere körperliche Gewalt: ca. 37%, psychische Gewalt: 82%

Zentralafrika: körperliche und/oder psychische Gewalt: 92%, körperliche Gewalt: 81%, besonders schwere körperliche Gewalt: ca. 36%, psychische Gewalt: 84%

Irak: körperliche und/oder psychische Gewalt: 79%, körperliche Gewalt: 63%, besonders schwere körperliche Gewalt: ca. 27%, psychische Gewalt: 75%

Staat Palästina: körperliche und/oder psychische Gewalt: 93%, körperliche Gewalt: 76%, besonders schwere körperliche Gewalt: ca. 27%, psychische Gewalt: 90%

Syrien: körperliche und/oder psychische Gewalt: 89%, körperliche Gewalt: 78%, besonders schwere körperliche Gewalt: Ca. 24%, psychische Gewalt: 84%

Elfenbeinküste: körperliche und/oder psychische Gewalt: 91%, körperliche Gewalt: 73%, besonders schwere körperliche Gewalt: ca. 23%, psychische Gewalt: 88%.[41]

An dieser Stelle möchte ich erneut den Vergleich mit Schweden suchen, denn in der vorgenannten UNICEF-Studie wurden annähernd vergleichbare Daten aufgeführt, die ebenfalls das Gewalterleben innerhalb von vier Wochen aufzeigen. In Schweden erleben weniger als 10% der Kinder in diesem Zeitraum körperliche Gewalt durch Elternfiguren; kein einziges Kind erlebt schwere Formen körperlicher Gewalt.[42]

Vergleichbare Daten für sexuelle Gewalt speziell gegen Mädchen und weibliche Jugendliche zeigen eine deutlich regional unterschiedliche Verteilung. Die meiste sexuelle Gewalt findet der UNICEF-Studie nach in afrikanischen Ländern statt, im Mittelfeld finden sich lateinamerikanische und südostasiatische und im hinteren Feld osteuropäische Länder.[43] Auffällig dabei ist, dass für kein einziges arabisch/muslimisches Land vergleichbare Daten für sexuelle Gewalt vorliegen, obwohl es für diese Länder Befragungen zu körperlicher und psychischer Gewalt gegen Kinder gab (wie oben gezeigt).

UNICEF hat in einer anderen Veröffentlichung auch Daten bezüglich häuslicher Gewalt gegen die Mütter (innerhalb von 12 Monaten vor der Befragung) von Kindern unter fünf Jahren erhoben. Das Miterleben von Gewalt gegen die eigene Mutter ist eine schwere und folgenreiche Belastung für Kinder. Viele der vorgenannten Länder fallen auch hier durch hohe Gewaltraten auf. In Afghanistan erleben beispielsweise ca. 55% der unter Fünfjährigen mit, wie ihre Mutter häusliche Gewalt (körperlich, psychisch und/oder sexuell) erleidet, in Liberia, Uganda, Kamerun und der Republik Kongo sind es annähernd 50%, in Pakistan ca. 35%, Indien ca. 32%, Ruanda ca. 30%, Ägypten und Kambodscha jeweils über 20%.[44]

Für eine Studie in Saudi-Arabien wurden 2043 Jugendliche (15–18 Jahre) zu Gewalterfahrungen innerhalb von 12 Monaten befragt. Die Ergebnisse der Studie aus Saudi-Arabien zeigen ein sehr hohes Ausmaß von verschiedenen Belastungsfaktoren für Jugendliche. 50,2% erlebten Formen von Vernachlässigung, 74,9% psychische Misshandlung, 57,5% körperliche Misshandlung, 14% Formen von sexuellen Missbrauch und 50,7% wurden Zeugen von Gewalt in verschiedenen Kontexten.[45] Auszugsweise seien einige Items kurz vorgestellt: 7,8% erlebten zu Hause häufig und 14,7% manchmal, dass gewünscht wurde, sie seien tot. 6% wurden häufig und 14,2% manchmal mit einem Gegenstand geschlagen. 10,7% wurden häufig und 28,5% manchmal gestoßen, gepackt oder getreten. 0,9% wurden häufig und 2,5% manchmal mit einem Messer oder einer Schusswaffe bedroht. 5,1% beobachteten häufig und 12% manchmal, dass Erwachsene Zuhause geschlagen oder verletzt wurden. Die meisten mir bekannten Gewaltstudien zeigen, dass elterliche Gewalt deutlich häufiger jüngere Kinder trifft, als Jugendliche. Insofern ist davon auszugehen, dass diese befragten Jugendlichen als Kinder sogar noch mehr Gewalt erlebt haben, als sie im aktuellen Kontext angaben.

Für eine große Studie wurden 9767 Männer und Frauen (18 bis 59 Jahre alt) in Ägypten, Palästina, Marokko und im Libanon u. a. auch zum Umgang mit ihren eigenen Kindern innerhalb von vier Wochen (das Ausmaß der Gewalt gegen Kinder dürfte also über einige Jahre hinweg betrachtet deutlich höher sein!) befragt. 79% der ägyptischen Mütter und 41% der Väter schlugen ihre Kinder. 11% der ägyptischen Väter und 44% der Mütter schlugen ihre Kinder mit Gegenständen. Im Libanon schlugen 53% der Väter und 47% der Mütter ihre Kinder; 22% der Väter im Libanon und 26% der Mütter schlugen ihre Kinder mit Gegenständen. In Marokko schlugen 29% der Väter und 72% der Mütter ihre Kinder. 15% der marokkanischen Väter und 43% der Mütter schlugen ihre Kinder mit Gegenständen. 47% der palästinensischen Väter und 70% der Mütter schlugen ihre Kinder. 25% der palästinensischen Väter und 37% der Mütter schlugen ihre Kinder mit Gegenständen.[46]

Innerhalb der vorgenannten Studie zeigte sich auch, dass die Erwachsenen als Kinder und Jugendliche selbst sehr oft Opfer von elterlicher Gewalt, aber auch von Köperstrafen durch Lehrkräfte waren. Beispielsweise wurden in Marokko 61% der Männer und 51% der Frauen zu Hause mit Gegenständen geschlagen (dazu kamen weitere Körperstrafen in anderen Formen). 80% der Männer und 47% der Frauen in Marokko berichteten außerdem, dass sie durch Lehrkräfte geschlagen wurden. Im Libanon berichteten 45% der Männer und 29% der Frauen von erlittenen Schlägen mit Gegenständen in ihrem Zuhause (dazu kamen weitere Körperstrafen in anderen Formen). 29% der Männer und 14% der Frauen im Libanon erlitten außerdem Körperstrafen durch Lehrkräfte.[47]

Die Kinderhilfsorganisation *Save the Children Sweden* hat eine Studie in Südostasien und im pazifischen Raum durchgeführt. Über 80% der Kinder in Kambodscha berichteten beispielsweise von elterlicher Gewalt vor allem in Form von Schlägen mit der Hand oder Gegenständen wie Stöcken oder Peitschen. Die Kinder wurden im Schnitt etwas weniger als einmal die Woche körperlich bestraft, ca. 1% wurde täglich körperlich bestraft. In Hong Kong wurden 71%, in Südkorea 97% und in Vietnam 81% der Kinder zu Hause geschlagen. Zusätzlich erlebten die Kinder auch in der Schule Körperstrafen: In Hong Kong 54%, in Südkorea 94% und in Vietnam 69%. Im ländlichen Raum in der Mongolei erlebten 87,2% der Kinder körperliche Gewalt zu Hause, 67,4% wurden sogar misshandelt und 3,4% mit Tritten überzogen. 55,8% der mongolischen Kinder erlebten zusätzlich Körperstrafen in Schule und Kindergarten.[48]

Eine weitere Studie mit 2376 Befragten (Alter zwischen 13 und 24 Jahren) zeigt einen vertiefenden Blick in das, was Kinder und Jugendliche in Kambodscha erleiden. Dabei fiel vor allem auf, dass schwere Formen von körperlicher Gewalt dominieren. 52,1% der weiblichen und 53,7% der männlichen 18- bis 24jährigen berichteten beispielsweise von Gewalterfahrungen vor dem 18. Lebensjahr wie u.a. Tritten, Auspeitschen oder Schläge mit einem Gegenstand. Die 13- bis 17jährigen berichteten ca. um die 60% von solchen Erfahrungen. Mehrheitlich waren Familienmitglieder die Täter und Täterinnen (an erster Stelle die Mütter), aber auch Lehrkräfte oder Nachbarn schlugen zu. Ca. um die 40% der 18- bis 24jährigen wurden vor ihrem 18. Lebensjahr Zeugen von Gewalt in ihrem Lebensumfeld, bei den 13- bis 17jährigen waren es deutlich über 50%, die Gewalt miterlebten. Emotionale Gewalt durch Erwachsene erlebten ca. 25% aller Befragten. Einen gesonderten Punkt möchte ich dabei hervorheben: 8,2% der weiblichen und 9,4% der männlichen 13- bis 17jährigen bekamen von einem Erwachsenen gesagt, dass dieser sich wünschte, sie wären nie geboren worden oder tot. 4,4% der weiblichen und 5,6% der männlichen 18- bis 24jährigen berichteten zudem von mindestens einer Form von sexueller Missbrauchserfahrung. Von den 13- bis 17jährigen gaben 6,4% der weiblichen und 5,2% der männlichen Befragten an, mindestens eine Form von sexuellem Missbrauch erlebt zu haben.[49]

Die Situation von Kindern in Kambodscha ist für mich auf Grund des Völkermordes in den 1970er Jahren von besonderem Interesse. Die *Roten Khmer*, die diese Terrorakte damals verübten, wurden allerdings zwischen ca. den 1920er und 1950er Jahren geboren. Insofern ist das aktuellere Ausmaß der Gewalt gegen Kinder in dem Land nur ein Indiz für das, was früher Kindheit (die früher mit Sicherheit nochmals deutlich destruktiver und gewaltbelasteter war) vor Ort bedeutet hat. Zum Ende dieses Kapitels hin werde ich noch ergänzend auf eine Besonderheit in der traditionellen Erziehung in Kambodscha eingehen.

Daten aus dem – neben China – mit bevölkerungs- und somit auch mit kinderreichsten Land der Welt sollten besondere Aufmerksamkeit bekommen. 12 447 Kinder und Jugendliche im Alter zwischen 5 und 18 Jahren wurden in Indien für eine 2007 herausgegebene Studie befragt. 69% aller Befragten berichten über körperliche Misshandlungen, die sie innerhalb der letzten 12 Monate erlitten hatten (leichtere Gewaltformen wurden nicht abgefragt!). Diese Gewalt ging in fast 89% der Fälle von Elternteilen aus. Die jüngeren Kinder erlitten mehr Gewalt, als ältere Kinder oder Jugendliche. Bedenkt man zudem, dass für diesen Punkt nur Gewalterleben innerhalb von 12 Monaten abgefragt wurde, dann wird deutlich, dass die Misshandlungsrate für die gesamte Kindheit noch mal höher liegen dürfte, als der ermittelte Durchschnittwert von 69%.

65% der Kinder erlitten außerdem Körperstrafen an Schulen. 50% der Kinder arbeiten 7 Tage in der Woche, viele Kinder erleben auch hier Gewalt. Über 53% der Kinder und Jugendlichen berichten zudem von mindestens einer sexuellen Missbrauchserfahrung (wobei Jungen etwas häufiger Missbrauch einräumten, als Mädchen). 20,9% berichten von schweren Formen sexuellen Missbrauchs. Nahezu jedes zweite Kind (48,37%) erlebt emotionale Misshandlungen, dabei waren in ca. 83% der

Fälle Elternteile die Täter und Täterinnen. Ca. 70% der Mädchen erlebten Vernachlässigung und fast jedes zweite Mädchen wünschte sich, ein Junge zu sein.[50]

In den USA findet sich im Verhältnis zu anderen Industrienationen eine weitaus höhere Gewaltrate gegen Kinder und auch in anderen Bereichen ein schlechterer Umgang mit ihnen, was wir gleich sehen werden. Zunächst möchte ich vorweg einige Daten für die erwachsene Bevölkerung in den USA vorstellen. Zwischen 2009 und 2014 wurden in 32 US-Staaten 53 784 Männer und Frauen (18- bis über 60jährige) zu belastenden Kindheitserfahrungen (ACEs) befragt. 35% der Befragten erlebten emotionale Misshandlungen, 15,9% körperliche Misshandlungen (leichtere körperliche Gewalterfahrungen wurden nicht abgefragt) und 10,9% Formen von sexuellen Missbrauch. Darüber hinaus erlebten 14,9% häusliche Gewalt zwischen Elternteilen mit. 25,1% erlebten in ihrer Familie Drogengebrauch oder Medikamentenmissbrauch mit. Bei 16,3% der Befragten finden sich Familienmitglieder, die psychisch krank waren. 22,8% der Befragten erlebten eine Trennung der Eltern. Und in 5,7% der Haushalte wurde ein Familienmitglied inhaftiert. Nur 40,7% aller Befragten erlebte nicht einen einzigen der abgefragten kindlichen Belastungsfaktoren. 22,4% erlebten drei oder mehr Belastungsfaktoren.[51] Wie schon beschrieben, wurden in den ACE-Studien nur schwere körperliche Gewaltformen bzw. Misshandlungen abgefragt und andere/leichtere Gewaltformen müssen bezogen auf die Erwachsenen gedanklich hinzuaddiert werden.

Für die aktuellere Kinder- und Jugendgeneration liegen dagegen Daten über generelle Formen von Körperstrafen vor. Nach einigen Studienauswertungen von Elizabeth T. Gershoff (2008) berichten fast zwei Drittel der US-Eltern von ein- bis zweijährigen Kindern, dass sie Körperstrafen anwenden. Von den Kindern, die die fünfte Klasse erreicht haben, berichten 80% von Erfahrungen körperlicher Elterngewalt. 85% der Jugendliche, die die *Highschool* besuchen, wurden körperlich Zuhause bestraft (viele davon wurden mit einem Gürtel oder ähnlichen Gegenstand geschlagen).[52]

Eine Studie mit 2461 Teilnehmern aus 20 großen US-Städten ergab, dass 54,4% der befragten Mütter ihre Dreijährigen Kinder innerhalb eines Monats geschlagen hatten, 27,9% berichteten von ein bis zwei Gewaltsituationen, 26,5% straften mehr als zweimal.[53]

Innerhalb eines Jahres wurde im Durchschnitt 44% der Kinder auf den Hintern geschlagen – telefonisch befragt wurden 1435 Müttern aus Nord und Süd Carolina zum Gewaltverhalten ihrerseits und/oder ihres Mannes/Partners –, 24% der Kinder wurden mit Gegenständen geschlagen, 6% erlebten Schläge ins Gesicht, 5,7% wurden gekniffen, in 0,3% der Fälle taten Erziehungspersonen scharfen Pfeffer in den Mund des Kindes und 2,6% der jünger als zwei Jahre alten Kinder wurden geschüttelt.[54] Dies sind allerdings nur die Durchschnittswerte für Kinder zwischen 0 und 17 Jahren. Schaut man z. B. nur auf die Gruppe der zwei bis sechs Jahre alten Kinder, dann kommen höhere Gewaltraten zu Tage. Insgesamt 76% diese Altersgruppe erlebte leichtere Formen von körperlicher Gewalt, 0,6% erlebte schwere Gewaltformen und 27% erlebte schwere Gewalt soweit Schläge mit Gegenständen mit einbezogen werden.[55]

Für eine national repräsentative US-Studie wurden im Jahr 2000 insgesamt 2068 Elternteile von Kindern im Alter zwischen 4 und 35 Monaten befragt. Die Ergebnisse zeigen, dass mit dem Alter der Kinder auch das Strafverhalten der Eltern ansteigt. 6% der Eltern gaben zu, dass sie ihr vier bis sieben Monate altes Baby körperlich bestraft hatten (4% selten, 2% manchmal) 32% hatten ihr Baby dieser Altersgruppe angeschrien (19% selten, 10% manchmal, 3% oft). 29% der Elternteile gaben zu, dass sie ihr 10 bis 18 Monate altes Kind körperlich bestraft hatten (18% selten, 10% manchmal, 1% oft). 76% der Eltern hatten ihr Kind dieser Altersgruppe angeschrien (29% selten, 40% manchmal, 7% oft). Und ganze 64% der Elternteile gaben zu, dass sie ihr 19 bis 35 Monate altes Kind körperlich bestraft hatten (38% selten, 24% manchmal, 2% oft). 91% der Eltern hatten ihr Kind dieser Altersgruppe angeschrien (24% selten, 50% manchmal, 17% oft).[56] Diese Ergebnisse sind von großer Bedeutung, weil retrospektiv befragte Erwachsene sich i. d. R. nicht an Erlebnisse vor dem dritten Lebensjahr erinnern können und wir somit durch diese Studie einen Einblick in diese frühe Phase der Kindheit erhalten (diese analysierten Kinder müssten im Jahr 2018 ca. 18 bis 21 Jahre alt sein). Die Daten sind auch von Bedeutung, weil es hier um eine besonders sensible Altersgruppe geht für die gilt, dass destruktive elterliche Verhaltensweisen besonders schädlich wirken. Der Anteil der Kinder, die geschlagen werden, scheint mit weiter zunehmenden Alter der Kinder nochmals anzusteigen, was nachfolgende Studie aufzeigt:

Ein Forscherteam hat vier repräsentative US-Studien der Jahre 1975, 1985, 1995 und 2002 ausgewertet. Im Jahr 1975 wurden 82,2% der 3- bis 5jährigen Kinder geschlagen, im Jahr 2002 waren es immer noch 78,8%. Körperstrafen gegen Kinder (englisch: *spanking* oder *Corporal Punishment*) im Elternhaus sind in den USA weiterhin legal, in keinem US-Staat gibt es entsprechende Kinderschutzgesetze. Zudem erlebt immer noch fast jedes dritte Kind in den USA der Studie folgend in seiner Familie Körperstrafen mit einem Gegenstand; eine Zahl, die die Autoren der Studie als alarmierend bezeichnen. Auch Körperstrafen gegen Kinder an Schulen sind weiterhin in 20 US-Bundesstaaten erlaubt.[57]

Der ZEIT Autor Paul Middelhoff besuchte als Jugendlicher ab dem Sommer 2008 eine *Highschool* im US-Bundesstaat Alabama und erinnert in einem Artikel an diese Zeit. Über Lautsprecher wurde damals sein Name ausgerufen. Der Schüler war mehrmalig mit losem T-Shirt in den Unterricht gekommen, was verboten war und bestraft werden würde. „Dass dort Schüler geschlagen werden, wollte ich erst nicht glauben. So lange, bis ich selbst an der Reihe war. (...) Mr. Cobb ist ein riesiger, runder Mann ohne Hals. ‚Beug dich über den Stuhl', sagte er damals. Und nahm ein Holzbrett von der Wand. Dreimal schlug er mir mit voller Kraft auf den Hintern. Mir kamen die Tränen, vor Schmerz und vor Scham. Danach unterschrieb er ein Formular, auf dem ‚3 × Prügelstrafe' stand. Die Tür seines Büros hatte er offen gelassen – wie immer. Das Klatschen seines Holzbretts, das in allen Klassenzimmern zu hören war, sollte den anderen Schülern eine Warnung sein."[58] 10 Jahre später hat Middelhoff die Lehrkraft Mr. Cobb interviewt, der mittlerweile einen anderen Job hat. Mr. Cobb sagte: „Drei Jahre lang habe ich in Oxford eigentlich nichts anderes getan, als Schüler zu schlagen. Das war halt meine Aufgabe."[59]

1980 wurden nach Angaben des US-Bildungsministeriums landesweit noch 1 415 540 Schüler geprügelt, 1990 waren es immer noch 613 514 und im Jahr 2000 342 038.[60] Eine Studie von Human Rights Watch und der American Civil Liberties Union verzeichnet 200 000 Fälle von Körperstrafen – die meisten mit Holzpaddeln aufs Gesäß – für das Schuljahr 2006/2007. Die geschlagenen Schüler waren zwischen 3 und 19 Jahren alt.[61] Im Schuljahr 2013/2014 wurden immer noch 109 000

Schüler durch Lehrkräfte körperlich bestraft, die meisten davon in den südlichen Staaten Texas, Alabama, Mississippi, Arkansas, Georgia, Tennessee und Oklahoma.[62] Hier zeigt sich deutlich ein rückläufiger Trend, wobei zwei Dinge nicht vergessen werden dürfen: Erstens sind die vielen zwischen 1980 und 1990 (und erst Recht in den Jahren davor) in der Schule geschlagenen Kinder heute Erwachsen und gestalten die Gesellschaft in den USA. Zweitens sind nicht nur die direkt Betroffenen Opfer, auch die Mitschüler und Mitschülerinnen, die miterlebt haben, wie Lehrkräfte einen Schüler prügeln, waren als Kind hilflose Zeugen dieser Gewalt, die ihnen als notwendige und richtige Erziehungsmaßname verkauft wurde; auch dies wird nicht selten negative Folgen für die Psyche der Kinder gehabt haben.

Ein UNICEF-Bericht zum Wohlergehen der Kinder in Industrieländern aus dem Jahr 2007, der die gesamte Lebenssituation von Kindern bewertete und verglich, brachte die USA auf den vorletzten Platz (Nr. 20), schlechter schnitt nur noch Großbritannien ab.[63] Der *2018 End of Childhood Index* der Kinderhilfsorganisation *Save the Children* brachte die USA auf Platz 36, was weltweit verglichen nicht schlecht ist, aber erneut zeigt, dass sehr viele andere Industrienationen besser abschneiden, wenn es um die Situation von Kindern geht. In den Index einbezogen wurden u. a. Kindersterblichkeit, schwere Mangelernährung bzw. Fehlernährung, fehlender Schulbesuch, Kinderarbeit, Kinderehen, minderjährige Mütter und extreme Gewalt (Mord an Kindern, Selbstmord). Aufschlussreich ist der spezifische Länderbericht für die USA. Dieser offenbart eine deutliche Spaltung in den USA was das Wohlergehen der Kinder angeht. Die meisten südlichen US-Staaten bilden zusammen mit Alaska die Schlusslichter, dagegen finden sich in den vorderen Rängen vor allem die Nord- und Nordöstlichen US-Staaten.[64] Eine ähnliche Spaltung zeigt bereits die Gesetzeslage bezüglich Prügelstrafen an Schulen. Legal ist diese Form der Gewalt fast durchgängig in den südlichen Staaten und illegal vor allem im Norden, Nordosten und Westen der USA.[65] Diese regionalen Unterschiede bezüglich des Wohlergehens der Kinder halte ich für wesentlich, um auch politische Spaltungen und unterschiedliche Mentalitäten in den USA (Nord-Süd-Gefälle) zu analysieren.

Die USA sind übrigens das einzige Mitglied der Vereinten Nationen, das die 1989 verabschiedete UN Kinderrechtskonvention bisher nicht ratifiziert hat.[66]

Allerdings fand auch in den USA eine stetige Verbesserung der Kindererziehungspraxis statt, was überdeutlich wird, wenn man bedenkt, dass eine Umfrage aus der zweiten Hälfte des 18. Jahrhunderts ergab, dass 100 % der amerikanischen Kinder mit einem Stock, einer Peitsche oder einer anderen Waffe geschlagen wurden.[67] Datenvergleiche zwischen den 1990er Jahren und ca. 2010 legen zudem nahe, dass es rückläufige Trends bezüglich des sexuellen Missbrauch von Kindern, Kindestötungen und körperlicher Misshandlung von Kindern in den USA gibt.[68] Hellfelddaten zeigen für die USA, dass zwischen 1990 und 2016 der sexuelle Missbrauch von Kindern um 65%, die Vernachlässigung um 12% und die körperliche Misshandlung um 53% gesunken ist.[69]

Auch Elizabeth T. Gershoff macht auf eine positive Entwicklung aufmerksam. Körperliche Bestrafungen von Kindern wurden nachweisbar seit dem frühen 17. Jahrhundert in den USA als grundsätzlich notwendiges Erziehungsmittel angesehen. Diese Erziehungseinstellung hielt sich auch die Jahrhunderte danach. Noch in den 1960er Jahren waren 94% der Erwachsenen für Köperstrafen an Kindern. 1986 stimmten noch 84% der erwachsenen Amerikaner dem Satz zu, dass Kinder manchmal „*good hard spanking*“ nötig hätten. Bis 2004 sank diese Einstellung immerhin auf einen Anteil von 71,3%.[70] Wenn sich der Trend des Gewaltrückganges gegenüber Kindern in den USA – ähnlich wie in der Vergangenheit in Teilen Europas – weiter beschleunigen sollte, wird sich, so meine Vermutung, die amerikanische Gesellschaft stark verändern.

Schaut man auszugsweise in einigen Regionen weiter in die Tiefe bzw. auf die Intensität und direkten Folgen der Gewalt, wird das Bild nicht besser. In Ägypten berichteten beispielsweise bei einer Umfrage 26% der Kinder über Knochenbrüche, Bewusstlosigkeit oder eine bleibende Behinderung aufgrund von Misshandlungen.[71] Eine Befragung von 631 ägyptischen Müttern zum Gewaltverhalten der Erziehungspersonen im Haushalt offenbarte ein besonders hohes Ausmaß der Gewalt. Innerhalb eines Jahres wurden u. a. 29% der Kinder mit Gegenständen geschlagen, 42% erhielten Schläge ins Gesicht, 45% wurden gekniffen, 24% wurden schwer verprügelt, 2,2% wurde Verbrennungen zugefügt, 5,4% wurden getreten und gesondert 12% der Kinder unter zwei Jahren wurden geschüttelt.[72] Dies sind allerdings nur die Durchschnittswerte für Kinder zwischen 0 und 17 Jahren. Schaut man z. B. nur auf die Gruppe der zwei bis sechs Jahre alten Kinder, dann kommen nochmal höhere Gewaltraten zu Tage. Insgesamt 82% diese Altersgruppe erlebte leichtere Formen von körperlicher Gewalt, 32% erlebte schwere Gewaltformen und 50% erlebte schwere Gewalt soweit Schläge mit Gegenständen mit einbezogen werden. Die besonders sensible Altersgruppe der unter Zweijährigen ist ebenfalls in einem erschreckend hohen Maß betroffen. 21% dieser Kinder wurden körperlich bestraft und 14% der Kinder erlebten schwere Formen körperlicher Gewalt.[73] Studienergebnisse von UNICEF zeigen ein nochmal höheres Ausmaß der Gewalt gegen ein Jahr alte Kinder in Ägypten: Fast 80% dieser Altersgruppe erlebte psychische Gewalt, deutlich über 65% erlebte Körperstrafen und ca. 20% erlitt besonders schwere Formen der körperlichen Gewalt.[74] Eine ägyptische Studie (400 Befragte) zeigt zudem die Häufigkeit von speziell mütterlichem Strafverhalten auf. Nur 23,8% aller Kinder wurden nicht durch ihre Mütter körperlich bestraft. 6,3% der Kinder wurden einmal oder öfter am Tag geschlagen, 39% ein oder zweimal die Woche.[75]

In El Salvador – dem Land, das weltweit verglichen zwischen 2004 und 2009 die höchste Mordrate pro 100 000 Einwohner verzeichnete[76] – wurden 9430 Menschen bezüglich Gewalterfahrungen in ihrem Elternhaus vor dem 18. Lebensjahr befragt. Misshandlungen mit einem Gegenstand wie Gürtel, Stock oder Kabel erlebten dort im Schnitt 41,8% der befragten Frauen und 61,9% der Männer. Andere körperliche Gewalt (leichtere Formen) wurden für El Salvador nicht abgefragt. In der gleichen Veröffentlichung wurden auch Daten für Guatemala ausgewertet. 11 319 Männer und Frauen wurden befragt. 35,3% der Frauen und 45,7% der Männer erlebten körperliche Misshandlungen. Und 21% der Frauen und 19,6% der Männer erlebten leichtere Formen von körperlicher Gewalt (engl. *spanking*).[77]

Interessant ist, dass es in beiden Ländern eine unterschiedliche Dynamik im Rückgang der Gewalt gibt. In Guatemala gibt es eine deutliche Tendenz mit abnehmendem Alter der Befragten in Richtung Gewaltrückgang (dies vor allem bei den Frauen, aber tendenziell auch bei den Männern). In El Salvador sind die Misshandlungsraten vor allem bezogen auf die Männer in allen Altersgruppen (20- bis 59jährige) hoch. Erst die Altersgruppe der 15- bis 19jährigen weist eine vergleichsweise deutlich niedrigere Misshandlungsrate auf (32,2% der Frauen und 47,7% der Männer).[78]

Für eine afrikanische Studie wurden jeweils 500 junge Frauen im Alter von 18- bis 24jährigen, die aus unterschiedlichen sozialen Milieus stammen, in den Hauptstädten von Äthiopien, Kenia und Uganda zu Gewalterfahrungen vor dem 18. Lebensjahr befragt. Täter bezüglich der körperlichen und psychischen Gewalt waren vor allem Eltern und weitere Familienangehörige wie Geschwister, aber auch Lehrer. Beispielsweise erlebten Schläge mit einem Gegenstand in Kenia 81%, Uganda 86% und Äthiopien 71% der Befragten; davon zwischen 35 bis 42% öfter als 10mal (der höchste mögliche Wert). Prügel erlebten in Kenia 60%, Uganda 55% und Äthiopien 60%. Mindestens eine Form sexueller Gewalt erlebten in Kenia 85,2%, Uganda 95% und Äthiopien 68,5%. Vergewaltigung erlebten in Kenia 26,3%, Uganda 42% und Äthiopien 29,7% (nicht wenige auch mehrmals). Mindestens eine Form von psychischer Gewalt erlebten in Kenia 96,4%, Uganda 99,6% und Äthiopien 100%. Zu den direkten Folgen der körperlichen Gewalt lässt sich feststellen, dass in Uganda 60 bis 70% der Mädchen auf Grund von Prügel/Schlägen einen Arzt aufsuchen mussten. In Äthiopien und Kenia dagegen ca. 15 bis 20%. Über die Hälfte der äthiopischen Mädchen, die Schläge oder Tritte erlebten, berichten zudem in Folge dieser Gewalt von Prellungen/Blutergüsse, Schrammen, Blutungen, gebrochenen Knochen oder ausgeschlagenen Zähnen. Über 32% berichten von denselben Folgen auf Grund von Schlägen durch einen Gegenstand.[79] Die Studie wurde einige Jahre später wiederholt und es wurden jeweils ca. 600 junge Frauen aus den Ländern Burkina Faso, Nigeria, Kamerun, Kongo und Senegal befragt. Die Ergebnisse gleichen weitgehend – mit Ausnahme von Kamerun, wo im Vergleich deutlich weniger körperliche Gewalt angewandt wird – den zuvor hier vorgestellten.[80] Dazu kommen Zahlen über die weibliche Genitalienverstümmelung. In Burkina Faso erlitten 76% der 15- bis 49jährigen diese traumatische Prozedur, in Äthiopien 74% in Kenia 27%, in Nigeria 27%, im Senegal 26%, in Uganda 1% und in Kamerun 1%.[81]

Diese Zahlen sind dabei sehr bedeutsam, da besonders in Afrika die Kindererziehung fast ausschließlich den Frauen obliegt. „Man kann kleine Mädchen nicht schwerstes vernachlässigen und missbrauchen und dann erwarten, sich wie durch ein Wunder, während sie heranwachsen, in gute Mütter zu verwandeln. Dafür spricht, was eine misshandelte Mutter sagte: ‚Ich fühlte mich in meinem ganzen Leben nie wirklich geliebt. Als das Kind auf die Welt kam, dachte ich, es würde mich lieben, aber als es die ganze Zeit nur schrie, bedeutete das, es würde mich nicht mögen, also schlug ich es'."[82] Unter diesen Bedingungen und ohne Hilfe und bestenfalls therapeutische Begleitung ist in den Familien ein Kreislauf der Gewalt geradezu vorprogrammiert. Der o. g. African Child Policy Forum-Studie[83] folgend, führen in Äthiopien und Kenia fast durchgängig bei den häuslichen, nicht-sexuellen Gewaltformen die Mütter die Rangliste an, während in Uganda vor allem Stiefmütter als Täterinnen genannt wurden. Zahlen über die Akzeptanz von häuslicher Gewalt belegen zusätzlich die mehrheitliche *Identifikation mit dem Aggressor* (siehe dazu im Textverlauf mehr) in dieser Region. In Äthiopien meinten 63% der Mädchen und Frauen im Alter zwischen 15 und 49, dass die Anwendung von Gewalt durch den Ehemann unter bestimmten Bedingungen (z. B. Anbrennen von Essen, Verlassen des Hauses ohne sein Wissen oder Verweigerung von Sexualverkehr) gerechtfertigt ist. In Kenia stimmten der Gewalt 42% zu, in Uganda 58%. Auch in den meisten anderen afrikanischen Staaten, für die entsprechende Daten vorliegen, finden sich ähnlich hohe Zahlen.[84]

Bedeutsam sind auch kulturspezifische Formen von Kindesmisshandlung und Destruktivität gegenüber Kindern, die leicht übersehen werden können. Im angloamerikanischen Raum scheint es üblich zu sein, als Form der Bestrafung von Kindern deren Mund mit Seife auszuspülen oder ihnen Seife in den Mund zu stecken. Dies soll wohl ein symbolischer Akt der *Reinigung* sein. Tatsächlich stellt dieses Verhalten für die betroffenen Kinder einen körperlichen Übergriff dar und wird von Forschenden als eine Form von Gewalt gegen Kinder untersucht. Eine Befragung von 498 Studierenden in den USA zeigte beispielsweise, dass 25% der Befragten als Kind von ihrer Mutter zur Strafe den Mund mit Seife ausgewaschen bekommen hatten.[85] Wer im Internet einmal die Suchbegriffe *Washing out mouth with soap* eingibt, findet diverse

Beiträge und Diskussionen zu dem Thema, vor allem in den USA und Großbritannien.

In Großbritannien fällt eine weitere kulturelle Besonderheit auf, mit der sich besonders der Psychohistoriker Nick Duffell befasst hat. Im 19. Jahrhundert wurde ein System von privaten (Elite-)Internaten neu erfunden. In diesen Internaten wurden quasi in Form von einem industriellen Prozess und versehen mit einer militärischen Ethik zukünftige Führer und Manager für das britische Empire herangezogen. Die Kinder wurden i. d. R. im Alter zwischen sieben und acht Jahren (manchmal auch früher) von ihren Familien getrennt und kamen in diese Internate.[86] Seitdem hielt sich diese Beschulungsform (vor allem in höheren Gesellschaftsschichten) in Großbritannien und erfreut sich weiterhin großer Beliebtheit. Diese systematische Trennung vom Elternhaus in der frühen Kindheit und die Erziehungspraktiken in den Internaten hinterlassen allerdings Wunden und Schäden bei den Kindern. Duffell nennt darum ehemalige Zöglinge der englischen Internate auch *Boarding School Survivor* und beschreibt die schädlichen Folgen dieser Erziehung und Trennung von den Eltern unter den Begriffen *Boarding School Syndrome.* Da diese Internate Eliteschmieden sind, hat diese Erziehungsform nach Duffell einen wesentlichen Einfluss auf Kultur und Gesellschaft in Großbritannien. Ich verweise zur Veranschaulichung auch auf das Kapitel *Die Kindheit ausgewählter politischer Führer, Diktatoren und Kriegsherren.* Darin habe ich die Kindheit von Tony Blair beschrieben, der ebenfalls Zögling eines Eliteinternates und entsprechend *verwundet* war.

In Kambodscha gab und gibt es vor allem im ländlichen Raum traditionelle Vorstellungen bezogen auf das neugeborene Kind, die von wesentlicher Bedeutung sind. Ein zentraler Glaube ist, dass das Neugeborene durch seine Mutter aus dem früheren Leben (Glaube an Wiedergeburt) stark beeinflusst werden kann.[87] Sobald das Neugeborene seinen ersten Atemzug tut, muss die Verbindung zur *früheren Mutter* abgetrennt werden, wofür es einige Rituale gibt. Trotzdem bleibt die Angst groß, dass die *frühere Mutter* eifersüchtig oder wütend werden könnte, wie die neue Mutter mit dem Kind umgeht und es aufzieht. Passiert dem Kind irgendetwas, könnte dies durch die *frühere Mutter* beeinflusst sein und wirft ein schlechtes Licht auf die *neue Mutter.* Aus diesem Grund sind viele Mütter bemüht, nicht allzu herzlich und liebevoll, aber auch nicht all zu aggressiv mit dem Kind umzugehen. „(...) many mothers, for example, are encouraged not to be seen to be either too affectionate or too aggressive towards the child in case it creates jealousy or anger in the previous birth mother. If a child smiles before 3 months old it can be interpreted as a signal that it can see its preceding mother. Where she is jealous or angry she might again try to ‚take the child back'.“[88] Ein Baby, das lächelt, wird demnach also nicht auf Freude stoßen, sondern auf Angst. Dass dieser Glaube den gesamten Umgang mit Säuglingen und Kindern negativ beeinflusst, liegt nahe. Die Folgen dieses Glaubens für die Entwicklung eines Kindes sollten nicht unterschätzt werden. Was bedeutet es für ein Kind, wenn es auf die Welt kommt und die eigene Mutter voller Ängste ist, weil da noch *die andere Mutter* aus dem *vorherigen Leben* im Hintergrund steht? Symbolisch steht etwas Grundlegendes zwischen Mutter und Kind: eine andere Mutter. Wie kann so eine emotional gesunde Entwicklung glücken?

Bei Kambodscha denkt man automatisch auch an die Massaker und den Genozid der Rothen Khmer in den 1970er Jahren. Diese Bewegung rekrutierte vor allem auch junge Menschen vom Land. Weiter oben im Text habe ich bereits auf das hohe Ausmaß von elterlicher Gewalt in dem Land hingewiesen. Dazu kommt der genannte spezielle Umgang mit Säuglingen. Ich bin überzeugt davon, dass dies zusammen die Grundlage für den Genozid bildete.

Alice Miller hat eine ähnliche Analyse für Ruanda formuliert. Auch sie fand eine kulturelle Besonderheit bezüglich des Umgangs mit Säuglingen/Kleinkindern, die Außenstehende so kaum erfassen können. Erst recht würde diese Besonderheit in üblichen Gewaltstudien nicht erfasst werden, weil sich die Menschen gar nicht an so frühe Erfahrungen erinnern können. Miller schreibt: „Ich habe mich öfters gefragt, wie es eigentlich in Ruanda zu einem so schrecklichen Massaker kommen konnte. Dort werden nämlich Kinder sehr lange von ihren Müttern auf dem Rücken getragen und gestillt, was uns eher den Eindruck einer paradiesischen Geborgenheit vermittelt und keine Misshandlungen vermuten lässt. Erst vor kurzem erfuhr ich, dass auch Kinder für ihre Liebe ihrer Mütter einen hohen, bisher offenbar bagatellisierten Preis zahlen müssen, indem sie sehr früh zum Gehorsam gedrillt werden. Sie erhalten von Anfang an ‚Klapse', wenn sie den Rücken ihrer Mütter mit ihren Ausscheidungen beschmutzen. So weinen sie schon aus Angst vor den

‚Klapsen', wenn sie nur das Bedürfnis nach Entleerung verspüren, was der Mutter ermöglicht, rasch zu reagieren und das Kind vom Rücken abzunehmen, um ihm Reinlichkeit beizubringen. Dank dieser Konditionierung durch ‚Klapse' werden Säuglinge sehr früh sauber und später auch ‚zur Ruhe' erzogen. Mir scheint, dass die Massaker in Ruanda auf diese Misshandlungen der Säuglinge zurückgeführt werden können."[89] Nach diesen Ausführungen hängt Miller noch einen Bericht aus Kamerun an, der davon zeugt, dass fast alle Kinder in diesem Land in Schule und Elternhaus geschlagen werden. Sie sieht die Säuglingserziehung also nicht isoliert, sondern ergänzend zu weiteren Gewaltformen in einem Zusammenhang zum Genozid.

Die Familie Spühler war zwischen 2007 und 2009 für das Schweizer Hilfswerk INTERTEAM in Rehoboth (Namibia) im Einsatz und hat einen Erfahrungsbericht über die Art der Kindererziehungspraxis vor Ort online veröffentlicht, den ich sehr interessant finde. Sie schreiben: „Kinder – sobald sie den Windeln entwachsen sind – sollen z. B. nicht weinen. Auch in der Kindergruppe wird verlegen weggeschaut, wenn ein Kind weint und das betreffende Kind tut auch alles, um seine Tränen zu verbergen. Negative Gefühle sollen nicht gezeigt werden. So sah ich einmal ein wohl ca. 10jähriges Mädchen eine halbe Stunde lang in einer Gartenecke gegenüber sitzen, völlig zusammengekauert und offensichtlich total betrübt. Verwandte und Freunde waren im selben Garten, aber niemand ging zu ihr hin. Bis sie sich aufraffte und – mit möglichst ‚normalem' Gesicht wieder zurück zur Familie ging. (...) Kinder sollen vor allem auch nicht die Erwachsenen stören, in ihrer Kinderwelt bleiben, keine Fragen stellen und vor allem leise sein. ‚Geh, spiel draußen' oder ‚geh, spiel mit den anderen Kindern' ist der absolute Standardsatz im Umgang mit Kindern. (...) Babys und Kleinkinder bis ca. 1,5 Jahre sind von all dem ausgenommen. Sie werden viel herumgetragen, von allen hochgehoben und dürfen auch bei fast allem dabei sein. Auch sie müssen aber ruhig sein. Das gilt sogar im Spital. Wenn dort ein Baby zu viel schreit, kommt es in ein Zimmer wo es ganz alleine ist. So lernen die Kinder schnell, dass es sich nicht lohnt, geräuschmäßig aufzufallen. (...) Es ist nicht wirklich üblich, auf die Kinder aufzupassen. Hauptsache, die Kinder spielen irgendwo. (...) Sich mit Kindern aktiv beschäftigen oder sich gar mit ihnen unterhalten, das ist unbekannt. Unsere entsprechenden Fragen ernten jeweils ebenso fragende

Gesichter."[90] Außerdem bestätigt die Familie in ihrem Bericht die allgegenwärtige Gewalt in den Familien und in der Schule (was sich mit den Daten oben im Text deckt). Der Bericht ist nicht repräsentativ für das Land, aber er gibt einen Einblick über das, was an Erziehungsverhalten in dem besuchten Ort vorherrscht. Das Meiste, was die Familie berichtet, würde in gängigen Gewaltstudien nicht erfasst werden, obwohl diese Erziehungspraxis nach meinem Dafürhalten äußerst destruktiven Einfluss auf die Entwicklung von Kindern haben wird. Der Bericht sollte eine Anregung für Forschende sein, dieser Art des kulturspezifischen Umgangs mit Kindern auf den Grund zu gehen und repräsentative Befragungen durchzuführen.

Die genannten Beispiele zeigen, wie kulturelle Eigenheiten der Kindererziehungspraxis aussehen können. Für einen wirklich umfassenden Blick auf das Ausmaß von Destruktivität gegen Kinder reichen standardisierte Gewaltstudien also nicht aus.

Noch ein Punkt gehört angesprochen. Etwas, dass allgemein unter den Begriffen *männliche Sozialisation* verniedlicht wird. In Wahrheit verbergen sich hinter diesen Begriffen oftmals Formen von Gewalt, aber auch verdeckte Formen der emotionalen Abhärtung des männlichen Kindes. Ängste und Gefühle des Kindes werden übergangen und von den Erwachsenen umgedeutet: *Stell Dich nicht so an, das ist gar nicht schlimm, deine Angst ist unbegründet, dein Schmerz ist kein Schmerz, du bist doch kein Mädchen, Indianerherz kennt keinen Schmerz und wir meinen es doch nur gut mit dir.* Ängste, Tränen, Mutlosigkeit, Schmerz, all dies sollen zukünftige Männer in der traditionellen Vorstellung nicht fühlen und ausdrücken dürfen. So macht man Krieger und Soldaten. Der Preis dieser Abhärtung ist ein Verlust eines reichhaltigen Gefühlslebens. Eine verdeckte Form von destruktiver Erziehung (*männlicher Sozialisation*) zeigt sich sehr gut in einem Beispiel. In der ARD-Dokumentation *Helmut Schmidt. Lebensfragen* hat der Altkanzler im hohen Alter Rede und Antwort über sein Leben gestanden. Dabei sagte er auch ein wenig etwas über seine Kindheit. „Meine Verbindung mit den Eltern war damals nicht sonderlich eng", sagte er im Verlauf der Doku. Seinen Vater beschreibt Schmidt so: „Abweisend, kühl, Schmusereien hat es nicht gegeben zwischen ihm und seinen beiden Söhnen." Die Dokumentation beginnt gleich zu Anfang mit einer Szene zwischen Vater und Sohn: Der Vater will Helmut Fahrradfahren beibringen. Dabei ist er sehr streng, nimmt keine Rücksicht auf Verletzungen durch einen Sturz und sagt zu dem verletzten am Boden liegenden Helmut: „Was sagen wir da, was sagen wir? Da lach ich drüber! Aufstehen und weiter!“[91] In den meisten Gewaltstudien und Befragungen würde die beschriebene Fahrradszene, die klassisch für den traditionellen Umgang mit Jungen ist, kaum oder gar nicht erfasst werden. Dabei ist solch destruktiver Umgang mit Kindern folgenreich, gerade wenn er systematisch zur Erziehung gehört.

Llyod deMause (2005) hat außerdem darauf hingewiesen, dass beispielsweise Gewalt durch den Partner gegen die schwangere Mutter, Rauchen und Alkoholkonsum etc. aber auch schwere Angstzustände der Mutter destruktive Auswirkungen auf den Fötus und auf das spätere Leben haben können; er nennt dies „Fötales Drama“.[92] DeMause geht davon aus, dass sich Angstzustände und der Kampf des Fötus gegen Vergiftungen (Alkohol etc.) später in der Gesellschaft wieder-aufführt (allerdings logischerweise nicht bewusst, da dies vorgeburtliche Erfahrungen sind). Ich kann in diesem Text nicht umfassend auf dieses spezielle Themengebiet eingehen. Fest steht jedoch, dass auch dieser Belastungsfaktor innerhalb von standardisierten Studien (z. B. über Gewaltstraftäter) i. d. R. nicht erfasst wird. Man könnte allerdings von einer hohen Wahrscheinlichkeit von Gewalt auch gegen die schwangere Mutter ausgehen, wenn die Befragten von genereller häuslichen Gewalt vom Vater gegen die Mutter berichten. Generell wird für die meisten Länder laut Studienlage von einer häuslichen Gewaltrate zwischen 4 und 9% gegen schwangere Mütter ausgegangen.[93]

Zum Thema vorgeburtliche Schädigungen durch Alkohol gibt es mittlerweile Studien. In den USA sind beispielsweise zwischen 0,2–1,5 von 1000 geborenen Kindern von der *Fetal Alcohol Spectrum Disorder (FASD)* betroffen. D. h. bei diesen Kindern können eindeutige klinische Diagnosen der alkoholbedingten Störung gestellt werden. Der Anteil der Föten, die belastet werden, liegt allerdings deutlich höher. 2013 gaben in den USA 9% der Schwangeren an, im Vormonat Alkohol getrunken zu haben und 2% gaben zu, dass sie exzessiv getrunken hatten.[94]

An dieser Stelle dürfen wir auch nicht vergessen, dass die meisten der oben besprochenen Zahlen relativ aktuelle Zahlen sind und sich meist auf Kinder, Jugendliche und junge Erwachsene beziehen. Die Kindheiten der älteren Generationen werden entsprechend noch schlimmer ausgesehen haben, das zeigen sowohl die genannten Trendentwicklungen beispielsweise in Deutschland oder Schweden wie auch die historischen Studien von deMause. „Die Geschichte der Kindheit ist ein Alptraum, aus dem wir gerade erst erwachen", schrieb der Psychohistoriker zur Evolution der Kindheit.[95] Und: „Je weiter man in der Geschichte zurückgeht, desto mehr sinkt das Niveau der Kindererziehung."[96]

DeMause (2005)[97] hat ein idealtypisches Sieben-Stufen-Modell historischer Persönlichkeiten (aufsteigend: Schizoid, Narzisstisch, Masochistisch, Borderline, Depressiv, Neurotisch, Individualisiert) entwickelt, das vielen Psychohistorikern als Arbeitsgrundlage dient. Er hat dabei Klassifikationen psychischer Störungen (nach dem DSM-IV) auf historische Epochen und entsprechende Kindererziehungspraktiken übertragen. Da deMause im historischen Rückblick von einem sinkenden Niveau der Kindererziehungspraktiken ausgeht und eine Zunahme von kindlichen Belastungsfaktoren auch eine Zunahme von Folgeschäden nach sich führt (was ich in diesem Buch ausführlich dargestellt habe), verschärfen sich im historischen Rückblick auch je nach Epoche die Diagnosen für Persönlichkeitsstörungen. Oder anders gesagt: Je weiter wir historisch zurückschauen, desto psychisch beschädigter waren die Menschen. Speziell der *individualisierte Persönlichkeitstyp* hat eine Kindheit erlebt, die von liebevoller Fürsorge und Zutrauen geprägt war. Für diesen Typ besteht keine Störung der Persönlichkeit mehr. Diese Art der Kindererziehung ist eine noch relativ junge *Erfindung* der Postmoderne.

Das Gedankenmodell von deMause führt routinemäßig zu Kritik. Sicherlich ist das Modell mutig, ungewöhnlich und bestimmt auch nicht perfekt. Im Grundsatz veranschaulicht es aber eine Evolution der Kinderfürsorge und -erziehung, die nicht ohne Folgen blieb, nicht ohne Folgen bleiben konnte. Da die Kindheit politisch ist (Kindheiten auf Gesellschaften, ihre Politik und das soziale Miteinander wirken), konnte und kann eine stetige Verbesserung der Kinderfürsorge nicht folgenlos bleiben. Dies ist eine ganz wesentliche Erkenntnis, die von anderen Wissenschaftsbereichen in meinen Augen bisher weitgehend ignoriert oder vernachlässigt wurde.

Die spannende Frage ist, was passiert, wenn der individualisierte Persönlichkeitstyp weltweit zur großen Mehrheit würde (bzw. weltweit die Mehrheit der Kindheiten befriedet wird)? Ich teile den Traum von deMause, was dann u. a. passieren würden: „Es ist keine Frage, dass, würde die Welt Kinder nach dem helfenden Modus großziehen, Kriege und alle anderen selbstdestruktiven sozialen Bedingungen, unter denen wir im 21. Jahrhundert immer noch leiden, getilgt sein würden, weil die Welt einfach mit individualisierten Persönlichkeiten gefüllt sein würde, die empathisch gegenüber anderen und nicht selbstdestruktiv wären. Eine Welt, die ihre Kinder liebt, ihnen vertraut und sie zur Entwicklung einzigartiger Ichs ermutigt, würde eine Welt mit ganz anderen Institutionen sein, eine Welt ohne Kriege, Gefängnisse und herrschaftliche Gruppenfantasien."[98]

Ich glaube, dass die positive Entwicklung der Kindheiten nicht mehr zu stoppen ist. In Anbetracht der oben gezeigten Fakten zum Ausmaß der Gewalt gegen Kinder in der Welt mag diese meine Sicht am Ende des Kapitels manch einen verwundern. Wir haben im gesamten Textverlauf allerdings gesehen, was für ein Alptraum Kindheit in früheren Epochen war. Trotz der genannten aktuellen Zahlen und Daten ist es heute im Schnitt besser um die Kinder bestellt, als je zuvor. Besonders europäische Länder entwickeln ihren positiveren Umgang mit Kindern derart rasant, dass dies Effekte auf den Rest der Welt haben wird. Ich bin für eine Beschleunigung dieser Entwicklungen, darum habe ich dieses Buch geschrieben!

8. Kindheiten von Gewalt- und Straftätern

Bevor ich in den folgenden Kapiteln auf die (destruktiven) Kindheiten von Extremisten, politischen Akteuren, gewichtigen Politikern und Diktatoren eingehe, möchte ich zunächst diverse Studien besprechen, die Kindheitserfahrungen von Gewalt-/Straftätern untersucht haben. Diese Studien zeigen erneut, wie politisch Kindheit ist. Die Ergebnisse legen nahe, dass Straftaten – dabei vor allem Gewaltstraftaten – sehr viel mit dem zu tun haben, was die Täter selbst an Opfererfahrungen und belastenden Kindheitserfahrungen durchlitten haben. Die Kindheit und die möglichen Folgen daraus sind auch hier von enormer gesellschaftlicher und somit politischer Bedeutung. Gewalt- und Straftäter sorgen für Unsicherheit und natürlich Opfererfahrungen in der Bevölkerung. Sie sorgen aber auch für hohe Kosten, sowohl bei den Opfern als auch gesamtgesellschaftlich (Polizei, Justizsystem, Haftanstalten, Resozialisierungsprogramme etc.).

Aus meiner Sicht ist auch eine scharfe Trennung (wie sie vor allem in der Politikwissenschaft üblich ist) zwischen individueller Destruktivität in Form von Gewaltverhalten/Straftaten und kollektiver Destruktivität in Form von Extremismus, Terror und Krieg nicht immer möglich.

Das Bundeskriminalamt und Kollegen (2016) konnte z. B. in einer großen Untersuchung von 778 Islamisten (mehrheitlich Männer), die aus Deutschland im Zeitraum zwischen Januar 2012 bis Juni 2016 nach Syrien oder dem Irak ausgereist sind (und sich mehrheitlich nach ihrer Ausreise einer islamistisch-jihadistischen Gruppierung angeschlossen haben), diverse Daten sammeln und auswerten. Zwei Drittel der Islamisten hatte eine kriminelle Vorgeschichte (vor allem Eigentums-, Gewalt- und/oder Drogendelikte). 53% von den Personen mit einem kriminellen Hintergrund hatten drei oder mehr Delikte und 32% hatten sechs oder mehr Delikte begangen. Es waren also vor allem Mehrfachtäter.[1] Generelle Studien über die Kindheit von Gewalt-/Straftätern sagen weitergedacht also auch etwas über die Kindheiten dieser Islamisten aus.

Es gibt auch eindrucksvolle Einzelbeispiele dafür, wie eine kriminelle Karriere politischem Massenmord vorausging. Saddam Hussein wurde bereits in der Kindheit durch seine Mutter zu Diebstählen in der Umgebung seines Dorfes motiviert. Als Schüler soll Saddam dem Direktor, der ihn von der Schule werfen wollte, gedroht haben, ihn umzubringen. Als Jugendlicher war Saddam Teil oder Anführer einer Straßenbande.[2] DeMause schreibt, dass Saddam Hussein seinen ersten Mord im Alter von 11 Jahren verübt hätte.[3] Tatsächlich gibt es wohl viele Geschichten über Saddams ersten Mord und den Zeitpunkt[4], so dass sich hier keine endgültige Aussage treffen lässt. Fest steht nur, dass er persönlich gemordet hat.

Der Biograf Montefiore (2007) kennzeichnet in seinem Buch den russischen Diktator Stalin mit Blick auf dessen jungen Jahre als Kriminellen, der weder vor Bankraub, Schutzgelderpressung und Entführung noch Mord zurückschreckte. Bereits als Jugendlicher hatte sich Stalin als Schläger und Anführer einer Jugendbande betätigt.[5] Die Grenzen waren fließend zwischen hoher krimineller Energie, Brutalität und politischem Banditentum bzw. politischen Zielen (inkl. Streben nach absoluter Führung).

Auch Italiens Diktator Benito Mussolini fiel bereits als Kind durch Gewalttätigkeit auf. Im Alter von ca. 11 Jahren verletzte er mit einem Messer einen Mitschüler an der Hand und wurde daraufhin von der Schule geschmissen. Im Alter von ca. 15 Jahren stach er im Internat erneut mit einem Messer auf einen Mitschüler ein und wurde daraufhin vom Internat ausgeschlossen. Im Alter von ca. 20 Jahren wurde er in der Schweiz, wo er sich zwischenzeitlich aufhielt, wegen *revolutionärer Tätigkeit* zu einer Gefängnisstrafe verurteilt und aus der Schweiz ausgewiesen.[6]

Ich will es vorerst bei diesen Gedankengängen belassen. Natürlich gibt es andere Diktatoren, die vorher nicht kriminell waren und erst recht werden die meisten Kriminellen keine Extremisten oder Diktatoren. Im Schlussteil werde ich die gesamten Erkenntnisse und gesammelten Informationen des Buches abschließend zusammenführen und kommentieren. Dabei sollte die Verknüpfung, um die es mir geht, deutlich werden.

Kommen wir also nun zu den Gewalt- und Straftätern. Die Ergebnisse der gleich vorgestellten Studien zeigen ein erschreckend hohes Ausmaß von Gewalt, Demütigungen, Vernachlässigung und diversen weiteren belastenden Erfahrungen in der Kindheit der untersuchten Täter und Täterinnen. Dies alleine sollte uns nachdenklich stimmen. Aus wissenschaftlicher Sicht macht es zusätzlich Sinn, diese Kindheiten mit den Kindheiten der Allgemeinbevölkerung (sozusagen die Kontrollgruppe) zu vergleichen.

Ein direkter Vergleich der Kindheitsbelastungen speziell von Straftäterinnen (88 inhaftierte Frauen über 16 Jahre alt wurden befragt) mit den Kindheitsbelastungen von Frauen aus der Allgemeinbevölkerung wurde in einem gesonderten Teil der im Auftrag des *Bundesministeriums für Familie, Senioren, Frauen und Jugend* erstellten repräsentativen Studie *Lebenssituation, Sicherheit und Gesundheit von Frauen in Deutschland* gemacht. Dabei muss ich vorweg darauf hinweisen, dass in der Hauptuntersuchung Frauen in Deutschland zwischen dem 16. und 85. Lebensjahr (Geburtsjahre ca. 1918–1987) repräsentativ befragt wurden. Bei der speziellen Befragung der Straftäterinnen wurden Frauen im Alter zwischen 16 und 56 Jahren (Geburtsjahre ca. 1947–1987) befragt. Fast zwei Drittel der Straftäterinnen war sogar nur zwischen 16 und 34 Jahre (Geburtsjahre ca. 1969–1987) alt. Wie wir bereits im Kapitel über das Ausmaß von Gewalt gegen Kinder gesehen haben, nahm Gewalt gegen Kinder in Deutschland stetig ab. Die Straftäterinnen kommen also mehrheitlich aus einer jüngeren Altersgruppe, die eigentlich bezogen auf eine Frauenpopulation, die bis zu dem Geburtsjahr 1918 zurückreicht, deutlich weniger Gewalt und Vernachlässigung in der Kindheit erlebt haben müsste, als der Durschnitt. Die nachfolgenden Ergebnisse zeigen allerdings ein überdeutliches Mehr an belastenden Kindheitserfahrungen, das für sich spricht.

Von den inhaftierten Frauen wurden in ihrer Kindheit und Jugend …

- 25% häufig oder gelegentlich von den Erziehungspersonen lächerlich gemacht oder gedemütigt (8% bei den allgemein Befragten der Hauptuntersuchung),

- 51% häufig oder gelegentlich so behandelt, dass es seelisch verletzend war (10% bei den Befragten der Hauptuntersuchung),
- 38% häufig oder gelegentlich niedergebrüllt (11% bei den Befragten der Hauptuntersuchung),
- 35% häufig oder gelegentlich leicht geohrfeigt (17% bei den Befragten der Hauptuntersuchung),
- 33% bekamen häufig oder gelegentlich schallende Ohrfeigen mit sichtbaren Striemen (6% bei den Befragten der Hauptuntersuchung),
- 23% bekamen häufig oder gelegentlich einen strafenden Klaps auf den Po (20% bei den Befragten der Hauptuntersuchung),
- 25% wurde häufig oder gelegentlich mit der Hand kräftig der Po versohlt (10% bei den Befragten der Hauptuntersuchung),
- 17% häufig oder gelegentlich mit einem Gegenstand auf den Finger geschlagen (3% bei den Befragten der Hauptuntersuchung),
- 24% häufig oder gelegentlich mit einem Gegenstand kräftig auf den Po geschlagen (6% bei den Befragten der Hauptuntersuchung),
- 35% bekamen häufig oder gelegentlich heftige Prügel (5% bei den Befragten der Hauptuntersuchung).
- 31% wurden in ihrer Kindheit und Jugend durch eine erwachsene Person sexuell berührt oder an intimen Körperstellen angefasst (Hauptuntersuchung 8%),
- 22% wurden gezwungen, die erwachsene Person an intimen Körperstellen zu berühren (Hauptuntersuchung 3%),
- 9% wurden gezwungen, sich selbst an intimen Körperstellen zu berühren (Hauptuntersuchung 1%),
- 28% wurden zum Geschlechtsverkehr gezwungen (Hauptuntersuchung 2%),
- 22% wurden zu anderen sexuellen Handlungen gedrängt oder gezwungen (Hauptuntersuchung 2%).
- 46% wuchsen bei beiden Eltern auf (in der Hauptuntersuchung 81%)
- 22% wuchsen nicht bei den leiblichen Eltern, sondern bei anderen Personen wie Großeltern, Pflege-/Adoptiveltern oder im Heim auf (keine Vergleichsdaten für die Hauptuntersuchung).[7]

Sehr aufschlussreich ist auch eine deutsche Studie – Driessen et al. (2006) –, für die 76 inhaftierte Männer und 63 inhaftierte Frauen befragt wurden. Bezüglich dieser Studie muss ich vorweg darauf hinweisen, dass die Straftaten sehr unterschiedlich waren. Wegen Mord waren 10,8%, wegen Sexualdelikten 3,6% und wegen Körperverletzung 8,6% der Befragten verurteilt. Delikte der weiteren Befragten waren u. a. Diebstahl, Raub, Betrug, Fälschung von Dokumenten, Drogendelikte und Straßenverkehrsdelikte.

Für die Befragung wurde der sogenannte *Childhood Trauma Questionnaire* (CTQ) Fragebogen verwendet. Dieser Fragebogen kam auch bei einer Repräsentativbefragung von Häuser et al. (2011) der deutschen Bevölkerung zum Einsatz. Die Ergebnisse der beiden Studien sind insofern direkt miteinander vergleichbar. Insofern habe ich jeweils in Klammern die Daten für die Allgemeinbevölkerung angehängt:

- Emotionale Misshandlungen erlebten 50% der inhaftierten Männer und 58,7% der Frauen (dagegen 15,2% der deutschen Allgemeinbevölkerung)
- Körperliche Misshandlungen erlebten 50% der inhaftierten Männer und 47,6% der Frauen (dagegen 12,2% der deutschen Allgemeinbevölkerung)
- Sexuellen Missbrauch erlebten 15,8% der inhaftierten Männer und 31,7% der Frauen (dagegen 12,7% der deutschen Allgemeinbevölkerung)
- Emotionale Vernachlässigung erlebten 76,3% der inhaftierten Männer und 61,9% der Frauen (dagegen 49,7% der deutschen Allgemeinbevölkerung)
- Körperliche Vernachlässigung erlebten 43,4% der inhaftierten Männer und 36,5% der Frauen (dagegen 48,6% der deutschen Allgemeinbevölkerung)

Im Fragebogen wird bezüglich der Misshandlungen unterschieden zwischen *gering/mäßig*, *mäßig/schwer* und *schwer/extrem*. Auffällig ist, dass die Tendenz bei den Strafgefangenen eindeutig in Richtung schwerer Misshandlungsformen geht. Mäßig/schwere oder schwere/extreme Misshandlungen in mindestens einer o. g. Kategorie erlebten 50,4% aller befragten Strafgefangenen (Männer und Frauen).

Die *schweren/extremen* Formen möchte ich beispielhaft anführen. Es lohnt dabei ebenfalls ein Vergleich mit der Allgemeinbevölkerung:

- Schwere/extreme Emotionale Misshandlungen erlebten 21,1% der inhaftierten Männer und 27% der Frauen (dagegen 1,6% der deutschen Allgemeinbevölkerung)
- Schwere/extreme Körperliche Misshandlungen erlebten 23,7% der inhaftierten Männer und 25,4% der Frauen (dagegen 2,7% der deutschen Allgemeinbevölkerung)
- Schweren/extremen Sexuellen Missbrauch erlebten 2,6% der inhaftierten Männer und 17,5% der Frauen (dagegen 1,9% der deutschen Allgemeinbevölkerung)
- Schwere/extreme Emotionale Vernachlässigung erlebten 38,2% der inhaftierten Männer und 27% der Frauen (dagegen 6,5% der deutschen Allgemeinbevölkerung)
- Schwere/extreme Körperliche Vernachlässigung erlebten 5,3% der inhaftierten Männer und 4,8% der Frauen (dagegen 10,8% der deutschen Allgemeinbevölkerung)
- Ergänzend wurde in der Studie festgestellt, dass 86,3% der Inhaftierten mindestens einmal in ihrem Leben an einer psychischen Störung litten. 83,5% waren akut (innerhalb der letzten 6 Monate vor der Befragung) psychisch erkrankt.[8]

Einzig bezüglich der körperlichen Vernachlässigung liegen die Werte der Strafgefangenen unter denen der Allgemeinbevölkerung. Das liegt sehr wahrscheinlich daran, dass die befragten Strafgefangenen im Schnitt 34 Jahre alt waren, während bei der Befragung der Allgemeinbevölkerung das Durchschnittalter 50,6 war und bei letzterer Studie insofern viele Menschen der Kriegs-/Nachkriegsgeneration mit erfasst wurden, die materiell/körperlich schlecht versorgt werden konnten.

Eine andere deutsche Studie – Kopp et al. (2009) – verwendete ebenfalls den CTQ-Fragebogen, fand allerdings im Vergleich zu Driessen et al. (2006) weniger Belastungen (allerdings im Vergleich zur Allgemeinbevölkerung ebenfalls deutlich höhere!). Ich erkläre mir die Unterschiede zwischen den beiden Studien dadurch, dass sich die Aufteilung der Straftaten bei beiden Studien stark unterscheidet. Bei Kopp und Kollegen hatten beispielsweise 23% der inhaftierten Straftäter Verkehrsdelikte begangen (bei Driessen und Kollegen lag dieser Anteil dagegen bei nur 2,9%). Diese Straftätergruppe ist anders zu bewerten und vermutlich verhältnismäßig weniger von Kindesmisshandlungen betroffen, als Gewaltstraftäter oder gar Mörder.

Kopp und Kollegen konnten bezüglich traumatischer Kindheitserfahrungen Daten von insgesamt 92 inhaftierten Männern auswerten. Die Ergebnisse teilen sich wie folgt auf:

- Emotionale Misshandlungen erlebten 35,9% der inhaftierten Männer.
- Körperliche Misshandlungen erlebten 30,4% der inhaftierten Männer.
- Sexuellen Missbrauch erlebten 13% der inhaftierten Männer.
- Emotionale Vernachlässigung erlebten 57,6% der inhaftierten Männer.
- Körperliche Vernachlässigung erlebten 46,7% der inhaftierten Männer.
- Mindestens ein traumatisches Erlebnis in der Kindheit erlebten 72,8% aller Straftäter.[9]

Dabei gilt es wie auch bei der zuvor besprochenen Studie zu bedenken, dass nur Misshandlungen erfasst wurden. Gewaltformen unterhalb von diesem definierten Level wurden nicht abgefragt (vor allem auch leichtere Formen von körperlicher Gewalt). Ähnlich wie bei der zuvor besprochenen Studie, fanden sich außerdem hohe Raten von Persönlichkeitsstörungen und psychischen Erkrankungen. 72,7% der Straftäter wiesen eine antisoziale Persönlichkeitsstörung auf. Irgendeine psychische Störung wiesen 88,2% aller Straftäter auf.[10]

Auch in den USA wurden Vergleiche zwischen den Kindheitserfahrungen von Straftätern und Kindheitserfahrungen der Allgemeinbevölkerung gemacht. Reavis et al. (2013) haben 151 männliche Straftäter (eingeteilt in Kindesmissbraucher, häusliche Gewalttäter, Sexualtäter, Stalker) zu diversen belastenden Kindheitserfahrungen (ACEs) befragt und die Ergebnisse mit Daten aus der ACE-Studie von Felitti mit 7970 männlichen Durchschnittsamerikanern verglichen. Für beide Studien wurde der gleiche Fragebogen verwendet. Dem sei angemerkt, dass der Fragebogen nur Misshandlungen bzw. häufige oder sehr häufige Gewalterfahrungen erfasst, nicht andere Formen von Gewalt unterhalb von diesem Level, die eigentlich auch von Bedeutung sind.

- Keinen einzigen ACE Punkt gaben 9,3% der Straftäter an (dagegen 38% der Allgemeinbevölkerung).
- 48,3% der Straftäter gaben mehr als 4 ACE Punkte an, (dagegen 12,5 % der Allgemeinbevölkerung).

Ein ergänzender Blick in die Details macht die Zusammenhänge offensichtlich:

- Psychische Misshandlungen erlebten 52,3% der Straftäter (ST) (dagegen 7,6% der männlichen Allgemeinbevölkerung (AB))
- Körperliche Misshandlungen: 41,1% (ST) und 29,9% (AB)
- Sexueller Missbrauch: 27,2% (ST) und 16% (AB)
- Emotionale Vernachlässigung: 50,3% (ST) und 12,4% (AB)
- Körperliche Vernachlässigung: 21,9% (ST) und 10,7% (AB)
- Suchtmittel Gebrauch im Haushalt: 47,7% (ST) und 23,8% (AB)
- Psychische Krankheit mind. eines Familienmitgliedes: 25,8% (ST) und 14,8% (AB)
- Speziell mütterliche körperliche Misshandlungen: 27,8% (ST) und 11,5% (AB)
- kriminelles Verhalten eines Familienmitgliedes: 20,5% (ST) und 4,1% (AB)
- Scheidung der Eltern: 53,6% (ST) und 21,8% (AB)[11]

Messina & Grella (2006) haben wiederum speziell 491 Straftäterinnen (Durchschnittsalter: 35 Jahre), die sich in einem Resozialisierungsprogramm von fünf verschiedenen Gefängnissen in Kalifornien befanden, bezüglich belastenden Kindheitserfahrungen (ACEs) befragt und die Ergebnisse mit einer Untersuchung der *Health Maintenance Organization* verglichen, die allgemein 4665 Frauen repräsentativ befragt hat.

- Keinen einzigen ACE Wert gaben 15,7% der Straftäterinnen an, dagegen 31,3% der weiblichen Befragten aus der Allgemeinbevölkerung
- Fünf oder mehr ACE Werte gaben 21,2% der Straftäterinnen an, dagegen 12,5% der weiblichen Befragten aus der Allgemeinbevölkerung

Details für belastende Kindheitserfahrungen:

- Emotionale Misshandlungen und Vernachlässigung erlebten 34,2% der Straftäterinnen, dagegen 12,2% der weiblichen Befragten aus der Allgemeinbevölkerung
- Körperliche Vernachlässigung erlebten 14,5% der Straftäterinnen, dagegen 9,2% der weiblichen Befragten aus der Allgemeinbevölkerung
- Körperliche Misshandlungen erlebten 30,6% der Straftäterinnen, dagegen 25,1% der weiblichen Befragten aus der Allgemeinbevölkerung
- Sexuellen Missbrauch erlebten 45,1% der Straftäterinnen, dagegen 24,3% der weiblichen Befragten aus der Allgemeinbevölkerung
- Häusliche Gewalt miterlebt haben 47,6% der Straftäterinnen, dagegen 13,9% der weiblichen Befragten aus der Allgemeinbevölkerung
- Trennung der Eltern erlebten 43,7% der Straftäterinnen, dagegen 25,4% der weiblichen Befragten aus der Allgemeinbevölkerung
- Inhaftierung eines Familienmitgliedes erlebten 33,8% der Straftäterinnen, dagegen 6,9% der weiblichen Befragten aus der Allgemeinbevölkerung
- Fremdunterbringung von zu Hause (Pflegefamilie oder Adoption) erlebten 19,9% der Straftäterinnen, bezüglich der Allgemeinbevölkerung liegen keine Daten dazu vor.[12]

Für eine wissenschaftliche Arbeit aus Großbritannien wurden Daten von verschiedenen Studien ausgewertet und die Ergebnisse bezüglich jungen Strafgefangenen und mit denen der jungen Allgemeinbevölkerung verglichen:

(Links jeweils die Daten für die junge Allgemeinbevölkerung und recht die Daten für junge Strafgefangene)

- Lernbehinderung (learning disabilities): 2–4% (junge Allgemeinbevölkerung) / 23–32% (junge Strafgefangene)
- Legasthenie (Dyslexia): 10% (junge Allgemeinbevölkerung) / 43–57% (junge Strafgefangene)
- Kommunikationsstörung (Communication disorders): 5–7% (junge Allgemeinbevölkerung) / 60–90% (junge Strafgefangene)
- ADHS (Attention deficit hyperactive disorder): 1,7–9% (junge Allgemeinbevölkerung) / 12% (junge Strafgefangene)

- Autismusspektrumstörung (Autistic spectrum disorder): 0,6–1,2% (junge Allgemeinbevölkerung) / 15% (junge Strafgefangene)
- Schädel-Hirn-Trauma (Traumatic brain injury): 24–31,6% (junge Allgemeinbevölkerung) / 65,1–72,1% (junge Strafgefangene)
- Epilepsie (Epilepsy): 0,45–1% (junge Allgemeinbevölkerung) / 0,7–0,8% (junge Strafgefangene)
- fetales Alkoholsyndrom (Foetal alcohol syndrome): 0,1–5% (junge Allgemeinbevölkerung) / 10,9–11,7% (junge Strafgefangene) [13]

Vor allem der letzte Punkt – das fetale Alkoholsyndrom – stellt eindeutig eine Form von schwerer mütterlicher Misshandlung gegenüber dem ungeborenen Kind da! Bezüglich der anderen diversen Störungen ist die Frage, ob diese nicht wiederum in einem ursächlichen Zusammenhang zu kindlichen Gewalterfahrungen bzw. belastenden Kindheitserfahrungen der Straftäter stehen, was ich persönlich vermute.

Roth & Seiffge-Krenke (2011) haben 241 männliche Strafgefangene (Alter 25 bis 35 Jahre) in ost- und westdeutschen Gefängnissen befragt. 32,4% der Befragten waren auf Grund von Gewaltdelikten (z. B. Mord, Totschlag, Vergewaltigung) inhaftiert. Misshandlungserfahrungen wurden nicht abgefragt. Allerdings wurden diverse familiäre Belastungsfaktoren ermittelt. Bei 18,3% der Befragten war die Mutter zum Zeitpunkt der Geburt 18 Jahre oder jünger. 35,3% sind ein halbes Jahr oder länger woanders als bei den eigenen Eltern aufgewachsen. Bei 24% der Befragten war die Mutter, bei 7% der Vater auf Grund von psychischen Problemen in Behandlung. 34% berichteten von Alkoholproblemen des Vaters und 14,9% von der Mutter. Darüber hinaus zeigten sich Anzeigen gegen Elternteile auf Grund einer Straftat (12,4% gegen Vater, 4,6% Mutter) oder gar Gefängnisaufenthalte von Elternteilen (7,9% der Väter, 3,7% der Mütter).[14]

Interessant ist auch eine Studie, für die 136 549 Schüler und Schülerinnen in Minnesota (USA) bezüglich belastenden Kindheitserfahrungen (ACEs) und eigenem destruktivem Verhalten (Delinquenz, Mobbing, körperliche Gewalt, Gewalt gegen Partner/*Dating Violence*, Tragen von Waffen, Selbstverletzungen, Selbstmordversuchen oder -gedanken) befragt wurden. Das wesentliche Ergebnis der Studie lässt sich mit einem Zitat zusammenfassen: „For every unit increase in the adverse-events score (additional type of adverse event reported), the risk of violence perpetration increased 35% to 144%."[15] Das bedeutet umgekehrt natürlich auch, dass je weniger belastende Kindheitserfahrungen gemacht wurden, desto unwahrscheinlicher wird eigenes Gewaltverhalten. Ein Wert sticht in der Studie übrigens besonders hervor. Für männliche Schüler, die als Kind von einem Familienmitglied sexuell missbraucht worden sind, erhöht sich das Risiko, bei einem Date Gewalt gegen die Partnerin anzuwenden, um den Faktor 44 im Vergleich zu Schülern, die nicht sexuell missbraucht worden sind.

Wenn man speziell Gewalttäter über einen längeren Zeitpunkt kennenlernt und sich intensiv austauscht, scheinen die Kindheitshintergründe sehr deutlich zu werden. Jens Weidner, der Mitbegründer des sogenannten Anti-Aggressivitäts-Trainings (AAT) für Gewalttäter, hat dies kurz zusammengefasst: „Bei der familiären Vermittlung aggressiven Verhaltens, etwas durch das child abuse syndrom, kann, auf der Grundlage von über 10 000 Einzelgesprächen mit Intensivtätern im Rahmen des Anti-Aggressivitäts-Trainings, betont werden: Kinder/Jugendliche, die gewalttätig erzogen wurden, neigen selbst zur Misshandlung ihrer Mitmenschen. Sie ziehen keine positiven Konsequenzen aus der eigenen erniedrigenden Erziehung (...). Die gewalttätigen Intensivtäter von heute waren selbst, zum Teil über Jahre, Opfer unberechenbarer, brachialer Erziehungsmethoden. Dies entspricht nahezu 100% der Biographien unserer Teilnehmer im Anti-Aggressivitäts-Training: Entweder wurden sie selbst durch Eltern oder Erzieher im Heim misshandelt oder sie haben unter Misshandlung gelitten, die ihre Väter und Stiefväter ihren Müttern antaten, ohne dass sie sich als Kinder dagegen zur Wehr setzen konnten."[16]

In Tabelle 1 habe ich mehrere Studien aufgeführt und die Ergebnisse für psychische, körperliche und sexuelle Misshandlungen, sowie von emotionaler und körperlicher Vernachlässigung vorgestellt. Die Tabelle macht deutlich, wie hochgradig belastet Straftäter und Straftäterinnen als Kind waren.

Die Psychotherapeutin und Traumaexpertin Michaela Huber beschreibt in ihrem Buch *Der Feind im Innern* (2013) die Fragmentierung der Persönlichkeit auf Grund von Traumatisierungen. Speziell bei Kindern würde die Persönlichkeit nicht wie eine ganzheitliche Gestalt sein, die durch die Erfahrung von Gewalt, Verlust, Vernachlässigung und/oder seelischen Grausamkeiten einfach wie eine Vase zerbrechen

Tabelle 1. Belastende Kindheitserfahrungen von Straftätern

Studie	N	Psychische Misshandl.	Körperliche Misshandl.	Sexuelle Misshandl.	Emotionale Vernachl.	Körperliche Vernachl.
Baglivio et al. (2014) USA	ca. 50 370 männl. jgdl. Straftäter	31,0%	26,0%	7,0%	31,0%	12,0%
Baglivio et al. (2014) USA	ca. 13 959 weibl. jgdl. Straftäterinnen	39,0%	41,0%	31,0%	39,0%	18,0%
Boswell (1997) GBR	200 Inhaftierte (mehr männl.)	28,5%	40,0%	29,0%	–	–
Cannon et al. (2016) USA	190 inhaftierte männl. Jgdl.	57,0%	49,0%	21,0%	74,0%	93,0%
Cannon et al. (2016) USA	30 inhaftierte weibl. Jgdl.	67,0%	70,0%	63,0%	90,0%	100,0%
Craparo et al. (2013) Italien	22 verurteilte Gewalttäter	40,9%	50,0%	18,2%	68,2%	–
Dierkhising et al. (2013) USA	303 männl. jgdl. Straftäter (in Haft oder unter Auflagen)	46,3%	39,0%	15,5%	–	–
Dierkhising et al. (2013) USA	355 weibl. Jgdl. Straftäterinnen (in Haft oder unter Auflagen)	53,9%	40,6%	31,8%	–	–
Driessen et al. (2006) Deutschland	76 inhaftierte Männer	50,0%	50,0%	15,8%	76,3%	43,4%
Driessen et al. (2006) Deutschland	63 inhaftierte Frauen	58,7%	47,6%	31,7%	61,9%	36,5%
Kopp et al. (2009) Deutschland	92 inhaftierte Männer	35,9%	30,4%	13,0%	57,6%	46,7%
Levenson (2016) USA	740 Sex. Täter und Täterinnen (meist männl.)	52,0%	42,0%	38,0%	37,0%	16,0%

Tabelle 1. (Fortsetzung)

Studie	N	Psychische Misshandl.	Körperliche Misshandl.	Sexuelle Misshandl.	Emotionale Vernachl.	Körperliche Vernachl.
Messina & Grella (2006) USA	491 Straftäterinnen in Resozialisierungsprogramm	34,2%	30,6%	45,1%	–	14,5%
Reavis et al. (2013) USA	151 Straftäter (vier Gewaltkategorien)	52,3%	41,1%	27,2%	50,3%	21,9%
Urban & Fiebig (2011) Deutschland	130 inhaftierte Kindesmissbraucher	47,7%	50,8%	48,5%	–	–
Urban & Fiebig (2011) Deutschland	67 inhaftierte Sex. Täter	43,3%	40,3%	28,4%	–	–
Urban & Fiebig (2011) Deutschland	157 inhaftierte Gewalttäter	42,7%	47,1%	15,9%	–	–

würde. Es sei vielmehr so, dass Kinder, die frühen und massiven Stress erleiden, zum einen in der Folge ein ganz anderes Stress-Systems, ein ganz anderes Gehirn ausbilden würden (darüber habe ich auch in der Einleitung geschrieben), als Kinder, die sicher aufwachsen durften. Zum anderen „wachsen die verschiedenen Zustände, in denen sich ein Kind manchmal befindet, unter so hohem Stress gar nicht zusammen; also können sie vom Bewusstsein auch nicht beobachtet und bewertet und damit auch nicht gesteuert werden."[17] Huber hängt dem ein Beispiel von einem Kind an, das in einer Situation von seinem Vater ein Eis bekommt, dann plötzlich vom Vater brutal behandelt wird und danach einen Lolli erhält. „Dann kann es sein, dass das Kind sich an Eis und Lolli in seinem Alltags-Ich erinnern kann; die brutale Szene aber, die es zutiefst entsetzt und erschreckt hat, ist wie ausgestanzt ‚woanders' in seinem Gedächtnis gespeichert." Irgendwann beginnt das Kind „jüngere Kinder ‚aus heiterem Himmel' brutal zu behandeln. Warum? Keine Ahnung. Manche Kinder geben diesem ‚anderen' in sich sogar eine andere Identität: ‚Das war nicht ich! Das war das Monster da drinnen!'"[18] Dieses *andere* sind Trauma-nahe, stark zersplitterte, von starken und unangenehmen Gefühlen geprägte Bereiche des Innenlebens, die in Form von Täterverhalten ausagiert werden können.

Wiederholt habe ich in Medienberichten über grausame Mörder gelesen, dass diese vor Gericht behaupten, von geheimen Mächten angetrieben zu werden oder dass der Teufel oder Stimmen ihnen befohlen hätten zu töten und dergleichen. Oder es gibt Mörder, die ihre Tat selbst nicht fassen können, die um Erklärungen ringen und das Gefühl äußern, dass ihnen die Tat so vorkommt, als ob *ein Anderer* sie vollbracht hätte. Gelegentlich gibt es auch Mörder, die meinen, dass sie sich an die Tat nicht erinnern können. Gleichzeitig gibt es auch immer wieder Medienstimmen zu Einzelfällen, in denen die scheinbare Normalität der Mörder, ihr harmloses und alltägliches Auftreten mit Erstaunen kommentiert wird nach dem Motto: *Wie konnte ein solcher Mensch, der unser Nachbar hätte sein können, zum Mörder werden?* All diese merkwürdigen Beobachtungen und Fragezeichen lösen sich auf, wenn man erstens um das extrem hohe Ausmaß von (oftmals mehreren) belastenden Kindheitserfahrungen von Gewalttätern weiß und zweitens sich die vorgenannten Ausführungen über Fragmentierungsprozesse der Expertin für Traumatisierungsfolgen vor Augen führt.

Das Problem ist: „Je mehr das Bösesein Spaß macht, desto schwerer ist es zu verändern. Und: Je mehr Bösesein positiv sanktioniert wird (‚Das machen ja alle so' oder Lustgewinn oder die Freude an der absoluten Beherrschung des anderen – bis hin zu materiellen Vorteilen durch Erpressung etc.) desto mehr wird es Teil der Alltagspersönlichkeit.“[19] So erklären sich wohl Gewaltkarrieren, Serienmörder und alle Persönlichkeiten, die wir umgangssprachlich einfach nur als *böse* bezeichnen.

Dass es Mördern manches Mal um Spaß oder um ein emotionales Hochgefühl geht, zeigt in Reinform eine Aussage von Ronald Kray, der zusammen mit seinem Bruder in den 1950er und 1960er Jahre in London einen Teil der organisierten Kriminalität beherrschte. Auf seinen ersten Mord rückblickend sagte er später im Gefängnis: "Ich fühlte mich verdammt großartig. (...) Niemals davor oder danach habe ich mich so unglaublich lebendig gefühlt."[20] So sprechen Menschen, die innerlich und emotional tot sind.

Dieses Lachen, diese Freude, dieses Hochgefühl von Tätern im Angesicht des Leids anderer Menschen ist übrigens keine Ausnahme. Auf der Insel Utøya hörte man dieses Lachen und die Freude von Anders Breivik, während er Jugendliche erschoss; man hörte es in Ruanda während des Genozids, aber auch in ostasiatischen oder südamerikanischen Fällen, man hörte auch lachend tötende Dschihadisten, (Selbstmord-)Attentäter oder Wehrmachtssoldaten, was der Autor Klaus Theweleit in seinem Buch *Das Lachen der Täter* zusammengefasst hat.[21] Auch politische Führer sind von diesen *Hochgefühlen* nicht ausgenommen. So wird z. B. über den früheren US-Präsidenten George W. Bush berichtet, dass er am 19. 3. 2003 seine Hand zur Siegerfaust ballte und dann sagte: „Feels good!".[22] Dann verkündete er der Nation, dass der Krieg gegen den Irak begonnen hat. Die ersten Bomben fielen auf Bagdad.

Wie früh manchmal Hass bereits in (durch ihre Eltern beschädigten) Kindern aufkochen kann, zeigt ein Ausspruch des Sektenführers Jim Jones in einer seiner Predigten, in der er Bezug auf seine Kindheit nahm. „Am Ende des dritten Schuljahres war ich soweit, dass ‚ich hätte töten können'. Ich will damit sagen, ich war so verdammt aggressiv und hasserfüllt. ‚Ich hätte töten können'. Niemand liebte mich, niemand verstand mich."[23] Ende der 1970er Jahre begingen über 900 seiner Anhänger auf seinen Befehl hin kollektiven Selbstmord, er selbst brachte sich wohl ebenfalls um. Jim Jones wurde als Kind schwer vernachlässigt, war absolut einsam und wäre als Kleinkind einmal sogar beinahe von einem Zug überfahren worden, weil seine Eltern nicht auf ihn achteten. Sein Vater war Kriegsinvalide und Mitglied in der rassistischen Vereinigung *Ku-Kux-Klan*. Seine Mutter war religiös verblendet und meinte nach der Geburt von Jim, dass ihr Sohn der *Messias* sein würde. Noch als Kind erlebte er zudem den Suizid seines alkoholkranken Onkels mit, der zu der Zeit bei der Familie wohnte.[24]

Wie sehr Spaltungsprozesse auf Grund von kindlichen Opfererfahrungen Selbsthass erzeugen können und wie fatal dieser Selbsthass manchmal in Hass gegenüber anderen Menschen umschlagen kann, zeigt in extremer Form eine Aussage des Serienmörders Carl Panzram: „I hate the whole damned human race including myself."[25] Der 1891 geborene Panzham hat Anfang des 20. Jahrhunderts u. a. 23 Menschen getötet und ca. 1000 Vergewaltigungen begangen, was ihm – wie er selbst erklärte – kein bisschen Leid tat. Panzhams Kindheit war, der vorgenannten Quelle nach, ein Alptraum. Nachdem der Vater die Familie verlassen hatte, kam der Junge nach mehreren Einbrüchen in ein Erziehungsheim, wo er vergewaltigt, misshandelt und ständig bestraft wurde. Nach seinem Schulabschluss wurde er zum Vagabunden und erlitt erneut Gewalt, u. a. eine Gruppenvergewaltigung.

Carls Vater wird als gewalttätiger und harter Mann beschrieben. Nach eigenen Angaben wurde Carl vielfach von Familienmitgliedern misshandelt, einmal, nachdem er bei einem Nachbarn eingebrochen war, wurde er sogar fast totgeprügelt. In seiner Umgebung galt das Recht des Stärkeren und er war das jüngste Kind der Familie. Erst im Alter von ca. 11 Jahren habe er realisiert, dass es in der Welt auch Menschen gab, die ein gutes Leben führten und nicht schlecht behandelt wurden.[26]

Die 1000 vergewaltigten und die Angehörigen der 23 getöteten Menschen hätten die Kindheitshintergründe von Panzram sicherlich herzlich wenig interessiert, wie dies wohl auch für viele andere Opfer von Gewalttaten gilt. Bzw. das Wissen um diese Hintergründe hätte den Opfern nichts gebracht und erst recht wäre dies kein Grund dafür, seine Verbrechen zu entschuldigen. Dies gilt für alle von mir untersuchten Gewalttäter! Die Dinge sind geschehen und soweit es geht, müssen die Täter und Täterinnen strafrechtlich zur Verantwortung gezogen werden, egal wie ihre Kindheit war. Die Kindheitshintergründe müssen uns aber gesamtgesellschaftlich interessieren, weil sie uns aufzeigen, wo Prävention anfangen sollte. *Darum geht es!*

9. Kindheiten von Extremisten und Terroristen (allgemeiner Teil)

Für die Studie *Die Sicht der Anderen. Eine qualitative Studie zu Biographien von Extremisten und Terroristen* wurden für das Bundeskriminalamt die Biografien von insgesamt 39 Männern (die Mehrzahl davon inhaftiert), die dem Links- oder Rechtsextremismus sowie Islamismus zugeordnet werden können, verglichen. Der Präsident des Bundeskriminalamtes Jörg Ziercke schreibt in einem Vorwort zur Studie: „Die Radikalisierungsverläufe von Akteuren differenter extremistischer bzw. terroristischer Milieus weisen offenbar mehr Gemeinsamkeiten hinsichtlich ihrer psychosozialen Verlaufsdynamik auf, als es die jeweiligen ideologischen Grundlagen der unterschiedlichen Milieus vermuten lassen; es bildeten sich also keine grundsätzlichen Unterschiede ab. Trotz aller offensichtlichen Differenzen der äußeren Erscheinungsformen der unterschiedlichen Extremismen überwiegen die Übereinstimmungen von zentralen, inneren Antriebsfedern und Auslösefaktoren bei diesen Personen."[1]

Wie sehen jetzt diese Gemeinsamkeiten aus? Innerhalb der Familien der Befragten herrschte allgemein viel Stress, familiäres Chaos und es gab kaum oder keine Bewältigungsstrategien bezüglich Konflikten und Problemen. Allen Familien war gemeinsam, dass problematische Sachverhalte nicht konstruktiv miteinander besprochen und bearbeitet, sondern allenfalls in Form von Vorwürfen oder Schuldzuweisungen thematisiert wurden. Die Befragten waren vornehmlich auf sich selbst gestellt, wenn sie Probleme lösen mussten und konnten kaum Hilfe in ihrer Familie erwarten bzw. fühlten sich von dieser allein gelassen. Schon früh waren die Befragten mit zahlreichen Entwicklungsbelastungen oder Brüchen wie z. B. Wechsel von Bezugspersonen oder Verlust eines Familienangehörigen (inkl. Todesfällen) konfrontiert. In einigen Fällen entzogen sich Familienmitglieder jedoch auch, indem sie beispielsweise „über Nacht“ die Familie verließen oder es vorzogen, sich auf andere soziale Umfelder (z. B. den Freundeskreis, die Arbeit) zu konzentrieren.[2]

„In allen Familien standen deutliche familiäre Belastungen im Hintergrund, die sich in Suchterkrankungen der Eltern, Verlusterlebnissen und schwerster häuslicher Gewalt ausdrückten. In keinem Fall kann von einem intakten Elternhaus gesprochen werden.“[3] Die Brüche und Probleme setzten sich auch im Bildungsverlauf (vor allem an den Schulen) fort.

Das Erleben und/oder Miterleben von Gewalt in der Familie kam häufig vor. „In den meisten Biographien spielten Gewalt und Unterdrückung schon im Kindesalter eine Rolle. Etwa die Hälfte aller Befragten berichtete von gewalttätigen Elternhäusern, in denen sie mit zum Teil erheblichen gewalttätigen Ausschreitungen und Misshandlungen konfrontiert waren. Die rechtsorientierten Befragten berichteten das heftigste Ausmaß. Gewalt richtete sich nicht ausschließlich gegen die Kinder, sondern spielte sich auch zwischen den Eltern ab. So erzählte beispielsweise ein Befragter, die eigene Mutter bewusstlos, in einer Blutlache liegend aufgefunden zu haben. Andere berichteten über schwerste Misshandlungen, die vom mutwilligen Zufügen von Brandwunden bis hin zu Tötungsversuchen reichten.“[4]

Für alle Befragten nahm die Suche nach Gleichaltrigen, bei denen sie auf die in den Familien häufig nicht (mehr) vorhandene Unterstützung und Anerkennung stießen, einen zentralen Stellenwert ein. „Auffallend häufig wurde die engere Clique als ‚Familie‘ bezeichnet. Diese Assoziation wird umso nachvollziehbarer, bezieht man die Tatsache mit ein, dass in nahezu allen untersuchten Fällen die Anbindung an die Familie verloren gegangen bzw. das gegenseitige Vertrauen zwischen Eltern und Befragtem nachhaltig gestört war. Die Clique ersetzte im wahrsten Sinne des Wortes die Familie.“[5]

Eine gelungene Zusammenfassung der psychosozialen Situation der Befragten sowie von Präventionsmaßnahmen möchte ich abschließend zitieren: „Resümierend kann festgehalten werden, dass die hier untersuchten Biografien grundlegend entwicklungsbelastete Personen charakterisieren, die mangels eines funktionierenden und eine gesunde und gelingende psychosoziale Entwicklung garantierenden Elternhauses äußerst prekäre soziale Kontakte eingegangen sind. Das jeweilige extremistisch-terroristische Milieu bzw. Gruppenangebot fungierte als Ersatz für ein funktional und strukturell gestörtes Elternhaus. (...) Reflektieren wir unsere Ergebnisse im Spiegel präventiver Maßnahmen, so wird in der Gesamtschau offenkundig, dass es gilt, Maßnahmen im Sinne einer ganzheitlich begriffenen Extremismusprävention zu gestalten und umzusetzen. Ganzheitlich heißt hier insbesondere auch, den Umgang mit dem Phänomen nicht in erster Linie auf die von den extremistischen Umfeldern vermittelten Ideologien auszurichten, sondern stärker auch die offensichtlichen Bedürfnisse der Betroffenen (etwa: defizitäre Familienstrukturen, Erfahrung sozialer Isolation, Entwicklungsstress) zu fokussieren."[6]

Die genannten Erkenntnisse aus dieser einen Studie ziehen sich wie ein roter Faden durch Erkenntnisse anderer Extremismusstudien oder von Einzelfallanalysen. Man ist an dieser Stelle fast geneigt, sich die Mühe zu sparen, weitere Quellen zu besprechen. Aber natürlich habe ich mir trotzdem die Mühe gemacht.

Folgende Sätze stammen nicht aus der BKA-Studie von Lützinger, auch wenn die große Ähnlichkeit gleich ins Auge fällt, sondern sind das Ergebnis einer Befragung von 91 verurteilten fremdenfeindlichen, teils rechtsextremen Gewalttätern „In den biografischen Erzählungen der interviewten Täter zeigt sich ganz offensichtlich die nachhaltige negative Wirkung einer gewaltbesetzten Familienkonstellation. Dies paart sich mit Fehlen einer stabilen emotionalen Beziehung zu Mutter, Vater oder einer anderen Bezugsperson. Dagegen ist die familiale Situation bestimmt durch vielfache Brüche, Beziehungsstörungen und Disharmonie.“[7] Bereits in der Schule fielen die Befragten durch Leistungsversagen, Verhaltensauffälligkeiten, delinquentes Verhalten und Schulabbruch auf. Im Durchschnitt begann dann ab dem Alter von 14 Jahren die Gruppensozialisation in rechten Jugendcliquen.

Die weiteren Ergebnisse wurden auch zahlenmäßig erfasst: 30% der Befragten lebten als Kind zu irgendeinem Zeitpunkt in einem Heim. 20% der Befragten wurden bereits bei ihrer Geburt vom Vater verlassen. Nur 44% lebten mit ihrem leiblichen Vater bis zum 14. Lebensjahr zusammen. Ca. 40% lebten zu irgendeinem Zeitpunkt mit einem Stiefvater oder einem neuen Freund der Mutter zusammen. Bestrafungen speziell durch die Mutter: 30% erlebten eine Tracht Prügel (schwere Gewalt), 37% erlebten Ohrfeigen, 38% erlebten Klapse, 58% wurden angeschrien, 18% wurden herabgesetzt, 20% wurden nicht beachtet und 58% erlebten Hausarrest oder Verbote. Insgesamt wurden die Befragten Gewalttäter häufiger durch ihre Mütter bestraft, als durch ihre Väter. Eine deutliche Differenz gab es allerdings bei der schweren körperlichen Gewalt, die von 54% der Väter ausgeübt wurde. 20% der Befragten erlebte körperliche Gewalt zwischen den Eltern mit.[8]

Im selben Band finden sich auch zwei ausführliche Fallanalysen von fremdenfeindlichen, rechten Gewalttätern. Ich möchte beide relativ ausführlich zusammenfassen, weil das Verstehen der biografischen Hintergründe so noch deutlicher wird, als wenn wir nur auf die o. g. Zahlen schauen:

Fall „Rolf": Unmittelbar nach seiner Geburt kam Rolf in ein Heim, da seine Mutter eine längere Haftstrafe abzusitzen hatte. Insgesamt hat Rolf eigenen Angaben zu Folge während seiner Kindheit in 9 oder 10 verschiedenen Heimen gelebt, einmal auch in einer psychiatrischen Einrichtung. Er berichtet, dass er sich weitgehend nicht an seine Kindheit erinnern kann. Dies spricht für besonders schwere und häufige Gewalt- und Demütigungserfahrungen, die dann abgespalten werden, um psychisch zu überleben. Rolf hat noch vier Geschwister, die jeweils einen anderen Vater haben. Konflikte in der Familie wurden oftmals mit Gewalt gelöst. Die Mutter schlug und prügelte Rolfs Geschwister, aber auch Menschen außerhalb der Familie. Einen Mann soll die Mutter derart zusammengeschlagen haben, dass dieser danach im Rollstuhl saß. Hatte Rolf Ärger mit anderen Leuten, wurde die Mutter auch mal handgreiflich diesen Personen gegenüber. Innerhalb der Familie scheint eine generelle Gefühlskälte und Kommunikationsstörung geherrscht zu haben. Rolf scheint auch einige Zeit auf der Straße gelebt zu haben. Er wurde früh kriminell und auch suchtkrank.

Fall „Jochen" Auch Jochen lebte einige Jahre seiner frühen Kindheit in einem Heim. Seine Mutter hatte noch zwei Töchter, die aber in einem anderen Heim untergebracht wurden. Jochen wurde also zusätzlich von seinen Geschwistern, mit denen er sich sehr verbunden fühlte, getrennt. Mit ca. acht oder neun Jahren kam Jochen wieder nach Hause zu seiner Mutter, die mittlerweile einen neuen Mann gefunden hatte. Dieser Mann, sein Stiefvater, war brutal gegen alle Familienmitglieder. Er schlug und prügelte auch ohne Anlass, eher aus einer Stimmung heraus.

Wenn die Mutter dazwischenging und Jochen schützen wollte, erhielt sie die Schläge, was zu ihrem Rückzug führte. Der Stiefvater sei außerdem wenig zu Hause gewesen, sondern eher in Kneipen und bei seinen Kumpels. Jochen floh schließlich aus seinem Elternhaus und lebte einige Zeit auf der Straße. Später kam er wieder zurück. Erneut begann eine Spirale der Gewalt in der Familie. Besonders erschüttert wurde Jochen, als seine ältere und schwangere Schwester (die er besonders liebte) mit ihrem Freund in einen anderen Ort zog, ohne Jochen zu sagen wohin genau. Er verlor dadurch Halt und seinen Rückzugsort, den seine Schwester (und auch deren Freund) für ihn bedeutet hatten. Nach einem Jahr kam die Schwester allerdings alleine wieder zurück. Sie hatte sich von ihrem Freund, der sie u. a. vergewaltigt hatte, getrennt. Für Jochen brach dadurch sein Vertrauen in die Welt zusammen. Im Alter von 14 Jahren wurde Jochen zum ersten Mal verurteilt, mit 16 erhielt er seine erste Haftstrafe. Zur Interviewzeit saß er, 22 Jahre alt, bereits seine dritte Haftstrafe ab.[9]

Köttig (2004) hat in der Zeit zwischen 1999 und 2001 insgesamt 32 narrative Interviews mit rechtsextremen Mädchen/jungen Frauen (Alter zwischen 13 und 22 Jahre) durchgeführt. Es ist sicherlich kein Zufall, dass die zusammenfassende Besprechung der biografischen Hintergründe den Zusammenfassungen der beiden vorgenannten Studien sehr ähnlich ist.

„Als zentrales verbindendes Merkmal werden in den rekonstruierten Biografien unterschiedliche Facetten problematischer Entwicklungen in den Beziehungserfahrungen zwischen den Biografinnen und ihren Eltern sichtbar. Der Verortung in der rechtsextrem orientierten Jugendszene kommt in diesem Prozess die Funktion zu, sich von den Eltern distanzieren bzw. sich von ihnen emanzipieren zu wollen, und gleichzeitig dient das Milieu zur stellvertretenden Bearbeitung oder Reinszenierung von verletzenden Erfahrungen, die die Mädchen und jungen Frauen im Verlauf ihrer Kindheit und Jugend in ihren Familien machen mussten. (...) In den rekonstruierten Biografien zeigt sich, dass die Mädchen und jungen Frauen im Verlauf ihrer Kindheit und Jugend entweder in unterschiedlicher Weise traumatische Erlebnissen ausgesetzt waren (...) oder (...) ihr Erleben der Beziehung zu den Eltern durch Ambivalenzen geprägt war.“[10]

Und: „In den rekonstruierten Biografien zeigt sich, dass die Mädchen und jungen Frauen mit dem Einstieg und der Verortung in der rechtsextrem orientierten Szene auf problematische biografische Erfahrungen – und damit in der Regel auf destruktive familiale Beziehungen – reagieren. Dieser Hintergrund ist den Biografinnen in der Regel nicht bewusst. (...) Mädchen und junge Frauen, die traumatisierende Erlebnisse innerhalb der Familie erfahren haben, wenden sich der rechtsextrem orientierten Szene zu, um sich erlebten Traumatisierungen anzunähern bzw. sie zu bearbeiten. Es zeigt sich dabei, dass die Bearbeitungsprozesse, wie sie von den Mädchen und jungen Frauen in Gang gesetzt werden, entweder dazu führen (...), dass die erlebten Traumatisierungen wiederholt werden oder (...) zur stellvertretenden Bearbeitung erlebter Gewalt bei gleichzeitiger Abspaltung von bedrohlichen Gefühlen führen. Beide Mechanismen dienen letztlich nicht zur Aufarbeitung der Traumatisierungen."[11]

Köttig hat in ihrer Arbeit drei Fallbeispiele ausführlich beschrieben von denen ich aus Platzgründen nur eines skizzieren möchte.

Der **Fall „Alexandra"**: Schon während der Phase als Fötus war Alexandras Situation gefährdet. Michael – der Mann ihrer Mutter und ihr Vater – schlug und trat seine Frau Silke in Konfliktsituationen. Er war zudem arbeitslos und hatte bereits Inhaftierungserfahrungen. Alexandras Mutter war gerade einmal 18 Jahre alt, als sie mit den Zwillingen Alexandra und Yvonne schwanger war. Die Zwillinge kamen zu früh und wurden ca. fünf Wochen in einem Brutkasten der Klinik versorgt. Als die Kinder schließlich Zuhause waren, eskalierte die Situation zusehends. Die Eltern waren überfordert und in Bedrängnis. Und Alexandras Vater übte weiterhin Gewalt gegen ihre Mutter aus. Alexandras „Lebenssituation war demnach in den ersten Monaten durch permanente Bedrohungssituationen, Unruhe und unzureichende Versorgung geprägt. Hinzu kommt, dass sowohl Michael als auch Silke das Konfliktpotenzial ebenfalls an den Kindern entladen, so z. B. wird in den Ermittlungen der Staatsanwaltschaft nachgewiesen, dass bspw. Druckstellen und Hämatome auf deren Körpern zurückblieben."[12] Die Staatanwaltschaft hatte ermittelt, weil Michael seine Tochter Yvonne so schwer misshandelte, dass der Säugling nach zwei Tagen Todeskampf starb. Alexandra „ist vermutlich dabei, als ihre Schwester verletzt wird, und auch während der zwei Tage, in denen es Yvonne immer schlechter geht, bis zu ihrem Tod. Von da an bleibt der Platz neben ihr unbesetzt, die Schwester ist ihr genommen."[13]

Alexandra kam nach dieser Tat in die Obhut ihrer Großeltern väterlicherseits. Ihr Vater kam ins Gefängnis, ihre Mutter sah sie erst als junge Frau das erste Mal wieder. Gegen Ende von Alexandras Kindergartenzeit erkrankte ihre Großmutter an Krebs; Alexandra war acht Jahre alt, als ihre Großmutter starb. Sie selbst erinnerte sich nur an die Todesnachricht, der Tag und die Wochen danach sind aus ihrer Erinnerung gelöscht bzw. vermutlich abgespalten. Wie die Großmutter zu Lebzeiten mit dem Kind umging, erschließt sich nicht. Es gibt nur einen Bericht, der aufhorchen lässt. In ihrem ersten Schuljahr war Alexandra die beste Schülerin der Schule und bekam einen Preis in Form eines Buches verliehen. Als die stolz mit dem Preis nach Hause kam, nahm die Großmutter das Buch und verbrannte es ... Ihren Großvater bezeichnete Alexandra als Choleriker, der nach dem Tod seiner Frau immer strenger und autoritärer gegenüber der Enkelin wurde. Schließlich schlug er auch zu, ließ das Kind zur Strafe in einer Scheune schlafen oder sprach einfach längere Zeit nicht mehr mit ihr. Für Alexandra wurde im Alter von ca. 15 Jahren die Situation derart unerträglich, dass sie vor ihrem Großvater floh und sich in einem Heim aufnehmen ließ.[14] In der rechtsextremen Szene fand sie Halt, Familienersatz und Anerkennung, aber auch Feindbilder. Diese Kindheitsgeschichte ist ein Beispiel dafür, was sich hinter den Worten *destruktive familiale Beziehungen* in der oben zitierten Zusammenfassung der Autorin u. a. verbirgt.

Ich befürchte, dass die Aufmerksamkeit des Lesers/der Leserin langsam abnehmen könnte, wenn ich mich nachfolgend im Text erneut wiederhole. Dennoch ist es wichtig, weitere Studien zu besprechen, auch wenn sie nicht nur zu sehr ähnlichen Ergebnissen kommen, sondern auch im Wortlaut große Übereinstimmungen zeigen. Diese frappierende Ähnlichkeit spricht für einen hohen Wahrheitsgehalt bezogen auf die These, dass Extremisten als Kind nicht geliebt und fürsorglich/gewaltfrei behandelt wurden (was wiederum dafürspricht, dass eine liebevolle, fürsorgliche und gewaltfreie Erziehung der entscheidende Faktor dafür ist, Gewaltkarrieren und Extremismus präventiv zu verhindern!).

Nebenbei bemerkt vermute ich, dass manche kritischen Geister möglicherweise die Aussagekraft oder Repräsentativität solcher Studien auf Grund der geringen Fallzahlen anzweifeln werden. Lützinger (2010) hat 39 Extremisten befragt, Frindte & Neumann (2002) kommen auf eine Anzahl von 91 Befragten, von denen wiederum nicht alle als rechtsextrem definiert werden können. Köttig (2004) hat Interviews mit 32 weiblichen Rechtsextremisten geführt. Wahl und Kollegen (2003) haben 115 fremdenfeindliche Gewalttäter, Funke (2001) hat ganze drei Rechtsextremisten und Simi und Kollegen (2016) haben in den USA 44 ehemalige Mitglieder rechtsextremistischer Gruppen befragt (auf diese drei genannten Studien gehe ich gleich noch ein).

Man muss sich allerdings auch folgendes vor Augen führen. Die allgemeine Gewaltstudie von Hellmann (2014) gilt nach wissenschaftlichem Ermessen mit 11 428 Befragten als repräsentativ bezogen auf die Altersgruppe der 16- bis 40jährigen in Deutschland. Diese Altersgruppe umfasst in Deutschland ca. 24 Millionen Menschen.[15] Der Verfassungsschutz geht für das Jahr 2016 nach Abzug von Mehrfachmitgliedschaften von 23 100 rechtsextremistischen Personen in Deutschland aus, davon werden 12 100 als gewaltorientiert eingestuft.[16] Die verhältnismäßig geringen Fallzahlen in den genannten Studien bekommen ein ganz anderes Gewicht, wenn man sie in Relation zur Grundgesamtheit von 23 100 rechtsextremistischen Personen sieht.

Kommen wir nun zurück zu weiteren Studienergebnissen. Wahl und Kollegen (2003) haben im Zeitraum zwischen 1999 bis 2000 insgesamt 115 verurteilte fremdenfeindliche Gewalttäter (aus diversen Gruppierungen wie u. a. Skinheads, NPD-Mitglieder, lose rechte Gruppen usw., inkl. einiger Chefideologen) befragt und analysiert. „Ein Großteil der Eltern der Gewalttäter übt eine massiv gewalttätige Erziehung aus, es findet sich Alkoholismus, eigene Kriminalitätskarrieren, das Familienklima wird oft als sehr unterkühlt und voller Konflikte und Streit beschrieben."[17]

Ca. zwei Fünftel der befragten Täter hatte eine Zeitlang im Heim verbracht. 43% der Gewalttäter berichteten von Prügel (also schwerer Gewalt) Seites der Mutter, 62% von Prügel von Seiten des Vaters. Manchmal wurde dabei von folterähnlichen Strafen berichten wie z. B. dem Untertauchen in Wasser. Dazu kamen leichtere Körperstrafen wie Ohrfeigen und Klapse, die allerdings im Verhältnis zur Durchschnittsbevölkerung seltener berichtet wurden (offensichtlich, weil schwere Gewalt in den Familien der rechten Gewalttäter überwog).[18] In der Gefühlswelt der Gewalttäter dominierten Angst, Unsicherheit, Trauer, Wut und Hass, gepaart mit Verhaltenstendenzen in Richtung Provokationen und Aggressionen.[19] „Die gewalttätigen Gruppen bieten einen Ort, an dem und aus dem heraus die bei vielen schon *seit der Kindheit beobachtbaren Aggressionsneigungen* ausgelebt werden können, gerade im Schutze der Clique. Auch die *sozialen und emotionalen Erfahrungen aus der Kindheit* dürften eine wichtige Rolle als Motiv zum Einstieg in fremdenfeindliche und rechtsextreme Gruppen spielen. Angst und Wut, die angesichts gewalttätiger Eltern wuchs, findet in der Gruppe eine kompensatorische Möglichkeit als *Hass* auf Minderheiten ausagiert zu werden. Aus der Kindheit mitgebrachte Trauer, Außenseiter- und Einsamkeitsgefühle werden durch *Gruppen-Spaß* (Partys, Alkohol, Konzerte) im *Wir-Gruppen-Gefühl* und durch *Akzeptanz* in der Clique aufgehoben. Aus kindlicher Ohnmacht wird Teilhabe an der *Macht* der militanten Gruppe."[20] Und: „Skinhead- und andere Gruppen im fremdenfeindlichen und rechtsextremen Lager spielten eine enorme emotionale und motivationale Rolle für die Täter – als Ersatzfamilie oder zweite soziale Heimat."[21]

Auch der Extremismusexperte Hajo Funke (2001) stellt in einer Arbeit heraus, dass problematische Erfahrungen in der Kindheit (mangelnde Zuwendung und Beachtung, restriktive Erziehung, wie auch elterliche Gewalt) etwas zur rechtsextremen Orientierung beitragen und untermauert dies – neben der Besprechung von anderen Quellen – durch die Darstellung von drei Biografien rechtsextremer junger Männern, die in den Jahren 2000/2001 befragt wurden. Auch diese Biografien möchte ich kurz zusammenfassen und skizzieren, weil das Muster immer wieder ähnlich ist.

Der **Fall „Walter"**: Als Walter ca. 12 Jahre alt war, starb seine Mutter nach vorherigem jahrelangem schweren (krankheitsbedingtem) Leiden. Mit seiner Mutter scheint er einen konfliktreichen Kontakt gehabt zu haben. Sein Vater habe ihn systematisch gekränkt, er tauge nichts, nur sein Bruder sei etwas wert, was der Vater „hundertfach wiederholt habe".[22] Walter wurde nach schweren Konflikten mit seiner Stiefmutter und seinem Vater aus der elterlichen Wohnung rausgeworfen. Walters „Berichte über das soziale Leben sind voll von Angst vor sanktionierenden Instanzen, sei es Gefängnis, Heim oder auch dem Kindergarten. (....) Walter wirkt labil. Es fehlt in seiner Lebensgeschichte offenkundig eine emotional reichhaltige Beziehung mit einer erwachsenen Bezugsperson; dominierend erscheinen dagegen anhaltende Abweisungserfahrungen."[23]

Der **Fall „Christoph"**: Christoph erinnert sich „wie er mit etwa 4 Jahren einem schlagenden, tobenden Stiefvater gegenüber steht und hilflos mit ansehen muss, wie er seine Mutter, die geschlagen wird, nicht schützen kann und die auch ihn nicht schützen kann. Nach quälenden vier Jahren wiederholter schwerer Misshandlungserfahrungen verlässt der Stiefvater endlich seine Mutter. (...) In der Kindheit schwer und wiederholt misshandelt, schlägt er zu, ehe er geschlagen wird."[24] Nach weiteren Konflikten zieht Christoph schließlich zu Hause aus und kommt bei seiner Großmutter unter. Erst durch die rechtsextreme Clique erfährt Christoph den Eindruck einer *zweiten Familie*, schreibt Funke. Bereits im Alter von 14 Jahren trägt Christoph das Wort *Hass* eintätowiert auf seinen Fingern.

Der **Fall „Adolph"**: Adolph ist von seiner Mutter geschlagen worden und musste sich um seine kleinen Brüder kümmern, weil die Mutter faul war, wie er sagte (bzw. ihm diese Aufgabe vermutlich aufbürdete). Adolph selbst war früh gewalttätig und kam schließlich auf eine Sonderschule, von seiner Mutter wurde ihm mitgeteilt, er sei eine Null. Seine Mutter wertet ihn systematisch ab, was – so kommentiert Funke – offenkundig vom Vater nicht kompensiert wurde.[25] Mit 18 Jahren wurde er von der Mutter sofort vor die Tür gesetzt. Anerkennung suchte er in der rechtsextremen Szene Ostberlins.

In allen drei Fällen gab es auch im sozialen Umfeld keine oder kaum kompensatorische Angebote oder „aufwertende Nachsozialisation (...), stattdessen gerieten alle drei in eine Spirale wachsender Verwahrlosung."[26] Der Risikofaktor *destruktive Kindheit* führt natürlich nicht zwangsläufig oder monokausal zum Rechtsextremismus und Täterverhalten (was ich nicht müde werde zu wiederholen). Funke schreibt: „Die Gewalt- und Abwesenheitserfahrungen in der Kindheit dürften für Ausländerfeindlichkeit dann von Bedeutung sein, wenn andere Bedingungen hinzutreten."[27] Deutlicher: „Reale gesellschaftliche Angst vor sozialem Ausschluss und traumatische Angsterfahrungen fusionieren in der Gruppe zum mobilisierten Gefühl der Paranoia, aus der heraus man schlägt. Es ist also weder die Realangst vor sozialem Ausschluss noch allein die traumatischen Erfahrungen im Elternhaus, die zur gefährlichen Gewaltkarriere in der Jugendclique beitragen, sondern beides zusammen. Die rechten Kader (Parteien) und Netzwerke haben damit Chancen zur Instrumentalisierung dieser Jugendlichen, wenn Angst vor sozialem Ausschluss und Gewalterfahrungen in den Herkunftsfamilien zusammenkommen. Diese geschädigten Kinder sind ideale Kandidaten für den Terror (...) und die braune Identität (...).“[28]

Funke spricht von „kumulativen Effekten der Demoralisierung“.[29] Also beispielsweise das Zusammenkommen von strukturschwachen Regionen in Ostdeutschland, Transformationskrise nach dem Zusammenbruch der DDR, gesellschaftliche Missachtungserfahrungen und belastete Sozialisation im Elternhaus. Er schreibt an einer Stelle aber auch: „Ohne innere Entwicklung der Persönlichkeit entsteht ein um sich schlagender Sozialneid, der selbst dann wirkt, wäre er befriedigt. Das Motiv, mehr und alles haben zu wollen, ist selbst dann endlos, wenn es erfüllt wäre, da es die destruktive Sehnsucht repräsentiert, anerkannt zu sein und sich über Traditionen einer Untertanenkultur als autoritäre Aggression gegen Schwächere Luft macht.“[30]

In Funkes Arbeit werden weitere Studienergebnisse besprochen, die ich hier nicht wiedergeben kann. Eindeutig bewertet er den Einfluss von destruktiven Kindheitserfahrung bei der Genese zum rechtsextremen Gewalttäter als hoch, verweist aber auch – sinnvoller Weise – auf die Notwendigkeit des Zusammentreffens mit anderen sozialen Einflüssen, wie zuvor bereits kurz beschrieben. Was mir bei seiner Arbeit – wie auch der Arbeit so vieler anderer Gewaltforscher – fehlt ist die Frage danach, ob ein liebevoll, gewaltfrei und fürsorglich behandeltes Kind zum Extremisten werden kann, obwohl seine Arbeit doch genau diese Frage nahelegt.

Erwähnenswert finde ich noch, dass Funke die Reinheits- und Schmutzvorstellungen von Rechtsextremisten beschreibt. „Zum Abwerten gehört offenbar neben der Ohnmacht, die man am Opfer bekämpft, auch die Assoziation von Dreck, Schmutz, Gift und Unreinem.“[31] In der rechtsextremen Clique sei eine besondere Wut „gegen den Schmutz und den Dreck der Anderen“ auffällig, ebenso wie die Vorstellung von einem „Bild von Reinheit und Homogenität des ethnisch gesäuberten und national befreiten eigenen ‚Volkskörpers', des eigenen deutschen Territoriums, des national befreiten, ausländerfreien Reviers (...)."[32] Dies passt zusammen mit den psychohistorischen Arbeiten von Lloyd deMause, der starke Ängste vor Vergiftungen und Verschmutzung (gepaart mit der Fantasie, man müsse die Nation *reinigen*) im Vorfeld von Kriegen wahrgenommen hat und dies als Gruppenfantasie deutet, die seiner Ansicht nach auf weit verbreitete traumatische Kindheitserfahrungen wie auch Verletzungen des Fötus beruhen.[33]

Manchmal zeigen sich solche Verbindungen in geradezu modellhafter Reinform, so wie in dem Fall Katrin, der in der ZDF Sendung *Mona Lisa* am 28. 11. 2015 vorgestellt wurde. Katrin radikalisierte sich während ihrer Jugend islamistisch und wollte sich der Terrorgruppe *Islamischer Staat* anschließen. Sie schaffte den Ausstieg, sagte aber rückblickend, dass sie sich damals über die islamistischen Terroranschläge in Paris gefreut habe. Original-Ton Katrin dazu: „Cool, endlich tut mal jemand etwas gegen diese **dreckigen** Ungläubigen".[34] (*Anmerkung: Hervorhebung durch Sven Fuchs*). Im selben Beitrag sagte sie auch über ihre Kindheit: „Ich wurde sehr schlecht von meiner Familie behandelt. Regelmäßig wurde ich auch geschlagen. Von meinem Stiefvater so richtig mit blauen Augen, Nase angebrochen und Gehirnerschütterung. Und von meiner Mutter so Watschn ins Gesicht. Ich habe mich sehr erniedrigt gefühlt. Ich habe mich einfach wie ein **Stück Dreck** gefühlt." (*Anmerkung: Hervorhebung durch Sven Fuchs*) Eigene Opfergefühle von Verschmutzungen und Dreck wurden hier ganz offenkundig auf äußere Feinde projiziert!

Vergiftete Kindheit: Vom Missbrauch elterliche Macht und seinen Folgen nannte die Psychotherapeutin Susan Forward (2003) ihr Buch, in dem sie in anschaulicher Sprache über die Auswirkungen elterlicher Gewalt und elterlichem Machtmissbrauch berichtet. In dem Buch spricht sie auch von „giftigen Eltern".[35] Das Thema *Gift* und *Kindheit* scheint also in der Tat etwas zu sein, was bildlich die Folgen der Gewalt gut beschreibt und logischerweise auch symbolisch ggf. von den Betroffenen (wie auch gesellschaftlich in Mediendarstellungen, Politikerreden etc.) ausagiert werden kann.

Auch die Journalistin Caroline Fetscher (die sich in ihren Arbeiten immer wieder dem Komplex der Gewalt gegen Kinder widmet) brachte in einem Artikel den bildlichen Vergleich von Kindesmisshandlung mit

Vergiftung: „Zahllose Kinder hören Tag für Tag abwertende, entmutigende, gebrüllte, lieblose Botschaften. ‚Du machst mich krank', ‚du bist dumm', ‚immer bist du im Weg', ‚geh mir aus den Augen', ‚mit dir ist nichts anzufangen', ‚seit du auf der Welt bist, gibt es nichts als Ärger' – die Litanei ist uferlos. Wer als Kind mit diesem Hagel aufwächst, erfährt weder Selbstwert noch Schutz. (...) Den Kindern aber, die wie Hauspflanzen keine Wahl haben, zu entscheiden, wo sie leben, bleibt nichts übrig, als das vergiftete Wasser aus der Gießkanne im Elternhaus in sich aufzunehmen."[36] Wir sollten entsprechend sehr hellhörig werden, insbesondere wenn Extremisten oder destruktive Politiker in ihren Texten und Reden Bilder von Gift, Dreck, Unreinheit und Verschmutzung erzeugen.

In den USA haben Simi und Kollegen 44 ehemalige Mitglieder rechtsextremistischer Gruppen befragt. Fast alle Befragten waren Gewalttäter und kriminell. Viele hatten Inhaftierungserfahrungen. Manche waren Mörder (oder hatten versucht, jemanden umzubringen), hatten Bomben gebaut, sich an Straßenschlachten beteiligt usw. Die biografischen Erfahrungen dieser ehemaligen, gewalttätigen Extremisten ähneln stark denen von deutschen Extremisten wie im Text zuvor gezeigt. 43% der ehemaligen US-Extremisten wurden als Kind körperlich misshandelt, 23% erlebten in Kindheit/Jugend sexuellen Missbrauch, 41% wurden emotional und körperlich vernachlässigt, 27% hatten Elternteile, die inhaftiert wurden, 36% wurden von Elternteilen verlassen, 64% wurden als Kind Zeugen schwerer Gewalt (in Familie und/oder Nachbarschaft), 59% der Befragten hatten Familienmitglieder mit einem Suchtproblem und 48% hatten Familienmitglieder mit psychischen Problemen. Die persönliche Situation der Befragten war – neben ihrer Neigung zum Extremismus – entsprechend sehr problembeladen: 57% berichteten über Selbstmordgedanken, 41% über weitere psychische Probleme, 73% hatten ein Drogen- und/oder Alkoholproblem, 59% waren Schulschwänzer und 55% waren Schulversager.[37] Die Autoren betonen, dass die biografischen Hintergründe der politischen Extremisten eher denen von Mitgliedern von Straßengangs oder generellen Straftätern ähneln und insofern nicht-ideologische Hintergründe zukünftig mehr erforscht werden müssten.

Die Einzelfalldarstellungen sind ähnlich extrem wie die welchen, die ich bereits zuvor oben im Text besprochen habe. Zwei Fälle möchte ich ebenfalls kurz zitieren.

Der **Fall „Will"**: Will sagte wörtlich über seine Kindheit: „There was a point when I was, like, 5 years old and my mom hooked me up like a dog in the bathtub and made me eat dog food and then proceeded to beat me like a dog with a whip ... *Yeah, that happend regularly*, but only when my dad wasn't home. As soon as my dad come home, he'd hear it from the neighbors, what had happend, then he'd beat her. Then, it start all over again."[38]

Der **Fall „David"**: David sagte wörtlich über seine Kindheit: „I can recall him [step-father] being like a buddy, even after he raped my mom, beat her. (...) Oh yeah, there's lots of memory after memory after memory about physical violence and stuff. Some of the things being kicked in the face, kicked in the ribs, held up against the wall by the throat, thrown down stairs, bounced off walls, on and on, right? (...) [Later] she [his mother] hat tried to kill my brother and my sister and my cousin and all the pets in a sacrifice by lighting the house on fire as she danced around the fire outside naked to the point where her legs were black with frostbite. So when the house is burning down, kids are almost going to die, my uncle comes und phones the police."[39]

Einen deutlichen Zusammenhang zwischen erlebter elterlicher Gewalt und extremistischen Einstellungen zeigt auch eine große und allgemeine Befragung des *Kriminologischen Forschungsinstituts Niedersachsen*. Daten von 3085 jugendlichen Schülern und Schülerinnen in Berlin konnten ausgewertet werden. Jugendliche ohne körperliche Gewalterfahrungen (seitens der Eltern) in der Kindheit sind zu 4,6% (eher) linksextrem, Jugendliche mit leichten Gewalterfahrungen zu 6,9% und Jugendliche mit schweren körperlichen Gewalterfahrungen zu 13,2%. Jugendliche ohne körperliche Gewalterfahrungen in der Kindheit sind zu 0,6% rechtsextrem, Jugendliche mit leichten Gewalterfahrungen zu 1,6% und Jugendliche mit schweren körperlichen Gewalterfahrungen zu 5,6%.[40] Hier zeigt sich quasi ein ähnlicher Verlauf, wie er auch in den ACE-Studien bezüglich Gesundheitseffekten festgestellt wurde: mit jeder Steigerung von belastender Kindheitserfahrung steigt die destruktive Wirkung, in diesem Fall in die Richtung von politischen Extremismus.

Christian Pfeiffer hat eine Studie ausgewertet, die ähnliches aufzeigte: Von 1750 deutschen Jugendlichen, die gewaltfrei (bezogen nur auf körperliche Gewalt, weitere Belastungen sind insofern nicht auszuschließen!) in Kindheit und Jugend und mit viel elterlicher Zuwendung aufgewachsen sind, hatten 1% rechtsextreme Einstellungen. Von 142 Jugendlichen (innerhalb der gleichen Schülerbefragung), die schwere körperliche Gewalt in Kindheit und Jugend erlitten und zudem wenig elterliche Zuwendung erfahren haben, waren dagegen 7% rechtsextrem.[41]

In Niedersachsen wurden im Jahr 2013 insgesamt 11 003 Schüler und Schülerinnen befragt. In der Auswertung wurden verschiedenen Einflussfaktoren in einen Zusammenhang mit extremistischen Einstellungen (links-/rechtsextrem und deutschenfeindlich) und Verhaltensweisen gesetzt. Für diese Arbeit interessant sind dabei vor allem die Effekte von schwerer elterlichen Gewalt und elterlicher Zuwendung bzw. dem Fehlen selbiger. Die Autoren schreiben über ihre Ergebnisse für diesen Bereich: „Auch die sozial-emotionale Desintegration und hier vor allem die Gewalterfahrungen durch die Eltern beeinflussen den Extremismus signifikant. (...) Die Indikatoren der Bindungstheorie stehen fast alle in negativer signifikanter Beziehung mit extremen Einstellungen und Verhaltensweisen. Elterliche Zuwendung ebenso wie eine hohe Schulbildung reduzieren den Extremismus.“[42]

Auch eine etwas ältere englische Studie von Henry V. Dicks weist auf den Zusammenhang von (sozialisierter) Persönlichkeitsstruktur und politischer NS-Ideologie hin. Über 1000 deutsche kriegsgefangene Soldaten wurden dabei in den Jahren 1942 bis 1944 befragt. 36% der Befragten waren Nazis (11% aktive und 25% Nazis mit Vorbehalt), 40% waren unpolitisch, 15% passive und 9% aktive Anti-Nazis. Die ersten 36% zeigten eine signifikante Ablehnung von Zärtlichkeit und Muster einer großen Identifikation mit autoritären, bestrafenden und auf Gehorsam bedachten Vätern, ohne dass sie Zweifel oder Kritik an diesen äußerten. Die Gefangenen dagegen, die sich durch eine gute Beziehung zu einer liebenden Mutter auszeichneten, waren auch am wenigsten der Nazi-Ideologie verfallen, während die Männer mit hohen Nazi-Werten keine liebevolle Beziehung zur Mutter oder zu Frauen im Allgemeinen hatten.[43]

Der Psychiater David G. Hubbard hat mit 20 Flugzeugentführern gearbeitet und diese analysiert. Die Flugzeugentführungen (oder der Versuch) fanden alle in den 1960er Jahren statt. Die Täter sind schwer einzuordnen. Manche hatten politisch motivierte Ansätze (wollten z. B. Fidel Castro töten oder sahen ganz im Gegenteil in dem Kuba nach Fidel Castros Revolution einen Sehnsuchtsort, zu dem sie mit dem gekaperten Flugzeug wollten). Diese Flugzeugentführer als politische Extremisten zu bezeichnen, würde es allerdings nicht wirklich treffen. Treffender wäre nach meinem Eindruck, sie als psychisch stark auffällige Kriminelle mit einem Hang zu Selbstmord zu bezeichnen, die in ihrem Leben oft gescheitert waren. Ihre Taten sind allerdings extrem und ich meine, dass es Sinn macht, diese Menschen genauer zu betrachten und Parallelen zu politischen Extremisten (die ebenfalls Flugzeuge entführen oder ähnliche extreme Taten vollbringen) zu vermuten. Insofern bespreche ich diese Studie im Rahmen des Kapitels über Extremismus/Terrorismus und nicht in dem Kapitel über Gewaltstraftäter.

Die Biografien und dabei vor allem auch die Kindheiten der meisten Flugzeugentführer zeigten deutliche Gemeinsamkeiten: Die Väter waren gewalttätig gegenüber Familienmitgliedern und Alkoholiker; die Mütter waren extrem religiös bzw. religiöse Fanatiker.[44] Darüber hinaus finden sich in nicht wenigen Einzelfällen weitere Belastungen wie Tod von Elternteilen (in einem Fallbeispiel – Fall Juan – war ein Täter sogar ab dem fünften Lebensjahr Vollwaise) oder Trennung der Eltern. Alle Täter zeigten selbstmörderische Tendenzen. In den diversen Falldarstellungen offenbaren sich ergänzend weitere psychische Auffälligkeiten, aber auch weitere belastende Kindheitserfahrungen wie z. B. Alkoholismus der Mutter (ergänzend zum Vater), Vernachlässigung, psychische Gewalt usw. Manche Schilderungen sind extrem und gehen bis hin zu dem Versuch, die Kinder zu töten. Ein Beispiel ist der Fall „Elmer“: „My father was drunk most of the time. He used to beat Mother and us kids. He used to chase us kids in his truck and try to run over us. He was crazy.“[45] Der Vater von „Ronald“ war ebenfalls Alkoholiker und gewalttätig. Er versuchte zwar nicht, seine Kinder zu töten, Ronald erinnerte sich allerdings an folgende Sätze seines Vaters ihm gegenüber: „I hate you. I wish you were dead.“[46] Seine Mutter hätte ergänzend ständig ihre Kinder angeschrien. Es fällt nicht schwer, sich vorzustellen, dass diese Art von Akteuren mit ihrer destruktiven Vorprägung und entsprechenden psychischen Folgen auch – durch Zufälle, Begegnungen, Anwerbung und/oder Umstände – ebenso gut Mitglieder einer Terrororganisation hätten werden können, die die selbstmörderischen Impulse dieser Leute einfach noch ideologisch *eingefärbt* hätte.

Ich fand ein weiteres Projekt zum Thema Extremismus und Terror, das, neben all den anderen hier vorgestellten Informationen, den vorgenannten Gedanken stützt. Allerdings habe ich bisher keine wissenschaftliche Ausarbeitung der Ergebnisse gefunden. Insofern muss ich den diversen Medien vertrauen, die über dieses Projekt berichtet haben. Meine ausgewählte Quelle ist in dem Fall SPIEGEL-Online. Die beiden Schwestern Nancy und Maya Yamout von der Nichtregierungsorganisation *Rescue Me* haben im Roumieh-Gefängnis in Beirut 20 verurteilte Terroristen (darunter auch Mitglieder des IS, der Nusra-Front und der syrischen Qaida) innerhalb von zwei Jahren regelmäßig interviewt, um herauszubekommen, warum sie sich radikalisierten. Auffällige Gemeinsamkeiten der Terroristen sind, dass sich keiner gut mit Religion auskannte. Sie hatten nur oberflächliche Kenntnisse über den Islam. „Große Ähnlichkeit gab es bei den Kindheitsgeschichten. Keiner der 20 Terroristen kam aus einem normalen Elternhaus. Ihre Väter prügelten, demütigten und instrumentalisierten sie. Der Vater eines Terroristen drückte Zigaretten auf seinem Sohn aus. Die kreisrunden Narben auf dem Arm des Häftlings zeugen immer noch davon. Ein anderer Vater war Kämpfer im libanesischen Bürgerkrieg. Für seine Kinder war er nicht da. Die mussten schon als Achtjährige mithelfen – Waffen reinigen und Leichenteile einsammeln.“[47]

Zu meinem großen Erstaunen gab es in Deutschland bereits um das Jahr 1980 herum Versuche, Gemeinsamkeiten in biografischen Lebensläufen und auch in Kindheitserfahrungen von vor allem Linksterroristen zu finden. Zunächst wurden Übersichtsdaten von 250 (davon 23 Rechtsextreme und 227 Mitglieder linksextremistischer/terroristischer Gruppen, dabei hauptsächlich Mitglieder der *RAF* und der *Bewegung des 2. Juni*) als Terroristen definierten Personen gesammelt. 5% der Linksterroristen waren Vollwaisen. Bezogen auf alle untersuchten deutschen Terroristen zeigte sich, dass von 20% in Kindheit oder Jugend der Vater und von 12% die Mutter gestorben war (wobei nur aktenkundige Fälle ausgewertet werden konnten, die Zahlen evtl. also noch höher liegen). Zudem zeigten sich im Vergleich zur Allgemeinbevölkerung überdurchschnittlich hohe Trennungs-/Scheidungsraten in den Familien. Des Weiteren fielen die Terroristen aktenkundig häufig bereits in ihrer Jugend durch Konflikte mit Schule (12%), Eltern (33%) und Polizei (30%) auf. 45% brachen die Schule ohne Abschluss ab.[48]

Um ein genaueres Bild zu bekommen, haben die Forschenden 16 Einzelfälle näher untersucht (Gespräche mit den Terroristen und/oder Angehörigen, Anwälten u. ä.). Auch hier erinnern die Zusammenfassungen deutlich an o. g. Studienergebnisse über die Hintergründe von Extremisten:

„Das Klima und der Erziehungsstil in den Familien wird auffällig häufig, wenn auch nicht ganz einheitlich, als autoritär, an Leistung, Lohn und Strafe orientiert geschildert. In der familiären Konstellation ist der Vater zumeist dominierende Negativ- oder doch Konfliktfigur."[49] Es gäbe in deutlichen Ausnahmefällen, was die Autoren betonen, auch Schilderungen von Harmonie in der Kindheit und der Beziehung zu den Eltern. (Wobei hier interessant wäre, ob diese Schilderungen direkt von den Familienangehörigen oder den Terroristen selbst stammen, was sich in der Studie nicht erschließt.)

Bezüglich der Terroristen, die aus der Unter- oder unteren Mittelschicht stammten (die Minderheit der Fälle) fanden sich überdeutlich desaströse Verhältnisse: „Kennzeichnend für die Kindheit sind die unvollständige Familie und das Fehlen einer wirklichen Familiensituation: das Aufwachsen ohne Vater, etwa infolge Unehelichkeit, oder ohne Mutter, massive Zuwendungsausfälle, Ablehnung, Misshandlung, Abschiebung in Heime und häufiger Umgebungs- und Bezugspersonenwechsel. (...) Erst die Gruppenzugehörigkeit brachte Zuwendungs- und Anerkennungserlebnisse und die Begegnung mit den oft älteren Angehörigen der späteren RAF intensive menschliche Beziehungen mit einer Art Nachsozialisation, wenn auch bereits unter den wegweisenden Bedingungen abweichender Verhaltensmuster."[50]

Im Schlussteil der Studie werden fünf Einzelfälle beispielshaft ausführlich dargestellt. Alle fünf Terroristen hatten in ihrer Kindheit enorm viel Destruktivität in unterschiedlichen Formen (körperliche Gewalt, Vernachlässigung, Tod von Elternteilen, Heimaufenthalte, psychische Gewalt, übermäßige Kontrolle/Ausspionieren durch Elternteile und/oder

Alkoholismus von Bezugspersonen) erlebt.[51] Die Biografien gleichen denen hier im Text vorgestellten von Rechtsextremisten, Islamisten und generellen Gewalttätern.

Den **Fall „D."** möchte ich kurz vorstellen: D. war RAF-Mitglied und Teil des bewaffneten Kampfes. Die Interviews mit ihm fanden im Gefängnis statt. Er entstammt einer nach außen hin scheinbar intakten Mittelschichtsfamilie. Der Vater war jedoch autoritär und die Mutter habe nie einen eigenen Willen gehabt und sich völlig auf ihren Mann ausgerichtet. Der Vater kontrollierte übermäßig die schulischen Leistungen seines Sohnes, holte regelmäßig Erkundigungen bei den Lehrern über ihn ein und strafte durch Vorwürfe, Prügel und weitere Disziplinierungsmaßnahmen. Das Zimmer von D. wurde manchmal vom Vater durchsucht und Missliebiges in geheimen Verstecken entdeckt. D. erinnert sich zudem an wiederholte Sätze des Vaters ihm gegenüber wie „Du schlägst völlig aus der Art!" oder „Dich müssen sie unmittelbar nach der Geburt verwechselt haben!"[52] Einmal läuft D. auch von Zuhause weg, aus Angst vor Strafmaßnahmen des Vaters auf Grund eines kleineren Ladendiebstahls.

Bezüglich seines radikalen politischen Engagements sagte D., dass für ihn das Wichtigste an den damaligen Erlebnissen Gefühle von „absoluter Verlässlichkeit, Zusammengehörigkeit und gemeinsamer Stärke" gewesen seien.[53] Hier zeigen sich ähnliche Dynamiken wie auch bei Rechtsextremisten. Noch im Gefängnis redete D. davon, dass er sich wundere, warum er sich bei seiner Verhaftung nicht freigeschossen habe und fügte an: „Freiheit oder Tod … Angst und Selbsterhaltung sind auch heute noch meine Urmotive … Ich spüre auch deshalb keine generelle Tötungshemmung, weil ich bestimmte Kreaturen nicht mehr als Menschen ansehen kann, zum Beispiel Richard Nixon."[54] Hier zeigt sich deutlich die emotionale Kälte dieses Mannes, aber auch übertragene Rachebedürfnisse, die vermutlich im Grunde dem eigenen Vater gelten.

Ganz selten finden sich in der Öffentlichkeit deutliche Worte von Fachmenschen über diese hier vorgetragenen Kindheitshintergründe von Extremisten und Terroristen. Der Psychiater Andreas Krüger hat im SPIEGEL innerhalb eines Interviews mit Blick auf die islamistischen Terrorkämpfer des *Islamischen Staates* und deren Gräueltaten solch deutliche Worte gefunden. Hinter dem Ausmaß an ungehemmter, sadistischer Gewalt stehe i. d. R. eine „frühe, hochkomplexe Traumatisierung: Misshandlungen, Vernachlässigung, Demütigungen, Ausgrenzung – in der Familie, der Schule, der Peergroup, einem ganzen Land. Es sind Biografien wie aus der Vorhölle. (…) Die dauerhafte Erfahrung von traumatischer Ohnmacht ist letztlich die Essenz, aus der heraus es einem Menschen erst möglich wird, sadistisch gewalttätig zu werden. Kindern ist ja zunächst einmal die Fähigkeit gegeben, Empathie und Mitleid zu entwickeln. Aber dieses natürliche Programm kann zum Erliegen kommen, wenn ein Kind sein Leben und seine wichtigen Beziehungen dauerhaft als unerträglich und beschädigend erlebt.“[55]

10. Kindheiten von öffentlich bekannten Extremisten und Terroristen

Ulrike Meinhof – Andreas Baader – Inge Viett – Horst Mahler – Stefan Wisniewski – Peter-Jürgen Boock – Lutz Taufer – Astrid Proll – Anders Breivik – Beate Zschäpe – Osama Bin Laden u. a.

Nach all den Ausführungen und Studienbesprechungen im vorherigen Kapitel möchte ich die Kindheiten von einigen öffentlich bekannten Extremisten und extremistischen Terroristen besprechen. Diese Einzelfälle machen das Bild rund. Ich beginne mit dem Linksterrorismus der „Rote Armee Fraktion" (RAF) und entsprechend mit der Kindheit von **Ulrike Meinhof.**

Als Ulrike drei Jahre alt war, begann ihre Mutter Ingeborg eine Affäre mit einem anderen Mann. Als Ulrikes Vaters schließlich davon erfuhr, kam es zu schrecklichen Auseinandersetzungen. Ingeborg Meinhof wollte ihren Mann Werner verlassen, dieser verbot ihr strikt, die Kinder mitzunehmen. Ingeborg erwog dennoch fortzugehen. Nach insgesamt neunmonatiger Affäre beendete jedoch ihr Liebhaber das Verhältnis mit einem unschönen Brief. „Ingeborg Meinhof brach zusammen und fantasierte vom Sterben, das sie sich ‚sehr schön' vorstellte, weil ihr Leben bisher gut gewesen sei, aber von jetzt an nur noch ‚schwer und enttäuschungsreich' werden könne."[1] Wie Ulrike diese konfliktreiche Zeit erlebte und mit der anschließenden depressiven und suizidalen Verstimmung ihrer Mutter umging, erfährt man in der Quelle nicht.

Als Ulrike fast fünf Jahre alt war, wurde ihr Vater unter großen Schmerzen ins Krankhaus eingeliefert. „Werner Meinhof brach körperlich und psychisch zusammen."[2] Kurze Zeit später starb Werner Meinhof an Bauchspeicheldrüsenkrebs, Ulrike war fünf Jahre alt. Die Familie siedelte darauf zu Ingeborgs Eltern nach Berlin um. Kurz darauf beschloss Ulrikes Mutter in Jena zu studieren und verliebte sich in ihre Mitstudentin Renate Riemeck, die zukünftig an der Seite der kleinen Familie bleiben sollte. Ca. 1940 beschloss Ingeborg Meinhof zusammen mit ihrer Freundin ein Semester lang in München zu studieren

– ohne Ulrike und ihre ältere Schwester Wienke. „Für die Zeit ihres Münchenaufenthalts wurden Wienke und Ulrike in einem Kinderheim untergebracht.“[3] Ulrike war zu der Zeit gerade einmal sechs Jahre alt und ca. ein halbes Jahr lang von der Mutter getrennt.

Dies sollte nicht die letzte Trennung von ihrer Mutter bleiben. Ingeborg Meinhof scheint sich ganz ihrer universitären Ausbildung und der Beziehung zu ihrer Freundin gewidmet zu haben. „Ab September 1942 quartierte sie ihre Töchter für zwei Monate wieder im Kinderheim Punzenlehen in Schönau ein. Die meiste Zeit des Jahres 1942 verbrachten die beiden in Kinderheimen oder bei Verwandten.“[4] Wie die beiden Schwestern die zeitlich versetzten Aufenthalte in dem Kinderheim erlebten, wird in der Quelle nicht beschrieben. Aufschlussreich ist vielleicht, dass sich Ulrike Meinhof später während ihrer journalistischen Arbeit stark mit der Situation und der Not von Kindern und Jugendlichen in deutschen Heimen befasste. Sie verfasste bereits im Jahr 1969 ein Hörfunkfeature zu dem Thema für den WDR und sie schrieb das Drehbuch für den Fernsehfilm *Bambule*, der die Not und den versuchten Widerstand von weiblichen Jugendlichen in Heimen darstellt.[5] Hat Ulrike damit auch sich selbst gemeint? Hat sie selbst Unterdrückung, Not und Machtmissbrauch in den Heimen der 1940er Jahre erlitten? Die Biografin Jutta Ditfurth beschreibt die Heime, mit denen sich Meinhof journalistisch befasste, so: „Viele bundesdeutsche und Westberliner Heime, auch christliche, waren Orte, an denen die NS-Pädagogik wie in einem Kokon überlebt hatte. Das pädagogische ‚Ideal‘ war, Kinder und Jugendliche aus sozial schwachen Verhältnissen zu absolut gehorsamen, rechtslosen, unfreien und asexuellen Menschen zu erziehen.“[6] Ulrike selbst war noch während der NS-Zeit in Heimen untergebracht. Ich halte es für sehr wahrscheinlich, dass sie – neben der Trennung von der Mutter – schweren Belastungen in dem Heim ausgesetzt war.

Ab ca. 1943 begann Ingeborg mit ihrer Dissertation und die Kinder mussten noch mehr Rücksicht auf sie nehmen. Anfang 1944 wurden die Töchter erneut weggeschickt, diesmal zu den Großeltern. Im Laufe des Jahres kamen sie wieder zurück nach Jena und erlebten dort vermehrt Bombenangriffe der Alliierten mit. Im Juni 1945 verließ die Familie die Stadt Jena kurz bevor die Rote Armee dort einmarschierte und zog nach Bayern. Zu den ganzen familiären Belastungen kamen also auch noch die Kriegsbelastungen bzw. eine Kriegskindheit hinzu.

1947 erkrankte Ingeborg Meinhof an Brustkrebs, eine Brust wurde amputiert. 1949 bekam sie eine Lungenentzündung und starb schließlich Anfang März, Ulrike war vierzehn Jahre alt und nunmehr Vollwaise. Als die Trauergäste abgereist waren, „fand Ulrike ihre vertraute Umgebung fremd und leer. Häufig lief sie neben Renate Riemeck her, wenn diese Besorgungen machte, nur um nicht allein zu sein. Sie saß oft am Grab ihrer Mutter und beobachtete, wie Kränze und Blumen welkten. (...) Als ihre Mutter starb, sei für sie die ganze Welt gestorben, sagte Ulrike Meinhof später.“[7] Renate Riemeck nahm sich der Kinder an. Allerdings hatte sie nicht viel Zeit, da sie sich beruflich schnell und erfolgreich entwickelte. 1951 nahm sie einen Lehrstuhl in Braunschweig an. „Ein Jahr lang lebte Ulrike allein, versorgt von einem Hausmädchen (...). Die Kehrseite der Einsamkeit war relative Freiheit. Niemand zwang die Jugendliche, mittags zu Hause zu sein, niemand fragte, wohin sie nachmittags ging, niemand schickte sie abends ins Bett.“[8] Zusammenfassend lässt sich in einem Satz sagen, dass Ulrike Meinhof in ihrer Kindheit schwer und mehrfach traumatisiert wurde.

Bettina Röhl, die Tochter von Ulrike Meinhof, hat in einem SPIEGEL-Interview berichtet, dass es für sie in ihrer Kindheit keine Versorgung gab, vor allem in der Schule gab es Probleme, weil sie kein Essen und Schulsachen mitbekam und verdreckt dort auftauchte. „Ich war fünf und wollte meine hübschen Kleider behalten, ich habe diese Veränderung mit Händen und Füßen bekämpft, aber unsere Mutter hat meine Schwester und mich absichtlich verwahrlosen lassen. Insofern waren meine Schwester und ich Ausstellungsstücke der Revolution.“[9] Die Kinder wurden eindeutig für die politischen Vorstellungen der Mutter missbraucht. Auf das Muttersein von Ulrike Meinhof angesprochen antwortet Bettina Röhl: „Ihr fehlte diese natürliche Leichtigkeit. Sie hat die Kinder als Erziehungsobjekte gesehen. Es ist skurril, dass eine Frau, die ihre Kinder von der RAF nach Sizilien verschleppen ließ und in ein palästinensisches Lager bringen lassen wollte, überall als besonders liebende Mutter empfunden wird.“[10] Der Umgang mit den eigenen Kindern sagt immer sehr viel darüber aus, wie die Kindheit der erwachsenen Bezugsperson selbst aussah. Dass Kinder und deren Bedürfnisse nicht viel zählen und dass sie jederzeit abgeschoben werden können, hatte Meinhof in ihrer Kindheit selbst erlebt.

Andreas Baader hat seinen Vater nie bewusst kennengelernt. Der Vater verschwand 1945 während seiner Kriegsgefangenschaft in Russland. Die Mutter von Andreas floh mit dem Säugling 1943 vor den Bombenangriffen auf München ins thüringische Saalfeld zu seiner Großmutter Hermine. Zwei Jahre später nach Kriegsende kehrte die Mutter in das zerbombte München zurück und ließ ihren Sohn bei der Großmutter. „Die Großmutter Hermine gilt als durchsetzungsstark. Die ersten Lebensjahre wächst Andreas gemeinsam mit seinem Cousin Peter bei ihr auf."[11] Was sich hinter dem Wort *durchsetzungsstark* an Erziehungsverhalten verbirgt, erfährt man in der Quelle nicht. Die Großmutter müsste der Quelle nach ca. 1880 geboren worden sein. Da sie die ersten Lebensjahre hauptsächlich für das Kind da war, ist sie von zentraler Bedeutung. Ich kann mir nicht vorstellen, dass jemand, der im Zeitalter der Schwarzen Pädagogik im Deutschen Reich geboren wurde, besonders liberal und liebevoll mit Andreas umgegangen ist. Dies bleibt aber Spekulation.

Als Andreas sechs Jahre alt war, zog die Großmutter mit ihm nach München und Mutter und Sohn wohnten wieder zusammen. Fest steht, dass die Trennung von der Mutter Spuren hinterlassen hatte. Andreas Mutter berichtete später „von der durch die fast vierjährige Trennung entstandene ‚Entfremdung' zwischen Mutter und Sohn. Erst langsam findet eine Annäherung statt."[12]

In der Schule hatte Andreas Probleme, doch seine Mutter hatte den Ehrgeiz, dass ihr Sohn Abitur machen solle. 1954, Andreas muss zu der Zeit ca. 11 Jahre alt gewesen sein, schickte sie ihren Sohn auf ein Internat in Königshofen. Andreas wohnte ca. zwei Jahre im dortigen Schülerheim und war insofern erneut von seiner Familie getrennt. Auch im Internat hatte Andreas Probleme mit der Leistung, war zudem häufig krank und sei immer wieder von dort fortgelaufen.[13]

Wie der Alltag im Schülerheim aussah, erschließt sich nicht. In den 1950er Jahren wird es für ein Kind kein einfaches Leben in einer solchen Einrichtung gewesen sein, um es milde auszudrücken. Dass Andreas häufig versuchte wegzulaufen, spricht wohl Bände. Die Mutter wollte allerding, dass er die Versetzung in das nächste Schuljahr schafft, erst dann dürfe er wieder nach Hause. Andreas gab sich mehr Mühe und durfte schließlich 1956 zurück nach München. Von der Mutter wurde er dort auf dem Maximiliansgymnasium eingeschult. An der Schule herrschten autoritäre Sitten und die Prügelstrafe wurde ausgeübt. Auch an dieser Schule gab es Probleme und Andreas stach durch Verhaltensauffälligkeiten hervor.

Stefan Aust berichtet, dass Andreas Baader als Schüler u. a. durch häufige Prügeleien auffiel. Ein Schulleiter beschwerte sich daraufhin bei Andreas Mutter: „Einen zweiten Baader könnte meine Schule nicht tragen."[14]

Die geschilderten Kindheitsumstände bleiben allerdings Oberflächeninformationen. Detaillierte Berichte über Erziehungsverhalten von Bezugspersonen finden sich in den Quellen nicht. Schwere Trennungserfahrungen sind dagegen deutlich belegt, was an sich für eine sehr belastete Kindheit spricht. Ich persönlich vermute weitere belastende Erfahrungen im Schülerheim und mit der Großmutter wie oben bereits kurz erwähnt.

Die Kindheitsbiografie von **Inge Viett** möchte ich ebenfalls ausführlich besprechen. Viett war sowohl Mitglied in der Terrorgruppe *Bewegung 2. Juni* als auch in der *RAF* und aktiv am bewaffneten Kampf beteiligt. Ihre Kindheit war unfassbar traumatisch. Ich habe nicht oft über eine solche Fülle an Destruktivität gegenüber einem Kind gelesen. Dabei hat Inge Viett nach meinem Eindruck sicherlich sogar noch einiges ausgelassen, was ihr widerfahren ist. Grundsätzlich fällt auf, dass sie emotional absolut distanziert über ihre Kindheit geschrieben hat, geradezu so, als ob sie keine Verbindung zu dem Kind hat, das sie einst war.

Ihre Anfänge liegen etwas im Dunkeln, aber sie hat recherchiert: „Als Kleinkind wurde ich zusammen mit drei Schwestern in einer Bretterbude aus drei Wänden ohne Dach aufgefunden. Kinder und Mutter waren erbarmungswürdig zerlumpt, abgemagert, verlaust, krank, dem Tod näher als dem Leben. Der Mutter wurde das Sorgerecht entzogen, die Kinder ins Heim gebracht."[15] Drei Jahre verbrachte Inge in einem Kinderheim in Schleswig-Holstein. Im Alter von sechs Jahren wurde sie einer Pflegefamilie übergeben und zog in ein kleines Dorf bei Eckernförde.

Alles, was sie ab dieser Zeit berichtet, erinnert mich auf eine Art an das grimmsche Märchen vom *Aschenputtel*, allerdings ohne *Happy End*. Die Familie nahm parallel ein weiteres Pflegekind auf und Viett berichtet: „Für viele Jahre sollten wir nun nahezu alles miteinander teilen, den Strohsack, die emotionale Kargheit, die Mühlensteine der Schmach und

Ohnmacht gegenüber allen Schändlichkeiten und täglichen Häßlichkeiten, das falsche, verächtliche Mitleid, das Ertragen von Erniedrigung und Missbrauch, alle Not, mit der wir uns durchschlugen."[16] Allerdings wurde das andere Mädchen von der Pflegemutter bevorzugt und geschont, wodurch eine tiefere Liebe zwischen Inge und dem Mädchen verhindert wurde.[17] Die Pflegemutter wird von Viett übrigens stets nur *die Frau* genannt. Das Wort Mutter würde sicherlich auch nicht im Geringsten passen, denn diese Frau quälte alle in der Familie, ihren Ehemann – der sich seiner Frau bedingungslos unterworfen hatte – inklusive. Inge diente offensichtlich vor allem als Arbeitskraft und musste Haus, Garten und Vieh versorgen.

Wie schlimm es für Inge gewesen sein muss, zeigt sich für mich besonders an einer Stelle ihrer Schilderungen. Die Stiefmutter war einmal beim Kirschenpflücken aus einem Baum gefallen. „Ich sah sie fallen, ihr schwerer Körper stürzte ins Gras (...). Nach erstem kurzen Schreck kam mir ein unbändiger Jubel in die Kehle, den ich kaum niederhalten konnte: Jetzt musste sie für einige Wochen ins Krankenhaus in die Stadt, eine Zeit der Freiheit würde ins Haus ziehen ... Meine Enttäuschung war groß, sie hatte sich überhaupt nicht verletzt."[18]

Inge Viett beschreibt ihr Dasein als Kind als ein Gefängnis, aus dem es keinen Ausweg gab. Von ihren Geburtstagen nahm niemand Notiz, sie wurde gedemütigt, beleidigt, ihre Sachen wurden durchsucht, ihr wurden Schläge von der Stiefmutter angedroht und sie wurde auch von ihr geschlagen. Aber es blieb nicht nur bei Quälereien in ihrer Familie. In der Schule wurde sie als Waisenkind gehänselt und mit Hohn und Verachtung überzogen. Die Lehrer in der Schule übten zudem die Prügelstrafe aus. Eines Tages – sie war ca. vierzehn Jahre alt – lauerte ihr ein ihr bekannter Bauer im Moor auf und vergewaltigte sie. „Er war aufgestanden, erregt packte er mich am Arm, zog mich vom Weg fort ins höhere Gras und drückte mich hinunter. Er war nicht sehr gewaltsam, aber ich konnte mir keinen Moment vorstellen, ihm entfliehen zu können. Das hatte ich einmal versucht, und dabei war mein Kleid zerrissen und die Beine zerkratzt von seinen Schlägen. Zuhause hatte ich eine Geschichte erfunden, einen Schäferhund, der mich hatte beißen wollen. Nie hätte mir jemand die Wahrheit geglaubt."[19]

Offensichtlich wurde sie mehr als einmal von diesem Bauern vergewaltigt und es gab keinen Rückhalt, keine Chance, diesen Mann zu stoppen. So wie es sich darstellt, war sie als Kind der Willkür und Brutalität ihres gesamten Umfeldes schutzlos ausgeliefert.

Innerhalb von Inge Vietts Autobiografie wird auch sprachlich deutlich - wohl ohne dass ihr dies bewusst zu seien scheint -, wie sehr ihr Kampf als Terroristin in Verbindung mit dieser Kindheit steht. Ich gebe einige Beispiele:

„Der Kampf gegen dieses unsere Welt so totalitär deformierende System ist mein Lebensinhalt. Der einzige Inhalt, für den es sich zu leben und zu sterben lohnt. Wir haben ja dem Guerilla-Kampf die höchsten Weihen gegeben. Sich für ihn zu entscheiden, war die höchste Stufe moralischen und politischen Bewusstseins, der schärfste und endgültigste Bruch mit den Interessen einer pervertierten Gesellschaft."[20] Und: „Ich genoss mein neues Leben im Untergrund. Ich hatte ein stolzes, starkes Gefühl der totalen Hingabe an eine Sache (...). Mit dieser Entscheidung hatte der übermächtige Imperialismus mit all seinen Instrumenten zur Niederhaltung von Rebellen seine Macht über mich verloren: die Verlockung, Verführung, die Verleumdung, Polizei, Gesetze, Gefängnis, Tod. Seine Vernunft und Logik erreichten mich nicht mehr. Ich war draußen, ich war etwas Neues, Eigenes. Nie in meinem Leben war ich sicherer und furchtloser als in dieser Zeit im Untergrund, dem Ort, der ein neues, anderes Sein außerhalb der hässlichen Welt gestattete. Nie war ich freier, nie war ich gebundener an meine eigene Verantwortung als in dem Zustand völliger Abnabelung von der staatlichen Autorität und von gesellschaftlichen Vorgabe. Kein Gesetz, keine äußere Gewalt bestimmte mehr mein Verhältnis zur Welt, zu meinen Mitmenschen, zum Leben, zum Tod."[21] Wie enorm wichtig ihr diese Passage ist, zeigt sich darin, dass Viett ihr Buch mit dem Satz „Nie war ich furchtloser" betitelt hat.

Wenn man die Worte „totalitär deformierende System", „pervertierte Gesellschaft", „übermächtiger Imperialismus", „hässlichen Welt", „staatliche Autorität", die „Macht über mich" hat, der sie sich durch „Abnabelung" (ein deutlicher Begriff für die Entbindung von der Mutter!) entziehen wollte, verbindet und *den Staat* übertragen als *ihre Familie/ihr hässliches Dorf* sieht, aus der/aus dem sie kam, dann wird vieles klarer. Im Zustand der Untergrundkämpferin fand sie Identität, Sein, Freiheit und offensichtlich starke Glücksgefühle. Aber im Grunde war es ein Kampf und Ringen um und mit den Schatten ihrer Kindheit.

Mit Blick auf ihre letzten zwei Jahre im Untergrund schreibt Viett: „Es waren die miesesten und unfähigsten Jahre in meinem Guerilladasein. Zurückgefallen in totale Unfreiheit, Entscheidungslosigkeit, unwürdigen Anpassungsdrang, Will- und Orientierungslosigkeit, in Krankheit, Vereinsamung und Lebensunlust. **Zurückgefallen in die Kindheit**. Wie hatte das geschehen können?" (*Hervorhebung durch Sven Fuchs*)[22] Hier wird noch einmal mit ihren eigenen Worten deutlich, wie sehr sie vor den Erfahrungen ihrer Kindheit fliehen wollte und im aktiven Untergrundkampf aus ihrer Sicht den einzig wahren Ausweg dazu sah. Sobald dieser Kampf ins Stocken geriet und sie sich auf der Stelle bewegte, gab es allerdings keine Hochgefühle mehr, sondern Depressionen. Ein guter und konstruktiver Weg wäre mit Verlaub gewesen, sich psychotherapeutisch mit dem erfahrenen Kindheitsleid zu befassen, in einem therapeutischen Prozess die Stiefmutter emotional *niederzuringen*, sich ihrer fortwirkenden Macht (Täterintrojekte) zu entziehen und sich dann wirklich emotional zu befreien. Gegen Ungerechtigkeiten in der Welt hätte Inge Viett danach immer noch kämpfen können, aber dann mit deutlich weniger Hass und explosiver Sprengkraft im Gepäck und natürlich ohne Gewalt. Nun, sie hat sich anders entschieden und muss die Verantwortung für ihr Handeln tragen, *trotz* ihrer Kindheitsgeschichte. Die Wahrheit ist aber ergänzend auch, dass hier ein Mensch vom Opfer zum Täter wurde und diese Erkenntnis ist wiederum wichtig für Prävention.

Über das RAF-Gründungsmitglied **Horst Mahler** (der sich später zum Rechtsextremisten wandelte) wird berichtet, dass seine Erziehung in Familie und Schule den NS-Prinzipien „schnell wie ein Windhund, zäh wie Leder und hart wie Kruppstahl" folgte.[23] Als Horst dreizehn Jahre alt war, erschoss sich sein Vater. Mahler selbst sagte später, dass nur dem Zufall und der Geistesgegenwart seines älteren Bruders zu verdanken war, dass die Kinder am Leben blieben.[24] Der Historiker Alexander Gallus sagte in einem ZEIT-Interview, was dies eigentlich bedeutet: „Mahlers Vater beging Selbstmord und wollte seine Kinder mit in den Tod nehmen."[25]

Der ehemalige RAF-Terrorist **Stefan Wisniewski** landete im „Heim für schwererziehbare Kinder (...). Siebenmal flüchtet er – innerhalb eines Jahres. Die Polizei bringt ihn immer wieder zurück (...)".[26]

Auch in Kindheit und Jugend von **Peter-Jürgen Boock**, ebenfalls ehemaliges RAF-Mitglied, finden sich deutliche Belastungen. Als Kind wurde er zwei Jahre von seinen Eltern getrennt und lebte bei seiner Großmutter. Als Jugendlicher war das Verhältnis vor allem zum Vater denkbar schlecht. Sein Vater sprach „abends gern dem Alkohol zu. Dann wurde er nicht selten grob."[27] Im Alter von siebzehn Jahren wurde Peter-Jürgen auf Antrag der Eltern in ein geschlossenen Jugendheim nach Glückstadt gebracht. Neben dem gefängnisähnlichen Leben war auch eine Belastung, dass die Erzieher im Heim „wann immer sich eine Gelegenheit dazu bot" mit Gummiknüppeln auf ihre Zöglinge einprügelten.[28]

Lutz Taufer (ebenfalls ehemaliges RAF-Mitglied und wegen gemeinschaftlichen Mordes während der Geiselnahme von Stockholm im Jahr 1975 verurteilt) hat in seiner Autobiografie einige Einblicke in seine Kindheit gegeben. Seine Familie galt in der Nachbarschaft, in der Lutz aufwuchs, als Verräter, weil der Vater sich dem Kampf an der Front entzogen hatte. Hass und offene Feindseligkeit wurde der Familie Taufer vor allem auch von ehemaligen Nazis entgegengebracht, die in der Nachbarschaft wohnten. In der Folge war die Familie sehr isoliert. Aber dies war nicht die einzige Belastung im Leben von Lutz. Im Alter von zwei oder drei Jahren erlebte er den krankheitsbedingten Tod seines zwei Jahre älteren Bruders Jan mit. Taufer erinnert sich auch, wie gerne er als Kind bei seiner Tante war. „Es wurde viel gelacht, mir wurde Wärme zuteil, die ich zuhause so nicht bekam."[29] Zur fehlenden Wärme im elterlichen Zuhause kamen auch noch Prügelstrafen – und das nicht zu knapp, wie Taufer betont – durch den Vater hinzu. „Ich sehe noch das Bild vor mir, wie er meine Schwester unter den Küchentisch prügelte, Blut lief ihr aus der Nase. ‚So lange du deine Füße unter meinen Tisch streckst, machst du, was ich sage!'."[30]

In einer biografischen Erzählung, die aus wochenlangen Gesprächen mit der ehemaligen RAF-Terroristin **Astrid Proll** entstanden ist, wird berichtet, dass sich Proll nicht oder kaum an die ersten Jahre ihrer Kindheit erinnern kann. Allerdings werden drastische Konflikte im Elternhaus erwähnt: „(...) Bilder voller Gewalttätigkeit, in Szenen eines sich entladenden Zorns zwischen den Eltern, dessen Grund sie nicht verstand. Sie sah nur, dass dieser Zorn alles zerstörte. Etwas zerbrach und hinterließ eine tiefe, nie vergessene Angst. In der Zeit, aus der ihr die Erinnerungen fehlen, muss etwas geschehen sein, das sie für immer von ihrer Mutter entfernte. (...) Es gab keine Ruhe im Elternhaus, und sie fand keine Ruhe in sich selbst."[31]

Ihre Mutter habe ihren Bruder geliebt, ob sie selbst geliebt wurde, wisse Astrid Proll nicht. Ihr Vater war selten zu Hause. Er vermied es, seine Frau zu treffen. Nach außen hin hielt die Familie eine Fassade aufrecht, nach innen hin bereitete die Mutter ihren langsamen, aber stetigen Abschied von der Familie vor. Wenn die Mutter zur Kur fuhr, gab sie ihre Tochter in ein Kinderheim. „Die Mutter verfolgte ihren Weg, der Stück für Stück von ihr wegführte. Sie erlebte sie immer als eine Frau, die wegging, lange, bevor sie es wirklich tat. (...) Es wurde ein langer, unerträglicher Abgang, ein quälendes Sichherauslösen, das alles entwertete, was war, und dessen Ende sie als Erlösung empfand. Wenn sie endlich gegangen ist, dachte sie, wird es keine Szenen, keinen Streit, keinen Jähzorn, keine hysterischen Anfälle mehr geben. Es war treulos, dass sie sie verließ, und immer war die Trauer des verlassenen Kindes in ihr, obwohl sie schon ein junges Mädchen war, als ihre Mutter wirklich ging."[32] Der Vater ersetzte die Mutter durch angestellte Haushälterinnen. Später, als Astrid fast oder bereits eine Jugendliche war, schickte ihr Vater sie auf verschiedene Internate. Das Erste davon war die Klosterschule in Fritzlar. Das Internat wurde „ihr erstes Gefängnis" und die Nonnen dort waren in „ihrer Strenge unmenschlich".[33] An den Wochenenden durften die Mädchen nach Hause „und wenn sie am Sonntag abend zurückgebracht wurden, sah man nichts als weinende und verstörte Mädchen."[34]

Ich möchte nicht unterschlagen, dass es auch prominente RAF-Fälle gibt, über die sich keine Berichte von besonderem Kindheitsleid finden. Ich habe z. B. in einigen Quellen versucht vor allem etwas über die Kindheit vom RAF-Gründungsmitglied **Gudrun Ensslin** zu finden und stieß im Grund auf nichts von Bedeutung. Ich fand allerdings auch keine eindeutigen Belege für eine liebevolle Eltern-Kind-Beziehung und über Gewaltfreiheit im Hause Ensslin, was eine genauso gewichtige Feststellung ist, wie zu schreiben, es gäbe keine Belege für eine destruktive Kindheit.

Die Ensslin-Biografin Ingeborg Gleichauf fasst zusammen: „Die Faktenlage bezüglich der frühen Kindheit Gudrun Ensslins erweist sich als äußerst dürftig. Ensslins Eltern sind tot und die noch lebenden Geschwister sowie der Sohn schweigen."[35] Wobei der Sohn auch nicht viel hätte mitteilen können, weil seine Mutter ihn früh verließ. Der Vater von Gudrun wurde 1909 geboren und war evangelischer Pfarrer. Über ihn ist etwas mehr bekannt, über seine Frau und ihre Persönlichkeit laut Gleichauf dagegen sehr wenig. Wie sah der Erziehungsstil von diesen stark christlichen geprägten Eltern aus, die um die Jahrhundertwende geboren und sozialisiert wurden? Ich lasse diese Frage im Raum stehen und überlasse dem Leser und der Leserin weitere Spekulationen, da wir wohl nie diese Frage werden klären können. Ich möchte nur noch anfügen, dass ein Bruder von Gudrun stark depressiv wurde und sich das Leben nahm.[36] Depressionen und Suizid gehen – wie wir im Anfangsteil dieses Buches gesehen haben – (ebenso wie Gewalttätigkeit) mit einer deutlich erhöhten Rate von belastenden Kindheitserfahrungen einher. Auch hier bleibt es aber Spekulation aus Verhalten und psychischem Zustand auf reale Erlebnisse während der Kindheit zu schließen.

Kommen wir nun zu öffentlich bekannten Rechtsextremisten. Aage Borchgrevink, der ein eindrucksvolles Buch über den Rechtsextremisten und Massenmörder **Anders Breivik** geschrieben hat, hat den von ihm untersuchten Einzelfall unter präventiven Aspekten verallgemeinert. Die extrem traumatische Kindheit von Anders Breivik, die Borchgrevink nachgezeichnet hat, werde ich gleich ausführlich darstellen. Im Schlussteil seines Buches schreibt der Autor, dass er nach all der Recherche einen veränderten Blick auf die Ursachen von Terror bekommen habe.[37] Und er wird noch mal besonders konkret, wie sich solche Terrorakte präventiv verhindern lassen: „In my opinion, however, the most important lesson from this tragedy is not about integration policy, the Internet, ideology or the police's operating methods and resources (...). It is about child and family welfare policy. (...) The banality of evil in the case Breivik is the significance of childhood trauma in the hatred of a grown man. Countering hatred, radicalization und terrorism is also a matter of preventing children from being abused by their parents – a banal insight, perhaps, possibly so banal that it has been overlooked."[38]

Aus wissenschaftlicher Sicht ist die Verallgemeinerung von Einzelfällen nicht weiterführend und natürlich anfällig für berechtigte Kritik. Aus diesem Grund habe ich in diesem Buch denkbar viele *Einzelfälle* aufgeführt und diese Fälle zusätzlich mit Befragungen über Kindheitserfahrungen von größeren Gruppen (u. a. Extremisten, Gewaltstraftätern und Soldaten) untermauert. Demnach sind Akteure wie Anders Breivik keine extremen Einzelfälle. All meine Recherchen legen nahe, dass Aage Borchgrevink mit seiner Einschätzung genau ins Schwarze getroffen hat. Kindheitseinflüsse werden bezüglich der Ursachenanalyse von Gewalt und Terror oftmals ausgeblendet, dabei sind sie von zentraler Bedeutung. Diese Bedeutung in den Focus zu stellen, war für mich die Antriebskraft, dieses Buch zu schreiben.

Der Fall Anders Breivik ist geradezu ein Lehrstück für die Gewaltforschung, da dieser rechtsextreme Massenmörder im Alter von knapp vier Jahren Anfang 1983 – nachdem seine Mutter das *State Centre for Child an Youth Psychiatry* (SSBU) um Hilfe ersucht hatte – zusammen mit seiner Mutter (Wenche Behring) drei Wochen lang stationär aufgenommen und von einem Fach-Team beobachtetet und analysiert wurde. Hätte es diese psychiatrische Begutachtung nicht gegeben, würden wir heute wahrscheinlich das Bild haben, Anders Breivik sei *ganz normal* aufgewachsen, einzig die Trennung seiner Eltern sei eine Belastung gewesen. Denn meines Wissens nach haben seine Mutter sowie auch seine Schwester sich öffentlich über die Familiensituation und Kindheit von Anders ausgeschwiegen, wie er selbst ja auch. Mehr noch, nach den Taten ihres Sohnes wurde Wenche befragt und gab falsche Angaben zu den damaligen Abläufen. Sie sagte u. a. aus, dass es keinerlei Befürchtungen bezüglich Anders Entwicklungen als Kind gab und dass die Begutachtung des SSBU ein Resultat des Sorgerechtsstreites mit ihrem Ex-Mann war, obwohl es genau umgekehrt war. Anders Breivik selbst sagte nach seiner Inhaftierung, dass er sich nicht an seine frühe Kindheit und auch nicht an die Zeit der Begutachtung durch den SSBU erinnern könne.[39] Heute steht dank der damaligen Begutachtung fest: Anders Kindheit war ein reiner Alptraum.

Bereits Mitte 1981 hatte Anders Mutter das Sozialamt um Hilfe mit ihrem ca. 2 1/2 Jahre alten Sohn gebeten, da sie überfordert war. Anders wurde daraufhin für einige Zeit an den Wochenenden fremduntergebracht, bis die Mutter dies wieder auflöste.[40] Das Team des SSBU war nach der Begutachtung der Familie im Jahr 1983 extrem beunruhigt, machte sich Sorgen um mögliche ernsthafte psychische Folgen für Anders und forderte, dass der Junge umgehend von seiner Mutter getrennt werden müsse, etwas, das zur damaligen Zeit in Norwegen nur in extrem schwierigen Fällen gefordert wurde.[41] Aus Gründen, deren

Schilderung hier den Rahmen sprengen würden, blieb das Kind entgegen den Forderungen bei seiner destruktiven Mutter.

Recherchen zeigten – vor allem dank des Berichtes des SSBU – entgegen der oben aufgezeigten idealisierenden Darstellung durch Anders Breivik das reale Bild seiner Kindheit, die bestimmt war von der frühen Trennung seiner Eltern und einer alleinerziehenden Mutter, die Anders vernachlässigte, schlug, emotional misshandelte, sich sexualisiert ihm gegenüber verhielt und ihrem kleinen Sohn sagte, sie wünschte, er wäre tot.[42] Genau genommen wollte ihn seine Mutter bereits als Fötus loswerden, sie verpasste aber den Stichtag für die legale Abtreibung. Während der Schwangerschaft empfand sie den Fötus bereits als schwieriges Kind, das rastlos war und sie trat. Nach 10 Monaten Stillzeit stoppte sie diese, weil sie meinte, das starke und aggressive Saugen würde sie zerstören.[43] Der Vater von Anders – Jens Breivik – hat auch etwas über die Zeit erzählt, als Anders noch Baby war. Anders Mutter sei kühl gewesen. „Sie war nicht fürsorglich. Als er ein Baby war, tat sie nur, was getan werden musste, wechselte die Windeln, badete ihn."[44] Sie habe ihn nicht in den Arm genommen oder gesagt: *Ich hab Dich lieb.*

Dem Gutachten folgend steht die Vermutung im Raum, dass Anders Mutter an einer Borderline-Persönlichkeitsstörung litt.[45] Sie selbst war als Kind schwer belastet. Ihr Vater verstarb früh, sie selbst erlebte emotionale und körperliche Misshandlungen und eine sehr gestörte Mutter-Tochter-Beziehung. Außerdem musste sie einige Jahre in einem Kinderheim verbringen.[46] Wir sehen am Fall Breivik also auch, wie sehr die Dinge mit dem zu tun haben, wie in jeweiligen Familienlinien Kindheit war. Die Kindheit seiner Mutter hat viel mit dem zu tun, wie die Kindheit von Anders war. Über die Kindheit der Eltern von Wenche ist nichts bekannt, aber deren destruktive Verhaltensweisen (vor allem der Mutter) lassen vieles erahnen. Der Fall ist also im Grunde auch ein Lehrstück über die Geschichte der Kindheit; über Eltern, die als Kind geschädigt wurden und wiederum ihre eigenen Kinder schädigen. Eines dieser schwer geschädigten Kinder wurde zum Massenmörder.

Beate Zschäpe war Teil des Terrortrios NSU (Nationalsozialistischer Untergrund). Bereits ihre Geburt verlief unter sonderbaren Umständen. Am 2. Januar 1975 wurde Beates Mutter mit Verdacht auf Nierenkolik ins Krankhaus eingeliefert. Einige Stunden darauf kam Beate zur Welt. Ihre 22 Jahre alte Mutter hatte das werdende Kind einfach nicht bemerkt.

Fuchs & Goetz (2012) merken dem an: „Man kann nicht behaupten, dass Beate ein Wunschkind ist. Annerose A. passt es überhaupt nicht, plötzlich Mutter zu sein.“[47] Die Silvesterfeierlichkeiten hätten Annerose (der Mutter von Beate Zschäpe) an diesem Tag noch in den Knochen gesteckt, schreiben die beiden vorgenannten Autoren. Diesen Sachverhalt muss ich kommentieren, denn wie wir noch sehen werden, wurde diese Frau später zur Alkoholikerin. Da sie ihre Schwangerschaft nicht wahrgenommen oder ignoriert hat, ist die Wahrscheinlichkeit hoch, dass sie während der Schwangerschaft auch Alkohol trank. Wenn dem so war, begann Beates Überlebenskampf bereits als Fötus.

Zwei Wochen nach der Geburt führte Annerose ihr Studium in Rumänien fort. Der benannte Vater des Kindes (ein Rumäne) bestritt, dass er Vater des Mädchens sei, „das das erste halbe Jahr allein bei seiner Oma in Jena aufwächst. Als Beate zwölf Wochen alt ist, gibt die Großmutter sie tagsüber in die Kinderkrippe. Währenddessen ist die Mutter von Beate Zschäpe weiter in Bukarest, als gäbe es kein Kind in Deutschland.“[48]

In Deutschland hatte die Mutter einen Freund, dem sie versprach, ihn zu heiraten. Er holte schließlich Beate zu sich und wurde dabei von seiner Mutter unterstützt. „Seitdem Beate neun Monate alt ist, wächst sie also bei einem Mann auf, mit dem ihre Mutter in ihrem ganzen Leben nicht mehr als vier Wochen gemeinsam verbracht hat.“[49] Ende 1975 heirateten die beiden tatsächlich, wobei Annerose gleich darauf wieder für ein halbes Jahr nach Rumänien ging, um ihr Studium abzuschließen. Als sie nach Jena zurückkehrte, verbrachte sie nicht viel Zeit in der kleinen Familie. Ihr Mann kümmerte sich insgesamt anderthalb Jahre hauptsächlich um Beate, dann ließen sich beide scheiden und die fast zweijährige Beate kam bei ihrer Mutter unter.

Mehrfache Brüche und Trennungen bestimmten die frühe Kindheit von Beate und so sollte es auch weitergehen. Ihre Mutter heiratete erneut und ließ sich wieder scheiden. Ein späterer Freund der Mutter kam mit Beate nicht zurecht und es gab ständig Streit. „Das Verhältnis zu ihrer Mutter wird mit den Jahren immer schlechter. Beate Zschäpe ist selten zu Hause. Immer wieder wird sie beim Schwarzfahren und Klauen im Supermarkt erwischt. Wenn Beate abends nach Hause kommt und die Mutter mit ihr reden will, knallt das Mädchen die Tür ihres Zimmers hinter sich zu.“[50] Immer wieder ließ die Mutter Beate bei der

Großmutter, was Beate wohl auch sehr recht gewesen zu sein scheint. Mit vierzehn Jahren schloss sich Beate einer linken Jugendgang an, die sich *die Zecken* nannte. Ob dies schon damals der Suche nach einer Ersatzfamilie entsprach, wie wir es bei so vielen Biografien von Extremisten sehen können?

Eine weitere schwere Belastung kam hinzu: Alkoholprobleme der Mutter. Zschäpes Cousin, Stefan A., hatte vor Gericht berichtet, dass Zschäpes Mutter früher unter einem schweren Alkoholproblem gelitten habe.[51] Dem vom Gericht beauftragten Psychiater Joachim Bauer vertraute Beate Zschäpe an, dass ihre Mutter früher volltrunken auf dem Boden lag, manchmal in ihrem eigenen Erbrochenen. Als Mädchen habe sich Beate zudem von Mitschülern das Frühstück erbetteln müssen. Den Hausschlüssel um den Hals blieb sie oft sich selbst überlassen. Gutachter Bauer spricht entsprechend deutlich von frühkindlicher Vernachlässigung.[52]

Bei den beiden weiteren Haupttätern des rechtsextremen Terrortrios – **Uwe Mundlos** und **Uwe Böhnhardt** – findet sich kein derart deutliches Bild wie bei Zschäpe. Allerdings fallen Belastungen ins Auge. 1988 starb Uwe Böhnhardts älterer Bruder unter ungeklärten Umständen. Unbekannte legten den fast 18jährigen Peter Böhnhardt tot vor die Haustür der Familie.[53] Zu dem Zeitpunkt war Uwe Böhnhardt elf Jahre alt. Um diese Zeit herum fiel Uwe den Erinnerungen einer Erzieherin nach im Schulhort bereits dadurch auf, dass er Konflikte „immer mit Gewalt lösen wollte, mit seinen Fäusten."[54]

Als Jugendlicher entglitt Uwe Böhnhardt seinen Eltern schließlich komplett. Er schwänzte die Schule und schaffte nach der 7. Klasse die Versetzung nicht. „Um ihren Sohn wieder in die Spur zu bringen, treten die Böhnhardts einen schweren Gang an. Sie akzeptieren, dass sie gescheitert sind und gehen zum Jugendamt. Sie, die beiden Akademiker, suchen nach Hilfe bei der Erziehung ihres Sohnes. (...) Beim Jugendamt beantragen die Eltern einen Platz für Uwe in einem Kinderheim, 50 Kilometer entfernt von Jena. Er soll weg von seinen Freunden, die einen schlechten Einfluss auf ihn haben. Nach zwei Monaten fliegt er dort raus, weil er zu viel geschwänzt hat. Ohne Abschluss."[55] Danach kam er auf eine Lernförderschule, auch dort flog er raus, nachdem er mit einigen Mitschülern in die Schule eingebrochen war und einen Computer geklaut hatte.

Über den Erziehungsstil seiner Eltern fand ich keinerlei Informationen. Zumindest wird ein sehr konfliktbeladenes Verhältnis sehr deutlich. Das alleine reicht aber nicht aus, um einen derart mörderischen Hass bei einem Menschen zu generieren. Ich vermute weitere Belastungsfaktoren.

Die Kindheit von Uwe Mundlos, dem Dritten des Terror-Trios, ist nach meinem Kenntnisstand gänzlich unbeleuchtet. Ein ehemaliger Klassenkamerad meinte, dass Uwes Eltern sich gezwungener Maßen mehr um seinen behinderten Bruder kümmerten, als um ihn.[56] Ansonsten fand ich im Grunde nichts von Bedeutung. Auffällig fand ich allerdings den bizarren Auftritt seines Vaters, Siegfried Mundlos, vor Gericht Ende 2013. Er missachtete das Gericht u. a. darin, dass er während der Vernehmung seine Brotzeit zu sich nahm. Der Richter unterbrach daraufhin die Vernehmung. Nach der Pause beschimpfte Siegfried Mundlos den Richter als „arrogant" und „kleinen Klugsch...". Während seiner Aussage verlor er sich in wirren Andeutungen über Verschwörungen und sah sich und seine Familie vor allem als Opfer.[57] Nun mag man sagen, dass es weit hergeholt erscheint, auf Grund dieses Auftritts auf den Erziehungsstil dieses Vaters zu schließen. Ich selbst habe ansatzweise versucht, mich in diese Situation vor Gericht hineinzuversetzen. Der Sohn ist für 10 Morde und diverse weitere Delikte (Sprengstoffanschläge und Raubüberfälle) verantwortlich. Jetzt steht der Vater in der Öffentlichkeit und als Zeuge vor Gericht, die Opfer und deren Vertreter im Hintergrund des Gerichtsaales. Ich kann mir, egal wie ich es drehe und wende, nicht vorstellen, dass vor diesem Hintergrund ein solches Verhalten vor Gericht auch nur ansatzweise nachvollziehbar wäre. Insofern finde ich schon, dass dieser Auftritt uns etwas über die Persönlichkeit von Siegfried Mundlos erzählt. Wie diese Persönlichkeit in der Familie agierte, wissen wir allerdings schlicht und ergreifend nicht.

Die Kindheit des früheren Anführers der Terroristengruppe *al-Qaida* **Osama bin Laden** scheint nach meinen Recherchen ebenfalls wenig beleuchtet zu sein, vor allem was den Erziehungsalltag angeht. Grundsätzlich lässt sich allerdings festhalten, dass es keine Beweise für eine liebevolle und gewaltfreie Kindheit gibt. Es gibt dagegen eher deutliche Anhaltspunkte, die gegenteiliges annehmen lassen.

Osamas Mutter war zum Zeitpunkt seiner Geburt nur ca. 15 Jahre alt. Schon wenig später ließ sich der deutlich ältere saudische Patriarch und Milliardär Mohammed Bin Laden von Osamas Mutter scheiden, möglicherweise noch bevor diese 18 Jahre alt wurde. Ihr Mann arrangierte nach der Trennung eine neue Ehe für seine Ex-Frau mit einem Verwaltungsangestellten, der somit Osamas Stiefvater werden sollte.[58] Den vorgenannten Angaben folgend scheint es mehr als wahrscheinlich zu sein, dass die Ehe von Osamas Mutter bereits im Kindesalter (vermutlich ca. im Alter von 14 Jahren oder jünger) arrangiert wurde. Man könnte besser gesagt auch von einer Zwangsehe und sexueller Ausbeutung einer Minderjährigen sprechen.

Osama war der siebzehnte Sohn seines Vaters. Insgesamt hatte sein Vater 54 Kinder. Osamas Mutter war die elfte Frau ihres Mannes und wurde in der Familie *die Sklavin* genannt, Osama war der *Sohn der Sklavin*. Ross (2015) meint, dass Osama allein auf Grund dieser speziellen Familienstruktur keine Möglichkeit hatte, seinem Vater nahe zu kommen und vermutet, dass Osama ein einsames und emotional vernachlässigtes Kind war.[59] Ross beschreibt weiter, dass Osama die meiste Zeit seiner Kindheit in Dschidda mit anderen Frauen und Kindern (wobei er von seinen Geschwistern nie wirklich akzeptiert wurde) seines Vaters verbrachte, während seine leibliche Mutter sich woanders aufhielt. Er hatte also weder zum Vater noch zur eigenen Mutter eine echte Beziehung und sei ein „emotionales Waisenkind“ (*Übersetzung durch Sven Fuchs*) gewesen.[60]

Auch der Biograf Alex Woolf (2004) spricht davon, dass Osama ein einsames Kind war.[61] Der damals 10jährige Osama wurde außerdem real Halbwaise, als sein Vater tödlich verunglückte. Osama wurde nach dem Tod des Vaters zu seiner Mutter geschickt, die er kaum kannte. Nach kurzer Zeit schrieb er an seinen Onkel und bat darum, zurück nach Dschidda zu dürfen, was ihm gewährt wurde. Dies spricht einmal mehr für ein schlechtes Verhältnis zur eigenen Mutter. Aber auch die folgenden Jahre waren für den nunmehr Jugendlichen keine glücklichen Jahre, betont Woolf.[62] Eine andere Quelle erwähnt, dass Osama im Alter von ca. 10 Jahren für weniger als ein Jahr auf eine Eliteinternat nördlich von Beirut kam.[63] Auch diese würde eine Trennung von der Familie bedeuten.

Über den Erziehungsalltag im streng islamischen Saudi-Arabien erfährt man wie gesagt kaum etwas in den Quellen. Wenn man davon ausgeht, dass Eltern an ihren Kindern oftmals das wieder aufführen, was sie als Kind selbst erlebt haben, dann sollten die Berichte von Omar Bin Laden, Osama bin Ladens Sohn, Beachtung finden. Omar sagte in einem Interview: „There were lots of kids, so it could be noisy. But when my father was around, we were quiet and obedient. My childhood was mainly sad and lonely because of my father's passion for supporting the Afghan people against the Russians. I rarely had time with him and he was afraid for our safety, so we had to play indoors. (...) Although my father was stern and did not hesitate to use his cane (...)."[64]

Gehorsam und Ruhe wurden von den Kindern verlangt und Schläge als Strafe vom Vater Osama eingesetzt, was auch eine weitere Quelle unter Bezug auf Interviewaussagen von Omar Bin Laden ausführt. „Der Terrorfürst behandelte seine Söhne nicht anders als seine Kämpfer, setzte sie Gefahren und Härten aus und schlug sie bei kleinsten Vergehen derart brutal, dass manchmal der Rohrstock zerbrach. (...) Spielzeuge waren für die Kinder tabu, allzu fröhliches Lachen auch. (...) Der endgültige Bruch zwischen Omar Bin Laden und seinem Vater kam, als Bin Laden senior seine Söhne dazu aufforderte, sich für Selbstmordmissionen zu melden. Er ermutigte sie, sich für al-Qaida in die Luft zu sprengen."[65] Ich halte es auf Grund dieser Berichte für sehr wahrscheinlich, dass auch Osama als Kind geschlagen und dass von ihm strikter Gehorsam verlangt wurde, so wie er selbst es später an seinen Kindern aufführte.

Außerdem wird berichtet, dass Osama ab der fünften oder sechsten Klasse auf die *al-Thaghr Model School* in Dschidda kam. „Die Abschlussklasse zählte Jahr für Jahr etwa 60 Jungen. Jeden Morgen traten die Schüler in Reihen zu einem im militärischen Stil gehaltenen Appell an. Auf einem Hocker saß seitlich ein Lehrer mit Rohrstock, der die Jungen, die sich nicht ordentlich benahmen, durch Schläge auf die nackten Fußsohlen disziplinierte."[66] Ob und wie oft auch Osama durch Lehrkräfte geschlagen wurde, lässt sich nicht sagen. Fest steht aber, dass er die Gewalt und das autoritäre Schulsystem über einen langen Zeitraum miterlebte.

In extrem reichen Familien wie den bin Ladens ist es außerdem meist üblich, Säuglinge und kleinere Kinder weitgehend vom Personal verpflegen und betreuen zu lassen. Dies bedingt dann eine erste Eltern-Kind-Entfremdung. Zu diesem Thema habe ich bezüglich der bin Ladens keinerlei Informationen gefunden, obwohl gerade die ersten Lebensjahre von zentraler Bedeutung in der Entwicklung sind. Es bleibt also die Frage: Wie sah die Säuglings- und Kleinkindzeit von Osama aus?

Eine weitere Besonderheit im Leben des jungen Osama fällt auf. Als er die achte oder neunte Klasse besuchte, wurde er für eine kleine Nachmittagsgruppe für islamische Studien und Sport angeworben. Die Gruppe wurde von einem syrischen Lehrer geleitet, der Islamist war und die Jungen für seine Sache gewinnen wollte. Im Laufe der Zeit und unter Einfluss dieses Islamisten soll sich Osama verändert und radikalisiert haben.[67] Die Frage ist, ob Osama ebenso auf diese schleichende Indoktrinierung angesprungen wäre, wäre er ein umsorgtes und glückliches Kind gewesen? Ich für meinen Teil würde diese Frage mit einem klaren Nein beantworten.

Immer wieder sind mir bei meinen Recherchen weitere *Einzelfälle* aufgefallen, bei denen sich deutlich eine destruktive Kindheit nachweisen lässt. Die Namen sind medial nicht so nachhaltig bekannt, wie viele der oben besprochenen Personen, aber sie bekamen öffentlich eine gewisse Aufmerksamkeit. Um den Rahmen nicht zu sprengen, werde ich nur kurz einige Beispiele auflisten.

Der Rechtsextremist **Frank S.** verübte am 17. Oktober 2015 aus fremdenfeindlichen Motiven heraus einen Messerangriff auf Kölns Oberbürgermeisterin Henriette Reker und verletzte sie schwer. Auch weitere Personen wurden durch das Attentat verletzt. Frank S. wurde als Kind von seinen Eltern schwer misshandelt und vernachlässigt, berichtete seine frühere Pflegemutter. Seine Hand sei verbrannt gewesen, so die Frau, weil seine Eltern ein Bügeleisen auf ihn gepresst hätten. Er kam zunächst in ein Heim, später zu einer Pflegefamilie.[68]

Der islamistische Terroranschlag in San Bernardino (USA) vom 2. Dezember 2015 mit etlichen Toten und Verletzten wurde von einem pakistanstämmigen Pärchen verübt. Über den Attentäter **Syed Farook** ist einiges über seine Kindheit bekannt geworden. „Er hatte eine schwierige Kindheit, sein Vater war Alkoholiker und quälte die Familie. In den Scheidungspapieren gab seine Mutter an, von ihrem Mann einmal vor ein Auto gestoßen worden zu sein."[69]

Der islamistische Terroranschlag in London vom 3. Juni 2017 mit acht Toten und 48 Verletzten ging von drei jungen Männern aus. Einer davon war **Youssef Zaghba**. Seine Schwester Kaouthar erklärte nach dem Attentat öffentlich, dass ihr Vater gewalttätig und sehr kontrollierend war. Er schlug seine Frau und oft auch die Kinder. Ihr Bruder Youssef habe versucht, seine Schwester vor dem Vater zu schützen. Dies versuchte er auch bei Übergriffen gegen die Mutter, allerdings erhielt dann ihr Bruder die Schläge. „From the beatings he saw, from the endless fights, sometimes he defended my mother and took the punches that were meant for her."[70] Wenn sie zurückdenke, so die Schwester, glaube sie, dass die Probleme ihres Bruders aus dieser Zeit herrührten.

Zacarias Moussaoui erklärte vor Gericht, dass er eigentlich für das Terrornetzwerk *al-Qaida* ein Flugzeug ins *Weiße Haus* habe lenken sollen, allerdings kam er vorher in Haft.[71] Er gilt als Helfer für die islamistischen Anschläge vom 11. September 2001 in den USA und wurde zu einer lebenslangen Haftstrafe verurteilt.

Seine in Marokko aufgewachsene Mutter heiratete seinen erheblich älteren Vater im Alter von vierzehn Jahren. Später, als die Familie in Frankreich lebte, verließ sie mit ihren Kindern ihren Mann; Zacarias war da drei Jahre alt.[72] Seine Schwestern sagten vor Gericht aus, dass Zacarias von seinem Vater misshandelt wurde. Der Vater sei Alkoholiker gewesen und habe die Familie terrorisiert.[73] Die Mutter sei, so eine Gutachterin vor Gericht, auch während all ihrer Schwangerschaften von ihrem Ehemann misshandelt worden. Zacarias kam mehrmalig in Waisenhäusern unter.[74] Aber auch seine Mutter war autoritär und dominant. Und sie schlug ihre Kinder.[75]

Die Kindheit der **Brüder Chérif** und **Saïd Kouachi**, die für den Terroranschlag mit etlichen Toten vom 7. Januar 2015 auf das französische Satiremagazin *Charlie Hebdo* verantwortlich sind, zeigt deutliche Schatten. Der Vater der Brüder starb 1990 an Krebs. Chérif war zu dem Zeitpunkt ca. 8, sein Bruder Saïd ca. 10 Jahre alt. „(...) die Mutter bekam noch eine weitere Tochter mit einem anderen Mann. Sie fühlte sich überfordert mit den vielen Kindern, erzählt der Heimleiter. Zu diesem Zeitpunkt wurden die Schulnoten der Brüder schlechter, sie wirkten verwahrlost. Das Pariser Jugendamt schickt die vier ältesten Geschwister in das Kinderheim nach Treignac, wo sie am 03. Oktober 1994 ankamen."[76] Chérif war 11 Jahre alt bei seiner Heimunterbringung, sein Bruder Saïd war gerade 14 Jahre alt geworden. Die Mutter telefonierte laut dem Bericht regelmäßig mit den Kindern, kam aber nie zu Besuch. Ca. drei Monate nach der Heimunterbringung starb die Mutter Anfang 1995. Verwahrlosung, traumatische Verluste und Heimaufenthalte sind also belegt und weitere Verletzungen in der Kindheit nicht ausgeschlossen.

Hasna Ait Boulahcen kam nach den Terroranschlägen von Paris im November 2015 in ihrem Versteck im Verlauf eines Polizeieinsatzes um. Sie war die Cousine von Abdelhamid Abaaoud, dem mutmaßlichen Drahtzieher der damaligen Pariser Terrorserie. Nach der Trennung ihrer Eltern blieb Hasna als Kleinkind bei ihrer Mutter. „Aber die Mutter war überfordert, sie schlug die Kleine, vernachlässigte sie, wie französische Medien berichteten. Hasna war acht Jahre alt, als sie in eine Pflegefamilie kam. (...) Am 11. September 2001 habe Hasna vor dem Fernseher gehockt und Beifall geklatscht. ‚Das war ein Schock', sagt die Pflegemutter. Hasna haute immer häufiger aus der Pflegefamilie ab, verbrachte ihre Nächte woanders."[77]

Über die Kindheit von **Abdelhamid Abaaoud** – dem deutlich intensiveren Terroristen und Fanatiker im Vergleich zu seiner Cousine – ist nach meinen Recherchen dagegen wenig auffälliges bekannt. Er wird in den Medien eher als unbekümmertes Kind dargestellt und besuchte eine angesehene Privatschule. Ich rate allerdings zur Vorsicht, was die Beurteilung seiner Kindheit angeht. Es gibt gleich vier Dinge, die eine belastete Kindheit wahrscheinlich erscheinen lassen.

Erstens: Seine Eltern stammen ursprünglich aus Marokko. Marokko gehört laut UNICEF zu einem der gewalttätigsten Ländern der Welt, was den Umgang mit Kindern angeht. Innerhalb von vier Wochen erleben 91% aller Kinder körperliche und/oder psychische Gewalt, 67% erleben nur körperliche Gewalt: ca. 24% erleben besonders schwere körperliche Gewalt und 89% erleben nur psychische Gewalt.[78] Allein schon statistisch ist es also sehr unwahrscheinlich, dass Abdelhamid gewaltfrei aufgewachsen ist.

Zweitens: Abdelhamid hatte vor seiner Radikalisierung bereits eine *Karriere* als Krimineller (Diebstahl, Körperverletzung, Einbruch, Drogen etc.) hingelegt, inkl. Gefängnisaufenthalt.[79] Somit passt er in das Raster von (Mehrfach)Straftätern. Die Kindheit dieser besonderen Gruppe ist eingehend erforscht und im Verhältnis zur Durchschnittsbevölkerung deutlich höher und oft auch multipel belastet, wie ich in diesem Buch dargestellt habe.

Drittens: Seine Taten an sich stellen sich laut Medienberichten als besonders grausam und kaltblütig dar. Beispielsweise ging ein Video um die Welt, das ihn in einem Geländewagen in Syrien zeigte, wie er verstümmelte Leichen hinter sich herzog.[80] Er gehört also nicht nur zur Kategorie Mehrfachstraftäter, sondern auch zu der nochmals speziellen Kategorie *grausamer Mörder und Sadist*. Gerade für grausame Mörder zeichnen sich – auch dies zeigte ich hier im Buch vielfach – besonders grausame Kindheiten ab.

Viertens: Seine Mutter ist die Schwester der Mutter von Hasna Ait Boulahcen. Und Hasna wurde nachweisbar von ihrer Mutter geschlagen und vernachlässigt (siehe oben), so schwer, dass sie zu einer Pflegefamilie kam. Wenn man davon ausgeht, dass Kindesmisshandlung i. d. R. weitergegeben bzw. an den eigenen Kindern wiederaufgeführt wird, dann ist es sehr wahrscheinlich, dass die Mutter von Hasna ähnliches in ihrer Kindheit erlitten hat. Ihre Eltern waren wiederum auch die Eltern der Mutter von Abdelhamid. Sofern die Mutter von Abdelhamid elterliche Gewalt in ihrer Kindheit erlitten haben sollte, wäre die Frage, in wie weit sie Destruktivität an ihre eigenen Kinder weitergab?

Dies alles mag einigen Lesenden zu spekulativ erscheinen. Wenn wir in Wahrscheinlichkeiten denken und uns Fakten und Statistiken anschauen, dann – und darauf wollte ich hinaus – halte ich es zumindest für fragwürdig, wenn Abdelhamid Abaaoud in den Medien als *unbekümmertes Kind* dargestellt wird.

Ich halte diesen Fall entsprechend für einen guten und zum Nachdenken anregenden Abschluss dieses Kapitels. Denn natürlich lassen sich für andere *Einzelfälle* keine ausführlichen Informationen über eine destruktive Kindheit finden. Dass dies nicht gleichzeitig auch bedeutet, dass diese Täter mit Sicherheit eine glückliche und gewaltfreie Kindheit erlebt haben, zeigt in meinen Augen der vorgenannte Fall, aber insbesondere auch meine Ausführungen in dem nächsten Kapitel.

11. Das Schweigen der Täter: Von der Schwierigkeit, die ganze Wahrheit über das erlebte Kindheitsleid zu erfahren

Jens Söring, der seit 1986 inhaftiert ist (die meiste Zeit davon in den USA), hat einen sehr interessanten Text, der ursprünglich in seinem Online-Blog erschienen ist, unter dem Titel *Das Geheimnis, das niemand wissen will* geschrieben. Söring wurde wegen Mordes verurteilt, beteuert allerdings seine Unschuld, und diverse Medienberichte, Recherchen und Bücher legen nahe, dass er in der Tat zu Unrecht verurteilt sein könnte. Um seinen Fall geht es an dieser Stelle nicht, sondern um das Innenleben in Gefängnissen, aus denen er berichtet. Söring wundert sich zunächst, dass Häftlinge überhaupt mehrheitlich in Studien zugaben, als Kind misshandelt oder sexuell missbraucht worden zu sein. „Denn gerade für Gefangene ist es besonders schwer, irgendeine Schwäche zuzugeben – vor allem gegenüber Außenseitern wie Psychologen, die plötzlich in den Knast hereinrauschen, Fragebögen verteilen und äußerst persönliche Informationen wissen wollen. Grundsätzlich werden solche Typen erst einmal belogen, denn man kann ja nie wissen, wem sie die Fragebögen dann geben! Knastpsychologen haben sowieso einen besonders schlechten Ruf unter Häftlingen, selbst ich würde denen nichts wirklich Wichtiges anvertrauen.“[1]

Noch etwas käme hinzu, meint Söring. Die meisten Gefangenen würden Misshandlungen, die ihnen als Kind zugefügt wurden, nicht als solche definieren (und erst recht keinen Zusammenhang zwischen eigenen Gewalterfahrungen und eigener Gewaltkarriere sehen, wie er anmerkt). Es passierte halt, gehörte halt dazu bis hin zu es war richtig und man würde eigene Kinder heute auch so erziehen, waren Aussagen der Häftlinge. Sexuelle Missbrauchserfahrungen wiederum seien noch einmal ein besonderes Tabu. All dies erschwert natürlich, die Wahrheit über Kindheitshintergründe von Straftätern herauszufinden.

Im Text bricht es dann quasi aus Söring heraus: „Ich war in den vergangenen (fast) 25 Jahren mit hunderten Häftlingen mehr oder weniger gut befreundet – gut genug, um gelegentlich ein ernsthaftes Gespräch zu führen. Und ich kann Ihnen sagen: Jeder Gefangene, mit dem ich etwas befreundet war, wurde als Kind sexuell oder körperlich misshandelt. Jeder, ohne Ausnahme, in (fast) 25 Jahren! Warum soll das wichtig sein, weshalb schreibe ich darüber einen Blogeintrag? Weil ich einen direkten Zusammenhang sehe zwischen der Misshandlung und der Kriminalität."[2] Wenn man diese seine persönlichen Erfahrungen durch Gespräche mit Häftlingen zusammen mit den zuvor geschilderten Widerständen bezüglich Befragungen durch Psychologen denkt, dann wird grundsätzlich deutlich, dass Studien nicht alle Misshandlungshintergründe von Häftlingen erfassen können. Dafür bräuchte es wohl eher ein Vertrauensverhältnis auf Augenhöhe.

Söring bestätigt allerdings auch etwas, was andere Forschende bereits beschrieben haben. Es geht oftmals nicht um vereinzelte Gewalterfahrungen in der Kindheit oder seltene Misshandlungen. Das, was die Gefangenen als Kind erlitten hatten, scheint eher unter dem Begriff Folter (diesen Begriff benutzt Söring auch direkt, ergänzend spricht er von „Quälerei" oder „entsetzlichen Gewaltverbrechen" gegen die Kinder) zu fallen, als unter Misshandlung. Und – das ist besonders wichtig – die Gewalt gegen die Kinder (die die Straftäter einst waren) fand in den allermeisten Fällen über große Zeiträume hinweg statt, über Jahre und Jahrzehnte. Söring schreibt bezüglich der Formen der Gewalt: „Das Auspeitschen mit dicken Ledergürteln ist noch das Mindeste. Absichtliches Verbrennen mit Bügeleisen oder kochendem Wasser kommen überraschend häufig vor. Auch das stundenlange Knien auf scharfen Steinen. Und Stöcke – nun ja, genug davon!"[3]

Die Schildrungen von Jens Söring entsprechen seinen eigenen Erfahrungen und sind für sich genommen natürlich nicht repräsentativ. Wenn man seinen Bericht allerdings als ein Teil eines Puzzles sieht, das am Ende ein Gesamtbild ergibt, so halte ich diesen Bericht für wertvoll und wichtig. Zumal er ausnahmsweise einmal nicht von einem Außenstehend kommt, sondern direkt aus dem Gefängnis.

Zum Gesamtbild gehören u. a. die Studien, die ich im vorherigen Kapitel besprochen habe, aber auch Einzelberichte von Fachleuten. Der Neurologe Jonathan H. Pincus hat jahrelang mit diversen Mördern (auch Serienmördern) in amerikanischen Hochsicherheitsgefängnissen gearbeitet. Über 150 Mörder hat er im Laufe der Jahre ausgiebig befragt und begutachtet. Er berichtet, dass zwei Drittel der von ihm befragten Gewalttäter und Mörder sagten, sie hätten als Kind keinerlei Misshandlungen erlebt.[4] Er ging diesen Geschichten nach, befragte u. a. Anwälte, Familienmitglieder und erneut auch die Mörder. Letztlich fand er bei fast allen besonders schwere und langjährige Misshandlungserfahrungen in der Kindheit, was er wie folgt zusammenfasst: „It has been amazing to discover that the quality and the amount of ‚discipline' these individuals have experienced are more like that of a prisoner in a concentration camp than a child at home."[5] Er erklärt sich die anfänglichen Antworten der Befragten damit, dass viele sich nicht an die erlebte Gewalt erinnern können oder weiterhin Angst hätten, darüber zu sprechen. Der Fachmann bestätigt also letztlich auf eine Art die Innenansicht, die uns Jens Söring aus dem Gefängnis gegeben hat.

Der Psychiater James Gilligan hat über 25 Jahre mit Mördern in US-Hochsicherheitsgefängnissen gearbeitet. Er stellt – ähnlich wie Pincus – besonders schwere Gewalterfahrungen fest: „The degree of violence and cruelty to which these men have been subjected in childhood is so extreme and unusual that it gives a whole new meaning to the term ‚child abuse' […]. The violent criminals I have known have been objects of violence from early childhood. They have seen their closest relatives – their father and mothers and sisters and brothers – murdered in front of their eyes, often by other family members. As children, these men were shot, axed, scaled, beaten, strangled, tortured, drugged, starved, suffocated, set on fire, thrown out of windows, raped, or prostituted by mothers who were their ‚pimps'; their bones have been broken; they have been locked in closets or attics for extended periods, and one man I know was deliberately locked by his parents in an empty icebox until he suffered brain damages from oxygen deprivation before he was let out."[6] Dass ihm diese Gewalterfahrungen anvertraut wurden, brauchte lange Arbeit und ein Vertrauensverhältnis zwischen ihm und den Gefangenen.

Gilligan bezeichnet die von ihm befragten Mörder als *Untote*, was deren Selbstdefinition wiederspiegelt.[7] Diese Männer erlebten derart brutale Misshandlungen in ihrer Kindheit, dass sie sich leer und innerlich tot fühlten. Sie fühlten nichts mehr, außer, wenn sie sich selbst oder jemanden anderen Gewalt antaten. Ihre Identität existierte nicht. Manche freuten sich auf den körperlichen Tod, der durch die Verurteilung zum Tode bevorstand. Er käme einer Erlösung gleich. Viele Mörder brachten sich auch selbst im Gefängnis um.

Auch Befragungen von fremdenfeindlichen und/oder rechtsextremen Gewalttätern offenbaren die Probleme der Forschung, die Wahrheit über Kindheitserfahrungen und auch entsprechenden Gefühlen herauszubekommen. „Nach außen getragene Emotionslosigkeit herrschte interessanter Weise selbst dann vor, wenn von unschönen Kindheitserlebnissen oder den späteren Gewalttaten berichtet wurde. Viele stellten die heile Welt in der Familie in den Vordergrund (‚Familienleben war in Ordnung …'), was sich später als Beschönigung oder Verfälschung herausstellen konnte. Des Öfteren fielen die Angaben über den Erziehungsstil der Eltern in entsprechenden standardisierten Fragebatterien positiver aus als in den über diese Eltern erzählten Episoden, in denen teilweise haarsträubende harte Erziehungsmaßnahmen geschildert wurden. Möglicherweise urteilt das summarische Gedächtnis milder als das Episodengedächtnis, das stärker mit damaligen Emotionen verbunden ist."[8]

Eine große Befragung von Studenten in den USA ergab, dass fast jeder Dritte von seinen Eltern als Kind mit einem Gegenstand geschlagen worden war, 5,4% hatten Tritte erlebt, 1,7% wurden schwer misshandelt und 12,1% wurden durch Gewaltanwendung ihrer Eltern körperlich verletzt. Aber weniger als 3% der Stichprobe definierte sich selbst als in der Kindheit körperlich misshandelt. Selbst bei erlebten überdeutlichen schweren Gewalterfahrungen mit entsprechenden Folgeschäden hielt sich die Mehrheit für nicht-misshandelt: Nur 43% der Befragten, die gebrochene Knochen auf Grund der Gewaltanwendung und zwischen 35 und 38% der Befragten, die Verbrennungen, Schnittwunden, Zahnverletzungen oder Kopfverletzungen davongetragen hatten definierten sich selbst als in der Kindheit körperlich misshandelt.[9]

„I haven't really had any negative experiences in my childhood in any way", schrieb auch der norwegische Massenmörder und Rechtsextremist Anders Breivik in einem mit sich selbst geführten Interview innerhalb seiner wirren Schrift *2083: A European Declaration of Independence.*[10] Am Ende des Textes fügte er sogar ein trautes Familienfoto mit Mutter und Schwester ein. Er gehört somit offensichtlich zu der Kategorie Mörder, die jegliche Misshandlungserfahrungen verneinen. Wie real traumatisch und extrem destruktiv seine Kindheit war, habe ich im vorherigen Kapitel ausführlich dargestellt. Menschen wie Anders Breivik können sich meist wirklich nicht bewusst daran erinnern (und ganz sicher nicht nachfühlen), was ihnen als Kind widerfuhr, was den oben zitierten Satz aus seinem Manifest erklären würde.

Ab einem gewissen Schweregrad der Gewalt und des kindlichen Leids werden nicht nur die entsprechenden Gefühle, sondern auch ganze Erinnerungszeiträume abgespalten.[11]

Ich habe im vorherigen Kapitel den Fall Breivik als *Lehrstück für die Gewaltforschung* bezeichnet. Alle Forschenden und Medienschaffenden, die sich dazu hinreißen lassen, mit Blick auf grausame Mörder einzelne Details oder Aussagen zu nehmen und daraufhin felsenfest zu unterstreichen, dass Mörder aus glücklichen und normalen Familienumständen stammen können, sollten um diesen Fall und der späteren gründlichen Aufarbeitung der Kindheitsgeschichte von Anders wissen. Ein Stern-Journalist titelte bereits einige Tage nach den Anschlägen in Oslo und auf der Insel Utøya: „Ein normal verkorkstes Elternhaus" und fügte dem an: „Die Eltern geschieden und wieder verheiratet: Anders Behring Breivik wuchs wie viele Kinder auf, doch er wurde zum Massenmörder". Im Text schrieb er dann noch von der „gutsituierten bürgerlichen Familie" Breivik und dem guten Verhältnis Anders zur Mutter und den Schwestern.[12] Der Journalist hätte vorsichtiger formulieren können und müssen.

Der Schriftsteller Edward St. Aubyn sprach sehr offen in einem Zeit-Interview über die Folgen des sexuellen Missbrauchs durch seinen Vater: „Ich begann mit den Melrose-Romanen in einer persönlichen Notsituation, (...) indem ich versuchte, durch Kommunikation die Isolation aus Scham, Horror, Tabu, Geheimnis, Depression und Selbstmordgedanken aufzulösen. Damals dachte ich: Das bringt dich um, wenn du es nur berührst! Ich war in einem permanenten Zustand des Alarms, dass diese unerträglichen Erinnerungen über mich kommen könnten."[13] Hier wird am Beispiel schwerer Gewalterfahrungen deutlich, wie Menschen ihre Kindheitserlebnisse tief vergraben und deckeln (bzw. abspalten) müssen, da die Erinnerungen daran Todesängsten gleichkommen. Hätte man Edward St. Aubyn einige Jahre vorher gefragt, wie das Verhältnis zum Vater war, hätte er wahrscheinlich einfach geschwiegen oder irgendetwas drum herum erzählt.

Es gibt aber auch den ganz anders gelagerten Fall. Die ehemalige *RAF-* und *Bewegung 2. Juni*-Terroristin Inge Viett konnte sich sehr detailliert und umfassend an ihre schreckliche Kindheit erinnern. Auszüge aus ihrer Autobiografie und ihr extremes Kindheitsleid habe ich im vorherigen Kapitel ausführlich besprochen. Mir fiel dabei auf, dass sie sehr kühl und distanziert über ihre Kindheit geschrieben hat. Im Klapptext ihres Buches wurde vom Verleger entsprechend formuliert, dass Viett „ohne Sentimentalitäten über ihre enge, muffige Kindheit bei Pflegeeltern“ gesprochen habe.[14] Oder anders gesagt: Ihr scheint nach meinem Eindruck jegliches Gefühl im Zusammenhang mit ihren Kindheitserlebnissen verloren gegangen zu sein, was an sich keine Seltenheit bei solch extremen Fällen von Kindesmisshandlung ist. Nach unfassbaren und kaum zu ertragenden Schilderungen über ihr Kindheitsleid schreibt sie am Schluss in dem Kapitel über ihre Kindheit: „Mir ist in meiner Kindheit eigentlich nichts Spektakuläres, Traumatisches widerfahren wie Millionen Kindern, die im Krieg, im täglichen Hunger, auf der Straße oder im täglichen Kampf aufwachsen und deren Überleben jeden Tag neu entschieden wird.“[15] Also hatte sie eine ganz *normale* Kindheit, weil die Norm damals nun mal so war? Viele, die wie Inge 1944 im Krieg geboren wurden, haben Leid erlebt. Aber das Kindheitsleid von Inge Viett ist so umfassend, so pausenlos und extrem, dass es schon erstaunt, wie sie ihre Kindheit im Grunde als nicht sonderlich traumatisch definiert.

Ein paar Seiten vorher wird sie noch konkreter und spricht ihren Kindheitserlebnissen sogar jedweden Einfluss auf ihr späteres terroristisches Agieren ab. „Wenn in der Öffentlichkeit über meine Sozialisation gesprochen wird, werde ich immer wieder hartnäckig als Heimkind dargeboten. Vielleicht glaubt man, dann nichts weiter erklären zu müssen, als begänne hier die gerade Linie, die zum ‚Terrorismus‘ führt. Welch ein Unsinn und wie ignorant. (...) Wir ‚Terroristen‘ sind aus allen Gesellschafsschichten gekommen, jeder mit der eigenen sozialen und geistig-kulturellen Prägung. Was uns in die Radikalität trieb, war die soziale Kälte einer herzlosen Kriegsgeneration, die ihre beispiellosen Verbrechen leugnete oder verdrängte, die unfähig war, uns anderes als Besitzdenken und Anpassung zu lehren, die den Vietnamkrieg unterstützte (…).“[16] Wir sehen an diesem weiteren Beispiel eindrucksvoll, wie die Leugnung von Kindheitseinflüssen von den Betroffenen selbst ausgeht. Auch dies kann unter Umständen bei Befragungen das Ergebnis verzerren.

Ich wiederhole entsprechend erneut, dass Studien über Gewalttäter und deren Kindheitserfahrungen von der Natur der Sache her immer nur einen Teil der Wahrheit erfassen werden können. Diese Feststellung gilt natürlich grundsätzlich für alle Untersuchungen von Kindheitserfahrungen, auch bezüglich der Allgemeinbevölkerung. Gerade für männliche Gewalttäter gilt diese Feststellung aber im Besonderen, da diese oftmals nach außen hin Wert auf ein Bild von starker Männlichkeit legen und Ohnmachtserfahrungen als Zeichen der Schwäche verstanden werden.

Im Textverlauf oben habe ich bereits auf Jonathan H. Pincus hingewiesen, der festhielt, dass viele Mörder sich zunächst über ihre Kindheit ausschweigen. Ergänzend möchte ich auf die Arbeit von Lewis und Kollegen (1997) hinweisen, an der auch Pincus beteiligt war: 12 Mörder wurden ausführlich begutachtet. Die befragten Mörder erinnerten entweder keine Misshandlungen oder redeten sie gering. „We were surprised to find that in their usual personality states, most subjects denied or minimized childhood maltreatment. Four of them, for whom documentation of extraordinary abuse was discovered, totally denied any physical or sexual abuse. Seven others who had been severely physically and/or sexually abused had but fragmentary memories of the abuse. None attempted to use histories of abuse to enlist the sympathy of jurors or to excuse their violent acts. Since in their usual personality states most of the subjects had no idea of the kinds of maltreatment they had sustained, they could not use histories of abuse to manipulate clinicians or anyone else.“[17]

Nun ist es so, dass diese Mörder nachweisbar unter einer *Dissoziativen Identitätsstörung* litten, womit natürlich Erinnerungslücken einhergehen. (Ähnliche Erinnerungslücken oder Verneinung von Misshandlungserfahrungen fand Pincus allerdings auch bei etlichen anderen Mördern, was ich oben ausgeführt habe. Dudeck (2013) hat zudem darauf hingewiesen, dass ca. 50% aller Gewaltstraftäter vermehrt zu Dissoziationen neigen.[18] Dies ist ein wichtiger Hinweis.) Bei allen Mördern fanden die Forscher – entgegen den Darstellungen der Mörder selbst – extreme Misshandlungshintergründe, was sie wie folgt zusammenfassen: „The term ‚abuse' does not do justice to the quality of maltreatment these individuals endured. A more accurate term would be ‚torture'".[19] Als Beispiele benennen sie einen Mörder, der als Kind von seinen Eltern u. a. angezündet wurde. Ein anderer Mann wurde ebenfalls von seinem Stiefvater mit einem Herdbrenner verbrannt, aber auch für Kinderpornographie sexuell schwer missbraucht.

Die Methode der Forschenden ist außergewöhnlich. Pincus und die anderen Forscher befragten u. a. Eltern, Geschwister, Ehepartner, Onkel und Tanten, Nachbarn, Lehrer, Kindheitsfreunde und in einem Fall sogar Priester für Informationen zur Kindheit und Misshandlungshintergründen. Ergänzend analysierten sie offizielle Unterlagen wie Krankenhausberichte/Krankenakten aus der Kindheit, Gerichtsurteile gegen Elternteile der Mörder, Psychiatrieberichte, Berichte von Pflegefamilien und sozialen Diensten, Polizeiberichte, Schulberichte usw. Die Forschenden betrieben also einen enormen Aufwand, um der Frage nachzugehen, was diesen Mördern als Kind alles widerfahren war. Ein solcher Aufwand ist in gängigen Gewaltstudien mit ihren begrenzten Mitteln natürlich nicht machbar. Worauf ich erneut hinaus will ist, dass gerade in Anbetracht von extremen Taten wie Mord oder gar Massenmord berechtigte Zweifel angebracht sind, wenn die Mörder sagen: *Meine Kindheit war gut und meine Eltern sind nette, ganz normale Leute.*

Zu den ganzen Schwierigkeiten, die ganze Wahrheit über die Kindheit von Tätern herauszubekommen, gehört auch etwas, was allgemein unter dem Begriff *Kindheitsamnesie* bekannt ist. Sprich die meisten Erwachsenen können sich grundsätzlich nicht an Erlebnisse vor dem dritten Lebensjahr erinnern. Gerade die ersten drei Lebensjahre gehören zu einer besonders sensiblen Phase in der Enzwicklung von Kindern und drei Jahre sind eine *gefährlich* lange Zeit, um ein Kind vielfach beschädigen zu können.

Man muss sich ergänzend auch in Anbetracht von schweren Taten eine Frage stellen: Wäre es psychisch aushaltbar für die nahen Verwandten der Täter (sprich Eltern, Großeltern und Geschwister) nach grausamen Taten vor die Medien zu treten und die ganze Wahrheit über die Familienverhältnisse und Destruktivität in der Familie zu berichten? Oder anders gefragt: Wenn die Familienverhältnisse real sehr destruktiv waren, dann sind auch die Angehörigen psychisch involviert (Stichwort:

Scham, Schuld, Schweigegebot, Verdrängung, Verdrehung der Wahrnehmung, Ohnmacht und/oder: *wir meinten es doch nur gut und alles, was wir taten, geschah zum Besten des Kindes.*) Was wäre denn passiert, wenn beispielsweise die Mutter von Anders Breivik vor die Presse getreten wäre und gesagt hätte: *Es tut mir sehr leid. Ich möchte sagen, dass ich meinen Sohn, vor allem als dieser noch klein war, sehr schlecht behandelt habe. Ich habe ihn geschlagen, ihm den Tod gewünscht, ihn stark vernachlässigt und noch einiges mehr. Ich hätte ihn besser behandeln sollen. Ich glaube, wenn er anders aufgewachsen wäre, dann wäre das alles nicht passiert.* Auch wenn natürlich alleine Anders Breivik für seine Taten verantwortlich ist, die Medien hätten seine Mutter nach einer solchen Aussage öffentlich zerrissen. Nebenbei bemerkt ist meine Erfahrung nach jahrelangen Recherchen zum Thema die, dass schon die eigenen Kinder, die irgendwann – teils nach langen Therapien – ihre destruktiven Eltern direkt konfrontieren, nicht gehört werden, auf eisiges Schweigen, Vorwürfe und/oder Realitätsverleugnungen stoßen. Warum sollten destruktive Eltern gerade gegenüber der Öffentlichkeit die Wahrheit sagen und Schuld eingestehen?

Ein Beispiel: Der Sänger Daniel Küblböck hat laut einem Medienbericht in seiner Biografie die eigene Mutter scharf kritisiert. Die Familie sei 15 Mal umgezogen und seine Mutter war sieben Mal verheiratet. Er berichtete auch von erlittenen Prügeln und schweren seelischen Misshandlungen seitens seiner Mutter. Nach der Veröffentlichung der Biografie bestritt seine Mutter in den Medien die Vorwürfe: „Sicher gab es mal schwierige Zeiten bei uns. Jeder hat mal zu viel getrunken. Aber Daniels Vorwürfe sind völlig übertrieben. Ich bin eine liebende Mutter und war immer für meine Kinder da.“[20]

Ich bin bezüglich Tätern nicht für ein öffentliches Andichten von Kindesmisshandlung und destruktiven Familienverhältnissen an sich, sofern keinerlei deutliche Indizien oder Beweise vorliegen. Ich bin aber parallel auch dafür, dass nicht immer wieder geschrieben wird, dass solcher Art Täter (hier geht es nicht um Ladendiebstahl oder Verkehrsdelikte, sondern um schwere Gewalt, Mord, Massenmord und Terrorismus!) doch *ganz normal* seien, dass sie *ganz normal* oder gar *behütet* aufgewachsen wären und ihre Taten somit unerklärlich seien. Im Angesicht von grausamen Taten sollten wir ein gesundes Maß an Zweifel beibehalten, wenn uns von einzelnen Akteuren erzählt wird, dass doch in der Sozialisation der Täter offenkundig alles gut, unauffällig und *normal* war. Die gesammelten Erkenntnisse in diesem Buch rechtfertigen diese Zweifel einmal mehr (und das finde ich nicht unwissenschaftlich, sondern einfach nur logisch!).

12. Wichtige Vorbemerkungen zur Biografieforschung und Kindheit der nachfolgend analysierten Akteure

Akteure wie Hitler, Stalin, Napoleon Bonaparte & Co. bringen einen entscheidenden Vorteil für die Biografieforschung speziell zur Kindheit mit sich: viele Historiker und Biografen stürzten sich geradezu auf die Durchleuchtung ihrer Persönlichkeit und Biografie. Mit abnehmender Bedeutsamkeit von politischen Machthabern nimmt zwar auch das Forschungsinteresse ab, allerdings liegen oftmals auch für nachrangige politische Akteure wie z. B. Joseph Goebbels oder Rudolf Hess Biografien vor.

Viele Historiker geben der Kindheit allerdings meist kaum viel Raum oder sie heben deren Bedeutung für die Entwicklung der Persönlichkeit nicht hervor. Ganz im Gegenteil wird teils die Bedeutung von Kindheitseinflüssen sogar gering geredet. Es ist sehr erstaunlich, dass sich trotz dieser fehlenden Zentriertheit auf die Kindheit genügend wertvolle und aussagekräftige Informationen finden, wenn man denn genau hinschaut. Noch erstaunlicher ist im Grunde, dass Gewalt und Destruktivität in der Kindheit (in verschiedenen Ausformungen) bei den nachfolgend vorgestellten Personen überhaupt nachgewiesen werden konnte. Denn destruktive Kindheitserfahrungen – dabei allen voran elterliche Gewalt und Lieblosigkeit – sind sehr schambesetzte Bereiche, über die ungern gesprochen wurde und wird. Auf der anderen Seite waren speziell Körperstrafen früher so *normal*, alltäglich und allgemein akzeptiert, dass diese Erfahrungen evtl. gar nicht erwähnenswert schienen, was entsprechend die Analyse erschwert.

Auffällig ist auch, dass ich bei nur drei Akteuren (Saddam Hussein, Bill Clinton und Ludwig XIII.) Hinweise auf sexuellen Missbrauch in der Kindheit fand. Sexueller Missbrauch ist quasi nochmal ein Tabu im Tabu und wird oftmals komplett, gerade auch von männlichen Betroffenen, verschwiegen. Auch wenn Männer deutlich weniger von dieser

Gewaltform betroffen sind als Frauen, so möchte ich zumindest anmerken, dass man dieses Gewaltfeld nicht ganz ausschließen kann. In der *Tabelle 1* im Kapitel *Kindheiten von Gewalt- und Straftätern* zeigen sich hohe Raten von erlitten sexuellem Missbrauch auch von männlichen Gewalttätern. Man kann diese Ergebnisse nicht eins zu eins auf Diktatoren und kriegerische Politiker übertragen, aber man sollte zumindest gewisse Parallelen vermuten.

Auch zeigen nicht wenige der gleich vorgestellten Biografien ein Phänomen, das wir umgangssprachlich als *Muttersöhnchen-Beziehung* bezeichnen. Mütter neigen in solchen Konstellationen häufig dazu, ihren Sohn als eine Art Partnerersatz (emotional) zu missbrauchen, zu verwöhnen und sich übermäßig auf ihn und sein Werden zu konzentrieren. Übergänge zu sexuellem Missbrauch können dann ggf. fließend sein.

Der Schriftsteller Volker Elis Pilgrim hat ein sehr radikales Buch unter dem Titel *Muttersöhne* verfasst. Er vertritt die These, dass gewalttätige Männer (er analysiert dabei vor allem auch politische Führer wie Hitler, Stalin oder Napoleon und weitere einflussreiche Persönlichkeiten) durchweg eine gestörte Mutterbeziehung in Form einer Muttersöhnchen-Konstellation hatten; parallel dazu aber auch einen destruktiven Vater, der kein Vorbild war. Die Folgen beschreibt er radikal: „Muttersöhne haben eine Phantomseele. Sie sind mit Fleisch und Blut erwachsen da, aber ein seelischer Zusammenhang fehlt ihnen. Am Anfang der missglückten Mannwerdung steht die verhinderte Menschwerdung. Nicht entwickeln kann er sich, nur zersetzen, nicht sich verändern, nur erstarren, nicht fühlen, nur zerstören. (...) Seine innere Spannung erträgt er nur, wenn er Leben um sich beschädigt und auslöschen kann. Jeder bewirkte äußere Tod ist eine erzwungene Anteilnahme anderer an der erlittenen eigenen inneren Abtötung."[1] Einen weiteren Satz in Pilgrims Buch möchte ich noch zitieren: „Der Mangel an Liebe versteckt sich am allermeisten hinter übertriebener Fürsorge."[2] Dieser Satz scheint mir zentral. Immer wieder musste ich z. B. in Hitlerbiografien lesen, dass Hitlers Mutter ihren Sohn abgöttisch liebte und ihn verhätschelte. Nur ganz wenige Forschende wie Arno Gruen haben diese Verhaltensweisen psychoanalytisch gedeutet und auf eine sehr gestörte Mutterbeziehung Hitlers hingewiesen, was ich im nachfolgenden Kapitel ausführen werde.

Grundsätzlich fiel mir bei meinen Recherchen immer wieder auf, dass die Mütter an sich oftmals ausgeklammert bleiben. Die Biografen von politischen Akteuren leuchten stets die Väter ausführlicher aus, die Mütter werden zweit- oder drittrangig erwähnt. Dies mag den realen historischen Verhältnissen geschuldet sein, die Mütter an Haus und Kinder band und ihnen ansonsten keine Bedeutung zukommen ließ. Entsprechend weniger tauchen Mütter in den Biografien auch als Täterinnen gegenüber ihren Kindern auf. Dies gilt besonders für körperliche Gewalt.

Auch heute noch scheint mir das Thema weibliche Täterschaft deutlich tabubesetzter zu sein, als das gegenüber männlichen Tätern gilt. In früheren Zeiten galt dies sicher noch stärker. Frauen hatten gesellschaftlich die Rolle, die Familie zu Hause zu versorgen und standen gleichzeitig für Wärme und Fürsorge. Dies ist aber nur ein kollektives Bild oder Ideal, was nicht der Wirklichkeit entsprach. Im Kapitel *Weibliche Täterschaft gegenüber Kindern* haben wir bereits gesehen, dass Frauen häufig Täterinnen gegenüber ihren Kindern waren und sind, oftmals sogar noch häufiger, als Väter. Das Wissen um diese verbreitete weibliche Täterschaft muss man nur noch mit dem Wissen verknüpften, das ich im Kapitel *Das Ausmaß der Gewalt gegen Kinder in der Welt – Kindheiten der Allgemeinbevölkerung* zusammengetragen habe, ergänzt um das ebenfalls hier im Text dargestellte Wissen über historisches Kindheitsleid. Alleine schon rein statistisch und historisch betrachtet, müsste die Mehrheit der von mir untersuchten Akteure als Kind geschlagen worden sein und dies mit hoher Wahrscheinlichkeit auch von der eigenen Mutter.

Wenn man diese genannte Verknüpfung nicht bedenkt, muss man zwangsläufig zu Fehlannahmen kommen. Der Psychiater Johann Benos hat 20 europäische Diktatoren systematisch analysiert (die Diktatoren sind: Antonescu, Atatürk, Dollfuß, Franco, Hitler, Horthy, Kun, Metaxas, Mussolini, Päts, Pavelić, Pilsudski, Primo de Rivera, Salazar de Oliveira, Smetona, Stalin, Szálasi, Tiso, Ulmanis und Zogu.), eine psychiatrische Schablone für jeden Diktator angefertigt und Gemeinsamkeiten herausgestellt. Bezüglich der Väter der Diktatoren hält Benos fest: „Alle Diktatoren des untersuchten Zeitraumes hatten, sofern es aussagekräftige Biographien hierzu gab, zu ihrem Vater ein schlechtes oder ‚gleichgültiges' Verhältnis. (…) für die Diktatoren existierte der Vater nicht oder sie lehnten ihn ab, weshalb er auch niemals ein Vorbild für sie sein konnte. (...) Die Diktatoren waren in der absurden Situation, ihren Vater zu leugnen. Es scheint, dass das Verhältnis zum Vater bzw. seine Ablehnung der wichtigste Parameter im Leben der Diktatoren war."[3] Insofern wird hier bestätigt, dass alle untersuchten Diktatoren in ihrer Kindheit belastet waren.

Großes Erstaunen löste bei mir das Vergleichsergebnis bezüglich der Mütter aus. Benos schreibt zusammenfassend nach seiner Besprechung über die Väter: „Das Verhältnis zur Mutter jedoch war bei allen immer sehr gut. Sie wurden von ihr zumeist sehr geliebt und oft verhätschelt und bemuttert. Sie waren ihre Lieblinge. Außerdem spornten sie die Mütter zu ‚Höherem' an und bestärkten sie sogar in der Ablehnung des Vaters. Diese Tatsache fiel vor allem bei den berüchtigtsten der Diktatoren auf. Je mehr die Mutter sie verhätschelte und anspornte, desto narzisstischer und neurotischer, aber auch brutaler wurden sie in der Verfolgung ihrer Ziele."[4] Dabei muss man folgende Wörter des ersten Satzes nochmal wiederholen: „immer" und „sehr gut". Benos lässt in seinem Buch keinen Zweifel aufkommen: Die Mütter der Diktatoren liebten ihre Kinder innig! Seine Schilderungen über Stalins Mutter gleicht exemplarisch denen über die Mütter der anderen Diktatoren: Die Mutter Stalins „(...) war eine einfache ungebildete, aber sehr fromme und liebevolle Frau." Sie war „(...) sehr um ihren Sohn besorgt und liebte ihn sehr."[5] Nun, wie wir im nächsten Kapitel sehen werden, gehörte zu dieser *Mutterliebe* auch, dass Stalin von seiner Mutter körperlich misshandelt wurde. Benos lagen die Quellen für diese Information offenbar nicht vor.[6]

Die Mutter von Mustafa Kemal Atatürk beschreibt Benos ähnlich überhöht: „Sie liebte ihren Sohn, bemutterte ihn, förderte ihn und spornte ihn zu ‚Höherem' an. Atatürk hatte ein sehr gutes Verhältnis zu ihr und liebte sie sehr."[7] Der Historiker Johannes Glasneck beschreibt dagegen einen starken Konflikt in der Familie und ein ständiges Ringen zwischen Altem und Neuem. „Während die Mutter still und unermüdlich wie die große Masse der türkischen Bauern an Allah und seinen Propheten Mohammed glaubte, das geistliche Oberhaupt aller Mohammedaner, den Sultan-Kalifen, verehrte und an den alten Sitten und Bräuchen, die der Koran vorschrieb, festhielt, bezeichnete Mustafa Kemal später seinen Vater als einen freidenkenden Mann, der für die

Religion nichts übrig hatte, dagegen aber die liberalen Ideen aus Westeuropa begierig aufgriff."[8] Der Mutter schwebte wohl vor, dass ihr Sohn Geistlicher werden solle, der Vater sah ihn eher in einem Kaufmannsberuf. Mustafa selbst wollte Offizier werden und ging diesen Weg gegen den Willen seiner Mutter (der Vater war früh verstorben und prägte den Jungen nur die ersten Lebensjahre). Dass Atatürk später auch politisch eher den Weg des Vaters einschlug, spricht neben einem anderen Sachverhalt nicht gerade für ein harmonisches Verhältnis zur Mutter, denn Atatürk bekannte später, dass „er schon von Kindheit an eine gewisse Abneigung dagegen gehabt habe, mit seiner Familie oder Freunden zusammen zu wohnen. Er zog es vor, alleine zu bleiben. Es trennte ihn eine ganze Welt von Anschauungen von der Mutter, und er war ihrer Klagen müde."[9]

Atatürks Kampf gegen das Alte, gegen religiöse Einflüsse und Traditionen sind symbolisch auch eine Art Kampf gegen seine Mutter, die für eben diese alten Wertvorstellungen stand. Was würde wohl ein Psychoanalytiker dazu sagen?

Wie auch immer, ich bezweifle nicht, dass es kaum Nachweise für körperliche mütterliche Gewalt in der Kindheit der durch Benos untersuchten Diktatoren gibt, weil mütterliche Gewalt wie schon gesagt ein besonderes Tabu ist und nicht sein kann was nicht sein darf, auch und insbesondere nicht im Fühlen der Jungen, die von der eigenen Mutter geschlagen werden. Über väterliche Destruktivität zu berichten, so scheint es mir, fällt gerade Jungen/Männern leichter, als Bösartigkeiten ihrer Mutter bewusst wahrzunehmen und zu benennen.

Allerdings steht folgendes fest: alle von Benos untersuchten Diktatoren wurden Ende des 19. Jahrhunderts geboren, also in eine Zeit der *Schwarzen Pädagogik*, die den Kindern als Liebe und Wohlwollen verkauft wurde. Die Mehrheit der Kinder in Europa wurde damals geschlagen und Mütter schlugen kräftig mit. Warum sollten nun gerade die gewalttätigsten Männer Europas (die Diktatoren) davon ausgenommen gewesen sein, sondern ganz im Gegenteil besonders liebevolle und friedvolle Mütter gehabt haben? Noch weniger Sinn macht Benos Sicht, wenn man die Diktatoren nicht mit der Allgemeinbevölkerung vergleicht, sondern mit Gewaltstraftätern. Letztere wurden in ihrer Kindheit nachweisbar vielfach verletzt und gedemütigt, wie wir im Kapitel *Kindheiten von Gewalt- und Straftätern* sehen können.

Merkwürdig ist auch, dass Benos als Psychiater seine Ergebnisse bezüglich der angeblich liebevollen Mütter in Anbetracht eines weiteren Vergleichsergebnisses nicht kritisch hinterfragte: „Ein normales Verhältnis zu Frauen und gewiss auch zu der eigenen Ehefrau hatte keiner der Diktatoren (...). Die meisten von ihnen sahen Frauen lediglich als Lustobjekt und schätzten sie nur gering. Zu einer gefühlsmäßigen Bindung waren sie auf Grund ihrer Persönlichkeit (Narzissmus) nicht fähig (...). Ehen und Partnerschaften entstanden nur, weil die Diktatoren eine Stütze brauchten. (...) Trotz aller Anstriche einer frauenfreundlichen Politik blieben die Regime, weil die Diktatoren dies nicht anders wollten, antifeministisch."[10] Verhalten sich so Söhne, die von ihren Müttern wirklich geliebt und gut behandelt wurden? Benos wies ja auch nach, dass die Väter sowohl emotional als auch oft real abwesend waren und nicht als Vorbild zur Verfügung standen. Das bedeutet, dass die Diktatoren während der Kindheit hauptsächlich durch ihre Mütter erzogen und begleitet wurden. Wären ihre Taten und auch ihre Einstellungen gegenüber Frauen möglich gewesen, wenn der anwesende Elternteil sie mit echter Liebe überschüttet hätte? Von meiner Seite gesprochen: ganz klar Nein!

Leider hat Benos auch ein Ergebnis seiner Arbeit nicht wirklich hervorgehoben, welches sich aus seiner oben zitierten Zusammenfassung über die Mutterbindung ergibt: die Diktatoren waren allesamt *Muttersöhnchen*. Wenn man dies im Sinne von Volker Elis Pilgrim (siehe wie oben besprochen) deutet, dann waren die Diktatoren entsprechend mütterlich missbrauchte Kinder und dienten als Partnerersatz und/oder als Projektionsfläche für all die Dinge und Erfolge, deren Erreichung den Müttern auf Grund ihres Frauseins in einer patriarchalen Gesellschaft nicht möglich war. Und das hat wiederum wenig mit Liebe zu tun!

Ansonsten bestätigen Benos Vergleichsergebnisse vieles von dem, was man sich allgemein über Diktatoren denken kann. Sie waren kontaktarm und menschenscheu; Menschen gegenüber waren sie misstrauisch und ängstlich; sie waren sowohl in der Politik als auch sozial Außenseiter; sie waren gute Schauspieler und konnten gut reden; bei allen Diktatoren fand Benos paranoide Tendenzen und wahnhafte Ideen; alle Diktatoren waren Narzissten; alle zeigten depressive Tendenzen; alle verfügten über eine hohe rationale Intelligenz, aber: „Die Diktatoren hatten einen Defekt im emotionalen Bereich.“ Mit ihren eigenen Gefühlen konnten sie nur schlecht umgehen; im Bereich der Empathie „waren sie gar emotional Schwachsinnige“. Als Folge der fehlenden Empathie waren sie auch im Bereich der zwischenmenschlichen Beziehungen „emotionale Krüppel“.[11] Und all dies – ich wiederhole mich – trotz einer liebevollen Mutter? Ich denke, dass dieser blinde Fleck das Hauptmanko des Buches darstellt. Hätte Benos diesen Punkt richtig ausgeleuchtet und kommentiert, das Buch wäre wirklich eine hervorragende Grundanalyse über die Psyche der Diktatoren, als auch bezüglich der Gemeinsamkeiten in der Kindheit.

Kommen wir weg von Benos und den 20 Diktatoren, wenden uns aber erneut besonders den Müttern zu, die historisch stets die Hauptbezugspersonen für Kinder waren, insbesondere auch für den Säugling. Es ist naturgemäß schwierig, für den Einzelfall etwas über den Umgang der (meist weiblichen) Bezugspersonen mit dem Säugling herauszufinden. Nur bei manchen Akteuren fand ich entsprechende Hinweise, teils – im Fall der Mutter von Saddam Hussein – sogar bezüglich des ungeborenen Kindes. Grundsätzlich würde ich vermuten, dass bei den Akteuren, wo elterliche Gewalt und Lieblosigkeit deutlich nachgewiesen werden konnte, auch der Umgang mit dem Säugling nicht kindgerecht und liebevoll gewesen sein wird. Gewalttätige und lieblose Eltern fallen nicht plötzlich erst ab einem Alter der Kinder von vielleicht 8 Jahren über den Nachwuchs her und gehen vorher besonders nett und verständnisvoll mit ihrem Kind um. Nachgewiesene Gewalttätigkeit und Kaltherzigkeit gegen etwas ältere Kinder sind ein deutliches Indiz dafür, dass diese auch als Säuglinge schlecht behandelt worden sein könnten. Und das hat wiederum besonders schwere schädliche Folgen, weil es in der sensibelsten Phase im Leben des geborenen Kindes geschieht.

Ein Beitrag der Psychotherapeutin Ute Althaus sticht heraus.[12] Sie hat einen interessanten Weg eingeschlagen, um etwas über die Säuglingszeit von NS-Tätern herauszufinden bzw. speziell über ihren Vater, der als begeisterter Nazi zum Kampfkommandanten aufstieg und nach dem Krieg zu 10 Jahren Gefängnis verurteilt wurde. Ihr Vater hatte in Ansbach/Bayern kurz vor Ende des Krieges einen Studenten höchst persönlich gehängt, weil dieser zum Widerstand gegen die Nazis aufgerufen hatte. Grundsätzlich hält sie fest, dass ihr Vater keine bedingungslose Liebe als Kind erlebt hatte, Anerkennung an Leistung gebunden war, die Eigenständigkeit des Kindes nicht respektiert wurde und weiche Gefühle eher entwertet wurden. Zudem sei ihr Vater von Wut und Hass durchzogen gewesen.

Ute Althaus (2006) hat sich für ihre Analyse mit deutschen Erziehungsbüchern aus der zweiten Hälfte des 19. Jahrhunderts befasst, die sich speziell an Mütter richteten und auch Ratschläge für den Umgang mit Säuglingen beinhalteten. Mütter wurden darin u. a. angehalten, schon ihre Säuglinge zu unterwerfen, deren Herrin und nicht nachgiebig zu sein. Außerdem wurden Mütter angehalten, ihre Säugling schreien zu lassen, wenn diese sich nicht durch Nahrung, Ruhe oder ihr warmes Bett beruhigen ließen. Schreiende und widerspenstige Kinder seien in einen Raum zu bringen, wo sie alleine sein können. Danach würde sich ihr Verhalten ändern. Der Vater von Ute Althaus wurde 1895 geboren. Über seine Säuglingszeit und frühe Kindheit scheint nichts überliefert zu sein. Es wird deutlich, dass die Autorin stark vermutet, dass ihr Vater ganz ähnlich behandelt wurde, wie in den Erziehungsratgebern der Zeit verlangt wurde. Dieser Gedankengang ist etwas, das wir auch bezogen auf so manche der in den zwei nachfolgenden Kapiteln genannten Personen im Hinterkopf behalten sollten. Denn eine liebevolle, kindgerechte Säuglingspflege scheint eine ebenso recht junge Erfindung zu sein, wie eine gewaltfreie Erziehung.

Nun habe ich hier viele Vermutungen angesprochen, ebenso wie die Schwierigkeit, ein umfassendes und einigermaßen reales Bild über die Kindheit von historischen Persönlichkeiten zu bekommen. Nichtsdestotrotz habe ich reichlich Material zusammentragen können, das für sich spricht. Politische Gewalttäter fallen nicht vom Himmel. Ihre Kindheitserfahrungen machen deutlich, woher ihr Hass, ihre Gefühlskälte, ihr Macht- und Rachebedürfnis ursprünglich kommt. Mir bleibt noch zu erwähnen, dass die nachfolgenden Schilderungen Ausschnitte sind. Eine Kindheit dauert über 14 Jahre an und ein Jahr hat bekanntlich 365 Tage. Destruktiven Eltern bleibt also viel Zeit und Gelegenheit, um ihre Kinder zu verletzen. Ich bin überzeugt, dass die nachfolgend vorgestellten Informationen – trotz all ihrer Schrecken – nur einen Teil der real erlittenen Grausamkeiten und Destruktivität abbilden.

13. Die Kindheit ausgewählter politischer Führer, Diktatoren und Kriegsherren

John F. Kennedy – Lyndon B. Johnson – Ronald Reagan – George H. W. Bush – George W. Bush – Bill Clinton – Hillary Clinton – Tony Blair – Ludwig XIII. – Napoleon Bonaparte – Friedrich II. – Otto von Bismarck – Wilhelm II. – Adolf Hitler – Benito Mussolini – Francisco Franco – Nicolae Ceauşescu – Slobodan Milosevic – Tito – Mao Zedong – Lenin – Stalin – Ivan IV. – Wladimir Putin – Augusto Pinochet – Manuel Noriega – Fidel Castro – Jean-Bédel Bokassa – Saddam Hussein – Hassan II. – Jassir Arafat – Recep Tayyip Erdoğan – Charles Manson

Es ist nur logisch, dass in der Geschichte die Führer von Nationen i. d. R. auch ein (emotionales) Abbild der Mehrheit waren. Die immer noch sehr hohen Gewaltraten gegen Kinder in den USA wurden oben bereits besprochen. Entsprechend finden sich viele US-Präsidenten, die als Kind schwer misshandelt wurden.

Beginnen wir mit **John F. Kennedy** (1917–1963). Sein Vater, Joseph P. Kennedy, galt als „schwieriger wie umstrittener Mann, ein Tyrann, zerfressen von Ehrgeiz und Machtanspruch."[1] Der Selfmade-Millionär drillte seine Kinder auf Erfolg, nur das zählte für ihn. „Wir wollen keine Verlierer unter uns haben. In dieser Familie wollen wir nur Gewinner."[2] Joseph Kennedy war seiner Frau ständig untreu und seine Kinder bekamen dies auch mit: „Revuemädchen, Prostituierte, die Frauen von Geschäftspartnern", überall suchte Joseph Sex und er befummelte sogar Freundinnen seiner Töchter, während diese zusammen im Privatkino eine Vorführung sahen.[3] Und so jagte auch sein Sohn John F. (genannt auch *Jack*) später den Frauen hinterher. „Sekretärinnen und Stewardessen, Models, Sportlerinnen, ‚Namen' aus dem Filmgeschäft: Im Grunde ist es ihm egal. Seine beinahe mechanische Eroberungsobsession übertrifft wohl noch die seines Vaters, auch in der Fixierung auf Selbstbestätigung statt Genuss. (...) Hinter dem Charisma ist nichts als Leere: John F. Kennedy vermag Menschen so routiniert zu verführen, weil sie ihn im Grunde nicht interessieren."[4]

John F. war zeitlebens von schweren Krankheiten und Beschwerden geplagt. Schon in seiner Jugend hatte er Scharlach, Keuchhusten, Masern, Asthma, Windpocken, Gelbsucht, Magengeschwüre und wiederholte Anfälle von Bronchitis. Die Liste weiterer Beschwerden ist lang und einen frühen Tod hielt er für wahrscheinlich. Einem Freund erklärte John F. einmal, dass er für den Moment lebe. „Er behandele jeden Tag, als wenn es sein letzter sei und suche deshalb ständiges Vergnügen.“[5] Heute sind sich viele Beobachter einig darüber, dass Kennedy niemals Präsident geworden wäre, wenn sein Gesundheitszustand öffentlich bekannt geworden wäre.

Auf den Charakter des Vaters bin ich oben bereits kurz eingegangen. DeMause berichtet auch von körperlicher Gewalt. Joseph P. Kennedy schlug die Köpfe der Kinder gegen eine Wand. Aber auch die Mutter verprügelte John F. mit einem Kleiderbügel und einem Gürtel.[6] Die Mutter schrieb in ihren Erinnerungen ganz offen: „Ich glaube, es gehört zu den legendären Vorstellungen, die man sich von einem Präsidenten macht, dass man glaubt, er besäße außergewöhnliche Qualitäten und habe sich als Kind durch unfehlbare Tugendhaftigkeit ausgezeichnet. Ich kann bestätigen, dass dies bei Jack nicht so war (...) oder irgendeinem der anderen Kinder. Wenn sie es verdient hatten, dann war, glaube ich, ein ordentlicher Klaps eine der wirksamsten Methoden ihnen eine Lektion zu erteilen.“[7] Die Schwester von John F. – Jean Kennedy-Smith – berichtete noch im hohen Alter über die Strafformen in der Familie: „Unsere Mutter war streng. Wenn wir ungehörig waren, sperrte sie uns in ihren Kleiderschrank. Einmal saß ich schon eine ganze Weile drinnen, ich hatte ihre Schuhe und ihre Kleider längst durchgezählt, als die Tür aufging und Teddy dazu kam. Sie hatte mich einfach vergessen. Also saßen wir zusammen im Dunkeln und unterhielten uns darüber, was für eine gemeine Mutter wir haben.“[8] „Meine Mutter ist ein Nichts“ sagte John F. einmal über seine Mutter Rose und „während seiner Kindheit und Jugend sei sie entweder in Paris einkaufen gewesen oder habe in irgendeiner Kirche auf den Knien gelegen; sei sie doch einmal zu Hause gewesen, habe er sie nie zärtlich erlebt. Sie ist eine offenbar kalte, bigotte, verschwendungssüchtige Person, obsessiv auf soziale Reputation bedacht.“[9] Jacqueline Kennedy sagte einmal über die Beziehung der Mutter zu John F.: „Seine Mutter liebte ihn nicht wirklich ... Sie liebte es, den Leuten zu erzählen, dass sie die Tochter des Bürgermeisters von Boston war und die Frau des Botschafters ... Sie liebte ihn nicht."[10]

John F. Kennedy ist wohl gerade uns Deutschen durch seinen Satz *Ich bin ein Berliner* ein Symbol und genießt wohl auch im Rückblick hierzulande viel Sympathie. Er war aber auch ein Präsident, der durch die Operation in der Schweinebucht auf Kuba ein hohes Risiko einging und eine mögliche Eskalation des Konfliktes in Kauf nahm. Kennedy war während der späteren Kuba Krise (geplante Stationierung von russischen nuklearen Waffen auf Kuba) bereit, einen Atomkrieg zu führen und rechnete mit 200 Millionen toten Amerikanern.[11] Die gefährlichsten zwei Wochen der Menschheitsgeschichte im Jahr 1962 gingen glücklicherweise friedlich aus. Wäre der Konflikt tatsächlich eskaliert, wäre Kennedy zusammen mit dem sowjetischen Führer Chruschtschow bei den wenigen überlebenden Menschen des Atomkrieges als Symbol des absoluten Untergangs in Erinnerung geblieben ...

Kennedy war trotz anderer öffentlicher Bekundungen alles andere als ein Friedensbringer. Er ordnete gleich nach Amtsantritt eine Überprüfung der amerikanischen Verteidigungsstrategie und eine Erhöhung der Militärausgaben an. „Die USA begann die größte Aufrüstungsaktion ihrer Geschichte in Friedenszeiten: In den ersten drei Monaten seiner Amtszeit beantragte Kennedy eine Erhöhung des Verteidigungshaushaltes um sechs Milliarden Dollar. (...) Insgesamt wurde das Militärbudget unter Kennedy von 47 auf knapp 60 Milliarden Dollar pro Jahr gesteigert."[12] Unter Kennedy verstrickten sich die USA auch zusehends in den Vietnamkrieg.

Lyndon B. Johnsons Vater war Alkoholiker, der seinen Sohn (1908–1973) mit einem Riemen auspeitschte, Lyndons strenge Mutter ging ebenfalls verächtlich mit ihrem Sohn um. **Richard Nixon** (1913–1994) wurde häufig von seinem Vater getreten.[13]

Die Kindheit von **Ronald Reagan** (1911–2004) war „ein Alptraum von Vernachlässigung und Missbrauch, in seinem Fall beherrscht von einer religiös besessenen Mutter und einem gewalttätigen Alkoholiker-Vater, der, so sagte er, ‚mich mit einem Stiefel zu treten' pflegte und ihn und seinen Bruder ‚verdrosch'."[14] Der Vater wurde später von seinem Sohn Ronald beschrieben als jemand, der ein Leben in fast andauernder Wut und Frustration geführt habe.[15]

Der Alkoholismus des Vaters war auch der Hauptgrund für häufige Orts- und Stellungswechsel, die Familie zog ständig um, mitunter schliefen sie alle im Auto. Wochenlang ging der Vater auf Zechtour, Ronald erinnert sich an seine Ängste während der Abwesenheit des Vaters und die dann folgenden „lauten Stimmen in der Nacht". Als Elfjähriger kam er einmal nach Hause und fand seinen Vater „sinnlos betrunken auf dem Rücken liegend auf der Veranda".[16] Der Sohn musste ihn ins Bett verfrachten. Im Rückblick bezeichnete Reagan seine Kindheit als „eine jener seltenen Huckleberry-Finn-Tom-Sawyer-Idyllen".[17] Die Schattenseiten schien er vollkommen verdrängt zu haben.

Volker Elis Pilgrim hat Reagans destruktive Politik und Einstellung deutlich zusammengefasst: „Sein Blut- und Bombentemperament kam immer wieder zum Ausdruck: Raketenstationierung in Europa, Einmarsch in Grenada, Infiltration in Nicaragua, Unterstützung aller reaktionären Staatsmänner der Welt, Bombardierung Tripolis, Vorbereitung zum Krieg der Sterne. Reagan war vom gewinnbaren Atomkrieg überzeugt. Die USA müssten nur den ‚Erstschlag' unternehmen. (...) Berühmt wurden seine Sätze vor einer Rundfunkansprache 1984, die nur für das Team gedacht waren und zufällig festgehalten wurden: ‚Amerikanische Mitbürger! Ich freue mich, Ihnen mitteilen zu können, dass ich heute ein Gesetz zur endgültigen Auslöschung Russlands unterzeichnet habe. Das Bombardement beginnt in fünf Minuten.'"[18] DeMause (1984) hat ein komplettes Buch über die psychischen und politischen Folgen dieser Kindheit verfasst, auf das ich hiermit verweise.

Auch der Präsidentschaftsstil von **George H. W. Bush** (geb. 1924; Vater von Präsident George W. Bush und ehemals Vizepräsident unter Ronald Reagan) war stark von seiner Kindheit bestimmt, die voller Angst und körperlichen Bestrafungen war. Der Vater versohlte die Kinder oft mit einem Gürtel oder einem Rasiermesserabziehriemen. Georges Bruder, Prescott Jr., sagte über den gemeinsamen Vater: „Er legte uns übers Knie und prügelte uns mit seinem Gürtel durch. (...) Er hatte einen starken Arm, und Junge, haben wir das gespürt. (...) Wir hatten alle Angst vor ihm. Als wir jung waren, hatten wir alle Todesängste vor Dad."[19] George selbst gestand einmal: „Dad war richtig unheimlich."[20] George H. W. Bush befahl während seiner Amtszeit den Krieg gegen den mittelamerikanischen Staat Panama und gegen den Irak.

George Bush Senior gab seinerseits an seinen Sohn **George W. Bush** (geb. 1946) weiter, was er selbst erlebt hatte, indem er körperliche Gewalt anwandte.[21] Er galt außerdem als distanzierter und chronisch abwesender Vater.[22] Justin A. Frank (2004) beschreibt die Mutter von George W., Barbara Bush, als kalte Erzieherin, die in der Familie für Zucht und Ordnung sorgte und von ihren Kindern „die Vollstreckerin" genannt wurde.[23] Auch sie schlug ihre Kinder, so wie sie es selbst einst als Kind in ihrer Herkunftsfamilie erlebt hatte. Bei Barbara Bush stellt Frank auch eine gespaltene Weltanschauung in *Gut* und *Böse* fest, die ganz offenkundig auch bei ihrem Sohn zu finden ist.

Im Alter von sechs Jahren erlebte George W. ein weiteres Trauma, nämlich Krankheit und Tod seiner kleinen Schwester Robin. Im Jahr 1953 wurde Leukämie bei Robin festgestellt. Barbara Bush blieb daraufhin monatelang in New York, um Robin bei ihrer Krebstherapie zu unterstützen. George und das Baby Jeb wurden zunächst bei Nachbarn untergebracht, später wurde dann eine Haushälterin eingestellt und die Kinder kehrten zumindest ins vertraute eigene Haus zurück.[24] George musste sich verlassen gefühlt haben. Er wurde außerdem nicht über die Krankheit seiner Schwester aufgeklärt. Als die Schwester schließlich starb, fuhren die Eltern einen Tag später zu Babara Bushs Vater und spielten Golf, wie Auchter (2012) weiter berichtet. Eine Trauerfeier für Robin fand nicht statt.

Diese Tragödie wurde in der Familie Bush, in der eh der Ausdruck gerade von schmerzlichen Gefühlen unerwünscht war, nicht offen betrauert und besprochen und letztlich nie wirklich verarbeitet.[25] Welch eine Ironie, schreibt Frank, „(...) dass dieses Kind als Erwachsener ausgerechnet zu dem Zeitpunkt Präsident ist, als seine Nation den Moment ihrer größten Trauer erlebt – die Zeit der tiefen Erschütterung nach dem 11. September 2001."[26] So wich George W. Bush nach dem *11. September*, so Frank, der Trauer aus, schien unfähig, öffentlich Trauer zu zeigen und lief geradewegs zur Wut und zur Rache über.

Der Psychologe und Psychoanalytiker Thomas Auchter weist auf die Folgen hin, die sich aus den vielen destruktiven Kindheitserfahrungen von George W. ergaben und die sich bereits weit vor seiner Präsidentschaft zeigten: U.a. Neigung zu Aggressivität, Sadismus und Alkoholismus.[27]

Bill Clinton (geb. 1946) wurde von seinem Stiefvater Roger, wenn dieser betrunken war, körperlich misshandelt.[28] Roger war Alkoholiker und führte zu Hause – dem Psychologen John D. Gartner nach – eine Terrorherrschaft, schlug regelmäßig seine Frau und auch Roger Junior, den Halbruder von Bill.[29] Der „selbstzerstörerische Alkoholismus" seines Stiefvaters, erinnert sich Bill Clinton in seiner Autobiographie, gipfelte eines Abends darin, dass Roger eine Pistole zog und auf Bills Mutter schoss. „Die Kugel schlug zwischen ihr und mir in der Wand ein. Ich war fassungslos und völlig verängstigt."[30] Außerdem wurde Bill im Alter von ca. einem Jahr von seiner Mutter verlassen, die für eine Ausbildung nach New Orleans zog. Er blieb die nächsten ca. zwei Jahre bei seinen Großeltern.[31] Die Journalistin und Autorin Lucinda Franks hat in ihren Memoiren Auszüge aus einem im Jahr 1999 mit Bills Ehefrau, Hillary Clinton, geführtem Interview veröffentlicht. Hillary sagte darin, dass Bill von seiner Mutter missbraucht worden sei, wobei sie nicht ins Detail gehen wollte. Hillary Clinton betonte aber die negativen Folgen: „He was abused. When a mother does what she does, it affects you forever."[32] Lloyd deMause sieht zwischen dieser extrem schweren Kindheit Clintons und dem späteren kriegerischen Agieren als US-Präsident, vor allem der Bombardierung Ex-Jugoslawiens, einen deutlichen Zusammenhang, was er ausführlich in einem Artikel darstellt.[33]

Auch **Hillary Clinton** (geb. 1947; die in den USA als *Falkin* gilt, was einen Hang zu einer aggressiven Außenpolitik meint und die fast US-Präsidentin geworden wäre) hatte eine destruktive Kindheit. Es kommt nebenbei bemerkt nach meinem Eindruck gar nicht selten vor, dass Ehepartner ähnliche oder miteinander verzahnte Kindheiten haben. Wobei Hillarys Kindheit etwas weniger destruktiv war, als die ihres Mannes.

Der Biograf Carl Bernstein beschreibt Hillarys Vater folgendermaßen: „Hugh Rodham war ein bitterer, unerfüllter Mann, dessen Kinder seinen unablässigen, herabsetzenden Sarkasmus und seiner misanthropischen Neigungen ertragen, seinen peinlichen Hang zur Sparsamkeit erdulden und schweigend hinnehmen mussten, wie er ihre Mutter demütigte und erniedrigte." Die Beziehung der Eltern hätte „geradezu krankhaft zerstörerische Züge" gehabt.[34]

Das Leben in Hillarys Zuhause „hatte gewisse Ähnlichkeit mit einem militärischen Ausbildungslager, über das ein Spieß herrschte, der seine Schützlinge ständig heruntermachte und den man unmöglich zufriedenstellen konnte." Ihr Vater „putzte jeden herunter, redete vollbrachte Leistungen klein, ignorierte Erfolge und legte die Latte für seine frustrierten Kinder immer höher, eine Methode, die er als ‚Charakterbildung' bezeichnete."[35]

Die Wut des Vaters konnte auch handfester werden. Er schlug seine Kinder, manchmal auch schwer, um sie auf Linie zu halten.[36] Bernstein zitiert Hillary mit den Worten, dass ihr Vater nicht mit der Rute gespart hätte. Sie sagte auch: „Gelegentlich ging es mit ihm durch, wenn er uns bestrafte. Dann brüllte er lauter oder griff insbesondere gegenüber meinen Brüdern zu härteren körperlichen Strafen (...). Doch selbst wenn er wütend war, zweifelte ich nie daran, dass er mich liebte."[37] Der letzte Satz zeigt in klassischer Weise die Identifikation mit dem schlagenden Vater und die Vermischung von Liebe mit Gewalt. Kritik gegenüber ihren Eltern und deren Erziehungsmaßnahmen findest man auch nicht in Hillarys Autobiografie. Sie schreibt: „Hugh und Dorothy waren überzeugt davon, dass wir Härte brauchen würden, damit wir uns später auch unter widrigen Bedingungen behaupten könnten."[38] In diesem Satz steckt auch wieder dieses verdrehte: *Es geschieht alles zu Deinem Besten.*

Eine weitere Idealisierung ihres Vaters trotz Demütigungen beschreibt dieser Abschnitt in ihrer Autobiografie: „Vergaß eines von uns Kindern, die Verschlusskappe auf die Zahnpastatube zu schrauben, warf mein Vater diese aus dem Fenster, und wir mussten hinausgehen, und sei es bei Schnee, um in den Büschen vor dem Haus danach zu suchen. Auf diese Weise rief er uns immer wieder ins Gedächtnis, dass wir nichts vergeuden sollten, und sei es nur Zahnpasta, die aus einer unverschlossenen Tube quoll. Ich lernte diese Lektion gut. Bis heute gebe ich nicht gegessene Oliven in das Glas zurück, wickle auch den winzigsten Käserest noch in Frischhaltefolie und fühle mich schuldig, wenn ich irgendetwas wegwerfe. Er war ein harter Lehrmeister, aber wir wussten, dass er sich um uns sorgte und alles für uns tun würde."[39] Mir fällt hier auch wieder der in der Einleitung zitierte Ausspruch von Martin Luther gegenüber seinen schlagenden Eltern ein: *Sie meinten's herzlich gut.* Es scheint mir, dass auch Hillary Clinton diesen Satz so hätte aussprechen können.

Bedingungslose Solidarität mit den USA hatte **Tony Blair** (geb. 1953) zu Beginn des Afghanistan Krieges gezeigt und entsandte ab 2001 Truppen. Tony Blair ließ zusätzlich mit Beginn des folgenden Irakkrieges 46 000 britische Soldaten im Irak einmarschieren – das größte ausländische Truppenkontingent nach den US-Streitkräften. Ziemlich viele Truppen für einen reinen Bündnispartner, der keinen *11. September* erlebt hatte und rationaler hätte agieren können. „Ich wollte Krieg, es war das Richtige", wird er später zitiert.[40] Auch während der Kosovo-Krise Ende der 1990er Jahre war ein militärisches Vorgehen für Blair der einzig erdenkliche Weg: „Just as I believe there was no alternative to military action, now it has started I am convinced there is no alternative to continuing until we succeed."[41]

Es macht für mich auf Grund dieser kriegerischen Abläufe durchaus Sinn, sich die Kindheit und Jugend von Tony Blair einmal genauer anzusehen. Tonys Vater, Leo Blair, hatte Kriegserfahrungen. Von 1942 bis 1947 diente er in der britischen Armee und brachte es bis zum Rang eines Majors.[42] Wie ihn diese Kriegsjahre prägten, wird in der Quelle nicht erwähnt. Zu vermuten ist, dass er, wie die meisten Soldaten des Zweiten Weltkrieges, traumatische Erfahrungen machte, über die er sich später ausschwieg. Später wurde Leo Blair dann zum „eingefleischten Konservativen", der mit „Leib und Seele die Politik Margaret Thatchers verteidigte".[43] Über Tonys Mutter erfährt man nur wenig in den verwendeten Quellen. Die Biografen konzentrieren sich eher auf den beruflich erfolgreichen Vater. Fest steht, dass sie hauptsächlich für die Kinder da war und – so wird gesagt – auch Freude daran hatte. Leo Blair war dagegen häufig abwesend und ging seiner Karriere nach.[44]

Gesellschaftlicher Aufstieg und Erfolg waren für den Vater von zentraler Bedeutung, insofern scheint er auch viel von seinen beiden Söhnen Bill und Tony erwartet zu haben und sorgte für eine entsprechende Schullaufbahn. Über die emotionale Beziehung zu seinen Söhnen erfährt man nichts in den Quellen. Als Tony zehn Jahre alt war, erlitt sein Vater einen Schlaganfall. Tony Blair bezeichnet diesen Tag später als den Tag, als seine Kindheit endete.[45] „Mit der Geborgenheit und der finanziellen Sicherheit der Familie ist es vorbei", schreibt Mischler.[46] Es dauert drei Jahre, bis Leo Blair wieder sprechen kann. Ebenso ist er in seiner Bewegungsfähigkeit eingeschränkt. Der Vater ist arbeitsunfähig und frustriert. Wie Tonys Bruder Bill berichtet, entwickelt Blair in diesen Jahren ein starkes Pflichtgefühl. Er will seinen Eltern gefallen.

Zusätzlich erkrankte auch noch seine Schwester Sarah im Alter von acht Jahren an einer Form von Arthritis und verbrachte daraufhin zwei Jahre im Krankenhaus.[47] Viel Zeit und Aufmerksamkeit für Tony wird von Seiten der Mutter sicherlich nicht mehr da gewesen sein.

Schauen wir nun, was Tony Blair selbst über seine Eltern berichtet. In seinen Memoiren beschreibt er seine Mutter als sehr gegensätzlich zu seinem Vater, der eher ihm gleichen würde und den er als „motiviert, entschlossen, mit einem konzentrierten Ehrgeiz, der sich, wie ich fürchte, bei uns beiden leicht in Selbstsucht verwandelt." beschreibt. „Mum dagegen war eine freundliche, liebenswerte, fast heilige Frau. Sie war schüchtern und in Gesellschaft ziemlich still."[48] Als Tony Blair ca. 17 Jahre alt war, erfuhr er, dass seine Mutter an Schilddrüsenkrebs erkrankt war. Er war gerade 22 Jahre alt, da starb sie an dieser Krankheit. Mit Rückblick auf ihren Tod beschreibt Blair, dass seine Mutter immer für ihn dagewesen wäre und ihn geliebt hätte. Viel mehr erfährt man – nach allem was ich sehen konnte – nicht über seine Eltern in Blairs Memoiren. Vor allem die Beziehung zum Vater wird von ihm nicht beschrieben, sondern eher auf die Anerkennung dessen beruflicher Karriere beschränkt. Das deutet vielleicht schon auf die Art der Beziehung der beiden und die hohen Erwartungen des Vaters hin.

Im Alter von dreizehn Jahren wurde Tony auf das renommierte Fettes College in Edinburgh geschickt (eine Privatschule), darauf bestand vor allem der Vater, seine Söhne sollen die bestmögliche Ausbildung bekommen. Tony fand dagegen Fettes schrecklich. In vielen Privatschulen ging es Mitte der 60er Jahre rau zu, Fettes war dabei rückständiger als die meisten anderen, wird berichtet. Für alles gab es Regeln und von den Schülern wurde strickte Disziplin erwartet. Die Schule glich in vielem einem Militärlager und hatte auch ein Kadettenkorps, in dem Tony seine ersten beiden Jahre in Fettes Dienst tat. Und: „Schüler werden in Fettes geschlagen. (…) Blairs Klassenkamerad Nick Rydon beschreibt Fettes als Gefangenlager: Offen gesagt, zu unserer Zeit Ende der sechziger Jahre war es für einen Westler einfacher, ungehindert durch die Sowjetunion zu reisen, als für einen Fettes-Schüler ins Zentrum Edinburghs zu kommen."[49]

Am schlimmsten für Tony war allerdings das sogenannte *Fagging System* der Schule. Die Schüler aus den unteren Klassen wurden ca. vier Jahre älteren Schülern als *Fag* (Burschen) zugeteilt und mussten sich für diese abrackern (vom Putzen, Wäsche zurechtlegen bis Toast machen etc.), alles tun, was diese sagen. Die Älteren hatten das Recht, Schlafsäle und Studienräume zu betreten und *Fag* zu rufen, der sich dann schleunigst in ihre Richtung zu begeben hatte. Ebenso duften sie ihre Diener nach Belieben durchprügeln. Tony Blair bekam mehrfach den Rohrstock eines Älteren zu spüren.[50] Ob Tony später auch einen *Fag* zugeteilt bekam, an dem er sich auslassen konnte, wird in den Quellen allerdings nicht berichtet.

Tony war unglücklich und „sieht sich außer Stande, etwas gegen das Schreckensregime an der Privatschule zu unternehmen".[51] Schließlich lief er davon. Seine Lehrer fingen ihn allerdings wieder ein, schreibt Mischler. Collins berichtet ebenfalls von einem Fluchtversuch.[52] Tony wollte auf die Bahamas fliegen und wurde in der Tat erst an Bord eines Flugzeuges am Newcastle Airport ohne Flugticket aufgegriffen. Ob dies der zweite oder derselbe Fluchtversuch war, erschließt sich in den beiden Texten nicht. Collins schreibt jedenfalls, dass Tony höchstpersönlich von seinen Eltern zurück in die Schule gebracht wurde und eine Menge Ärger mit ihnen und der Schulleitung hatte. Diese Information finde ich schon bemerkenswert. Tony Blairs Eltern scheinen hier wenig Rücksicht auf die verzweifelte Situation ihres Sohnes genommen zu haben. Er sollte zurück an die Schule, die Erwartungen waren hoch, aus ihm sollte etwas werden. Um jeden Preis, so scheint es (wohl nicht ohne Grund wollte er auf die Bahamas und nicht zu seinen Eltern fliehen). In dieser Situation zeigt sich eine ganz erhebliche Härte und Rücksichtslosigkeit gegenüber Tony. Tony verbrachte jedenfalls bis zu seinem ca. achtzehnten Lebensjahr seine Zeit in Fettes, insgesamt ca. fünf Jahre. Eine lange Zeit innerhalb eines *Schreckensregimes.* Das Fettes College erwähnt Blair in seinen Memoiren an fünf Stellen.[53] Mit keinem Wort erwähnt er dabei die demütigenden und strengen Regeln und sein Unglück während dieser Zeit. Auch dies spricht für sich.

In den Quellen findet sich keine Information darüber, ob Tony Blair auch von seinen Eltern als Kind geschlagen wurde. Die Regierung Blair hatte Anfang 2006 ein totales Verbot von körperlicher Gewalt in der Kindererziehung abgelehnt. In einem Bericht der BBC-News wird erwähnt, dass Tony Blair seine eigenen Kinder geschlagen habe. „Prime Minister Tony Blair has admitted smacking his older children."[54] Ich sehe diese Information als Indiz dafür, dass Tony Blair eigene Gewalterfahrungen weitergab.

Blair ist in den Medien oftmals als *Pudel* oder *Bushs Pudel* bezeichnet worden. Sicherlich hat Blair – den ich als hochintelligent einschätze – auch ganz eigene Interessen verfolgt. Da die USA sich selbst symbolisch als *Vater* verstehen – was ich noch im Verlauf des Buches ausführen werde – und Großbritannien vielleicht als *Sohn* oder *kleiner Bruder* verstanden werden könnte, ist Blairs Kindheitsgeschichte von großer Bedeutung bezüglich seines USA-Verhältnisses. Die schwere Erkrankung des fordernden Vaters, Tonys starkes Pflichtgefühl und sein Bedürfnis, dem abwesenden Vater zu gefallen, trafen später auf eine politische Situation, in der der *Vater* USA an Blairs Pflichten erinnerte und Treue forderte. Dazu kamen Tonys Erfahrungen mit Strafen und Gehorsam während seiner Schulzeit. Politisch folgte: Gehorsam gegenüber den USA, Strafen gegenüber den fremden *Schurken* und *Bösen* in Afghanistan und im Irak. Ist es übertrieben, hier Kindheitseinflüsse zu sehen? Ich finde nicht. Umgekehrt ist die Frage, wie ein Premierminister mit der gleichen damaligen politischen Situation umgegangen wäre, der umsorgt im Kreise seiner Familie (die seine Grenzen und Bedürfnisse empathisch geachtet hätte) und ohne Schicksalsschläge aufgewachsen wäre?

Auch im weiteren historischen Rückblick finden sich in Europa viele Kriegsherren, die als Kind grausam misshandelt wurden. Über **Ludwig XIII.** (1601–1643; der als König von Frankreich ein repressives und blutiges Regime führte) wird berichtet, dass er bereits im Alter von zwei Jahren regelmäßig jeden Morgen gepeitscht wurde. Am Tage seiner Krönung, da war er noch ein Kind, soll er gesagt haben: „Ich würde auf so viel Huldigung und Ehre gern verzichten, wenn man mich statt dessen weniger peitschen würde."[55] Zudem war der kleine Ludwig – obwohl über ein Dutzend Kindermädchen und Pflegepersonal mit seiner Obsorge beauftragt gewesen waren – regelmäßig unterernährt, manchmal sogar dem Tode nahe.[56] Den für die Pflege Zuständigen fehlte offensichtlich das Einfühlungsvermögen, um das Kind ausreichend zu ernähren.

Die ersten Lebensjahre von Ludwig XIII. waren ergänzend von einer Fülle sexueller Übergriffe und Grenzüberschreitungen begleitet. Er war noch kein Jahr alt, dokumentiert Philippe Aries, als seine Kinderfrau ihn masturbierte.[57] Als er ein Jahr alt war, wurde sein Penis von allen möglichen Leuten *geküsst* und während „der ersten drei Jahre seines Lebens findet niemand etwas dabei, zum Scherz das Geschlechtsteil dieses Kindes zu berühren."[58] Seine Amme fasst ihn – so Aries – ebenso an, wie die Dienerschaft, „einfältige Jugendliche", „leichtlebige Frauen", die eigene Mutter und auch der Vater. Dazu kommen perverse Drohungen: „Seine Amme hatte ihm eingeschärft: Monsieur, lassen Sie nur niemanden Ihre Hoden anrühren, auch ihren Piephahn nicht, sonst wird er Ihnen abgeschnitten."[59] Der kleine Ludwig wurde auch zusammen mit seiner Schwester nackt zum König – seinem Vater – ins Bett gelegt, „wo sie sich küssen, miteinander flüstern und dem König großes Vergnügen bereiten."[60]

Im Alter von vier Jahren war – mit Worten von Aries – seine *sexuelle Aufklärung* so gut wie abgeschlossen. Ab dem Alter von fünf oder sechs Jahren nahmen diese Übergriffe dann ab. Seine eigentliche Erziehung begann kaum vor dem siebten Lebensjahr. Davor – so scheint es – war er freigegeben für alle erdenklichen sexuellen Übergriffe, jeder konnte mit ihm tun, was er oder sie wollte. Ab dem Alter von sieben Jahren galt er als kleiner Mann und man ließ von ihm ab. Ludwig selbst entwickelte in dieser Zeit bereits sadistische Züge. So z. B. bezüglich des Umgangs mit seiner Amme. „Er treibt seine Späße mit ihr, lässt sie die Zehen bewegen, die Beine hochheben, sagt seiner Amme, sie solle Ruten holen, um sie durchzuhauen, lässt diesen Auftrag ausführen (...)."[61] Ludwig ist etwas über vierzehn Jahre alt – berichtet Aries weiter –, da drängte man ihn nahezu gewaltsam ins Bett seiner ihm versprochenen Frau. Zusammenfassend lässt sich sagen, dass Ludwig XIII. als Kind ganz eindeutig schwer sexuell missbraucht und sowohl körperlich wie seelisch misshandelt wurde.

Die Erziehung von **Napoleon Bonaparte** (1769–1821) war (traditionell auf Korsika) rein Sache der Mutter, sein Vater stand weitgehend außen vor und war oftmals abwesend. Napoleons Mutter strafte ihren Sohn regelmäßig mit körperlicher Gewalt und bestand auf ihre uneingeschränkte Macht über ihn. Mit welcher Willkür und Kaltherzigkeit sie ihr Kind strafte, zeigt sich deutlich an folgendem Beispiel: „Eines Abends geht sie mit einer Freundin spazieren, als sie bemerkt, dass Napoleone hinter ihnen hergeht. Erbost darüber, weil er ihnen ohne Erlaubnis nachgegangen ist, versetzt sie ihm eine so kräftige Ohrfeige, dass das Kind umfällt. Es weint und reibt sich die Augen. Sie aber kümmert sich nicht darum und setzt mit ihrer Freundin den Weg fort."[62] Widl (1992) berichtet von weiteren Bestrafungsaktionen, so wurde der Junge von seiner Mutter verprügelt, als er heimlich Feigen von einem Baum pflückte oder einen Spaß über seine Großmutter machte. Als der Junge fünf Jahre alt war, gab sie ihn „um seinen wilden Sinn zu zähmen" in eine Mädchenschule.[63] Als er dort einige Mädchen, die ihn verspottet hatten, mit einem Stock in die Flucht schlug, beschwerte sich die Lehrerin bei seiner Mutter. Letztere nahm ihn sofort aus der Schule und begrüßte ihn zu Hause mit einer Tracht Prügel.

Napoleon hat zeit seines Lebens seine (destruktive) Mutter stark idealisiert. Noch im Exil auf Sankt Helena diktierte er: „Meine Mutter ist ebenso bewunderungswürdig wie großartig in ihrer Liebe zu ihren Kindern. Ihre Liebe zu mir ist erhaben."[64], was vor dem oben genannten Hintergrund für eine starke *Identifikation mit dem Aggressor* spricht.

Auch Johannes Willms (2009) bestätigt die körperliche Gewaltausübung dieser Mutter. Er schreibt, dass entscheidend für Napoleons frühe Erziehung „das strenge Regiment der Mutter, die den früh ausgeprägten eigenen Willen ihres Zweitgeborenen durch häufige Züchtigungen zu brechen suchte" war.[65]

Willms meint, dass die Ehe beider Eltern nicht von Liebe geprägt, sondern eine Vernunftehe war. Letizia Ramolino – Napoleons Mutter –, gebar insgesamt dreizehn Kinder, wovon allerdings nur acht überlebten. Alleine dieser Tod von fünf Kindern muss einen langen Schatten auf die Familie geworfen haben. In Anbetracht des destruktiven Charakters dieser Mutter mag man darüber spekulieren, ob der Tod einiger der Kinder vielleicht mit ihrem Verhalten in Zusammenhang stand. Der eigentlich erstgeborene Sohn starb 1765 im Jahr seiner Geburt und war auch schon auf den Namen Napoleon getauft. Das zweite Kind, ein Mädchen, starb ebenfalls im Säuglingsalter. Erst das dritte Kind, Joseph, überlebte. Der dann Zweitgeborene erhielt erneut den Namen des verstobenen ersten Kindes: Napoleon.

Im Alter von neun Jahren verließ Napoleon auf Wunsch der Eltern das Heim, um zur Erziehung nach Frankreich zu gehen. Im Alter von elf

Jahren wurde er dann auf eine französische Kadettenschule geschickt. Auf Grund seiner geringen Größe und seiner korsischen Abstammung wurde er dort derart stark diskriminiert und gedemütigt, dass er eines Tages verheißungsvoll sagte: „Wartet nur, wenn ich groß bin! Alles Böse will ich dann euch Franzosen antun.“[66] Auch Willms schreibt, dass für den neunjähren Napoleon nach Antritt seiner (militärischen) Schulbildung fern ab der Heimat „ein Leidensweg begann, dessen Härte er noch in der Verbannung auf Sankt Helena lebhaft beschwor.“[67] Im Alter von vierzehn Jahren schrieb Napoleon einen verzweifelten, wohl auch die Eltern anklagenden Brief (dessen Inhalt aus der verwendeten Quelle nicht hervorgeht) aus der Militärschule. Seine Mutter antwortet ihm am 2. 6. 1784: „(…) wenn ich jemals noch einen ähnlichen Brief von Dir erhalten sollte, werde ich mich nicht mehr mit Napoleon abgeben. Wann hast Du, junger Mensch, je gehört, dass ein Sohn, in welcher Lage er sich auch befinden möge, so an seinen Vater schreibt, wie Du es getan hast? Du kannst dem Himmel danken, dass der Vater nicht zu Hause gewesen ist. Wenn er Deinen Brief gelesen hätte, dann wäre er, nach einer solchen Beleidigung, augenblicklich nach Brienne gereist, um den frechen und strafbaren Sohn zu züchtigen. (…)“[68] Ihr Brief zeigt zwei Dinge. Erstens, wie schnell sie jederzeit bereit war, ihren Sohn zu verstoßen, sobald er gegen ihren Willen agierte. Zweitens, auch der Vater, über den man sonst kaum etwas erfährt und der stets abwesend war, scheint seine Kinder geschlagen zu haben bzw. jederzeit dazu bereit gewesen zu sein (zumindest ging seine Frau davon aus), so es denn Anlass dazu gab. Napoleon war gerade einmal fünfzehn Jahre alt, da traf ihn der nächste Schicksalsschlag, sein Vater starb an Magenkrebs.

Schon als Kind fiel Napoleon nach Neumayr (1995) durch seine aufbrausende Art, seinen Jähzorn, seine Grobheit und bisweilen auch durch Brutalität auf. Ein ehemaliger Mitschüler Napoleons berichtet über ihn: „Immer lag etwas Bitteres in seinen Worten, sein Wesen hatte nichts Liebevolles (…).“[69] Schon seine Jugendjahre waren zudem geprägt von Lebensmüdigkeit und depressiven Verstimmungen: „Was soll ich in der Welt? Da ich doch einmal sterben muss, könnte ich mich dann nicht jetzt schon umbringen?“ und „Das Leben ist mir zur Last, ich habe keinen Genuss, alles wird Schmerz.“[70]

Als Erwachsener prägte Napoleon schließlich entscheidend die Entwicklungen in Europa und ging vor allem auf Grund seiner Feldzüge und Kriege in die Geschichte ein. Mit dem Namen *Napoleon* verbindet man auch einen ausgeprägten Größenwahn, Narzissmus und Minderwertigkeitskomplex.

Der Kronprinz **Friedrich II.** (*der Große* und König von Preußen, 1712–1786) verbrachte seine ersten vier Lebensjahre unter der Fürsorge einer Untergouvernante, über deren Erziehungsstil man in der verwendeten Quelle nichts erfährt. Wie in damaligen hochadligen Familien üblich, überließen die leiblichen Eltern die Erziehung komplett Anderen, was systematisch den ersten schweren Bruch mit dem Kind ab dem Zeitpunkt der Geburt bedeutet. Friedrichs Mutter – Königin Sophie Dorothea – scheint kaum eine Rolle im Leben des Kronprinzen gespielt zu haben. Der Biograf Johannes Kunisch beschreibt im Grunde überhaupt keine Beziehung oder Begegnungen mit ihrem Sohn. Alles, was man dazu erfährt ist folgendes: „Ob dem Heranwachsenden in seiner Kindheit jemals mütterliche Zuwendung und Wärme zuteil geworden ist, mag (…) zweifelhaft erscheinen. Spätestens seit die dynastischen Ambitionen der Königin in Bezug auf ihre Kinder abgewiesen und enttäuscht worden waren, trat zutage, dass besonders der Kronprinz und seine Schwester Wilhelmine lediglich Werkzeuge eines machtpolitischen Kalküls waren, das ständig häusliche Konflikte und gelegentlich heftige Auseinandersetzungen heraufbeschwor (…).“[71]

Genauer beschrieben ist die Beziehung zum Vater: Friedrich Wilhelm I. Der König wird als jähzorniger, unberechenbarer, tyrannischer und aufs Militärische fixierter Vater beschrieben. Die Kindheit und Jugend Friedrichs II. war auf Anweisung und unter Beteiligung des Vaters von einer militärischen Erziehung mit Drill, körperlichen Züchtigungen und seelischen Verletzungen geprägt.[72]

Der junge Friedrich interessierte sich mehr für Musik, Literatur und Sprachen als für das Soldatentum, was dem Willen seines Vaters komplett entgegenlief. Heimlich spielte der Kronprinz Flöte, las französische Romane und lernte Latein. Wenn der Vater davon Wind bekam, setzte es Prügel, auch vor den Augen von Offizieren und Dienstboten. Einem Lehrer, der mit dem Sohn Latein übte, verabreichte der König höchst persönlich Prügel, wie Friedrich II. später selbst berichtete. Danach war der Sohn dran, der sich erschreckt durch den Wutausbruch des Vaters unter einem Tisch verkrochen hatte. Friedrich II. dazu: „Ich zitterte noch mehr; er packte mich an den Haaren, zieht mich unter dem Tisch hervor, schleppt mich so bis in die Mitte des Zimmers und versetzt mir endlich einige Ohrfeigen: ‚Komm mir wieder mit deiner mensa, und du wirst sehen, wie ich dir den Kopf zurechtsetze'".[73]

Je älter der Kronprinz wurde, desto strenger und reglementierter wurde die durch den Vater angewiesene Erziehung. Aus der Jugendzeit des Kronprinzen ist eine Konfliktsituation überliefert, in der er vom Vater zunächst vor der versammelten Dienerschaft misshandelt wurde. „Dabei schrie er ihn an und gab ihm in provozierender Verächtlichkeit zu verstehen, dass er sich totgeschossen hätte, wenn er von seinem Vater so behandelt worden wäre; doch er, Friedrich, lasse sich ja alles gefallen."[74] Friedrich II. schrieb schließlich im Alter von sechzehn Jahren noch einmal einen verzweifelten Brief an den Vater, in dem er den „grausamen Hass, den ich aus allem seinen Tun genug habe wahrnehmen können", von sich fernzuhalten hoffte. Die schriftliche Antwort des Königs beschreibt zusammenfassend die Haltung des Vaters: „Sein eigensinniger böser Kopf, der nicht seinen Vater liebet, denn wenn man nun Alles thut, absonderlich seinen Vater liebet, so thut man, was er haben will, nicht wenn er dabei steht, sondern wenn er nicht Alles sieht. (...)."[75] Der Vater wollte eine Marionette, jeder Eigensinn sollte dem Sohn ausgetrieben werden.

Friedrich versuchte sich immer mehr der Kontrolle des Vaters zu entziehen und wurde auch ein Meister darin, sich zu verstellen (was ihm später politisch nützlich war). Nach einer erneuten Zuspitzung des Konfliktes mit dem Vater plante der Thronfolger schließlich die Flucht. Doch die Pläne flogen auf und der junge Friedrich wurde verhaftet. Sein Vater verhängte die Todesstrafe über Friedrichs Freund, Hans Hermann von Katte, der in die Fluchtpläne eingeweiht war. Die Hinrichtung fand auf Anweisung des Königs unter dem Fenster von Friedrichs Arreststube statt, damit er die Exekution mitverfolgen könne.[76] Als späterer König führte Friedrich II. häufig, ja fast ununterbrochen Krieg. Es scheint so, dass er letztendlich den Willen des Vaters komplett entsprochen, wenn nicht gar noch übertroffen hatte.

Otto von Bismarck (1815–1898) musste Ende 1821 im Alter von nur sechs Jahren seine vertraute ländliche Umgebung und seine Eltern verlassen. Er wurde ins Internat nach Berlin geschickt. Noch im Alter von fast 50 Jahren bekannte Bismarck in Erinnerung an die Zeit im Internat: „Meine Kindheit hat man mir in der Plamannschen Anstalt verdorben, die mir wie ein Zuchthaus vorkam." und „In der ganzen Anstalt herrschte rücksichtslose Strenge."[77] Der Biograf Ernst Engelberg berichtet aus dem Innenleben dieser Erziehungsanstalt von einer „rüden Art des Miteinanderumgehens", von einer „treudeutschen und biederen" Art des Unterrichts, einem „Geist der Verhärtung und Existenzangst", von einer „Mischung aus Strenge, Glauben und Knickerei", von einer „zivilen Kadettenanstalt, verwaltet nach Prinzipien ähnlich denen der alten Kompaniewirtschaft" und von der altpreußischen Devise „Gelobt sei, was da hart macht!".[78] Bismarck selbst habe später zudem berichtet, dass er sich nie habe satt essen können. Das Essen war offenbar karg und zu wenig. Sechs lange Jahre verbrachte das Kind dort.

In seiner Schulzeit wurde der Junge auch von Lehrkräften geschlagen.[79] Während seines ersten Schuljahres starb auch noch Ottos kleiner Bruder durch einen verschluckten Gegenstand.[80] Wie Otto mit dieser Nachricht umging, erfährt man in der verwendeten Quelle nicht.

Engelberg vermutet, dass diese harte Schulzeit für Otto der Grund für sein gestörtes Verhältnis zu seiner Mutter war. Die Mutter gab auch noch aus der Ferne Anweisungen bezüglich schulischer Leistungen und schickte ihren Sohn in den Ferien gerne zu seinem Onkel Fritz, statt ihn in seinem alten Zuhause zu empfangen. Das Kind muss sich total verloren und abgelehnt gefühlt haben. In einem Brief an seine spätere Ehefrau Johanna schrieb Bismarck 1847 über seine Mutter: „Sie wollte, dass ich viel lernen und werden sollte, und es schien mir oft, dass sie hart und kalt gegen mich sei: als kleines Kind hasste ich sie, später hinterging ich sie mit Falschheit und Erfolg."[81] Ganz und gar erstaunlich ist die Anmerkung des Biografen Engelberg nach der ausführlichen Skizzierung der Kindheit im Internat, dass Otto *keine* unglückliche Kindheit erlebt hätte, sondern nur *mancherlei Spannungen* ausgesetzt gewesen sei. Den Schilderungen folgend würde ich von schweren, traumatischen Kindheitserfahrungen sprechen, die ganz sicher nicht folgenlos blieben. Vor allem Bismarcks kriegerische Politik und persönliche Härte sollte in einem Zusammenhang zu dessen Kindheitsleid gesetzt werden.

Wilhelm II. (1859–1941) vertraute dem Fürsten Eulenburg einst folgendes an: „Der Kaiser erinnert sich mit Bitterkeit an die bei ihm angewandten Erziehungsmethoden, vor allem an die mangelnde Liebe der Mutter und die verfehlten Experimente seines Erziehers. ‚Er wollte aus mir sein Ideal eines Fürsten machen [...]. So kommt es, dass ich absolut nichts empfinde, wo andere leiden [...]. Es fehlt mir etwas, das andere haben. Alle Lyrik in mir ist tot'."[82]

Auch viele damalige Beobachter – darunter auch die eigene Mutter, Schwester und der Vater – nannten als hervorstechendes Merkmal von Wilhelms Charakter seine „eisige Herzenskälte" und „Gefühllosigkeit".[83]

Kornbichler (2007) bezeichnet Wilhelm II. als seelisch schwer gestörten Menschen, der zudem an einem starken Minderwertigkeitskomplex litt. „Beim Prinzen Wilhelm fand das statt, was die Psychoanalytiker als Identifikation mit dem Aggressor bezeichnen. Zunächst Opfer der zwangsmoralischen Disziplinierung und soldatischen Indoktrinierung seitens seiner Erzieher, identifizierte er sich nach und nach mit dieser aggressiven Lebensform; so wurde aus dem Opfer im Laufe der Jahre ein Täter."[84] Kornbichler zitiert einen Bericht, der einen Einblick in die Art der Erziehung bei Hofe gibt. Der Prinzenerzieher Hinzpeter trat im Herbst 1866 seinen Posten an, „und für den kleinen Prinzen begann jetzt – zusätzlich zu den täglichen Elektrisierungen, den gymnastischen Übungen mit der Armstreckmaschine, dem regelmäßigen Anschnallen eines aufgeschlitzten frisch geschlachteten Tieres – die denkbar härteste Erziehung durch einen Hauslehrer, der von vornherein auf die uneingeschränkte Gewalt über die Seele seines Zöglings bestanden hatte. Mit siebeneinhalb Jahren wurde Prinz Wilhelm in die erbarmungslosen Hände eines schrulligen, ‚spartanischen Idealisten' ohne Gemüt übergeben."[85] Hinzpeter verabreichte dem Prinzen zum Frühstück trockenes Brot, danach musste Wilhelm 12 Stunden lernen. Er zwang den behinderten Jungen auch, „blind gegen dessen Tränen, wieder und wieder aufs Pferd (...) ohne Zaumzeug und Sattel, um ihn zur kaiserlichen Pose abzurichten. ‚Freudlos wie das Wesen dieses pedantischen und herben Mannes', erinnert sich später der Kaiser, so ‚freudlos die Jugendzeit'."[86]

Wilhelm II. hatte seit seiner Geburt schwere Probleme mit dem linken Arm, der kürzer als der rechte und dazu lahm war. Jahrelang musste er – vor allem auf Anweisung seiner Mutter – diverse qualvolle Experimente (einige Andeutungen dahingehend wurden zuvor genannt) über sich ergehen lassen, die den Arm in Form bringen sollten.[87] Operationen, ‚Fixierungs-Gestelle', Kopf- und Armstreckmaschinen, Fesselung des rechten Arms, um den linken zur Aktivität zu ermuntern und Bäder der lahmen Extremität im Blut frisch geschlachteter Hasen waren nur einige der Quälereien, die man sich für den Prinzen erdacht hatte, die allerdings nichts an der Situation änderten. Den unbrauchbaren Arm hat seine Mutter ihm zeitlebens übel genommen.[88]

Wilhelms Mutter hatte – folgt man den Ausführungen von Röhl (2001) – zudem etwas überfürsorgliches und aufdringliches, forderte stets Liebe von Ihrem Sohn und deutete schon früh viele seiner Reaktionen und Verhaltensweisen als Ablehnung ihr gegenüber. Röhl schreibt aufschlussreich: „Was die Kronprinzessin nicht erkennen konnte, war, dass (...) sie selbst das eigentliche Problem im psychischen Leben Wilhelms darstellte. So sehr sie sich auch bemühte, sie konnte ihn, so wie er war, nicht akzeptieren. (...) Gerade weil sie so viel von ihm erwartete, hielt sie mit ihrer Kritik nicht zurück. Wilhelm aber, der diese Kritik als Ablehnung auffassen musste, stand vor der Wahl, sich selbst aufzugeben oder sich von der Mutter abzuwenden."[89] Wilhelm brach dann schließlich ab dem jugendlichen Alter zusehends den Kontakt zu seinen Eltern ab.

Den reinen Horror brachte Wilhelm II. seinerseits später über Europa, als er den Ersten Weltkrieg entflammte. Schon früh hatte er im Militär etwas gesucht, was er als Kind nicht hatte finden können: Beim 1. Garderegiment in Potsdam fand der Prinz jene „Familie", die „ich bis dahin hatte entbehren müssen".[90] Nachdem Millionen Menschen getötet waren und der deutsche Kaiser im holländischen Exil machtlos seinen Lebensabend verbringen musste, kämpfte er rastlos weiter gegen alles Lebendige. „Wie besessen fällt er die Bäume im Park und sägt sie in Stücke; am 12. November 1919 erlegt er den zwölftausendsten Stamm."[91]

Eine Veröffentlichung von Wolfgang Zdral über *Die unbekannte Familie des Führers* belegt die gewaltvolle Familienatmosphäre bei den Hitlers. „Mein Bruder Adolf (...) erhielt jeden Tag eine richtige Tracht Prügel", sagte später Adolfs Schwester Klara.[92] **Adolf Hitler** (1889–1945) prahlte einmal gegenüber seiner Sekretärin: „Als ich eines Tages im Karls May gelesen hatte, dass es ein Zeichen von Mut sei, seinen Schmerz nicht zu zeigen, nahm ich mir vor, bei der nächsten Tracht Prügel keinen Laut von mir zu geben. Und als dies soweit war (...) habe ich jeden Schlag mitgezählt. Die Mutter dachte, ich sei verrückt geworden, als ich ihr stolz strahlend berichtete: ‚Zweiunddreißig Schläge hat mir Vater gegeben!'."[93] An diesem Beispiel wird erstens die Heftigkeit der Prügel deutlich (32 Schläge!) und zweites sehr anschaulich, wie das täglich geprügelte Kind sein Schmerzempfinden abspaltet und in der Folge auch das Fühlen und Mitfühlen verschüttet wird.[94] Adolf Hitlers Mutter wagte nicht, ihren Sohn vor den Schlägen zu schützen, berichtet Wolfgang Zdral. Auch sie wurde Opfer der Gewaltausbrüche ihres Ehemannes, wie ihr Sohn Alois jr. berichtete. Letzt genannter hatte sich rückblickend auch bitter darüber beklagt, dass sein Vater ihn „unbarmherzig mit der Nilpferdpeitsche geschlagen" habe.[95] Einmal wurde Alois jr. so lange mit der Peitsche traktiert, dass er das Bewusstsein verlor. Adolf wird diese schwere Gewalt gegen Mutter und Bruder sicherlich miterlebt haben. Nachdem der ältere Bruder als Vierzehnjähriger das elterliche Haus verließ und nie mehr zurückkehrte, wurde vor allem Adolf zur Zielscheibe der väterlichen Frustrationen und Gewalt.[96]

Eines Tages wollte der junge Adolf davonlaufen, woraufhin ihn der Vater in einem der oberen Räume einsperrte. Um nachts durch eine Fensteröffnung entkommen zu können, legte Adolf seine Kleider ab. Doch Alois sen. betrat den Raum, sein Sohn konnte sich vorher noch mit einem Tischtuch bedecken. „Der alte Herr griff diesmal nicht zur Peitsche; stattdessen brach er in Gelächter aus und rief seine Frau; sie möge doch heraufkommen und sich den ‚Togajüngling' ansehen. Dieser Spott traf den Sohn härter als jede körperliche Züchtigung. Helene Hanfstaengl bekannte er später, er habe ‚lange gebraucht, um über diese Episode hinwegzukommen'."[97] Dies war aber nicht der einzige Fluchtversuch: „Als Adolf von seinem Vater dabei erwischt wurde, wie er sich für seinen Fluchtversuch zusammen mit zwei Freunden ein Floß baute, wurde er so schlimm zusammengeschlagen, dass man wohl befürchten musste, er sei getötet worden."[98] Zudem beschreibt Arno Gruen ausführlich die gestörte Mutter-Kind-Beziehung Hitlers.[99] Hitler hatte das Bild der Medusa, deren Blick – laut Mythos – zu Stein werden lässt, an seinen Wänden hängen und soll gesagt haben: „Diese Augen! Es sind die Augen meiner Mutter!"[100]

Der faschistische Diktator Italiens, **Benito Mussolini** (1883–1945), hatte ebenfalls eine traurige Kindheit. Zu Hause musste er unter strenger väterlicher Aufsicht in der Schmiede seines Vaters arbeiten „und erhielt Schläge, sobald er unachtsam schien oder sich ablenken ließ."[101] Der Vater erzog seinen Sohn kompromisslos und „lehrte ihn auch den Hass gegen Monarchie, Kirche und Gesellschaft."[102] Mussolinis Vater sei im Grunde ein Anarchist gewesen, „streitbar und aggressiv. Bei seinen vielen Interessen hatte er für seine Familie keine Zeit. Das Verhältnis zu seinem Sohn war, trotz der späteren Verherrlichung des Vaters aus propagandistischen Gründen, nicht gut. Der Vater hielt Prügel für das beste Erziehungsmittel und hatte seinen Sohn mit dem Gurt häufig grün und blau geschlagen. Benito Mussolini hasste ihn deswegen im Grunde genommen."[103] Benitos Mutter hegte ihrerseits ehrgeizige Pläne für ihre Kinder, die sie unbedingt in höhere Gesellschaftsschichten aufsteigen sehen wollte. Mussolini idealisierte seine Mutter stark, sagte aber auch im gleichen Atemzug: „Ich kannte nur eine Angst: Irgend etwas zu tun, was ihr missfallen könnte."[104]

Nach Abschluss der ersten zwei Grundschulklassen wurde Benito in ein katholisches Internat geschickt, wo er zwei Jahre blieb. Die Patres des Internats seien auf „Zucht und Ordnung" bedacht gewesen.[105] In dem Internat war er ein Außenseiter und „hatte dauernd Schwierigkeiten mit den Lehrern, ständig saß er im Arrest oder bezog Prügel. Gegen Ende des zweiten Schuljahres beging er eine besonders große Dummheit: Bei einer Auseinandersetzung stach er einen Mitschüler mit einem Messer nieder."[106] Mussolini berichtete später selbst davon, dass er sich als Junge oft geprügelt habe und viele seiner Kameraden heute noch Narben davon hätten.[107] Der Junge scheint früh damit begonnen zu haben, sich vom Opfer zum Täter zu entwickelt. Ab dem Jahr 1895 kam Benito dann auf ein konfessionsloses Internat, in dem er ebenfalls als Außenseiter hervorstach und durch seinen Jähzorn und Zynismus auffiel. Viel Lebenszeit hat das Kind also nicht bei seiner Familie verbracht. Mit achtzehn Jahren schloss er die Schule ab und Kirkpatrick schreibt verhängnisvoll, verheißungsvoll: „Mit dem Diplom in der Hand, warf er aufatmend die Fesseln seiner Kindheit ab und rüstete sich, der Welt die Stirn zu bieten."[108] Deutlich wird nicht nur, wie sich diese Kindheitserfahrungen später im politisch-diktatorischem Agieren wiederaufführten. Deutlich und sehr interessant ist auch, wie sich die erlebte Kindheit auch in der Sprache wiederfindet. 1925 sagte Mussolini: „Das Volk ist nur ein großes Kind, das man führen muss, dem man helfen muss, das man bestrafen muss, wenn es nötig ist."[109]

Die Kindheit von Spaniens Diktator **Francisco Franco** (1892–1975) ist ebenfalls ein Lehrstück dafür, wie als Kind schwer missachtete Menschen sich später an der Gesellschaft rächen können. Francisco Franco entstammte einer Familie mit langer militärischer Tradition, schon der Großvater war ein hochrangiger Militär. Sein Vater – Nicolás Franco – war ein Marineoffizier, der sich auch zu Hause wie ein General aufführte, autoritär und tyrannisch war. Seine Kinder und auch seine Frau wurden oft Opfer seiner Wutausbrüche. Seine Tochter berichtete später, dass ihr Vater seine Söhne schlug, hielt sich aber über das Ausmaß der Gewalt bedeckt. Zu Hause war der Vater oft abwesend, traf sich außerhalb zum Kartenspielen, für Trinkgelage und mit anderen Frauen.[110]

Besonders der zweitgeborene Sohn Francisco war Ziel der väterlichen Ablehnung. Der dünne, schweigsame Junge enttäuschte seit frühester Kindheit die Vorstellungen des Vaters. Auf ihn angesprochen sprach er zuerst von seinem Sohn Nicolas, manchmal auch von Ramon, Francisco war nur „mein anderer Sohn."[111] Don Nicolas verachtete seinen zweiten Sohn auch noch, als der den Bürgerkrieg gewonnen hatte: „Paquito als Staatschef! Paquito als Caudillo! Dass ich nicht lache!"[112]

Francos Mutter war vor allem bemüht, die religiös-bürgerliche Fassade nach Außen aufrecht zu erhalten und ihr Unglück zu verdecken. Nach dem krankheitsbedingten Tod ihrer kleinen Tochter Paz im Jahr 1903 war sie zudem am Boden zerstört. Über die Auswirkungen dieser Tragödie auf die anderen Familienmitglieder wird in den Quellen nichts beschrieben. Alle Schilderungen aus den verwendeten Quellen deuten allerdings darauf hin, dass der kleine Francisco seine Mutter trösten und stützen musste. Er begleitete seine Mutter Pilar täglich zur Kirche, wo sie Trost im Gebet suchte. Als ihr Ehemann die Familie im Jahr 1907 – da war Francisco 14 Jahre alt – endgültig verließ, trug sie ab sofort nur noch schwarze Kleider. Es scheint so, schreibt Preston, dass dieser Aufbau eines Schutzschildes vor dem Unglück seiner Mutter auf Kosten der emotionalen Entwicklung von Francisco ging und er eine kalte, innere Leere ausbildete.[113] Francisco war ein einsames, unglückliches und in sich gekehrtes Kind, das zudem älter schien, als es eigentlich war. Er war brav und folgsam.

Die Schilderungen über seine Mutterbeziehung lassen letztlich den Schluss zu, dass er emotional von dieser missbraucht und als Trostpflaster gebraucht wurde. Als Person mit eigenen Bedürfnissen scheint er nicht gesehen worden zu sein. Die Mutter hatte ihren Kindern außerdem – trotz oder gerade wegen dieser Verhältnisse – den eisernen

Willen eingepflanzt „aufzusteigen, Ruhm zu erlangen, und sei es unter höchsten Opfern und Anstrengungen".[114]

Ergänzend ist auch eine Szene überliefert, die offen die grausame Seite von Franciscos Mutter aufzeigt. Als Francisco ungefähr acht Jahre alt war, soll seine Mutter eine Nadel derart erhitzt haben, dass diese an der Spitze glühte. Dann presste sie die Nadel auf Franciscos Handgelenk. Ihr Sohn soll nur gesagt haben, dass es ihn schockiere, wie verbranntes Fleisch riechen würde.[115] Die fehlende Schmerzreaktion könnte eine Art von Heroisierung dieser Geschichte in seiner Familie sein oder seine Reaktion spricht bereits dafür, dass der Achtjährige auf Grund seiner Vorerfahrungen sein Schmerzempfinden abgespalten hatte.

Die Anerkennung seines Vaters konnte Francisco letztlich nie erreichen. Gleichzeitig idealisierte er diesen, kreierte das Bild eines Helden, bestritt später, dass es Probleme zwischen seinem Vater und seiner Mutter und auch den Kindern gegeben hatte und ließ seinen Vater nach dessen Tod prachtvoll beerdigen.[116]

Vaterersatz und Selbstbestätigung suchte Francisco beim Militär, wo er mit vollem Einsatz in jungen Jahren begann. Auch hier erlebte er allerdings zunächst Demütigungen auf Grund seiner kleinen Größe und wurde auch das Ziel von grausamen Initiationsritualen durch seine Kameraden, auf die er mit Gewalt reagierte.[117] Spott hatte er auch schon als Kind von Spielkameraden und seinen Geschwistern erfahren, die den schmächtigen, kränkelnden Jungen *cerillita* (Zündhölzchen) nannten.

Aus diesem ohnmächtigen Jungen wurde später der große General und Diktator Spaniens (El Caudillo – der Anführer). Im Militär hatte er sich schnell nach oben gearbeitet und nach dem blutigen Bürgerkrieg die Macht übernommen. Mindestens 30 000 politische Gefangene wurden unter Francos Regime zwischen 1939 und 1945 hingerichtet. Über eine Viertelmillion Republikaner wurde eingekerkert und gefoltert, eine halbe Million musste ins Exil fliehen. Noch 1946 befand Franco: „Es gibt keine Erlösung ohne Blut." und Todesurteile unterzeichnete er „ohne dass mir die Hand zitterte".[118]

Über den Vater des rumänischen Diktators **Nicolae Ceauşescu** (1918–1989) wird berichtet, dass er sein weniges Geld im Wirtshaus vertrank, statt seine Kinder zu ernähren und dass er seine Kinder täglich *zu ihrem Besten* schlug. Die Mutter achtete streng auf die schulischen Leistungen der Kinder, die sie ebenfalls ausgiebig prügelte.[119] Alice Miller analysiert in ihrem Beitrag u. a. den Wahn des Diktators Ceauşescu, der sein Volk zu einem Überfluss an Kindern zwang, die nicht ernährt und gewärmt werden konnten. „Der Tyrann hat sich für sein persönliches Schicksal stellvertretend an Tausenden Müttern, Vätern und Geschwistern gerächt. Indem er sich weigerte, sich mit seinem Schicksal zu konfrontieren, seine Geschichte und seine Gefühle von damals total verdrängt hielt, brachte er ein ganzes Volk an den Rand des Untergangs. Ceauşescu hat nicht nur die rumänischen Kinder in die gleiche Not getrieben, die einst die seine war: Lieblosigkeit, Hunger, Kälte, ständige Kontrolle und die allgegenwärtige Heuchelei. (...) Er wollte Millionen Frauen dazu zwingen, Mütter zu werden, um ja niemals fühlen zu müssen, was er als Kind verdrängte: dass er seiner Mutter nur eine Last war und dass seine Existenz nachweisbar von ihr vergessen wurde.“[120]

Der politische Serbenführer **Slobodan Milosevic** (1941–2006) war offenbar laut Wirth (2006) ein seelisch schwer traumatisierter Mensch. Seine Lebensgeschichte ist durch einschneidende Verlusterlebnisse und ein hohes Maß an Destruktivität gekennzeichnet. Sein Vater verließ früh die Familie; er erschoss sich 1962 und blieb ein „Schwarzes Loch in Milosevics Biographie.“[121] Milosevics Mutter war hart, despotisch, unduldsam, besitzergreifend und psychisch überlastet. Der Lieblingsonkel hatte sich bereits Jahre vor dem eigenen Vater – da war Milosevic sieben Jahre alt – erschossen. Als Slobodan 31 Jahre alt war, folgte der nächste Schlag, seine Mutter erhängte sich an der Schlafzimmerlampe.[122] All diese Hintergründe deuten auf eine sehr belastete Kindheit hin.

Über Jugoslawiens Diktator **Tito** (1892–1980; bürgerlicher Name: Josip Broz) gibt es einige wenige Berichte über seine Kindheit, die allerdings ihrerseits Bände sprechen. Seine Eltern bekamen insgesamt fünfzehn Kinder, von denen acht früh verstarben.[123] Bei einer Kindersterblichkeitsrate von ca. 50% in dieser Familie war Tito also eines von den wenigen Kindern, die überlebten. Was war in dieser Familie los und wie gingen die Eltern mit Säuglingen und Kleinkindern um, dass so viele nicht überlebten? Was für psychische Folgen hatte der Tod von acht Kindern für diese Familie und wie beeinflusste dies wiederum ihren Umgang mit den überlebenden Kindern? Man ahnt bezüglich der Antworten nichts Gutes, wenn man über diese Fragen nachdenkt. Titos Vater Franc wird jedenfalls von dem Biografen Jože Pirjevec als schwacher Charakter und Alkoholiker bezeichnet, der auf Grund seiner Lebensweise gezwungen war, sein Land zu verkaufen. Tito musste entsprechend schon kurz vor Beginn der Pubertät Geld in der Fremde verdienen. Er lebte also offensichtlich bereits als älteres Kind eine ganze Zeitlang außerhalb seiner Familie (der Biograf führt dies leider nicht weiter aus). Was er in dieser Zeit erlebte, scheint nicht überliefert zu sein. Als junger Mann wanderte er dann von einer Arbeitsstelle zur nächsten, bis nach Bayern, nach Wien und ins Ruhrgebiet. Es erschließt sich in der Quelle nicht, ob er überhaupt jemals wieder zu seiner Familie zurückkehrte. Von seinem Vater habe Tito jedenfalls – so Pirjevec – zeitlebens nicht gerne gesprochen.

Erwähnenswert scheint mir auch, dass Titos gläubige Mutter sich wünschte, ihr Sohn würde Pfarrer werden. Auf ihren Wunsch hin ging er als Kind regelmäßig zur Messe. Der örtliche Pfarrer war allerdings häufig betrunken und es ist eine Situation überliefert, in der dieser Pfarrer Tito schlug und beschimpfte.[124] Auch dies sind einbrennende Erfahrungen mit Autoritätspersonen im Leben eines Kindes. Um Titos psychische Situation umfassend beurteilen zu können, muss ebenfalls erwähnt werden, dass er als junger Mann im Ersten Weltkrieg kämpfte und dabei fast ums Leben kam[125], was noch einmal – ergänzend zu den ganzen Entbehrungen und Erlebnissen in seiner Kindheit – ein schweres Trauma für sich darstellt.

Auch auf der anderen Seite der Welt finden sich solche Zusammenhänge. Über **Mao Zedong** (1893–1976) wird berichtet, dass sein Vater ihn schlug und ihn „faul und nutzlos“ nannte.[126] Der enorme Hass, den Mao als Folge dieser erlittenen Gewalt für seinen Vater empfand, wird durch folgendes Zitat deutlich: „Als er 1968 Rache an seinen politischen Widersachern nahm, sagte er den Kommandanten der Roten Garden, er hätte es gerne gesehen, wenn auch sein Vater so brutal misshandelt worden wäre: ‚Mein Vater war schlecht. Wenn er noch am Leben wäre, sollte man mit ihm 'das Flugzeug' machen‘ – eine qualvolle Haltung, bei der die Arme des Opfers hinter seinem Rücken verrenkt wurden und der Kopf nach unten gedrückt wurde.“[127] Mao bezog häufig Prügel und wurde – bis zu seiner offenen Rebellion gegen den Vater – umso mehr geschlagen, je unterwürfiger er sich zeigte.[128]

Mao selbst hat von einem Streit mit seinem Vater vor Gästen berichtet. Er habe seinen Vater beschimpft und das Haus verlassen. Sein Vater sei ihm nachgelaufen. Mao erreichte einen Teich und drohte seinem Vater, dass er hineinspringen würde, wenn sein Vater sich weiter nähern würde. Mao wörtlich: „Alte Männer wie er wollen ihre Söhne nicht verlieren. Das ist ihre Schwäche. Ich traf ihn an seinem wunden Punkt und gewann!"[129] Die Situation zwischen Vater und Sohn war also derart eskaliert, dass Mao offensichtlich mit Selbstmord drohte.

Bereits mit sechs Jahren musste Mao auf dem elterlichen Hof mitarbeiten, besuchte aber auch eine Schule, in der „auch der Lehrer reichlich Prügel austeilt".[130] Im Alter von dreizehn Jahren verließ Mao die Schule und musste fortan die volle Arbeit eines Erwachsenen am Hof seines Vaters tun. Mit vierzehn wurde er zwangsverheiratet, seine Braut war achtzehn.[131] Seine Ehefrau starb allerdings nach ca. zwei oder drei Jahren des Zusammenlebens. Im Alter von ca. siebzehn Jahren besuchte Mao dann wieder eine neue Schule in Xiangxiang. Mao wurde dort allerdings wegen seiner ländlichen Kleidung und seiner ärmlichen Herkunft verachtet und als Außenseiter behandelt.[132]

Mao ist laut Schätzungen für über 70 Millionen Tote in Friedenszeiten verantwortlich.[133] Ein als Kind umsorgter, geliebter und gewaltfrei aufgewachsener Mensch wäre zu diesen Taten und der extremen Kälte gegenüber dem Leid der Bevölkerung nicht fähig gewesen, davon bin ich überzeugt.

Lenin (1870–1924; eigentlich Wladimir Iljitsch Uljanow, im Text bleibe ich aber bei Lenin) wird von verschiedenen Autoren als Diktator bezeichnet, teils auch als Massenmörder und natürlich als Wegbereiter zur stalinistischen Diktatur und Schreckensherrschaft. Vor allem seine Beteiligung am sogenannten *Roten Terror* spricht Bände. Ebenso gilt das – von Lenin befohlene – Massaker an der Zarenfamilie im Jahr 1918 „als Symbol für die Grausamkeit des bolschewistischen Regimes".[134]

Bei der Durcharbeitung einiger Lenin-Biografien sind mir, neben wenig ausführlichen Informationen über seine frühen Jahre, vor allem Widersprüche bezüglich der Schilderungen über seine Kindheit aufgefallen. Die Autoren zeichnen oberflächlich ein scheinbar normales Bild einer „sorglosen Kindheit".[135] Doch stimmt dies so? Um dieser Frage auf den Grund zu gehen, muss ich relativ ausführlich auf die Quellen eingehen.

Der Biograf David Shub (1958) beschreibt wenig Erhellendes über Lenis Kindheit. Allerdings erwähnt der Autor beiläufig, dass Lenis Vater dem Urteil eines Freundes nach als „starker, charakterfester Mensch, der sehr streng gegen seine Untergebenen war" galt.[136] In einem Empfehlungsschreiben für die Universität schrieb der Direktor des Gymnasiums und (nach dem Tod des Vaters per Testament bestimmten) Vormund Lenins – Fedor Kerenskij – u. a.:

„Sowohl in geistiger wie in sittlicher Beziehung wurde er aus sorgfältigste erzogen (…) zuerst von beiden Eltern und nach dem Tod des Vaters von der Mutter, die ihre ganze Fürsorge und Aufmerksamkeit der Erziehung ihrer Kinder widmete. Religion und strenge Zucht bildeten die Grundpfeiler dieser Erziehung, ihnen verdankt Uljanow sein vorbildliches Betragen."[137]

Auch der Biograf Stefan T. Possony beschreibt Lenins Vater zunächst allgemein als einen „auf strenge Zucht bedachten Mann".[138] Ein paar Seiten weiter schreibt der gleiche Autor widersprüchlicher Weise, dass Lenis Vater gegenüber den Kindern „nicht streng gewesen" zu sein schien, „wenn er auch, was keinem Zweifel unterliegt, zurückhaltend und ohne Wärme war."[139]

Was bedeuten in diesen o.g. Zitaten die Worte *streng* und *Zucht*? Was für ein Verhalten gegenüber den Kindern und was für Strafen beinhaltete dies? Diese Frage bleibt im Raum, gibt aber begründeten Anlass für Spekulationen (zumal Lenin im Jahr 1870 geboren wurde und die *Schwarze Pädagogik* die bestimmende Größe in der Erziehung war.)

Wolfgang Ruge schreibt, dass wenig über das Verhältnis Lenins zu seinem Vater bekannt sei, zu seiner Mutter habe Lenin allerdings stets ein gutes Verhältnis gehabt.[140] Ebenfalls beschreibt Possony Lenis Mutter als „allen ihren Kindern eine zärtliche Mutter".[141] Ob dieses Bild der Mutter der Realität entsprach, werden wir im Textverlauf vielleicht noch klären können.

Eindeutig war das eheliche Verhältnis von Lenis Eltern sehr belastet. Lenins Mutter – Maria – bereute bald nach der Eheschließung ihre Wahl, da ihr Mann „außer seiner Arbeit im Institut für Adlige noch mehrere andere Ämter innehatte und nur selten zu Hause war. Er hatte Schwierigkeiten mit einigen seiner Schüler, war übellaunig und fühlte sich von seiner Frau gelangweilt. Die Schwester Anna ging auf Marias Klagen ein und tadelte Ilja wegen der Vernachlässigung seiner Frau und wegen seines mangelnden Interesses an einem Familienleben; aber Maria erkannte, dass es das Los vieler Ehefrauen wäre, einsam zu sein."[142] In der Folge scheint es erhebliche Spannungen in der Familie gegeben zu haben. „Maria war eine Zeitlang ohne Grund eifersüchtig und wurde immer reizbarer und launischer. Sie gab die Musik auf, stand spät auf und vernachlässigte ihren Haushalt. Seit ihrem Umzug nach Nishni-Nowgorod teilte das Ehepaar Uljanow nicht mehr das Schlafzimmer. Ilja schlief in seinem Arbeitszimmer und Maria im Schlafzimmer mit ihrem Kind."[143] In der Folge war Maria zukünftig froh, wenn ihr Mann das Haus verließ, schreibt Possony weiter. Wie mag sich diese Atmosphäre zwischen den Eheleuten auf die Kinder ausgewirkt haben?

Nichts desto trotz bekam das Paar acht Kinder, wovon allerdings zwei im Säuglingsalter verstarben.[144] Da der Vater oft abwesend war und die Mutter so viele Kinder zu versorgen hatte, ist zu vermuten, dass die Kinder alleine auf Grund der Rahmenbedingungen vernachlässigt wurden.

Dass die Mutter sehr gefordert war, zeigt auch ein weiterer Sachverhalt. Um die Zeit der Geburt Lenins nahm die Familie eine Bäuerin bei sich auf und in ihre Dienste. Sie zog den kleinen Lenin auf.[145] Über die Art und Weise des Umgangs mit dem Kind erfährt man leider nichts von dem Biografen, obwohl der Einfluss dieser Frau sicher bedeutsam war. Sie blieb bis zu ihrem Tod im Jahr 1890 in der Familie.

Es gibt eine weitere, sehr aufschlussreiche Textstelle, was den Stand von Lenins Vater in der Familie angeht. Am 12.1.1886 starb Lenis Vater unerwartet während des Mittagsessens; Lenin war zu der Zeit 16 Jahre alt. „Die Hinterbliebenen waren nur wenig betroffen, da Iljas Tod keine bedeutenden Veränderungen im Leben seiner Familie zur Folge hatte."[146]

Der Biograf Robert Service berichtet: „Die warme Geborgenheit in der Familie hielt Vladimir nicht davon ab, sich asozial gegen seine Geschwister zu verhalten. Es gab immer eine Spur von Bosheit in seinem Charakter."[147] Ich empfinde diese Sätze als widersprüchlich. Wie passt eine *warme Geborgenheit* zu einem boshaften und asozialen Umgang der Familienmitglieder untereinander? Ebenso passt nicht wirklich zu einer *warmen Geborgenheit*, dass die Erfolgserwartungen der Eltern „gewaltig waren", wie Service schreibt.[148] Der junge Lenin wurde einige Jahre lang von diversen Privatlehrern auf die Schule vorbereitet. Die Zeit auf dem Gymnasium wird für Lenin prägend gewesen sein. „Disziplin wurde rigoros durchgesetzt. Wie andere Schuldirektoren jener Zeit arbeitete Kerenskij mit Prügel, Arrest, Strafaufgaben und vielen Moralpredigten, auch wurden die Schüler am Simbirsker Gymnasium – wie an allen übrigen zaristischen Schulen – von den Lehrern zur Denunziation ihrer straffällig gewordenen Kameraden angehalten. Eine solche Schule war für die meisten Schüler unerfreulich. Die Disziplin war lästig, mitunter brutal, die Arbeitsbelastung enorm, der Stoff ohne jeden Bezug zum täglichen Leben. Zwar blieben Vladimir die schlimmsten disziplinarischen Maßnahmen erspart, doch ist kaum anzunehmen, dass das Schulerlebnis keine negativen Spuren in seinem Bewusstsein hinterlassen haben sollte."[149]

Wie ich oben im Text beschrieben habe, wurde dieser strenge Schuldirektor später – nach dem Tod des Vaters – der Vormund von Lenin. Lenins Eltern hielten offensichtlich sehr viel von diesem Mann und seinen Methoden. Vielleicht erzählt dieser Sachverhalt auch ein wenig darüber, was im Hause Lenin unter *Strenge* und *Zucht* verstanden wurde. Dies bleibt natürlich Spekulation. Anders als bei anderen Diktatoren und Massenmördern finden sich in diesem Fall keine genauen Informationen über elterliche (körperliche) Gewalt gegen die Kinder. Aber es finden sich auch – trotz mancher Deutungsausbrüche der Biografen – keine Hinweise darauf, dass Lenin in seiner Familie liebevoll und gewaltfrei erzogen wurde. Die oben zusammengetragenen Informationen sind eindeutige Indizien für eine wenig freiheitliche und kaum emotional eng verbundene Familie.

Eine Textstelle ist für mich ganz besonders zentral! Sie beginnt erneut mit einem Widerspruch seitens des Biografen. Service schreibt zunächst bezüglich der Erziehung in Lenis Familie: „Strafen wurden selten für nötig erachtet."[150] Um dann anzuschließen: Lenis Vater hatte „ein aufbrausendes Temperament, und seine Kinder fürchteten seine Missbilligung auch dann, wenn sein Beruf ihn zu langen Reisen durch das Gouvernement Simbirsk entführte. In solchen Zeiten bestrafte Maria Alexandrovna ein unartiges Kind damit, dass sie es auf einen Stuhl im Arbeitszimmer des Vaters verbannte, wo es mucksmäuschenstill sitzen musste. Dieser Stuhl hieß ‚der schwarze Stuhl'. In Erinnerung blieb der Familie die Episode, wie Volodja (*Anmerkung Sven Fuchs: Rufname für den kleinen Lenin*), nachdem er irgend etwas angestellt hatte, auf den schwarzen Stuhl geschickt wurde, wo ihn die Mutter dann stundenlang vergaß. Bei allem Mutwillen wagte er nicht, aufzustehen oder sich zu rühren, bis die Mutter ihn wiederholte."[151] Ein Kind, das derart viel Angst davor hat, sich vom angewiesenen Platz stundenlang nicht zu rühren, muss vorher *etwas* erlebt haben. Es muss Strafen, Drohungen oder anderes in der Familie erlebt haben, ansonsten ist diese enorme Angst nicht erklärbar. Das vorgenannte Zitat zeigt auch, dass Lenins Mutter eine für das Kind bedrohliche Rolle eingenommen hat und psychische Gewalt ausübte, entgegen den idealisierenden Schilderungen der Biografen.

Außer den oben genannten Kernereignissen ist ein weiteres Ereignis in Lenins Jugend von großer Bedeutung. Nachdem Lenis Bruder Alexander ein Attentat auf den Zaren geplant hatte, wurde er am 8.5.1887 hingerichtet. Dies traf den jungen Lenin nachhaltig und er schwor Rache. Nachdem Lenin die Nachricht vom Tod seines Bruders erhalten hatte, schrie er: „Das sollen sie büßen, das schwöre ich."[152] Später sollte er – wie oben bereits erwähnt – die Ermordung von Zar Nikolai II. und dessen Familie befehlen. Dieser war der Sohn von Alexander III., auf den Lenins Bruder Alexander ein Attentat geplant hatte.

Nachdem ihr Sohn hingerichtet worden war, dachte Lenins Mutter zunächst an Selbstmord.[153] Für die Familie war dies Ereignis offensichtlich traumatisch. Die Kindheit und Jugend von Lenin ist nicht so gut beleuchtet wie die von anderen Diktatoren. Ich meine dennoch, dass ich oben herausstellen konnte, wie schwer der junge Lenin belastet war, in mehrfacher Hinsicht.

Bereits die Umstände der Geburt von **Josef Stalin** (1878–1953) waren speziell, wie der Biograf Alan Bullock berichtet. Josef war das erste überlebende Kind nach zwei Fehlgeburten. Mit fünf Jahren wäre er beinahe an Pocken gestorben; neben dem pockennarbigen Gesicht, das blieb, dürfte diese Nahtod-Erfahrung eine erhebliche Belastung für das Kind gewesen sein. Bei einem in der Kindheit erlittenen Unfall wurde auch noch sein linker Arm verletzt und blieb verkrüppelt. Der Vater des späteren Diktators war „ein raubeiniger, gewalttätiger Mann, ein Trinker, der Frau und Kind schlug und kaum den Lebensunterhalt verdiente."[154] Stalins Vater hatte es sich zur Gewohnheit gemacht, dem kleinen Josef seinen Eigensinn durch tägliche Prügel, jeweils vor dem Schlafengehen verabreicht, auszutreiben. Ebenso wurde Stalins Mutter häufig Opfer brutaler Prügel durch ihren Mann[155] und der junge Josef sicherlich stummer und hilfloser Zeuge dieser Übergriffe.

Im Alter von vier Jahren lief Josef einmal blutverschmiert zum Haus eines Polizisten und rief um Hilfe für seine Mutter. Als der Polizist im Hause der Familie eintraf, war der Vater gerade dabei, seine Frau zu erwürgen. Aber auch Josef wurde einmal von seinem Vater so schwer zu Boden geworfen, dass das Kind tagelang Blut im Urin hatte.[156] Der Vater hatte offenbar durchaus das Potential, zum Mörder zu werden.

Stalins Jugendfreund Iremaschwilli schrieb später: „Die ungerechten und schweren Prügel, die er als Knabe bezog, machten ihn so hart und herzlos, wie sein Vater es war. Da er überzeugt war, dass jeder, dem irgend jemand Gehorsam schuldete, seinem Vater gleichen müsse, entwickelte er bald eine tiefe Abneigung gegenüber allen, die ihm übergeordnet waren. Von klein auf wurde die Verwirklichung seiner Rachegelüste zu dem Lebensziel, dem er alles unterordnete.“[157]

1890 zerbrach schließlich die Ehe der Eltern. Josef muss zu diesem Zeitpunkt 11 oder 12 Jahre alt gewesen sein. Sein Vater wurde später zum Landstreicher und verstarb 1909 an Leberzirrhose.[158]

Alan Bullock schreibt, dass der junge Stalin durch die „liebevolle Zuneigung und Förderung“ seiner Mutter „einen Ausgleich“ zu den väterlichen Misshandlungen gefunden hätte.[159] Bullock selbst bietet Hinweise, die eine andere Sprache sprechen. Stalins Mutter hatte eigene, egoistisch Pläne mit ihrem Sohn. Sie hatte sich in den Kopf gesetzt, dass ihr Sohn Priester werden solle und setzte sich ihm gegenüber – auch entgegen den Vorstellungen des Vaters – eine ganze Zeit durch. Stalin absolvierte letztlich einige Jahre eine Ausbildung zum Priester. Wie einfühlsam und liebevoll ist eine Mutter, die ihren Sohn in einen Beruf zwingt, ohne auf seine Interessen, Bedürfnisse und Wünsche zu hören (und welche Gefühle musste Stalin gegen sie hegen, da er während seiner ungewollten Priesterausbildung erhebliche Verletzungen erlitt – siehe weiter unten)? Aus Bullocks weiteren Schilderungen lässt sich auch schließen, dass Stalin von seiner Mutter stark idealisiert wurde und sie ihm vermittelte, dass er das Zeug für „Großes“ und „Bedeutendes“ hätte.[160] Der Psychoanalytiker Mathias Hirsch (1994) spricht von emotionalem Missbrauch, wenn Eltern ihre Bedürfnisse in den Vordergrund stellen, indem sie z. B. das Kind als Substitut des idealen Selbst sehen bzw. dem Kind auferlegen, all die unerfüllten Wünsche und Ideale der Eltern zu verwirklichen.[161] Je mehr Josefs Mutter ihren Mann verachtete, desto mehr verwöhnte sie ihren Sohn.[162] Dieser Hinweis spricht einmal mehr dafür, dass seine Mutter ihren Sohn für ihr eigenes psychisches Befinden benutzte.

Es gibt aber auch weitere handfeste Beweise dafür, dass Josefs Mutter enorm destruktiv war (entgegen den Darstellungen von Bullock). In der Biographie *Der junge Stalin* weist Simon S. Montefiore nach, dass Stalin auch von seiner Mutter häufig misshandelt wurde[163], was auch eine weitere Quelle bestätigt: „Nicht nur der Vater, auch die Mutter schlug ihn. Körperliche Misshandlungen, Jähzorn und Gewalt müssen zu den ersten Wahrnehmungen im Leben jenes Menschen gehört haben, der sich später Stalin nannte."[164] Auch deMause weist nach, dass Stalin von seiner Mutter geschlagen wurde (und Stalin wiederum seine eigenen Kinder schlug).[165]

Auch Josefs weiteres Leben als Jugendlicher und junger Mann in einem Priesterseminar war geprägt von Unterwerfungsritualen gegenüber Autoritäten, von Demütigungen durch die Mönche (z. B. ständiges Ausspionieren, Verfolgen, Anschwärzen und Durchsuchen seiner Privatsachen), von Ohnmacht und Strafen. Fünf Jahre verbrachte er dort bis kurz vor seinem 20. Geburtstag und Bullock kommentiert diese Zeit mit dem Wort „Überlebenstraining", das ihm auch die Gelegenheit gab, „von innen die Funktionsweise einer geschlossenen Gesellschaft zu beobachten, die mit Mitteln der systematischen Überwachung, Denunzierung und Angsterzeugung Konformität erzwang – eine Lektion, die er nicht vergaß."[166]

Schaut man in Russland historisch deutlich weiter zurück, sticht besonders ein Herrscher durch seine Grausamkeit und sadistische Neigung heraus: **Ivan IV.**, genannt *der Schreckliche* oder *der Strenge* (1530–1584). Ivans Kindheit ist ein Lehrstück dafür, wie ein Mensch in Destruktivität und Hass abgleiten kann. Im Alter von knapp drei Jahren starb sein Vater und Ivan wurde zum Thronfolger bestimmt. Seine Mutter Jelena wurde während seiner Minderjährigkeit zunächst Regentin, war allerdings sehr unbeliebt. Zudem lauerten offensichtlich schon viele einflussreiche Akteure darauf, die Macht zu übernehmen. 1538 starb die Mutter plötzlich und ohne vorherige Anzeichen von Schwäche oder Krankheit. Man vermutet, dass sie vergiftet wurde.[167] Für den zu dieser Zeit siebenjährigen Ivan war ab sofort jegliche Sicherheit zerstört. Die kommenden Jahre flößten ihm „unvergessliche Schrecken und das Gefühl völliger Verlassenheit" ein.[168] Kaum war seine Mutter gestorben, als die Bojaren (Adel am Hofe) auch schon nach der Macht trachteten. Nur sieben Tage nach dem Tod seiner Mutter musste Ivan mit ansehen, wie man, ungeachtet seiner Tränen, die Getreuen seiner Mutter abführte. Vor allem ein Vertrauter seiner Mutter namens Obolenskij war für ihn quasi ein Vaterersatz gewesen. Obolenskij wurde in den Kerker geworfen, wo er bald verhungerte.

Solange die neuen Herrscher an der Macht waren, „wurden Ivan und sein Bruder mit völliger Geringschätzung behandelt. Niemand war für ihr Wohl verantwortlich, sie lebten, so gut es eben ging. Oft mussten sie hungern und frieren. Speisen, Kleider und Pelze gab es im Palast im Überfluss, aber niemand dachte daran, für die beiden jungen Prinzen zu sorgen. Fünfundzwanzig Jahre später sollte Ivan ausrufen: ‚Was habe ich nicht gelitten aus Mangel an Kleidung und an Hunger!‘“[169] Man muss wohl davon ausgehen, dass der mögliche Tod der Jungen billigend in Kauf genommen wurde.

Wobei der mögliche Kälte- oder Hungertod nur eine Möglichkeit war. Das Kind Ivan lebte in ständiger Angst, direkt umgebracht zu werden. „Mehr aber als physische Leiden quälten ihn Seelenpein und Angst. (…) Sie konnten ihn ergreifen und verstümmeln, ihn in einen Kerker werfen, wo er an Kälte und Unbilden zugrunde gehen würde, oder sie konnten ihn und seinen Bruder einfach umbringen und den Thron für sich beanspruchen. (…) Er war ein aufmerksamer Beobachter und besaß eine lebhafte Vorstellungskraft, und in den Jahren der Einsamkeit entwickelte sich sein frühreifer Verstand; zugleich aber hinterließen die Erfahrungen und Ängste des täglichen Lebens tiefe Spuren in seinem Geist und seinem Wesen.“[170] Anfang des Jahres 1542 rückte nach einer Fehde eine Schar von 300 Leuten angeführt von einem ehemaligen Machthaber in Moskau und die Gemächer am Hofe ein. Sie steinigten den aktuellen Herrscher. „Ivan erwachte von dem Lärm und Geschrei und geriet in Angst und Schrecken. Er war überzeugt, dass dieses Gesindel ihn und seinen Bruder ermorden wolle. (…) Dies war eine weitere Erfahrung, die sich seinem Gedächtnis einprägte und Furcht zu einem Bestandteil seines Wesens machte.“[171] Der neue Machthaber war noch grausamer und gewalttätiger als sein Vorgänger. Ivan lebte weiterhin in ständiger Furcht.

Allerdings gab man dem nun zwölfjährigen Ivan „zur Gesellschaft verantwortungslose junge Burschen, die ihn unterhalten und ablenken sollten. (...) Ivan wurde ermutigt, Geschmack an Grausamkeiten zu finden, an rohen Späßen und schändlichen Heldenstücken. (...) Gemeinsam mit seinen Gefährten ließ er Hunde, Katzen, Bären und andere Tiere auf die Mauern und die hohen Türme des Kreml hinaufschaffen, von wo sie dann die armen Kreaturen in die Tiefe hinunterwarfen. Ein andermal fanden sie Spaß daran, durch Schlamm und Schmutz der Moskauer Straßen zu galoppieren und jeden, der ihnen in den Weg kam, alt oder jung, niederzuschlagen."[172] Aus dem einstigen Opfer wurde also Stück für Stück ein Täter herangezogen. Im Alter von dreizehn Jahren wurde Ivan seine Stellung und die Macht, die ihm zustand, immer bewusster. Im Dezember 1543 befahl Ivan die Verhaftung des gehassten illegitimen Herrschers „und ließ ihn einer Meute von Hunden vorwerfen, die ihn in Stücke rissen."[173] Ivan wuchs in der Folge immer mehr in seine Rolle als Herrscher hinein. Über seine Kriege, Taten und Grausamkeiten zu berichten, würde hier den Rahmen sprengen. Nicht ohne Grund hatte man ihm seine Beinamen gegeben.

Im Vergleich zu der Kindheit von Ivan oder auch Stalin ist die Kindheit des aktuellen Kremlchefs **Wladimir Wladimirowitsch Putin** (geb. 1952) weniger destruktiv. Allerdings kann man nicht behaupten, dass Putin umsorgt und gewaltfrei aufgewachsen ist.

Der Vater von Putin kämpfte im Zweiten Weltkrieg an der Front und wurde dabei fast getötet. Putins Mutter kam ebenfalls fast zu Tode, als ihre Heimatstadt Leningrad belagert und ausgehungert wurde. Allerdings starben ihre beiden Söhne, davon wohl einer auf Grund der Belagerung.[174] Es ist davon auszugehen, dass Putins Eltern schwer traumatisiert wurden.

Putins Vater wird als harter, strenger und stiller Mann beschrieben, der seinem Sohn Wladimir gegenüber keine Gefühle zeigte und oft Streit mit ihm hatte. Einmal verließ Wladimir mit seinen Freunden die Stadt, ohne den Eltern Bescheid zu sagen. Als er wieder nach Hause kam, wurde er von seinem Vater mit einem Gürtel verprügelt.[175] Wladimir selbst entwickelte seinerseits einen Hang, sich in Prügeleien auf der Straße zu verstricken und für Jugenddelinquenz.

Die Familie lebte in nur einem Zimmer und Wladimirs Leben spielte sich wohl hauptsächlich draußen und den Hinterhöfen ab. „Jeder lebte irgendwie in sich selbst", beschreibt Putin später diese Zeit und das Leben mit seinen Eltern. „Ich kann nicht behaupten, dass wir eine sehr emotionale Familie waren, dass wir uns austauschten. Sie behielten vieles für sich. Ich wundere mich noch heute, wie sie mit den Tragödien umgingen."[176]

Die ZEIT hat sich in einer Recherchereihe[177] mit Vera Putina befasst, der Frau, die behauptet, die echte Mutter von Wladimir Putin zu sein. Offensichtlich gibt es einige Belege, die eine Veröffentlichung dieser Geschichte rechtfertigen. Ich selbst möchte dieses Kapitel nicht ausblenden, darum verweise ich auf den Artikel. Allerdings bleiben Fragen und Gewissheit über diese Geschichte gibt es offensichtlich nicht. Sollte die Geschichte stimmen, dann hatte Wladimr als Kind eine unheilvolle Odyssee an wechselnden Bezugspersonen hinter sich, bis er bei den Menschen landete, die er heute als seine Eltern bezeichnet (laut Vera Putina entfernte Verwandte ihrer Eltern).

Chiles Militärdiktator **Augusto Pinochet** (1915–2006), der der Nachwelt besonders durch sein systematisches Foltersystem in Erinnerung geblieben ist, hatte eine dominante und herrische Mutter. Augusto war ein schlechter Schüler. Seine Mutter entschied schließlich, dass er später zum Militär gehen sollte. „Die Mutter spielte ihm Märsche vor. Härte und Gehorsam prägten seine Erziehung. Die Mutter schlug den kleinen Augusto zusammen, als er einmal nicht gehorchte. (...) Einmal heulte er auf der Straße, und sie gab ihm ein paar Backpfeifen und sagte: ‚Heul nur weiter! Dann zieh ich die hier auf der Straße die Hose runter und geb's dir.'"[178] Als junger Mann (17 oder 18 Jahre alt) ging Pinochet dann zum Militär. Rückblickend beschrieb er selbst, dass anfangs auch diese Zeit von Demütigungen geprägt war: „Er habe in der Militärakademie (...) vor Heimweh geweint, ältere Kadetten schikanierten ihn und ließen ihn nachts Schuhe putzen (...)."[179]

Über Panamas Militärdiktator **Manuel Noriega** (ca. 1934–2017) habe ich keine umfassenden Informationen über seine Kindheit gefunden. Noriega selbst schreibt in seinen Memoiren, dass seine Mutter unverheiratet war und krank wurde, als er noch ein Baby war. Er wurde früh zu seiner Patentante, die er Mama Luis nennt, gebracht und wuchs bei dieser auf. Bezüglich seines Vaters erwähnt er nur, dass dieser regelmäßig Geld und Essen schickte.[180] Bis auf diese kurzen Informationen über seine Mutter, seinen Vater und seine Patentante, die in nur einem kurzen Absatz abgehandelt werden, schreibt er nichts über seine Familie.

Diese Lücke sticht geradezu ins Auge. Stattdessen geht er dazu über, ausführlich über Ausflüge mit Kindheitsfreunden zu berichten.

Warum es sich als schwierig gestaltet, Informationen über seine Kindheit und Jugend zu erhalten, zeigt folgendes: „Da er sich für seine bescheidene Herkunft genierte, hatte Noriega alle Geschichten über seine Jugend als ‚streng geheim' eingestuft. Die meisten Bekannten aus den Jahren seiner Kindheit trauten sich vor seinem Sturz im Dezember 1989 nur anonym etwas zu sagen."[181] Bei dem Noriega-Biografen Kempe finden sich zumindest noch einzelne Details vor allem zu Manuels Vater. „Er war Alkoholiker, und nur sein Hunger nach Frauen war mit seinem Durst zu vergleichen."[182] Manuels Mutter war einst Hausangestellte bei seinem Vater. Der verheiratete Mann hatte eine Affäre mit ihr und sie wurde mit Manuel schwanger, woraufhin sie ihre Anstellung kündigte. Seinen Vater lernte Manuel erst als Jugendlicher kennen. Als Manuel vier oder fünf Jahre alt war, starb seine Mutter krankheitsbedingt. „Noriegas Freunde messen der Tatsache Bedeutung bei, dass er das Grab seiner Mutter nie besucht hat, bevor er Offizier war. Es war offensichtlich, dass er keine besondere Zuneigung für sie empfand. Auf alle Fälle verehrte er aber seine Adoptivmutter Luisa Sanchez, die ihn mit Liebe und Aufmerksamkeit überschüttete. (...) In Panama halten sich die Legenden, dass Tony von seiner Mutter grausam behandelt und von seinem Bruder homosexuell vergewaltigt wurde, aber die Wahrheit über Noriegas Kindheit ist keineswegs so furchtbar und düster wie diese Gerüchte. Luisa Sanchez adoptierte Noriega, verhätschelte ihn und richtete ihn für den Schulbesuch sauberer und netter her, als die meisten seiner Freunde es waren."[183]

Für mich stellt sich die Frage, wie der Säugling und das Kleinkind die Zeit mit der offenbar schwer erkrankten Mutter (dazu kamen noch ärmliche Verhältnisse) erlebt hat? Außerdem fällt der Hinweis auf das *Verhätscheln* durch die Pflegemutter auf, ein Sachverhalt, der bei nicht wenigen Diktatoren zu finden ist. Dieser Mix aus kindlichem Leid und Ohnmachtserfahrungen auf der einen Seite und mütterlichem Verhätscheln und mütterlicher Bewunderung auf der anderen Seite scheint mir im Kontext der Analyse von Diktatoren von großer Bedeutung zu sein (Nebenbei bemerkt: ähnliches findet sich auch in der militärischen Ausbildung, zunächst haben die Rekruten viel Leid zu ertragen und werden gedemütigt, danach werden sie überhöht als *echte*

Männer und potentielle *Helden der Nation*). Unterm Strich gibt es trotz fehlender vertiefender Informationen deutliche Hinweise auf eine sehr belastete Kindheit von Manuel Noriega.

Kubas Diktator **Fidel Castro** (ca. 1926–2016) wurde in eine im Wohlstand lebende, privilegierte Landbesitzerfamilie hineingeboren. Etwa 1000 Menschen, überwiegend haitianische Landarbeiter und ihre Familien, lebten in ärmlichen Verhältnissen unter dem Patronat von Fidels Vater. Die Ehefrau – Maria Luisa Argone – von Fidel Castros Vater soll nach Fidels Geburt die Familie verlassen haben.[184] Der Vater – Ángel Castro y Argiz – bekam nämlich mit der Haushälterin und Köchin Lina Ruz González, die nur halb so alt war wie er, mit Fidel bereits das dritte uneheliche Kind. Er heiratete später seine Bedienstete und bekam mit ihr weitere vier Kinder. „Sein Vater, ein verschlossener, hart arbeitender und zupackender Mann, grob und aufbrausend, streitsüchtig und keinen Widerspruch duldend, ist ein Patriarch wie aus dem Bilderbuch" und führt „ein strenges Regiment über Haus und Hof."[185]

Die Mutter beschreibt Skierka (2001) als den ausgleichenden Charakter in der Familie, die den Kindern die beim Vater vermisste Nähe gab. Auch Fidel Castro selbst sprach von seiner Mutter oft mit Wärme und Zuneigung, während er seinen Vater kaum erwähnte. Allerdings hatte seine Mutter offenbar keine Bedenken, ihren Sohn, um seine schulischen Leistungen zu fördern, früh weg zu geben. Fidel wird erst spät getauft, als er mit fünf oder sechs Jahren bei Pflegeeltern, der Familie Hibberts, in Santiago de Cuba einquartiert wird, wo er auf Grund seiner ungewöhnlich guten Leistungen privaten Schulunterricht erhält. Mit sechs oder sieben Jahren wird er dann in das streng katholische Kolleg *La Salle*, das sein Bruder als „Gefängnis" mit endlosem „Beten und der Furcht vor Gott" beschreibt, in der gleichen Stadt eingeschult. „Offenbar sind die zeitweilig unklaren familiären Beziehungen in Verbindung mit Fidel Castros unehelicher Geburt der wahre Grund dafür, dass der Taufpate nicht zur Verfügung steht und der kleine Junge den Segen der Kirche zunächst nicht erhält."[186] Fidel wird nach eigenen Angaben in dieser Zeit des Ungetauft-Seins ausgegrenzt. Ob seine leiblichen Eltern überhaupt bei der Taufe zugegen waren, ist nicht klar, schreibt Skierka. Castro wörtlich über diese Zeit: „Ich war weit weg von meiner Familie, von unserem Haus, von der Gegend, die ich so liebte, wo ich …

mich frei fühlte. [Sie] schickten mich unversehens in die Stadt, wo ich all diese Schwierigkeiten hatte.“[187]

An die Zeit im Hause des Konsuls Hibbert hat Castro überwiegend negative Erinnerungen. „(...) es scheint, als hätte dieser es nur auf die Unterhaltszahlungen der Castros abgesehen.“[188] Fidels Mutter galt als streng katholisch und wollte diesen Glauben auch an ihre Kinder weitergeben. Vor diesem Hintergrund verwundert folgende Gegebenheit: „Seltsamerweise verbringt der kleine Fidel dreimal hintereinander das Drei-Königs-Fest nicht bei der Familie auf der Finca in Biran, sondern bei den Pflegeeltern in Santiago de Cuba, zu denen er ein zunehmend schwieriges Verhältnis entwickelt. (...) Der Grund, weshalb er die Weihnachtszeit und das wichtigste Fest im Jahr so oft in Folge nicht bei seiner Familie verbringt, liegt im Dunkeln. Ob er wegen des häuslichen Durcheinanders ganz bei den offenbar kinderlosen Pflegeeltern bleiben sollte? Der junge Fidel muss darunter nachhaltig gelitten haben.“[189]

Die Schulleitung des Kolleg will Fidel und seine beiden Brüder schließlich wieder zu seinen Eltern zurückschicken, „weil sie sich wie Rabauken aufführen und der junge Fidel sogar einmal die Ohrfeige eines Lehrers erwidert.“[190] Die Mutter interveniert und Fidel durfte bleiben, was auch sein erklärter Wille war. Er drohte sogar, seiner Familie das Haus anzuzünden, falls ihn die Eltern aus der Schule zurück nach Hause gehen lassen würden. Schließlich wechselte er später im Alter von ca. neun Jahren auf Grund seiner Intelligenz auf das strenge und angesehene Jesuitenkolleg Dolores, das er zunächst als Tagesschüler besucht. Wieder bedeutet dies die Unterkunft bei fremden Leuten in einer neuen Gastfamilie. „Er hasste seine Gasteltern und trachtete erneut nach der Aufnahme in das Internat der Schule.“[191] Castro fand sich „häufig eingesperrt im Hause seiner Gasteltern. Er nutzte die Zeit zum Nachdenken, zum Lesen von Comics und geschichtlichen Darstellungen, vorzugsweise solcher militärischen Inhalts.“[192]

Später schaffte er die Trennung von der verhassten Gastfamilie und die Unterbringung im Internat Dolores. Er war zu dieser Zeit wohl ca. zwölf Jahre alt und ging zunehmend eigene Wege. Mit dreizehn Jahren probte Fidel seinen ersten Aufstand. „Er wiegelt die Zuckerrohrarbeiter der Finca auf und versucht einen Streik gegen seinen Vater zu organisieren. Er wirft ihm vor, seine Leute auszubeuten. Dieser ungeheuerliche, brüske Regelverstoß vor aller Augen gegen die in den hispanoamerikanischen Ländern tabuisierte Autorität des Patrons durch den Sohn führt zu einem tiefen Zerwürfnis."[193] Alles in allem ergibt sich das Bild eines sehr einsamen, abgeschobenen, unehelich geborenen Kindes, das schnell lernte, das es auf sich allein gestellt war und sich durchkämpfen musste. Die sehr distanzierte Beziehung zum autoritären Vater wurde bereits angesprochen. In Anbetracht dessen, dass Fidel bereits ab ca. dem fünften oder sechsten Lebensjahr die Familie verließ, glaube ich ihm nicht wirklich die angeblich gute Beziehung zur Mutter. Spätestens ab diesem Zeitpunkt muss er sich auch von ihr verlassen und verkauft gefühlt haben. Wie sein Innenleben damals aussah bleibt natürlich Spekulation.

Fidel Castro wollte (selbst erklärt) gegen Autoritäten, Unterdrükkung und Unfreiheit kämpfen, wurde aber letztlich genau das, was er so hasste (nämlich eigentlich wie sein eigener Vater!): ein autoritärer Mann, der keinen Widerspruch duldete und sein Land von einer abgelösten Diktatur in die nächste, nun von ihm geleitete Diktatur führte. Tausende politische Gegner ließ er in den ersten Jahren nach seiner Machtübernahme in Kuba einsperren und hinrichten, „ohne Gerichtsverfahren und ohne zu prüfen, ob die bisweilen vage formulierten Vorwürfe gegen die ‚Konterrevolutionäre' oder ‚CIA-Agenten' der Wahrheit entsprachen, säuberte Castro seine Insel von innenpolitischen Gegnern. Er ließ sie einfach umbringen."[194]

Der frühere Diktator der Zentralafrikanischen Republik **Jean-Bédel Bokassa** (1921–1996) wurde in seiner Kindheit schwer traumatisiert. Als er sechs Jahre alt war, wurde sein Vater von den französischen Kolonialherren zum Tode verurteilt. „‚Sie rammten meinem Vater einen Nagel in den Kopf, weil eine Kugel zu teuer für einen Eingeborenen war', gab Bokassa verbittert zu Protokoll. Seine Mutter beging kurz darauf Selbstmord, ein in dieser Kultur äußerst seltener Vorgang."[195]

Nicht nur für die dortige Kultur war der Selbstmord der Mutter ungewöhnlich und lässt Fragen offen; Jean-Bédel Bokassa war eines von zwölf Kindern, die seine Mutter durch ihren Suizid gänzlich im Stich ließ. Verwandte schickten den Waisenjungen auf eine Missionsschule, wo er seinen Vornamen erhielt: Jean-Bédel. Im Alter von ca. 18 Jahren schloss er sich den französischen Streitkräften an und machte von da an diverse Kampf- und Kriegserfahrungen.[196]

In Anbetracht dessen, dass Zentralafrika auch heute noch zu einer der gewalttätigsten Regionen der Welt gehört, was den elterlichen Umgang mit Kindern angeht (siehe Daten und Zahlen dazu in Kapitel 7.), halte ich es für sehr wahrscheinlich, dass auch Bokassa in den ersten Jahren seiner Kindheit Gewalt erlebt hat. Ergänzend stellen sich Fragen nach dem sonstigen Alltag des Kindes bei Verwandten und über seine Erfahrungen in einer Missionsschule der 1920er und 1930er Jahre.

Als späterer Diktator stach Bokassa durch größenwahnsinniges, bizarres und auch besonders sadistisches Verhalten hervor. Nur ein Beispiel von vielen sei hier erwähnt: „Dieben ließ Bokassa die Ohren abschneiden, einem vermeintlich widerspenstigen Oberst zog er persönlich mit dem Rasiermesser die Haut von der Brust, ließ ihn danach zu Tode prügeln."[197]

Der irakische Diktator **Saddam Hussein** (1937–2006) wurde schon als Fötus abgelehnt. „Seine Mutter versuchte ihn abzutreiben, indem sie mit den Fäusten gegen ihren Unterleib schlug, sich mit einem Küchenmesser schnitt und dabei schrie: ‚In meinem Bauch trage ich einen Satan!'."[198] Saddam verlor früh den Vater und kam bei einem Onkel unter, der ihn, so deMause, regelmäßig schlug und ihn den „Sohn eines Köters"[199] nannte. Dieser Onkel wird von Con Coughlin als „streitsüchtiger und launischer Mensch" und als „unbelehrbarer Bewunderer Adolf Hitlers und des Nationalsozialismus" beschrieben.[200] Er kam schließlich für seine Naziverehrung ins Gefängnis und der junge Saddam musste wieder bei seiner Mutter leben, die mittlerweile einen neuen Mann gefunden hatte. Willkommen geheißen wurde er nicht und er scheint in seinem zu Hause „sträflich vernachlässigt worden zu sein". Der neue Stiefvater war zudem brutal. Er „(...) verpasste dem kleinen Jungen gern eine Tracht Prügel mit einem mit Asphalt überzogenen Stock."[201] Coughlin spekuliert auch über einen möglichen sexuellen Missbrauch Saddams durch den Stiefvater.[202] Beweise dafür gibt es allerdings nicht. Auch die weiteren Lebensumstände waren erdenklich schwer. „Im Haus der Familie gab es weder fließend Wasser noch Elektrizität, und Mensch und Tiere lebten unter einem Dach. Nachts schlief die Familie eng aneinander gedrängt auf dem Lehmboden, um sich gegenseitig zu wärmen."[203]

Da Saddam vaterlos und ein Außenseiter war, wurde er zusätzlich gnadenlos von den anderen Kindern des Dorfes gehänselt und oft auch verprügelt. „Er wurde so schlimm drangsaliert, dass er sich angewöhnte, zur Verteidigung einen Eisenstab mitzunehmen, wenn er sich aus dem Haus wagte."[204]

Saddam Hussein vergötterte seine Mutter bis zu ihrem Tode, worüber sich der Biograph Coughlin „angesichts der Erniedrigungen" sehr wundert.[205] Ebenso verehrte er seinen (gewalttätigen) Onkel, den er später zum Bürgermeister von Bagdad machte. Hier findet sich erneut eine starke *Identifikation mit den Aggressoren.*

Der einstige König von Marokko **Hassan II.** (1929–1999) – in dessen Herrschaftszeit u. a. der Algerisch-Marokkanischer Grenzkrieg von 1963, die Besetzung der Westsahara ab 1975 und diverse Menschenrechtsverletzungen fielen – sagte: „In Wirklichkeit – und dies ist sehr wichtig – herrschte während meiner Kindheit und Jugendzeit eine Atmosphäre wie in einer Prätorianerkaserne. Ich wusste, dass ich von meinen Lehrern und meiner Gouvernante Milde erwarten konnte; wurde der Vorfall jedoch meinem Vater berichtet, so musste ich wohl oder über die Strafe über mich ergehen lassen."[206] Bis zum Alter von zehn bis zwölf Jahren habe er Stockschläge erhalten, führt Hassen II. weiter aus. Seinen Vater als Strafenden erwähnt er direkt, lässt aber auch durchblicken, dass Schläge auch in der Koranschule üblich waren.

Der Palästinenserführer **Jassir Arafat** (1929–2004) wurde in eine Zeit und in eine Region geboren, die ihm die klaren Feindbilder quasi mit in die Wiege legte. Dass diese von außen vorgegebenen Feindbilder bei ihm auch auf fruchtbaren Boden fallen konnten, wird an Hand seiner Kindheit deutlich.

1933 – Jassir war zu dieser Zeit ca. vier Jahre alt – starb seine Mutter an einer Nierenerkrankung.[207] Sie hinterließ drei Töchter und vier Söhne. Der Vater heiratete darauf ein zweites Mal, aber die Ehe scheiterte bereits nach einigen Monaten. Eine andere Quelle belegt, dass diese zweite Frau die Kinder schlecht behandelte (was auch immer sich hinter diesem „schlecht" verbergen mag.).[208] Zu seiner Entlastung schickte der Vater seine beiden jüngsten Kinder (eines davon war Jassir) nach Jerusalem in die Obhut eines Onkels, über dessen Erziehungsstil man in den verwendeten Quellen nichts erfährt. Jassir erlebte somit gleich mehrere schwere Trennungen hintereinander, den Verlust der Mutter und die Trennung von seinen Geschwistern, seinem Vater und der vertrauten Umgebung. Zwischen 1933 und 1937 verbrachte Jassir seine Kindheit bei dieser Jerusalemer Familie.

Im April 1936 begann ein landesweiter palästinensischer Generalstreik und in der Folge auch ein bewaffneter Aufstand, der von den Briten brutal niedergeschlagen wurde. Der junge Arafat erlebte diesen Aufstand, bei dem auch sein Onkel verhaftet wurde, aus nächster Nähe mit. 1937 kehrten Jassir und sein jüngerer Bruder zurück zu ihrem Vater nach Kairo, der inzwischen ein drittes Mal geheiratet hatte. Beide kamen in die Obhut ihrer zwölf Jahre älteren Schwester Inam. „Die neue Stiefmutter können die Kinder nicht ausstehen. Die dritte Ehe des Vaters erweist sich abermals als Fehlschlag, sie vertieft den Graben zwischen dem Vater und seinen Kindern. Abd al-Rauf bleibt ihnen als disziplinierender, autoritärer Vater in Erinnerung."[209] Was sich alles an Gewalt hinter den Worten „disziplinierend" und „autoritär" verbirgt, erfährt man vom Biografen leider nicht. Arafats Schwester erinnerte sich, dass ihr Bruder bereits als Kind seine Spielkameraden in militärische Gruppen einteilte und ihnen befahl, die Straßen rauf und runter zu marschieren. Wenn ein Kind aus der Reihe tanzte, wurde es von Arafat mit einem Stock geschlagen.[210] Hat hier das Kind das wiederaufgeführt, was es selbst erlitten hat (Stockschläge)? In der arabischen Region ist heute noch ein enorm hohes Ausmaß von körperlicher Gewalt nachweisbar, wie wir bereits gesehen haben. Nur eine Minderheit der dortigen Kinder erlebt keine elterliche Gewalt. In den 1930er Jahren wird das Ausmaß der Gewalt sogar noch größer gewesen sein, als heute. Wir können diese Spekulation aber auch außen vorlassen. Es wird sehr deutlich, dass Arafat als Kind traumatischen Situationen ausgesetzt war, die ihn nachhaltig geprägt haben werden.

Wie aktuell die Wirkungskraft von destruktiven Kindheitserfahrungen ist, zeigt auch das Beispiel des türkischen Präsidenten **Recep Tayyip Erdoğan** (geb. 1954), der die Türkei autoritär und zudem einen blutigen Krieg gegen die Kurden führt. Nach eigenen Aussagen habe sein Vater „von Zeit zu Zeit" mit ihm und seinen Geschwistern „abgerechnet". „Wir respektierten die Autorität. Wir hätten sonst auch gewusst, dass unser Vater uns andernfalls schwer dafür würde büßen lassen."[211] Einmal habe er als Kind eine Nachbarin beschimpft. „Da hat sie sich mir vorgenommen. Je mehr ich fluchte, desto mehr gefiel ihr das, und sie schlug mich auf den Po. Sie schlug mich, und ich fluchte. Sobald mein

Vater kam, der im Stadtteil sehr beliebt war, hat sie sich über mich beschwert. Davon wusste ich natürlich nichts. Mein Vater kam herein. (...) Er packte mich und hängte mich unter die Decke. Ob er mich dafür an den Händen oder unter den Achseln gefesselt hat, weiß ich nicht mehr. Ich blieb fünfzehn oder zwanzig Minuten hängen, bis mein Onkel kam und mich rettete. Danach war die Zeit des Fluchens für mich vorbei."[212] Solche Maßnahmen, sagte Erdoğan der Biografin Çiğdem Akyol nach lächelnd, seien auch sinnvoll gewesen. Was neben seiner bis heute andauernden Verehrung für seine Eltern, über die er laut Akyol nie ein schlechtes Wort sagte, für eine starke *Identifikation mit dem Aggressor* spricht.

Es mag auf den ersten Blick verwundern, dass ich dieses Kapitel mit der Kindheit des Sektenführers **Charles Manson** (1934–2017) beende. Manson stand bekanntlich keinem Land als politischer Führer vor, sondern nur der von ihm gegründeten sektenähnlichen und mörderischen Gemeinschaft *The Family* oder auch *Manson Family* Ende der 1960er Jahre. Manson prophezeite allerdings – auf seine wirre Art – einen Rassenkrieg, nach dessen Ende er zum politischen Führer (mindestens über die USA) gekürt werden würde. Sein Weg führte ihn allerdings zu einer lebenslangen Haftstrafe. Wie viele echte politische Diktatoren kamen quasi aus dem Nichts, waren Sonderlinge und fantasierten schon früh von großer Macht und Herrschaft? Mit Hitler, Stalin & Co. befassen wir uns intensiv, weil sie in der Tat zu großer Macht kamen. Doch im Alltagsleben gibt es weit mehr Menschen, die zumindest von ihrer inneren Struktur und ihrem Hass her das Zeug zum Diktator hätten, allerdings keinen Weg zur Macht fanden. An diese Feststellung möchte ich durch die Besprechung der Kindheit von Manson erinnern, den man auf Grund seiner Taten ansonsten eigentlich unter der Kategorie Gewaltstraftäter erfassen müsste.

Ich habe das Buch *Charles Manson. Meine letzten Worte* von der Journalistin Michal Welles (2011) durchgearbeitet. Welles hat Manson über einen Zeitraum von 20 Jahren immer wieder in der Haft besucht und mit ihm gesprochen. In ihrem Buch lässt sie ihm viel Raum, um zu Wort zu kommen. Seine Kindheit erklärt vieles und entschuldigt dennoch nichts. Ich muss dem noch anmerken, dass die Informationen zu seiner Kindheit ausschließlich von Manson selbst stammen. Ich gehe auf Grund seiner offenkundigen geistigen Verwirrtheit und seiner

Persönlichkeitsschwankungen davon aus, dass nicht alle Schilderungen 100%ig so waren. Ich glaube ihm aber den roten Faden, der seine Schilderungen durchzieht: Eine Kindheit voller Grauen, Gewalt und Verachtung.

Charles' Mutter sei ständig betrunken gewesen, erinnert sich Manson an seine Kindheit. Sie selbst floh erstmals im Alter von 15 Jahren von ihrem zu Hause und wurde zur Kriminellen mit häufigen Inhaftierungszeiten. Sie wollte später unbedingt verhindern, dass Charles bei ihren Eltern (seinen Großeltern) aufwuchs und setzte sich dafür ein, dass Charles in ein Kinderheim kam (was wohl letztlich deutlich macht, aus welch schlimmen Verhältnissen sie selbst kam.) „Sie konnte ja nicht ahnen, dass für Jungen, die unter staatlicher Obhut standen, das Bett in der Hölle gemacht ist", so Manson wörtlich dazu.[213] Er berichtet daraufhin über seine Heimunterbringung bei einer christlichen Organisation, über die heiligen Väter und Nonnen, „die mich windelweich prügelten und dabei behaupteten, es sei nur zu meinem Besten."[214] Manson stand nach eigenen Angaben mit 11 Jahren alleine auf der Straße. Er überlebte u. a. durch kriminelle Taten. Mit 13 Jahren kam er, nachdem er festgenommen worden war, in ein Erziehungsheim, floh, wurde wieder festgenommen, kam in ein anderes Heim usw. „Den ersten Knacks bekam ich gleich zu Anfang, nachdem man mich in ein Heim gesteckt hatte. Ich war erst sechs, als mich ein Junge von vielleicht 14 Jahren missbrauchte. Anschließend beschimpfte er mich und erzählte jedem, was für ein süßes Mädchen ich gewesen war. Es war einfach niemand da, zu dem ich hätte gehen können. Es gab keine Hilfe."[215] „Wenn Du kapierst, dass deine eigene Mutter dich nicht lieben kann, dann verändert es dich und deine Stellung in der Welt."[216]

Manson berichtet weiter, wie seine Mutter war, wenn sie getrunken hatte (was oft vorkam). Sie fing an, ihn zu beschimpfen und ihn zu verprügeln: „Sie verfolgte mich durch die schmierige Küche (...) brüllte meinen Namen und schrie, sie würde mir mein dreckiges Maul stopfen und mein armseliges Dasein beenden, wenn sie mich erwischen würde. ‚Dann wirst Du anderen Leuten nicht mehr das Leben schwer machen können. Du elende kleine Ratte.' So ging das immer und immer weiter. Wenn ich heulte, hasste sie mich nur noch mehr. ‚Hör auf, wie ein kleines Mädchen rumzuflennen. Was bist du nur für ein Weichei!' Sie schrie und brüllte und verfolgte mich durch die ganze Wohnung.

(...) Und schau mich heute an. Wo ich bin. Wer ich geworden bin. Für wen ihr mich alle haltet, und wieso ihr nicht wollt, dass ich je wieder aus dem Knast rauskomme. Der geheime Fluch, der all das in Gang setzte, wurde damals in dieser dreckigen Wohnung ausgesprochen, als ich mein Vertrauen in die Welt verlor und keinerlei Hoffnung mehr hatte, dass man mich wirklich und wahrhaftig lieben würde."[217] Nach diesen Ausführungen schwenkt er wieder zu seinen Heimaufenthalten und den Demütigungen und Bestrafungen (er benutzt dabei auch das Wort *Folter*), denen er dort ausgesetzt war. Er wäre im Alter von 10 Jahren in einem christlichen Heim zum Teufel erklärt worden. „Ich floh aus dieser Anstalt, nachdem man mich fast totgeprügelt hatte, weil ich vorm Essen nicht gebetet hatte."[218] Seinen Vater hat Charles Manson nie kennengelernt. Der Freund, mit dem seine Mutter gerade bei seiner Geburt zusammen war, gab ihm seinen Nachnamen: Manson. Dieser Freund der Mutter war nie da und gab ihm nie das Gefühl, in ihm einen Vater zu haben, so Manson.[219]

Ich halte es für enorm wichtig, Kindheitsgeschichten von Mördern und Massenmördern nicht einfach nur kurz mit Worten wie *unglückliche Kindheit* oder *geprügeltes Kind* zu kennzeichnen (was oft derart verkürzt in Medien geschieht). Ihre Taten werden erst richtig zu erklären (nicht zu entschuldigen!) sein, wenn man sich die Details anschaut, das ganze Ausmaß der Leidensgeschichte. Die Kindheitsleidgeschichte von Charles Manson macht sprachlos.

Manson erklärt noch seinen Erfolg als Sektenguru, was uns – auch mit Blick auf die *echten* Diktatoren, deren Systeme ganz ähnlich funktionieren – aufhorchen lassen sollte. „Alle von diesen jungen Leuten, die bei uns landeten, hatten etwas in sich, was an ihnen nagte, ihnen die Ruhe und das Selbstvertrauen untergrub und ihr eigentliches Ich zerstörte. Und ich, der ewige Knacki, das Straßenkind, das schon im Kleinkindalter getürmt war, der Sünder seit dem Tag seiner Geburt, ich stand da und erklärte ihnen, dass mit ihnen alles in Ordnung war. Das allein war schon ein Schock. Als ich ihnen dann noch zu sagen wagte, dass ihre Eltern falsch gehandelt und nicht das Recht gehabt hatten, ihnen die Seelen zu stehlen, entstand daraus die geheime Mischung, aus der meine Macht erwuchs."[220] Führer und Gefolgschaft vereinte offensichtlich ihre destruktive Kindheitsgeschichte, ihre Suche nach Halt, Anerkennung, Identität und Familienersatz und natürlich ihre Rachefantasien und Feindbilder.

Ich persönlich glaube, dass die destruktive Massenwirkungskraft von destruktiven politischen Führern nur funktionieren kann, wenn ihr Hass in Kombination mit ihrer eigenen (im Hintergrund wirksamen) destruktiven Kindheit real ist. Ich glaube nicht, dass man Hass *spielen* kann oder mit Wissen um massenpsychologische Prozesse und die Massenwirkung von destruktiven Kindheiten gezielt in Reden und Verhalten schauspielerisch so agieren kann, dass man eine ganze Gesellschaft umwälzen könnte. Man würde, davon bin ich überzeugt, ohne gefühlten echten Hass keine Masseneffekte erzeugen können. Ein Hitler *spielte* zwar auf eine Art den starken Diktator (und war in Wahrheit im Grunde ein kleines Würstchen), aber seine Emotionen bzw. seine Kälte und seine emotionale Wirkung war echt. Darum geht es!

Nebenbei bemerkt ist mir bei meinen Recherchen aufgefallen, dass viele Diktatoren überdurchschnittlich intelligent (wenn nicht gar so manches Mal hochbegabt) waren. Ich kann dies in diesem Rahmen hier nicht detailliert ausbreiten, möchte diese Beobachtung aber erwähnen. Auf jeden Fall waren dies keine dummen Menschen. Dummheit ist nicht der Grund für politisch destruktives Agieren. Die Gründe liegen viel mehr in gestörten Emotionen, die durch destruktive Kindheitserfahrungen verursacht wurden. Als ich mich einmal mit jemanden über diese für mich auffällige Intelligenz von Diktatoren austauschte, sagte derjenige zu mir sinngemäß so etwas wie: *Wer weiß, was aus diesen begabten Menschen geworden wäre, wenn sie liebevoll und gewaltfrei aufgewachsen wären*? Ich finde, dass dieses grausige Kapitel (in dem grausige Kindheiten und grausam agierende Erwachsene besprochen wurden) nicht besser schließen könnte: Stellen wir uns einfach einmal vor, all diese Männer wären als Kind ganz anders aufgewachsen, was hätte der Welt erspart bleiben können und was für ein Gewinn wären diese Menschen evtl. für ihr Land geworden?

14. Die Kindheiten von Hitlers Gefolgsmännern

Rudolf Heß – Joseph Goebbels – Heinrich Himmler – Hermann Göring – Martin Bormann – Albert Speer – Julius Streicher – Karl Dönitz – Joachim von Ribbentrop – Hans Frank – Rudolf Höß – Josef Mengele – Adolf Eichmann – Alfred Filbert – Amon Göth – Reinhard Heydrich

Abgetrennt von den politischen Führern des vorherigen Kapitels, die an der Spitze ihrer Nationen standen, möchte ich am Beispiel der NS-Diktatur auf die hohen Machteliten darunter und auch bekannte NS-Täter eingehen. Über die Kindheit von Hitlers engsten Gefolgsmännern ist relativ viel bekannt, was mich während meiner Recherche erstaunt hat, denn diese Kindheiten wurden bisher meiner Wahrnehmung nach – trotz vieler Parallelen – nicht in ihrem Gesamtwirken analysiert (erst recht nicht öffentlich), sondern nur individuell-biografisch aufbereitet. Auch die Kindheiten dieser Männer der NS-Machtelite war alles andere als liebevoll und gewaltfrei und stellen einen zentralen Schlüssel zum Verständnis der NS-Zeit dar. Man könnte auch zuspitzen, dass Hitler mit seiner ihm eigenen Ausstrahlung (und seiner hintergründig wirkenden eigenen Kindheitsleidgeschichte) vor allem als Kind schwer verletzte und beschädigte Seelen in seinen Bann zog.

Eine Ausnahme bezüglich der Analyse der NS-Zeit durch Historiker stellt auf eine Art Joachim Fest dar. Ich betone dabei *auf eine Art*, was ich gleich noch erklären werde. Joachim Fest schreibt in seinem Buch *Das Gesicht des Dritten Reiches. Profile einer totalitären Herrschaft* in dem Kapitel über Rudolf Heß: „In seinem unbalancierten Verhältnis zur Autorität gleicht Heß auffallend vielen führenden Nationalsozialisten, die wie er aus sogenannten strengen Elternhäusern stammten. Es spricht denn auch einiges dafür, dass Hitler beträchtlich von den Erziehungsschäden einer Epoche profitierte, die ihre pädagogischen Leitbilder von den Kasernenhöfen holte und ihre Söhne in den Härtekategorien von Kadetten aufzog. In der eigentümlichen Mischung aus Aggressivität und hündischer Geducktheit (...), aber auch der inneren Unselbstständigkeit und Befehlsabhängigkeit, kamen nicht zuletzt die Fixierungen auf die Kommandowelt zum Vorschein, die der bestimmende Erfahrungshintergrund ihrer frühen Entwicklung war."[1] Und speziell bezogen auf Heß fügte er an, dass der „immer wieder gebrochene Wille" sich Vater und Vaterersatz suchte, „wo immer er ihn fand: Man muss Führer wollen!"

Sein Buch wurde erstmals 1963 veröffentlicht. Für diese Zeit sind solche eindeutigen und bestechend klaren Analysen geradezu bahnbrechend. Fest hatte die Parallelen der Kindheiten der NS-Führung erkannt, etwas, das noch in unserer heutigen Zeit bezüglich des Dritten Reiches extrem selten so gedacht und ausgesprochen wird. Auf eine Art versteckte er allerdings diese seine Feststellung. Sie wurde nur im Rahmen des Fallbeispiels Rudolf Heß wie oben zitiert derart deutlich ausgeführt. Die Profile anderer NS-Führungspersönlichkeiten enthalten bei Fest nur sehr wenig Informationen über die Kindheit. Auch in seiner abschließenden Zusammenfassung kam er nicht auf diese oben zitierte Stelle zurück oder nutzte diese gar, um den Blick auf die *Erziehungsschäden einer Epoche* mehr Raum zu geben oder zu mehr Forschung aufzurufen. Insofern verblassen die Kindheitshintergründe gänzlich im Buch und sie bekommen keine gewichtige oder gar zentrale Aufmerksamkeit.

Ein weiterer Ausnahmekommentar findet sich bei der US-amerikanischen Historikerin Wendy Lower. Diese hat sich ausführlich mit der NS-Zeit, dem Holocaust und dabei speziell auch weiblichen Täterinnen befasst. In dem Kapitel „Warum haben sie gemordet?" ihres Buches streift sie ähnlich wie Joachim Fest das Thema, nachdem sie zuvor kurz auf Studien zum autoritären Charakter eingegangen war. Sie schreibt: „Lernt ein Kind, welche negativen Auswirkungen das eigene Tun für andere hat oder haben kann, so steigert das die Empathie. Wird das Kind andererseits nicht durch Erklären diszipliniert, sondern mittels streng autoritärer und machtbewusster Erziehungspraktiken, die auf Bestrafung setzen, so können stereotypes Denken, Autoritätshörigkeit sowie Aggression gegen Außenseiter oder ‚Andere' die Folge sein. In diesen Fällen findet keine moralische Sozialisation statt, und deshalb verfügt eine solche Person über wenig Empathie. Historiker können ihren Gegenstand natürlich nicht auf die Couch legen oder ins Labor verfrachten, aber es sei doch darauf hingewiesen, dass die meisten Deutschen der NS-Zeit in autoritären Haushalten aufwuchsen, in denen es regelmäßig Schläge setzte (und keine Argumente), um Kinder zu disziplinieren und zu motivieren."[2] Ähnlich wie Joachim Fest bleibt Wendy Lower bezüglich Kindheitseinflüssen bei diesen Zeilen, führt dazu nichts weiter aus und legt entsprechend auch keinen Fokus darauf. In diesem Sinne werde ich nachfolgend ausführlich auf die Kindheiten von bekannten NS-Tätern eingehen. Es bietet sich an, gleich mit Rudolf Heß zu beginnen.

Vorweg möchte ich noch kurz etwas zu den von Fest formulierten Worten von *sogenannten strengen Elternhäusern* erwähnen, die er bezogen auf die damalige Zeit mit einer Art soldatischen Härte in der Erziehung gleichsetzte, die Schäden bei den Kindern hinterlassen habe. Das Wort *streng* bezogen auf Eltern aus der Zeit um 1900 herum tauchte bei meinen Recherchen immer wieder auf, so auch bei vielen der hier gleich im Text besprochenen NS-Täter. *Streng* in unserer heutigen Zeit und Vorstellung ist schwächer belegt, als das, was sich an Realitäten hinter dem Wort vor 100 Jahren verbarg. Wenn sich um 1900 geborene Menschen an ihre Kindheit erinnert haben und dann das Wort *streng* benutzten, scheint mir diese Wortwahl gleichsam auch eine Art von In-Schutz-Nehmen der Eltern zu sein, im Sinne von die Eltern – als gehorsames Kind, das man gezwungen war zu sein – nicht zu sehr in die Kritik zu nehmen. Menschen, die um 1900 geboren wurden, sagten i. d. R. nicht: *meine Eltern waren brutal, lieblos und gewalttätig*; das gehörte sich schlicht nicht, denn die Eltern waren zu ehren und zu respektieren. Nach allem, was ich in diesem Gesamtbuch an Daten und Informationen über die Verbreitung von Gewalt und auch historische Kindererziehungspraktiken zusammengetragen habe, bleiben mir persönlich keine Zweifel, dass die gleich vorgestellten Personen – für die teils keine direkten Gewalterfahrungen überliefert wurden, aber deutliche Hinweise auf autoritäre und *strenge* Erziehungsformen – elterliche Gewalt (vor allem auch Körperstrafen) erlitten haben.

Rudolf Heß (u. a. Reichsminister und Stellvertreter Adolf Hitlers) schrieb in einem Brief an seine Eltern am 24. 4. 1925, in dem er sich und seine starke Anbindung an Hitler erklärte. „Ich habe mich ja seinerzeit so gefreut, als nach dem November 23 (*Anmerkung Sven Fuchs: Gemeint ist der 23. 11. 1923, als die NSDAP reichsweit verboten wurde*), da fast alle wankten, Ihr unerschüttert zum Tribunen (*Anmerkung Sven Fuchs: Gemeint ist Adolf Hitler*) standet … Und lieber Gott, im Grunde seid Ihr ja eigentlich selbst daran schuld, dass ich so geworden bin und also so handeln muss ..."[3] Ob Heß diese Zeilen wirklich in dem Sinne gemeint hat, wie ich ihn verstehe (nämlich, dass die Erziehung und Einstellung der Eltern die starke Hitlerverehrung von Rudolf Heß bedingt hatte), mag dahingestellt sein. Auf jeden Fall zeigt sich sehr deutlich an Hand seiner Biografie, dass der Einfluss der erlebten Familienatmosphäre und seiner Kindheit sehr bedeutsam war.

Rudolf Heß wuchs in wohlhabenden Verhältnissen auf, vor allem auch dank lukrativer Geschäfte in Ägypten, wo die Familie in den ersten Lebensjahren von Rudolf ihren Hauptwohnsitz hatte. Die emotionale Situation in der Familie war allerdings alles andere als sorglos. „Das Geschäft diktiert den Ablauf der Tage und wohl auch den Umgangston im Hause. Äußerste Pünktlichkeit, penible Ordnung und uneingeschränkte Disziplin galten als höchste Werte des patriarchalisch herrschenden Vaters, eines typischen Angehörigen stramm national gesinnter Schichten des deutschen Bürgertums."[4] Die Historiker Manfred Weißbecker und Kurt Pätzold bemühten sich aber auch gleich darum, Kindheitseinflüsse gering zu schreiben (was wiederum an meine Ausführungen unter *Das große Schweigen* erinnert). „In der historischen Literatur ist immer wieder auf die Strenge des Vaters verwiesen worden. Spätere Entwicklungen und Verhaltensweisen des ‚Führer-Stellvertreters' sollen damit verstehbar werden. Psychoanalytische Deutungen dieser Art treffen gewiss zu, sie reichen jedoch keineswegs aus, alle Ursachen und die wesentlichsten Rahmenbedingungen der Sozialisation von Rudolf Heß zu erhellen. Mitunter verdecken sie andere, wichtigere Umstände und Faktoren."[5]

Der Historiker Rainer F. Schmidt (der nebenbei bemerkt deutlich jüngeren Jahrgangs ist, als die beiden zuvor genannten Historiker) fand dagegen ungewöhnlich deutliche Worte: „Alle Psychiater, die sich in späteren Jahren mit dem Charakter und der Persönlichkeitsstruktur von Rudolf Heß, mit seiner Fixierung auf Hitler und die Kommandowelt des Totalitären beschäftigen, stimmen darin überein, dass der Schlüssel für diese Disposition in der Phase der primären Sozialisation, in der Jugend mit einem strengen und übermächtigen Vater zu suchen ist."[6] Schmidt berichtete über die Familie Heß: „Zum prägenden Faktor seiner frühen Jahre wurde eben jener strenge, polternde und keinen Widerspruch duldende Vater, der nach Rudolfs eigenen Worten ‚bleichen Schrecken bei seiner Brut' verbreitete."[7] Der ganze Tagesablauf der Familie war auf die Ansprüche des Vaters abgestimmt. „(...) von den vollzählig versammelten Familienmitgliedern erdreistete sich niemand, ein Wort zu sprechen, solange der Vater nicht geruhte, das Gespräch zu eröffnen. Er war es, der das Lachen der spielenden Kinder zum Verstummen brachte, wenn er das Haus betrat (...).“[8] Der Vater zwang seinen Sohn auch, trotz anderer Befähigungen und Interessen, in den Kaufmannsberuf. Schmidt zitiert Heß wörtlich im Rückblick auf eine Szene: „Als eines Tages der liebe Vater feierlich die ernste Frage an mich stellte, was ich werden wollte – in dem Ton, bei dem allein uns schon das Blut zu gerinnen drohte ..., da kam es mir gar nicht in den Sinn, etwas anderes zu stottern als ‚Kaufmann‘.“[9]

Es bleibt unserer Vorstellungskraft überlassen, was sich alles an Gewalt, Gewaltformen und Gewaltandrohung im Hause Heß abgespielt hat. Wenn schon der Tonfall des Vaters das Blut des Sohnes gerinnen ließ, wie dieser es bildlich ausdrückte und der Vater blanken Schrecken bei den Kindern verbreitete, was geschah dann eigentlich, wenn der Vater offen Strafen ausführte oder sich Launen hingab? Die Historiker lassen diese Frage offen. Ich halte es nach den o.g. Schilderungen für mehr als wahrscheinlich, dass Rudolfs Vater auch direkt körperliche Gewalt anwandte, sein autoritärer Charakter gepaart mit der Sitte der Zeit legen dies mehr als nahe.

Im Alter von vierzehn Jahren endet für Rudolf seine Zeit in Ägypten und die Familie zog zurück nach Deutschland. Der Vater befehligte von nun an den Ausbildungsweg des Sohnes: erst Realschule in Bad Godesberg, dann ein Schweizer Internat und anschließend eine Kaufmannslehre in Hamburg. „Rudolf Heß hat diese Jahre widerwillig und zähneknirschend über sich ergehen lassen (...).“[10] Dieser Ausbildungsweg ging sicherlich auch mit einer Trennung von der Familie einher.

Es ist bezeichnend, dass man über die Mütter solcher historischen Persönlichkeiten (dies gilt für fast alle von mir untersuchten Personen!) meist weitaus weniger erfährt, als über die Väter. Dabei sind es ja vor allem die Mütter, die historisch die wesentlichen Erziehungsaufgaben übernahmen. Man kann sich auf Grund von zwei Zeugnissen und etwas Vorstellungskraft ausmalen, dass Rudolfs Mutter keine besonders mitfühlende Person/Mutter war. Von der Mutter erfuhr Rudolf während seiner Zeit als Soldat im Ersten Weltkrieg direkten Zuspruch. Sie schrieb. „Wäre ich ein Mann in der Blüte der Jahre, ich würde auch mit Begeisterung für mein Vaterland kämpfen. Ich will versuchen, wenn auch nicht als Soldat, so doch für das Wohl der Zurückgebliebenen meine Kraft mit zu verwenden."[11] Mit dieser Einstellung entsprach sie sicherlich den meisten Müttern der Zeit.

Doch waren das herzliche, mitfühlende Mütter, die derart kriegsbegeistert und im Grunde auch gewaltbereit waren (und diese Gewaltbereitschaft nur qua ihrer sozialen Rolle als Frau nicht offen ausleben durften)? Noch deutlicher wird es an anderer Stelle. Bei beiden Heß Eltern kam Unmut auf, weil ihr Sohn im Ersten Weltkrieg anfänglich Reservist war und nicht sofort auf eines der umkämpften Schlachtfelder kam. „Klara Heß zeigte sich sechs Wochen nach Kriegsbeginn furchtbar enttäuscht, dass ihr Sohn immer noch ‚zurückgehalten' werde, seine ‚junge Kraft für die Freiheit des teuren Vaterlandes einzusetzen'"[12] Und sie beteuerte: „Wir geben Dich dem Vaterland, kommst Du uns lebend zurück, so sehen wir dieses Glück als ein Geschenk Gottes an."[13] Was ist das für eine Mutter (und wie sah ihr Umgang früher ihren Kindern gegenüber aus), die derart bereitwillig ihren Sohn in den wahrscheinlichen Tod laufen lässt; die ihren Sohn geradezu zu opfern bereit ist?

Die Folgen dieser Kindheits- und Jugendjahre hat Arno Gruen unter dem Zwischen-Titel „Der reduzierte Mensch"[14] auf den Punkt gebracht. Rudolf Heß sei ein Paradebeispiel für einen Menschen, der innerlich leer ist, „eines Ich ohne eigenes Selbst (...); eines Menschen, der keine eigene Identität entwickeln konnte und deshalb jemanden sucht, dem er sich bedingungslos unterwerfen kann. (...) Ein solcher Mensch ist völlig gefangen und völlig beherrscht von dem Diktat des Gehorsams, der ihm auferlegt wurde."[15] Diese *innere Fremdsein* brachte Heß auch selbst deutlich zum Ausdruck. „Wenige Tage vor dem ersten Putsch der deutschen Faschisten bekannte er, wie es um seine Gemütsverfassung stand. Er kenne sich nicht mehr aus in sich, so klagte er im Oktober 1923. Er meinte, sich als eine ‚eigentümliche Mischung' sehen zu müssen, woraus Spannungen entstünden, die ihm das Leben zeitweise so schwer machten. (...) ‚ich kenn' mich nicht aus mit mir. Sind's moderne Kulturnerven in ihren Extremen, ist's etwas Ungehobenes, das vorerst vergeblich nach einem Ausweg sucht, ich weiß es nicht'."[16] Grundsätzlich war Heß auch stark selbstmordgefährdet. Nach der Niederlage des Deutschen Reiches im Ersten Weltkrieg dachte er zunächst daran, sich eine Kugel in den Kopf zu jagen.[17]

Was ein psychoanalytisch geschulter Fachmensch wie Arno Gruen als *reduzierten Menschen* bezeichnet hat oder von *innerem Fremdsein* sprach, hat auch der Historiker Joachim Fest in der eingangs zitierten Schrift bezüglich Hitlers Gefolgsleuten wahrgenommen und auf seine Art deutlich ausgedrückt: „Angesichts der Erscheinung Hitlers wird denn auch, nachdrücklicher als irgend sonst, der psychologische Grundtatbestand sichtbar, der seine gesamte Anhängerschaft unter den vielfach wechselnden persönlichen Vorzeichen miteinander verband: die personale Leere, der Mangel an fester individueller Prägung, an humanem Maß schließlich. Die Elemente des totalitär disponierten Menschen, die sich im Verlauf dieses Überblicks ergaben: seine Voraussetzungslosigkeit, seine Kontaktschwäche und Labilität, der aggressiv betonte Charakter seiner Vorurteile, die Triebbestimmtheit, die Gespaltenheit und seine Führervergottung ebenso wie seine Menschenverachtung sind immer wieder zurückführbar auf den einen Befund personaler Armut."[18] Fest führt weiter aus, dass die NS-Führung nicht aus dummen Menschen bestand. Ganz im Gegenteil zeigten Testreihen während der Nürnberger Prozesse bei der Mehrheit der Angeklagten NS-Täter überdurchschnittliche Intelligenzquotienten. „In Wirklichkeit waren sie weder bedeutsam, noch primitiv, sondern einfach leer, fremden Zwecken offen und bereit, sich missbrauchen zu lassen: ausgelaugte Existenzen, Menschenhüllen, deren Schwäche der konstituierende Beitrag zur Herrschaft Hitlers gewesen war."[19] Destruktive Kindheitserfahrungen – darauf ist Arno Gruen in seinen Schriften immer wieder ausführlich eingegangen – sind wiederum der Schlüssel zum Verständnis davon, warum Menschen innerlich leer, ohne eigene Identität, wie Menschenhüllen und tief gespalten sein können.

Joseph Goebbels (enger Vertrauter von Adolf Hitler und *Reichsminister für Volksaufklärung und Propaganda*) wuchs in einer streng katholischen Familie mit sechs Geschwistern auf, von denen zwei starben (eine Schwester starb im Alter von einem Jahr bevor Joseph geboren wurde und eine Schwester im Alter von 14 Jahren als Joseph schon ein junger Mann war). Wie diese Kinder starben und wie die Familie damit umging, erfährt man in der verwendeten Quelle nicht. Im Alter von vier Jahren erkrankte Joseph an einer Knochenmarksentzündung. In der Folge war das rechte Bein verkrüppelt und um acht Zentimeter kürzer als das linke. Die Erkrankung ging einher mit schrecklichen Schmerzen und häufigen, oft wochenlangen Krankenhausaufenthalten und einer entsprechenden Trennung von seiner Familie. Insgesamt wurde Joseph sieben Jahre lang immer wieder behandelt, ohne Erfolg. Seine Jugend, sagte Goebbels später mit Blick auf seine Behinderung, sei von da ab ziemlich freudlos verlaufen. Goebbels Kindheit und Jugend verlief sehr einsam. Gleichaltrige schlossen ihn aus und er wurde, wie er selbst sagte, eigenbrödlerisch. Seine Mutter erhöhte ihren Sohn dagegen, bemutterte ihn überfürsorglich und gab ihm das Gefühl, etwas Besonderes und überlegen zu sein.[20]

Gathmann & Paul (2009) beschreiben Joseph Goebbels als *Muttersöhnchen* und vermuten, dass die Mutter den Sohn nicht in die Erwachsenenwelt entlassen wollte, an ihm festhielt, quasi einen Partnerersatz suchte und dies einem mütterlichen Missbrauch gleichkam. Sie schließen auch aus vielen seine Mutter stark erhöhenden Zitaten von Goebbels auf eine gestörte Mutter-Sohn-Beziehung.[21] Zudem war Goebbels fasziniert von *Übervätern* wie Bismarck oder Friedrich dem Großen bzw. suchte orientierungslos nach männlichen starken Vorbildern, meinen die vorgenannten Autoren. Der Vater von Joseph war häufig abwesend und in der Tat kein greifbares Vorbild. Wenn er zu Hause war, wirkte er psychisch abwesend, unkonzentriert, abweisend und abwehrend. Joseph selbst hat seinen Vater abfällig als „Bier trinkenden Pedant“, „klein in seinen Gedanken“, „ohne jeglichen Charme“ beschrieben und wunderte sich, warum seine Mutter seinen Vater überhaupt geheiratet hatte.[22]

Einer der aufschlussreichsten Hinweise auf die Kindheit von Joseph Goebbels (und dabei insbesondere den Charakter und Erziehungsstil seines Vaters) ist eine Notiz von Goebbels, die er nach einer Begegnung mit Hitler gemacht hatte: „Abends erzähle ich von zu Hause. Von Vater und Mutter. Beide haben mit Hitlers Eltern eine frappante Ähnlichkeit. Hitler ist ganz betroffen davon. Wir kramen alte Erinnerungen aus. (…) Hitler hat fast genau dieselbe Jugend durchgemacht wie ich. Der Vater Haustyrann, die Mutter eine Quelle der Güte und Liebe.“[23] Was im Falle Hitlers ein väterlicher *Haustyrann* bedeutet, wurde bereits ausführlich im vorherigen Kapitel dargestellt: Schwere Gewalt und Demütigungen gegenüber den Kindern und der Ehefrau. Ebenso wurde Hitlers gestörte Mutter-Sohn-Beziehung besprochen. Wenn die Eltern von Goebbels real eine *frappante* Ähnlichkeit mit denen von Hitler aufwiesen und wir uns ergänzend die weiteren besprochenen Belastungen in Kindheit und Jugend von Joseph vor Augen führen, dann wurde Joseph Goebels als Kind schwer traumatisiert.

Ergänzend wurde Joseph auch in der Schule Opfer von Gewalt. „Die Lehrer (...) sahen ihn als verstockt und faul und setzten dagegen die Mittel ein, die damals pädagogisch gebräuchlich waren, das heißt, sie schlugen ihn. Als die Mutter ihn einmal badete, entdeckte sie auf seinem Rücken die roten Striemen. Katharina Goebbels hätte es aber nie gewagt, sich zu beschweren, dazu war sie zu unterwürfig und hatte zu viel Respekt vor den Lehrern."[24]

Vermutlich wird diese unterwürfige Mutter ihrem Sohn auch nicht gegen den tyrannischen Vater beigestanden haben. Egal wie und warum das so war, Kinder müssten ein solches mütterliches Verhalten eigentlich als Verrat erleben und im Grunde auch Wut auf die Mutter empfinden, die sie nicht schützt. Doch das Kind ist existentiell von den Eltern abhängig. Gleich beide Eltern in ihrem wahren destruktiven Sein als solches wahrzunehmen wäre unerträglich. So erklärt sich, warum solche Menschen auch noch im Erwachsenenalter ihre Mütter öffentlich in Ehren halten, statt sie zu kritisieren. Zumindest ein Elternteil wird dann zum guten Objekt gemacht. Goebbels ist da keine Ausnahme. Selbst dort, wo eindeutig vielfaches mütterliches Gewaltverhalten nachweisbar ist, werden Mütter noch von den von ihnen Geschundenen idealisiert, wie wir zum Beispiel bei Napoleon Bonaparte gesehen haben. Väter als schlecht zu bezeichnen, scheint Männern noch über die Lippen zu gehen. Ich glaube aber, dass es noch einmal unerträglicher insbesondere für Männer ist, Destruktivität ihrer Mütter als solche wahrzunehmen und zu benennen. Es kann einfach nicht sein, was nicht sein darf. Im Kapitel *Weibliche Täterschaft gegenüber Kindern* haben wir dagegen bereits gesehen, dass eben doch das ist, was nicht sein darf, nämlich dass Mütter oftmals äußerst destruktiv gegenüber ihren Kindern agieren.

Heinrich Himmler war einer der mächtigsten Männer in der NS-Zeit. Er war u. a. Führer der SS, Reichsinnenminister und hatte Einfluss auf diverse andere Sicherheits- und Kontrollorgane des NS-Staates. Es ist ein großer Zufall der Geschichte, dass ausgerechnet der Schriftsteller Alfred Andersch einst Schüler in der Klasse war, die auch vom Direktor der Schule vertretend unterrichtet wurde. Der Oberstudiendirektor war Joseph Gebhard Himmler, der Vater von Heinrich Himmler. Seine Erfahrungen als Schüler verarbeitete der Schriftsteller später in dem autobiographischen Roman *Der Vater eines Mörders*. Der Himmler-Biograf Peter Longerich schrieb mit Bezug auf diese Erzählung, in der der Direktor als streng und pedantisch dargestellt wird und der zudem gerne Schüler fertig machte: „Anderschs ‚Schulgeschichte' ist ein möglicher Versuch, sich dem Phänomen Himmler anzunähern: Die Karriere eines Massenmörders, so wird hier nahegelegt, ist das Ergebnis eines Vater-Sohn-Konflikts, in dessen Verlauf Heinrich Himmler zum rechtsradikalen Revolutionär wird, der sich gegen den überstrengen Vater auflehnt, sich mit ihm ‚tödlich verfeindet'."[25]

Peter Longerich bezieht zu dieser Quelle im Textverlauf im Grunde keine Stellung. Ganz im Gegenteil formuliert er: „Die väterliche Autorität äußerte sich nicht in Unnahbarkeit oder despotischer Strenge, sondern in geduldiger Arbeit an den Söhnen; sie wurden einem System von Regeln und Verboten unterworfen, deren Einhaltung Vater Himmler genau, mitunter pedantisch überwachte. Die Strenge des Vaters war auf nachhaltige Wirkung angelegt und scheint sich durchaus mit Güte, Liebe und Zärtlichkeit vertragen zu haben."[26] Zunächst fällt auf, dass der Biograf sich im selben Atemzug selbst widerspricht. Der Vater sei nicht „despotisch streng", aber dann doch „pedantisch" und „streng", ja was denn nun? Zudem deutet er die Strenge des Vaters als liebevolle Erziehungsmaßnahme um und befindet sich somit im klassischen Wortlaut von destruktiven Eltern, die selbst Hiebe als Liebe umdeuten, was ich in der Einleitung zu diesem Buch deutlich ausgeführt habe.

Viel aufschlussreicher sind die Schilderungen von Katrin Himmler, der Großnichte von Heinrich Himmler. Auch sie wies auf die Strenge und Pedanterie des Vaters von Heinrich Himmler hin. Akribisch hielt der Vater Jahr für Jahr die Zensuren seiner Söhne fest, „machte sich Notizen über ihre Lehrer, über ihre Mitschüler und deren Väter. Anhand von deren Berufen entschied er dann, welcher soziale Umgang für seine Söhne angemessen oder von Vorteil war."[27]

Die Kinder mussten unter väterlicher Kontrolle hart für die Schule arbeiten, oft bis 17 Uhr spät nachmittags, so dass kaum Zeit blieb für Freunde und Freizeit.

Als Heinrich neun Jahre alt war, wurde er vom Vater angehalten, zukünftig Tagebuch zu führen. „Heinrich sollte jahrelang festhalten, was ihn und die Familie alltäglich beschäftigte (...). Nüchtern, sachlich und ohne jede kindliche Phantasie sind seine Eintragungen, anderes war hier allerdings auch gar nicht erwünscht. Denn das Tagebuch wurde vom Vater regelmäßig kontrolliert, hin und wieder trug er Korrekturen oder Ergänzungen nach, die sich meist auf die korrekte Wiedergabe von Erlebtem bezogen, oft auf die exakte Nennung gesellschaftlicher Titel."[28]

Geradezu als krankhaft empfand ich die Schilderungen der Großnichte über die Vorbereitungen von Joseph Gebhard Himmler für eine Griechenlandreise, die er alleine antreten wollte. Monate vor der Reise hatte er alles geregelt, drei Wochen vorher schrieb er lange Abschiedsbriefe – für den Fall, dass er auf der Reise versterben würde – an alle Familienmitglieder, inkl. vielerlei Anweisungen für die weitere Lebensführung. Vor allem den ältesten Sohn Gerhard wies er an, stets auf seine Mutter zu hören, er müsse der Mutter „jeden Wusch von den Augen absehen, durch Fleiß, Pflichttreue, Sittenreinheit" und mahnte an ein „tüchtiger, religiöser und deutschgesinnter Mann" zu werden.[29]

Katrin Himmler hat nebenbei erwähnt, dass die Brüder Himmler Strafen ihrer Eltern auf Grund „etlicher Bubenstreiche" ironisch mit den Worten „weidlich gelobt" kommentierten und meint, dass zu diesen Strafen entsprechend „auch wohldosierte körperliche Züchtigungen gehört haben dürften."[30] Für die damalige Zeit findet sich sprachlich real das Begriffspaar *weidlich gestraft* und *weidlich geprügelt.* Katrin Himmler wird mit ihrer Einschätzung entsprechend recht haben, dass Körperstrafen im Hause Himmler üblich waren. Allerdings ließ sich die Autorin im selben Kapitel im Textverlauf dazu hinreißen zu schreiben, dass „trotz aller Strenge" die Beziehungen bei den Himmlers „warmherzig und zärtlich" gewesen wären. Allerdings erwähnt sie keine wirklich konkreten Handlungen und Erzählungen, die einen solchen Schluss nahelegen würden; außer vielleicht, dass Vater Himmler selbst von „strenger Liebe" oder „gütiger Strenge" sprach. Diese leidvolle und verdrehte Verknüpfung von Gewalt und Gehorsamsforderungen mit Wohlwollen und Liebe habe ich bereits in der Einleitung ausführlich besprochen. Auch hier taucht dies wieder auf. Allerdings sollten wir uns nicht von solchen Worten und Deutungen täuschen lassen, sondern uns die oben ausgeführten Fakten und Verhaltensweisen anschauen. Alles deutet darauf hin, dass dieser Vater für seine Kinder ein reiner Alptraum war.

Heinrich Himmler wurde seinerseits wiederum zum Alptraum für seine eigenen Kinder. Auch dies ist ein überdeutliches Indiz dafür, was er selbst als Kind erlitten hatte. Fast 69 Jahre nach Kriegsende tauchten diverse Dokumente (Briefe, Tagebuchaufzeichnungen etc.) der Familie Himmler auf und wurden u. a. von der *WELT* aufbereitet und besprochen. Prügel und strikte Gehorsamsforderungen gehörten zum gängigen Umgang mit den Kindern. Der Pflegesohn der Himmlers Gerhard „erinnerte sich Jahre später, dass er oft Angst vor den Besuchen des Stiefvaters in Gmund hatte; dass er Prügel bekam, auch mal mit der Reitpeitsche. Schläge als Strafe waren für die Himmlers normal," auch gegenüber der Tochter Gudrun. Heinrich Himmlers Frau Marga hinterließ einen Eintrag ins Kindheitstagebuch. Hätte ihre Tochter „mag nicht" geantwortet, wenn sie etwas tun sollte, hätte sie „schon oft ein paar herunter bekommen" müssen.[31] Katrin Himmler hat ebenfalls diese Dokumente analysiert. „Ihre Schlussfolgerung: Himmler wollte der sein, der sich um alles kümmert, alles organisiert, der seine Familie noch aus Tausenden Kilometern Entfernung mit Süßigkeiten versorgt. Auf der anderen Seite spiegeln die Briefe die Brutalität und Härte des NS-Mannes auch in seinem Familienleben wider. Seiner Großnichte zufolge war er ein gefühlskalter Erzieher, der eine klare Vorstellung davon hatte, wie seine Kinder funktionieren sollten. War das nicht der Fall, wurden sie auch schon einmal mit Prügel oder Liebesentzug gestraft."[32] Ich wiederhole nochmals, dass diese Schilderungen stark an den Charakter von Heinrich Himmlers Vater erinnern und sein Sohn ganz offensichtlich die selbst erlittenen Lektionen und Strafen verinnerlicht und übernommen hatte.

Es gibt leider kaum überliefertes Wissen über die Mutter von Heinrich Himmler. Eines fiel mir allerdings besonders auf. Heinrich war als Zweijähriger lebensgefährlich erkrankt. „Heinrich wurde wieder gesund, behielt allerdings zeitlebens eine schwache Konstitution und war immer anfällig für Krankheiten – das Sorgenkind seiner Mutter, die bereits den Vater durch Typhus, den Bruder durch Diphterie verloren hatte."[33] Zunächst wird hier eine besondere Belastung für das Kind durch die lebensbedrohliche Situation deutlich. Es deutet sich zudem an, dass die Mutter eine besonders angstbeladene Beziehung zu ihrem Sohn aufgebaut hatte. Wie sich dies ausdrückte oder ggf. auswirkte ist allerdings nicht überliefert.

Hermann Göring (ein führender NS-Politiker und Oberbefehlshaber der deutschen Luftwaffe) wurde am 12.1.1893 geboren. Seine Mutter war für die Geburt extra aus der Karibik angereist, wo sich ihr Mann und ihre weiteren Kinder aufhielten. Sechs Wochen nach der Geburt überließ sie den Säugling einer Freundin (über deren Umgang mit dem Säugling man nichts in der Quelle erfährt) und reiste zurück zu Mann und Kindern. „In den folgenden drei ersten Jahren seines Lebens bekam Hermann weder sie noch seine Geschwister, noch seinen Vater zu Gesicht. Als die Eltern ihn nach der Rückkehr zu sich holten und die Mutter sich zum ersten Mal zu ihm hinabbeugte, schlug der Dreijährige ihr mit den kleinen Fäusten ins Gesicht. Es sei dies seine erste Kindheitserinnerung, erklärte Göring später im Gefängnis dem amerikanischen Gerichtspsychologen Gustave Gilbert.“[34] Knopp zitiert den erwachsenen Göring mit den Worten: „Das Grausamste, was einem Kind passieren kann, ist die Trennung von der Mutter in den ersten Lebensjahren.“[35]

Hermann wuchs ab seinem dritten Lebensjahr im Kreis von neun Geschwistern und Halbgeschwistern auf. Man kann sich vorstellen, dass bei einer solchen Geschwisterzahl nicht viel Zeit und Aufmerksamkeit für das einzelne Kind da war. Sein Vater war bei seiner Rückkehr nach Deutschland bereits 58 Jahre alt und nicht bei gutem Gesundheitszustand. Ab 1898 lebten die Görings in einer mittelalterlichen Burg, die ihnen von Hermanns Patenonkel Epenstein, ein reicher Sohn einer zum evangelischen Glauben konvertierten jüdischen Familie, kostenlos zur Verfügung gestellt wurde; das Ganze nicht ohne Hintergedanken. „Mehr oder minder offiziell lebte Franziska Göring in den nächsten anderthalb Jahrzehnten als Geliebte Epensteins – unter stillschweigender Duldung ihres Ehemanns. Von dem tatkräftigen Kolonialbeamten, der Deutsch-Südwestafrika mit aufgebaut hatte, war wenig geblieben. Kränkelnd und vorzeitig gealtert, fand Hermanns Vater sich mit einem Schattendasein als gehörnter Ehemann an der Seite seiner jüngeren Gemahlin ab. Erst als die Liebe zwischen dem ‚Ritter‘ und dem ‚Burgfräulein‘ verebbte, kam es nach Zwistigkeiten zum schroffen Bruch. Im Streit mit dem einstigen Wohltäter verließ das Ehepaar Göring gemeinsam Burg Veldenstein und siedelte 1912 nach München über.“[36] Ein Jahr darauf starb Heinrich Göring – Hermanns Vater. Knopp schreibt, dass der kränkelnde Vater für Hermann kein Leitbild war, sondern der „prunksüchtige Lebemann Epenstein, der die ihm durch Reichtum verliehene Macht in vollen Zügen genoss“ und mit dem er bis zu dessen Tod 1934 im Kontakt blieb.[37]

Noch zu Lebzeiten des Vaters wurde Hermann ab seinem elften Lebensjahr auf ein Internat geschickt und somit erneut von seiner Familie getrennt, worauf er rebellisch reagierte. (Er verbrachte also insgesamt nur ca. acht Jahre bei seiner Familie!) Nach einem Jahr mussten ihn die Eltern von der Schule nehmen und er wurde in einer Kadettenanstalt in Karlsruhe untergebracht. „Hier war er noch weiter von Veldenstein entfernt, die Erziehung noch strenger, aber es ging dabei militärisch zu. Ziel der Anstalt war, zukünftige Berufsoffiziere heranzubilden.“[38] Hermann scheint sich dort wohl gefühlt zu haben, denn er liebte alles Militärische, schreibt Knopp. „Robust und selbstbewusst, wie er war, scheinen ihn die üblichen Rohheiten des Kadettenlebens, mit denen ältere Schüler die ihnen anvertrauten jüngeren ‚Schützlinge' abzurichten und nicht selten zu quälen pflegten, wenig angetan zu haben. Offenbar ohne Widerwillen ertrug er die strenge Schuldisziplin.“[39] Und in der Tat wurde Hermann zum Musterkadetten und später zum überzeugten Soldaten, der bei Kampfeinsätzen u. a. als Pilot und Fliegerass im Ersten Weltkrieg mitwirkte.

Ich teile Knopps Ansicht allerdings nicht, dass sich Hermann als Kadett wirklich wohl fühlte. Für mich ergibt sich eher das Bild eines Kindes/Jugendlichen, das/der gelernt hat, Schmerzen, Entbehrungen und Demütigungen auszuhalten, zu funktionieren und entsprechende Gefühle beiseitezuschieben (abzuspalten). Schon sechs Wochen nach seiner Geburt musste er aushalten und drei Jahre auf seine Familie warten, die er dann mit Aggressionen begrüßte. Hermann Göring wurde früh klar gemacht, dass er nichts zählte, dass seine Bedürfnisse nicht zählten. Auch die merkwürdige Dreiecksbeziehung seiner Eltern wird Spuren bei ihm hinterlassen haben. Für mich ergibt sich das Bild einer Kindheit, die von Trennungen und Schmerzen geprägt war. Hermann fantasierte sich, darüber berichtete auch Knopp, in eine Welt, die Macht, Heldentum und Ritterlichkeit (auch unter Einfluss seines Patenonkels) zum Ideal hatte.

Über den alltäglichen Umgang der Eltern, ihren Erziehungsstil, offener Gewalt als Disziplinierungsmaßnahme usw. erfährt man nichts in der Quelle, allerdings auch nichts über Gewaltfreiheit. Deutlich wurde nur, dass im Internat Strenge und Gewalt herrschte, was den Jungen nachhaltig geprägt haben wird. Aber: Wer etwas Fantasie hat und sich einfühlen kann, wird an Hand o.g. Darstellungen schnell zu dem Schluss kommen, dass Görings Eltern emotional kalte Personen waren. Was sind das für Eltern, die ihr Neugeborenes drei Jahre bei einer Freundin unterbringen, obwohl sie alle Möglichkeiten dazu hatten, das Kind bei sich aufzunehmen? Es waren grausame Eltern, die sich nicht darum scherten, wie es dem Kind erging. Solche Eltern werden nicht auf der einen Seite zu solchen Handlungen fähig und dann auf der anderen Seite später herzlich, stark gebunden und emotional zu ihren Kindern gewesen sein. Solche Eltern werden auch im Erziehungsalltag die Bedürfnisse ihrer Kinder übersehen und überhört haben. Solche Eltern werden ihre Kälte auch im Alltag an allen möglichen Stellen und in allen möglichen Situationen unter Beweis gestellt haben, von denen wir nie etwas erfahren werden, weil es keine Zeugnisse davon gibt.

Martin Bormann stieg mit den Jahren zur „rechten Hand des ‚Führers'" auf und war während der NS-Zeit „für ein paar Jahre einer der mächtigsten Männer Europas".[40] Über den Erziehungsstil und die Familienatmosphäre fand ich so gut wie keine Informationen. Allerdings stellte sich schnell heraus, dass Bormanns Kindheit schwer belastet war. Martins Vater war jung verwitwet. Zwei Kinder und Schulden zwangen ihn, möglichst schnell neu zu heiraten. Eine Liebeshochzeit scheint es nicht gewesen zu sein, wenn man Guido Knopps sachlich, kalten Ausführungen folgt: „Es traf sich gut, dass ein Kollege seine immerhin schon fünfunddreißigjährige Tochter Antonie unter die Haube bringen wollte – nicht gerade eine Schönheit, aber frisch und energiegeladen sowie von Haus aus nicht ganz unvermögend."[41] Martin war der erste Sohn des Paares, es folgte der zweite Sohn Namens Albert. Ein dritter Sohn des Paares starb, wobei weder der Zeitpunkt noch die Todesursache der Quelle zu entnehmen ist.[42] Martins Mutter Antonie hatte schon bald einen weiteren schweren Schlag zu verkraften. 1903 starb ihr Mann, Martin war zu dem Zeitpunkt drei Jahre alt und hatte später als Erwachsener keinerlei Erinnerungen mehr an seinen Vater. Die Mutter stand nun mit vier Kindern alleine da. Die beiden älteren Geschwister aus erster Ehe des Vaters waren nunmehr Vollwaisen, Martin und sein Bruder Halbwaisen. Martin schuf sich in der Folge, berichtet Knopp, ein Idealbild seines Vaters, „das mit der Wirklichkeit nicht viel gemein hatte."[43] Was diese schwere Krise psychisch für die Familie bedeutete, kann man sich ungefähr vorstellen. Finanziell begannen zudem schwere Zeiten, die Kinder konnten kaum ernährt werden. Martins Mutter fand einen Ausweg, indem sie ein halbes Jahr nach dem Tod ihres Mannes ihren Schwager heiratete. „Dessen Frau, ihre Schwester, war verstorben und hatte ihrem Mann fünf Kinder hinterlassen. Die neugegründete Familie mit nunmehr neun Kindern wuchs nie richtig zusammen. Mit dieser Familie wollte Martin Bormann zeit seines Lebens nicht viel zu tun haben. Seinem Stiefvater, dem Bankfilialleiter Albert Vollborn, stand er ablehnend gegenüber.“[44]

Ursprünglich war Antonie Bormann Mittel zum Zweck bzw. Notnagel für ihren verwitweten Mann gewesen. Nun suchte sie nach dessen Tod selbst einen Notnagel, was von Seiten des ebenfalls verwitweten Albert Vollborn auf Gegenseitigkeit beruhte. Gefühle und echte Bindungen scheinen kaum eine Rolle gespielt zu haben. Was machte eine solche Konstellation mit den Kindern, die in solchen Zweckgemeinschaften aufwuchsen? Wie war die psychische Situation von Antonie Bormann, die innerhalb kurzer Zeit ein Kind, ihren Ehemann und ihre Schwester verloren hatte und am Ende für neun Kinder zu sorgen hatte? Diese Fragen bleiben seitens der Biografen unbeantwortet. Zumindest deuten sich schwere Konflikte und Krisen an, da Martin weder zu seinem Stiefvater, noch zu der gesamten restlichen Familie wirkliche Bindungen gehabt zu haben scheint. Auch das Autorenteam Meinl & Hechelhammer (2014), das sich in einem Abschnitt mit der Kindheit und Familie von Bormann befasst hat, deuten die Atmosphäre in der Familie Vollborn eindeutig: „(...) viel Zusammenhalt und Liebe scheint es in der zusammengewürfelten Familie auch nicht gegeben zu haben.“[45] Noch etwas kam hinzu: „Zur geistigen Atmosphäre, in der der Gymnasiast Martin aufwuchs und seine Ideale suchte, gehörte eine Überhöhung der eigenen Nation: Deutschland, Deutschland ging im Hause Vollborn über alles. Am deutschen Wesen, woran sonst, müsse die Welt genesen. Die Familie war stramm deutschnational und stolz darauf, sich aus ärmlichen Verhältnissen zu bescheidenen Wohlstand emporgearbeitet zu haben.“[46]

Dieses *stramm deutschnational* erinnert im Wortlaut exakt an die obigen Ausführungen über den Vater von Rudolf Heß, der als typischer Angehöriger stramm national gesinnter Schichten beschrieben wurde und dessen stark autoritärer Charakter deutlicher überliefert wurde. Vater Vollborn war seinerseits als Bankdirektor eine Autorität. Auch wenn über seinen Charakter ansonsten kaum etwas von den Biografen ausgeführt wurde, ahnt man, dass ein stramm deutschnationaler Bankdirektor Anfang des 20. Jahrhunderts auch zu Hause nicht zimperlich gewesen sein wird, wenn es um Gehorsam und Autorität ging. Abgesehen davon zeigen grundsätzlich bereits die oben aufgeführten Informationen auf, dass Martin Bormann eine sehr destruktive und belastete Kindheit verlebte.

Der Historiker Magnus Brechtken hat in seinem Buch mit einigen verklärenden Nachkriegsbildern über **Albert Speer** aufgeräumt, die Speer selbst gezielt verbreitet hatte. Speer sei kein „verführter Bürger" und „unpolitischer Technokrat" gewesen, der kaum etwas von den Verbrechen in der NS-Zeit mitbekommen hätte. Der reale Speer war viel mehr „engagierter Nationalsozialist, Unterstützer Hitlers, Architekturmanager, Kriegslogistiker, Rüstungsorganisator, Mitbetreiber der NS-Rassenpolitik, eine Zentralfigur des Eroberungs- und Vernichtungskrieges" und paktierte zudem eng mit der SS.[47]

Albert Speer stammte aus reichen Verhältnissen. Die Eltern wohnten in einem großen Haus und hatten mehrere Bedienstete (Fahrer, Hausmädchen, Köche etc.). Es gibt Berichte, dass Albert Speer kaum elterliche Zuneigung erhalten hatte und seine Eltern gefühlskalt waren. Ergänzend sei er von seinen Brüdern gequält worden. Die einzigen Leute, die ihn mochten, so Speer, seien die Leute im Büro seines Vaters gewesen. In einem Interview sagte Speer ergänzend: „Die einzige Wärme, die ich zu Hause je fühlte, ging von unserer französischen Gouvernante Mademoiselle Blum aus."[48] Dieser Satz Speers belegt zudem, dass seine Eltern Erziehungsaufgaben offensichtlich Angestellten überließen, was historisch bezüglich reicheren Schichten gängige Praxis war und routinemäßig eine Entfremdung zwischen den Kindern und ihren Eltern zur Folge hatte. Brechtken setzt hinter die spärlichen Informationen über Speers Kindheit gewisse Fragezeichen, da die meisten Informationen darüber von Albert Speer selbst stammten. Wenn wir die Schilderungen von Speer allerdings ernst nehmen, dann verlebte er zwar eine Kindheit in Wohlstand, aber in emotionaler Kälte und Einsamkeit.

Julius Streicher (Gründer und Herausgeber des antisemitischen Hetzblattes *Der Stürmer* und NS-Politiker) wurde 1885 als neuntes und letztes Kind seiner Eltern Friedrich und Anna Streicher geboren. Die Freude seiner Mutter über die Schwangerschaft hielt sich allerdings in Grenzen und sie blickte mit großer Sorge auf das werdende Kind. Bei seiner Geburt gab es dazu noch Komplikationen, das Kind gab zunächst keine Lebenszeichen von sich. Seine Mutter und die Hebamme rechneten bereits mit dem Tod des Kindes, als es doch noch anfing zu atmen. Von den neun Kindern der Familie starben allerdings zwei. Wie die Familie mit dem Tod dieser Kinder umging, erschließt sich aus der Quelle nicht. Julius wuchs in bescheidenen Verhältnissen auf. In seinem Dorf war er Außenseiter und wurde als Sohn des wenig angesehenen Dorfschullehrers gehänselt. Nach eigenen Angaben fühlte sich Julius Streicher auch in seiner Familie bisweilen fremd. Den Geschwistern sei er ein lästiges Übel gewesen. Dies ging so weit, dass zwei seiner Brüder ihm eines Tages nach dem Leben trachteten. Sie zwangen ihn, auf einer zugefrorenen Mistlache so lange herumzuspringen, bis er durch das Eis brach. Dank einer Nachbarin, die seine Schreie hörte, wurde er gerettet.[49] Ich denke, dass diese berichtete Szene sehr hellhörig machen sollte, was die generelle Familienatmosphäre angeht.

Zu seiner Mutter soll Julius ein besonderes Verhältnis gehabt und sie verehrt haben. Allerdings steht dies im Widerspruch zu der unglücklichen Schwangerschaft und dem geschilderten *sich-Fremd-in-der-Familie-Fühlen* des Sohnes. Auch werden alleine schon die große Kinderschar und die finanziellen Nöte der Familie kaum Raum für besondere Fürsorge gelassen haben. Sein Vater wird dagegen wie folgt beschrieben: „Friedrich Streicher war ein strenger Vater. Er forderte eiserne Disziplin (...).“[50] Was *Strenge* und *eiserne Disziplin* für den 1885 geborenen Julius bedeuteten, bleibt Spekulation, denn in der Quelle wird dazu nichts weiter ausgeführt. Man ahnt wenig Erfreuliches, gerade auch wenn man bedenkt, wie strenge Lehrer, ein solcher war wie beschrieben der Vater von Julius, noch Ende des 19. Jahrhunderts agierten.

Karl Dönitz war im Zweiten Weltkrieg Befehlshaber der U-Boote, ab 1943 Oberbefehlshaber der deutschen Kriegsmarine, natürlich NSDAP-Mitglied und wurde von Adolf Hitler testamentarisch zum Nachfolger bestimmt. Informationen über die Kindheit von Karl Dönitz sind spärlich, allerdings enthält seine Autobiografie einige Details, die aufschlussreich sind. Zunächst fiel mir beim Lesen seines Buches auf, dass Dönitz durch und durch ein Soldat war und dass er wenig reumütig oder gar schambeladen auf die NS-Zeit und seine Beteiligung daran zurückblickte (was ihn wohl mit den meisten NS-Tätern verbindet). Ganz im Gegenteil hat er seinem Buch ein Foto von sich als Oberbefehlshaber in Uniform – mit Wehrmachtssymbol am Kragen, Zepter in der Hand und geradem strengen Blick – vorangestellt. Seine Verurteilung während der sogenannten *Nürnberger Prozesse* erkannte er nicht an. Zusätzlich führt er an einer Stelle im Buch – nachdem er auf die „Erfolge der deutschen U-Boot-Waffe in den letzten Jahren 1939 bis 1943" und stolz auf die „2882 Handelsschiffe mit nahezu 14 500 000 Brutto-Register-Tonnen", die versenkt worden seien, hingewiesen hatte – aus, dass der Krieg im Atlantik gewonnen hätte werden können, wenn man auf ihn gehört und zuvor mehr U-Boote gebaut hätte.[51]

Karl wurde im Jahr 1891 geboren. Seine Mutter starb bereits vier Jahre später im Jahr 1895. Sichere Erinnerungen habe er nicht mehr an seine Mutter und er ergänzt: „Ich glaube aber, dass der so frühe Tod meiner Mutter eines der einschneidensten und für mein inneres Werden wirkungsvollsten Ereignisse meines Lebens war. Für ein Kind lässt sich Mutterliebe nicht ersetzen."[52] Sein Vater heiratete nicht erneut und blieb mit Karl und dessen jüngerem Bruder alleine. 1912 verstarb der Vater, Karl muss zu dieser Zeit ca. 21 Jahre alt gewesen sein. Für einen so jungen Mann, der zudem ohne Mutter aufgewachsen war, muss der Tod des Vaters ein erneut schwerer Schlag gewesen sein.

Dönitz konzentriert sich in seinen gesamten Schilderungen über seine Kindheit und Jugend ansonsten auffällig auf die Dinge außerhalb der Familie, schwärmt Seite für Seite von seiner Schule, seinen Kameraden, Reisen, Vorträgen und dem schönen deutschen Land. Nur an zwei kurzen Stellen gibt er einen Einblick in das Familienleben und dem Erziehungsstil seines Vaters. „In meiner ersten Jugend in Berlin, der Einstellung meines Vaters entsprechend, waren für meinen Bruder und mich das Preußentum, die brandenburgische und preußische Geschichte schlechthin das Beste und Schönste. Alles andere hatte für uns, etwas einseitig preußisch erzogene Kinder, nicht die gleich hohe Wertung."[53]

Eine *preußische Erziehung* wird auf jeden Fall eine strenge Erziehung gewesen sein, innerhalb der viel Wert auf Gehorsam gelegt wurde. Dass es keinen Verhandlungsspielraum für die Kinder gab, zeigt auch eine Szene, die Dönitz schildert, als die Familie 1906 von Jena nach

Weimar umzog und Karl von da an ein Gymnasium besuchen sollte. Karl war vorher auf einer Art Realschule und hatte dort keinerlei Latein gelernt. „Mein Vater entschied, dass ich die Untersekunda, diejenige Klasse, welche ich in Jena verlassen hatte, zu bestehen hätte. Mein völliges Unwissen der lateinischen Sprache hätte ich in einem halben Jahr durch Privatstunden in gute Kenntnisse des Lateinischen, den Anforderungen der Sekunda entsprechend, zu verwandeln. Ich war wirklich erst einmal sprachlos, als ich diese väterliche Weisung erhielt und sah einen Berg von Arbeit vor mir liegen, den zu bewältigen mir unmöglich schien. Ich dachte, dass sicherlich sich die Schule auf diesen Plan garnicht einlassen würde!“[54]

Karl erfüllte allerdings dann doch die strengen Erwartungen des Vaters, wurde Gymnasialschüler und lernte ein halbes Jahr fast jeden Wochentag im Privatunterricht nach der Schule Latein. Diese Geschichte gibt uns, zusammen mit der Erwähnung über einer preußischen Erziehung, einen kleinen, aber deutlichen Einblick in die Familienatmosphäre und zeigt wie Befehl und Gehorsam zum Erziehungsstil des Vaters gehörten. Befehl und Gehorsam blieben im weiteren Leben von Karl Dönitz eine alles bestimmende Größe. In seinem Schlusswort und zugleich Selbstrechtfertigung schreibt er. „Der Gehorsam ist die Grundlage jeder Wehrmacht. Ohne das Prinzip, dass der Vorgesetze zu befehlen und der Untergebene zu gehorchen hat, ist eine Wehrmacht wertlos, weil sie dann im Ernstfall keine Schlagkraft besitze. (...) Ohne dieses Grundprinzip des Gehorsams ist also die Führung einer Wehrmacht nicht denkbar. Wer an diesem Prinzip rüttelt, rüttelt an der Existenzgrundlage der Wehrmacht und damit an der Sicherheit des Staates, dem sie dient.“[55] Dies schrieb Dönitz im Jahr 1968 (!), wohlwissend, dass es keine Wehrmacht mehr gab, sondern eine Bundeswehr und wohlwissend, dass die NS-Führung einen mörderischen Angriffskrieg geführt hatte.

Joachim von Ribbentrop (NS-Politiker und Reichsminister des Auswärtigen) beschreibt in seinen Memoiren das Verhältnis zu seinem Vater während der Kinderjahre: „Mein Vater, den ich in meinem späteren Leben so sehr verehrte, war damals für uns nur der gestrenge Herr, den wir mehr fürchteten als liebten.“[56] Zur väterlichen Strenge gehörten auch Prügel. Ribbentrop berichtet beispielsweise von einer „tüchtigen Tracht Prügel“ als Reaktion darauf, dass er als Schüler kurz vor Weihnachten nur auf den 32. Platz seiner Klasse von 50 Schülern kam.[57] Sein Vater war beim Militär (wie so viele seiner Verwandten und Vorfahren, was Ribbentrop betont) und brachte es bis zu dem Dienstgrad eines Stabsoffiziers. Der Beruf des Vaters brachte auch häufige Wechsel des Wohnortes mit sich.

Für seine Mutter hat Ribbentrop nur warme und liebevolle Worte übrig. Die Erinnerung an sie war aber auch mit Wehmut und Trauer gepaart, schreibt Ribbentrop, denn die Mutter hatte eine langjährige Krankheit, von der sie sich nicht mehr erholte. „In ihren letzten Lebensjahren haben wir Kinder unsere Mutter nur noch krank gekannt und wenig gesehen, weil sie uns nicht anstecken wollte."[58] Als Joachim acht Jahre alt war, starb seine Mutter schließlich. Der Vater heiratete später erneut.

Hans Frank (höchster Jurist in der NS-Diktatur und NS-Generalgouverneur des besetzten Polen) erlebte als Kind und Jugendlicher gleich mehrere traumatische Belastungen. Im Alter von fünf Jahren erkrankte er an Diphtherie und wäre beinahe daran gestorben. Als er zwölf Jahre alt war, starb seine Kindheitsfreundin Mimi und Hans stürzte in tiefe Trauer. Vier Jahre später musste Hans erleben, wie sein Bruder Karl jr., nachdem dieser nach einer Kriegsverletzung und einer Lungenentzündung nach Hause gekommen war, verstarb. Eine weitere Trennung kam hinzu. Die Ehe seiner Eltern hatte ab ca. dem achten Lebensjahr von Hans angefangen zu kriseln. „Immer öfter war die Mutter abwesend, Hans wurde zu Verwandten abgeschoben, die geliebte Mutter kümmerte sich nicht um ihn. Ihre wilden Affären, die auch ihm nicht verborgen blieben, erschreckten ihn."[59] Monatelang sah Hans seine Mutter gar nicht. 1916, dem gleichen Jahr, in dem Karl jr. verstorben war, verließ die Mutter endgültig die Familie und zog zu ihrem Geliebten nach Prag. Dadurch sei seine Kindheit „natürlich recht unglücklich" gewesen wird Hans Frank später einmal sagen.[60]

Schenk beschreibt Hans Frank als Muttersöhnchen, der zu seinem Vater nie ein gutes oder enges Verhältnis gehabt hätte. Der Verlust der Mutter wird ihn entsprechend besonders schwer getroffen haben. Ich fand keine Hinweise darauf, dass Hans Frank in irgendeiner Form nach all diesen Verlusten gestützt wurde und Hilfe bekam. Deutlich wird dies auch an folgender Aussage von Frank: „Man kann sagen, dass ich ab dem Alter von zehn Jahren kein Familienleben mehr hatte. An meine frühen Jahre habe ich nur wenige zärtliche Erinnerungen."[61] Später beschrieb Hans Frank schwierige Stimmungszustände und Eigenbröterlei als Folge dieser schweren Kindheits- und Jugendjahre.

Über direkte Gewalt gegen das Kind Hans erfährt man nichts in seiner Biografie, allerdings auch nichts über Gewaltfreiheit. Da Hans im Jahr 1900 geboren wurde, sind vor allem Körperstrafen in Familie und Schule sehr wahrscheinlich, was ich nicht müde werde zu betonen. Diese Mutmaßung gilt für alle hier in diesem Kapitel besprochenen Biografien, bei denen sich keinerlei Hinweise auf eine gewaltfreie Erziehung fanden!

Allerdings berichtete Niklas Frank (der Sohn von Hans Frank), dass sein Vater ihn geschlagen und abgelehnt habe.[62] Und über die familiäre Atmosphäre an sich – mit besonderem Blick auch auf die Mutter – sagte Niklas Frank. „Unsere Mutter hat sich überhaupt nicht um uns gekümmert (...) Ich habe auch gerade neulich mal mit meinem Bruder gesprochen (...) Kannst Du Dich erinnern an irgendeine liebevolle Umarmung, an einen Kuss von Deinen Eltern, von der Mutti insbesondere. Da sagt er: ‚Nein, das hat es nie gegeben.'"[63] Man kann annehmen, dass der Vater an seinen Sohn weitergab, was er selbst als Kind erlebt hatte. Damit meine ich nicht nur die körperliche Gewalt und keine Bindung zum Sohn, sondern auch, dass sich Hans Frank eine Frau an seine Seite geholt hatte, die ihre Kinder im Stich ließ, ähnlich wie seine eigene Mutter ihn im Stich gelassen hatte.

Rudolf Höß (Lagerkommandant in Auschwitz) berichtet in seiner Autobiografie davon, dass er als Kind ein Einzelgänger war und sich am liebsten alleine und unbeobachtet beschäftigte. Sein Vater hatte ein Gelübde abgelegt, nachdem sein Sohn Rudolf Geistlicher werden sollte. „Meine ganze Erziehung war darauf abgestellt. Ich wurde von meinem Vater nach strengen militärischen Grundsätzen erzogen. Dazu die tiefreligiöse Atmosphäre in unserer Familie. Mein Vater war fanatischer Katholik."[64] Und er berichtet auch über die Vorstellungen der Eltern, was Gehorsam anging. „Ganz besonders wurde ich darauf hingewiesen, dass ich Wünsche oder Anordnungen der Eltern, der Lehrer, Pfarrer usw., ja aller Erwachsenen bis zum Dienstpersonal unverzüglich durchzuführen bzw. zu befolgen hätte und mich durch nichts davon abhalten lassen dürfe. Was diese sagten, sei immer richtig. (...) Schon von klein auf wurde ich zu einem festen Pflichtbewusstsein erzogen. Es wurde in meinem Elternhaus streng darauf geachtet, dass alle Aufträge genau und gewissenhaft ausgeführt wurden.“[65]

Probleme und Kummer besprach er nicht mit seinen Eltern, sondern machte dies mit sich selbst aus. Auch zu seinen Schwestern fand er keinen Draht, spielte nur mit ihnen, wenn er musste und ärgerte sie oft. Seine Isoliertheit innerhalb der Familie bringt er wie folgt auf den Punkt: „Meine Eltern, meinen Vater sowie meine Mutter, achtete ich sehr und sah mit Verehrung zu ihnen auf. Doch Liebe – Elternliebe, wie ich sie später kennenlernte – brachte ich nicht für sie auf. Woran das lag, ist mir nicht erklärlich, auch heute finde ich noch keine Gründe hierfür.“[66] Höß sagte später auch: „Ich war immer am liebsten allein. (...) Ich hatte nie Freunde oder enge Beziehungen zu irgend jemanden – auch nicht in meiner Jugend. (...) Ich hatte niemals ein wirklich vertrautes Verhältnis zu meinen Eltern – auch nicht zu meinen Schwestern. Es fiel mir erst auf, nachdem sie verheiratet waren, dass sie wie Fremde für mich waren. Als Kind spielte ich immer allein.“[67] Im Alter von ca. 14 Jahren starb der Vater und Rudolf Höß notiert dazu: „Ich kann mich nicht erinnern, dass dieser Verlust mir besonders naheging.“[68] Unmittelbar nach dem Tod des Vaters drängte Rudolf darauf, Soldat zu werden. „Nach unausgesetztem, aber vergeblichen Bitten bei der Mutter und dem Vormund gelang es dem 15jährigen schließlich, heimlich in einem Regiment unterzutauchen. Nach kurzer Ausbildung kam er an die türkische Front.“[69] Ergänzend zu all dem Leid in der Familie muss bezüglich Höß also auch noch das (selbstgewählte) Kriegstrauma eines Kindersoldaten in die Analyse seiner Person mit einbezogen werden. 1917 verstarb dann, nach den Ausführungen von Joachim Fest, auch noch die Mutter; Rudolf muss zu diesem Zeitpunkt zwischen 16 und 17 Jahre alt gewesen sein. Rudolf Höß ist zusammengefasst ein unglaublich schwer traumatisiertes Kind und Jugendlicher gewesen.

Über Gewalterfahrungen berichtet Höß nicht in seiner Autobiografie, beschreibt aber eine Szene, in der er vom Vater bestraft wurde, ohne auf die Form der Bestrafung einzugehen. Rainer Höß, der Enkel von Rudolf Höß, berichtete innerhalb einer Filmdokumentation allerdings von Gewaltverhalten und strikte Gehorsamsforderungen seitens seines Vaters, dem Sohn von Rudolf Höß. „Diese Kälte, die hat mein Vater genauso gehabt (...) Da war für uns nie die Diskussion auf dem Schoß zu sitzen wie ich es erlebe bei meinen Kindern, wie die Beziehung zwischen mir und meinen Kindern ist, eine familiäre Beziehung, ne Wärme. Die Wärme zwischen meinem Vater und uns, die gab es nicht, nie. (...) Es gab das Gehorchen und das Umsetzen. Er machte die Vorgaben und wir haben sie umzusetzen. Wir sollten also auch nie auf Grund von meinem Vater Schwächen zeigen, Emotionen zeigen. Er hasste dies bis auf den Tod. Wenn wir weinten, ich denke mal, bekamen wir noch mehr Schläge, nur fürs Weinen, nicht für die Tat, die wir begangen hatten."[70]

Wenn wir annehmen, dass Kindheitserfahrungen sehr häufig an den eigenen Kindern wiederaufgeführt bzw. von Generation zu Generation weitergegeben werden, dann bietet uns die Kindheit des Enkels bzw. das Verhalten seines Vaters sehr wahrscheinlich einen Einblick in das, was auch sein Großvater Rudolf als Kind erlebt hatte. Zumal passen die Schilderungen des Enkels gut zu den oben zitierten Aussagen seines Großvaters über erlebte Gehorsamsforderungen und strengem Erziehungsstil.

Josef Mengele (Mitglied der Waffen-SS und für seine Kälte und Grausamkeit gefürchteter Lagerarzt in Auschwitz) gilt in Deutschland als Inbegriff des Böse. Auch in seiner Kindheit finden sich viele Belege dafür, dass ein Massenmörder nicht vom Himmel fällt, sondern dass Menschlichkeit und Gefühle schon in frühester Kindheit verschüttet werden können, wenn die Bezugspersonen dem Kind kalt und grausam gegenübertreten.

Josef wuchs in reichen Verhältnissen auf. Sein Vater war Fabrikbesitzer. Seiner Familie räumte der Vater nach autobiografischen Berichten von Josef Mengele keinerlei Vorrang ein. An erster Stelle stand bei dem Vater seine Arbeit. Sein Sohn hielt rückblickend fest, dass er „nicht viel an ihm hatte. ... Vom frühen Morgen bis spät in die Nacht hinein war der von seiner Aufgabe Besessene unterwegs."[71] Dies galt auch für den Sonntag, wie der Sohn festhielt, aber auch – wenn wohl auch etwas weniger ausgeprägt – für die Mutter, die in der Firmenleitung mitarbeitete. „Doch auch die Mutter war den Kindern durch ihre Mitarbeit im Betrieb bereits sehr früh weithin entzogen. Außerdem scheint sie ihren Söhnen gegenüber wenig Zuwendung und Wärme gezeigt zu haben. ‚Strenge Ordnung', Fleiß, Pünktlichkeit und Sauberkeit waren die Kategorien ihres Tugendkatalogs, dem sie selbst nacheiferte, der aber auch für die Söhne verbindlich war."[72] So bildeten „eher Achtung und Respekt als Liebe und Zuneigung" den Grundton der Familie, hielt Mengele fest.[73] Auch Guido Knopp schreibt: „Im Hause Mengele herrschte Gefühlskälte. Die Eltern stritten viel. Verbittert nannte Josef seinen Vater eine ‚kalte Person', und seine Mutter ‚sei nicht viel besser, wenn es um Liebe ging'."[74] Überhaupt scheint die Mutter eine sehr dominante Rolle eingenommen zu haben. „Mengeles Mutter Walburga galt als resolut und energisch. Das Auftauchen der stabilen, matronenhaften Frau war bei den Arbeitern der Mengele-Fabrik weit mehr gefürchtet als das Erscheinen des Chefs. (...) Seine Mutter wirkte auf ihn überlebensgroß; eine korpulente, alles beherrschende Riesin. Sie konnte Mutterinstinkte an den Tag legen, aber auch zur Furie werden. Sie war vollkommen unberechenbar."[75]

Darüber hinaus gibt es deutliche Hinweise darauf, dass der Vater sehr dem Alkohol zugeneigt war. „Etliche Gläser Wein", nahm er üblicherweise „während seiner nachmittäglichen Dämmerschoppenrunde mit den übrigen Honoratioren der kleinen Stadt zu sich."[76] Zur Geburt seines Sohnes Josef schickte der Vater nach einer kurzen Begutachtung des Neugeborenen erst einmal das Hausmädchen zum Gasthaus, um ca. zwei Liter Bier zu holen.[77] Josef war das zweitgeborene Kind der Familie. Sein Bruder, der eigentlich Josef heißen sollte, dann aber doch Karl getauft wurde, war allerdings bereits wenige Tage nach der Geburt gestorben. Wie sich der Tod dieses Kindes auf die Familie ausgewirkt hatte, ist der Quelle nicht zu entnehmen.

Auch Josef wäre als Dreijähriger beinahe gestorben. Die häufige Abwesenheit der Eltern bedeutete für das Kind, dass es oftmals unbeobachtet vom Dienstpersonal auf Entdeckungsreise ging. Eines Tages entdeckte der Junge Kieselsteine am Grund einer Regentonne. Als er sich über die Tonne beugte, fiel er hinein. „Luis, ein junger Büroangestellter, der zufällig in diesem Augenblick das Büro verließ, bemerkte das Unglück und zog den schon blaugesichtigen Jungen an den Beinen aus dem Schaff."[78] Ein solcher fast tödlicher Unfall stellt eine traumatische Erfahrung für ein Kind dar. Es kamen aber noch weitere schwer belastende Erfahrungen dazu: Körperstrafen durch die Eltern. Josef wird als recht eigensinniges Kind beschrieben. Während der Abwesenheit der Eltern hatte er den Anordnungen seines Kindermädchens Folge zu leisten. „Und die war nicht imstande, dem Expansionsdrang des schon damals sehr selbstbewussten und von sich eingenommenen Jungen Grenzen zu setzen. Das besorgte die Mutter im allgemeinen abends durch regelmäßige Ermahnungen und gelegentliche Ohrfeigen beziehungsweise der Vater während seiner Fronturlaube durch manche Tracht Prügel."[79] Wenn man diesen Ausführungen folgt, wurde vermutlich Fehlverhalten des Kindes den Eltern gemeldet, die dann Strafpredigten hielten und Gewalt ausübten. Wenn dem so war, waren auch die Angestellten dem Jungen keine Vertrauenspersonen.

Zusammengefasst war die Kindheit von Josef Mengele einsam, lieblos, von elterlicher Gewalt, Streitigkeiten und väterlichem Suchtverhalten geprägt, ergänzt um das Gefühl, als privilegierter Sohn einer reichen Familie etwas Besonderes zu sein. Ganz und gar erstaunlich ist dagegen das Schlusswort seines Biografen Ulrich Völklein (Historiker und Journalist) am Ende des Kapitels über die Kindheit und Jugend: „Josef Mengele erlebte zwar keine behütete und beschirmte Kindheit in der Geborgenheit seiner Familie, aber es war eine von wirtschaftlicher Not freie Jugendzeit in dem überschaubaren Beziehungsgeflecht einer kleinen Stadt in Schwaben. Nichts in seinen äußeren Lebensbedingungen kann als notwendige Voraussetzung seiner späteren Entwicklung gedeutet werden."[80] Mich erinnert dieses Schlusswort wieder an meine Ausführungen im Kapitel *Das große Schweigen.* Sehenden Auges schaut der Historiker an den Abgründen einer Kindheit und deren psychischen Folgen vorbei, die das Fundament für die Grausamkeit des Erwachsenen bildete.

Adolf Eichmann gilt weltweit als Symbol des nationalsozialistischen Judenmords und nach den Veröffentlichungen von Hannah Arendt verbindet man mit ihm die Begriffe von der *Banalität des Bösen. Das Böse* in Eichmann war aber nicht banal im Sinne von einem ganz normalen, gewöhnlichen Menschen, der aus den Umständen heraus einen Massenmord mitorganisierte. Adolf Eichmann war viel mehr ein Mensch, der den Normen der Zeit nach als Kind gebrochen wurde. Das war die *Normalität* oder das *Gewöhnliche*, das seinen Charakter durchzog. Sein Biograf schreibt über seine Kindheit: „Weder die überlieferten persönlichen Dokumente noch Eichmanns umfangreiche autobiographische Schriften, noch seine Äußerungen in Interviews und Vernehmungen deuten darauf hin, dass seine Kindheit irgendwie unnormal verlaufen wäre."[81] Wenn man im Sinne der damaligen Zeit denkt und formuliert, dann war seine Kindheit wirklich *der Norm entsprechend.* Zu dieser *normalen*

Kindheit gehörte sein Vater, „ein strenger Patriarch (...), der Gehorsam verlangt habe."[82] Der Vater war zudem ca. ein Jahr abwesend, da er ab 1913 in Linz eine neue Arbeitsstelle in leitender Position gefunden hatte und die Familie erst später nachzog. Dazu kam allerdings dann doch ein Ereignis, das sicher nicht der Norm entsprach. Adolf Eichmanns Mutter starb im Jahr 1916, Adolf muss zu dieser Zeit ca. 10 Jahre alt gewesen sein.[83]

Sein Vater suchte sich schnell eine neue Frau, die sehr religiös war und den Haushalt fest im Griff hatte, wie Eichmann es beschrieb. Über diese Zeit sagte Eichmann später: „Es gab sieben Jungen und ein Mädchen in unserer Familie. Aber Unordnung gab es nicht. Wir wurden streng erzogen und hatten ein normales, ruhiges Leben."[84] Die Strenge der Stiefmutter (ebenso wie die des Vaters) wurden von Eichmann selbst als *normal* beschrieben. Ja, so war das halt damals. Doch nur weil die Mehrheit der Kinder autoritär erzogen wurden, bedeutet dies nicht, dass sie sich auch *normal* im Sinne von gesund entwickelt haben. Die oben zitierte Zusammenfassung des Biografen ist eher erneut ein klassisches Beispiel dafür, wie Historiker immer wieder die Verletzlichkeit von Kindern gering schreiben. Den Tod der Mutter würde ich ergänzend als schweres Kindheitstrauma bezeichnen. Auch in diesem Sinne finden sich keine entsprechenden Einordnungen des Biografen.

In der Einleitung habe ich eine autobiographische Aussage von Eichmann bereits zitiert. Auch wenn ich ungern im selben Text Zitate wiederhole, so muss ich dies hier unbedingt tun. Eichmann schrieb in seinen Memoiren: „Irgend etwas aber muss es doch gewesen sein, dass es meinen seligen Vater schon in meiner frühesten Jugend dazu bewogen haben muss, trotz liebevollster Zuneigung und Freude an mir, gerade mich besonders streng zu erziehen, eine Strenge, wie sie meine Geschwister nie in diesem Umfange zu verspüren bekommen hatten. (...) Von der Kinderstube angefangen also, war bei mir der Gehorsam etwas Unumstößliches, etwas nicht ‚ausderweltzuschaffendes'. Als ich dann später (...) zur Truppe kam, fiel mir das Gehorchen nun keinen Deut schwerer als das Gehorchen in der Kinderstube (...). Ich anerkannte meinen Vater als absolute Autorität, ebenso meine leider früh verstorbene Mutter; ich erkannte meine Lehrer und beruflichen Vorgesetzten als Autorität an und ebenso später meine militärischen und dienstlichen Vorgesetzten. Es wäre denkbar gewesen, dass das berühmte

Kamel durch das Nadelöhr geht, aber undenkbar wäre es gewesen, dass ich nicht mir gegebenen Befehlen gehorcht hätte.“[85]

Dass Eichmann nicht nur reiner Befehlsempfänger war, sondern überzeugter und williger Massenmörder, habe ich in der Einleitung bereits erwähnt und werde dies hier nicht komplett wiederholen. Ich möchte noch anmerken, dass ich sehr sicher bin, dass sich hinter dem Wort *Strenge* auch körperliche Gewalt verbirgt. Nach eigenen Angaben wurde Adolf Eichmann das bevorzugte Ziel dieser *Strenge*, die er mehr zu *verspüren* bekam, als die Geschwister. Ich finde, dass seine Angaben überdeutlich sind! Adolf Eichmann war ein Mensch, der *ganz normal* als Kind gebrochen wurde. Dies blieb nicht ohne Folgen.

Hannah Arendt, die mit ihrer Schrift über Eichmann international sehr viel Bekanntheit erlangte, hat übrigens nicht viel über seine Kindheit berichtet. Die Memoiren Eichmanns lagen ihr damals, wie sie schreibt, nur auszugsweise vor. Allerdings zitiert sie von der ersten Seite aus Eichmanns Memoiren, innerhalb der er auf den Tag seiner Geburt einging.[86] Auf der gleichen Seite findet sich auch das o.g. Zitat von Eichmann über seinen strengen Vater. Lag auch Hannah Arendt dieser Abschnitt vor? Wenn ja, dann hat sie Eichmanns besonders strenges Elternhaus ausgeklammert oder wollte es nicht wahrnehmen.

Alfred Filbert (u. a. SS-Obersturmbannführer und erster Führer des gefürchteten *Einsatzkommandos 9*) wird von dem Historiker Alex J. Kay als „besonders radikaler Vollstrecker des Massenmordes an den sowjetischen Juden“ beschrieben, der innerhalb der Einsatzgruppe bekannt wurde „als erster Kommandant überhaupt, der auch Frauen und Kinder ermordete“.[87] Kay wundert sich darüber, dass über Filbert bisher wenig veröffentlicht und bekannt wurde. Auch wenn Filbert niemals die obersten SS-Ränge bekleidete, „so beendete Filbert den Krieg doch zumindest in dem gleichen SS-Rang wie der weitaus bekanntere Adolf Eichmann.“[88]

Alfred Filberts Vater war Berufssoldat. Durch diesen Umstand verbrachte Alfred die ersten sechs Jahre seines Lebens in der Darmstädter Garnison der Leibgarde, wo sein Vater stationiert war. Dies prägte den Jungen sehr und er sagte später rückblickend auf diese Zeit aus, dass er natürlich Soldat werden wollte. Real war sein Vater oft abwesend, der Sohn idealisierte ihn trotzdem (oder gerade deswegen?). Die Hauptverantwortung für die Erziehung trug die Mutter. Filbert beschrieb später seine Erziehung als „korrekt" und er habe nur „Befehl und Ordnung" gekannt.[89] Seine Mutter sei allerdings „zu streng" gewesen: „So erinnerte er sich an eine Begebenheit, die diese Einschätzung verdeutlichen sollte: Als der Vater abermals abwesend war, sei der Junge schlimm gestürzt und lag mit großen Schmerzen auf dem Boden. Seine Mutter kam aus dem Haus und schlug ihn für das Weinen mit einem Stock. Erst dann sah sie nach seinem Bein, bemerkte, dass es gebrochen war und nahm ihn schließlich mit ins Haus."[90] Ich vermute stark, dass der Vater (gerade als Berufssoldat in der damaligen Zeit) die strengen Praktiken der Mutter guthieß und teilte. Zum Ende dieses Kapitels hin löst sich, wie ich finde, noch einmal überdeutlich mein einleitender Hinweis darauf auf, was um das Jahr 1900 Geborene unter *erzieherischer Strenge* verstanden: nämlich vorwiegend körperliche Gewalt. Zudem wird ersichtlich, dass auch die Mütter damals kräftig zuschlugen, grausam und kalt straften.

Amon Göth (SS-Hauptsturmführer und Kommandant des Konzentrationslagers Płaszów) wurde spätestens durch den Film *Schindlers Liste* von Steven Spielberg aus dem Jahr 1993 weltweit als Sadist und Massenmörder bekannt. Die Kindheit von Göth, dessen Rufname als Kind *Mony* war, ist relativ unbeleuchtet. Er wuchs in wohlhabenden Verhältnissen auf. Seine Eltern nahmen sich allerdings wenig Zeit für ihn. Der Vater war beruflich oft auf Reisen, die Mutter führte ein Geschäft, das mit Büchern und Kunst handelte und war entsprechend ausgelastet. Eine Tante väterlicherseits, die selbst kinderlos war, kümmerte sich hauptsächlich um den Jungen, „ja, sie ‚vergöttert' den Jungen geradezu."[91]

Was man unter dieser *Vergötterung* zu verstehen hat, wird in der Quelle nicht weiter ausgeführt. Ebenso erfährt man nichts über den Erziehungsstil in der Familie. Allerdings gab es hohe Erwartungen an seine schulischen Leistungen, die Amon Leopold – trotz seiner Intelligenz – nicht erfüllte. Der Junge, schreibt sein Biograf, wollte nur eines: „ausbrechen aus der engen Welt dieses katholisch-bürgerlichen Haushalts. Die Eltern fühlen sich jedenfalls überfordert und wählen eine Lösung, die als letzter Ausweg für Wiener Familien nicht unpopulär ist: Sie schicken ihn nach fünf Klassen Volksschule aufs Land – ins Konvikt nach Waidhofen an der Thaya. (...) Das Waidhofener Konvikt ist bekannt als refugium peccatorum, den Widerspruchsgeist Monys vermögen jedoch auch die strengen Erzieher des Heims nicht zu brechen; ja vielmehr scheint hier sein Charakter weitere negative Prägungen erfahren zu haben – so könnte sein Hang zu seltsamen sadistischen Scherzen aus den Erfahrungen dieser Zeit resultieren.“[92] Der Junge erfüllte trotz „Drohungen“ und „Versprechungen“ seiner Eltern die Erwartungen nicht, eine höhere Schulausbildung stand also nicht in Aussicht und in der 6. Klasse holten die Eltern den Sohn schließlich zurück in ihr Geschäft, um ihn dort auszubilden.

Was im Detail alles im strengen Internat mit Amon Leopold passiert ist, lässt der Biograf offen, obwohl er den Erlebnissen dort viel Gewicht bezüglich der Charakterbildung zuspricht. Insofern habe ich einmal selbst recherchiert und bin auf das Buch *Internatsgeschichten* von Wolfgang Hoffmann (2011) gestoßen, der in den 1970er Jahren Schüler im Waidhofener Konvikt war, ergänzend aber auch andere ehemalige Schüler im Buch zu Wort kommen lässt. Nun liegen zwischen dieser Berichtszeit und der Internatszeit von Göth deutlich über 50 Jahre. Aus berechtigten Gründen halte ich die *Internatsgeschichten* allerdings für eine Quelle, die realitätsnah deutlich macht, was auch Amon Leopold erlebt haben könnte.

Denn erstens wird im Buch analysiert, dass im Laufe der 1970er Jahre eine durchaus radikale Wandlung des Internats begann, von einer Art totalitärem Gewaltsystem über antiautoritäre Ansätze hin zu einem Verhandlungsstil in der Erziehung. Die Berichte über das alte System weisen auf das hin, was noch zu Zeiten Göths vorherrschend gewesen sein wird (vermutlich sogar noch ausgeprägter als Anfang 1970)! Zweitens wurde das Internat, wie im Buch beschrieben wird, 1905 von Dr. Paul Putzer gegründet, einem direkten Vorfahren des Konviktdirektors Dr. Putzer der 1970er Jahre. Letzter wird im Buch als autoritär beschrieben. Er wendete Gewalt gegen Schüler an (z. B. durch Ohren ziehen), duldetet an sich Gewalt an der Schule, missachtete das Briefgeheimnis bzw. öffnete Briefe der Schüler und missbrauchte Schüler systematisch sexuell durch regelmäßige ausgiebige *Untersuchungen* der Genitalien.

Der gesamte Bericht über das Konvikt lässt einen erschaudern. Ständig herrschte Gewalt: Lehrer gegen Schüler, Schüler gegen Schüler, aber manchmal auch Schüler gegen Lehrer (z. B. eine Vergewaltigung einer Lehrerin durch Oberstufenschüler). Dazu kam ein Mantel des Schweigens. Niemand sprach über die Verhältnisse, das Ganze war ein geschlossenes System. Die geduldete Gewaltkultur wird besonders durch regelmäßige Schlägereien nach dem Essen deutlich: „Mindestens einmal die Woche stellten sich die Schüler der Oberstufe am Gang vor dem Speisesaal im Spalier auf, und alle anderen mussten dazwischen durch. Die Erzieher gingen zuerst, mit Applaus und Gejohle der Oberklässler. Danach mussten die Kleinen durch, aber für die gab es keinen Applaus, sondern Tritte und Prügel. Die Erzieher standen oft daneben und lachten. Ein älterer Schüler (...) hat bei einer dieser Schlägereien einen Kleinen so geprügelt, dass die Wand auch noch oberhalb der hohen Holzverkleidung voller Blutspritzer war."[93]

Zudem wurden die Kleinen gezwungen, Dienste bei den Größeren abzurichten, z. B. Schuheputzen und ähnliches. Auch der Rahmen an sich war *kalt* im wahrsten Sinne des Wortes. Geheizt wurde wenig, auch im Winter insbesondere in den Schlafsälen nicht. Das Essen war ebenfalls karg, oft verdorben und zu wenig. Eine Erzieherin zwang die Kinder stets alles aufzuessen, „egal wie alt und verdorben es war. Jeder musste so lange vor seinem Teller sitzen bleiben, bis alles aufgegessen war. Wer vorher vom Tisch aufstand, erhielt ein paar ihrer gefürchteten Ohrfeigen."[94] Ansonsten herrschte im Konvikt systematische Vernachlässigung, die Schüler wurden weitgehend sich selbst überlassen. Belassen wir es bei diesem kleinen Einblick. Amon Leopold Göth gehörte zu *den Kleinen*, als er an die Schule kam und wird in diesem System mit Sicherheit vielfach Gewalt und Demütigungen erlitten haben.

Ich teile die Einschätzung des Biografen allerdings nicht, dass die sadistischen Züge Göths rein aus seiner Zeit im Erziehungsheim resultierten. Sicherlich wirkten sich die dortigen Erfahrungen stark auf die Psyche des Jungen aus. Er war getrennt von seiner Familie und dem Waidhofener Gewaltsystem ausgeliefert. Allerdings zeigen die anderen Schilderungen über die Familie bereits auf, dass das Kind stark von seinen Eltern vernachlässigt wurde. Eine elternersetzende Tante, die sich auf das Kind stürzte und es verwöhnte, wird ebenfalls nicht ohne Folgen geblieben sein. Ich persönlich vermute allerdings noch mehr Destruktivität in der Kindheit von Göth. Sein extrem grausamer Charakter legt dies nahe. Will ich diesem Massenmörder nun unbedingt eine grausame Kindheit andichten? Ich denke nicht, da es wie gezeigt deutliche Indizien für eine destruktive Kindheit gibt und keine Beweise für ein gewaltfreies Aufwachsen in der Familie. Da Amon Leopold seinem

Biografen nach ein sehr eigensinniges Kind war, ist den Sitten der Zeit nach damit zu rechnen, dass man ganz besonders darauf bedacht war, ihn zu brechen und zwar schon *vor* seiner (Straf-)Versendung ins Internat. Seinen Eltern muss auf eine Art auch klar gewesen sein, dass die Internatszeit für ihren Sohn kein Spaziergang sein würde. (Auch Wolfgang Hoffmann berichtet, dass die Eltern der Schüler um die Strenge im Internat und die harte Zeit für die Schüler wussten, dies aber als „notwendiges Übel" akzeptierten.[95]) Vielmehr nutzten sie dies System als Strafe für schulisches Versagen und Ansporn, was viel über den destruktiven Charakter der Eltern an sich aussagt.

Dieses Kapitel möchte ich mit einem Einblick in die Kindheit von **Reinhard Heydrich** (u. a. Hauptorganisator des Holocausts) schließen. Ursprünglich wollte ich Heydrich als ein Beispiel für die von mir untersuchten Nazi-Akteure aufführen, für den ausnahmsweise keine Hinweise auf eine destruktive (aber eben auch keine Beweise für eine gewaltfreie und liebevolle) Kindheit gefunden werden können. Denn bis kurz vor Abschluss dieses Buches lag mir bezüglich Heydrich nur die Heydrich-Biografie von Robert Gerwarth (2011) vor, in der sich wenig Erhellendes über die Kindheit von Reinhard finden lässt. Dann bekam ich allerdings die Hydrich-Biografie des Historikers Günther Deschner (2008) in die Hände. Es ist dies das letzte Buch, das ich für meinen Text durchgearbeitet habe. Auf eine Art ist es schon symbolisch, dass sich durch diese neue Quelle die Kindheit von Reinhard Hydrich einreiht in die destruktiven Kindheitsgeschichten, die wir bereits bezüglich der anderen genannten NS-Akteure gehört haben.

Reinhards Vater war Komponist und Direktor eines Konservatoriums. Für seine Kinder hatte er kaum Zeit, aber auch Reinhards Mutter wandte sich kaum den Kindern zu. „Die Erziehung der Kinder lag fast ausschließlich in den Händen eines schlesischen Kindermädchens. Vater und Mutter waren beide mit dem Konservatorium zu sehr beschäftigt, als dass sie sich um die Kinder in besonderer Weise hätten kümmern können. Allerdings beaufsichtigte die Mutter die Erziehung mit strenger Hand und griff gelegentlich auch ein. Der Vater, der in der Zeit, die ihm das Konservatorium beließ, ganz von seinen zahlreichen gesellschaftlichen Verpflichtungen gefangen war, gewann zu seinen Kindern kein inneres Verhältnis."[96] Wie das genannte Kindermädchen agierte und den Erziehungsalltag gestaltete, scheint nicht überliefert zu sein.

Trotz häufiger Abwesenheit scheint die Mutter eine zentrale Figur im Leben von Reinhard gewesen zu sein. Sie selbst war in ihrer Kindheit streng katholisch u. a. in einem Kloster erzogen worden. Deschner bezeichnet sie als „Prototyp einer Dame des gehobenen deutschen Bürgertums: musisch und streng, gebildet und diszipliniert, stets auf Ordnung, Anstand, Sauberkeit und Tüchtigkeit bedacht."[97] Außerdem war sie eine „fanatische Katholikin", die alle religiösen Aspekte ihrer Kinder überwachte.[98]

Reinhard wird als vereinsamtes Kind beschrieben. Er entwickelte für sich einen Ehrenkodex, in dem Härte und Leistung die größte Rolle spielten. Dazu gehörte auch ein demonstrativer Zynismus, auch im Angesicht von mütterlicher Prügel. „Als die strenge Mutter, die den Rohrstock für ein wesentliches Instrument der Pädagogik hielt, ihn wieder einmal prügelte, gab er keinen Laut von sich und bot hinterher mit kalter Höflichkeit die andere Seite für einen Nachschlag."[99] Dem Zitat kann man entnehmen, dass die Prügel häufig vorkamen. Der erwähnte trotzige Zynismus (oder das sich hart stellen gegen Gewalterfahrungen) wird sicherlich bereits eine Folge des vorangegangenen Leidensweges sein.

Bereits in der Schulzeit habe der Junge außerdem einen Minderwertigkeitskomplex entwickelt. „Der Schüler Reinhard war zunächst sehr schwächlich und wurde von den größeren und stärkeren Jungen oft verprügelt. Er hatte eine hohe Fistelstimme und wurde deswegen von den Klassenkameraden gehänselt."[100] Ein weiterer Grund für Hänseleien war das Gerücht, dass Reinhards Vater ein Jude sei.

In Reinhards Geburtsort Halle waren 94 Prozent der Bevölkerung evangelisch, was den katholisch geprägten Jungen einmal mehr zum Ziel machte. „In diesem Umfeld machte ihn auch seine katholische Konfession zum Außenseiter. Als Einzelgänger, auch innerhalb seiner Familie, schuf er sich eine eigene Welt, in die ein Außenstehender nur schwer Zugang fand. In vielen Dingen wusste die Familie gar nicht mehr richtig Bescheid."[101]

Bei keinem Einzigen der genannten NS-Akteure fand ich eine unbelastete Kindheit! Und bei keinem einzigen Akteur konnte eine gewaltfreie Kindheit nachgewiesen werden. Vielmehr deutet sich oftmals gewalttätiges Erziehungsverhalten an oder es konnte auch eindeutig nachgewiesen werden. Bei den hier besprochenen Kindheitsbiografien fällt ins Auge, dass neben standardmäßiger strenger, autoritärer Erziehung (nicht selten gepaart mit Vernachlässigung) bei ca. der Hälfte der Akteure ergänzend schwere Belastungen in Form von Todesfällen (Elternteile, Geschwister, beste Kindheitsfreundin) zu finden sind (Streicher, Frank, Dönitz, Ribbentrop, Goebbels, Höß, Eichmann, Bormann). Darüber hinaus finden sich bei so einigen Akteuren weitere besondere Belastungen in Kindheit und Jugend: Außenseiterstatus (Höß, Heydrich und Streicher); lebensbedrohliche Erkrankungen (Himmler, Frank), lebensbedrohliche Unfälle (Mengele) und Geburtskomplikationen (Streicher); Behinderungen (Goebbels); Aufwachsen in einer Kaserne (Hilbert); Fremdunterbringen wie Internat (Göring und Göth), Pflegefamilie (Göring) oder lange Krankenhausaufenthalte (Goebbels). Wie man unschwer erkennen kann, habe ich bei meiner Auswahl nicht gezielt nach belasteten Kindheiten von NS-Tätern gesucht und dann die Profile danach ausgewählt, sondern die vorgestellten Profile sind an sich einfach naheliegend und ihre Namen eng mit der NS-Zeit verknüpft. Ich bin kein Historiker oder Experte für die NS-Zeit und habe die Auswahl schlicht nach den Namen getroffen, die mir durch Schule, Bücher und Medien bekannt sind. Nur Albert Filbert war mir vorher nicht namentlich bekannt, auf ihn traf ich erst durch meine aktuelle Recherche.

15. Die Kindheiten von Soldaten und Soldatinnen

Bei den Soldaten würde ich eine Einteilung vornehmen wollen in Menschen, die willentlich und bewusst Soldaten werden und solchen Menschen, die vom Staat eingezogen oder im Kriegsfall zum Einsatz gezwungen werden. Dazu kommt für mich auch noch die Wahrscheinlichkeit von Kriegseinsätzen. Jemand, der z. B. in einem Land wie den USA bewusst Soldat wird und sich vielleicht sogar noch für spezielle Kampftruppen ausbilden lässt, dem wird klar sein, dass er irgendwann real in Kampfgebiete ziehen und evtl. Menschen töten oder getötet wird. Jemand der in einem Land wird z. B. der Schweiz Soldat wird, dem wird klar sein, dass er wahrscheinlich nicht in Kampfeinsätze kommt. Dieses Wissen um reale Kriegseinsätze oder nicht macht einen psychologischen Unterschied, wie ich finde.

Worauf ich hinaus will ist vielleicht schon klar. Ich vermute einen Zusammenhang zwischen destruktiven Kindheitserfahrungen (dabei vor allem körperlicher Gewalterfahrungen und autoritäre Erziehung) und dem Weg zum Soldatenberuf bzw. zur legalen Gewalt. Ich vermute außerdem, dass diese Zusammenhänge umso deutlicher werden, je mehr der Weg zum Soldaten freiwillig geschieht und je größer die Wahrscheinlichkeit für reale Kampfeinsätze ist. Ich vermute entsprechend, dass sich die Kindheit von Soldaten deutlich von den Kindheiten der Allgemeinbevölkerung unterscheidet (ähnlich wie das für Gewaltstraftäter belegt werden konnte), aber auch, dass sich die Kindheit von Berufssoldaten mit Kampfeinsatzerfahrungen von Soldaten ohne Ausbildung zum direkten Kampf unterscheidet. Diese Vermutungen werde ich nicht alle abschließend klären können, allerdings gibt es mittlerweile so einige Studien, deren Durchsicht erhellend ist.

Der klassische Soldatenberuf ist geprägt von Befehl und Gehorsam, von straffen autoritären Strukturen/Hierarchien und von potenzieller Destruktivität in Form von töten und getötet werden bzw. einer allgemeinen Todesnähe. Zudem erfüllt das Sein als Soldat auch ein Gefühl von Angenommensein in einer Gruppe (Familienersatz?), die idealer Weise – gerade auch im Einsatz – bedingungslos zusammenhält. Die möglichen Folgen von Kindesmisshandlung (u.a. niedriges Selbstbewusstsein, Fähigkeit belastenden Erfahrungen und Schmerzen ausblenden oder abspalten zu können, Glaube an Befehl und Gehorsam bzw. Identifikation mit dem Aggressor, Unterwerfung unter Autoritäten, Aufgabe des eigenen Ichs, Verlust von Empathie, Schwarzweiß-Denken (Wir/die Soldaten = Gut; Die Feinde = böse), passen auf eine Art ideal zu den Anforderungen an Soldaten, zumindest so lange destruktives, gewaltvolles Agieren nicht gegen sich selbst, sondern gegen den Feind gerichtet und den Befehlen und Willen der Führung nachgekommen wird. Eindrücklich macht dies ein Zitat von Mantell (1978) deutlich, der Kriegsfreiwillige der US-Spezialeinheit *Green Berets* befragt hat. Mantell wurde von einem Oberst des entsprechenden Militärstützpunktes gebeten, die psychologische Situation der Elite-Soldaten zu erläutern.

„Mantell: Der Soldat in den Special Forces war seit früher Kindheit an sehr harte, strenge und willkürliche Disziplin gewöhnt ... in Form von Peitschenhieben, Einschüchterungen, Schlägen ... In Ihren Familien gab es wenig bis keine Wärme ... Strafen nahmen gewalttätige Formen an ... Da gab es Waffen in der Familie ... Sie sind seit früher Kindheit an die Verwendung von Waffen gewöhnt ... Sie haben gejagt und die Waffen verwendet, um zu töten ... Sie hatten keine starke Bindung an irgend etwas außerhalb der Familie ... Die Familien waren isolierte Einheiten ... Es gab keine positiven emotionalen Bindungen innerhalb der Familie, die zum Ausdruck gebracht wurden. (...) Obwohl sie während der Jugendzeit häufig Geschlechtsverkehr hatten, hatten sie keine emotionalen Bindungen an diese Mädchen ... Sie gaben nicht an, tiefe Freundschaften mit irgend jemandem gehabt zu haben ... Der Armeedienst macht ihnen Spaß ... Sie respektieren alle Zweige der Exekutive und wissen deutlich, was ihnen passieren kann, wenn sie etwas Kriminelles tun ... Sie haben viele Menschen getötet, Männer, Frauen und Kinder in Vietnam und haben keine Schuldgefühle oder Alpträume ...

Oberst X: Wissen Sie, Sie haben den Amerikanismus in seiner besten Form beschrieben. Aber irgendwie haben Sie ihn verdreht, so dass es fast abschätzig klingt. Wir sind so stolz, diese Art von Individuum in den Special Forces zu haben, es ist unglaublich."[1]

Mantell hat auch eine Vergleichsgruppe von Kriegsdienstverweigerern befragt und kommt zu dem Ergebnis, dass sich die Kindheit der Kriegsdienstverweigerer deutlich von der Kindheit der Kriegsfreiwilligen unterscheidet. Das Familienleben der Kriegsdienstverweigerer wurde von den Befragten als überwiegend ruhig, freundlich, entspannt und sanft, ebenso wie stabil und sicher geschildert. Jedem Familienmitglied wurde große Bewegungsfreiheit und Ausdrucksfähigkeit zugestanden. Keiner der Befragten wurde körperlich schwer bestraft. Der Großteil wurde selten oder nie geschlagen. Zudem wurde in der Familie allgemein die humanitäre Sozialethik und individuelle soziale Verantwortung betont und gleichzeitig auch gelebt.[2]

Der Erziehungsstil bei den Kriegsfreiwilligen war dagegen überwiegend autoritär, kalt und brutal, was sich bereits in dem oben aufgeführten Zitat im Austausch zwischen Mantel und einem Oberst zeigt. Mit der Ausübung körperlicher Strafen wurde in den jeweiligen Situationen meist gnadenlos, teilweise sogar verstärkt, fortgefahren, selbst wenn die Kinder schon offen ihr Leid zeigten. Auffällig ist zudem der hohe Anteil von Müttern, die Gewalt anwandten. Über zwei Drittel der Mütter von den Kriegsfreiwilligen schlugen ihre Söhne einmal im Monat oder öfter, 68% der Mütter verwendeten dafür Gürtel, Stöcke, Peitschen und Riemen, das Ganze bis weit in die Jugendzeit hinein. Die Väter schlugen ihre Söhne deutlich seltener. Es gab zudem wenig Raum für eigene Gefühle und Meinungen. Feinfühligkeit und Zärtlichkeit wurde in diesen Familien vor allem für Jungen/Männer als Zeichen der Schwäche gesehen und unterbunden. Äußerlich waren diese Familien intakt, gefestigt und sozial akzeptiert, was der inneren Wirklichkeit allerdings nicht entsprach.[3]

Während ihrer Kindheit kamen diese Kriegsfreiwilligen mit einem Wert- und Erziehungssystem in Berührung, das mit dem (späteren) Militärleben gut zu vereinbaren war. Interessant ist auch, dass die überwiegende Mehrheit der Freiweilligen der Meinung war, ihre Eltern hätten sie gut erzogen, der Großteil hielt die Eltern sogar für *immer gerecht*. Dieser Idealisierung stehen die geschilderten Erfahrungen gegenüber. Außerdem hatte kein einziger der erwachsenen Befragten eine enge Beziehung auch nur zu einem Elternteil. Die Gefühle ihren Eltern gegenüber reichten von einem vagen Gefühl bis zu völliger Distanz.[4]

Die Idealisierung der Eltern diente offensichtlich der Abwehr schmerzhafter Gefühle. Die Beziehungen der Freiwilligen zu anderen Menschen waren auch allgemein oberflächlich, ungebunden und utilitaristisch. Sie interessierten sich selten für die Gefühle anderer, so wie sich früher niemand für ihre Gefühle interessiert hatte. Ihnen fehlte offensichtlich die Fähigkeit zu Mitgefühl. „Die Green Berets wurden zur Gefühlskälte erzogen. Ihre Eltern gaben ihnen Maßstäbe, die sie unkritisch annahmen und heute noch vertreten. Ihr Leben basiert auf den Prinzipien von Besitz, Ansehen, Stolz, harter Arbeit, Gehorsam und Respekt vor Autorität. Diese Maßstäbe wurden von ihren Trainern, Pfarrern, Pfadfinderführern und im militärischen Training verstärkt. In dieser Hinsicht ist ihr Leben bemerkenswert kontinuierlich."[5] Die Kriegsfreiwilligen sahen sich als „gemietete Gewehre", als bezahlte Killer, „die sich keinen Gedanken darüber machten, für wen sie arbeiten und wen sie eliminieren. Sie äußerten sich über die Vorzüge angenehmer Arbeitsbedingungen, wie man es von jedem Angestellten hören kann, der die Möglichkeit hatte, seinen Arbeitgeber zu wählen."[6]

Die bundesdeutsche Untersuchung von Roeder (1977), für die 25 freiwillige Soldaten, die eine Einzelkämpferausbildung absolvierten und als Offiziersanwärter eine Elite innerhalb der Bundeswehr darstellten und 52 Kriegsdienstverweigerer mehrstündig befragt wurden, ergab ein sehr ähnliches Ergebnis, das ich ebenfalls relativ ausführlich darstellen möchte. In der Untersuchung wird deutlich, in welchem hohen Maße die Familie und die jeweiligen Erziehungsstile die spätere Einstellung zur Gesellschaft und insbesondere auch zur Bundeswehr bestimmen können.

Die untersuchten Freiwilligen sahen sich als Kind mit strengen Verhaltensrichtlinien und Gehorsamsforderungen durch ihre Eltern konfrontiert. Selbstständiges Verhalten und Denken der Kinder war nicht erwünscht. Es gab körperliche Strafen und vor allem auch sparsame Zuwendungen, um die Anpassung des Kindes an ihre persönlichen Bedürfnisse zu erreichen. Oftmals berichteten die Freiwilligen, dass innerhalb der Familie generell wenig miteinander gesprochen wurde. In keiner Familie der Freiwilligen gab es flexible, demokratische Konfliktlösungen, Widersprüche wurden verleugnet oder bagatellisiert und ihre Austragung durch autoritative Anweisungen oder stillschweigende Manipulation unterdrückt. Die Freiwilligen lassen sich als selbstunsicher charakterisieren, die, da spontanes, innerlich selbstständiges Verhalten innerhalb ihrer Familien nie erprobt wurde, stark abhängig waren von Normen- und Handlungsrahmen. Entsprechend schreibt Roeder: „Es lässt sich sagen, dass bei dem Entschluss, Zeitoffizier oder Berufssoldat zu werden, der strukturelle Aspekt der Bundeswehr dort die größte Rolle spielte, wo in der Herkunftsfamilie ein starres Rollenschema bestand, das dem einzelnen nur geringen Handlungsspielraum gab und wenig Möglichkeiten zur Selbstentfaltung ließ.“[7]

Die Freiwilligen erfuhren von ihren Vätern auch mehr oder weniger Gleichgültigkeit und Ablehnung. Auffallend war hier, dass die Freiwilligen trotz weniger positiver Erfahrungen mit ihren Vätern immer wieder versuchten, die Beziehung zu diesen zu beschönigen, ähnliches ergab auch Mantells Untersuchung (Stichwort: *Identifikation mit dem Aggressor*). „Da die Eltern von niemanden in Frage gestellt oder kritisiert wurden, identifizierten sich die Freiwilligen bald mit deren Befehlsgewalt, was unter anderem darin zum Ausdruck kam, dass sie erlittene Strafmaßnahmen billigten, sie als ‚gesund‘ bezeichneten und unter Hinweis auf deren Effektivität rechtfertigten. Der Ausdruck von Aggression war nur der Mutter, dem Vater oder den Großeltern erlaubt, nicht jedoch den Kindern, die zu Hause brav und gehorsam zu sein hatten, wollten sie weitere Restriktionen vermeiden.“[8]

Die Soldaten nahmen väterliche Gewaltausbrüche letztlich als selbstverständlich hin, diese galt es nicht zu hinterfragen. Entsprechend glaubten die Freiwilligen auch in ihrem späteren Leben, dass es kaum Sinn machen würde, sich sozial oder politisch zu engagieren oder einzumischen. „Die politische Apathie war von der persönlichen Erfahrung geprägt, dass es kaum Möglichkeiten gibt, auf die Umstände der eigenen Existenz grundlegend einzuwirken. Die bevormundende Erziehung (...) schuf hier einen Fatalismus, der alles Gegebene passiv hinnimmt und Wandel nur von Wundern erwartet.“[9]

Ähnlich wie in der Untersuchung von Mantell hatten auch in dieser Untersuchung die Freiwilligen Beziehungsprobleme mit Frauen; eine tiefere, liebevolle Beziehung glückte ihnen kaum. Sie respektierten während ihres Dienstes die Autorität ihrer Vorgesetzten und schwiegen, auch wenn sie Anlass zu Kritik sahen (ähnlich, wie sie in ihren Familien immer alles hingenommen hatten.). Bei destruktiven Handlungen war es den Freiwilligen wichtig, dass diese formell nicht anfechtbar waren, nach anerkannten Regeln verliefen oder sogar juristisch abgedeckt waren. „Ohne Zweifel lag für sie eine der Attraktionen der Bundeswehr in deren Legitimation von direkter und indirekter Gewalt."[10] Generell ließen sich die Freiwilligen kaum durch das Schicksal anderer Menschen beeindrucken, sie zeigten allgemein wenig Mitgefühl.

Von den Familien, in denen die untersuchten Kriegsdienstverweigerer aufwuchsen, lässt sich – ähnlich wie bei Mantell – ein anderes Bild malen. Hier gab es lebhafte, vielseitige und gefühlsbetonte Kommunikation. Dabei wurde keine Harmonisierung der Beziehungen angestrebt, vielmehr wurde in auffallendem Maße Nichtübereinstimmung bei entscheidenden Fragen der Lebensführung und -einstellung akzeptiert und besprochen. In fast jeder Familie gab es ein Vorbild für Zivilcourage und nonkonformistische Entscheidungen. Das Zusammengehörigkeitsgefühl in diesen Familien war allgemein sehr stark. Eine unanfechtbare Machtposition nahm – im Gegensatz zu den Freiwilligen – keiner der Väter in den Familien der Verweigerer ein. Auffallend ist, dass die Verweigerer sich insbesondere auch mit weiblichen Vorbildern in ihren Familien (Mutter, Großmutter) identifizierten, was eine Distanz zu traditionellen männlichen Verhaltensmustern, bei denen körperliche Kraft und Aggressivität eine Rolle spielt, schuf. Die Verweigerer erlernten relativ früh Selbstständigkeit und Eigenverantwortung. Ihre Gefühlbindungen zu anderen Menschen waren häufig tief. Ihre Grundeinstellung ließe sich am Besten als Solidarität mit den Beherrschten statt Loyalität gegenüber den Herrschenden kennzeichnen. Die Verweigerer zeigten allgemein auch großes Einfühlungsvermögen. Roeder schreibt: „Die Fähigkeit, sich die Folgen eines Krieges in ihrer Bedeutung für die Betroffenen intensiv vorzustellen, war ein entscheidendes Kriterium für die Kriegsdienstverweigerung."[11] und „Es lässt sich sagen, dass die Entscheidung zur Kriegsdienstverweigerung grundsätzlich gefühlsbetont war."[12] In Einzelfällen – z. B. Fallbeispiel Albert D. – kam auch in den Familien der Verweigerer körperliche Gewalt durch den Vater vor. Aufschlussreich dabei ist, dass diese Gewalt die Ausnahme war und i. d. R. von der Mutter offen abgelehnt wurde.

Auf Folgendes möchte ich noch hinweisen: Bis Mitte der 1960er Jahre hinein, galt die Kriegsdienstverweigerung in Deutschland als ein

Muster sozialer Abweichung. Und noch bis Mitte der 1970er Jahre galt der Grundwehrdienst immer noch als ein Bestandteil der männlichen Normalbiografie. Erst mit den Geburtsjahrgängen von 1957 bis 1966 entwickelte sich die Kriegsdienstverweigerung als ein gesellschaftlich anerkanntes Verhaltensmuster für junge Männer.[13] Ähnlich sah dies sicher auch in den USA aus. Bei Roeder ist nicht exakt ersichtlich, welchen Geburtenjahrgängen die befragten Kriegsdienstverweigerer entstammen (auf jeden Fall wurden die meisten oder alle in den 1950er Jahren geboren) und wann sie verweigerten. Da die Arbeit 1977 veröffentlicht wurde, fanden die Befragungen wahrscheinlich einige wenige Jahre vorher statt. Die Verweigerer gehörten also noch zu einer deutlichen Minderheit und die Verweigerung an sich war noch nicht gesamtgesellschaftlich akzeptiert. Insofern sind die Verweigerer aus den anfänglichen 1970er Jahren nicht direkt mit den Verweigerern der 1980er oder noch mehr mit denen der 1990er Jahre vergleichbar. Ihr Verhalten erforderte damals noch mehr Mut zur Abweichung, als dies später der Fall war und auch einen Bruch mit traditionellen Geschlechtsrollenvorstellungen. Sie gehören also zu einer besonderen Gruppe. Darüber hinaus erscheint mir ihre Kindheit und Familie nicht nur deutlich anders als die der Freiwilligen zu sein, sondern sie wuchsen auch im Verhältnis zur Allgemeinbevölkerung (den Geburtsjahrgängen der 1950er Jahre) auffällig anders und deutlich gewaltfreier auf.

Mantell (1978) und Roeder (1977) haben zusammen betrachtet sehr eindrucksvoll gezeigt, dass qualitative Studien ein umfassendes Bild über Kindheits-/Familienhintergründe sowie die psychologische Situation der Akteure zeichnen können. Mir sind keine weiteren Studien bekannt, die bezüglich Soldaten und deren Kindheitserfahrungen derart in die Tiefe gehen. Allerdings gibt es mittlerweile einige quantitative Studien aus Nordamerika, die eine gute Oberflächenansicht über die Kindheitshintergründe von Soldaten abliefern und die auf Grund der hohen Anzahl von Befragungen auch ein repräsentativeres Bild abgeben. Auch diese Studien zeigen deutliche Auffälligkeiten der Kindheitssituation von Soldaten.

Afifi und Kollegen (2016) haben repräsentative Daten von kanadischen regulären Soldaten und Soldatinnen (n = 6692) und männlichen und weiblichen Reservisten (n = 1469) mit repräsentativen Daten der gleichaltrigen Allgemeinbevölkerung (n = 15 981) verglichen. Abgefragt wurden körperliche Misshandlungen (Formen von Gewalt unterhalb von diesem Level wurden nicht erfasst!), sexueller Missbrauch und das Miterleben von häuslicher Gewalt.

Mindestens eine dieser Misshandlungsformen erlebten 33,1% der kanadischen Allgemeinbevölkerung, dagegen 47,7% der Soldaten und Soldatinnen und 49,4% der männlichen und weiblichen Reservisten. Nur körperliche Misshandlungen erlebten 27,3% der Allgemeinbevölkerung, dagegen 43,7% der Soldaten und Soldatinnen und 46,1% der männlichen und weiblichen Reservisten. Beim sexuellen Missbrauch waren die Unterschiede zwischen den Männergruppen nicht so deutlich. Bei den Frauen sah dies anders aus. 12,7% der Frauen in der Allgemeinbevölkerung mit Einkommen gleich oder größer 80 000 Dollar (diese Einteilung wurde von den Autoren der Studie so vorgenommen) erlebten sexuellen Missbrauch, dagegen 21% der Soldatinnen und 20% der weiblichen Reservisten. Bei den Frauen in der Allgemeinbevölkerung mit einem Einkommen gleich oder kleiner von 80 000 Dollar erlebten 16,4% sexuellen Missbrauch, dagegen 24,1% der Soldatinnen (keine Angaben für weibliche Reservisten) der gleichen Einkommenskategorie. 8,6% der Allgemeinbevölkerung erlebte häusliche Gewalt mit, dagegen 10,4% der Soldaten und Soldatinnen und 9% der Reservisten beiderlei Geschlechts.[14]

Weitere Belastungsfaktoren (vor allem Vernachlässigung, psychische Misshandlungen, Suchtverhalten im Elternhaus, psychische Erkrankungen der Eltern, Trennung der Eltern) wären sicherlich auch von Interesse, ebenso wie der erlebte Erziehungsstil. Wir können an dieser Stelle also nur festhalten, dass ca. die Hälfte der kanadischen Soldaten und Soldatinnen abgefragte Misshandlungsformen erlitten haben, was – auf Grund von nicht weiter abgefragten ACE-Werten – nicht aussagt, dass die andere Hälfte belastungsfrei aufgewachsen ist. Zudem gilt für alle Befragten, dass körperliche Gewalt unterhalb vom Misshandlungslevel nicht erfasst wurde, obwohl diese Gewalt auch belastend und folgenreich ist, gerade auch, wenn sie nicht selten stattfindet.

Interessanterweise gibt es eine frühere kanadische Studie – Sareen et al. (2013) –, die diese Lücke etwas schließt. 2002 (also ca. 11 Jahre vor der vorgenannten Befragung, die im Jahr 2013 stattfand) wurden 5155 reguläre kanadische Soldaten und Soldatinnen und 3286 weibliche und männliche Reservisten befragt. Dabei wurden insgesamt acht ACE-

Werte ermittelt (bei der vorgenannten Studie waren es nur drei), die ich ebenfalls vorstellen möchte. Vorwegnehmen möchte ich das Ergebnis bezüglich körperlicher Misshandlung: 6,4% aller männlichen und 6,2% aller weiblichen Befragten erlebten körperliche Misshandlungen. Diese Werte verwundern zunächst im Vergleich mit der vorgenannten Studie, die bei fast der Hälfte aller Befragten körperliche Misshandlungserfahrungen feststellte.

Der Grund für diese starke Abweichung ist allerdings offensichtlich. Sareen und Kollegen (2013) haben einen anderen Fragebogen verwendet und bezüglich körperlicher Misshandlung nur eine einzige Frage gestellt. Die Frage lautete. „As a child, were you ever badly beaten by your parents or the people who raised you?“[15] Die vorgenannte Studie von Afifi und Kollegen (2016) verwendete dagegen den sogenannten *Childhood Experiences of Violence Questionnaire*, der i. d. R. fünf konkrete und wertfreie Fragen zur körperlichen Gewalt enthält, sowie Häufigkeiten der Gewalt abfragt und entsprechend deutlich aussagekräftiger ist. Die zitierte einzige Frage von Sareen und Kollegen ist zudem äußerst unglücklich gestellt. Menschen, die körperliche Elterngewalt erlitten haben, deuten diese Erfahrungen im Rückblick nicht selten als keine Form von Misshandlung oder auch als *nicht-schlimm*. Bei den von Mantell (1978) und Roeder (1977) befragten Soldaten zeichneten sich wie oben geschildert starke Idealisierungen mit den Eltern und deren Verhaltensweisen ab, trotz schwerer Gewalterfahrungen. Eine allgemeine Frage nach *badly beaten* ist insofern denkbar ungeeignet, das reale Ausmaß der Gewalt zu erfassen und erklärt entsprechend die niedrigen Misshandlungsraten. Dies scheinen auch die Autoren bemerkt zu haben, denn zwei der Autoren in der Studie von Sareen und Kollegen (2013) wirkten auch bei der Studie von Afifi und Kollegen (2016) mit und letztere verwendeten dabei wie gesagt einen wohldurchdachteren und standardisierten Fragebogen bezüglich körperlicher Misshandlung.

Trotz dieser Einschränkung ist die Studie von Sareen und Kollegen hilfreich, da sie wie gesagt breiter ausleuchtet, was alles an belastenden Erfahrungen erlitten wurde (wobei leider erneut keine Vernachlässigung und keine psychische Gewalt erfasst wurde). Die Belastungsfaktoren während Kindheit und Jugend sind: Längere Krankenhausaufenthalte (Männer: 16,6%, Frauen 12%), Trennung der Eltern

(Männer: 25,5%, Frauen 26,1%), ökonomische Entbehrungen (Männer: 17,7%, Frauen 19,4%), Elterliche Alkohol- oder Drogenprobleme: (Männer: 20,3%, Frauen 26%), Erfassung durch Kinderschutzdienste: (Männer: 1,6%, Frauen 2,3%), körperliche Misshandlung: (Männer: 6,4%, Frauen 6,2%), Miterleben von häuslicher Gewalt (Männer: 11,9%, Frauen 14,5%) und sexueller Missbrauch (Männer: 1,3%, Frauen 8,9%). Mindestens einen ACE-Wert erlebten 54,5% der Männer und 57,7% der Frauen.[16] Bedenkt man, dass die Raten bezüglich körperlicher Misshandlung auf Grund methodischer Probleme wie geschildert deutlich zu niedrig erfasst sind und gemäß der Nachfolgestudie bei methodisch sauberer Fragestellung bei fast 50% liegt, können wir mit Blick auf beide zuvor besprochenen Studien festhalten, dass eine große Mehrheit der Soldaten und Soldatinnen kindliche Belastungsfaktoren erlebt haben.

In den USA wurde von Blosnich und Kollegen (2014) eine sehr umfassende Studie durchgeführt, die das Bild weiter ergänzt. Zum einen wurden Belastungsfaktoren abgefragt, die bei den kanadischen Studien fehlten (z. B. psychische Erkrankungen in der Familie, emotionale Misshandlung, Inhaftierung von Familienmitgliedern und differenzierte Kategorien von sexuellem Missbrauch). Zum anderen wurden die Befragten in drei Gruppen eingeteilt:

1. Menschen, die nie im Militär dienten, 2. Menschen, die freiwillig im Militär dienten, 3. Menschen, die eingezogen wurden (und somit nicht freiwillig dienten).

Die Ergebnisse zeigten, dass bei den männlichen Befragten kaum Unterschiede bezüglich belastender Kindheitserfahrungen zwischen der Gruppe der Eingezogenen und der Gruppe, die nie im Militär diente bestanden. Bei den Frauen sah dies etwas anders aus. Die Frauen, die eingezogen wurden, waren im Schnitt mehr belastet, als die Frauen, die nie im Militär dienten.

Ganz anders ist das Bild mit Blick auf die Menschen, die freiwillig zum Militär gingen. Die männlichen Freiwilligen sind in allen elf abgefragten Belastungsfaktoren signifikant höher belastet, als Männer, die nie im Militär waren. Die weiblichen Freiwilligen sind in acht abgefragten Belastungsfaktoren stärker belastet, als die Frauen, die nie im Militär dienten.

Der Einfachheit halber und da Männer den größten Anteil an Soldaten stellen, konzentriere ich mich nachfolgend rein auf die Männer, die sich freiwillig dem Militär anschlossen (Freiwillige Männer = 1586 Befragte; Männer, die nie im Militär waren = 9355 Befragte):

- Psychisch kranke Familienmitglieder: Freiwillig im Militär = 23,3% / nie im Militär = 15,2%
- Trennung der Eltern: Freiwillig im Militär = 38,5% / nie im Militär = 25,9%
- Drogengebrauch von Familienmitgliedern: Freiwillig im Militär = 18,5% / nie im Militär = 11,5%
- Alkoholmissbrauch von Familienmitgliedern: Freiwillig im Militär = 34,3% / nie im Militär = 19,4%
- Körperliche Misshandlungen: Freiwillig im Militär = 29,1% / nie im Militär = 15,7%
- Inhaftierung von Familienmitgliedern: Freiwillig im Militär = 12,3% / nie im Militär = 8%
- Miterleben von häuslicher Gewalt: Freiwillig im Militär = 27,3% / nie im Militär = 13,8%
- Emotionale Misshandlungen: Freiwillig im Militär = 43% / nie im Militär = 30,3%
- Sexuell berührt worden (von Erwachsenen oder 5 Jahre älterer Person): Freiwillig im Militär = 11% / nie im Militär = 4,8%
- Gezwungen worden, jemanden sexuell zu berühren (von Erwachsenen oder 5 Jahre älterer Person): Freiwillig im Militär = 9,6% / nie im Militär = 4,2%
- Zum Sex gezwungen (von Erwachsenen oder 5 Jahre älterer Person): Freiwillig im Militär = 3,7% / nie im Militär = 1,6%.[17]

Rosen & Martin (1996) haben 1072 Soldaten und 305 Soldatinnen der US-Armee befragt. 50% der Soldaten und 48% der Soldatinnen wurden als Kind körperlich misshandelt. Bei der Frage nach sexuellem Missbrauch wurden zwei Fragevarianten ausgewertet. Nach der ersten Variante erlebten 9% der Soldaten und 28% der Soldatinnen sexuellen Missbrauch. Nach der anderen Variante (mit vier ergänzenden Fragen) erlebten 15% der Soldaten und 49% der Soldatinnen sexuellen Missbrauch. Werden beide Varianten zusammengefügt, erlebten 17% der Soldaten und 51% der Soldatinnen Formen von sexuellem Missbrauch.[18] Rosen & Martin haben für die Befragung den sogenannten *Childhood Trauma Questionnaire* (CTQ) verwendet. Die Ergebnisse bezüglich der

Militärs entsprechen bezogen auf die körperliche Misshandlung fast exakt den Ergebnissen von Straftätern, die Driessen et al. (2006) ebenfalls mit Hilfe des CTQ befragt haben (siehe Besprechung der Studie im Kapitel *Kindheiten von Gewalt- und Straftätern*). Auch die Ergebnisse bezüglich des sexuellen Missbrauchs treffen bei der ersten Variante bezogen auf die Soldatinnen fast genau die Werte der Straftäterinnen und bezogen auf die Soldaten annähernd die Werte der Straftäter.

Es drängt sich die Frage auf, ob die Wege hin zur legalen Gewalt (Militär) und die Wege zur illegalen Gewalt (Kriminalität) nicht beide in ähnlicher Weise durch Kindheitseinflüsse begünstigt werden? Es kommen dann vielleicht nur andere Einflüsse hinzu (Schicht, Milieu, Anwerbung, Zufälle etc.), die den Weg dieser Menschen in die eine oder andere Richtung leiten. Der Weg zum Soldaten (vor allem auch zum Elitesoldaten oder zu Kampfeinheiten) hat auch immer etwas mit gefühlter Todesnähe zu tun. Diesen Menschen wird, ob nun bewusst oder unbewusst, klar sein, dass ihre Chancen zu sterben stark steigen, wenn sie einen solchen Weg einschlagen. Der Zusammenhang zwischen belastenden Kindheitserfahrungen und Suizidgedanken oder Suizidversuchen ist hinreichend belegt, was ich im Text bereits aufgezeigt habe. Zusammen mit der gesamten speziellen Anziehungskraft des Militärkomplexes (Stärke nach Außen, Gruppenzusammenhalt, Machtgewinn, Waffenumgang, Einbettung in strikte, klare Strukturen, potentielle Möglichkeit, Gewalt legal anzuwenden) ist dies vielleicht auch ein Punkt, der speziell als Kind geschädigte Menschen anziehen könnte.

Wie auch immer die realen psychischen Prozesse und Motivationen im Hintergrund jedes Einzelnen aussehen mögen, es wäre ziemlich naiv zu glauben, dass das belegte hohe Ausmaß von belastenden Kindheitserfahrungen bei Soldaten und Soldatinnen reiner Zufall ist.

Dieses Kapitel habe ich mit anschaulichen Details begonnen und mich danach durch Statistiken und Zahlenauswertungen über Misshandlungsformen durchgearbeitet. Zahlen finde ich wichtig, aber sie verbergen manchmal auch das reale Grauen, das sich im Einzelfall dahinter verbergen kann. Insofern schließe ich dieses Kapitel mit detaillierten Schilderungen der Kindheitserfahrungen von Howard Wasdin – Wasdin & Templin (2016) –, der viele Jahre Elitesoldat im *Navy Seal Team Six* war, einer Spezialeinheit der US-Armee. Sicherlich ist der Fall Howard Wasdin ein Extrembeispiel für Kindheitsleid. Seine biografischen Erzählungen gleichen aber im Grunde den Studienergebnissen von Mantell (1978) über Elitesoldaten und deren Kindheitserfahrungen. Insofern ist die Geschichte von Howard nachweisbar kein Einzelfall.

Die Mutter von Howard Wasdin war zum Zeitpunkt seiner Geburt ein Teenager im Alter von sechzehn Jahren. Howard kam als Frühchen und wog nur 1417 Gramm. Howards Vater hatte die beiden im Stich gelassen und war verschwunden. Dies alleine ist ein denkbar ungünstiger Start in ein Leben.

Das reine Grauen kam allerdings noch in Form des neuen Lebensgefährten seiner Mutter. Howards frühste Kindheitserinnerung geht zurück auf eine Misshandlungssituation mit diesem Mann. „Mitten in der Nacht wurde ich von einem riesigen Mann geweckt, der nach Alkohol stank. (...) Leon riss mich aus der oberen Etage unseres Stockbetts und fragte mich, was ich denn an diesem Tag schon wieder angestellt hätte. Dann schlug er mich ins Gesicht, bis ich mein eigenes Blut schmecken konnte. So wollte Leon meiner Mutter helfen und dafür sorgen, dass ich nicht vom rechten Weg abkam.“[19] Howard war zu diesem Zeitpunkt vier Jahre alt. Das Kapitel, aus dem diese Zeilen stammen, hat er mit *Eine Kindheit in der Hölle* betitelt. Das Kapitel beginnt mit folgendem Satz: „Schon als Kind lernte ich, die Dinge, über die ich keine Kontrolle hatte, einfach zu ertragen.“[20] Die Schläge kamen häufig und in allen erdenklichen Situationen. Howards Mutter scheint diesen brutalen Umgang ihres Partners mit ihrem Sohn ganz offensichtlich gutgeheißen zu haben. Über sie erfährt man erstaunlich wenig in den Erzählungen, was für eine stark gestörte Beziehung spricht. Howard war fünf Jahre alt, als er einfach nur noch fliehen wollte, weg von zu Hause. Er stieg nach dem Kindergarten in einen falschen Bus und fuhr davon. Eine Familie fand schließlich das Kind und gab ihm zu essen. Howard bat sie, bei ihnen bleiben zu dürfen. Sie verstanden nicht und brachten ihn wieder nach Hause.

Leon heiratete schließlich Howards Mutter und adoptierte die Kinder. Wie brutal, irrational und folterähnlich sein Umgang mit dem Kind war, zeigt sich in folgender Szene. „In unserem Garten wuchsen Pekannussbäume und ich musste die Nüsse aufsammeln. Leon war LKW-Fahrer und wenn er unter seinen Rädern Pekannüsse knacken hörte, war ich dran. Es spiele keine Rolle, ob die Nüsse erst vom Baum gefallen waren, nachdem ich zum Sammeln draußen gewesen war. Es war meine

Schuld, denn ich war nicht sorgfältig genug gewesen. Wenn ich aus der Schule kam, musste ich direkt in mein Zimmer und mich dort aufs Bett legen. Dann schlug Leon wie wild mit einem Gürtel auf mich ein. Wenn ich am nächsten Tag in der Schule auf die Toilette musste, musste ich erst meine Unterwäsche sorgfältig vom Blut und Schorf an meinem Hintern lösen, bevor ich mich hinsetzen konnte. Ich war zwar nicht wütend auf Gott, aber manchmal bat ich ihn um Hilfe: ‚Lieber Gott, lass Leon sterben'."[21]

Nach einer gewissen Zeit habe er die Schläge des Stiefvaters ohne Angst und Empfindungen ertragen. „Ich lag einfach auf dem Bett, schaltete ab und verdrängte den Schmerz. Doch diese Zombiehaltung machte Leon nur noch wütender."[22] Es scheint dies der Zeitpunkt gewesen zu sein, wo sich das Kind innerlich gespalten hat, um zu überleben.

Die Misshandlungen und Demütigungen scheinen sich bis ins Erwachsenenalter hinein zugetragen zu haben. Howard berichtet, wie er als Zwanzigjähriger seine Freundin heiraten wollte. Er wollte aber nicht mit einem Geistlichen, der die Freundin nicht mochte, über diese Pläne reden, was seine Mutter allerdings wünschte. „Leon kam in mein Zimmer, packte mich an den Schultern und schubste mich ein paar Schritte zurück, um mir zu zeigen, wer der Herr im Haus war. Wenn ich ihn ansah oder einen Schritt nach vorne machte, deutete er das als Angriff. Ich hatte gelernt, meinen Blick zu senken und stehen zu bleiben."[23] Der Stiefvater drohte, ihn rauszuschmeißen, weil er nicht auf seine Mutter hören wollte. Howard ging und zog erst einmal zu den Eltern seiner Freundin. Was er dann über diese Familie berichtet, zeigt in welch krassen Verhältnisse er selbst aufgewachsen ist und wie wenig Zuwendung er erhalten hatte. „Lauras Familie war ganz anders als meine. Kinder und Eltern *sprachen miteinander*. Sie unterhielten sich richtig und außerdem waren die Eltern nett zu ihren Kindern. Lauras Vater wünschte ihnen sogar einen guten Morgen. Das haute mich um. Sie waren liebevoll und herzlich."[24]

Es wird auch deutlich, wie diese Abhärtung in Kinderjahren ihre Wirkung entfaltete und Howard für seinen Weg zum Elitesoldaten prädestinierte. Er hatte sich für die Ausbildung zum militärischen Such- und Rettungsdienst verpflichtet, sein erster Weg zur Armee. Wer von den Rekruten in Schwierigkeiten geriet, musste zum Intensivtraining. Howard meldete sich freiwillig zu diesem Training, das eigentlich als

Strafe gedacht war. Er berichtet: „Ich blickte nach links und rechts – die Männer neben mir weinten. *Ja das ist hart – aber warum weint ihr?* Ich hatte schon schlimmeres erlebt. Der Boden der Sporthalle war von Schweiß und Tränen bedeckt. Ich schwitzte auch, aber ich weinte nicht."[25] In der Tat hatte Howard schlimmeres erlebt, gegen seine Kindheitserfahrungen war die harte Ausbildung gar nichts. Ohne zu fühlen, kann man viel Leid ertragen. Doch es hat seinen Preis, wenn das Fühlen abgetrennt wurde.

An einer Stelle in seinem Buch zeigt sich zudem eine Form von *Identifikation mit dem Aggressor*, in dem er seine Eltern für deren Misshandlungen in Schutz nimmt und entschuldigt. „Trotz allem liebte ich meine Eltern. Es war nicht ihre Schuld, dass sie ungebildet waren und nicht wussten, wie man Kinder erzieht. Sie wollten nur, dass ihre vier Kinder etwas zum Essen und zum Anziehen hatten."[26] In diesen Zeilen steckt auch wieder etwas von diesem verdrehten: *es ist zu Deinem Besten, dass wir Dich schlagen, wir meinen es gut.* Dem Zitat voraus gingen Schilderungen über einen Sporttrainer, der entdeckt hatte, dass Howards Körper mit blauen Flecken übersät war und der, nach kurzem Entsetzen, dazu schwieg. Die Schläge waren damals halt eine Familienangelegenheit, kommentiert Wasdin das Schweigen des Trainers ...

Der Fall Howard Wasdin zeigt darüber hinaus auch auf, wie andere Einflussfaktoren hinzukommen, die den Weg eines Menschen mit einer leidvollen Kindheitsgeschichte in die eine oder andere Richtung wenden können, was ich oben bereits angedeutet habe. In seinem Fall, denke ich, war ein Schlüsselerlebnis von Bedeutung. Als Howard acht Jahre alt war, erlebte er mit, wie ein Mann mit dem zusammen er Obst verkaufte, überfallen und angeschossen wurde (dies stellt ein weiteres Trauma in seinem Leben dar!). Die Polizei kümmerte sich intensiv um den Jungen. „Dies war das erste Mal, dass ich so professionelle Leute kennengelernt hatte. Sie nahmen sich viel Zeit für mich, erzählten mir von der Polizeiarbeit und wie man Polizist wurde. Ich war schwer beeindruckt."[27] Da man Howards Eltern nicht ausfindig machen konnte, wurde der Junge über Nacht mit zu einem Polizisten nach Hause genommen, wo man sich sehr gut um das Kind kümmerte. Für den vernachlässigten und misshandelten Jungen müssen diese freundlichen, uniformierten Staatsdiener wie wahre Helden erschienen sein. Ich kann mir vorstellen, dass dieser Eindruck seinen Weg zum Militär begünstigt hat. Dazu kamen später gezielte Anwerbungen der US-Armee in Einkaufszentren, auf deren Werbung Howard ansprang, nachdem ihm als Zwanzigjähriger das Geld ausgegangen war. Es kamen also einige Faktoren zusammen. Das Thema *weitere Einflussfaktoren* werde ich zum Ende des Buches hin noch einmal aufgreifen.

16. Die individuellen Folgen der Gewalt gegen Kinder werden zu gesellschaftlichen Folgen

Der 2008 verstorbene Direktor der Klinik für Kinder- und Jugendpsychiatrie am Universitätsklinikum Hamburg-Eppendorf und Experte für Psychotraumatologie Peter Riedesser sagte zum Abschluss seiner kurzen aber eindrucksvollen Rede vom 29. 10. 2001 zur Verleihung des Kinderschutzpreises in Hamburg folgendes: „Je mehr Kinder bei uns und weltweit vernachlässigt, geschlagen, gedemütigt werden und in Hoffnungslosigkeit und Hass abgleiten, desto höher ist das destruktive Potential in unserem eigenen Land und weltweit. Vor diesem Hintergrund ist Kinderschutz zu einer Frage des Überlebens geworden. Weltweiter Kinderschutz ist der Königsweg zur Prävention nicht nur von seelischem Leid, sondern auch von Kriminalität, Militarismus und Terrorismus. Er sichert die Demokratie und den friedlichen kulturellen und ökonomischen Austausch. Unsere gesamte Kreativität und Entschlossenheit ist gefragt, dies zu realisieren. Wenn wir alle dies wollten in einem einzigartigen solidarischen Akt, hätten wir dafür auch das Wissen und die Mittel.“[1]

Ich habe bisher bei meinen Recherchen keinen anderen Textteil gefunden, der so kurz und knapp die wesentlichen Dinge, um die es auch mir geht, derart auf den Punkt bringt.

Gedemütigte und beschädigte Kinder wirken auf Gesellschaften und sie wirken logischer Weise umso mehr, je größer ihr Anteil an der Bevölkerung ist oder umgekehrt umso weniger, je geringer ihr Anteil an der Bevölkerung wird. Eine solche Feststellung soll keine als Kind gedemütigten Menschen stigmatisieren oder zum Feindbild erklären! Es geht bei jedem Menschen um Wahrscheinlichkeiten: Je mehr Demütigungen, Gewalterfahrungen und Belastungen in der Kindheit zusammenkommen, desto höher wird die Wahrscheinlichkeit für einen destruktiven Output (in unterschiedlichen, möglichen Ausformungen –

von Krankheitsbildern, Selbstschädigungen bis hin zu Täterverhalten – die ich hier im gesamten Buch immer wieder besprochen habe). Und diese simple Feststellung lässt sich auch auf Gesellschaften übertragen. Wer sich in diesem Zusammenhang nochmals das vorherige Kapitel *Das Ausmaß der Gewalt gegen Kinder in der Allgemeinbevölkerung* vor Augen führt, wird mir sicherlich beipflichten können. Gewalt gegen Kinder und kindliche Belastungserfahrungen sind ein Massenphänomen, daher wirken die schädlichen individuellen Folgen auch innerhalb der Masse oder auf Gesellschaften/Nationen.

Destruktive Kindheitserfahrungen verpuffen nicht einfach, wenn es um gesellschaftliche, kulturelle, ökonomische und politische Prozesse und Entwicklungen geht. Wie sollte dies auch gehen? Menschen können ihre Kindheitsgeschichte nicht einfach so abschüttelt, egal ob sie nun privat, medial, künstlerisch, beruflich, ökonomisch oder politisch agieren. Und auch ganze Gesellschaften können es nicht einfach abschüttelt, wenn eine große Mehrheit ihrer Mitglieder aus als Kind beschädigten Menschen besteht.

Allerdings können Gesellschaften Bemühungen dafür anstellen, dass ihre kleinsten Mitglieder nicht gedemütigt werden und in Hoffnungslosigkeit und Hass abgleiten, wie Riedesser es treffend formulierte. Sie können dadurch in die Zukunft investieren und destruktive individuelle wie auch gesellschaftliche Potentiale reduzieren. So oder so ist der Befriedungsprozess der Kindheit bereits in Gang, wenn auch stark ungleichzeitig. Die positiven Effekte werden zukünftig immer deutlicher zu Tage treten (allgemeiner Gewaltrückgang, sinkende Krankheitsraten, weniger Suizide, weniger Suchtmittelgebrauch, sichere ökonomische Strukturen, politische Kultur des Kompromisses und Austausches, weniger Feindbilder usw.) und zeichnen sich auch im langfristigen Trend bereits ab, vor allem in den Gesellschaften, die derzeit auf dem Weg sind, neue Minderheiten und neue Mehrheiten zu produzieren: Minderheiten von geschlagenen und gedemütigten Kindern und Mehrheiten von Kindern, die ihre Eltern als zugewandt und liebevoll erleben. Das ist eine ganz neue Entwicklung in der menschlichen Gesellschaft, die uns und unser Zusammenleben nachhaltig verändern wird (und die Länder unter Druck setzt, bei denen die Mehrheitsverhältnisse immer noch anders aussehen).

Aber gehen wir nun noch einmal ins Detail. Die für die Analyse von politischer Destruktivität und vor allem auch von Kriegen bedeutsamste Folge von belastenden Kindheitserfahrungen scheint mir die sogenannte *Identifikation mit dem Aggressor* zu sein. Zunächst muss aber noch gesagt werden, dass Gewalt gegen Kinder vielfältige Formen annehmen kann und insofern auch die Folgen individuell unterschiedlich sind. Im *Lehrbuch der Psychotraumatologie*[2] wurden bezüglich der Folgen von sexuellem Missbrauch Bewertungsdimensionen aufgestellt. Diese sind sicherlich auch für andere Gewaltformen gültig. Insofern tausche ich hier das Wort Missbrauch gegen Gewalt aus. Auswirkungen auf die Schwere der Folgen haben demnach die Art und Weise und der Schweregrad der Gewalt (besonders zerstörerisch wirkt sich, so die Autoren, die Verbindung verschiedener Gewaltformen aus), die Häufigkeit bzw. Chronizität des Gewalterlebens, das Alter des Kindes (je jünger das Kind beim Gewalterleben, desto schwerer die Folgen), der Entwicklungskontext des Kindes (lebt es z. B. im Heim oder einer Familie) und die Person des Täters/der Täterin (die übelsten Folgen ergeben sich bei Gewalt durch die engsten erwachsenen Bezugspersonen wie Vater, Mutter oder Stiefeltern). Dieser Punkt ist auch besonders wichtig beim Vergleich von Daten über Kindesmisshandlung zwischen Ländern und bei der entsprechenden Bewertung der emotionalen Lage der Bevölkerung bzw. den möglichen Folgeschäden.

Die o.g. Bewertungsdimension *Entwicklungskontext des Kindes* möchte ich an dieser Stelle um eine bedeutsame These der Kindheitsforscherin Alice Miller ergänzen. Miller hat bezüglich der Weitergabe von erlittener Gewalt (Entwicklung vom Opfer zum Täter) formuliert, dass dies hauptsächlich geschieht, wenn dem gedemütigten, missbrauchten Kind niemand zur Seite stand, dem es sein Leid anvertrauen konnte bzw. der widerspiegelte, dass diese erfahrene Normalität nicht richtig ist. Bei Massenmördern, so Miller, fehlte grundsätzlich ein *Helfender Zeuge*. Ein *Helfender Zeuge* ist nach Miller ein Mensch (z. B. Bruder oder Schwester, ein Elternteil, Großmutter usw.), der einem misshandelten Kind beisteht, der ihm eine Stütze bietet, ein Gegengewicht zur Grausamkeit, die sein Alltag bestimmt. Dank dieses Zeugen erfährt ein Kind, dass es in dieser Welt so etwas wie Liebe gibt.[3] In Fach-Veröffentlichungen zum Thema aus den USA wird bestätigt, dass sich die destruktiven

Folgen der Gewalt gegen Kinder abmildern, wenn Hilfe und Trost durch eine stützende, nicht-misshandelnde Person kommt.[4]

Arno Gruen (2002) beschreibt den spaltenden Prozess als Folge destruktiver Erziehung bzw. die *Identifikation mit dem Aggressor* in seinem mit dem Geschwister Scholl Preis ausgezeichneten Buch *Der Fremde in uns* sehr anschaulich. Kein Kind kann in dem Bewusstsein existieren, dass die Menschen, auf die es physisch und psychisch existentiell angewiesen ist (die Eltern), seinen Bedürfnissen kalt und gleichgültig oder gar grausam und unterdrückend gegenüberstehen. Diese Angst wäre, so Gruen, unerträglich, ja sogar tödlich. Ein Kind, das von seinen Eltern angegriffen wird und dessen Bedürfnisse frustriert werden, muss sich, um zu überleben, mit den Eltern arrangieren. Dazu wird das Eigene (vor allem eigene Empfindungen, Sicht und Empathie) als etwas Fremdes abgespalten, denn das Kind kann die Eltern nur unter der Voraussetzung als liebevoll erleben, wenn es ihre Grausamkeit als Reaktion auf sein eigenes Wesen interpretiert – die Eltern sind grundsätzlich gut; wenn sie einmal schlecht sind, dann ist dies die eigene Schuld des Kindes und der Angriff geschieht zu dessen *Wohle*. Alles, was dem Kind eigen ist, wird somit abgelehnt und entwickelt sich zur potentiellen Quelle eines inneren Terrors (das Eigene wird gehasst). Die eigenen Gefühle, Bedürfnisse und die eigene Wahrnehmung werden zu einer existentiellen Bedrohung, weil sie die Eltern veranlassen könnten, dem Kind die lebensnotwendige Fürsorge zu entziehen. Die Folge ist die Identifikation mit den Eltern (bzw. den Aggressoren), das Übernehmen deren Werte, die Unterwerfung unter deren Erwartungen und eine schwammige, ungefestigte und unsichere Identität, die durch *das Fremde*, nicht *das Eigene* bestimmt ist. Unsere Menschlichkeit wird so letztlich zum Feind, sagt Gruen, der unsere Existenz bedroht und der überall – in uns selbst wie auch in anderen – bekämpft und vernichtet werden muss.[5]

Kinder können diverse (auch schwere) Verletzungen oftmals gut bewältigen, wenn sie Trost bei ihren Eltern finden, so der emeritierte Professor für Psychiatrie Brandt F. Steele. Alles kommt allerdings durcheinander, wenn die Verletzung und Gewalt von den eigenen Eltern ausgeht. „Es ist die niederschmetternde Erfahrung, von eben derjenigen Person verletzt worden zu sein, von der das Kind doch Sicherheit und Fürsorge erwartet hat, die traumatisch wirkt. Es gibt keinen Ort, an dem

Trost zu finden wäre: Die Quelle der Hilfe ist zu einer Quelle des Angriffs geworden (...).“[6]

In ungewöhnlicher Klarheit beschrieb eine als Kind missbrauchte und misshandelte Frau, was Gruen mit dem „Fremden in uns“ oder auch der „Nicht-Identität“[7] meint: „Ich weiss noch nicht, wer ich wirklich bin. Ich fange an zu glauben, dass ich jemand bin und dass ich ein kleines bisschen was darüber weiss, wer ich bin, aber es fällt mir schwer, es zu werden und zu sein. Ich weiss nicht, ob ich meine Mutter oder mein Vater oder mein Bruder bin oder eine Kombination aus ihnen allen oder ob ich meine Kinder bin.“[8] Die beschriebene Frau wirkte nach außen sehr normal, freundlich, wortgewandt, sozial integriert und war verheiratet. Innerlich sah es komplett anders aus und sie schlug zudem zu Hause ihre Kinder, so wie sie es selbst erlebt hatte. Man kann sich vorstellen, dass solche *normalen* Menschen erstens unter Umständen besonders anfällig dafür sind, z. B. Sektengurus oder politischen Führern, die ihnen innere Stabilität durch eine aufgesetzte Pseudoidentität versprechen, bedenkenlos zu folgen oder, dass sie z. B. besonders geeignet sind, in der militärischen Ausbildung eine soldatische Identität übergestülpt zu bekommen. Und es ist zweitens möglich, dass ein unerträgliches Gefühl von innerem Auseinanderfallen und innerer Krise droht, wenn äußere Rahmen auseinanderbrechen, wenn sich z. B. eine traditionelle Gesellschaftsform Stück für Stück modernisiert und sich alte Rollenmuster und vorgefertigte Identitätspakete auflösen oder wenn z. B. der identitätsstiftende Arbeitsplatz verloren geht oder sich der Ehepartner trennt.

Der gesellschaftstheoretische *Hamburger Ansatz zur Kriegsursachenforschung*[9] hat empirisch nachgewiesen, dass sich kriegerische Konflikte nach 1945 aus einem (ungleichzeitigem) weltweiten gesellschaftlichen Modernisierungs- und Transformationsprozesses heraus ergeben. Warum solche Prozesse (innere) Krisen, offenen Hass und Gewalt auslösen können, liegt allerdings nicht in dem Prozess als solchem begründet, sondern an der fehlenden inneren Stabilität und Identität von als Kind missbrauchten und misshandelten Menschen.

Van der Kolk & Streeck-Fischer (2002) stellen fest: „Wenn Kinder traumatisiert werden, konstruieren sie eine katastrophische ‚Landkarte‘ von der Welt, in der Unterschiede und Probleme nicht durch Aushandeln, sondern durch Gewaltanwendung oder Unterwerfung gelöst werden. Die Sicherheit der frühen Beziehungen bestimmt also die Anpassung eines Kindes an spätere Herausforderungen der Umgebung und prägt den künftigen Umgang mit Belastungen nachhaltig."[10] Die Konfrontation mit Gewalt wirkt sich auf die Informationsverarbeitung des Kindes und seine Interpretation künftiger bedrohlicher Erfahrungen aus. Eine Kampf-oder-Flucht-Reaktion ist laut den genannten Autoren bei traumatisierten Kindern oft ein automatischer Reflex auf bedrohliche oder unklare Situationen (dies gilt insbesondere für Menschen ohne sonstige Ressourcen und wenn das Trauma nicht therapeutisch bearbeitet und verarbeitet wurde), die mit einer Erinnerung an ein frühes Trauma verbunden sind.[11] „Viele traumatisierte Menschen zeigen ein oberflächlich unauffälliges Verhalten, was aber nur bedeutet, dass sie eine oberflächliche Anpassung an ihre Umgebung erreicht haben, die solange funktioniert, wie sie nicht emotional erregt werden; sobald sie sich bedroht fühlen, bricht diese Anpassung zusammen. Diese Unterscheidungen sind wichtig für die Untersuchung von Gruppenprozessen in Schulen und Einrichtungen sowie bei gewalttätigen Jugendlichen wie z. B. Jugendbanden."[12]

Diese Prozesse werden von o.g. Autoren nur auf kleinere Gruppen übertragen. Gesellschaftliche Transformationsprozesse und entsprechende Widersprüche (siehe den *Hamburger Ansatz*), die in größeren Zusammenhängen stehen, können auch als bedrohliche und unklare Situationen aufgefasst werden, sie bringen Erinnerungen an Ohnmacht, Hilflosigkeit und Vernichtungsangst mit sich. Erwachsene, die sich als Kinder sicher fühlen konnten und durften, deren Entwicklung freundlich gefördert wurde, die ein Vertrauen in die Welt aufbauen konnten, die lernen konnten, dass schwierige Situationen zu meistern und zu bewältigen sind usw. werden auch später mit schwierigen gesellschaftlichen Situationen besser zurechtkommen und unwahrscheinlicher mit Gewalt und Destruktivität darauf reagieren

Als Kind missachtete Menschen, die von einem inneren Fremdsein durchzogen sind, klammern sich oftmals an äußere Strukturen, Rahmen und Rollenmodelle, die ihnen Sicherheit und (Pseudo-)Stabilität geben. Arno Gruen hat sehr viel dazu geschrieben (Stichwort *Nicht-Identität*). Gruen schreibt: „Solange der gesellschaftliche Rahmen hält – das heißt, solange man seine eigene Identität, seine Bedeutung, durch äußere Strukturen aufrechtzuerhalten in der Lage ist –, kann die innere

Malaise des nicht-autonomen Selbst gezügelt werden. Da diese Menschen aber keine komplexe Sicht ihrer Lage ertragen, sind sie auch die ersten, die die Strukturen gefährden, wenn diese ins Wanken geraten, wenn zum Beispiel die Gesellschaft von Arbeitslosigkeit und dem Verfall ihrer Regeln bedroht ist. Solche Menschen haben nicht die inneren Kräfte, etwas Neues aufzubauen, weil ihnen ein empathischer Kern fehlt."[13] Beispielsweise bei Extremisten, so Gruen, würde sich immer alles um Symbole der Identität wie Rasse, Nationalismus, Religion und Freiheit drehen. „Nie geht es um die aktuelle Analyse der Bedrohung. Wenn der gesellschaftliche Rahmen zerbricht, bleiben Menschen, die für ihren Selbstwert und ihre Bedeutung davon abhängig sind, ohne Halt. Sie sind jetzt dem inneren Hass ausgeliefert. Dieser Hass richtet sich auf alles, was an die eigene verschmähte Lebendigkeit erinnert."[14]

Und ganz besonders wichtig und erhellend: „Das Bedürfnis nach Strukturen ist kennzeichnend für Menschen, die kein eigenes Selbst haben. Autoritäre Strukturen verleihen ihnen das Gefühl einer Identität, und daher gibt ihnen, solange die Autorität autoritär bleibt, solch ein Gefüge persönliche Bedeutung und Sicherheit. Es ist das Auseinanderbrechen dieser Strukturen, das die angestaute Wut zum Ausbruch bringt. Die Rebellion, die dadurch ausgelöst wird, hat nicht Freiheit zum Ziel, sondern sie will sich neuen Autoritäten/Strukturen ergeben. Diese erneute Unterwerfung, getrieben von der Angst vor Identitätsauflösung und innerem Hass, ist Erlösung. Die neue Unterwerfung ist eigentlich die alte Unterwerfung (...). Die Ketten der früheren Anpassung an das Schlechte, das man für gut hielt, weil seine Autorität einem ein Sicherheitsgefühl gab, können gesprengt werden. Aber für den Erfolg jeder Revolution, Reform und Erneuerung muss die menschliche Abspaltung vom seelischen Inneren berücksichtigt werden."[15]

In diesen zitierten Passagen steckt sehr viel drin, was im Grunde weiter ausdiskutiert und vertieft werden müsste. Ich denke z. B. an Revolutionen während des sogenannten *arabischen Frühlings*, die danach neue autoritäre Strukturen hervorgebracht haben (beispielsweise in Ägypten). Weitergedacht müsste sich also zuerst die Kindererziehungspraxis vor Ort ändern (also vor allem traumatisierende Gewalt reduziert werden), damit die Menschen neue Freiheiten und neue, flexiblere Strukturen auch emotional aushalten. Oder ich denke an die Terroristen des sogenannten *Islamischen Staates (IS)*, die die gesamte arabische Region zurück ins Mittelalter katapultieren wollen; also zurück zu äußeren Strukturen, die wohl eher dem emotionalen (düsteren) Inneren der Terroristen entsprechen, als einer freiheitlicheren, demokratischeren Welt mit selbstverantwortlichen und flexiblen Menschen, die diese Terroristen als enorme Bedrohung erleben. Wahrscheinlich kommen neben diesen Rück-Schritten auch noch Selbstzerstörungstendenzen hinzu. Ein ehemaliger, ernüchterter Kämpfer des IS sagte in einem Interview: „Der IS ist ein gottloser Geheimdienststaat unter dem Deckmantel der Religion. Die Ideologen haben uns unseren Krieg gestohlen. Sie sind radikal. Sie kommen, um zu sterben. Sie wollen nicht siegen, sie wollen zu Gott."[16]

Die Terrorherrschaft der Roten Khmer in Kambodscha der 1970er Jahre ist fast ein Paradebeispiel für die genannten Prozesse. Nach der Unabhängigkeit Kambodschas im Jahr 1953 begann die sogenannte *Khmer-Moderne*, die dem Land viel Veränderungen, neue Architektur und Entwicklung brachte. Die Roten Khmer machten diesem Fortschritt ein jähes Ende. Alles, was das Land voranbrachte, wurde zerstörte: Bücher verbrannt, Lehrer, Kaufleute und intellektuelle Schichten umgebracht, industrieller, sozialer und technischer Fortschritt quasi rückgängig gemacht. Das Land sollte ein reiner Bauernstaat werden.

DeMause spricht in diesen Zusammenhängen von „Wachstumspanik"[17], einer panischen Angst vor Freiheit, Veränderungen und Fortschritt, da destruktive Eltern natürliche Autonomiebestrebungen und emotionales Wachstum ihrer Kinder bestrafen. Gesellschaftlicher Fortschritt und Wandel droht dann unerträgliche Erinnerungen an Erniedrigungen in der Kindheit zurück ins Bewusstsein fließen zu lassen und provoziert die Suche nach äußeren Feinden („Giftcontainern").[18] Kriege und andere die Gesellschaft schädigende Prozesse (die Wachstum und Fortschritt verhindern oder Gesellschaften stark zurückwerfen) wären demnach unbewusst und kollektiv herbeigeführte Antworten auf emotionale Krisen.

Was deMause mit eigenen Wortkreationen beschreibt – und dadurch bei dem Einen oder Anderen vielleicht Fragezeichen aufwirft oder Widerstände auslöst – und auf ganze Nationen überträgt gehört letztlich in der Psychotraumatologie zum gängigen Wissen. Huber (2013) hat sich ausführlich mit sogenannten *Täterintrojekten* (deMause würde von *Alter-Egos* sprechen und Arno Gruen von dem *Fremden in uns*) befasst. „Je schlimmer, abrupter, grausamer die erlebte Gewalt, desto schlimmer, abrupter und grausamer die täterimitierenden Anteile. Und da ein Kind unter dermaßen unerträglichen Bedingungen während der Einwirkung solcher Grausamkeiten dissoziiert (...), also nicht mehr einheitlich wahrnehmen und speichern kann, sondern nur noch fragmentiert, werden die unter solch traumatischen Bedingungen aufgenommenen Täterintrojekt-Anteile ein noch abgespalteneres Eigenleben führen als bei Menschen, die ‚nur' Zeuge oder Opfer unangenehmer, aber nicht traumatisierender Situationen waren. Mit anderen Worten: Man dissoziiert auch die Täterintrojekte."[19]

Täterintrojekte tauchen nach Huber in Gedanken, Gefühlen und Verhaltensimpulsen auf, wenn sie getriggert werden (also Situationen auftauchen, die der ursprünglichen Traumasituation entsprechen oder daran erinnern), wenn die Persönlichkeit sich von dem entfernt, was der frühere Täter bzw. die frühere Täterin noch akzeptabel fände und/oder wenn sie Teile der Alltagspersönlichkeit (typisch bei Gewalttäterkarrieren) geworden sind. Um diese individuellen Prozesse auf die Ebene einer Gesellschaftsanalyse zu bringen, scheinen mir die beiden ersten Punkte entscheidend (wobei Gewalttäterkarrieren selbstverständlich auch eine starke gesellschaftliche Wirkung haben).

„(...) Täterintrojekte werden nicht nur durch Situationen auf den Plan gerufen, die dem ursprünglichem Trauma ähneln; und nicht nur, indem die Original-Täterinnen sie ‚rufen'. Sondern Täterintrojekte melden sich sehr nachdrücklich auch dann, wenn die Persönlichkeit Fort-Schritte macht. Nämliche Schritte fort von dem, was die Original-Täterin akzeptabel fände. Nehmen wir als Beispiel eine Klientin, deren Täter ihr nie erlaubt hätte, eine eigene Wohnung, ein eigenes Auto oder andere Formen von Unabhängigkeit zu haben. Dann sind im Inneren prompt die Täterintrojekte zur Stelle, sobald die Persönlichkeit ernsthafte Anstrengungen unternimmt, eine eigene Wohnung, ein eigenes Auto ... zu bekommen."[20] In der Folge gibt es dann Rückschritte und Bewegungen in Richtung alter Abhängigkeiten, obwohl die Freiheit zum Greifen nahe scheint (vermutlich erklärt dies auch, warum von häuslicher Gewalt betroffene Frauen immer wieder zu ihren destruktiven Männern zurückkehren).

Diese Beobachtungen aus der Psychotraumatologie auf individueller Ebene hat deMause, so mein Eindruck, einfach auf die kollektive

Ebene übertragen. Selbst wenn man manche seiner Deutungen kritisieren mag, so spricht doch einiges dafür, dass sich Täteranteile in den Menschen auch kollektiv ausdrücken. Wandel und Fortschritt bringen neue Unsicherheiten und Ängste und wenn Unsicherheiten und Ängste das Leben eines Kindes stark bestimmten (so stark, dass es abgespaltene Anteile ausbilden musste), so wird dieser Mensch als Erwachsener evtl. irrational auf Veränderungen und Umwälzungen reagieren. Die Frage ist, *welche* gesellschaftlichen Prozesse alles Täterintrojekte triggern können (dazu gehört sicher mehr als nur Fortschritt, Wandel oder der Zerfall alter Ordnungen)? Und die zusätzliche Frage ist auch, in wie weit manchmal Gesellschaften alles dafür tun, *damit sie getriggert werden*, indem sie ein Verhalten ihrer Nachbarn provozieren, das sie selbst als Nation in das Gefühl bringt, ein Opfer zu sein, das sich wehren muss? Aber auch auf Einzelpersonen bezogen ist das Thema *Täterintrojekte* von größter politische Bedeutung und dies insbesondere dann, wenn wir uns führende Politiker oder Militärs vorstellen, die als Kind traumatisiert wurden (und dies nicht therapeutisch aufgearbeitet haben) und die ggf. durch äußere Umstände und Situationen (inkl. eines realen äußeren Angriffs) getriggert werden. Dieses gesamte Themenfeld ist für sich noch einmal sehr komplex und extrem spannend. Ich selbst kann es hier in diesem Rahmen nur anreißen.

Die Kindheitsforscherin Alice Miller meint mit Blick auf die NS-Zeit und die vorherigen gängigen Erziehungspraktiken, dass die Menschen einen „unerlaubten Hass" in sich trugen und begierig darauf waren, „ihn zu legitimieren."[21] Ein Hitler verstand es wie kein Zweiter, dem seit Kindheit aufgestauten Hass der Menschen ein Ventil zu bieten bzw. diesen zu legitimieren. Der Fremde und Feind, in NS-Zeit vor allem der Jude, wurde dann schuld an allem, und die wirklichen ehemaligen Verfolger, die eigenen, oft wirklich tyrannischen Eltern, konnten in Ehren geschützt und idealisiert bleiben. Miller hat hier mit ihrer Einschätzung letztlich auch nur einfach bekannte Prozesse aus der Traumatherapie auf die Gesellschaft übertragen.

DeMause spricht in Folge von kindlichen Gewalterfahrungen von abgespaltenen „Alter Egos"[22] – was ich oben bereits angesprochen habe –, diese sind letztlich wie (explosive) Koffer, in die die Menschen ihre traumatischen Erlebnisse, unerträgliche Ängste und ihre Wut packen. „Mit Ausnahme einiger Psychopathen und Psychotiker bewahren die meisten von uns ihre Koffer im Schrank hinter verschlossener Tür auf, scheinbar abseits unseres täglichen Lebens – aber dann verleihen wir die Schlüssel an emotional Delegierte, von denen wir abhängig sind, um die Inhalte ausagieren zu können und die es uns möglich machen, die Identifikation mit den Handlungen zu verleugnen."[23] *Mit emotional Delegierten* meint deMause vor allem politische Führer.

Folgend den oben genannten Bewertungsdimensionen bezüglich der Schwere der Folgen würde ich im Bild bleibend hier ergänzen, dass die einen schwere und besonders explosive Koffer verstecken, die andere etwas weniger Schwere. Menschen, die gewaltfrei und liebevoll aufwachsen durften, werden dagegen mit einer gewissen Leichtigkeit durchs Leben gehen, da sie keine versteckten Koffer besitzen.

Die Kinder- und Jugend-Psychotherapeutin Barbara Diepold beschreibt die Folgen bezüglich schwer traumatisierter Kindern wie folgt: „Die innere Welt traumatisierter Kinder ist so, wie Hieronymus Bosch sie gemalt und Dante sie in seinem ‚Inferno' beschrieben hat, oder der Mythos der Medusa sie erzählt: Gespenster und Geister, brennendes Feuer, Eiseskälte, Leichenstarre, von Kopf bis Fuss gespaltene Menschen, deren Fragmente sich zu ganzen Menschen zusammensetzen, Menschenleere und Einsamkeit, Spiele mit Leichenteilen, Unfälle und mörderische Aggressivität."[24] Man kann sich vorstellen, dass die entsprechenden *Koffer* voll mit *Dynamit* sind. Und man kann sich auch vorstellen, dass eine Gesellschaft *ein Problem* hat, wenn ein beträchtlicher Prozentsatz ihrer Bevölkerung derart als Kind traumatisiert wurde.

Dazu kommt, dass Menschen, die Machtmissbrauch erlitten haben, laut dem Systemtherapeuten Horst Kraemer in Situationen oder während Erlebnissen, die an das eigene traumatisierende Erlebnis erinnern, von Gefühlen des Ausgeliefertseins und totaler Ohnmacht überflutet werden können. Der traumatisierte Mensch ist dann nicht in der Lage zu erkennen, wer neue oder zusätzliche Grenzverletzungen begeht.[25] Gegenwehrpotentiale können entsprechend schlecht aktiviert werden. „Menschen mit Ohnmachtsgefühlen sind besonders anfällig, willkürlich operierenden Machtmenschen ausgeliefert zu sein (...). Menschen, die Grenzüberschreitungen gewohnt sind (...) internalisieren solche Umgangsformen und Verhaltensweisen und betrachten sie schließlich als normal: Macht wird erduldet oder ausgenutzt und man kann sich nur entscheiden, entweder sich unterdrücken zu lassen und sich zu fügen oder selbst zu unterdrücken (...).“[26]

Huber (2013) unterscheidet zwischen täterimitierenden und täterloyalen Introjekten. Das täterloyale Introjekt entspricht der erlebten Hilflosigkeit, Ohnmacht und Resignation. Es gäbe täterloyale Anteile, die die Opfer im Verlauf der Attacke innerlich aufgenommen hätten: „das Erschlaffen, Aufgeben, reglose Zuschauen, die Gleichgültigkeit und die einen überkommende Kälte. Oder auch: Das Anfeuern des Täters, die gefühllose Entwertung des Opfers (selbst schuld!), den Verrat, das Im-Stich-Lassen, das zusätzliche Beschimpfen etc.“[27] Ich muss bei diesen Schilderungen zwangsläufig qua der politischen Seite von Kindheit an das weit verbreitete Mitläufertum, die Gleichgültigkeit, das Wegschauen und Resignieren in der NS-Zeit denken. In wie weit wirkten hier eigentlich gesamtgesellschaftlich täterloyale Introjekte? Zumindest zeigt die Datenlage ja ein überwältigendes Ausmaß an kindlichen Demütigungs- und Gewalterfahrungen der um 1900 Geborenen. Es macht grundsätzlich bei der Analyse von extrem destruktiven gesellschaftlichen Phänomenen wie Genoziden oder irrationaler Massenkriegsbegeisterung Sinn, immer auch die schweigende Mehrheit zentral in den Blick zu nehmen, die sich weg duckt, erstarrt, sich der Ohnmacht hingibt oder vielleicht gar applaudiert. Diese Menschen werden im engeren Sinne nicht vom Opfer zum Täter, aber ihre Opfererfahrungen begünstigen offensichtlich wesentlich in bestimmten gesellschaftlichen Phasen das Agieren von Tätern und Machtmenschen.

Somit ist hier im Kontext von Verletzungen im Kindesalter neben den Täterpotentialen die zweite bedeutsame Seite angesprochen. Mit dem Aggressor identifiziert sein (oder durch Täterintrojekte belastet zu sein) bedeutet entweder eine Entwicklung hin zum Täter oder ein resigniertes Verharren in der Opferrolle (die Grenzen zwischen beiden Polen können in der Realität natürlich auch fließend sein). Diese Erkenntnisse sollten eine gedankliche Verknüpfung finden mit den Daten und Zahlen zum weltweiten Ausmaß der Gewalt gegen Kinder, die ich bereits ausführlich oben besprochen habe.

Mir scheint, dass sich der Zusammenhang zwischen gewaltvoller/destruktiver Kindheit und gewaltvollem/destruktiven späterem Verhalten am deutlichsten abzeichnet, wenn man in die biografische Tiefe geht, wie wir im Verlauf des Buches gesehen. Um dem Destruktionspotential und Gewaltverhalten von Nationen auf den Grund zu gehen, muss man der Erziehungspraxis und den Kindheiten der Bevölkerung nachgehen und wird dann Antworten finden. Die Psychohistorikerin Alenka Puhar hat dies mit Blick auf den Krieg im ehemaligen Jugoslawien getan:

„Meine Arbeit enthüllte eine Welt, in der Babys straff gewickelt wurden und die von Magie und Aberglauben regiert wurde, dominiert von bösen Geistern, welche Projektionen der elterlichen Böswilligkeit darstellten. Babys konnten nur ‚gerettet' werden vor diesen projizierten dämonischen Gefühlen, indem auf sie gespuckt wurde, oder indem man sie an einem Fuß, kopfunter, über ein offenes Feuer hielt oder für eine kurze Zeit in den Ofen schob. Wie bei Kindern im Mittelalter wurde an den Brustwarzen der Babys so oft gesogen und herumgezogen, dass sie sich bald entzündeten, blutig und gangränös wurden. Als die Kinder aufwuchsen, wurden sie den üblichen mittelalterlichen Bestrafungen unterworfen: sie wurden zusammengeschlagen, mussten Urin trinken, wurden mit brühend heißem Wasser begossen, und so weiter. Diese unangenehmen Tatsachen der Kindheit waren Realität im Slowenien des neunzehnten Jahrhunderts, aber sie sind immer noch Realität in großen Teilen des übrigen Jugoslawien im zwanzigsten Jahrhundert."[28] Die Lebenswirklichkeit im ehemaligen Jugoslawien bestand aus Grausamkeit und Destruktivität, Hass und Misshandlung. Die Folge wäre „eine Haltung fatalistischer, würdevoller Resignation, kombiniert mit militanter Aggressivität und gefühlloser Brutalität."[29]

Bezüglich Slowenien – dem Land mit dem niedrigsten Gewaltaufkommen während des Balkankrieges – fällt insbesondere auch auf, dass in diesem Teil Jugoslawiens nie die kommunalen oder Gemeinschafts-Familien (bekannt als *Zadrug*) vorherrschend waren. Dieser Familientyp „bedeutete ein Leben der konstanten Kriegführung".[30] „Während zur Jahrhundertwende die Eltern in den meisten Teilen Europas auf Disziplin, Ordnung, Sauberkeit und Leistungswillen insistierten (und diese Ziele nach und nach mit immer weniger strengen Methoden erreichten), galt für das einfache Leben in den sogenannten Zadrugas des Balkan das Gegenteil."[31] Alenka Puhars Analyse ist weit umfangreicher und detaillierter, als ich dies hier zusammenfassen kann. Ich empfehle einen Blick auf Ihre Arbeit, die auch online frei zugänglich einsehbar ist.[32]

Auch für das Deutsche Reich lassen sich dergleichen Zusammenhänge feststellen. DeMause (2005) schreibt: „(...) wenn man festhält, dass die deutsche Kindheit um 1900 ein Alptraum von Mord, Vernachlässigung, prügeln und Folter von unschuldigen, hilflosen menschlichen Wesen war, dann ist die Wiederaufführung dieses Alptraums vier Jahrzehnte später im Holocaust und im Zweiten Weltkrieg letztlich zu verstehen."[33] Der Autor reiht in seinem Buch auf elf Seiten[34] einen erschütternden Bericht über den damaligen destruktiven Umgang mit deutschen Kindern an den anderen. Er weist nach, dass die Gewalt und Vernachlässigung von Kindern im Deutschland um die Jahrhundertwende im Vergleich zu anderen westeuropäischen Staaten um einiges erheblicher war. Anfang des 20. Jahrhunderts wurden in Deutschland einem Bericht des Altertums- und Volkskundlers Professor Walter Hävernick zufolge 89% aller Kinder geschlagen, über die Hälfte mit Ruten, Peitschen oder Stöcken.[35]

An dieser Stelle möchte ich auf das Kapitel „Hitler and Hatred"[36] im Buch des Neurologen Pincus (2001) hinweisen. Der Autor verknüpft darin seine Erkenntnisse über die extrem traumatischen Kindheiten (die Gewalterfahrungen, die Pincus in ausführlichen Fallbeispielen vorstellt, sprengen alles, was man sich normalerweise unter Kindesmisshandlung vorstellt und gleichen eher Folter), der von ihm untersuchten über 150 Mörder mit möglichen politischen Prozessen, wie sie in Nazi-Deutschland stattfanden. Er bezieht sich auf den bekannten Historiker Daniel Goldhagen, der davon ausgeht, dass mehr als 500 000 Deutsche während dieser Zeit aktive Täter und Mörder waren. Pincus vermutet, dass diese Mörder in ganz besonders hasserfüllten und schwer misshandelnden Familien aufgewachsen sind. Dies umfassend zu untersuchen, wird schwierig, weil wir heute kaum noch ausreichend Daten über die Kindheiten von gewöhnlichen NS-Mördern finden werden. Die von mir untersuchten NS-Täter und deren Kindheitsgeschichte legen allerdings nahe, dass Pincus mit seiner Einschätzung in die richtige Richtung zeigt.

Für ein sehr spannendes und außergewöhnliches Forschungsprojekt (das Forschungsteam bestand aus 10 Personen der ersten Nachkriegsgeneration und unterschiedlicher meist aber psychologisch-pädagogischer Berufsfelder, ergänzend wurden auch durch 11 junge Studierende Interviews mit NS-Anhängern geführt, um zu vergleichen, wie sich der Generationsabstand auf die Interviews auswirkt) wurden 19 Frauen und 24 Männer (Geburtsjahrgänge zwischen 1906 und 1926), die NS-Anhänger waren, ausführlich im Rahmen von Interviews im Zeitraum zwischen 1998 und 2001 befragt. Ergänzend wurden zu Vergleichszwecken 11 Gruppengespräche, an denen jeweils 25 Personen aus verschiedenen Generationen teilnahmen, durchgeführt. Das Projekt wurde durch ständige Supervision begleitet. Es wurde also viel Aufwand betrieben, um den tieferen, emotionalen Ursachen der NS-Zeit auf den Grund zu gehen. In der Forschungsarbeit werden sechs Kernthesen aufgeführt, die sich aus den qualitativen Interviews ergaben. Die Befunde[37] lauten wie folgt:

1. Das nationalsozialistische Bewusstsein war regressiv und magisch, also in einem Zustand, der entwicklungspsychologisch einer frühen Phase entspricht. Entsprechend ergaben sich Vorstellungen von einem gottähnlichen Führer, vom heiligen Reich, *Zauberkräften* usw.

2. Der nationalsozialistische Bewusstseinszustand lässt sich als hypnotische Trance verstehen. Demzufolge war der Fokus der Aufmerksamkeit eingeengt und gefesselt von einer Person (Adolf Hitler) bzw. einer Sache (Dritte Reich), unter Ausblendung großer Teile der Wirklichkeit. Dieser Zustand ist auch mit Regression (siehe Punkt 1.) verbunden.

3. Der Nationalsozialismus bezog seine psychosoziale Dynamik u. a. aus Schamgefühlen, deren Abwehr er anbot und legitimierte.

4. Der Nationalsozialismus speiste sich auch aus den narzisstischen Defiziten seiner Anhänger, die er auszufüllen versprach.

5. Der Nationalsozialismus erwuchs aus der Abwehr der Traumata des Ersten Weltkrieges; die Abwehrmechanismen Derealisierung, Gefühlskälte, Heroismus und Idealisierung wurden zum politischen Programm gemacht.

6. Der Nationalsozialismus nutzte die Suchtdynamik der deutschen Gesellschaft nach dem Ersten Weltkrieg. Die Beziehung zwischen dem Nationalsozialismus und seinen Anhängern hatte den Charakter von Suchmittelabhängigkeit, wobei Adolf Hitler und das *Dritte Reich* das stoffgebundene Suchtmittel waren. Diese Abhängigkeit bedeutete ein unabweichbares Verlangen nach einem bestimmten Gefühls-, Erlebens- und Bewusstseinszustandes, den das NS-Programm beschaffte. Gemäß der Suchtdynamik wurde die sogenannte *Stunde Null* quasi wie ein Entzug erlebt.

Den gemeinsamen Nenner dieser sechs Befunde beschreibt Stephan Marks wie folgt: „Der Nationalsozialismus zielte nicht darauf, die Menschen kognitiv zu überzeugen, sondern sie emotional einzubinden: Er lebte von der narzisstischen Bedürftigkeit und Abhängigkeit seiner Anhänger, von ihren Schamgefühlen, Kriegstraumata und frühkindlichen Erlösungsphantasien."[38] An anderer Stelle des Buches formuliert er ebenso zusammenfassend: „Meine These ist, dass das intellektuelle Niveau des NSDAP-Programms und der nationalsozialistischen Schriften, Reden, Filme usw. völlig unerheblich ist – wenn es darum geht, ihren Erfolg bei ihren Anhängern zu erklären. Denn die Nazi-Propaganda zielte von vornherein gar nicht darauf ab, die Menschen kognitiv zu überzeugen, sondern darauf, sie in ganz anderen psychischen Schichten anzusprechen. Sie suchte nicht primär das (entwicklungspsychologisch betrachtet) reife, erwachsene, verantwortungsbewusste und rationale Ich-Bewusstsein des modernen, mentalen Menschen anzusprechen, sondern frühe Erfahrungen und Schichten in der Psyche der Menschen."[39]

Was Marks und sein Team allerdings weitgehend ausgeblendet haben, sind (früh-)kindliche Verletzungen und Ohnmachtserfahrungen, ihre Interviewpartner haben sie dazu nicht systematisch befragt. Mit dem Wissen, das wir heute um die Kindheit der damaligen Kriegsgeneration haben, sind die Ergebnisse der genannten Studie noch einmal mehr schlüssig: Regression, Trancezustände, Suchtcharakterstrukturen, starke Schamgefühle, starke emotionale Bedürftigkeit, frühkindliche Erlösungsphantasien usw., alles das, was Marks benennt, deutet auf einen starken Einfluss von (destruktiven)Kindheitserfahrungen hin.

Allerdings finden sich auch bei Marks in seinen Ausführungen über Schamgefühle und deren Ursachen deutliche Hinweise auf die Bedeutung von Kindheitserfahrungen: „Traumatische oder pathologische Scham (...) taucht besonders in solchen Familienbeziehungen auf, deren Mitglieder verstrickt sind in gegenseitige Entwertungen, Verheimlichungen oder ein Überwältigen des anderen, das heißt, wenn die persönliche Grenze oder Integrität des Einzelnen nicht respektiert wird."[40] Die Grundlage für traumatische Scham wird nach Marks gelegt, wenn Eltern zudringlich sind und die Grenzen des Kindes nicht achten, wenn Eltern unberechenbar, depressiv oder suchtkrank sind, wenn Blickkontakt kultur- oder persönlichkeitsbedingt zwischen Mutter und Säugling verhindert wird, wenn Eltern selbst traumatisiert sind und dieses Trauma an ihre Kinder weitergeben oder wenn eine Kultur an sich sehr schamerfüllt ist und Kinder dies in sich aufnehmen. Er schreibt bezüglich dieses Themas zusammenfassend: „Pathologische Scham entsteht also dann, wenn die Eltern die Suche des Kindes nach Liebe und Anerkennung, nach dem antwortenden Glanz im Auge der Mutter (…) nicht befriedigen. Das kleine Kind empfindet dies als existenzielle Bedrohung, es fühlt sich liebensunwert, wirkungslos, nichtig. (…) Traumatische Scham bedeutet z. B., dass das eigene Verhalten erlebt wird als: ‚Ich bin ein Fehler', statt: ‚Ich habe einen Fehler gemacht.' (…) Scham bedeutet Angst vor totaler Verlassenheit (…) vor psychischer Vernichtung."[41]

Traumatische Schamgefühle wären, so Marks, schmerzhaft und kaum zu ertragen, sie müssen entsprechend abgewehrt werden. „Weil Scham eine so peinigende, kaum auszuhaltende Emotion ist, ‚schrie' sie geradezu nach Abwehr, die durch den Nationalsozialismus geboten und legitimiert wurde: (…) durch Idealisierung Hitlers und der Deutschen (…), durch größenphantastische Ansprüche auf Weltherrschaft; durch Versprechungen, die Ehre Deutschlands wiederherzustellen; durch ein heroisierendes und zynisches Weltbild der Härte und damit die Abwehr weicher (‚schwächlicher') Gefühle und humanistischer Werte; durch Verachtung und Vernichtung von jüdischen Mitbürgerinnen und Mitbürgern, aber auch von Non-Konformisten (…)."[42] Im Grunde kann man den Bezug zu Kindheitserfahrungen kaum deutlicher herstellen. Leider fallen diese Hinweise im Gesamtkontext der Arbeit kaum ins Gewicht und bekommen keine zentrale Aufmerksamkeit.

Wir sehen also am Beispiel der NS-Zeit, dass individuelle emotionale Zustände eine sehr gewichtige Rolle auf gesellschaftlicher Ebene spielen und dies besonders dann, wenn diese Zustände quasi durch einen emotional-ansprechenden *Dirigenten* (NS-Propaganda und Führerkult) zusammengeführt und auf ein Ziel gelenkt werden. Andererseits würde dieser destruktive *Dirigent* kein Zusammenspiel hinbekommen, wenn die emotionalen Zustände in der Bevölkerung vielschichtiger, so man will gesünder und vor allem weniger durch frühkindliches Leid geleitet wären. Wieder fällt mir dabei der Satz ein, der dieses Buch wie ein roter Faden durchzieht: Die Kindheit ist politisch!

Dass Kindheit politisch ist, haben letztlich auch die beiden Linguistikforschenden Elisabeth Wehling und George Lakoff (2016) in ihrem

Wissenschaftsgespräch *Auf leisen Sohlen ins Gehirn. Politische Sprache und ihre heimliche Macht* festgehalten. In dem Buch nehmen die zwei Erziehungskonzepte *Strenger-Vater* und *Fürsorgliche Eltern* (wie Lakoff es definiert; was etwas unglücklich ist, da sprachlich strenge Mütter ausgeblendet werden, aber das nur nebenbei) sehr viel Raum ein, dabei vor allem auch mit Bezug zur Politik in den USA. Trotz dieser deutlichen Verbindung von Politik und bildlicher Sprache zum einen und erfahrener Erziehung zum anderen bleibt das Thema Kindheit im Prinzip in dem Buch nur angerissen und an der Oberfläche. Das ist paradox, aber irgendwie habe ich mich fast schon an solche Widersprüche gewöhnt.

Lakoff meint, dass bildliche Sprache in der politischen Debatte Realitäten in den Hörern schafft, ohne dass den Menschen dies bewusst wäre und diese Realitäten in den Köpfen führen dann ggf. auch zu Handlungen (z. B. bei politischen Wahlen). Unsere Erfahrungen in der Welt würden die Beschaffenheit unseres Gehirns bestimmen. Hören wir Wörter und vor allem auch bildliche Sprache, dann greift unser Gehirn automatisch auf Grund der Vorerfahrungen im Leben auf einen Deutungsrahmen (*Frame*) zurück. Bezüglich dieser Vorerfahrungen nehmen die zwei oben erwähnten unterschiedliche Erziehungskonzepte immer wieder viel Raum in dem Buch ein. Lakoff sagt z. B.: „Ich erforschte die Mechanismen der Metapher Nation als Familie im Detail und fügte die gegensätzlichen politischen Positionen des konservativen und progressiven Lagers ein. Und zu meiner Überraschung ließen sich die politischen Programmpunkte tatsächlich auf die Moralvorstellungen zweier gegensätzlichen Familienmodelle zurückführen: das konservative Familienmodell mit einer Strenger-Vater-Moral und das progressive Familienmodell mit seiner Fürsorgliche-Eltern-Moral."[43] Anders ausgedrückt: Ob jemand in den USA konservativ denkt, fühlt und handelt bzw. sich von bildlicher Sprache (konservative Politiker würden laut Lakooff z. B. ständig über Familienwerte sprechen) angesprochen fühlt, hängt offensichtlich sehr stark mit dem als Kind erlebten Familienmodell zusammen. Wobei Lakoff auch betont, dass dies idealtypische Modelle sind und viele Amerikaner auch Mischformen erlebt haben.

Im amerikanisch-konservativen Familienmodell ist z. B. Strafe eine moralische Aufgabe. Strafe wird als Liebe verstanden. Ein Vater wäre ein schlechter Vater, würde er das Kind nicht für Fehlverhalten bestrafen.[44] Diese Sicht findet ihren Widerhall in politischen Prozessen in den USA und auch in der Vorstellung von der USA als *gerechtem Vater*, der ggf. Strafen in der Welt verteilen muss, um Fehlverhalten zu korrigieren und der natürlich Gehorsam verlangt. Dazu gleich mehr. Zunächst noch ein aussagekräftiges Zitat:

„Die Familie ist unsere primäre und tiefgreifendste Erfahrung damit, ‚regiert' zu werden. Und Familien können durch unterschiedliche Moralvorstellungen strukturiert sein. Wir können, wenn wir das Richtige tun, dafür belohnt werden, wenn wir das Falsche tun, dafür bestraft werden. Oder aber man führt einen Dialog mit uns darüber, was das Richtige ist und was das Falsche. Die entscheidende Frage lautet: Auf welche Art lernt ein Kind in seiner Familie, was moralisches Verhalten ist? Diese Frage determiniert letztlich unsere Auffassung davon, was moralische Politik ist, denn wir übertragen unser Verständnis von moralischer Autorität in der Familie unbewusst auf die Politik. (....) Die Metapher Nation ist Familie ist uns so geläufig, dass wir sie gar nicht weiter beachten. Es ist für uns ganz natürlich, soziale Gruppen – und somit auch die Nation, in der wir leben – gedanklich als Familie zu begreifen. In Deutschland sprechen sie von *Vaterland*. Man spricht von *Mütterchen* Russland und *Mutter* Indien. Nationen senden ihre *Söhne* in den Krieg. In den USA haben wir Gründungs*väter*. (...) Nun, weiter haben Regierungen *Haushaltspläne*. Der Punkt ist, wir denken über die Nation als Familie und übertragen dadurch Wissen und Erfahrungen aus unserer Familie auf die Nation."[45]

Wir würden, so Lakoff, auch im internationalen Maßstab von Nationen als Personen denken (und weitergedacht als Familie im Weltmaßstab). „Wir denken über Nationen als Personen innerhalb einer Weltgemeinschaft, in der es *Nachbar*staaten gibt, *befreundete* Staaten, *feindliche* Staaten, *Schurken*staaten und so weiter. Und in dieser Weltgemeinschaft gibt es *Erwachsenen*staaten und *Kinder*staaten. Industrialisiert zu sein bedeutet, erwachsen zu sein. (...) Die *Entwicklungs*länder sind – metaphorisch – Kinder. (...) Und das Ergebnis dieser Metapher ist, dass unterentwickelte Nationen in der Außenpolitik als Kinder behandelt werden. Die Erwachsenenstaaten leisten *Entwicklungs*hilfe. (...) Und wenn die Länder der Dritten Welt sich widersetzen und nicht tun, was die Erwachsenen sagen, dann können sie *physisch*, also militärisch oder ökonomisch, diszipliniert werden."[46] Frau Wehling merkt daraufhin an: „Letztlich wird hier die konservative Familienmetapher auf die internationale Politik angewandt: Der strenge Vater USA hat die Aufgabe, das artige Kind Indien zu belohnen und das ungezogene Kind Iran zu bestrafen.“[47]

Lakoff nimmt auf der anderen Seite auch Bezug zu einer Politik, die auf die *Fürsorgliche-Eltern-Moral* gründet: „Wenn wir die Werte der *Fürsorgliche-Eltern*-Moral auf die Außenpolitik übertragen, dann dominiert zunächst einmal die Vorstellung, dass man Kinder – sprich die Entwicklungsländer – mit Respekt behandelt. Und dass man ihnen eine progressive Form der Liebe entgegenbringt, im Gegensatz zu der konservativen *tough love*. Es ist die moralische Aufgabe, sich so gut wie möglich in die Situation und Bedürfnisse der Entwicklungsländer hineinzuversetzen und ihnen so gut es geht zu helfen. Und an die Stelle des Systems von Belohnung und Bestrafung tritt die Idee der Fürsorge und Kooperation. (...) Als eine zentrale Idee gehört dazu, dass man den Entwicklungsländern zugesteht, Eigenverantwortlichkeit zu erlangen, und zwar so früh wie möglich, während man noch mit ihnen kooperiert und sie als Teil einer größeren Familie begreift.“[48] Die europäischen Nationen würden, so Lakoff, zwar gegenüber den Entwicklungsländern eigene moralische Autoritäten darstellen, in Relation zu den USA wären sie aber eher so etwas wie „die ältesten Geschwisterkinder in der Familie.“[49]

Mir fiel in diesem Zusammenhang ein Zitat eines iranisches Großhändlers ein, das zeigt, wie Menschen ihre Kindheitserlebnisse in Familien auf die Gesellschaft übertragen und politische Führer als *Väter* begreifen können. Vor den Wahlen im Iran im Jahr 2013 sagte der Mann: „Wir sind gezwungen, auf unseren Führer zu hören. Und wir dürfen auf keinen anderen hören. Es ist wie in einer Familie. Er ist unser Vater, und wir müssen auf unseren Vater hören, auch wenn der Vater falsch liegen sollte.“[50] Hier deuten sich auch Erfahrungen mit Autoritäts- und Gehorsamsforderungen in der Familie an, die dann auf die Politik übertragen werden.

Aufschlussreich ist eine Stelle im Buch, an der Lakoff auf das Verhalten von George W. Bush nach dem 11. September eingeht, der den Terroristen „eine Lektion“ (so wird Bush zitiert) erteilen wollte. „Weil er eine Strenge-Vater-Weltsicht vertritt. Er denkt im Sinne des konservativen Familienmodells, will bestrafen und ‚Lektionen verteilen‘.“[51]

In der Tat ist George W. Bush – wie wir bereits gesehen haben – stark konservativ-autoritär, mit Strenge und körperlicher Gewalt, erzogen worden! Lakoff hat, ohne auf die Kindheit von Bush Bezug genommen zu haben, genau den Punkt getroffen. Das ist allerdings auch eine Grundkritik, die ich an dem Buch habe. Lakoff und Wehling sprechen die ganze Zeit über den Einfluss von Familienmodellen auf die Politik, sprechen aber mit keinem Wort über das Ausmaß von Gewalt gegen Kinder in den USA (oder bezüglich Einzelpersonen wie Bush) und sie erwähnen auch keine Daten bezüglich unterschiedlicher Erziehungsmodelle und deren Verbreitung in den USA. Entsprechend fehlen auch komplett Anregungen in die Richtung, dass man politische Systeme offensichtlich stark verändern kann, wenn sich die Mehrheits-Kindererziehungspraxis verändert (was die logische Schlussfolgerung aus ihren Erkenntnissen wäre). Insofern bette ich die zitierten Passagen hier ein und finde, dass sie im Gesamtkontext meines Buches hervorragend die politische Bedeutung von Kindheit unterstreichen und zudem viele Denk- und Deutungsanregungen geben.

Außerdem stützt die Forschung aus der Linguistik Thesen der Psychohistorie. Letztere bemüht sich immer wieder bildliche Sprache in der Politik, aber auch reale Bilder wie z. B. Karikaturen oder politische Cartoons in Medien zu deuten und dabei Bezüge zu emotionalen Gruppenprozessen und auch Kindheitserfahrungen herzustellen. Allerdings wird dieser Bereich psychohistorischen Arbeitens nach meinem Eindruck gänzlich verlacht. Die Kritik an einer solchen Herangehensweise ist nachvollziehbar, sicherlich schlagen manche Psychohistoriker mit ihren Deutungen von Bildern auch immer wieder mal über die Stränge. Genauso wie Psychoanalytiker Träume und Bilder ihrer Patienten deuten und dabei anfällig für Fehlinterpretationen sind, können Psychohistoriker, die quasi die Träume, Emotionen und Bilder von Nationen versuchen zu deuten, Fehler machen. Mir geht es nur darum, hier festzuhalten, dass der Versuch, die emotionale Lage einer Nation an Hand von Reden, Medienleitartikeln, Bildern und Karikaturen zu deuten nicht uninteressant ist und auch seinen Sinn haben kann.

Nationen bestehen aus einer Gemeinschaft von Menschen und alle Menschen waren einst Kinder. Es ist nach dieser simplen Feststellung eine im Grunde banale Schlussfolgerung, dass die Art und Weise der gesamten Kindheitserfahrungen die Ausformungen und Stimmungen einer Nation beeinflussen. Leider habe ich den Eindruck, dass dieser wirksame Kindheitseinfluss im öffentlichen Bewusstsein kaum angekommen ist. Dabei wirken bei jedem einzelnen Menschen im Hintergrund seine Kindheitserfahrungen auf sein Denken, Fühlen und Handeln, ja auf die Ausgestaltung seiner gesamten Persönlichkeit und – wie wir auch sehen konnten – auf seinen Gesundheitszustand. Und jeder einzelne Mensch wirkt innerhalb der Gesellschaft, in der er lebt. Die einen wirken durch ihr Handeln und Reden stärker (weil sie z. B. über mehr Macht, Geld, politischen Einfluss, Netzwerke oder prominenten Status verfügen oder Medienschaffende etc. sind), die Anderen wirken im Verhältnis weniger.

Einzelne Akteure können eine Nation enorm beeinflussen, wenn sie über (vor allem diktatorische oder feudale) Macht verfügen. Ich habe im vorherigen Teil die Kindheiten von etlichen Diktatoren, politischen Akteuren, Königen und Staatsmännern analysiert. Es steht für mich außer Frage, dass die enorm destruktiven Kindheiten dieser Männer ihr destruktives politisches Agieren von Grund auf bedingt haben. Alleine auf Grund dieser Feststellung ist die Kindheit enorm politisch! Am Beispiel von Hitlers Gefolgsleuten sieht man, wie auch die Kindheiten der Machteliten unterhalb des politischen Führers eine gewichtige Rolle spielen. Für mich stellt sich die Frage, ob ein NS-Staat möglich gewesen wäre, mit dem selben Diktator (und seiner extrem destruktiven Kindheit) an der Spitze, aber mit Menschen in der darunterliegenden Machtelite, die eine positive und gewaltfreie Kindheit erlebt hätten? Ich glaube, dass das NS-System nicht funktionsfähig gewesen wäre, wenn es nicht gezielt Menschen an die Macht gezogen hätte, die als Kind schwer beschädigt wurden und die innerlich zerrissen waren. Ich vermute, dass sich in anderen Regionen und ähnlichen destruktiven politischen Systemen ganz ähnliche Strukturen finden lassen: Nämlich einen schwer als Kind beschädigten Führer, der als Kind schwer beschädigte Menschen um sich versammelt hat. Menschen mit ähnlichen Kindheitsschicksalen scheinen an sich eine gewisse Anziehungskraft aufeinander zu haben (was sich in der kleinsten denkbaren Einheit z. B. bei (Ehe-)Paaren zeigt).

Dazu kommen die Kindheiten von Soldaten, die, wie wir ebenfalls im Textverlauf sehen konnten, deutlich destruktiver waren, als im Bevölkerungsdurchschnitt. Und das halte ich nicht für einen Zufall! Soldaten führen die Kriege ihrer politischen Führer und sind deswegen von großer Bedeutung.

Diese drei Analyseebenen – politische Führer, Machtelite darunter und Soldaten – bezogen auf entsprechend destruktive Kindheiten sind zusammengenommen derart bedeutsam in ihrer Wirkung auf Gesellschaften, dass sie zentral bei der Analyse von Krieg oder destruktiven politischen Verhältnissen sind. Im Alltag der Menschen kommen dann noch die Belastungen durch (Gewalt-)Straftaten und/oder Extremismus/Terrorismus hinzu. Auch hier konnte ich, wie ich meine, deutlich nachweisen, dass destruktive Kindheiten dabei eine gewichtige Rolle spielen.

Lloyd deMause (2005) nannte eines seiner bedeutsamsten Bücher *Das emotionale Leben der Nationen* und er geht, wie der Titel es bereits sagt, davon aus, dass Nationen Emotionen haben, die sich in Phasen unterschiedlich ausdrücken. Destruktive Ausdrucksformen von Nationen (u. a. Kriege, destruktive Politik, selbstzerstörerische Prozesse, *Königsmord*, Verfolgung von Minderheiten und ökonomische Krisen) sieht er dabei in einem engen ursächlichen Zusammenhang zu traumatischen Kindheitserfahrungen der Mehrheitsbevölkerung und ihren Führern.

Es ist eines der Hauptarbeitsfelder der Psychohistorie, dass Nationen vor allem mit den Mitteln der Psychoanalyse und Psychotraumatologie analysiert werden, quasi als wären Nationen individuelle Menschen, mit eigenen (auch gestörten) Gefühlen und Gefühlsschwankungen. Für diese Art der Herangehensweise wird dieser Forschungsbereich i. d. R. von anderen Wissenschaftsbereichen ignoriert oder gar belächelt. Dabei ist dieses Ignorieren im Grunde irrational, wenn wir uns das hier in diesem Buch, aber auch von anderen Psychohistorikern zusammengesammelte Material anschauen. Die Fakten sprechen dafür, dass Kindheitserfahrungen wesentlich die Zustände von Nationen beeinflussen. Ich halte Psychohistoriker im Übrigen für so schlau, dass ihnen natürlich klar ist, dass Nationen keine Menschen sind. Psychohistoriker versuchen schlicht zu ergründen, was emotional in Gesellschaften vor sich geht und nutzen ein vereinfachendes Gedankenmodell (übrigens eine übliche Herangehensweise in der Wissenschaft), in dem sie Nationen quasi auf die Couch legen. Da Nationen, wie wir festgehalten haben, aus Menschen bestehen und Menschen bekanntlich Emotionen oder auch gestörte Emotionen haben können, ist es nur logisch, dass sich menschliche Emotionen auch kollektiv ausdrücken können. So einfach ist das im Grunde. Ich möchte jetzt allerdings nicht anfangen, psychohistorischen Thesen und Theorien auszubreiten und verweise auf die Arbeiten von Lloyd deMause. Meine eigene Arbeit sehe ich als Unterstützung der psychohistorischen Theorie an.

17. „Nicht alle einst gedemütigten und misshandelten Kinder werden zu Gewalttätern" und „Nicht alle Nationen, deren Bevölkerung als Kind schwer belastet war und misshandelt wurde, führen Kriege"

Und warum diese Feststellungen keine Gründe dafür sind, Kindheitseinflüsse gering zu reden!

Zunächst: Es ist eine Illusion zu glauben, dass die historisch belegte routinemäßige Misshandlung (oftmals auch nichts anderes als Folter, vor allem auch, wenn man historisch weiter zurückschaut) von Kindern *keine* Auswirkungen auf Verhalten auch von ganzen Gesellschaften hatte und weiterhin hat. Individuelles destruktives Verhalten mag hier und da in einen Zusammenhang zu belastenden Kindheitserfahrungen gesetzt werden, aber spätestens, wenn es um Politik und Gesellschaft geht, hört das Verständnis fast immer auf.

Die nach meinem Eindruck häufigste Kritik ist in diesem Zusammengang die, dass man betont: *Nicht alle einst gedemütigten und misshandelten Kinder werden zu Gewalttätern.* (Weitergedacht lässt sich dieser Satz auch auf Nationen übertragen.) Manchmal wird auch bei Einzelfallbetrachtungen der Hinweis gebracht, dass z. B. zwar „A." zum Massenmörder wurde, „A." aber vier Geschwister hatte, die alle nicht auffällig wurden. Die Schlussfolgerung: Die Sozialisation in der entsprechenden Familie war *kein* Einflussfaktor für das massenmörderische Verhalten von „A.".

Dabei gibt es ein kolossales Missverständnis mit Blick auf Arbeiten, die Kindheitseinflüsse ins Zentrum rücken: Es gibt selbstverständlich keinen Automatismus bezüglich Kindheit und Verhalten. Es gibt bei Menschen und ihrem Verhalten keine 100%ige kausale Sicherheit bezüglich einzelner Zusammenhänge wie vergleichsweise die Feststellung, dass ein schwerer Stein, der mit Kraft durch ein dünnes Fensterglas geworfen wird, immer eine zersplitterte Scheibe ergeben wird. Es gibt keine psychische Gesetzmäßigkeit, die besagt, dass man ein Kind genau 1200 Mal misshandeln muss, damit es später ein Serienmörder wird. Es gibt auch keine psychische Gesetzmäßigkeit für Nationen, nach dem Motto: 30% der Bevölkerung müssen schwer misshandelt worden sein, dann kommt es innerhalb von 20 Jahren zu einem Krieg. Dafür sind Menschen, ihre Umwelt und ihre Gesellschaften zu komplex.

Destruktive Kindheitseinflüsse bilden nur das Fundament für menschliche Destruktivität! Was die einzelnen Menschen oder auch Nationen daraus machen, obliegt weit mehr Einflussfaktoren, als nur der Kindheit. Meine Fantasie bezüglich weiterer Einflussfaktoren ist da fast grenzenlos: Geschlechtsrollen, Lebensalter, Schichtzugehörigkeit, Milieu, Leben und Aufwachsen in der Stadt oder auf dem Land, Zeitgeist, Kultur, Religion, Intelligenzquotient, Zugang zu Macht, Zugang zu Waffen, angeborene Charakterstruktur, klimatische Region, genetische Einflüsse, soziale Umwälzungen, technische Voraussetzungen, persönliche Machtmittel usw. usf. All dies beeinflusst unser Verhalten.

Und ganz besonders wichtig: Der Zufall. Zufälle entscheiden sehr viel im Leben. Manchmal trifft man zufällig auf Menschen oder Situationen oder auf eine Umgebung, die einen Wendepunkt markieren. Das kennen wir alle. Der ehemalige IS-Anhänger Ebrahim B. sagte z. B. folgendes: „Würde ich von einer Rocker-Bande aufgenommen in Jamaika oder in Amerika von Hells Angels oder so was, wäre ich mitgegangen. Ich bin gestolpert und wurde von den falschen Händen aufgenommen.“[1] Der als Kind schwer misshandelte, ehemalige Unterstützer von palästinensischen Terroristen Willi Voss sagte: „Ich war ein verlorener Hund. Einer, der so oft getreten worden war, dass er zurückbeißen wollte, egal wie (...). Hätte ich damals Andreas Baader getroffen, wäre ich vermutlich bei der Roten Armee Fraktion gelandet.“[2] Bei beiden Zitaten zeigt sich, wie austauschbar die Ideologie oder Gruppe sein kann und dass nur Zufälle die Entscheidung für die eine oder andere Richtung bestimmt haben. Ein anderer Mensch mit ähnlichen Kindheitshintergründen und einem ähnlichen inneren Druck trifft vielleicht zufällig einen Priester und landet im Kloster, wo er sich der Gruppenstruktur und den Ritualen unterordnet und auf seine Art glücklich ist. Er wird kein Terrorist.

Zu der Kategorie Zufälle gehört für mich auch etwas, was der Kriminalist und Autor Stephan Harbort bezüglich der Genese von Serienmördern als *Schlüsselmoment* bezeichnet hat, wie z. B. die Beobachtung einer Tierschlachtung (teils in jungen Jahren), das Miterleben eines Verkehrsunfalls mit Toten, die Beobachtung einer Vergewaltigung, bestimmte Passagen in einem Spielfilm oder Buch u. ä.[3] Jemand, der vielleicht ähnliche mörderische Potentiale hat, aber andere Erlebnisse macht und entsprechende zufällige Schlüsselmomente nicht erlebt, geht dann andere Wege. Dies als angehängte Gedankenspiele, die man in unzähligen Varianten entsprechend weiterspinnen könnte.

Ganz besonders wichtig ist auch noch folgende Feststellung: Wenn ein als Kind misshandelter Mensch später nicht zum Mörder oder Terroristen wird (was an sich eine richtige und banale Erkenntnis ist) heißt dies NICHT, dass dieser Mensch ohne Folgeschäden durch sein Leben geht! Ein Kind, das 1200 Mal misshandelt wurde, wird nicht automatisch zum Serienmörder. Allerdings wird der Mensch, der dies erlitten hat, kein normales Leben führen und diverse Problemlagen mit sich herumschleppen. Gesellschaften, die einen Anteil von 30% in der Bevölkerung von als Kind schwer misshandelt Menschen haben, führen nicht automatisch Kriege, diese Gesellschaften werden aber deutliche soziale, politische und ökonomische Problemlagen aufweisen.

Leider reicht es vielen Kritikern in den Raum zu werfen, dass Misshandlungserfahrungen nicht zwangsläufig bei allen Menschen dazu führen, z. B. ein Mörder oder Terrorist zu werden, weswegen andere Einflussfaktoren bei Mordtaten oder Terror gewichtiger seien. Diese Art von Kritik zeugt ihrerseits von fehlendem Wissen bezüglich komplexer möglicher Folgeschäden von Kindesmisshandlung wie auch fehlender Fantasie und Vorstellungsvermögen. Die Liste möglicher Folgeschäden von Kindesmisshandlung und belastenden Kindheitserfahrungen ist derart lang, dass dies ganze Fachbücher ausfüllt. Gewaltverhalten muss als nur eine mögliche Folge von vielen möglichen Folgeschäden betrachtet werden.

Wenn man Gewaltverhalten isoliert betrachtet, mag man zu der Feststellung kommen, dass die meisten als Kind misshandelten Menschen keine Gewalttäter werden und die meisten Nationen, die mehrheitlich aus sehr als Kind belasteten Menschen bestehen, nicht ständig Kriege führen, aber bedeutet dies dann quasi auch, dass diese Kindheitseinflüsse *keine* Wirkung haben? Natürlich wäre eine solche Annahme falsch! Die Kindheitseinflüsse wirken immer, nur halt in vielen möglichen Ausformungen. Gewaltverhalten oder gar Krieg ist nur eine davon.

Der viel größere Zweig an Folgeschäden ist der, der eher mit Selbstzerstörung und Krankheitsbildern zu tun hat. Die meisten als Kind misshandelten und belasteten Menschen werden nicht zu Mördern etc., aber viele vernichten sich auf die eine oder andere Art selbst, tun sich selbst Gewalt an: Rauchen, Drogen, Alkoholmissbrauch, Arbeitssucht, Suizid, Wählen von gewalttätigen Partnern, Prostitution, Spielsucht, unbewusstes Suchen von Ohnmachtserfahrungen, lebensgefährlicher Extremsport, Leben in Einsamkeit und Angst usw. Dazu kommen diverse Krankheitsbilder und Persönlichkeitsstörungen als Folge von Kindesmisshandlung, die in der Fachliteratur ausführlich beschrieben wurden. Wenn man Gewalthandeln in die Liste all dieser (und mehr) möglichen Folgeschäden als eine von vielen aufnimmt, dann wird das Bild rund und eine Aussage wie: *Nicht alle einst gedemütigten und misshandelten Kinder werden zu Gewalttätern* macht kaum mehr Sinn. Es müsste dann viel mehr lauten: *Fast alle einst gedemütigten und misshandelten Kinder tragen diverse Folgeschäden davon, eine davon kann Gewalthandeln sein.* Und ich würde dem dann noch hinzufügen: *Im Grunde fast alle Gewalttäter waren keine geliebten, umsorgten, unbelasteten und gewaltfrei aufgewachsenen Kinder.*

Wichtig ist auch zu wissen, dass es etliche Abstufungen von destruktiven Kindheitserfahrungen gibt, die sich entsprechend auch unterschiedlich auswirken. Je häufiger, je schwerer, je früher und je mehr verschiedene Belastungsfaktoren zusammenkommen, desto schwerer sind die Folgen. Der Satz, dass die meisten Menschen, die eine schwere Kindheit hatten, nicht zu Massenmördern werden, ist insofern wenig sinnvoll, weil man eher (Kindheits-)Biografien miteinander vergleichen müsste, die ähnlich massiv und komplex traumatisch waren. Ich garantiere, dass sich bei Menschen mit einer sehr ähnlichen Kindheit, wie sie z. B. Adolf Hitler, Stalin, Anders Breivik oder Saddam Hussein hatten, extreme Folgeschäden in ihrem Leben finden lassen würden. Wir können also viel mehr allgemein festhalten, dass Destruktivität in der Kindheit Destruktivität im Erwachsenenalter nach sich zieht und dass sich die erwachsene Destruktivität umso deutlicher abzeichnet und sich auch extremer ausgestalteten, je extremer die erlittene Destruktivität im Kindesalter war. Und wir können dem anschließen, dass diese Destruktivität nicht automatisch gleichbedeutend ist mit Gewalt gegen andere Menschen.

Allerdings gilt auch eines: Wenn ein als Kind misshandelter Mensch nicht zum Täter einer Kategorie wie *Mörder* oder *Terrorist* oder *verurteilter Gewaltstraftäter* wird, heißt dies nicht, dass er/sie nie zum Täter/Täterin wurde! Das wird oftmals komplett ignoriert in der Diskussion.

Die meisten Menschen (unsere Vorfahren) wurden im historischen Rückblick vom Opfer zum Täter, denn die meisten Menschen haben nachweisbar ihre eigenen Kinder misshandelt, so wie sie es selbst erlitten hatten. Dieser Prozess wurde in Europa erst im Laufe des 20. Jahrhunderts Stück für Stück unterbrochen. In anderen Regionen auf der Welt misshandelt immer noch die Mehrheit der Eltern ihre Kinder, so wie sie es selbst erlitten haben

Ich selbst habe im Lauf der Zeit unzählige Fallgeschichten gelesen – sehr selten (weil zu belastend) sogar Videos auf *youtube* von Müttern gesehen, die ihre (Klein-)Kinder misshandelten, die derart unvorstellbar waren, dass sie im Grunde nur mit dem Wort Folter genauer zu bezeichnen sind. Diese *ganz normalen* Menschen sprengen sich nicht in die Luft, begehen keine Gräueltaten gegen Minderheiten, ermorden keine Menschen, sie werden meist auch nie verhaftet, aber sie sind trotzdem unglaublich grausam und sadistisch, nur *im Verborgenen.* Hinzu kommen alle erdenklichen Verhaltensweisen von Menschen, die man als Täterverhalten bezeichnen kann (bewusste Umweltzerstörung, häusliche Gewalt, ökonomische Ausbeutung und Vernichtung von Lebensgrundlagen, Tierqäulerei, Mobbing, Intrigen, Freiertum/Ausbeutung von Prostituierten usw.) oder sozial legitimiertes, straffreies Gewaltverhalten in dem man z. B. (Elite-)Soldat wird.

Nicht zu vergessen sind auch Fälle, bei denen Täterverhalten oder entsprechende Vorwürfe zunächst gar nicht publik werden. So galt noch bis vor nicht all zu langer Zeit beispielswiese Kevin Spacey als einer der beliebtesten und erfolgreichsten Schauspieler der Welt. Dann tauchten Vorwürfe von mehreren Männern auf, dass Spacey sie sexuell genötigt oder bedrängt habe (teils im minderjährigen Alter). Ähnliches geschah im Fall des ebenfalls sehr beliebten Schauspielers Bill Cosby, der sich ein Image des perfekten Familienvaters zugelegt hat. Etliche Frauen warfen Cosby vor, sie vergewaltigt oder sexuell genötigt zu haben. Beide

Schauspieler hatten eine äußerst destruktive Kindheit und wirkten in der Öffentlichkeit bis vor Kurzem so, als hätten sie ihr Leben trotzdem gut im Griff. Der Bruder von Spacy, Randy Fowler, berichtet, dass er von seinem Vater sexuell missbraucht wurde. Seinen Bruder Kevin habe er stets versucht, vor dem gemeinsamen Vater – den er nur *die Kreatur* nennt – zu schützen. Außerdem wird über verbale Misshandlungen der Kinder durch den Vater berichtet.[4] Über Cosbys Kindheit findet sich eine kurze Zusammenfassung, hinter der sich weitere Abgründe verbergen dürften: „Sein Vater war Alkoholiker, der entweder nicht zuhause war oder auf die Kinder losging."[5]

Fassen wir zusammen: Die Kritiker machen es sich sehr einfach, wenn sie meinen, dass die zentrale Befassung mit Kindheitseinflüssen die Komplexität der Welt vernachlässigen würde. Vielmehr scheint es mir so zu sein, dass die Kritiker die Komplexität des Gesamtbereiches Kindesmisshandlung (plus weiterer belastender Kindheitserfahrungen wie sie in den ACE-Studien erfasst wurden) und deren Folgen nicht erfassen.

Was außerdem zentral übersehen wird sind meine Grundthesen, die vereinfacht und zugespitzt formuliert lauten, dass aus als Kind geliebten Menschen keine Gewalttäter werden und dass als Kind geliebte Menschen keine Kriege anfangen.

Ich denke also in der Tat auf eine Art monokausal, was mich bezüglich Kritik angreifbar macht, aber damit kann ich leben. Ich bin einfach absolut davon überzeugt, dass eine liebevolle, gewaltfreie und umsorgte Kindheit bestimmte destruktive Verhaltensweisen unmöglich macht, die da lauten: Vergewaltigungen, Massenmord, Mord, Terrorakte, Folter, Amokläufe, kriegerisches Agieren, häusliche Gewalt, Kindesmisshandlung und schwere Gewalttaten aller Art an sich. Zwei Ausnahmen würde ich anführen: Bei nachgewiesenen Gehirnschädigungen könnten solcher Art von Gewalttaten möglich sein, trotz einer liebevollen Kindheit. Der zweite Punkt ist Gewaltverhalten als Akt der Selbstverteidigung. Jemand der akut angegriffen wird, ist selbstverständlich in der Lage, aggressiv zu reagieren und im Handlungseffekt oder zur Abwehr sogar zu töten, trotz einer liebevollen Kindheit.

Am 10. Oktober 1941 schrieb ein Wiener Polizeisekretär an seine Frau über die Tötungen von Juden: „Bei den ersten Wagen hat mir etwas die Hand gezittert, als ich geschossen habe, aber man gewöhnt das: Beim zehnten Wagen zielte ich schon ruhig und schoss sicher auf die vielen Frauen, Kinder und Säuglinge. Eingedenk dessen, dass ich auch zwei Säuglinge daheim habe, mit denen es diese Horden genau so, wenn nicht zehnmal ärger machen würden."[6]

Ich kann mir einfach nicht vorstellen, dass solche und ähnliche Akteure als Kind geliebt wurden, dass sie von ihren Vätern und Müttern gedrückt und geherzt, ihnen Geschichten vorgelesen wurden, dass emotional, achtsam und fürsorglich mit ihnen umgegangen wurde, dass immer ein Ohr offen war für ihre Sorgen und Nöte oder kurz gesagt: dass sie eine Freude für ihre Eltern waren. Ein solcher Umgang würde das Empathievermögen wie auch das sonstige Gefühlsleben von Anfang an erhalten und fördern. Wer mitfühlt, der kann derartige Taten nicht begehen!

18. Fazit

Das Leben ist für uns Menschen nicht immer einfach und manches Mal eine Herausforderung. Es kann einem viel passieren: von Krankheit, über Arbeitslosigkeit, zu Unfällen, Naturkatastrophen, Umbrüchen, Scheitern, Trennungen, Verlust von Freunden, Leid eines geliebten Menschen bis hin zu Opfererfahrungen aller Art. Manche Menschen haben Glück und erleben weniger und manche Menschen haben Pech und erleben mehr Belastungen während ihres Lebens. In früheren Zeiten war man davon überzeugt, dass man Kinder fürs Leben hart machen muss, damit sie bestehen können. Als ob bildlich gesprochen ein Mehr an Schlägen und Entbehrung den kleinen Menschen zu einem Stück Stahl verwandeln könnte, dem niemand mehr etwas anhaben wird. Ich bin von dem genauen Gegenteil überzeugt! Eltern und für Kinder Verantwortliche können durch Güte, Nachsicht, Liebe, Empathie, Gewaltfreiheit und Zuwendung den Kindern ein starkes Fundament mit auf den Weg geben. Auf dieses Fundament können sie auch in schlechten Zeiten stets innerlich zurückgreifen und wieder neu aufbauen. Und wenn sie keine schlechten Zeiten erleben, um so besser.

In Anbetracht all der hier in diesem Buch vorgestellten Kindheitsbiografien, Fakten und Daten würde ich es für sehr mutig und auch irrational halten, wenn jemand nach der Lektüre weiterhin behaupten würde, dass die individuellen Folgen von belastenden Kindheitserfahrungen keine gesellschaftlichen und politischen Folgen haben. Es zeigt sich vielmehr, dass Kindheitserfahrungen sogar einen beträchtlichen Einfluss auf alle erdenklichen gesellschaftlichen Bereiche ausüben. Zusammengefasst lässt sich komprimiert sagen: *Die Kindheit ist politisch!*

Mein gesamter Text bringt die Dinge gesammelt auf den Punkt und legt diesen vorgenannten Satz und auch Buchtitel nahe. Dabei darf aber nicht vergessen werden, dass ich, wie ich in der Einleitung schrieb,

Puzzleteile zusammengesetzt habe. Was sich ganz logisch in der Gesamtsicht erschließt und nachvollziehen lässt, ist weiterhin nicht Teil des öffentlichen Bewusstseins. Insbesondere gesellschaftliche Phänomene wie Krieg, Terror und Extremismus werden öffentlich höchst selten in einen ursächlichen Zusammenhang zu destruktiven Kindheitserfahrungen gesetzt. Ich erinnere auch noch einmal an das Kapitel *Das große Schweigen*. Dieses Schweigen gilt es zu durchbrechen.

Die Frage bleibt, was man nun mit dem Wissen anfängt, das ich in diesem Buch ausgebreitet habe? Zuallererst bin ich davon überzeugt, dass man einfach um diese Dinge wissen *muss*; die Grundzüge des Textes sollten zum Allgemeinwissen gehören. Die Folgen von belastenden Kindheitserfahrungen sind derart umfassend (auch weil ihr Ausmaß so hoch ist), dass es fahrlässig ist, nicht darum zu wissen. Letztlich ergibt sich daraus unterm Strich, dass menschliche Gesellschaften gezielt, besonnen und planmäßig Kinder vor Gewalt und schweren belastenden Erfahrungen schützen und gleichzeitig Hilfe anbieten müssen, wenn dieser Schutz nicht gelingen konnte. Dies würde die Welt, davon bin ich überzeugt, deutlich voranbringen und besser machen. Entsprechende Ideen und Präventionsmaßnahmen gibt es etliche und ich bin zu wenig Praktiker, als dass ich mich dazu fachlich umfassend äußeren könnte.

Ingrid Müller-Münch, die Autorin des Buches *Die geprügelte Generation*, war selbst einst ein misshandeltes Kind. In einem Interview sagte sie: „Als ich mich entschlossen habe, Mutter zu werden, habe ich eine Therapie begonnen, weil ich die Worte der Schweizer Therapeutin Alice Miller im Ohr hatte, die sagte, ‚Geprügelte Kinder prügeln auch ihre Kinder‘. Diesen Automatismus wollte ich durchbrechen. Außerdem habe ich mit meinem Sohn noch einmal eine wunderbare Kindheit erlebt. Die habe ich genossen. Das hat mir geholfen.“[1]

Es gibt zwar in meinen Augen keinen Automatismus, sprich nicht alle einst misshandelten Kinder werden später zu Kindesmisshandlern, aber die Gefahr scheint mir groß, dass unverarbeitete und unbearbeitete Verletzungen im Kindesalter eine wie auch immer ausgeformte destruktive und kaum zu kontrollierende Wirkung im Umgang mit den eigenen Kindern entfalten. Damit wäre dann der destruktive Kreislauf weiter am Laufen. Um diese Mechanismen müssen die Menschen wissen! Vielleicht sollte man darüber nachdenken, das Wissen um die möglichen Folgen von Kindheitsleid auf die eigene Elternschaft an Schulen für Kinder ab 16 Jahren als eine Form von Allgemeinwissen zu vermitteln? Natürlich ginge dies nur, wenn dann im Anschluss auch gesamtgesellschaftlich genug Mittel bereitstünden, um Hilfen und Therapien anzubieten. Ich habe zumindest Hochachtung vor Frau Müller-Münch, die derart bewusst ihr Kindheitsleid in einer Therapie aufgearbeitet hat, um ihre eigene Elternschaft und somit ihre Kinder nicht zu belasten. Vielleicht ist dies sogar die beste Art von Prävention und Kinderschutz?

Kaum etwas bringt uns das hier zusammengesammelte Wissen allerdings in Anbetracht von aktuellen Taten wie Kriegen, Terrorakten, Morden, Kindesmisshandlungen, menschlicher Verrücktheit und Grausamkeiten (außer vielleicht ein gewisses Verstehen). Die Menschen, die solche Dinge tun, sind bereits wie sie sind. Das Kind ist quasi schon, wie das Sprichwort sagt, *in den Brunnen gefallen*. Wir müssen also vielmehr im Hier und Jetzt bei der aktuellen Kindergeneration ansetzen.

Am 15. 2. 2018 kamen in Stockholm 386 politische Entscheidungsträger/Regierungsmitglieder, Repräsentanten der UN, Akteure aus der Zivilgesellschaft etc. aus 67 Ländern zusammen, um über die *UN-Agenda 2030* zu sprechen und Gewalt gegen Kinder in all ihren Formen abzuschaffen. „,We have never seen so many senior leaders come together to prevent and respond to violence against children,' said Susan Bissell, Founding Director of the Global Partnership to End Violence Against Children. ,No longer is this a forgotten issue. This summit is the start of the bold and transformative change that will deliver the Sustainable Development Goal to end all forms of violence.'"[2] U. a. UNICEF hat zudem in den letzten Jahren immer weiter ausgeleuchtet, wie viele Kinder weltweit von Gewalt betroffen sind. Wir können heute nicht mehr sagen, dass wir von dem Ausmaß des Problems nichts wissen. Ich glaube wirklich daran, dass bis 2030 (und erst recht danach) sehr viel passieren wird. Vor allem werden immer mehr Länder jegliche Gewalt gegen Kinder gesetzlich verbieten, einer von vielen notwendigen Schritten.

Mir ist klar, dass es Zeit braucht, die Kindheit zu befrieden. Die Befriedung der Kindheit ist auch mehr, als nur die Psyche der Eltern zu befrieden (z. B. durch Psychotherapien). Dazu bedarf es auch guter Rahmenbedingungen: u. a. Grundversorgung mit Essen, Bildung und Medizin. Sorgenfreiere Eltern werden auch zu besseren Eltern. Das Ganze ist ein großer, aufwendiger, komplexer und globaler Prozess. Deutschland und andere europäische Länder haben einen erstaunlichen Wandel der Kindererziehungspraxis vollzogen, was als Vorbild dienen sollte. Wenn dies hier schaffbar war, wird dies langfristig überall auf der Welt schaffbar sein.

Es bleibt mir noch, auf die Themenfelder hinzuweisen, die ich persönlich sowohl spannend, als auch wichtig bezüglich Kindheitseinflüssen finde, die aber den Umfang des Buches gesprengt hätten. In diesem Rahmen hier konnte ich nur ansatzweise die Menschen in den Blick nehmen, die eine gewaltfreie und liebevolle Kindheit erlebt haben. Es wäre z. B. sicherlich sehr spannend, systematisch positive Kindheiten von diversen öffentlich bekannten Akteuren zusammenzustellen. Im Buch habe ich kurz die positive Kindheit von Astrid Lindgren und den Geschwistern Scholl erwähnt. Gezielt habe ich mich während meiner Recherchen bisher darüber hinaus u. a. mit der Kindheit von Akteuren wie Reinhard Mey, Albert Einstein, Alice Schwarzer oder auch Malala Yousafzai befasst und fand bei allen eine vor allem im Verhältnis zur Zeit und Region positivere Kindheit. Solcher Art Recherchen ließen sich sicherlich systematisieren und ausweiten.

Ein ganz zentraler Punkt ist für mich auch die Frage, wie (destruktive) Kindheitserfahrungen evtl. mit der Zerstörung der Umwelt zusammenhängen? Wie wir im Buchverlauf gesehen haben, müssen von ihren Eltern gedemütigte Kinder einen Großteil der (für sie unerträglichen) Realität ausblenden, um psychisch zu überleben. Die Ausblendung von Realitäten und eine eingeschränkte Wahrnehmung setzt sich nach meinem Eindruck auch in anderen Kontexten im Erwachsenenalter fort. Eigenes umweltschädigendes Verhalten wird unbestritten von vielen Menschen ausgeblendet. Gibt es da Zusammenhänge zur Kindheit? Ist die Zerstörung der Umwelt vielleicht sogar z. T. ein Ausdruck von selbstzerstörerischen Tendenzen, die nachweisbar als Kind misshandelte und gedemütigte Menschen oftmals allgemein zeigen? Noch deutlicher könnten diese Zusammenhänge bei gezielten Umweltverschmutzungen mit krimineller Energie werden (z. B. bei der organisierten illegalen und gewinnbringenden Entsorgung von Giftmüll irgendwo in der Natur). Wie sahen die Kindheiten solcher (kriminellen) Akteure aus?

Ein anderes spannendes Feld ist für mich die Kindheit von bekannten Musikern und Künstlern. Immer wieder fielen mir in der Vergangenheit äußerst destruktive Kindheiten auf, beispielsweise von dem Sänger Kurt Cobain der Gruppe *Nirvana* oder von Anthony Kiedis, über letzteren habe ich im Textverlauf bereits kurz etwas geschrieben. Wie äußern sich destruktive (oder auch positive) Kindheiten in der Art und Weise der Musik und Kunst? Sind Drogenexzesse und Akte der Selbstzerstörung, die wir immer wieder bei bekannten Musikern erleben, Folgen ihres Ruhms oder viel mehr Folgen ihrer Kindheiten?

Mir stellt sich auch die Frage, ob es spezielle Gesellschaftsbereiche gibt, in denen Menschen mit einer weitgehend unbelasteten Kindheit überrepräsentiert sind. Im Textverlauf hatte ich bereits auf die positivere Kindheit von Judenrettern oder auch Kriegsdienstverweigerern hingewiesen. Gibt es noch mehr Bereiche, die auffällig anders sind? Es gibt Gesellschaftsbereiche, in denen sich Menschen für andere Menschen oder für die Umwelt einsetzen. Oder es gibt Bereiche, in denen sich Menschen gezielt gegen Organisationen (z. B. Konzerne, die umweltschädlich oder menschenfeindlich arbeiten) oder einzelnen destruktive Akteure engagieren. Vielleicht finden sich dort überdurchschnittlich viele Menschen, die als Kind unbelastet waren, vielleicht auch nicht. Andererseits ist mir nicht nur einmal aufgefallen, dass es Menschen gibt, die sehr radikal für zwar eigentlich konstruktive Ziele arbeiten, aber manchmal kommt mir dies fast so vor, als ob auch aus einer emotionalen Bedürftigkeit heraus ein Feind gesucht und gebraucht wird (DIE *bösen* Konzerne oder DIE *bösen* Banken oder DIE *bösen* Politiker) und ein Schwarz-Weiß-Denken vorherrscht (z. B. bei radikalen Tierschützern oder oft auch bei Linken). Unterscheidet sich die Kindheit von besonders radikalen Aktivisten von der Kindheit der besonneneren Aktivisten? Wird manches Mal eigens Opfersein in der Kindheit auf andere Opfer projiziert, die dann gegen die *bösen* Feinde mit radikalen Mitteln (die dann manchmal auch in Täterverhalten abgleiten können) geschützt werden müssen?

Welches Themenfeld ich bisher gänzlich vernachlässigt habe, ist die Wirtschaft (plus politische Entscheidungen, die stark die Wirtschaft beeinflussen). In der Wirtschaft gibt es teils hoch kriminelle und zerstörerische Akteure, denen Menschenleben fast egal zu sein scheint. Wer sehr viel ökonomische Macht inne hat, kann entsprechend viele Dinge beeinflussen, zum Positiven oder eben auch zum Negativen. Für eine systematische Analyse müsste zunächst destruktives Verhalten von solchen Akteuren klar gekennzeichnet und belegbar sein. Und dann müsste es aussagekräftiges Material über ihre Biografie geben.

Gewalt gegen Kinder kommt zwar in allen Schichten vor, doch scheint es nach meiner Übersicht deutliche Hinweise darauf zu geben, dass Gewalt gegen und Vernachlässigung von Kindern in ärmeren Gesellschaftsschichten am meisten verbreitet ist. Ist Armut und Hoffnungslosigkeit der entscheidende Faktor dafür, dass sich die Verzweiflung an den eigenen Kindern entlädt? Sicherlich mag dies ein Stück weit so sein. Die eigentliche Frage ist aber, ob nicht destruktive Kindheitserfahrungen an sich einen gewichtigen Einfluss darauf haben, ob jemand gesellschaftlich abrutscht oder nicht vorankommt? Psychische Krankheiten, Suchtmittelgebrauch, geringere Empathie, geringeres Selbstbewusstsein, ich möchte jetzt nicht alle potentiellen Folgen von belastenden Kindheitserfahrungen wiederholen. Es leuchtet wohl aber ein, dass diese Folgen u. a. mit Problemen am Arbeitsmarkt oder auch mit der Organisation der eigenen Lebensführung einhergehen können. Dem nochmals ausführlich nachzugehen, wäre sicherlich ein spannendes Unterfangen. Nun ja, wie man sieht, ist das Themenfeld breit und sicher nicht immer einfach zu bearbeiten.

Ich danke abschließend herzlich dafür, dass Sie, lieber Leser, liebe Leserin, Interesse für meine Gedanken hatten und diesen Text durchgelesen und auch *durchgehalten* haben. Ich bin mir sicher, dass ich den Lesenden sehr viel zugemutet habe und die Lektüre nicht immer einfach zu verarbeiten war.

Persönliches Nachwort

Was für manche, die meinen Text gelesen haben, vielleicht ein Anfang ist (der Anfang davon, sich mit dem weltweiten aktuellen, sowie auch historischem Kindheitsleid und dessen komplexe Folgen zu befassen), ist für mich ein Stück weit ein Ende. Auf Dauer ist das Thema sehr belastend. Die Arbeit an diesem Buch hat mich irgendwie auch ein Stück weit frei davon gemacht und ich kann wieder mehr Abstand von all dem nehmen.

Ich selbst bin übrigens nie geschlagen worden. Meines Wissens nach bin ich das erste Mitglied in meiner Familie, das gewaltfrei aufgewachsen ist. Ich kann insofern die Evolution von Kindheit auch persönlich in meiner Familie nachzeichnen und bestätigen. Ich habe auch keinerlei sexuelle Gewalt, keine emotionalen Misshandlungen, kein Mobbing in der Schule, keinen Schuldruck und keine materiellen Entbehrungen erlebt. In meiner Familie und Freizeit gaben mir meine Eltern zudem sehr viele Freiräume und Freiheiten. Insgesamt betrachtet bin ich auch außerfamiliär nie überfallen oder geschlagen worden und habe auch keine sonstigen traumatischen Erfahrungen gemacht.

Trotz all dem bin ich nicht unbelastet aufgewachsen. Vor allem heftige emotionale Spannungen und Streitigkeiten zwischen meinen Eltern machten mir das Leben als Kind schwer und waren auch folgenreich für mich. Aus Interesse habe ich einmal den *Adverse Childhood Experience (ACE)* Fragebogen ausgefüllt. Ich komme je nachdem auf zwei bis drei ACE-Werte. Ich selbst gehe davon aus, dass diese mittlere Belastung auf eine Art ein Antrieb für mich war und ist, sich dem Thema zu widmen, auf der anderen Seite erleichtert dies den Zugang, weil ich z. B. keine Angst vor Triggern und ähnlichem haben muss. Wenn ich mich mit schweren Fällen befasse, dann tue ich das mit einem gewissen inneren Abstand, da ich selbst z. B. Todesängste oder Misshandlungen nie erlebt habe.

Mir selbst haben meine jahrelangen Recherchen und jetzt auch mein Text irgendwie Ruhe und auch Frieden gebracht. Mein Großvater väterlicherseits war ein überzeugter Nazi und bei der SS. Meine anderen Großeltern hielten einfach ihren Mund während der NS-Diktatur. Diese familiäre Geschichte und die NS-Zeit in meinem Heimatland an sich haben mich schon früh sehr aufgewühlt. Die Frage nach dem *Warum* tauchte auf, aber auch die Frage, ob so etwas hierzulande wieder passieren könnte. Ich selbst habe nach meinen Recherchen für mich Antworten gefunden. Ich kann heute aus meiner Sicht sagen, dass sich die NS-Zeit in dieser Form niemals hierzulande wiederholen könnte, egal wie die Rahmenbedingungen sich entwickeln. Mit der neueren Generation in Deutschland (die im Buch oben ausführlich beschrieben wurde), die weitgehend gewaltfrei, nicht-autoritär und umsorgt aufwachen durfte, wird es weder einen großen Krieg, noch einen Genozid geben. Dies wäre, davon bin ich überzeugt, unmöglich. Diese neue Generation wird ganz selbstverständlich auch später ihre eigenen Kinder ähnlich umsorgt und gewaltfrei erziehen und wahrscheinlich sogar noch weitere Verbesserungen erreichen.

Auch in Anbetracht von grausamen Einzeltaten, die uns immer wieder in den Medien serviert werden, habe ich für mich eine gewisse Ruhe entwickelt. Die stechende Frage, wie diese und jene Tat überhaupt (menschen)möglich sein konnte, stellt sich mir nicht mehr. Auch die Frage, ob Grausamkeiten an sich zum Menschsein gehören, kann ich aus meiner Sicht mit einem klaren Nein beantworten. Menschliche Grausamkeiten sind nur möglich, wenn selbst Grausamkeiten erlitten wurden. Täter und Täterinnen wissen sehr gut, wie es ist, ein Opfer zu sein.

Auch persönliche Begegnungen und Beobachtungen wurden für mich im Rückblick immer klarer und verständlicher. Meine Zivildienstzeit absolvierte ich 15 Monate in einer Hamburger Drogentherapieeinrichtung. Im Nachhinein konnte ich vieles von dem, was ich dort erlebt und gesehen habe, auch auf Grund meiner Recherchen besser sortieren und verstehen.

Ich erinnere mich auch an einen Schulkameraden von mir aus der Grundschule. Als ich ein Kind war, besuchte ich ihn einmal Zuhause. Wir lachten und hatten Spaß mit einigen Spielfiguren und ließen eine

Heldenfigur und eine Heldin Kussbewegungen machen. Dies bekam seine Mutter mit, die vor der Tür gelauscht hatte. Sie kam wutentbrannt in das Zimmer. Offensichtlich hatte sie sich an der für sie sexualisierten Szene der Spielfiguren gestört, was für uns einfach kindlicher Spaß war. Sie drohte ihrem Sohn und zeigte auf einen Prügelstock, der am Eingang des Spielzimmers hing. Er wüsste ja, was er zu erwarten habe, sagte sie. Der Stock war mir vorher gar nicht aufgefallen. Ich war damals sehr irritiert, dass diesem Jungen ein Prügelstock als beständige Mahnung in sein eigenes Zimmer gehängt wurde. Der Spaß war vorbei. Ich habe diesen Schulkameraden nicht noch einmal besucht; ich hatte einfach große Angst vor seiner Mutter. Als ich ca. 18 Jahre alt war, traf ich diesen Jungen auf einer Silvesterfeier wieder. Er war angetrunken und erzählte mir, dass er Alkoholiker und in Behandlung sei. Später am Abend nahm er eine geladene Raketenpistole und hielt sie sich vor meinen Augen in den Mund. Er murmelte etwas von wegen wie es wohl wäre, jetzt abzudrücken. Dies schockierte mich damals sehr. Im Nachhinein habe ich viel über seine Mutter nachgedacht und über das, was sie ihrem Sohn wohl alles angetan haben mag. Nach außen hin hatte diese gutbürgerliche Familie eine perfekte Fassade, sie war aber auch, so schien es mir, sehr isoliert. Mir fallen noch weitere persönliche Beobachtungen und Beispiele ein, aber belassen wir es dabei.

Abschließend möchte ich sagen, dass ich nach meinen Recherchen *trotz allem* optimistisch bin. Sofern die Menschheit es hinbekommt, ihre Umwelt zu erhalten und zu retten, sieht die menschliche Zukunft langfristig gut aus. Die zwar ungleichzeitige, aber stetige und sich beschleunigende Verbesserung der Situation von Kindern in aller Welt wird auf Dauer nicht ohne Folgen bleiben.

Anmerkungen und Quellenhinweise

1 Komplexe Einleitung: Historische Erziehungseinstellungen, belastende Kindheitserfahrungen und deren Folgen und warum die Kindheit politisch ist

1 Rutschky (2001), S. 377. **2** Fromm (2000), S. 52. **3** Rutschky (2001), S. 377. **4** Rutschky (2001), S. 381. **5** DIE WELT (1999); Das Original-Manuskript ist auch online auf den Seiten des israelischen Ministry of Justice zu sehen: siehe Eichmann (1960). **6** Knopp (1998), S. 28. **7** Müller (2015). **8** Glas et al. (2018). **9** Müller-Münch (2012), Kapitel 1: „Hänschen klein und die weite Welt". **10** Feist (2009). **11** Heckl & Boppel (1998). **12** Weltspiegel-Reportage (2018). **13** Gershoff & Grogan-Kaylor (2016), S. 5–9. **14** Teicher (2002). **15** Teicher (2002). **16** Perry (2002), S. 93. **17** Teicher et al. (2014). **18** Hüther et al. (2010), S. 25f. **19** Felitti (2002); Die Studie und ihre Ergebnisse sind in den Folgejahren in diversen Fachartikeln ausführlich besprochen worden, siehe eine Übersicht dazu hier: https://www.cdc.gov/violenceprevention/acestudy/journal.html **20** Felitti (2002), S. 365f. **21** Felitti et al. (2007), S. 26. **22** Pfeiffer et al. (2018), S. 40. **23** Felitti (2002), S. 360. **24** Centers for Disease Control and Prevention (2015), „Major Findings". **25** Afifi et al. (2017), S. 6. **26** Björkenstam et al. (2017). **27** WHO – World Health Organization. (2018). **28** United Nations Inter-agency Group for Child Mortality Estimation (2017), S. 4. **29** Roser (2018). **30** Whitfield et al. (2003), S. 178. **31** Messina & Grella (2006); Reavis et al. (2013); Baglivio et al. (2014); Fox et al. (2015); Cannon et al. (2016) und Levenson (2016). **32** Baier et al. (2009), S. 80. **33** Vissing et al. (1991). **34** Pfeiffer (2015), S. 17. **35** McCormack et al. (2015), S. 180f. **36** Farley (2003); Schröttle & Müller (2004a); Zumbeck (2001), S. 34–36. **37** An dieser Stelle verweise ich auf eine sehr gute Übersicht von Spitzer & Grabe (2012) und ansonsten auf die angehängte Literaturliste am Ende des Buches. **38** Ein Beispiel von vielen – im Textverlauf kommen weitere Beispiele – ist die Arbeit des SPIEGEL-Journalisten Guido Mingels. Er schreibt zum Thema Suizid in Deutschland: „Rund 40 Jahre lang, von 1945 bis 1985, lag die deutsche Suizidrate immer bei ungefähr 220 bis 240 pro Million – also etwa doppelt so hoch wie heute. Dann folgten Jahre um Jahre der Besserung bis zu einem Tiefstwert von 114 im Jahr 2007. Seither bewegt sich die Zahl ungefähr auf diesem Niveau. Als Hauptgründe für die positive Entwicklung nennen Experten die Fortschritte in der Psychiatrie und der Medikation, Präventionsprogramme und den steigenden Wohlstand." (Mingels 2017, S. 74) Die genannten Gründe des Suizidrückganges sind sicher richtig. Unerwähnt bleibt, dass sich in Deutschland die Kindererziehung Jahrzehnt um Jahrzehnt verbesserte (Mingels selbst hat auf Seite 26 seiner Arbeit grafisch dargestellt, wie körperliche Gewalt gegen Kinder in Deutschland stark rückläufig ist) und es deutschen Kindern an sich immer besser ergeht. Die deutlichen Ergebnisse der o. g. ACE Studien bezüglich der tieferen Ursachen von Suizid wurden hier vom SPIEGEL-Journalisten (und den von ihm befragten Experten) nicht verarbeitet. **39** Felitti et al. (2007), S. 22. **40** Hsiao et al. (2018), S. 3; Anmerkung: 2012 wurde die Deutsche Traumafolgekostenstudie veröffentlicht, die umfassend schädliche Folgen von Kindesmisshandlung und -missbrauch aufzeigt, wie auch die Kosten dafür beziffert und zwar für Deutschland auf 11 Milliarden Euro pro Jahr (sehr vorsichtig geschätzt, wie die AutorInnen betonen): Habetha et al. (2012), S. 116. **41** Rutschky (2001), S. 162. **42** Bibel (Spr 23, 13f). **43** Bibel (Sir 30,1). **44** Matthias (1916), S. 94. **45** Matthias (1916), S. 82. **46** Matthias (1916), S. 89. **47** Rutschky (2001), S. 170f. **48** Rutschky (2001), S. 175f. **49** Bibel (Sir 30,12). **50** Matschke (2007). **51** Bensel et al. (2002), S. 31. **52** Matschke (2007). **53** Heilmann & Salgo (2002), S. 968. **54** Hävernick (1970), S. 58. **55** Hävernick (1970), S. 159. **56** Die Wortverbindung „emotionale Blindheit" leite ich an dieser Stelle von der Kindheitsforscherin Alice Miller ab; siehe z.B. einen nur online zu lesenden Text von Alice Miller (ohne Datumsangabe): „Wie entsteht emotionale Blindheit?" (https://www.alice-miller.com/de/wie-entsteht-emotionale-blindheit/) oder Miller (2001). **57** Ellwein (1973), S. 118. **58** Dieterich (2013), S. 18. **59** Ellwein (1973), S. 118. **60** Ellwein (1973), S. 117. **61** Posener (2014). **62** Zdral (2005), S. 201f. **63** Zdral (2005), S. 39. **64** Hassan II. von Marokko & Laurent (1996), S. 27. **65** Tsokos & Guddat (2014), Kapitel „Wer seine Kinder liebt, der züchtigt sie". **66** Blümner (2017). **67** Werner & Flohr (2018). **68** Breyer (2017), Onlinekommentar Nr. #38. **69** Wobei der User „Hand_of_God" ja bereits ziemlich deutlich starke kindliche Aggressionen andeutet, die bereits eine Folge der Gewalterfahrungen sein könnten: Möbel aus dem Fenster schmeißen usw. **70** Stern.de (2005). **71** Müller-Münch (2012), Kapitel 7 – „Schläge aus Liebe und Fürsorglichkeit".

2 Es gab kein Paradies! Gewalt in vorzivilisatorischen Gesellschaften

1 Bauer (2011), S. 153–160, 239 (Fußnote Nr. 279); Fromm (1986), S. 170–173; siehe auch einen Beitrag in der ZEIT von dem Anthropologen Carel van Schaik und dem Historiker Kai Michel (2016), in dem sie ausführten, dass das Sesshaftwerden der „eigentliche Sündenfall der Menschheit" gewesen sei mit Folgen wie u. a. Krieg und Zwietracht; der Archäologe Harald Meller (Meller & Kassel 2016) meint, dass Jäger und Sammler keinen Krieg kannten und dieser erst mit dem Ackerbauerntum und der ersten Bevölkerungsexplosion quasi „kulturell erfunden" wurde, wie er sagt; siehe auch eine kurze Übersicht über die Streitfrage von Fachleuten, ob Gewalt/Krieg im Neolithikum (mit dem Beginn von Ackerbau, Viehzucht und Sesshaftigkeit) entstand oder auch nicht bei Mentzos (2002), S. 42–46. **2** Gruen (2002a), S. 180. **3** Gruen (2002a), S. 179–186. **4** Nur eines von vielen Beispielen ist ein Vortrag von Arno Gruen auf den Lindauer Psychotherapiewochen: Gruen (2003b). **5** deMause (2005), S. 192–210. **6** deMause (2005), S. 192. **7** Welt.de (2009). **8** Feitosa (2010), S. 854. **9** Hart (2009). **10** ARD-Weltspiegel (2010) **11** Raum (1986), S. 35. **12** Pitt & Bale (1995), S. 376. **13** Schiefenhövel (1983), S. 44. **14** Schiefenhövel (2004), S. 31. **15** Wirsing et al. (1985), S. 305. **16** Edgerton (1994), S. 109. **17** Helbling (2006), S. 256. **18** deMause (2005), S. 194. **19** Mead (2001), Kapitel: „part four New Guinea – Arapesh, Mundugumor and Tchambuli, 1931–1933". **20** Bensel et al. (2002), S. 11. **21** Mead (2001), Kapitel: „part four New Guinea – Arapesh, Mundugumor and Tchambuli, 1931–1933". **22** Garve (2011), S. 8f. **23** Garve (2011), S. 26. **24** Zenz (1981), S. 30f. **25** Staude (2018). **26** Staude (2018). **27** Houseman (1989), S. 67. **28** Edgerton (1994), S. 186. **29** deMause (2005), S. 184, 275–285. **30** ARD (2011). **31** ARD (2011). **32** Marie et al. (2009), S. 161. **33** Jones & Smith (2011). **34** Sapra et al. (2014). **35** Stanley et al. (2002), S. 13–15. **36** Spiegel Online (2007a); Blank (2007). **37** deMause (2005), S. 194. **38** Birdsell (1957), S. 193. **39** deMause (2010), Kapitel 7: „Child Abuse, Homicide, and Raids in Tribes", Unterkapitel „MURDER, RAPE AND TORTURE OF AUSTRIALIAN ABORIGINAL CHILDREN". **40** Australian Health Ministers' Advisory Council (2015), S. 64f. **41** Australian Health Ministers' Advisory Council (2015), S. 122. **42** Australian Health Ministers' Advisory Council (2015), S. 100, 102. **43** Nivette (2011), S. 583. **44** Liedloff (2017), Kapitel „1. Wie sich meine Ansichten so grundlegend wandelten". **45** Liedloff (2017), Kapitel „4. Das Heranwachsen" und „7. Die Rückkehr zum Kontinuum". **46** Ewe (2006), S. 34. **47** Zimmer (1983). **48** Der Spiegel (1983), S. 201. **49** Edgerton (1994), S. 14–18. **50** Edgerton (1994), S. 13f. **51** Edgerton (1994), S. 17f. **52** Clastres (2008), S. 33. **53** Clastres (2008), S. 35. **54** Clastres (2008), S. 38. **55** Clastres (2008), S. 62f. **56** Clastres (2008), S. 63. **57** Dies hat übrigens selbst die diese Völker idealisierende Jean Liedloff wahrgenommen, die an einer Stelle ihres Buches schildert, dass sie von den Yequanas meist als „Nicht-Mensch" behandelt wurde, „dem man nicht dieselbe Achtung entgegenzubringen braucht wie einem wirklichen Menschen (einem Yequana) und von dem man auch nicht die Erwartung hegt, dass er sich wie ein solcher benehme" (Liedloff 2017, Kapitel „6. Die Gesellschaft"). **58** Clastres (2008), S. 85. **59** Clastres (2008), S. 120. **60** Schiefenhövel (2004), S. 31. **61** https://ourworldindata.org/ **62** Geneva Declaration on Armed Violence and Development (2011). **63** Roser (2016). **64** Pinker (2011), S. 97. **65** Pinker (2011), S. 99. **66** Zudem sei angemerkt, dass die Mordrate von 30 auf 100 000 Einwohner offensichtlich auf Grund von zwei sicher festzustellenden Morden errechnet wurde, was eine andere Quelle beschreibt (Knauft et al. 1987, S. 458). In der gleichen Quelle heisst es, dass es vor Ort Hinweise für einige weitere Morde bei den Semai gab, so dass die Autoren festhalten, dass nur zwei weitere Morde bereits eine Verdoppelung der Mordrate (auf den Wert

60) zur Folge hätte. Dies Beispiel macht für mich nochmal deutlich, dass westliche Beobachter von indigenen Kulturen nur vage das reale Ausmaß der Gewalt erfassen können. **67** Helbling (2006), S. 427. **68** Nivette (2011), S. 581. Anzumerken ist hier, dass untersuchte Stämme aus Uganda und Kenia deutlich niedrigere Mordraten aufwiesen (zwischen 0 und 32), aber fast die Hälfte aller untersuchten Stämme ausmachten. Soweit ich es in der Studie sehen konnte, stammen viele der Daten aus dieser Region von offizieller Seite wie Polizei oder von Gerichten meist aus den Jahren um 1950 herum, während Daten für andere Regionen mit anderen Methoden – wohl ethnologische Untersuchungen – gewonnen wurden, was ein Stück weit die Unterschiede erklären könnte. Es waren vor allem Stämme aus Süd- und Nordamerika, Australien, Südafrika und Südostasien, die sehr hohe Mordraten verzeichneten und den o.g. hohen Durchschnittswert ergaben; was auch bedeutet, dass, würde man die Daten aus Uganda und Kenia weglassen, die durchschnittliche Mordrate stark noch oben schnellen würde. **69** Bundeszentrale für Politische Bildung (2017). **70** Landeskriminalamt Hamburg (2017), S. 1. **71** deMause (2005), S. 194. **72** Helbling (2006), S. 146f. **73** Helbling (2006), S. 177. **74** Pinker (2011), S. 99. **75** Helbling (2006), S. 86–90, 115. **76** Helbling (2006), S. 82. **77** Fry & Söderberg (2013b), S. 7. **78** Fry & Söderberg (2013b), S. 3. **79** Helbling (2006), S. 78, 116, 599. **80** siehe auch die Originalstudie zu dem Fund hier: Lahr et al. (2016). **81** Franz (2016).

3 Die Historie des Kinderleids – Ein Überblick

1 Marrou (1977), S. 503. **2** Marrou (1977), S. 502. **3** Bezüglich Pinker (2011) meine ich vor allem das Kapitel „Kinderrechte und der Rückgang von Kindesmord, Prügelstrafe, Kindesmisshandlung und Schikanen" ab Seite 614 bis Seite 661; bezüglich Zenz (1981) das Kapitel „Kindesmisshandlung, Kinderschutz und Kinderrechte im geschichtlichen Rückblick" ab Seite 19 bis Seite 54. **4** Trube-Becker (1997), S. 39. **5** deMause (1980), S. 71. **6** Cizek & Buchner (2001), S. 20. **7** Lerner (1995), S. 141. **8** Bibel (Dtn 21, 18–21). **9** Bibel (Lev 20, 9). **10** deMause (1980), S. 12. **11** Feucht (1986), S. 261f. **12** Pitt & Bale (1995), S. 376. **13** deMause (1980), S. 49. **14** Deißmann-Merten (1986), S. 277. **15** Radbill (1978), S. 42f. **16** Radbill (1978), S. 56. **17** Bensel et al. (2002), S. 12. **18** deMause (1980), S. 47. **19** Bensel et al. (2002), S. 13. **20** Feucht (1986), S. 230. **21** Hulverscheidt (2016), S. 25. **22** UNICEF (2013), S. 26. **23** Marrou (1977), S. 24. **24** Feucht (2005), S. 106. **25** Was ist was Junior (2011), S. 14. **26** Feucht (2005), S. 93. **27** Feucht (1986), S. 241. **28** Feucht (1986), S. 256. **29** Wheeler et al. (2013). **30** Ariès (1981). **31** Wobei dies seine ganz eigene Deutung zu sein scheint. Vor allem sticht seine tiefe Ablehnung von Schule und Individualisierung ins Auge. Ließt man das Buch aufmerksam durch, so ist es durchzogen von Beweisen für einen stetigen Fortschritt. Angefangen bei einem gesteigerten Interesse für Erziehung, Unterbringung, Zukunft, Überleben und Gesundheit der Kinder bis hin zu einer neuen und intensiveren gefühlsmäßigen Einstellung und Bindung zu Kindern. **32** Ariès (1981),

S. 562. **33** Ariès (1981), S. 179. **34** Ariès (1981), S. 54. **35** deMause (2005), S. 237f. **36** deMause (2005), S. 238. **37** Kelek (2007), S. 116.

4 Die Geschichte aller bisherigen menschlichen Gesellschaft ist die Geschichte vom misshandelten Kind (und was das generell für die Forschung bedeutet)

1 deMause (1980), S. 70. **2** deMause (2005), S. 243. **3** Bensel et al. (2002), S. 19. **4** deMause (1980), S. 70. **5** deMause (2010), Kapitel 6: „The Childhood Origins of World War II and the Holocaust". **6** Pinker (2011), S. 641–643. **7** deMause (2005), S. 162–167. **8** Nur ein Beispiel von vielen Beiträgen: Pfeiffer (2012). **9** Milgram (2017). **10** Milgram (2017), S. 51. **11** Milgram (2017), S. 145. **12** Gruen (2002b), S. 36. **13** Milgram (2017), S. 51, 61–64. **14** Fogelman (1998), S. 247. **15** Fogelman (1998), S. 247f. **16** Oliner & Oliner (1992), S. 2f., 162, 179–182 und Tabellen 6.7, 7.1, 7.11 (Anhang). **17** Vinke (1997); Leisner (2000). **18** Leisner (2000), S. 52f. **19** In der Traumatologie – siehe dazu Huber (2013) – spricht man von Täterintrojekten; Arno Gruen (2002b) sprich vom „Fremden in uns". Letztlich ist es meiner Meinung nach egal, wie man diesen Spaltungsprozess oder verinnerlichte Täteranteile durch Opfererfahrungen nennt. Wichtig ist nur zu verstehen, dass (schwere) kindliche Opfererfahrungen – gerade auch wenn Eltern die Täter sind – etwas im Kind verändern und hinterlassen, das unverarbeitet die Persönlichkeit des Menschen destruktiv beeinflussen kann. **20** deMause (2005), S. 83.

5 Weibliche Täterschaft gegenüber Kindern

1 Birke (2004), S. 9. **2** Preisendörfer (2010). **3** Pipping et al. (1954), S. 166. **4** Hävernick (1970), S. 100f. **5** Heiliger et al. (2005), S. 656. **6** Heyne (1993), S. 257. **7** deMause (2005), S. 212–255. **8** Ministry of Women and Child Development, Government of India (2007), S. 49. **9** Bette (2006), S. 54. **10** Abolfotouh et al. (2009). **11** El Feki et al. (2017), S. 76, 128, 176, 237. **12** Müller-Münch (2012), Kapitel 6: „Vorsorglich verabreichte Schläge".

6 Das große Schweigen

1 Geissler (2002). **2** Börsenverein des Deutschen Buchhandels (1978). **3** Börsenverein des Deutschen Buchhandels (1978). **4** Börsenverein des Deutschen Buchhandels (1978). **5** Haberleithner (2004) **6** Jäger und Beckmann (2011); wobei ich hier etwas beschwichtigend anmerken muss, dass der Mit-Herausgeber Thomas Jäger mir nach meiner schriftlichen Kritik bezüglich des Fehlens von Kindheitseinflüssen in dem Band die Möglichkeit einräumte, ein Arbeitspapier an der UNI Köln zum Thema Kindheitseinflüsse von Kriegen zu veröffentlichen (siehe dazu Fuchs 2012). Eine solch positive Resonanz auf meine Kritik habe ich bisher selten erlebt. **7** Daase & Spencer (2011), S. 30 **8** Harbrich, Kocks & Spencer (2011), S. 305. **9** Harbrich, Kocks & Spencer (2011), S. 308. **10** Wahl & Wahl (2013), S. 27. **11** Wahl & Wahl (2013), S. 30. **12** Wahl & Wahl (2013), S. 31. **13** Neumann (2016), S. 49. **14** Neumann (2016), S. 123. **15** Helbling (2006), S. 303–306. **16** Helbling (2006), S. 304f. **17** Helbling (2006), S. 304. **18** Fabbro (1978), S. 79. **19** Fabbro (1978), S. 69, 72f., 75. **20** Hodges et al. (2002), S. 621f. **21** Fabbro (1978), S. 78. **22** Helbling (2006), S. 256f. **23** Ullrich (2013), Kapitel: „1 Der junge Hitler". **24** Ullrich (2013), Kapitel: „1 Der junge Hitler". **25** Bullock (1993), S. 18f. **26** Bullock (1993), S. 24. **27** Fromm (1986), S. 417. **28** Fromm (1986), S. 425. **29** Fromm (1986), S. 419f. **30** Fromm (1986), S. 420. **31** Levy (2007). **32** Schenk (2006), S. 19. **33** Pinker (2011), S. 1030. **34** Pinker (2011), S. 614–661. **35** Pinker (2011), S. 816. **36** deMause (2005), S. 162. **37** Pinker (2011), S. 636. **38** deMause (2005), S. 162–165, 179–188, 278–305. **39** Götz & Das Gupta (2010) **40** Tsokos & Gudda (2014), Kapitel: „Wer seine Kinder liebt, der züchtigt sie". **41** Adorno (1995). **42** Adorno (2013), S. 89. **43** Adorno (2013), S. 95. **44** Adorno (2013), S. 130.

7 Das Ausmaß der Gewalt gegen Kinder in der Welt – Kindheiten der Allgemeinbevölkerung

1 Know Violence in Childhood (2017), S. 30. **2** Ziegler (2013). **3** Hollstein & Anders (2013). **4** Sell & Herbst (2013). **5** Bussmann et al. (2009), S. 7. **6** Ångman & Gustafsson (2011), S. 6f. **7** Garbarino & Bradshaw (2002), S. 913. **8** Lindgren (1977) **9** Börsenverein des deutschen Buchhandels (1978). **10** UNICEF (2017a), S. 8. **11** Global Initiative to End All Corporal Punishment of Children (2018).; Stand: Juni 2018, jährlich bzw. teils monatlich kommen stetig Länder hinzu, die Gewalt in allen Kontexten verbieten. **12** UNICEF (2017a), S. 21, 29. **13** BMFSFJ (2003). **14** Wetzels (1997), S. 146. **15** Wetzels (1997), S. 151. **16** Bussmann (2007), S. 18. **17** Baier et al. (2009), S. 52. **18** Pfeiffer et al. (2018), S. 38. **19** Hellmann (2014), S. 82. **20** Persönliche schriftliche Mitteilung von Frau Deborah F. Hellmann, Autorin der Studie Hellmann (2014), innerhalb der diese Daten nicht aufgeführt sind. **21** Hellmann (2014), S. 86. **22** Plener et al. (2016), S. 23. **23** Ziegler (2013), S. 2. **24** Weller (2013), S. 2. **25** Hellmann (2014), S. 158. **26** Pfeiffer et al. (2018), S. 9. **27** Pfeiffer et al. (2018), S. 37, 39. **28** Der Spiegel (1964), S. 52 **29** Pipping et al. (1954), S. 145, 167, 208. **30** Stadler, Bieneck & Pfeiffer (2012), S. 54. **31** Pfeiffer et al. (2018), S. 39. **32** Dornes (2012), S. 237. **33** Dornes (2012), S. 241–244. **34** Dornes (2012), S. 315–326. **35** Christoffersen et al. (2013), S. 152f. **36** UNICEF (2011), S. 18. **37** Bundesministerium für Familie und Jugend (2014), S. 11–16. **38** Radford et al. (2011), S. 111f. **39** Radford et al. (2013), S. 806. **40** UNICEF (2014), S. 166. **41** UNICEF (2014), S. 97, 99, 196–199; Anmerkung: UNICEF hat auf verschiedene repräsentative und vergleichbare Daten zurückgegriffen, dabei auch die sogenannten „Multiple Indicator Cluster Surveys" (MICS). Interessant ist ein Blick ins Detail. Die MICS-Daten 2005–2006 (Akmatov 2011, S. 222) weisen teils deutlich höhere Gewaltraten vor allem bei den schweren

Gewaltformen auf. Beispielsweise erlebten demnach innerhalb von vier Wochen im Jemen 61% der Kinder schwere Gewalt (Stichprobengröße 2845), in Syrien 28,9% (Stichprobengröße 12 663) und im Irak 32,6% (Stichprobengröße 13 000). Interessant sind auch Daten für (das einst stark kriegsgebeutelte) Vietnam, die in der UNICEF Studie fehlten. In Vietnam (Stichprobengröße 2433) erleben 55,4% der Kinder körperliche Gewalt, 29,3% schwere körperliche Gewalt und 89,7% psychische Gewalt durch Elternfiguren innerhalb von vier Wochen. **42** UNICEF (2014), S. 108. **43** UNICEF (2014), S. 67. **44** UNICEF (2017a), S. 33. **45** Al-Eissa et al. (2015), S. 177f. **46** El Feki et al. (2017), S. 76, 128, 176, 237; Anmerkung: Die elterlichen Strafmaßnahmen wurden für Ägypten, Marokko und dem Libanon in Diagrammen im Wortlaut verkürzt dargestellt. U. a. gab es dort das Item Hit the Child. Für Palästina wurde kein Diagramm erstellt, sondern die Items wurden in einer Tabelle in Satzform ausgeführt (siehe S. 237). Darin hieß das entsprechende Item: Hit the child on the body with something like a belt, stick, or other hard object. Da für alle vier Länder das gleiche Studiendesign vorlag, gehe ich davon aus, dass Schläge mit Gegenständen auch hinter der Kurzform Hit the Child stecken. **47** El Feki et al. (2017), S. 112, 165. **48** Save the Children Sweden (2006), S. 134–147. **49** The Kingdom of Cambodia Ministry of Women's Affairs, UNICEF Cambodia & US Centers for Disease Control and Prevention (2014), S. 47, 56–64, 75f. **50** Ministry of Women and Child Development, Government of India (2007), S. 44–52, 58, 74, 75, 106, 108, 114. **51** Centers for Disease Control and Prevention (2015). **52** Gershoff (2008), S. 10. **53** Taylor et al. (2010), S. e1061. **54** Runyan et al. (2010), S. e706. **55** Runyan et al. (2010), S. e708. **56** Regalado et al. (2004), S. 1954. **57** Zolotor et al. (2011). **58** Middelhoff (2018), S. 9. **59** Middelhoff (2018), S. 9. **60** Stern.de (2004). **61** Spiegel-Online (2008). **62** Sparks & Harwin (2016). **63** UNICEF (2007), S. 2. **64** Save the Children (2018), S. 25. **65** Global Initiative to End All Corporal Punishment of Children (2017), S. 10–13. **66** UN (2018). **67** Pinker (2011), S. 636. **68** Finkelhor & Jones (2012). **69** Finkelhor et al. (2018), S. 1. **70** Gershoff (2008), S. 11. **71** WHO (2002), S. 62. **72** Runyan et al. (2010), S. e706. **73** Runyan et al. (2010), S. e708. **74** UNICEF (2017a), S. 28. **75** Abolfotouh et al. (2009), S. 9. **76** Geneva Declaration on Armed Violence and Development (2011). **77** Speizer et al. (2008), S. 251. **78** Speizer et al. (2008), S. 252. **79** The African Child Policy Forum (2006). **80** The African Child Policy Forum (2011). **81** UNICEF (2013), S. 26. **82** deMause (2005), S. 117. **83** The African Child Policy Forum (2006). **84** UNICEF (2017b). **85** Fauchier & Straus (2011), S. 15. **86** Duffell (2014), Kapitel: „Introduction". **87** Miles & Varin (2006), S. 14f. **88** Miles & Varin (2006), S. 15. **89** Miller (2001), S. 68f. **90** Spühler (2008). **91** von Grafenstein (2015). **92** deMause (2005), S. 54–62. **93** Know Violence in Childhood (2017), S. 42. **94** National Council of Juvenile and Family Court Judges (2016), S. 9, 12. **95** deMause (1980), S. 12. **96** deMause (2005), S. 269; siehe auch ergänzend über das Thema Gewalt gegen Kinder in der Geschichte Radbill (1978) und Benselet al. (2002). **97** deMause (2005), S. 278–305. **98** deMause (2005), S. 305.

8 Kindheiten von Gewalt- und Straftätern

1 Bundeskriminalamt; Bundesamt für Verfassungsschutz & Hessisches Informations- und Kompetenzzentrum gegen Extremismus (2016), S. 18f. 2 Coughlin (2002), S. 49, 61, 65. 3 deMause (2005), S. 30. 4 Coughlin (2002), S. 66. 5 Montefiore (2007), Kapitel: „Schläger, Ringer und Chorknaben". 6 Benos (2011), S. 89f. 7 Schröttle & Müller (2004b), S. 16, 50f. 8 Driessen et al. (2006), S. 1489; Daten für die Allgemeinbevölkerung siehe Häuser et al. (2011). 9 Kopp et al. (2009), S. 157. 10 Kopp et al. (2009), S. 156. 11 Reavis et al. (2013), S. 46f. 12 Messina & Grella (2006), S. 1844. 13 Hughes et al. (2012), S. 23. 14 Roth & Seiffge-Krenke (2011), S. 265. 15 Duke et al. (2010), S. 784. 16 Weidner (2011), S. 99. 17 Huber (2013), S. 52. 18 Huber (2013), S. 52. 19 Huber (2013), S. 120. 20 Gunkel (2016). 21 Theweleit (2015). 22 Streck et al. (2004). 23 Auchter (2012), S. 271. 24 Auchter (2012), S. 268–271. 25 Pandika (2015). 26 Long & Gaddis (2002), S. 11–13.

9 Kindheiten von Extremisten und Terroristen (allgemeiner Teil)

1 Lützinger (2010), S. V. 2 Lützinger (2010), S. 21f. 3 Lützinger (2010), S. 28. 4 Lützinger (2010), S. 31. 5 Lützinger (2010), S. 27. 6 Lützinger (2010), S. 75f. 7 Frindte & Neumann (2002), S. 149. 8 Frindte & Neumann (2002), S. 119–122; detaillierte Zahlen für die Väter konnte ich – außer bei der schweren Gewalt – nicht aufführen, da die Forschenden in der Tabelle über das Strafverhalten der Väter versehentlich die Daten der Mütter übernommen haben. 9 Wiezorek (2002), S. 156–208. 10 Köttig (2004), S. 331. 11 Köttig (2004), S. 337, 339. 12 Köttig (2004), S. 151. 13 Köttig (2004), S. 152f. 14 Köttig (2004), S. 147–171. 15 Statista (2018). 16 Bundesamt für Verfassungsschutz (2016). 17 Wahl et al. (2003), Kapitel: „2.3.2 Begleiterscheinung: Entwicklung von Devianz". 18 Wahl et al. (2003), Kapitel: „2.4.1 Ein frostiges Familienklima", 19 Wahl et al. (2003), Kapitel: „3.9 Zusammenfassung zu den Emotionen". 20 Wahl et al. (2003), Kapitel: „5.3 Gruppeneinstieg und Gruppeninitiierung". 21 Wahl et al. (2003), Kapitel: „5.9 Zusammenfassung zu den Gruppen". 22 Funke (2001), S. 62. 23 Funke (2001), S. 62. 24 Funke (2001), S. 63. 25 Funke (2001), S. 65. 26 Funke (2001), S. 66. 27 Funke (2001), S. 99. 28 Funke (2001), S. 103. 29 Funke (2001), S. 105. 30 Funke (2001), S. 83. 31 Funke (2001), S. 81. 32 Funke (2001), S. 81. 33 deMause (2005), S. 47–56. 34 ZDF-„Mona Lisa" (2015). 35 Forward (1993), S. 213. 36 Fetscher (2010). 37 Simi et al. (2016), S. 545, 548. 38 Simi et al. (2016), S. 546. 39 Simi et al. (2016), S. 552. 40 Baier & Pfeiffer (2011), S. 163, 172. 41 Pfeiffer (2015), S. 17. 42 Baier et al. (2017), S. 15. 43 Gruen (2002b), S. 123–125, 158. 44 Hubbard (1971), S. 32, 184. 45 Hubbard (1971), S. 26. 46 Hubbard (1971), S. 91. 47 Salloum (2014). 48 Schmidtchen (1981), S. 19–35. 49 Jäger & Böllinger (1981), S. 145. 50 Jäger & Böllinger (1981), S. 145f. 51 Jäger & Böllinger (1981), S. 180–212. 52 Jäger & Böllinger (1981), S. 200. 53 Jäger & Böllinger (1981), S. 202. 54 Jäger & Böllinger (1981), S. 203. 55 Der Spiegel (2014), S. 56.

10 Kindheiten von öffentlich bekannten Extremisten und Terroristen

1 Ditfurth (2015), S. 30. **2** Ditfurth (2015), S. 31. **3** Ditfurth (2015), S. 37. **4** Ditfurth (2015), S. 39. **5** Ditfurth (2015), S. 236–239. **6** Ditfurth (2015), S. 237. **7** Ditfurth (2015), S. 63. **8** Ditfurth (2015), S. 67f. **9** Der Spiegel (2018a), S. 49. **10** Der Spiegel (2018a), S. 49. **11** Stern & Herrmann (2007), S. 28. **12** Stern & Herrmann (2007), S. 28. **13** Stern & Herrmann (2007), S. 30f. **14** Aust (2017), Kapitel: „3. Andreas Baader". **15** Viett (1996), S. 16f. **16** Viett (1996), S. 20. **17** Viett (1996), S. 38. **18** Viett (1996), S. 29. **19** Viett (1996), S. 44. **20** Viett (1996), S. 225. **21** Viett (1996), S. 114f. **22** Viett (1996), S. 235. **23** Fischer (2015), S. 30. **24** Aust (2017), Kapitel: „22. Horst Mahler und die Steinschlacht am Tegeler Weg". **25** DIE ZEIT (2016), S. 66. **26** Hengst (2007). **27** Aust (2017), Kapitel: „26. Peter-Jürgen Boock". **28** Aust (2017), Kapitel: „26. Peter-Jürgen Boock". **29** Taufer (2017), Kapitel: (1) Die Kindheit fängt früher an, als man denkt / „Vorwärts und Vergessen – Eine ambivalente Kindheit". **30** Taufer (2017), Kapitel: (1) Die Kindheit fängt früher an, als man denkt / „Sag' nie wieder Jawoll!!". **31** Edschmid (2014), S. 93. **32** Edschmid (2014), S. 97. **33** Edschmid (2014), S. 101f. **34** Edschmid (2014), S. 102. **35** Gleichauf (2017), Kapitel: „‚Zu klären, wie man so geworden ist, wie man sich findet', Bartholomä 1940–1948". **36** Afanasjew (2011). **37** Borchgrevink (2013), S. 267. **38** Borchgrevink (2013), S. 269. **39** Borchgrevink (2013), S. 140, 266. **40** Borchgrevink (2013), S. 28f. **41** Borchgrevink (2013), S. 26f., 32. **42** Borchgrevink (2013), S. 28–32, 256–263. **43** Borchgrevink (2013), S. 262. **44** Schürmann (2015), S. 2. **45** Borchgrevink (2013), S. 33. **46** Borchgrevink (2013), 264f. **47** Fuchs & Goetz (2012), Kapitel: „7. Nierenkolik". **48** Fuchs & Goetz (2012), Kapitel: „8. Der Stiefvater". **49** Fuchs & Goetz (2012), Kapitel: „8. Der Stiefvater". **50** Fuchs & Goetz (2012), Kapitel: „9. Omakind". **51** Ramm (2016). **52** Jüttner (2017). **53** Bach (2013). **54** Fuchs & Goetz (2012), Kapitel: „13. Der zweite Mann". **55** Fuchs & Goetz (2012), Kapitel: „13. Der zweite Mann". **56** Fuchs & Goetz (2012), Kapitel: „11. Winzerklub". **57** Stern.de (2013); Der Tagesspiegel (2013). **58** Coll (2008), S. 172. **59** Ross (2015), S. 311. **60** Ross (2015), S. 312. **61** Woolf (2004), S. 18. **62** Woolf (2004), S. 25. **63** Coll (2008), S. 176. **64** Hasan (2009). **65** Frankenfeld (2010). **66** Coll (2008), S. 179. **67** Coll (2008), S. 180–184. **68** Focus-Online (2015). **69** Medick (2015). **70** Sinmaz & Burrows (2017). **71** Reinische Post-Online (2006). **72** Auchter (2012), S. 236. **73** Focus-Online (2006). **74** Rheinische Post-Online (2006). **75** Auchter (2012), S. 237. **76** Der Spiegel (2015), S. 78. **77** Wiegel (2015). **78** UNICEF (2014), entnommen Tabelle 5.2 auf Seite 97, Tabelle 5.4 auf Seite 99 und Tabellen ab Seite 196. **79** Becker & Kuntz (2015). **80** Becker & Kuntz (2015).

11 Das Schweigen der Täter: Von der Schwierigkeit, die ganze Wahrheit über das erlebte Kindheitsleid zu erfahren

1 Söring (2011). **2** Söring (2011); Übrigens fügt Söring im Text an, dass es eine Ausnahme im Gefängnis geben würde: Er selbst sei als Kind nicht misshandelt worden, aber er sei ja auch unschuldig und kein Mörder, schreibt er. An dieser Stelle muss man, trotz der ganzen Tragik, fast schon etwas schmunzeln, denn in der Tat würde auch nach meinen grundsätzlichen Recherchen und Thesen beides zusammen Sinn machen. **3** Söring (2011). **4** Pincus (2001), S. 67, 159. **5** Pincus (2001), S. 27. **6** Gilligan (2000), S. 43–46. **7** Gilligan (2000), S. 31–39. **8** Wahl et al. (2003), Kapitel: „3.2 Stumme Gefühle: Emotionaler Rückzug in der Kindheit". **9** Berger (1988), S. 255f. **10** Breivik (2011), S. 1387. **11** Bange (2002), S. 62–64. **12** Kruse (2011). **13** Mangold (2012), S. 1 **14** Viett (1996). **15** Viett (1996), 51. **16** Viett (1996), 18. **17** Lewis et al. (1997), S. 1707. **18** Dudeck (2013), Kapitel: „4 Traumaassoziierte Phänomene während der Straftat". **19** Lewis et al. (1997), S. 1707. **20** Focus-Online (2018).

12 Wichtige Vorbemerkungen zur Biografieforschung und Kindheit der nachfolgend analysierten Akteure

1 Pilgrim (1990), S. 16. **2** Pilgrim (1990), S. 11. **3** Benos (2011), S. 225. **4** Benos (2011), S. 226. **5** Benos (2011), S. 165. **6** Dies ist nicht die einzige Informationslücke, die mir aufgefallen ist (was auf Grund der hohen Anzahl an untersuchten Akteuren auch kaum verwundert). So berichtet er beispielsweise zwar, dass Franciso Francos Vater streng und autoritär war, aber nichts über körperliche Übergriffe. Wie wir im nächsten Kapitel sehen werden, wurde Franciso vom Vater geschlagen. **7** Benos (2011), S. 22. **8** Glasneck (2010), S. 1. **9** Glasneck (2010), S. 48. **10** Benos (2011), S. 228–231. **11** Benos (2011), S. 256–259. **12** Althaus (2006).

13 Die Kindheit ausgewählter politischer Führer, Diktatoren und Kriegsherren

1 Pergande (2011), S. 13. **2** Pergande (2011), S. 16. **3** Mesenhöller (2009), S. 28. **4** Mesenhöller (2009), S. 32f. **5** Schild (1997), S. 13. **6** deMause (2011), S. 304. **7** Pergande (2011), S. 15. **8** Assmann (2013). **9** Mesenhöller (2009), S. 27f. **10** Pergande (2011), S. 16. **11** deMause (2011), S. 304. **12** Schild (1997), S. 80. **13** deMause (2011), S. 304f. **14** deMause (2005), S. 19. **15** deMause (1984), S. 40. **16** Der Spiegel (1981), S. 169. **17** Der Spiegel (1981), S. 169. **18** Pilgrim (1990), S. 289. **19** deMause (2005), S. 20. **20** deMause (2005), S. 20. **21** Gruen (2003a), S. 243. **22** Frank (2004), S. 23, 36f. **23** Frank (2004), S. 22. **24** Auchter (2012), S. 423. **25** Frank (2004), S. 21–37. **26** Frank (2004), S. 35f. **27** Auchter (2012), S. 427–433. **28** Maraniss (1998), Kapitel „Ten". **29** Gartner (2008), Kapitel 4. „The Three Stages Of Roger. Stage 1. Repeating Abuse". **30** Clinton (2004),

S. 32f. **31** Clinton (2004), S. 15f. **32** Franks (2014), Kapitel 22. **33** deMause (2000a). **34** Bernstein (2007), S. 23f. **35** Bernstein (2007), S. 27f. **36** Chozick (2015). **37** Bernstein (2007), S. 36f. **38** Rodham Clinton (2003), S. 28. **39** Rodham Clinton (2003), S. 27. **40** Spiegel-Online (2007b). **41** Prime Minister's Office (1999). **42** Mischler (2005), S. 18. **43** Mischler (2005), S. 19. **44** Sopel (1996), S. 15. **45** Collins (2005), S. 17. **46** Mischler (2005), S. 20. **47** Collins (2005), S. 17. **48** Blair (2010), S. 9. **49** Mischler (2005), S. 20f. **50** Sopel (1996), S. 32. **51** Mischler (2005), S. 22. **52** Collins (2005), S. 23. **53** Blair (2010), S. 43, 67, 460, 613, 632. **54** BBC-News (2006). **55** Zenz (1981), S. 37. **56** deMause (2005), S. 231. **57** Aries (1981), S. 175. **58** Aries (1981), S. 176. **59** Aries (1981), S. 176. **60** Aries (1981), S. 176. **61** Aries (1981), S. 177. **62** Widl (1992), S. 30. **63** Widl (1992), S. 30. **64** Widl (1992), S. 10. **65** Willms (2009), S. 13. **66** Widl (1992), S. 36. **67** Willms (2009), S. 14. **68** Pilgrim (1990), S. 79f. **69** Neumayr (1995), S. 17. **70** Neumayr (1995), S. 18f. **71** Kunisch (2009), S. 12. **72** Kunisch (2009), S. 12–25. **73** Kunisch (2009), S. 20. **74** Kunisch (2009), S. 24. **75** Kunisch (2009), S. 24f. **76** Kunisch (2009), S. 43. **77** Engelberg (2014), Kapitel 1: „Kindheit auf dem Lande und Schuljahre in der Residenz". **78** Engelberg (2014), Kapitel 1: „Kindheit auf dem Lande und Schuljahre in der Residenz". **79** Sempell (1974), S. 109. **80** Sempell (1974), S. 116. **81** Engelberg (2014), Kapitel 1: „Kindheit auf dem Lande und Schuljahre in der Residenz". **82** Gruen (2002b), S. 44. **83** Röhl (2001), S. 400. **84** Kornbichler (2007), S. 165. **85** Kornbichler (2007), S. 161. **86** Albig (2004), S. 54. **87** Röhl (2001), S. 63–66. **88** Albig (2004), S. 54f. **89** Röhl (2001), S. 401. **90** Albig (2004), S. 55. **91** Albig (2004), S. 65. **92** Zdral (2005), S. 39. **93** Zdral (2005), S. 39. **94** eine umfassende Analyse dazu findet sich bei Miller (1983), S. 169–231. **95** Toland (1977), S. 26. **96** Toland (1977), S. 26–30. **97** Toland (1977), S. 30. **98** Bavendamm (2009), S. 117. **99** Gruen (2002b), S. 65–74. **100** deMause (2005), S. 154. **101** Kirkpatrick (1965), S. 19. **102** Kirkpatrick (1965), S. 17. **103** Benos (2011), S. 94f. **104** Kirkpatrick (1965), S. 17. **105** Woller (2016), S. 14. **106** Kirkpatrick (1965), S. 20. **107** Kirkpatrick (1965), S. 18. **108** Kirkpatrick (1965), S. 23. **109** Woller (2016), S. 78. **110** Preston (1995), S. 1–4. **111** Preston (1995), S. 3. (Übersetzung durch Sven Fuchs) **112** Der Spiegel (1992), S. 176. **113** Preston (1995), S. 4. **114** Der Spiegel (1992), S. 176. **115** Preston (1995), S. 3. **116** Preston (1995), S. 5. **117** Preston (1995), S. 9f. **118** Der Spiegel (1992), S. 177. **119** Miller (1990), S. 115. **120** Miller (1990), S. 120. **121** Wirth (2006), S. 285. **122** Wirth (2006), S. 284–288. **123** Pirjevec (2016), Kapitel „1892–1939 – Lehr- und Wanderjahre" **124** Pirjevec (2016), Kapitel „1892–1939 – Lehr- und Wanderjahre" **125** Pirjevec (2016), Kapitel „1892–1939 – Im Ersten Weltkrieg" **126** Chang und Halliday (2005), S. 21. **127** Chang und Halliday (2005), S. 21. **128** Adolphi (2009), S. 23f. **129** Chang und Halliday (2005), S. 21. **130** Adolphi (2009), S. 27. **131** Spence (2003), S. 22. **132** Spence (2003), S. 26. **133** Chang und Halliday (2005), S. 17. **134** von Flocken (2015). **135** Ruge (2010), S. 25. **136** Shub (1958), S. 29. **137** Shub (1958), S. 32. **138** Possony (1965), S. 19. **139** Possony (1965), S. 25. **140** Ruge (2010), S. 26f. **141** Possony (1965), S. 19. **142** Possony

(1965), S. 21. **143** Possony (1965), S. 22. **144** Service (2000), S. 49. **145** Possony (1965), S. 25. **146** Passony (1965), S. 26. **147** Service (2000), S. 62. **148** Service (2000), S. 63. **149** Service (2000), S. 66. **150** Service (2000), S. 60. **151** Service (2000), S. 60. **152** Shub (1958), S. 10. **153** Service (2000), S. 90. **154** Bullock (1993), S. 15. **155** Neumayr (1995), S. 261. **156** Montefiore (2007), Kapitel: „2. Der verrückte Besso". **157** Bullock (1993), S. 15. **158** Kellmann (2005), S. 9. **159** Bullock (1993), S. 15. **160** Bullock (1993), S. 17. **161** Hirsch (1994), S. 52f. **162** Montefiore (2007), Kapitel: „2. Der verrückte Besso". **163** Montefiore (2007), Kapitel: „2. Der verrückte Besso". **164** Kellmann (2005), S. 9. **165** deMause (2000b), S. 460. **166** Bullock (1993), S. 29. **167** Grey (2002), S. 48. **168** Grey (2002), S. 50. **169** Grey (2002), S. 55. **170** Grey (2002), S. 55. **171** Grey (2002), S. 59. **172** Grey (2002), S. 60f. **173** Grey (2002), S. 62. **174** Baker & Glasser (2005), S. 40. **175** Baker & Glasser (2005), S. 41. **176** Seipel (2015), Kapitel: „Vergangenheit und Umbruch". **177** Dobbert (2015). **178** Heller (2012), S. 13. **179** Heller (2012), S. 14. **180** Noriega & Eisner (1997), S. 17. **181** Kempe (1990), S. 50. **182** Kempe (1990), S. 50. **183** Kempe (1990), S. 50f. **184** Skierka (2001), S. 17. **185** Skierka (2001), S. 20. **186** Skierka (2001), S. 17. **187** Skierka (2001), S. 22. **188** Hagemann (2002), S. 21. **189** Skierka (2001), S. 23f. **190** Skierka (2001), S. 22.; Anmerkung: Hier wird auch grundsätzlich deutlich, dass er Gewalt durch Lehrer erlebte. **191** Hermann (2002), S. 22. **192** Hermann (2002), S. 22. **193** Skierka (2001), S. 22. **194** Käufer (2011). **195** Putsch (2013). **196** Hem (2014), S. 93. **197** Putsch (2013). **198** deMause (2005), S. 29. **199** deMause (2005), S. 30. **200** Coughlin (2002), S. 46. **201** Coughlin (2002), S. 47f. **202** Coughlin (2002), S. 49. **203** Coughlin (2002), S. 48. **204** Coughlin (2002), S. 49. **205** Anmerkung: Wenn man sich die Fakten anschaut, erscheint Saddams Bezeichnung für den ersten Golfkrieg als „Mutter aller Schlachten" in einem ganz anderen Licht. **206** Hassan II. von Marokko & Laurent (1996), S. 26 **207** Sadek (2006), S. 23. **208** Rubin & Rubin (2003), S. 13. **209** Sadek (2006), S. 25. **210** Brexel (2004), S. 13. **211** Akyol (2016), Kapitel „Ein strenges Elternhaus". **212** Akyol (2016), Kapitel „Ein strenges Elternhaus"; einer anderen Quelle nach wurde er von seinem Vater in dieser Szene mit dem Kopf nach unten aufgehängt (Güsten 2014). **213** Welles (2011), Kapitel: „Über Mich". **214** Welles (2011), Kapitel: „Über Mich". **215** Welles (2011), Kapitel: „Keine Tränen mehr". **216** Welles (2011), Kapitel: „Erinnerungen an ganz, ganz früher". **217** Welles (2011), Kapitel: „Erinnerungen an ganz, ganz früher". **218** Welles (2011), Kapitel: „Erinnerungen an ganz, ganz früher". **219** Welles (2011), Kapitel: „Vater". **220** Welles (2011), Kapitel: „Vater".

14 Die Kindheiten von Hitlers Gefolgsmännern

1 Fest (1997), S. 260. **2** Lower (2014), S. 207. **3** Pätzold & Weißbecker (2007), S. 444. **4** Pätzold & Weißbecker (2007), S. 17. **5** Pätzold & Weißbecker (2007), S. 17. **6** Schmidt (1997), S. 37. **7** Schmidt (1997), S. 38. **8** Schmidt (1997), S. 38f. **9** Schmidt (1997), S. 39. **10** Schmidt (1997), S. 39. **11** Pätzold & Weißbecker

(2007), S. 22. **12** Pätzold & Weißbecker (2007), S. 23. **13** Pätzold & Weißbecker (2007), S. 23. **14** Gruen (2002b), S. 164. **15** Gruen (2002b), S. 177f. **16** Pätzold & Weißbecker (2007), S. 13f. **17** Schmidt (1997), S. 43. **18** Fest (1997), S. 407. **19** Fest (1997), S. 408. **20** Gathmann & Paul (2009), S. 35f. **21** Gathmann & Paul (2009), S. 22, 29f. **22** Gathmann & Paul (2009), S. 20f., 26. **23** Gathmann & Paul (2009), S. 84. **24** Prinz (2011), S. 33. **25** Longerich (2010), S. 17. **26** Longerich (2010), S. 20. **27** Himmler (2005), Kapitel „‚Die Kinder erziehen zu deutschgesinnten Männern!‘ Kindheit im Kaiserreich“. **28** Himmler (2005), Kapitel „‚Die Kinder erziehen zu deutschgesinnten Männern!‘ Kindheit im Kaiserreich“. **29** Himmler (2005), Kapitel „‚Die Kinder erziehen zu deutschgesinnten Männern!‘ Kindheit im Kaiserreich“. **30** Himmler (2005), Kapitel „‚Die Kinder erziehen zu deutschgesinnten Männern!‘ Kindheit im Kaiserreich“. **31** DIE WELT (2014), Kapitell 7: „Lieber Pappi, liebe Püppi – Die Kinder: Gudrun, Gerhard, Helge, Nanette“. **32** Kleine (2014), S. 2. **33** Himmler (2005), Kapitel: „Eine ganz normale Familie – Gebhard, Anna und ihre Söhne“. **34** Knopp (2007), S. 13. **35** Knopp (2007), S. 13. **36** Knopp (2007), S. 18. **37** Knopp (2007), S. 18. **38** Knopp (2007), S. 19. **39** Knopp (2007), S. 20. **40** Knopp (1998), S. 166. **41** Knopp (1998), S. 167. **42** Koop (2012), Kapitel: „Hitlers Vollstrecker. Die Anfänge in der NSDAP“ **43** Knoop (1998), S. 167. **44** Knoop (1998), S. 168. **45** Meinl & Hechelhammer (2014), S. 16. **46** Knopp (1998), S. 168. **47** Brechtken (2017), S. 9. **48** Brechtken (2017), S. 21f. **49** Roos (2014), S. 29–31. **50** Roos (2014), S. 33. **51** Dönitz (1968), S. 203. **52** Dönitz (1968), S. 8. **53** Dönitz (1968), S. 18. **54** Dönitz (1968), S. 17. **55** Dönitz (1968), S. 225. **56** Von Ribbentrop (1961), S. 10. **57** Von Ribbentrop (1961), S. 12. **58** Von Ribbentrop (1961), S. 10. **59** Schenk (2006), S. 22. **60** Schenk (2016), S. 22. **61** Schenk (2006), S. 22. **62** ZDF-„Markus Lanz“, 30. 4. 2014. **63** Ze'evi (2012) **64** Broszat (2017), S. 33. **65** Broszat (2017), S. 35. **66** Broszat (2017), S. 36. **67** Fest (1997), S. 378. **68** Broszat (2017), S. 39. **69** Fest (1997), S. 379. **70** Ze'evi (2012). **71** Völklein (1999), S. 41. **72** Völklein (1999), S. 41f. **73** Völklein (1999), S. 34. **74** Knopp (1998), S. 315. **75** Knopp (1998), S. 315. **76** Völklein (1999), S. 33. **77** Völklein (1999), S. 34. **78** Völklein (1999), S. 45. **79** Völklein (1999), S. 46. **80** Völklein (1999), S. 52. **81** Cesarani (2012), S. 30f. **82** Cesarani (2012), S. 31. **83** Cesarani (2012), S. 32. **84** Cesarani (2012), S. 32. **85** DIE WELT (1999); Das Original-Manuskript ist auch online auf den Seiten des israelischen Ministry of Justice zu sehen: siehe Eichmann (1960) **86** Arendt (2011), Kapitel „II – Der Angeklagte“. **87** Kay (2017), S. 9. **88** Kay (2017), S. 9. **89** Kay (2017), S. 16. **90** Kay (2017), S. 16. **91** Sachslehner (2013), Kapitel: „Gegen eine Welt voll Teufel und Juden“. **92** Sachslehner (2013), Kapitel: „Gegen eine Welt voll Teufel und Juden“. **93** Hoffmann (2011), Kapitel: „Schlägereien“. **94** Hoffmann (2011), Kapitel: „Im Speisesaal“. **95** Hoffmann (2011), Kapitel: „Endlich zu Hause“. **96** Deschner (2008), S. 25. **97** Deschner (2008), S. 21. **98** Deschner (2008), S. 25. **99** Deschner (2008), S. 27. **100** Deschner (2008), S. 28. **101** Deschner (2008), S. 29.

15 Die Kindheiten von Soldaten und Soldatinnen

1 Mantell (1978), S. 302. **2** Mantell (1978), S. 85–117. **3** Mantell (1978), S. 36–80. **4** Mantell (1978), S. 128f. **5** Mantel (1978), S. 164. **6** Mantell (1978), S. 265. **7** Roeder (1977), S. 88. **8** Roeder (1977), S. 100f. **9** Roeder (1977), S. 103. **10** Roeder (1977), S. 102. **11** Roeder (1977), S. 99. **12** Roeder (1977), S. 107. **13** Fleckenstein (2005), S. 7. **14** Afifi et al. (2016), S. 233. **15** Sareen et al. (2013), S. 75. **16** Sareen et al. (2013), S. 78. **17** Blosnich et al. (2014), S. 1045. **18** Rosen & Martin (1996), S. 1153. **19** Wasdin & Templin (2016), S. 53. **20** Wasdin & Templin (2016), S. 51f. **21** Wasdin & Templin (2016), S. 55. **22** Wasdin & Templin (2016), S. 56. **23** Wasdin & Templin (2016), S. 71. **24** Wasdin & Templin (2016), S. 72. **25** Wasdin & Templin (2016), S. 74. **26** Wasdin & Templin (2016), S. 62. **27** Wasdin & Templin (2016), S. 59.

16 Die individuellen Folgen der Gewalt gegen Kinder werden zu gesellschaftlichen Folgen

1 Riedesser (2002), S. 32. **2** Fischer & Riedesser (1999), S. 264. **3** Miller (2001), S. 7f. **4** Cantwell (2002), S. 554; Seagull (2002), S. 251. **5** Gruen (2002b), S. 14–16. **6** Steele (2002), S. 124. **7** Gruen (2002b), S. 157–186. **8** Steele (2002), S. 152. **9** Jung et al. (2003) **10** Van der Kolk & Streeck-Fischer (2002), S. 1024. **11** Van der Kolk & Streeck-Fischer (2002), S. 1025–1035. **12** Van der Kolk & Streeck-Fischer (2002), S. 1029. **13** Gruen (2003a), S. 57f. **14** Gruen (2003a), S. 59. **15** Gruen (2003a), S. 65f. **16** Schaap (2015). **17** deMause (2005), S. 72–74, 95–107. **18** deMause (2005), S. 103. **19** Huber (2013), S. 115. **20** Huber (2013), S. 118. **21** Miller (1983), S. 196. **22** deMause (2005), S. 77. **23** deMause (2005), S. 79. **24** Diepold (1998), S. 136. **25** Kraemer (2003), S. 166–170. **26** Kraemer (2003), S. 169f. **27** Huber (2013), S. 115. **28** Puhar (2000a), S. 108. **29** Puhar (2000a), S. 135; siehe ergänzend auch Puhar (2000b). **30** Puhar (2000b), S. 144. **31** Puhar (2000b), S. 144. **32** http://mattes.de/buecher/psychohistorie/978-3-930978-44-1_puhar_1.pdf und http://mattes.de/buecher/psychohistorie/978-3-930978-44-1_puhar_2_x.pdf. **33** deMause (2005), S. 140; siehe auch ergänzend deMause (2010). **34** deMause (2005), S. 140–150. **35** deMause (2005), S. 146. **36** Pincus (2001), S. 178–193. **37** Marks (2014), S. 20f., 52f., 167f. **38** Marks (2014), S. 168. **39** Marks (2014), S. 42f. **40** Marks (2014), S. 76. **41** Marks (2014), S. 77f. **42** Marks (2014), S. 84. **43** Lakoff & Wehling (2016), S. 39. **44** Lakoff & Wehling (2016), S. 41. **45** Lakoff & Wehling (2016), S. 34f. **46** Lakoff & Wehling (2016), S. 88f. **47** Lakoff & Wehling (2016), S. 89. **48** Lakoff & Wehling (2016), S. 89f. **49** Lakoff & Wehling (2016), S. 113. **50** Baumgarten (2013). **51** Lakoff & Wehling (2016), S. 119.

17 „Nicht alle einst gedemütigten und misshandelten Kinder werden zu Gewalttätern“ und „Nicht alle Nationen, deren Bevölkerung als Kind schwer belastet war und misshandelt wurde, führen Kriege“

1 ZEIT Online (2015). **2** Der Spiegel (2013), S. 35. **3** Harbort (2014), S. 2. **4** Der Spiegel (2018b), S. 60. **5** Schmieder (2014). **6** Dreßen (2012).

18 Fazit

1 Einsle (2012). **2** Global Partnership to End Violence Against Children (2018).

Literaturverzeichnis

Abolfotouh, M. A., El-Bourgy, M. D., Seif El Din, A. G., Mehanna A.A. (2009): Corporal punishment: mother's disciplinary behavior and child's psychological profile in Alexandria, Egypt. In: *Journal of Forensic Nursing.* Vol. 5, No. 1, S. 5–17.

Adolphi, W. (2009): Mao. Eine Chronik. Verlag Neues Leben, Berlin.

Adorno, T. W. (1995): Studien zum autoritären Charakter. Suhrkamp Taschenbuch Wissenschaft, Frankfurt am Main.

Adorno, T. W. (2013): Erziehung zur Mündigkeit. E-Book Suhrkamp Verlag, Berlin. Kindle E-Book Version.

Afanasjew, N. (2011, 3. Okt.): Aus Stipendiaten wurden Terroristen. *Der Tagesspiegel.* https://www.tagesspiegel.de/wissen/raf-und-die-studienstiftung-aus-stipendiaten-wurden-terroristen/4682234.html. Zugegriffen: 10. Sept. 2018.

Afifi T. O., Taillieu, T., Zamorski, M. A., Turner, S., Cheung, K. & Sareen, J. (2016): Association of Child Abuse Exposure With Suicidal Ideation, Suicide Plans, and Suicide Attempts in Military Personnel and the General Population in Canada. In: *JAMA Psychiatry.* Volume 73, Number 3. S. 229–238.

Afifi, T. O., Ford, D., Gershoff, E. T., Merrick, M., Grogan-Kaylor, A., Ports, A. P., MacMillian, H. L., Holden, G. W., Taylor, C. A., Lee, S. J. & Bennett, R. P. (2017): Spanking and adult mental health impairment: The case for the designation of spanking as an adverse childhood experience. In: *Child Abuse & Neglect.* http://www.sciencedirect.com/science/article/pii/S0145213417300145?via%3Dihub. Zugegriffen: 10. Sept. 2018.

Akmatov, M. K. (2011): Child abuse in 28 developing and transitional countries – results from the Multiple Indicator Cluster Surveys. In: *International Journal of Epidemiology* 40(1), S. 219–227.

Akyol, C. (2016): Erdoğan: Die Biografie. Verlag Herder, Freiburg im Breisgau. Kindle E-Book Version.

Albig, J.-U. (2004): Wilhelm II. Als Kaiser das Letzte. In: *GEO Epoche, Nr. 12*: Deutschland um 1900. Von Bismarck bis Wilhelm II. Aufstieg und Fall des Kaiserreichs. S. 50–65.

Al-Eissa, M. A., AlBuhairan, F. S., Qayad, M., Saleheen, H., Runyan, D. & Almuneef, M. (2015): Determining child maltreatment incidence in Saudi Arabia using the ICAST-CH: a pilot study. In: *Child Abuse & Neglect*. Volume 42. S. 174–182.

Althaus, U. (2006): „Krieg im Kinderzimmer. Psychogramm eines Nazitäters." In: Galler, F. / Janus, L. / Kurth, W. (Hrsg.): Fundamentalismus und gesellschaftliche Destruktivität. *Jahrbuch für psychohistorische Forschung*. Band 6. Mattes Verlag, Heidelberg. S. 203–212.

Ångman, I. & Gustafsson, M. (2011): Combating child abuse and neglect in Sweden. Regionförbundet Örebro.
http://www.dji.de/fileadmin/user_upload/bibs/Daphne_report_Sweden.pdf.
Zugegriffen: 10. Sept. 2018.

ARD (2011, 17. Okt.): Geheimnisvolle Völker (1/4). Die Geister der Simatalu. (Fernsehdokumentation, Regie: John Bulmer).
http://programm.ard.de/TV/Programm/Sender/?sendung=287246837872061.
Zugegriffen: 10. Sept. 2018.

ARD-Weltspiegel (2010, 19. Okt.): Brasilien: Kindsmord am Amazonas.
http://programm.ard.de/TV/Programm/Jetzt-im-TV/?sendung=287216059802109.
Zugegriffen: 10. Sept. 2018.

Arendt, H. (2011): Eichmann in Jerusalem. Ein Bericht von der Banalität des Bösen. Piper Verlag, München. Kindle E-Book Version.

Ariès, P. (1981): Geschichte der Kindheit. Deutscher Taschenbuch Verlag, München.

Assmann, K. (2013, 15. Nov.): Treffen mit Kennedy-Schwester Jean. Mein Bruder JFK. *Spiegel-Online*.
http://www.spiegel.de/panorama/kennedy-attentat-jean-kennedy-smith-im-spiegel-tv-interview-a-933326.html. Zugegriffen: 10. Sept. 2018.

Auchter, T. (2012): Brennende Zeiten. Zur Psychoanalyse sozialer und politischer Konflikte. Psychosozial Verlag, Gießen.

Aust, S. (2017): Der Baader-Meinhof-Komplex. Hoffmann und Kampe Verlag, Hamburg. (Erweiterte Neuausgabe) Kindle E-Book Edition.

Australian Health Ministers' Advisory Council (2015): Aboriginal and Torres Strait Islander Health Performance Framework 2014 Report. AHMAC, Canberra.
https://www.pmc.gov.au/sites/default/files/publications/Aboriginal_and_Torres_Strait_Islander_HPF_2014%20-%20edited%2016%20June2015.pdf.
Zugegriffen: 10. Sept. 2018.

Bach, S. (2013, 19. Nov.): Kinder, die zu Rechtsterroristen wurden. Die Familientragödien der NSU-Terroristen. *n-TV*.

https://www.n-tv.de/politik/Die-Familientragoedien-der-NSU-Terroristen-article11714791.html. Zugegriffen: 10. Sept. 2018.

Baglivio, M. T., Epps, N., Swartz, K., Sayedul Huq, M., Sheer A. & Hardt, N. S. (2014). The Prevalence of Adverse Childhood Experiences (ACE) in the Lives of Juvenile Offenders. In: *Journal of Juvenile Justice.* Vol. 3, Issue 2. S. 1–23.

Baier, D., Pfeiffer, C., Simonson, J., & Rabold, S. (2009): Jugendliche in Deutschland als Opfer und Täter von Gewalt: Erster Forschungsbericht zum gemeinsamen Forschungsprojekt des Bundesministeriums des Innern und des KFN (KFN-Forschungsberichte Nr. 107). KFN, Hannover. http://kfn.de/wp-content/uploads/Forschungsberichte/FB_107.pdf. Zugegriffen: 10. Sept. 2018.

Baier, D., & Pfeiffer, C. (2011): Jugendliche als Opfer und Täter von Gewalt in Berlin (KFN-Forschungsberichte Nr. 114). KFN, Hannover. http://kfn.de/wp-content/uploads/Forschungsberichte/FB_114.pdf. Zugegriffen: 10. Sept. 2018.

Baier, D., Manzoni, P. & Bergmann, M. C. (2017): Einflussfaktoren des politischen Extremismus im Jugendalter – Rechtsextremismus, Linksextremismus und islamischer Extremismus im Vergleich. Onlineveröffentlichung vom 15. 1. 2017. https://www.researchgate.net/publication/310591912_Einflussfaktoren_des_politischen_Extremismus_im_Jugendalter_-_Rechtsextremismus_Linksextremismus_und_islamischer_Extremismus_im_Vergleich_Influencing_Factors_of_Political_Extremism_in_Adolescence_-_Ri. (Ursprünglich erschienen in: *Monatsschrift für Kriminologie und Strafrechtsreform*, 99(3), November 2016) Zugegriffen: 10. Sept. 2018.

Baker, P. & Glasser, S. (2005): Kremlin Rising: Vladimir Putin's Russia and the End of Revolution. A Lisa Drew Book/Scribner, New York. Kindle E-Book Edition.

Bange, D. (2002): Erinnerungen. In: Bange, D. & Körner, W. (Hrsg.): *Handwörterbuch Sexueller Missbrauch.* Hofgrefe Verlag, Göttingen. S. 61–69.

Bauer, J. (2011): Schmerzgrenze. Vom Ursprung alltäglicher und globaler Gewalt. Karl Lessing Verlag, München.

Baumgarten, R. (2013, 13. Juni): Machtkampf vor und hinter den Kulissen. Iran vor den Präsidentschaftswahlen. *Deutschlandfunk.* Sendereihe Hintergrund. https://www.deutschlandfunk.de/machtkampf-vor-und-hinter-den-kulissen.724.de.html?dram:article_id=249778. Zugegriffen: 10. Sept. 2018.

Bavendamm, D. (2009): Der junge Hitler. Korrekturen einer Biographie 1889–1914. Ares Verlag, Graz.

BBC-News (2006, 22. Jan.): „Calls for smacking ban rejected" http://news.bbc.co.uk/2/hi/uk_news/4636240.stm. Zugegriffen: 10. Sept. 2018.

Becker, S. & Kuntz, K. (2015, 2. Dez.): Paris-Drahtzieher Abaaoud. Knast, Gehirnwäsche, Krieg. *Spiegel-Online.*

http://www.spiegel.de/politik/deutschland/paris-terror-wie-abdelhamid-abaaoud-zum-terroristen-wurde-a-1065598.html. Zugegriffen: 10. Sept. 2018.

Benos, J. (2011): 20 europäische Diktatoren. Psychologische Hintergrunds- und Persönlichkeitsstudien. AT Edition Verlag, Berlin.

Bensel, R. T., Reihnberger, M., & Radbill, S. (2002): Kinder in einer Welt der Gewalt: Misshandlung im geschichtlichen Rückblick. In: Helfer, M. E., Kempe, R. S. & Krugman, R. D. (Hrsg.): *Das misshandelte Kind.* Suhrkamp Verlag, Frankfurt am Main. S. 10–48.

Berger, A. M., Knutson, J. F., Mehm, J. G. & Perkins, K. A. (1988): The self-report of punitive childhood experiences of young adults and adolescents. In: *Child Abuse & Neglect.* Volume 12, S. 251–262.

Bernstein, C. (2007): Hillary Clinton. Die Macht einer Frau. Droemer Verlag, München.

Bette, J.-P. L. F. (2006): PTBS, häusliche Gewalt und Kinderarbeit – eine Epidemiologische Untersuchung von Schulkindern in Kabul, Afghanistan. Diplomarbeit im Fachbereich Psychologie der Universität Konstanz. (Erstgutachter: Prof. Dr. Thomas Elbert, Zweitgutachterin: Dr. Johanna Kißler.)
https://kops.uni-konstanz.de/bitstream/handle/123456789/10387/Diplomarbeit_Jean_Paul_Bette.pdf?sequence=1&isAllowed=y. Zugegriffen: 10. Sept. 2018.

Bibel. Einheitsübersetzung. Universität Innsbruck.
http://www.uibk.ac.at/theol/leseraum/bibel/. Zugegriffen: 10. Sept. 2018.

Birdsell, J. B. (1957): On populations structure in generalized hunting and collecting populations. In: *Evolution.* Volume 12, Issue 2. S. 189–205.

Birke, S. (2014): Alles halb so wild? Folgen sexueller Ausbeutung von Mädchen durch Frauen, insbesondere durch Mütter. In: *prävention – Zeitschrift des Bundesvereins zur Prävention von sexuellem Mißbrauch.* Jahrgang 7, Heft Nr. 2. S. 9–12.
https://www.dgfpi.de/tl_files/bundesverein/praevention/2004_02.pdf.
Zugegriffen: 10. Sept. 2018.

Björkenstam, E., Hjern, A., Björkenstam, C. & Kosidou, K. (2017): Association of Cumulative Childhood Adversity and Adolescent Violent Offending With Suicide in Early Adulthood. In: *JAMA Psychiatry.* Online veröffentlicht am 13. Dezember 2017.
https://jamanetwork.com/journals/jamapsychiatry/article-abstract/2664965?redirect=true. Zugegriffen: 10. Sept. 2018.

Blair, T. (2010): Mein Weg. Bertelsmann Verlag, München.

Blank, E. (2007, 15. Okt.): Die Entmündigung der Aborigines. *FOCUS Magazin.* Nr. 42.
http://www.focus.de/politik/ausland/australien-die-entmuendigung-der-aborigines_aid_226294.html. Zugegriffen: 10. Sept. 2018.

Blosnich, J. R., Dichter, M. E., Cerulli, C., Batten, S. V. & Bossarte, R. M. (2014): Disparities in adverse childhood experiences among individuals with a history of military service. In: *JAMA Psychiatry*. Volume 71, Number 9. S. 1041–1048.

Blümner, B. (2017): „Halbmondwahrheiten" (Filmdokumentation vom Bayerischen Rundfunk).

BMFSFJ – Bundesministerium für Familie, Senioren, Frauen und Jugend (2003): Aktionsleitfaden. Gewaltfreie Erziehung. Anregungen und Ideen für die praktische Arbeit. Berlin. https://www.bmfsfj.de/blob/93222/2652d49a743e5a7e286c160c0c356852/aktionsleitfaden-gewaltfreie-erziehung-data.pdf. Zugegriffen: 10. Sept. 2018.

Börsenverein des Deutschen Buchhandels (1978): „Niemals Gewalt!" Dankesrede von Astrid Lindgren zum Friedenspreis des Deutschen Buchhandels. http://www.boersenverein.de/sixcms/media.php/806/1978_lindgren.pdf. Zugegriffen: 10. Sept. 2018.

Borchgrevink, A. (2013): A Norwegian Tragedy. Anders Behring Breivik and the Massacre on Utøya. Polity Verlag, Cambridge / Malden.

Boswell, G. (1997): The Backgrounds of Violent Young Offenders. The Present Picture. In: Varma, V. P. (Hrsg.). Violence in Children and Adolescents. Jessica Kingsley Publishers, London. S. 22–36.

Brechtken, M. (2017): Albert Speer. Eine deutsche Karriere. Siedler Verlag, München.

Breivik, A. B. (2011). 2083: A European Declaration of Independence. http://www.fas.org/programs/tap/_docs/2083_-_A_European_Declaration_of_Independence.pdf. Zugegriffen: 10. Sept. 2018.

Brexel, B. (2004): Yasser Arafat. Rosen Publishing Group, New York.

Breyer, A. (2017, 2. März): Erziehung. Völlig losgelöst. *ZEIT-Online*. http://www.zeit.de/2017/08/erziehung-kinder-eltern-paedagogik-erziehungsstil-autoritaet/komplettansicht. Zugegriffen: 10. Sept. 2018.

Broszat, M. (Hrsg.) (2017): Kommandant in Auschwitz. Autobiographische Aufzeichnungen des Rudolf Höß. dtv Verlagsgesellschaft, München.

Bullock, A. (1993): Hitler und Stalin. Parallele Leben. Goldmann Verlag, Berlin.

Bundesamt für Verfassungsschutz (2016): Zahlen und Fakten. Rechtsextremistisches Personenpotenzial. https://www.verfassungsschutz.de/de/arbeitsfelder/af-rechtsextremismus/zahlen-und-fakten-rechtsextremismus/rechtsextremistisches-personenpotenzial-2016. Zugegriffen: 10. Sept. 2018.

Bundeskriminalamt, Bundesamt für Verfassungsschutz & Hessisches Informations- und Kompetenzzentrum gegen Extremismus (2016): Analyse der Radikalisierungshintergründe und -verläufe der Personen, die aus islamistischer Motivation aus Deutschland in Richtung Syrien oder Irak ausgereist sind. Fortschrei-

bung 2016.
https://www.bka.de/SharedDocs/Downloads/DE/Publikationen/Publikationsreihen/Forschungsergebnisse/2016AnalyseRadikalisierungsgruendeSyrienIrakAusreisende.html?nn=27638. Zugegriffen: 10. Sept. 2018.

Bundesministerium für Familie und Jugend (2014): DAS RECHT AUF EINE GEWALTFREIE KINDHEIT. 25 Jahre gesetzliches Gewaltverbot – eine Zwischenbilanz. Wien.
https://www.kinderrechte.gv.at/wp-content/uploads/2014/11/Das-Recht-auf-eine-gewaltfreie-Kindheit-25-Jahre-gesetzliches-Gewaltverbot-1.pdf. Zugegriffen: 10. Sept. 2018.

Bundeszentrale für Politische Bildung (2017): Morde pro 100 000 Einwohner. Informationsportal Krieg und Frieden.
https://sicherheitspolitik.bpb.de/data-tables/m1-homicide. Zugegriffen: 10. Sept. 2018.

Bussmann, K.-D. (2007): Report über die Auswirkungen des Gesetzes zur Ächtung der Gewalt in der Erziehung. Bundesministerium der Justiz.

Bussmann, K.-D., Erthal, C., & Schroth, A. (2009): The Effect of Banning Corporal Punishment in Europe: A Five-Nation Comparison. Martin-Luther-Universität, Halle-Wittenberg.
http://www.gruppocrc.net/IMG/pdf/Bussman_-_Europe_5_nation_report_2009.pdf. Zugegriffen: 10. Sept. 2018.

Cannon, Y., Davis, G., Hsi, A. & Bochte, A. (2016): Adverse Childhood Experiences in the New Mexico Juvenile Justice Population. Sentencing Commission, New Mexico.
https://nmsc.unm.edu/reports/2016/adverse-childhood-experiences-in-the-new-mexico-juvenile-justice-population.pdf. Zugegriffen: 10. Sept. 2018.

Cantwell, H. B. (2002): Kindesvernachlässigung – ein vernachlässigtes Thema. In: Helfer, M. E., Kempe, R. S. &. Krugman, R. D. (Hrsg.): *Das misshandelte Kind.* Suhrkamp Verlag, Frankfurt am Main. S. 515–556.

Centers for Disease Control and Prevention (2015): About Behavioral Risk Factor Surveillance System ACE Data. Atlanta, Georgia: U.S. Department of Health and Human Services, Centers for Disease Control and Prevention.
https://www.cdc.gov/violenceprevention/acestudy/ace_brfss.html. Zugegriffen: 10. Sept. 2018.

Cesarani, D. (2012): Adolf Eichmann. Bürokrat und Massenmörder. List Taschenbuchverlag, Berlin.

Chang, J. & Halliday, J. (2005): Mao. Das Leben eines Mannes, das Schicksal eines Volkes. Karl Blessing Verlag, München.

Chozick, A. (2015, 19. Juli): Hillary Clinton Draws Scrappy Determination From a Tough, Combative Father. *New York Times*. https://www.nytimes.com/2015/07/20/us/politics/hillary-clinton-draws-scrappy-determination-from-a-tough-combative-father.html?_r=0. Zugegriffen: 10. Sept. 2018.

Christoffersen, M. N., Armour, C., Lasgaard, M., Andersen, T. E. & Elklitc, A. (2013): The Prevalence of Four Types of Childhood Maltreatment in Denmark. In: *Clinical Practice & Epidemiology in Mental Health*. Nr. 9. S. 149–156.

Cizek, B. & Buchner, G. (2001): Entwicklung des Gewaltverständnisses. In: Bundesministerium für Soziale Sicherheit und Generationen (Hrsg.): *Gewalt in der Familie. Gewaltbericht 2001. Von der Enttabuisierung zur Professionalisierung.* Wien, S. 20–35.

Clastres, P. (2008): Archäologie der Gewalt. Diaphanes, Berlin.

Clinton, B. (2004): Mein Leben. Econ Verlag, Berlin.

Coll, S. (2008): DIE BIN LADENS. Eine arabische Familie. Deutsche Verlags-Anstalt, München & SPIEGEL Buchverlag, Hamburg.

Collins, T. M. (2005): Tony Blair (Biography). Lerner Pub Group, Minneapolis.

Coughlin, C. (2002): Saddam Hussein. Porträt eines Diktators. List Verlag, München.

Craparo, G., Schimmenti, A. & Caretti, V. (2013). Traumatic experiences in childhood and psychopathy: a study on a sample of violent offenders from Italy. In: European Journal of Psychotraumatology. Vol. 4. https://www.ncbi.nlm.nih.gov/pmc/articles/PMC3871837/. Zugegriffen: 10. Sept. 2018.

Daase, C. & Spencer, A. (2011): Stand und Perspektiven der politikwissenschaftlichen Terrorismusforschung. In: Spencer, A., Kocks, A. & Harbrich, K. (Hrsg.): Terrorismusforschung in Deutschland. *Zeitschrift für Außen- und Sicherheitspolitik*, Sonderheft 1. S. 25–47.

Deißmann-Merten, M. (1986): Zur Sozialgeschichte des Kindes im antiken Griechenland. In: Martin, J. & Nitschke, A. (Hrsg.): *Zur Sozialgeschichte der Kindheit.* Verlag Karl Alber, Freiburg/München. S. 267–316.

deMause, L. (1980): Evolution der Kindheit. In: deMause, L. (Hrsg.): *Hört ihr die Kinder weinen. Eine psychogenetische Geschichte der Kindheit*. Suhrkamp Verlag, Frankfurt am Main. S. 12–111.

deMause, L. (1984): Reagan's America. Creative Roots, New York London. http://psychohistory.com/books/reagans-america/chapter-3-the-making-of-a-fearful-leader/. Zugegriffen: 10. Sept. 2018.

deMause, L. (2000a): Die phallische Präsidentschaft: Die Clinton-Skandale und der Krieg gegen Jugoslawien als Reinigungs-Kreuzzüge. In: Janus, L. & Kurth, W.

(Hrsg.): *Psychohistorie, Gruppenphantasien und Krieg*. Mattes Verlag, Heidelberg. S. 77–82.

deMause, L. (2000b): Was ist Psychohistorie? Psychosozial-Verlag, Gießen.

deMause, L. (2005): Das emotionale Leben der Nationen. Drava Verlag, Klagenfurt, Celovec.

deMause, L. (2010): The Origins of War in Child Abuse. Onlineveröffentlichung. http://psychohistory.com/books/the-origins-of-war-in-child-abuse/. (Anmerkung: alle Kapitel des Buches wurden vorher Stück für Stück im *Journal of Psychohistory* veröffentlicht) Zugegriffen: 10. Sept. 2018.

deMause, L. (2011): Global Wars to Restore U.S. Masculinity. In: *The Journal of Psychohistory*, 28(4), S. 290–312.

Der Spiegel, Nr. 17 (1964, 20. Apr.): Prügelstrafe. Züchtigung durch Mutter. http://magazin.spiegel.de/EpubDelivery/spiegel/pdf/46174518. Zugegriffen: 10. Sept. 2018.

Der Spiegel, Nr. 44 (1981, 26. Okt.): „Wir wollen zu den Siegern gehören". http://magazin.spiegel.de/EpubDelivery/spiegel/pdf/14341533. Zugegriffen: 10. Sept. 2018.

Der Spiegel, Nr. 7 (1983, 14. Feb.): Mythos zerstört. http://magazin.spiegel.de/EpubDelivery/spiegel/pdf/14021864. Zugegriffen: 10. Sept. 2018.

Der Spiegel, Nr. 51 (1992, 14. Dez.): „Spanien. Brutale Lächerlichkeit" http://magazin.spiegel.de/EpubDelivery/spiegel/pdf/13682558. Zugegriffen: 10. Sept. 2018.

Der Spiegel, Nr. 1 (2013, 31. 12. 2012): Ein Mann, drei Leben. http://magazin.spiegel.de/EpubDelivery/spiegel/pdf/90334819. Zugegriffen: 10. Sept. 2018.

Der Spiegel, Nr. 49 (2014, 1. Dez.): „Biografien der Vorhölle". http://magazin.spiegel.de/EpubDelivery/spiegel/pdf/130630569. Zugegriffen: 10. Sept. 2018.

Der Spiegel, Nr. 4 (2015, 17. Jan.): „Das waren gute Kinder". http://magazin.spiegel.de/EpubDelivery/spiegel/pdf/131355328. Zugegriffen: 10. Sept. 2018.

Der Spiegel, Nr. 14 (2018a, 31. März): „Wir waren Ausstellungsstücke der Revolution". S. 46–51.

Der Spiegel, Nr. 33 (2018b, 11. Aug.): „Cut". Wie der Schauspieler Kevin Spacy aus Hollywood verschwand. S. 56–60.

Der Tagesspiegel (2013, 18. Dez.): NSU-Prozess. Vater von Uwe Mundlos beleidigt Richter als Klugscheißer.

https://www.tagesspiegel.de/politik/nsu-prozess-vater-von-uwe-mundlos-beleidigt-richter-als-klugscheisser/9236514.html. Zugegriffen: 10. Sept. 2018.

Deschner, G. (2008): Reinhard Heydrich. Biographie eines Reichsprotektors. Universitas Verlag, Wien.

Diepold, B. (1998): Schwere Traumatisierungen in den ersten Lebensjahren. In: Endres, M. & Biermann, G. (Hrsg.): *Traumatisierung in Kindheit und Jugend.* Reinhardt Verlag, München. S. 131–141.

Dierkhising, C. B., Ko, S. J., Woods-Jaeger, B., Briggs, E. C., Lee, R. & Pynoos, R. S. (2013). Trauma histories among justice-involved youth: findings from the National Child Traumatic Stress Network. In: European Journal of Psychotraumatology. Vol. 4. http://europepmc.org/articles/PMC3714673. Zugegriffen: 10. Sept. 2018.

Dieterich, V.-J. (2013): Martin Luther. Sein Leben und seine Zeit. Deutscher Taschenbuch Verlag, München.

DIE WELT (1999, 12. Aug.): „Ein Leben, bestimmt durch Befehle". Adolf Eichmann über seine Jugend und Erziehung – Erster Teil der bisher unveröffentlichten Erinnerungen.
https://www.welt.de/print-welt/article580239/Ein-Leben-bestimmt-durch-Befehle.html. Zugegriffen: 10. Sept. 2018.

DIE WELT (2014): Heinrich Himmler – Die Handschrift des Massenmörders. (acht Kapitel). http://www.welt.de/himmler/. Zugegriffen: 10. Sept. 2018.

DIE ZEIT, Nr. 37 (2016, 1. Sept.): „Alle drei hatten ein ausgesprochenes Gerechtigkeitsempfinden".
https://www.zeit.de/2016/37/raf-terroristen-ulrike-meinhof-gudrun-ensslin-studienstiftung-radikalisierung/komplettansicht. Zugegriffen: 10. Sept. 2018.

Ditfurth, J. (2015): Ulrike Meinhof. Die Biografie. Ullstein Taschenbuch Verlag, Berlin.

Dobbert, S. (2015, 7. Mai): Vera Putinas verlorener Sohn. *DIE ZEIT*, Nr. 19.
https://www.zeit.de/feature/wladimir-putin-mutter#kapitel2.
Zugegriffen: 10. Sept. 2018.

Dönitz, K. (1968): Karl Dönitz. Mein wechselvolles Leben. Musterschmidt-Verlag, Göttingen Zürich Berlin Frankfurt.

Dornes, M. (2012): Die Modernisierung der Seele. Kind – Familie – Gesellschaft. Fischer Verlag, Frankfurt am Main.

Dreßen, W. (2012, 15. Jan.). Die organisierte „Endlösung". *Deutschlandfunk.*
http://www.dradio.de/dlf/sendungen/essayunddiskurs/1652024/.
Zugegriffen: 10. Sept. 2018.

Driessen, M., Schroeder, T., Widmann, B., von Schönfeld, C.-E. & Schneider. F. (2006). Childhood trauma, psychiatric disorders, and criminal behavior in prisoners in Germany: a comparative study in incarcerated women and men. In: *Journal of Clinical Psychiatry*. 67(10), S. 1486–1492.

Dudeck, M. (2013): Delinquenz und frühe Stresserfahrungen. In: Spitzer, C. & Grabe, H. J. (Hrsg.): *Kindesmisshandlung. Psychische und körperliche Folgen im Erwachsenenalter*. Kohlhammer Verlag, Stuttgart. Kindle E-Book Edition.

Duffell, N. (2014): Wounded Leaders: British Elitism and the Entitlement Illusion – A Psychohistory. Lone Arrow Press. Kindle E-Book Edition.

Duke, N. N., Pettingell, S. L., McMorris, B. J. & Borowsky I. W. (2010): Adolescent Violence Perpetration: Associations With Multiple Types of Adverse Childhood Experiences. In: *Pediatrics*, Vol. 125, Issue 4. S. 778–786.

Edgerton, R. B. (1994): Trügerische Paradiese. Der Mythos von den glücklichen Naturvölkern. Ernst Kabel Verlag, Hamburg.

Edschmid, U. (2014): Frau mit Waffe: Zwei Geschichten aus terroristischen Zeiten. Suhrkamp Taschenbuch Verlag, Frankfurt am Main.

Eichmann, A. (1960): Meine Memoiren. http://www.justice.gov.il/DataGov/Adolf-Eichmann-Records/t44.pdf. Zugegriffen: 10. Sept. 2018.

Einsle, A. (2012, 3. März): Gewalt von Eltern: Ins Leben geprügelt. *News.de*. http://www.news.de/panorama/855279101/schlaege-und-misshandlungen-in-der-familie-pruegel-gehoerten-zur-erziehung-dazu/1/. Zugegriffen: 10. Sept. 2018.

El Feki, S., Heilman, B. & Barker, G. (2017): Understanding Masculinities: Results from the International Men and Gender Equality Survey (IMAGES) – Middle East and North Africa. UN Women and Promundo-US, Cairo / Washington, D.C.

Ellwein, E. (Hrsg.) (1973): Luthers Epistel-Auslegung. Bd. 3. Die Briefe an die Epheser, Philipper und Kolosser. Verlag Vandenhoeck & Ruprecht, Göttingen.

Engelberg, E. (2014): Bismarck: Sturm über Europa. Biographie. (herausgegeben von Achim Engelberg). Siedler Verlag, München. Kindle E-Book Edition.

Ewe, T. (2006): Totschlag im Paradies. *Bild der Wissenschaft*. Ausgabe Nr. 4.

Fabbro, D. (1978): Peaceful Societies: An Introduction. In: *Journal of Peace Research*. No. 1, Vol. XV. S. 67–83.

Farley, M., Cotton, A., Lynne, J., Zumbeck, S., Spiwak, F., Reyes, M. E., Alvarez, D. & Sezgin, U. (2003): Prostitution and Trafficking in Nine Countries: An Update on Violence and Posttraumatic Stress Disorder. In: *Journal of Trauma Practice*. 2(3/4), S. 33–74.

Fauchier, A. & Straus, M. A. (2011): Dimensions of discipline by fathers and mothers as recalled by university students. Family Research Laboratory, University of New Hampshire.
https://www.researchgate.net/publication/228386836_Dimensions_of_discipline_

by_fathers_and_mothers_as_recalled_by_university_students. Zugegriffen: 10. Sep 2018.

Feist, S. (2009, 1. Feb.): Denk nach, wie du am Leben bleibst. *greenpeace magazin.* Ausgabe 1.09. https://www.greenpeace-magazin.de/denk-nach-wie-du-am-leben-bleibst. Zugegriffen: 10. Sept. 2018.

Feitosa, S. F., Garrafa, V., Cornelli, G., Tardivo, C. & de Carvalho, S. J. (2010): Bioethics, culture and infanticide in Brazilian indigenous communities: the Zuruahá case. In: *Cad. Saúde Pública* (Rio de Janeiro). 26(5). S. 853–878.

Felitti, V. J. (2002): Belastungen in der Kindheit und Gesundheit im Erwachsenenalter: die Verwandlung von Gold in Blei. In: *Zeitschrift für Psychosomatische Medizin und Psychotherapie.* Jg. 48, Nr. 4, S. 359–369.

Felitti, V. J., Fink, P. J., Fishkin, R. E., Anda, R. F. (2007): Ergebnisse der Adverse Childhood Experiences (ACE) – Studie zu Kindheitstrauma und Gewalt. In: *Trauma & Gewalt.* Jahrgang 1, Heft 2. S. 18–32.

Fest, J. C. (1997): Das Gesicht des Dritten Reiches. Profile einer totalitären Herrschaft. R. Piper Verlag, München.

Fetscher, C. (2010, 4. Dez.): Kindesmisshandlung. Tatort Elternhaus. *Der Tagesspiegel.* https://www.tagesspiegel.de/politik/kindesmisshandlung-tatort-elternhaus/3588342.html. Zugegriffen: 10. Sept. 2018.

Feucht, E. (1986): Geburt, Kindheit, Jugend und Ausbildung im Alten Ägypten. In: Martin, J. & Nitschke, A. (Hrsg.): *Zur Sozialgeschichte der Kindheit.* Verlag Karl Alber, Freiburg/München. S. 225–265.

Feucht, E. (2005): Kinderarbeit und Erziehung im Alten Ägypten. In: Kunz-Lübcke, A. & Lux, R. (Hrsg.): *„Schaffe mir Kinder …" Beiträge zur Kindheit im alten Israel und in seinen Nachbarkulturen.* Evangelische Verlagsanstalt, Leipzig.

Finkelhor, D. & Jones, L. (2012): Have Sexual Abuse and Physical Abuse Declined Since the 1990s? Crimes Against Children Research Center, University of New Hampshire. (CV267) http://www.unh.edu/ccrc/pdf/CV267_Have%20SA%20%20PA%20Decline_FACT%20SHEET_11-7-12.pdf. Zugegriffen: 10. Sept. 2018.

Finkelhor, D., Saito, K. & Jones, L. (2018): Updated trends in child maltreatment, 2016. Crimes Against Children Research Center, University of New Hampshire. http://www.unh.edu/ccrc/pdf/Updated%20trends%202016.pdf. Zugegriffen: 10. Sept. 2018.

Fischer, G., & Riedesser, P. (1999): Lehrbuch der Psychotraumatologie. Ernst Reinhardt Verlag, München / Basel.

Fischer, M. (2015): Horst Mahler. Biographische Studie über Antisemitismus, Antiamerikanismus und Versuche deutscher Schuldabwehr. KIT Scientific Publishing, Karlsruhe.

Fleckenstein, B. (2005, 23. Mai): 50 Jahre Bundeswehr. In: *Aus Politik und Zeitgeschichte*. Nr. 21. Bundeszentrale für politische Bildung, Bonn. S. 5–14.

von Flocken, J. (2015): Grausamkeit trieb Lenin zur Ermordung des Zaren. *Welt-Online*. https://www.welt.de/geschichte/article144123135/Grausamkeit-trieb-Lenin-zur-Ermordung-des-Zaren.html. Zugegriffen: 10. Sept. 2018.

Focus-Online (2006, 18. April): Terror-Prozess. Arzt hält Moussaoui für paranoid. https://www.focus.de/politik/ausland/terror-prozess_aid_107737.html. Zugegriffen: 10. Sept. 2018.

Focus-Online (2015, 16. Okt.): „Freunde hatte er nie“: So war die Kindheit von Reker-Attentäter Frank S. https://www.focus.de/regional/koeln/attentat-auf-koelner-ob-freunde-hatte-er-nie-so-war-die-kindheit-von-attentaeter-frank-s_id_5041440.html. Zugegriffen: 10. Sept. 2018.

Focus-Online (2018, 11. Sept.): Daniel Küblböck. Gewalt und Demütigungen: Die schwierigen Familienverhältnisse des Sängers. https://www.focus.de/kultur/musik/daniel-kueblboeck-gewalt-und-demuetigungen-die-schwierigen-familienverhaeltnisse-des-saengers_id_9563793.html. Zugegriffen: 12. Sept. 2018.

Fogelman, E. (1998): „Wir waren keine Helden“ – Lebensretter im Angesicht des Holocaust. Motive, Geschichten, Hintergründe. Deutscher Taschenbuchverlag, München.

Forward, S. (1993): Vergiftete Kindheit: Elterliche Macht und ihre Folgen. Wilhelm Goldmann Verlag, München.

Fox, B. H., Perez, N., Cass, E., Baglivio, M. T. & Epps, N. (2015). Trauma changes everything: Examining the relationship between adverse childhood experiences and serious, violent and chronic juvenile offenders. In: *Child Abuse & Neglect*. Vol. 46, S. 163–173.

Frank, J. A. (2004): Bush auf der Couch. Wie denkt und fühlt George W. Bush? Psychosozial-Verlag, Gießen.

Frankenfeld, T. (2010, 13. Feb.): Bin-Laden-Sohn warnt vor Eskalation. In: *Hamburger Abendblatt*. https://www.abendblatt.de/politik/ausland/article107645068/Bin-Laden-Sohn-warnt-vor-Eskalation.html. Zugegriffen: 10. Sept. 2018.

Franks, L. (2014): Timeless: Love, Morgenthau, and Me. Sarah Crichton Books, New York. Kindle E-Book Edition.

Franz, A. (2016, 20. Jan.): Gemetzel am See – vor 10 000 Jahren. *Spiegel-Online*. http://www.spiegel.de/wissenschaft/mensch/kenia-knochenfund-laesst-auf-gemetzel-vor-10-000-jahren-schliessen-a-1073030.html. Zugegriffen: 10. Sept. 2018.

Frindte, W. & Neumann, J. (2002): Der biografische Verlauf als Wechselspiel von Ressourcenerweiterung und -einengung. In: Frindte, W. & Neumann J. (Hrsg.): *Fremdenfeindliche Gewalttäter. Biografien und Tatverläufe*. Westdeutscher Verlag. Wiesbaden. S. 115–153.

Fromm, E. (1986): Anatomie der menschlichen Destruktivität. Rowohlt Taschenbuch Verlag, Reinbek.

Fromm, E. (2000): Haben oder Sein. Deutscher Taschenbuch Verlag, München.

Fry, D. P. & Söderberg, P. (2013a): Lethal Aggression in Mobile Forager Bands and Implications for the Origins of War. In: *Science*. Vol. 341. S. 270–273.

Fry, D. P. & Söderberg, P. (2013b): Supplementary Materials for „Lethal Aggression in Mobile Forager Bands and Implications for the Origins of War". http://science.sciencemag.org/content/sci/suppl/2013/07/17/341.6143.270.DC1/Fry.SM.pdf. Zugegriffen: 10. Sept. 2018.

Fuchs, C. & Goetz, J. (2012): Die Zelle: Rechter Terror in Deutschland. Rowohlt digitalbuch, Reinbek. Kindle E-Book Edition.

Fuchs, S. (2012): Als Kind geliebte Menschen fangen keine Kriege an: Plädoyer für einen offenen Blick auf die Kindheitsursprünge von Kriegen. In: *Arbeitspapiere zur Internationalen Politik und Außenpolitik*. Nr. 4/2012. Lehrstuhl Internationale Politik, Universität zu Köln. S. 1–48. http://ib.uni-koeln.de/fileadmin/templates/publikationen/aipa/AIPA_4_2012_FINAL_01.pdf. Zugegriffen: 10. Sept. 2018.

Funke, H. (2001): Rechtsextremismus 2001. Eine Zwischenbilanz. Verwahrlosung und rassistisch aufgeladene Gewalt – Zur Bedeutung von Familie, Schule und sozialer Integration. In: Eckert, R. et al. (Hrsg.): *Demokratie lernen und leben – Eine Initiative gegen Rechtsextremismus, Rassismus, Antisemitismus, Fremdenfeindlichkeit und Gewalt*. Band 1. Weinheim, Freudenberg Stiftung. S. 59–108.

Garbarino, J. & Bradshaw, C. P. (2002): Gewalt gegen Kinder. In: Heitmeyer, W. (Hrsg.): *Internationales Handbuch der Gewaltforschung*. Westdeutscher Verlag, Wiesbaden. S. 899–920.

Gartner, J. D. (2008): In Search of Bill Clinton: A Psychological Biography. St. Martin's Press, New York. Kindle E-Book Edition.

Garve, M. (2011): Rituelle Deformierungen der Zähne und deren Einfluss auf das orofaziale System bei Naturvölkern am Beispiel der Bench in Südwest-Äthiopien. Inauguraldissertation, Ernst-Moritz-Arndt-Universität Greifswald. http://d-nb.info/1019786191/34. Zugegriffen: 10. Sept. 2018.

Gathmann, P. & Paul, M. (2009): Narziss Goebbels: Eine Biografie. Böhlau Verlag, Wien Köln Weimar.

Geissler, C. (2002, 29. Jan.): Sie erschuf Pippi Langstrumpf und eine fröhliche Welt, in der Erwachsene wenig zählten – zum Tod der Schriftstellerin Astrid Lindgren. Kinder an die Macht. *Berliner Zeitung Online.* http://www.berliner-zeitung.de/archiv/sie-erschuf-pippi-langstrumpfund-eine-froehliche-welt--in-der-erwachsene-wenig-zaehlten---zumtod-der-schriftstellerin-astrid-lindgren-kinder-an-diemacht,10810590,9969658.html. Zugegriffen: 10. Sept. 2018.

Geneva Declaration on Armed Violence and Development (2011): Countries ranked by violent death rate per 100 000 population, 2004–2009. Geneva. http://www.genevadeclaration.org/fileadmin/docs/GBAV2/GBAV2011-Fig-2.3-complete.pdf. Zugegriffen: 10. Sept. 2018.

Gershoff, E. T. (2008): Report on Physical Punishment in the United States: What Research Tells Us About Its Effects on Children. Center for Effective Discipline. Columbus, OH.

Gershoff, E. T. & Grogan-Kaylor, A. (2016): Spanking and Child Outcomes: Old Controversies and New Meta-Analyses. In: *Journal of Family Psychology*, Advance online publication, April 2016. https://www.researchgate.net/publication/299992592_Spanking_and_Child_Outcomes_Old_Controversies_and_New_Meta-Analyses. Zugegriffen: 10. Sep 2018.

Gerwarth, R. (2011): Reinhard Heydrich. Biographie. Siedler Verlag, München.

Gilligan, J. (2000): Violence. Reflections on Our Deadliest Epidemic. Jessica Kingsley Publishers, London / Philadelphia.

Glas, A., Osel, J. & Rost, C. (2018, 23. Feb.): Kindesmisshandlung. Nach der Beichte gab es Hiebe auf den nackten Hintern. *Süddeutsche Zeitung* (online). http://www.sueddeutsche.de/bayern/donauwoerth-abgruende-im-katholischem-kinderheim-1.3879946. Zugegriffen: 10. Sept. 2018.

Glasneck, J. (2010): Kemal Atatürk und die moderne Türkei. Ahriman Verlag, Freiburg.

Gleichauf, I. (2017): Poesie und Gewalt: Das Leben der Gudrun Ensslin. Klett Cotta, Stuttgart. Kindle E-Book Version.

Global Initiative to End All Corporal Punishment of Children (2017): Corporal punishment of children in the USA. (Update-Stand des Dokuments = Juni 2018) http://www.endcorporalpunishment.org/wp-content/uploads/country-reports/USA.pdf. Zugegriffen: 10. Sept. 2018.

Global Initiative to End All Corporal Punishment of Children (2018): Global Progress. https://endcorporalpunishment.org/countdown/. Zugegriffen: 10. Sep 2018.

Global Partnership to End Violence Against Children (2018): Stockholm Solutions Summit: Ending violence against children by 2030 is possible and everyone is accountable.
http://end-violence.org/updates/stockholm-solutions-summit-ending-violence-against-children-2030-possible. Zugegriffen: 10. Sept. 2018.

Götz, F. & Das Gupta, O. (2010, 30. Sept.): Liebe geht durch den Stock. *Süddeutsche Zeitung* (online).
http://www.sueddeutsche.de/kultur/erziehung-mit-der-rute-liebe-geht-durch-den-stock-1.1004443. Zugegriffen: 10. Sept. 2018.

von Grafenstein, B. (2015): Helmut Schmidt – Lebensfragen. Studio Hamburg Enterprises. (Filmdokumentation)

Grey, I. (2002): Ivan der Schreckliche. Patmos / Albatros Verlag, Düsseldorf.

Gruen, A. (2002a): Der Verlust des Mitgefühls. Über die Politik der Gleichgültigkeit. Deutscher Taschenbuch Verlag, München.

Gruen, A. (2002b): Der Fremde in uns. Deutscher Taschenbuchverlag, München.

Gruen, A. (2003a): Verratene Liebe – Falsche Götter. Klett-Cotta, Stuttgart.

Gruen, A. (2003b, 12. April): Die Konsequenzen des Gehorsams für die Entwicklung von Identität und Kreativität. Vortrag auf den 53. Lindauer Psychotherapiewochen.
https://www.lptw.de/archiv/vortrag/2003/gruen-arno-konsequenzen-des-gehorsams-auf-entwicklung-von-identitaet-und-kreativitaet-lindauer-psychotherapiewochen2003.pdf. Zugegriffen: 10. Sept. 2018.

Güsten, S. (2014, 9. Aug.): Erdoğan, der Staatsmann aus dem Schlägerviertel. *Die Presse*.
http://diepresse.com/home/politik/aussenpolitik/3852440/Erdogan-der-Staatsmann-aus-dem-Schlaegerviertel. Zugegriffen: 10. Sept. 2018.

Gunkel, C. (2016, 7. Jan.): Die Kray-Zwillinge. Mörder in Maßanzügen. *Spiegel-Online*.
http://www.spiegel.de/einestages/kray-zwillinge-reggie-und-ronnie-moerder-in-massanzuegen-a-1068318.html. Zugegriffen: 10. Sept. 2018.

Haberleithner, J. (2004): Erkenntnisse und Forschungen zu Gewalt und Konflikt in der Gesellschaft nach Arno Gruen. „Working paper" anlässlich der politikwissenschaftlichen Untersuchung „Sozialpsychologische Ansätze in den Internationalen Beziehungen" an der Universität Wien, Jänner. (Ursprünglich online veröffentlicht, jetzt nur noch auf Anfrage vom Autor zu beziehen)

Habetha, S., Bleich, S., Sievers, C., Marschall, U., Weidenhammer, J. & Fegert, J. M. (2012): Deutsche Traumafolgekostenstudie – Kein Kind mehr – keine Trauma(kosten) mehr? Schmidt & Klaunig, Kiel.

Häuser, W., Schmutzer, G., Brähler, E. & Glaesmer, H. (2011): Misshandlungen in Kindheit und Jugend: Ergebnisse einer Umfrage in einer repräsentativen Stichprobe der deutschen Bevölkerung. In: *Deutsches Ärzteblatt.* Jg. 108, H. 17. S. 287–294.

Hävernick, W. (1970): „Schläge" als Strafe. Ein Bestandteil der heutigen Familiensitte in volkskundlicher Sicht. Museum für Hamburgische Geschichte. Hamburg.

Hagemann, A. (2002): Fidel Castro. Deutscher Taschenbuchverlag, München.

Harbort, S. (2014): Das Serienmörder-Prinzip. Was zwingt Menschen zum Bösen? http://www.der-serienmoerder.de/pdfs/Harbort_Aufsatz_Das-Serienmoerderprinzip01.pdf. Zugegriffen: 10. Sep 2018.

Harbrich, K., Kocks, A. & Spencer, A. (2011): Beginn eine golden Zeitalterns der Terrorismusforschung oder macht der Letzte bitte das Licht aus? In: Spencer, A., Kocks, A. & Harbrich, K. (Hrsg.): Terrorismusforschung in Deutschland. *Zeitschrift für Außen- und Sicherheitspolitik*, Sonderheft 1. S. 305–321.

Hart, K. (2009, 11. März): Kindermord am Paraná. Praktiken der Kindstötung unter den indigenen Einwohnern. *Kultur heute. Deutschlandfunk.* http://www.deutschlandfunk.de/kindermord-am-parana.691.de.html?dram:article_id=52594. Zugegriffen: 10. Sept. 2018.

Hasan, M. (2009. 19. Nov.): The NS Interview: Omar Bin Laden. https://www.newstatesman.com/middle-east/2009/11/bin-laden-father-life-believe#. Zugegriffen: 10. Sept. 2018.

Hassan II. von Marokko & Laurent, E. (1996): Erinnerungen eines Königs. Edition q Verlag, Berlin.

Heckl, U. & Boppel, P. (1998): Wie kommen Menschen dazu zu foltern? http://amnesty-heilberufe.de/wp-content/uploads/2014/02/1997-warum_foltern_menschen.pdf. Zugegriffen: 10. Sept. 2018.
(Ursprünglich erschienen in *Report Psychologie.* Vol. 52, No. 9. S. 706–709)

Heiliger, A., Goldberg, B., Schröttle, M. & Hermann, D. (2005): Gewalthandlungen und Gewaltbetroffenheit von Frauen und Männern. In: Cornelißen, W. (Hrsg.): *Gender-Datenreport. 1. Datenreport zur Gleichstellung von Frauen und Männern in der Bundesrepublik Deutschland.* Im Auftrag des Bundesministeriums für Familie, Senioren, Frauen und Jugend. München. S. 609–759.

Heilmann, S. & Salgo, L. (2002): Der Schutz des Kindes durch das Recht – Eine Betrachtung der deutschen Gesetzeslage. In: Helfer, M. E., Kempe, R. S. & Krugman, R. D. (Hrsg.): *Das misshandelte Kind.* Suhrkamp Verlag, Frankfurt am Main. S. 955–989.

Helbling, J. (2006): Tribale Kriege. Konflikte in Gesellschaften ohne Zentralgewalt. Campus Verlag, Frankfurt am Main.

Heller, F. P. (2012): Pinochet. Eine Täterbiographie in Chile. Schmetterling Verlag, Stuttgart.

Hellmann, D. F. (2014): Repräsentativbefragung zu Viktimisierungserfahrungen in Deutschland. (Forschungsbericht Nr. 122). (KFN, Hannover).

http://kfn.de/wp-content/uploads/Forschungsberichte/FB_122.pdf. Zugegriffen: 10. Sept. 2018.

Hem, M. (2014): Wie werde ich ein guter Diktator?: Schnell aufsteigen – lange bleiben – viel Geld machen. Riemann Verlag. München.

Hengst, B. & Schwabe, A. (2007, 23. April): Stefan Wisniewski. Wie aus einem Provinzler die Furie der RAF wurde. *Spiegel-Online*. http://www.spiegel.de/politik/deutschland/stefan-wisniewski-wie-aus-einem-provinzler-die-furie-der-raf-wurde-a-478857.html. Zugegriffen: 10. Sept. 2018.

Hessel, M. (2016): Biografische Verläufe obdachlos gewordener Menschen. In: *Seelenpflege in Heilpädagogik und Sozialtherapie*, H. 1. S. 36–47.

Heyne, C. (1993): Täterinnen: offene und verdeckte Aggressionen von Frauen. Kreuz Verlag, Zürich.

Himmler, K. (2005): Die Brüder Himmler. Eine deutsche Familiengeschichte. Fischer Verlag, Frankfurt am Main. Kindle E-Book Version.

Hirsch, M. (1994): Realer Inzest. Psychodynamik des sexuellen Missbrauchs in der Familie. Springer-Verlag, Berlin Heidelberg New York.

Hodges, E. V. E., Card, N. A. & Isaacs, J. (2002): Das Erlernen von Aggression in Familie und Peergroup. In: Heitmeyer, W. (Hrsg.): *Internationales Handbuch der Gewaltforschung*. Westdeutscher Verlag, Wiesbaden. S. 619–638.

Hoffmann, W. (2011): Internatsgeschichten – Erinnerungen an eine Schulzeit. Freya Verlag, Linz. Kindle E-Book Version.

Hollstein, M. & Anders, F. (2013): Jedes vierte Kind in Deutschland wird geschlagen: *Berliner Morgenpost*. https://www.morgenpost.de/politik/inland/article116784001/Jedes-vierte-Kind-in-Deutschland-wird-geschlagen.html. Zugegriffen: 10. Sept. 2018.

Houseman, M. (1989): Der Schmerz der Männer in der Initiation. Das *so*-Ritual der Beti in Südkamerun. In: Greifeld, K., Kohnen, N. & Schröder, E. (Hrsg.): *Schmerz. Interdisziplinäre Perspektiven*. Friedr. Vieweg & Sohn, Braunschweig / Wiesbaden. S. 67–74.

Hsiao, C., Fry, D., Ward, C. L., Ganz, G., Casey, T., Zheng, X. & Fang, X. (2018): Violence against children in South Africa: the cost of inaction to society and the economy. In: *BMJ Global Health*. 3:e000573. https://gh.bmj.com/content/3/1/e000573. Zugegriffen: 10. Sept. 2018.

Hubbard, D. G. (1971): The Skyjacker. His Flights of Fantasy. The Macmillan Company, New York & Collier-Macmillian, London.

Huber, M. (2013): Der Feind im Inneren. Psychotherapie mit Täterintrojekten. Junfermann Verlag, Paderborn. Kindle E-Book Version.

Hüther, G., Korittko, A., Wolfrum, G. & Besser, L.-U. (2010): Neurobiologische Grundlagen der Herausbildung Psychotrauma-bedingter Symptomatiken. In: *Trauma & Gewalt*. 4. Jg., H. 1. S. 18–31.

Hughes, N., Williams, H., Chitsabesan, P., Davies, R. & Mounce, L. (2012): Nobody made the connection: The prevalence of neurodisability in young people who offend. Office of the Children's Commissioner. London. https://www.childrenscommissioner.gov.uk/wp-content/uploads/2017/07/Nobody-made-the-connection.pdf. Zugegriffen: 10. Sept. 2018.

Hulverscheidt, M. (2016): Weibliche Genitalverstümmelung. Diskussion und Praxis in der Medizin während des 19. Jahrhunderts im deutschsprachigen Raum. Mabuse-Verlag Wissenschaft, Frankfurt am Main.

Jäger, H. & Böllinger, L. (1981): Studien zur Sozialisation von Terroristen. In: Jäger, H., Schmidtchen, G. & Süllwold, L. (Hrsg.): *Lebenslaufanalysen (Analysen zum Terrorismus 2)*. Westdeutscher Verlag, Opladen. S. 117–231.

Jäger, T. & Beckmann, R. (Hrsg.) (2011): Handbuch Kriegstheorien. VS Verlag für Sozialwissenschaften, Wiesbaden.

Jones, M. & Smith, T. (2011): Violence against Aboriginal Women and Child Welfare Connections Paper and Annotated Bibliography. Ontario Native Women's Association. http://www.onwa.ca/upload/documents/violence-against-women-and-child-welfare-paper.pdf. Zugegriffen: 10. Sept. 2018.

Jüttner, J. (2017, 24. Mai): Vernehmung von Zschäpes Mutter. „Ich würde nicht sagen, dass sie leicht beeinflussbar war". *Spiegel-Online*. http://www.spiegel.de/panorama/justiz/nsu-prozess-was-beate-zschaepes-mutter-bei-der-polizei-aussagte-a-1149150.html. Zugegriffen: 10. Sept. 2018.

Jung, D., Schlichte, K., & Siegelberg, J. (2003): Kriege in der Weltgesellschaft. Strukturgeschichtliche Erklärung kriegerischer Gewalt (1945–2002). Westdeutscher Verlag, Wiesbaden.

Käufer, T. (2011, 28. Aug.): Fidel Castro. Das Fossil. *Frankfurter Allgemeine Zeitung* (online). http://www.faz.net/aktuell/politik/ausland/fidel-castro-das-fossil-11126384.html. Zugegriffen: 10. Sept. 2018.

Kay, A. J. (2017): The Making of an SS Killer. Das Leben des Obersturmbannführers Alfred Filbert 1905–1990. Verlag Ferdinand Schöningh, Paderborn.

Kelek, N. (2007): Die verlorenen Söhne. Plädoyer für die Befreiung des türkisch-muslimischen Mannes. Wilhelm Goldmann Verlag, München.

Kellmann, K. (2005): Stalin. Eine Biographie. Primus Verlag, Darmstadt.

Kempe, F. (1990): Aufstieg und Fall Noriegas. Panama-Poker – gefährliches Spiel mit den USA. Hannibal Verlag, Wien.

Kirkpatrick, S. I. (1965): Mussolini. Propyläen Verlag, Berlin.

Kleine, L. (2014, 29. Jan.): Himmler: Wie ein Biedermann zur Bestie wurde. *Focus-Online.* http://www.focus.de/wissen/mensch/geschichte/nationalsozialismus/familienvater-und-massenmoerder-himmler-wie-ein-biedermann-zur-bestie-wurde_id_3574931.html. Zugegriffen: 10. Sept. 2018.

Knauft, B. M., Daly, M., Wilson, M., Donald, L., Morren Jr., G. E. E., Otterbein K. F., Ross, M. H., van Velzen, H. U. E. T. & van Wetering, W. (1987): Reconsidering Violence in Simple Human Societies: Homicide among the Gebusi of New Guinea [and Comments and Reply]. In: *Current Anthropology.* Vol. 28, No. 4. S. 457–500.

Knopp, G. (1998): Hitlers Helfer. Täter und Vollstrecker. C. Bertelsmann Verlag, München.

Knopp, G. (2007): Göring. Eine Karriere. Goldmann Verlag, München.

Know Violence in Childhood (2017): Ending Violence in Childhood. Global Report 2017. New Delhi, India.

Köttig, M. (2004): Lebensgeschichten rechtsextrem orientierter Mädchen und junger Frauen: Biografische Verläufe im Kontext der Familien- und Gruppendynamik. Psychosozial-Verlag, Gießen.

Koop, V. (2012): Martin Bormann. Hitlers Vollstrecker. Böhlau Verlag, Wien Köln Weimar. Kindle E-Book Version.

Kopp, D., Spitzer, C., Kuwert, P., Barnow, S., Orlob, S., Lüth, H., Freyberger, H. J. & Dudeck, M. (2009): Psychische Störungen und Kindheitstraumata bei Strafgefangenen mit antisozialer Persönlichkeitsstörung. In: *Fortschritte der Neurologie - Psychiatrie.* 77(3). S. 152–159.

Kornbichler, T. (2007): Die Sucht, ganz oben zu sein. Psychohistorische Dimensionen von Macht und Herrschaft. Kreuz Verlag, Stuttgart.

Kraemer, H. (2003): Das Trauma der Gewalt. Wie Gewalt entsteht und sich auswirkt. Psychotraumata und ihre Behandlung. Kösel Verlag, München.

Kruse, N. (2011, 26. Juli): Anders Behring Breivik. Ein normal verkorkstes Elternhaus. *Stern.de.* https://www.stern.de/panorama/stern-crime/anders-behring-breivik-ein-normal-verkorkstes-elternhaus-3059492.html. Zugegriffen: 10. Sept. 2018.

Kunisch, J. (2009): Friedrich der Große. Der König und seine Zeit. Deutscher Taschenbuch Verlag, München.

Lahr, M. M., Rivera, F., Power, R. K., Mounier, A., Copsey, B., Crivellaro, F., Edung, J. E., Maillo Fernandez, J. M., Kiarie, C., Lawrence, J., Leakey, A., Mbua, E., Miller, H., Muigai, A., Mukhongo, D. M., Van Baelen, A.,Wood, R., Schwenninger, J.-L., Grün, R., Achyuthan, H., Wilshaw, A. & Foley, R. A. (2016): Inter-group violence among early Holocene hunter-gatherers of West Turkana, Kenya. In: *Nature.* Vol. 529, S. 394–398.

Lakoff, G. & Wehling, E. (2016): Auf leisen Sohlen ins Gehirn. Politische Sprache und ihre heimliche Macht. Carl-Auer Verlag, Heidelberg.

Landeskriminalamt Hamburg (2017): Polizeiliche Kriminalstatistik 2016. Hamburg. https://www.polizei.hamburg/contentblob/8328140/5888ba3ce46f87175e3a3aae9e9f6b05/data/jahrbuch-pks-2016-do.pdf. Zugegriffen: 10. Sept. 2018.

Leisner, B. (2000): Sophie Scholl: „Ich würde es genauso wieder machen". List Taschenbuch Verlag, München.

Lerner, G. (1995): Die Entstehung des Patriarchats. Campus Verlag, Frankfurt am Main.

Levenson, J. S. (2016): The influence of childhood trauma on sexual violence and sexual deviance in adulthood. In: *Traumatology*, 22(2). S. 94–103.

Levy, D. (2007, 20. Jan.): Stellungnahme von Dani Levy zu den Kritiken seines Films „Mein Führer – Die wirklich wahrste Wahrheit über Adolf Hitler" (ursprünglich in der *Welt am Sonntag* am 20.1.2007 erschienen), online ist der Text auf der Filmhomepage erhalten. http://www.meinfuehrer-derfilm.de/downloads/MEINFUEHRER_Welt_am_Sonntag.pdf. Zugegriffen: 10. Sep 2018.

Lewis, D. O., Yeager, C. A., Swica, Y., Pincus, J. H. & Lewis, M. (1997): Objective Documentation of Child Abuse and Dissociation in 12 Murderers With Dissociative Identity Disorder. In: *American Journal of Psychiatry.* Vol. 154, No. 12, S. 1703–1710.

Liedloff, J. (2017): Auf der Suche nach dem verlorenen Glück: Gegen die Zerstörung unserer Glücksfähigkeit in der frühen Kindheit. C. H. Beck Verlag, München. Kindle E-Book Version.

Lindgren, A. (1977): Das entschwundene Land. Friedrich Oettinger Verlag, Hamburg.

Long, J. O. & Gaddis, T. E. (2002): Panzram: A Journal of Murder. Amok Books, Los Angeles.

Longerich, P. (2010): Heinrich Himmler. Biographie. Pantheon Verlag, München.

Lower, W. (2014): Hitlers Helferinnen. Deutsche Frauen im Holocaust. Carl Hanser Verlag, München. Kindle E-Book Version.

Lützinger, S. (2010): Die Sicht der Anderen. Eine qualitative Studie zu Biographien von Extremisten und Terroristen (Polizei + Forschung Bd. 40). BKA – Bundeskriminalamt, Kriminalistisches Institut (Hrsg.). Luchterhand Fachverlag, Köln.

Mangold, I. (2012, 2. Jan.): Ich hatte das Glück, dass mein Vater starb. Der Schriftsteller Edward St. Aubyn über seinen Vater, der ihn missbrauchte – und die Überwindung seiner Not durch Literatur. *Zeit Online*. https://www.zeit.de/2012/01/Rettung-Aubyn. Zugegriffen: 10. Sept. 2018.

Mantell, D. M. (1978): Familie und Aggression. Zur Einübung von Gewalt und Gewaltlosigkeit. Eine empirische Untersuchung. Fischer Verlag, Frankfurt am Main.

Maraniss, D. (1998): The Clinton Enigma: A Four and a Half Minute Speech Reveals This President's Entire Life. Simon & Schuster, New York. Kindle E-Book Version.

Marie, D., Fergusson, D. M. & Boden, J. M. (2009): Ethnic identity and exposure to maltreatment in childhood: Evidence from a New Zealand birth cohort. In: *Social Policy Journal of New Zealand*, Vol. 36, S. 154–171.

Marks, S. (2014): Warum folgten sie Hitler? Die Psychologie des Nationalsozialismus. Patmos Verlag, Ostfildern.

Marrou, H. I. (1977): Geschichte der Erziehung im klassischen Altertum. Deutscher Taschenbuch Verlag, München.

Matschke, J. (2007, 31. Mai): „Ich möchte nicht zurück zu Mama". *ZEIT-Online*. (ursprünglich erschienen in DIE ZEIT, Nr. 23, 31. 5. 2007) http://www.zeit.de/2007/23/A-Kindesmisshandlung/komplettansicht. Zugegriffen: 10. Sept. 2018.

Matthias, A, (1916): Wie erziehen wir unseren Sohn Benjamin? Ein Buch für deutsche Väter und Mütter. C.H. Beck'sche Verlagsbuchhandlung, München.

McCormack, R. P., Hoffman, L. F., Norman, M., Goldfrank, L. R. & Norman, E. M. (2015): Voices of homeless alcoholics who frequent Bellevue Hospital: a qualitative study. In: *Annals of Emergency Medicine*. Vol. 65, No. 2, S. 178–186.

Mead, M. (2001): Letters from the Field, 1925–1975. HarperCollins Publishers. Kindle E-Book Version.

Medick, V. (2015, 5. Dez.): Anschlag von San Bernardino. Das mysteriöse Terrorpärchen. *Spiegel-Online*. http://www.spiegel.de/politik/ausland/tashfeen-m-die-attentaeterin-von-san-bernardino-a-1066260.html. Zugegriffen: 10. Sept. 2018.

Meinl, S. & Hechelhammer, B. (2014): Geheimprojekt Pullach. Von der NS-Mustersiedlung zur Zentrale des BND. Christoph Links Verlag, Berlin.

Meller, H. & Kassel, D. (2016, 10. März): Krieg muss es nicht geben! Harald Meller im Gespräch mit Dieter Kassel. *Deutschlandfunk Kultur*. http://www.deutschlandfunkkultur.de/archaeologie-krieg-muss-es-nicht-geben.1008.de.html?dram:article_id=347934. Zugegriffen: 10. Sept. 2018.

Mentzos, S. (2002): Der Krieg und seine psychosozialen Funktionen. Vandenhoeck & Ruprecht, Göttingen.

Mesenhöller, M. (2009): 1917–1952. Die Familie Kennedy. Der Clan der Sieger. *GEO Epoche*, Nr. 40, S. 22–34.

Messina, N. & Grella, C. (2006): Childhood Trauma and Women's Health Outcomes in a California Prison Population. In: *American Journal of Public Health*. Vol. 96, No. 10, S. 1842–1848.

Middelhoff, P. (2018, 26. Juli): Was ist aus euch geworden? *DIE ZEIT*, Nr. 31, S. 8–9.

Miles, G. & Varin, S. (2006): Stop violence against us! Summary report 2: a preliminary national research study into the prevalence and perceptions of Cambodian to violence against and by children in Cambodia. World Vision International Resources on Child Rights.
http://www.crin.org/en/docs/stop_v_cam.pdf. Zugegriffen: 10. Sept. 2018.

Milgram, S. (2017): Das Milgram-Experiment. Zur Gehorsamsbereitschaft gegenüber Autorität. Rowohlt Taschenbuchverlag, Reinbek.

Miller, A. (1983): Am Anfang war Erziehung. Suhrkamp Taschenbuchverlag, Frankfurt am Main.

Miller, A. (1990): Abbruch der Schweigemauer. Hoffmann und Campe Verlag, Hamburg.

Miller, A. (2001): Evas Erwachen. Über die Auflösung emotionaler Blindheit. Suhrkamp Taschenbuchverlag, Frankfurt am Main.

Mingels, G. (2017): Früher war alles schlechter. Warum es uns trotz Kriegen, Krankheiten und Katastrophen immer besser geht. Deutsche Verlags Anstalt, München.

Ministry of Women and Child Development, Government of India (2007): Study on Child Abuse: India 2007. New Delhi.

Mischler, G. (2005): Tony Blair. Reformer – Premierminister – Glaubenskrieger. Parthas Verlag, Berlin.

Montefiore, S. S. (2007): Der junge Stalin. Fischer Verlag, Frankfurt am Main. Kindle E-Book Version.

Müller, B. (2015, 8. Mai): Suizid wäre ungerecht gewesen. *Süddeutsche Zeitung* (online).
http://www.sueddeutsche.de/leben/kindesmisshandlung-meine-mutter-die-sau-1.2468806-2. Zugegriffen: 10. Sept. 2018.

Müller-Münch, I. (2012): Die geprügelte Generation. Kochlöffel, Rohrstock und die Folgen. Klett-Cotta Verlag, Stuttgart. Kindle E-Book Version.

National Council of Juvenile and Family Court Judges (2016): Fetal Alcohol Spectrum Disorders: Implications for Juvenile and Family Court Judges. Reno, USA. http://www.ncjfcj.org/sites/default/files/NCJFCJ%20FASD%20Guide%20Final-09062016.pdf. Zugegriffen: 10. Sept. 2018.

Neumann, P. R. (2016): Der Terror ist unter uns: Dschihadismus, Radikalisierung und Terrorismus in Europa. Ullstein Buchverlage, Berlin. Kindle E-Book Version.

Neumayr, A. (1995): Diktatoren im Spiegel der Medizin. J & V Verlag, Wien.

Nivette, A. E. (2011): Violence in Non-State Societies: A Review. In: *The British Journal of Criminology*. Vol. 51, No. 3, S. 578–598.

Noriega, M. & Eisner, P. (1997): America's Prisoner:: The Memoirs of Manuel Noriega. Random House, New York.

Oliner, S. P. & Oliner, P. M. (1992): Altruistic Personality: Rescuers Of Jews In Nazi Europe. The Free Press, New York. Kindle E-Book Version.

Pätzold, K. & Weißbecker, M. (2007): Rudolf Heß. Der Mann an Hitlers Seite. Militzke Verlag, Leipzig.

Pandika, M. (2015, 23. Mai): HISTORY'S MOST SADISTIC SERIAL KILLER. *OZY*. https://www.ozy.com/flashback/historys-most-sadistic-serial-killer/40585. Zugegriffen: 10. Sept. 2018.

Pergande, F. (2011): John F. Kennedy. Vom mächtigsten Mann der Welt zum Mythos. Bucher Verlag, München.

Perry, B. D. (2002): Childhood Experience and the Expression of Genetic Potential: What Childhood Neglect Tells. *Brain and Mind*. No. 3, S. 79–100.

Pfeiffer, C. (2012, 15. Jan.): Wandel der Kindererziehung in Deutschland. Mehr Liebe, weniger Hiebe. *Süddeutsche Zeitung* (online). http://www.sueddeutsche.de/politik/wandel-der-kindererziehung-in-deutschland-mehr-liebe-weniger-hiebe-1.1258028. Zugegriffen: 10. Sept. 2018.

Pfeiffer, C. (2015): The Abolition of the Parental Right to Corporal Punishment in Sweden, Germany and other European Countries: A Model for the United States and other Democracies? (KFN-Forschungsberichte No. 128). Hannover: KFN. http://kfn.de/wp-content/uploads/Forschungsberichte/FB_128.pdf. Zugegriffen: 10. Sept. 2018.

Pfeiffer, C., Baier, D. & Kliem, S. (2018): Zur Entwicklung der Gewalt in Deutschland. Schwerpunkte: Jugendliche und Flüchtlinge als Täter und Opfer. Züricher Hochschule für angewandte Wissenschaften, Institut für Delinquenz und Kriminalprävention. https://www.bmfsfj.de/blob/121226/0509c2c7fc392aa88766bdfaeaf9d39b/gutachten-zur-entwicklung-der-gewalt-in-deutschland-data.pdf. Zugegriffen: 10. Sept. 2018.

Pilgrim, V. E. (1990): Muttersöhne. Rowohlt Taschenbuch Verlag, Reinbek.

Pincus, J. H. (2001): Base Instincts. What Makes Killers Kill?. W. W. Norton & Company, New York.

Pinker, S. (2011): Gewalt. Eine neue Geschichte der Menschheit. S. Fischer Verlag, Frankfurt am Main.

Pipping, K., Abshagen, R., & Brauneck, A.-E. (1954): Gespräche mit der Deutschen Jugend. Ein Beitrag zum Autoritätsproblem. Centraltryckeriet. Helsingfors.

Pirjevec, J. (2016): Tito. Die Biografie. Verlag Antje Kunstmann, München. Kindle E-Book Version.

Pitt, S. E. & Bale, E. M. (1995): Neonaticide, Infanticide, and Filicide: A Review of the Literature. In: *Bull Am Acad Psychiatry Law*, Vol. 23, Nr. 3, S. 375–385.

Plener, P. L., Rodens, K. P. & Fegert, J. M. (2016). „Ein Klaps auf den Hintern hat noch niemandem geschadet": Einstellungen zu Körperstrafen und Erziehung in der deutschen Allgemeinbevölkerung. Berufsverband der Kinder- und Jugendärzte e.V. Themenheft. S. 20–25. https://www.stiftung-kind-und-jugend.de/fileadmin/pdf/BVKJ_Kinderschutz_0616_Beitrag_Umfrage_2.pdf. Zugegriffen: 10. Sept. 2018.

Posener, A. (2014, 31. März): Neuneinhalb Thesen gegen Martin Luther. *Welt online*. https://www.welt.de/kultur/article126395361/Neuneinhalb-Thesen-gegen-Martin-Luther.html. Zugegriffen: 10. Sept. 2018.

Possony, S. T. (1965): Lenin. Eine Biographie. Köln: Verlag Wissenschaft und Politik.

Preisendörfer, B. (2010, 9. April): Erzieherische Gewalt. *LE MONDE diplomatique*. (Deutsche Ausgabe). http://www.monde-diplomatique.de/pm/2010/04/09.mondeText.artikel,a0016.idx,3. Zugegriffen: 10. Sept. 2018.

Preston, P. (1995): Franco. A Biography. Fontana Press, London.

Prime Minister's Office (1999, 24. April): Doctrine of the International Community. http://webarchive.nationalarchives.gov.uk/+/http://www.number10.gov.uk/Page1297. Zugegriffen: 10. Sept. 2018.

Prinz, A. (2011): Der Brandstifter. Die Lebensgeschichte des Joseph Goebbels. Beltz & Gelberg, Weinheim Basel.

Puhar, A. (2000a): Die Kindheits-Ursprünge des Krieges in Jugoslawien. In: Janus, L. & Kurth, W. (Hrsg.): *Psychohistorie, Gruppenphantasien und Krieg*. Mattes Verlag, Heidelberg. S. 107–139.

Puhar, A. (2000b): Kindheitsalpträume und Rachephantasien. In: Janus, L. & Kurth, W. (Hrsg.): *Psychohistorie, Gruppenphantasien und Krieg*. Mattes Verlag, Heidelberg. S. 141–179.

Putsch, C. (2013, 19. Dez.): BOKASSA I. Der die Franzosen als Schwule und Gauner verhöhnte. *Welt.de*. https://www.welt.de/geschichte/article123107525/Der-die-Franzosen-als-Schwule-und-Gauner-verhoehnte.html. Zugegriffen: 10. Sept. 2018.

Radbill, S. X. (1978): Misshandlung und Kindestötung in der Geschichte. In: Helfer, R. E. & Kempe, C. H. (Hrsg.): *Das geschlagene Kind*. Suhrkamp Taschenbuchverlag, Frankfurt am Main. S. 37–65.

Radford, L., Corral, S., Bradley, C., Fisher, H., Bassett, C., Howat, N. & Collishaw, S. (2011): Child abuse and neglect in the UK today. National Society for the Prevention of Cruelty to Children, London.

Radford, L., Corral, S., Bradley, C. & Fisher, H. L. (2013): The prevalence and impact of child maltreatment and other types of victimization in the UK: findings from a population survey of caregivers, children and young people and young adults. *Child Abuse & Neglect*. Vol. 37, No. 10, S. 801–813.

Ramm, W. (2016, 13. Dez.): Beate Zschäpe verliert ihre Oma – und damit ihre einzige Vertraute. *Sueddeutsche Zeitung* (Online). http://www.sueddeutsche.de/politik/nsu-prozess-beate-zschaepe-verliert-ihre-oma-und-damit-ihre-einzige-vertraute-1.3292430. Zugegriffen: 10. Sept. 2018.

Raum, O. F. (1986): Sozialgeschichte des Kindes in Ost- und Südafrika. In: Martin, J. & Nitschke, A. (Hrsg.): *Zur Sozialgeschichte der Kindheit*. Verlag Karl Alber, Freiburg München. S. 33–73.

Reavis, J. A., Looman J., Franco, K. A., Rojas B. (2013). Adverse Childhood Experiences and Adult Criminality: How Long Must We Live before We Possess Our Own Lives? In: *The Permanente Journal*. Vol. 7, No. 2, S. 44–48.

Regalado, M., Sareen, H. Inkelas, M., Wissow, L. S. & Halfon, N. (2004): Parents' Discipline of Young Children: Results From the National Survey of Early Childhood Health. In: *Pediatrics*. Vol. 113, No. 6, S. 1952–1958.

Rheinische Post-Online (2006, 17. April): Terrorverdächtiger. Moussaoui hatte angeblich schwere Kindheit. https://rp-online.de/politik/ausland/moussaoui-hatte-angeblich-schwere-kindheit_aid-8627805. Zugegriffen: 10. Sept. 2018.

von Ribbentrop, J. (1961): Zwischen London und Moskau. Erinnerungen und letzte Aufzeichnungen. (Aus dem Nachlass herausgegeben von Annelies von Ribbentrop) Druffel-Verlag, Leoni am Starnberger See.

Riedesser, P. (2002): Trauma – Terror – Kinderschutz: Prävention seelischer Störungen und destruktiven Verhaltens. Vortrag bei der Verleihung des Kinderschutzpreises am 29.10.2001. In: *Psychotraumatologie*, 3(2). Georg Thieme Verlag, Stuttgart / New York. S. 32.

Rodham Clinton, H. (2003): Gelebte Geschichte. Econ Verlag, München.

Roeder, H. (1977): Kriegsdienstverweigerer und Freiwillige im Vergleich. Der Einfluß der Familienstruktur auf das Verhältnis zum Militär. In: *Friedensanalysen für Theorie und Praxis: Vierteljahresschrift für Erziehung, Politik und Wissenschaft*, (6), S. 78–108.

Röhl, J. C. G. (2001): Wilhelm II.: Die Jugend des Kaisers 1859–1888. Beck Verlag, München.

Roos, D. (2014): Julius Streicher und „Der Stürmer". 1923–1945. Ferdinand Schönigh, Paderborn.

Rosen, L. N. & Martin, L. (1996): Impact of childhood abuse history on psychological symptoms among male and female soldiers in the U.S. Army. In: *Child Abuse & Neglect*. Vol. 20, No. 12, S. 1149–1160.

Roser, M. (2016): Ethnographic and Archaeological Evidence on Violent Deaths. Online-Projekt *Our World In Data*, University of Oxford.
https://ourworldindata.org/ethnographic-and-archaeological-evidence-on-violent-deaths/. Zugegriffen: 10. Sept. 2018.

Roser, M. (2018): Child Mortality. Online-Projekt *Our World In Data*, University of Oxford.
https://ourworldindata.org/child-mortality. Zugegriffen: 10. Sept. 2018.

Ross, C. A. (2015): A Psychological Profile of Osama bin Laden. In: *The Journal of Psychohistory*. Vol. 42, No. 4, S. 310–319.

Roth, M. & Seiffge-Krenke, I. (2011): Frühe Delinquenz und familiäre Belastungen in der Kindheit: Welchen Beitrag leisten sie zur Vorhersage von Delinquenz bei erwachsenen Straftätern? In: Boeger, A. (Hrsg.): *Jugendliche Intensivtäter. Interdisziplinäre Perspektiven*. VS Verlag für Sozialwissenschaften, Wiesbaden. S. 255–276. Kindle E-Book Version.

Rubin, B & Rubin, J. C. (2003): Yasir Arafat: A Political Biography. Oxford University Press, New York.

Ruge, W. (2010): Lenin. Vorgänger Stalins. Berlin: Matthes & Seitz Verlag.

Runyan D. K., Shankar, V., Hassan, F., Hunter, W. M., Jain, D., Paula, C. S., Bangdiwala, S.I., Ramiro, L. S., Muñoz, S. R., Vizcarra, B. & Bordin, I.A. (2010): International Variations in Harsh Child Discipline. In: *Pediatrics*. Vol. 126, No. 3, S. e701–711.

Rutschky, K. (2001). Schwarze Pädagogik. Quellen zur Naturgeschichte der bürgerlichen Erziehung. Ullstein Taschenbuchverlag, München.

Sachslehner, J. (2013): Der Henker: Leben und Taten des SS-Hauptsturmführers Amon Leopold Göth. Styria Premium, Wien Graz Klagenfurt. Kindle E-Book Version.

Sadek, H. (2006): Arafat. Heinrich Hugendubel Verlag, Kreuzlingen / München.

Salloum, R. (2014, 1. Dez.): Interviewreihe mit Dschihadisten. Besuch im Terroristenknast. *SPIEGEL-Online*.
http://www.spiegel.de/politik/ausland/is-islamischer-staat-zwei-libanesinnen-forschen-ueber-terrorismus-a-1005382.html. Zugegriffen: 10. Sept. 2018.

Sapra, K. J., Jubinski, S. M., Tanaka, M. F. & Gershon, R. R. M. (2014): Family and partner interpersonal violence among American Indians/Alaska Natives. In: *Injury Epidemiology*. 1:7.
https://injepijournal.springeropen.com/articles/10.1186/2197-1714-1-7. Zugegriffen: 10. Sept. 2018.

Sareen, J., Henriksen, C. A., Bolton, S.-L. & Afifi, T. O. (2013): Adverse childhood experiences in relation to mood and anxiety disorders in a population-based sample of active military personnel. In: *Psychological Medicine.* Vol. 43, No. 1, S. 73–84.

Save the Children Sweden (2006): What children say: Results of comparative research on the physical and emotional punishment of children in Southeast Asia and the Pacific. Stockholm. http://www.crin.org/en/docs/SCS_What_Children_Say.pdf. Zugegriffen: 10. Sept. 2018.

Save the Children Sweden (2018): Growing Up Rural in America. U.S. Complement to the End of Childhood Report 2018. Save the Children Federation, Connecticut. https://www.savethechildren.org/content/dam/global/reports/2018-end-of-childhood-report-us.pdf. Zugegriffen: 10. Sept. 2018.

Schaap, F. (2015, 3. Dez.): IS-Kämpfer. Aus Sicht der Täter. *ZEIT-Online.* (ursprünglich erschienen in DIE ZEIT, Nr. 47/2015, 19. November 2015) https://www.zeit.de/2015/47/is-kaempfer-syrien-aussteiger/komplettansicht. Zugegriffen: 10. Sept. 2018.

Schenk, D. (2006): Hans Frank. Hitlers Kronjurist und Generalgouverneur. S. Fischer Verlag, Frankfurt am Main.

Schiefenhövel, W. (1983): Geburten bei den Eipo. In: Schiefenhövel, W. & Sich, D. (Hrsg.): *Die Geburt aus ethnomedizinischer Sicht: Beiträge und Nachträge zur IV. Internationalen Fachtagung der Arbeitsgemeinschaft Ethnomedizin über traditionelle Geburtshilfe und Gynäkologie in Göttingen 8.–10. 12. 1978.* Friedrich Vieweg & Sohn Verlag, Braunschweig. S. 41–56.

Schiefenhövel, W. (2004): Ist Krieg im Menschen angelegt? Über Aggression und ihre Kontrolle. In: *Schweizer Monatshefte: Zeitschrift für Politik, Wirtschaft, Kultur.* Vol. 84, No. 4, S. 30–32.

Schild, G. (1997): John F. Kennedy. Mensch und Mythos. Muster-Schmidt Verlag. Göttingen Zürich.

Schmidt, R. F. (1997): Rudolf Heß. „Botengang eines Toren"? Der Flug nach Großbritannien vom 10. Mai 1941. ECON Verlag, Düsseldorf.

Schmidtchen, G. (1981): Terroristische Karrieren. Soziologische Analyse anhand von Fahndungsunterlagen und Prozessakten. In: Jäger, H., Schmidtchen, G. & Süllwold, L. (Hrsg.): *Lebenslaufanalysen (Analysen zum Terrorismus 2).* Westdeutscher Verlag, Opladen. S. 13–78.

Schmieder, J. (2014, 26. Nov.): Vorwürfe gegen Bill Cosby. American Horror Story. *Süddeutsche Zeitung* (online). https://www.sueddeutsche.de/panorama/vorwuerfe-gegen-bill-cosby-american-horror-story-1.2238630. Zugegriffen: 10. Sept. 2018.

Schröttle, M. & Müller, U. (2004a): II. Teilpopulationen – Erhebung bei Prostituierten. „Lebenssituation, Sicherheit und Gesundheit von Frauen in Deutschland". Bundesministerium für Familie, Senioren, Frauen und Jugend (Hrsg.). https://www.bmfsfj.de/blob/84328/0c83aab6e685eeddc01712109bcb02b0/langfassung-studie-frauen-teil-eins-data.pdf. Zugegriffen: 10. Sept. 2018.

Schröttle, M. & Müller, U. (2004b): III. Teilpopulationserhebung bei Inhaftierten. „Lebenssituation, Sicherheit und Gesundheit von Frauen in Deutschland". Bundesministerium für Familie, Senioren, Frauen und Jugend (Hrsg.). https://www.bmfsfj.de/blob/84328/0c83aab6e685eeddc01712109bcb02b0/langfassung-studie-frauen-teil-eins-data.pdf. Zugegriffen: 10. Sept. 2018.

Schürmann, M. (2015): „Ich hätte gerufen: Erschieß mich zuerst!". (Interview mit Jens Breivik) *Süddeutsche Zeitung – Magazin* (online). Heft 26 / 2015. http://sz-magazin.sueddeutsche.de/texte/anzeigen/43247/1/1. Zugegriffen: 10. Sept. 2018.

Seagull, E. A. W. (2002): Die Begutachtung der Familie. In: Helfer, M. E., Kempe, R. S. & Krugman, R. D. (Hrsg.): *Das misshandelte Kind.* Suhrkamp Verlag, Frankfurt am Main. S. 231–268.

Seipel, H. (2015): Putin. Innenansichten der Macht. Hoffmann und Campe Verlag, Hamburg. Kindle E-Book Version.

Sell, A. & Herbst, S. (2013): JEDES VIERTE KIND ERFÄHRT GEWALT IM ALLTAG. Hört auf, uns zu schlagen! *Bild.de.* https://www.bild.de/ratgeber/kind-familie/kindererziehung/jedes-4-kind-gewalt-alltag-hoert-auf-uns-zu-schlagen-30657826.bild.html. Zugegriffen: 10. Sept. 2018.

Sempell, C. (1974): Bismarck's Childhood: A Psychohistorical Study. In: *The Journal of Psychohistory.* Vol. 2, No. 1, S. 107–124.

Service, R. (2000): Lenin. Eine Biographie. München: Deutscher Taschenbuchverlag.

Shub, D. (1958): Lenin. Wiesbaden: Limes Verlag.

Simi, P., Sporer, K. & Bubolz, B. F. (2016): Narratives of Childhood Adversity and Adolescent Misconduct as Precursors to Violent Extremism: A Life-Course Criminological Approach. In: *Journal of Research in Crime and Delinquency.* Vol. 53, No. 4, S. 536–563.

Sinmaz, E. & Burrows, T. (2017, 9. Juni): London bridge terrorist's sister says they fell out over her wearing miniskirts as she says she won't go to the killer's funeral and wishes she could 'beat him to a pulp'. *Mail Online.* https://www.dailymail.co.uk/news/article-4587774/Terrorist-s-sister-says-fell-miniskirts.html. Zugegriffen: 10. Sept. 2018.

Skierka, V. (2001): Fidel Castro: Eine Biographie. Kindler Verlag, Berlin.

Söring, J. (2011, 23. Feb.): „Das Geheimnis, das niemand wissen will“. Blogbeitrag vom 23. 2. 2011 unter http://jenssoering.de/blog. Zuletzt zugegriffen am 9. Jan. 2016. Der Blog ist mittlerweile offline! Der Text wurde mir auf Anfrage vom Autor zugesandt und kann bei Bedarf eingesehen werden.

Sopel, J. (1996): Tony Blair: der Herausforderer. Quell Verlag, Stuttgart.

Sparks S. D. & Harwin, A. (2016): Corporal Punishment Use Found in Schools in 21 States. *Education Week*. https://www.edweek.org/ew/articles/2016/08/23/corporal-punishment-use-found-in-schools-in.html. Zugegriffen: 10. Sept. 2018.

Speizer, I. S., Goodwin, M. M., Samandari, G., Kim, S.Y. & Clyde, M. (2008): Dimensions of child punishment in two Central American countries: Guatemala and El Salvador. In: *Rev Panam Salud Publica*, Vol. 23, No. 4, S. 247–256.

Spence, J. (2003): Mao. Classen Verlag, München.

Spiegel Online (2007a, 21. Juni): Fälle von Kindesmissbrauch. Australien verbietet Ureinwohnern Alkohol und Pornografie. http://www.spiegel.de/politik/ausland/faelle-von-kindesmissbrauch-australien-verbietet-ureinwohnern-alkohol-und-pornografie-a-489964.html. Zugegriffen: 10. Sept. 2018.

Spiegel Online (2007b, 17. Nov.): Blair-Bekenntnis zum Irak-Krieg. „Ich wollte Krieg, es war das Richtige“. http://www.spiegel.de/politik/ausland/blair-bekenntnis-zum-irak-krieg-ich-wollte-krieg-es-war-das-richtige-a-517936.html. Zugegriffen: 10. Sept. 2018.

Spiegel Online. (2008, 22. Aug.): 200 000 US-Schüler werden geschlagen. http://www.spiegel.de/lebenundlernen/schule/pruegelstrafe-200-000-us-schueler-werden-geschlagen-a-573301.html. Zugegriffen: 10. Sept. 2018.

Spitzer, C. & Grabe, J. (Hrsg.) (2012): Kindesmisshandlung: Psychische und körperliche Folgen im Erwachsenenalter. Verlag W. Kohlhammer, Stuttgart.

Spühler (2008, 15. Mai): Kindererziehung auf afrikanisch. https://docs.wixstatic.com/ugd/c4578f_88b2fdc73b164471ad7bdebb4337dfdf.pdf (siehe ergänzend auch www.spuehler.org/blog). Zugegriffen: 10. Sept. 2018.

Stadler, L., Bieneck, S. & Pfeiffer, C. (2012): Repräsentativbefragung Sexueller Missbrauch 2011 (KFN-Forschungsberichte Nr. 118). KFN, Hannover. http://kfn.de/wp-content/uploads/Forschungsberichte/FB_118.pdf. Zugegriffen: 10. Sept. 2018.

Stanley, J., Kovacs, K., Tomison, A. & Cripps, K. (2002): Child Abuse and Family Violence in Aboriginal Communities – Exploring Child Sexual Abuse in Western Australia. National Child Protection Clearinghouse / Australian Institute of Family Studies. https://aifs.gov.au/cfca/sites/default/files/publication-documents/wabrief.pdf. Zugegriffen: 10. Sept. 2018.

Statista (2018): Bevölkerung – Zahl der Einwohner in Deutschland nach Altersgruppen am 31. Dezember 2016 (in Millionen). https://de.statista.com/statistik/daten/studie/1365/umfrage/bevoelkerung-deutschlands-nach-altersgruppen/. Zugegriffen: 10. Sept. 2018.

Staude, L. (2018, 6. Feb.): Internationaler Tag gegen Genitalverstümmelung. Das Ende der Kindheit. *Deutschlandfunk*. Informationen am Morgen. http://www.deutschlandfunk.de/internationaler-tag-gegen-genitalverstuemmelung-das-ende.1773.de.html?dram:article_id=410083. Zugegriffen: 10. Sept. 2018.

Steele, B. F. (2002): Psychodynamische und biologische Aspekte der Kindesmisshandlung. In: Helfer, M. E., Kempe, R. S. & Krugman, R. D. (Hrsg.): *Das misshandelte Kind.* Suhrkamp Verlag, Frankfurt am Main. S. 114–159.

Stern.de (2004, 13. Aug.): Prügelstrafe für US-Schüler. https://www.stern.de/panorama/zuechtigung-pruegelstrafe-fuer-us-schueler-3064132.html. Zugegriffen: 10. Sept. 2018.

Stern.de (2005, 21. Jun.): Anthony Kiedis. „Möchten Sie mit mir Trampolin springen?“. https://www.stern.de/kultur/musik/anthony-kiedis-moechten-sie-mit-mir-trampolin-springen---3296326.html. (Das Interview erschien ursprünglich im NEON-Magazin) Zugegriffen: 10. Sep 2018.

Stern.de (2013, 11. Dez.): NSU-Prozess. Die entgleiste Aussage des Siegfried Mundlos. https://www.stern.de/politik/deutschland/nsu-prozess-die-entgleiste-aussage-des-siegfried-mundlos-3652792.html. Zugegriffen: 10. Sept. 2018.

Stern, K. & Herrmann, J. (2007): Andreas Baader. Das Leben eines Staatsfeindes. Deutscher Taschenbuch Verlag, München.

Streck, M., Wiechmann, J. C., Klare, H.-H. & Schröm, O. (2004, 11. März): Die Kriegslüge. *Stern.de.* https://www.stern.de/politik/ausland/usa-die-kriegsluege-3074518.html. Zugegriffen: 10. Sept. 2018.

Tagesspiegel (2010, 4. Dez.): Onlinekommentar des Lesers „Dach“. Fetscher, C.: Kindesmisshandlung. Tatort Elternhaus. http://www.tagesspiegel.de/politik/kindesmisshandlung-tatortelternhaus/3588342.html. Zugegriffen: 10. Sept. 2018.

Taufer, L. (2017): Über Grenzen: Vom Untergrund in die Favela. Assoziation A. Berlin / Hamburg. Kindle E-Book Version.

Taylor, C. A., Manganello, J. A., Lee, S. J. & Rice, J. C. (2010): Mothers' Spanking of 3-Year-Old Children and Subsequent Risk of Children's Aggressive Behavior. In: *Pediatrics.* Vol. 125, No. 5, S. e1057–1065

Teicher, M. H. (2002, 1. Jul.): Hirnschäden durch Kindesmisshandlung. Wunden, die nicht verheilen. In: *Spektrum der Wissenschaft.* Nr. 7. S. 78. http://www.spektrum.de/magazin/wunden-die-nicht-verheilen/828890. Zugegriffen: 10. Sept. 2018.

Teicher, M. H., Anderson, C. M. Ohashia, K. & Polcari, A. (2014): Childhood Maltreatment: Altered Network Centrality of Cingulate, Precuneus, Temporal Pole and Insula. In: *Biological Psychiatry.* Vol. 76, No. 4, S. 297–305.

The African Child Policy Forum (2006): Violence Against Girls in Africa: A Retrospective Survey in Ethiopia, Kenya and Uganda. Addis Abeba. http://www.crin.org/docs/af_pol_retro.pdf. Zugegriffen: 10. Sept. 2018.

The African Child Policy Forum (2011): Childhood scars in Africa: A Retrospective Study on Violence against Girls in Burkina Faso, Cameroon, Democratic Republic of Congo, Nigeria and Senegal. Addis Abeba. https://www.box.com/shared/dxczumnolf/1/77069942/682132372/1. Zugegriffen: 10. Sept. 2018.

The Kingdom of Cambodia Ministry of Women's Affairs, UNICEF Cambodia & US Centers for Disease Control and Prevention (2014): Findings from Cambodia's Violence Against Children Survey 2013. Phnom Penh, Cambodia. https://www.unicef.org/cambodia/UNICEF_VAC_Full_Report_English.pdf. Zugegriffen: 10. Sep 2018.

Theweleit, K. (2015): Das Lachen der Täter: Breivik u. a. Psychogramm der Tötungslust. Residenz Verlag, St. Pölten Salzburg Wien.

Toland, J. (1977): Adolf Hitler. Gustav Lübbe Verlag, Bergisch Gladbach.

Trube-Becker, E. (1997): Historische Perspektive sexueller Kontakte zwischen Erwachsenen und Kindern bzw. Jugendlichen und die soziale Akzeptanz dieses Phänomens von der Zeit der Römer bis heute. In: Amann, G. & Wipplinger, R. (Hrsg.): *Sexueller Missbrauch – Überblick zu Forschung, Beratung und Theorie.* dgtv-Verlag, Tübingen. S. 39–45.

Tsokos, M. & Guddat, S. (2014): Deutschland misshandelt seine Kinder. Droemer Verlag, München. Kindle E-Book Version.

Ullrich, V. (2013): Adolf Hitler. Biografie, Band 1: Die Jahre des Aufstiegs 1889–1939. Fischer Verlag, Frankfurt am Main. Kindle E-Book Version.

UN – United Nations (2018, 12. Jun.): Convention on the Rights of the Child. 20. 11. 1989. (Online-Statusabfrage). http://treaties.un.org/Pages/ViewDetails.aspx?src=TREATY&mtdsg_no=IV-11&chapter=4&lang=en. Zugegriffen: 10. Sept. 2018.

UNICEF – United Nations Children's Fund (2007): Child poverty in perspective: An overview of child well-being in rich countries. http://www.unicef.org/media/files/ChildPovertyReport.pdf. Zugegriffen: 10. Sept. 2018.

UNICEF – United Nations Children's Fund (2011): Nordic Study on Child Rights to Participate 2009–2010. Innolink Research.

UNICEF – United Nations Children's Fund (2013): Female Genital Mutilation/Cutting: A statistical overview and exploration of the dynamics of change. New York. https://www.unicef.org/cbsc/files/UNICEF_FGM_report_July_2013_Hi_res.pdf. Zugegriffen: 10. Sept. 2018.

UNICEF – United Nations Children's Fund (2014): Hidden in Plain Sight: A statistical analysis of violence against children. New York. http://www.unicef.org/publications/index_74865.html. Zugegriffen: 10. Sept. 2018.

UNICEF – United Nations Children's Fund (2017a): A Familiar Face: Violence in the lives of children and adolescents, UNICEF, New York. https://www.unicef.org/publications/files/Violence_in_the_lives_of_children_and_adolescents.pdf. Zugegriffen: 10. Sept. 2018.

UNICEF – United Nations Children's Fund (2017b): Attitudes and social norms on violence. (Stand: November 2017) https://data.unicef.org/topic/child-protection/violence/attitudes-and-social-norms-on-violence/. Zugegriffen: 10. Sept. 2018.

United Nations Inter-agency Group for Child Mortality Estimation (2017): Levels & Trends in Child Mortality: Report 2017. Estimates Developed by the UN Inter-agency Group for Child Mortality Estimation, United Nations Children's Fund, New York.

Urban, D. & Fiebig, J. (2011): Pädosexueller Missbrauch: wenn Opfer zu Tätern werden. Eine empirische Studie. In: Zeitschrift für Soziologie. Jg. 40, Heft 1, S. 42–61.

Van der Kolk, B. A. & Streeck-Fischer, A. (2002): Trauma und Gewalt bei Kindern und Heranwachsenden. Eine entwicklungspsychologische Perspektive. In: Heitmeyer, W. (Hrsg.): *Internationales Handbuch der Gewaltforschung*. Westdeutscher Verlag, Wiesbaden. S. 1020–1040.

van Schaik, C. & Michel, K. (2016, 29. Sept.): Der Sündenfall. *Die Zeit*. Nr. 23. http://www.zeit.de/2016/39/anthropologie-bibel-sesshaftigkeit-evolution. Zugegriffen: 10. Sept. 2018.

Viett, I. (1996): Nie war ich furchtloser. Autobiographie. Verlag Lutz Schulenburg, Hamburg.

Vinke, H. (1997): Das kurze Leben der Sophie Scholl. Ravensburger Taschenbuchverlag, Ravensburg.

Vissing, Y. M., Straus, M. A., Gelles, R. J. & Harrop, J. W. (1991): Verbal aggression by parents and psychosocial problems of children. In: *Child Abuse & Neglect*. Vol. 15, No. 3, S. 223–238.

Völklein, U. (1999): Josef Mengele – Der Arzt von Auschwitz. Steidl Verlag, Göttingen.

Wahl, K., Tramitz, C. & Gaßebner, M. (2003): Fremdenfeindliche Gewalttäter berichten: Interviews und Tests. In: Wahl, K. (Hrsg.): *Skinheads, Neonazis, Mitläufer. Täterstudien und Prävention*. Leske & Budrich, Opladen. Kindle E-Book Version.

Wahl, K. & Wahl, M. R. (2013): Biotische, psychische und soziale Bedingungen für Aggression und Gewalt. In: Enzmann, B. (Hrsg.): *Handbuch Politische Gewalt: Formen – Ursachen – Legitimation – Begrenzung*. Springer VS, Wiesbaden.

Wasdin, H. W. & Templin, S. (2016): Navy Seals Team 6: Ein Elitekämpfer enthüllt die Geheimnisse seiner Einheit. mvg Verlag / Riva Verlag, München. Kindle E-Book Version.

Was ist was Junior (2011): Altes Ägypten. Band 23. Tessloff Verlag, Nürnberg.

Weidner, J. (2011): Das Anti-Aggressivitäts-Training (AAT) zur Behandlung gewalttätiger Intensivtäter. In: Boeger, A. (Hrsg.): *Jugendliche Intensivtäter. Interdisziplinäre Perspektiven*. VS Verlag für Sozialwissenschaften, Wiesbaden. S. 85–109. Kindle E-Book Version.

Weller, K. (Hrsg.) (2013): PARTNER 4. Sexualität & Partnerschaft ostdeutscher Jugendlicher im historischen Vergleich. (Handout zum Symposium an der HS Merseburg am 23. Mai 2013), Merseburg. https://www.ifas-home.de/downloads/PARTNER4_Handout_06%2006.pdf. Zugegriffen: 10. Sept. 2018.

Welles, M. (2011): Charles Manson. Meine letzten Worte. Hannibal Verlag, Höfen. Kindle E-Book Version.

Welt.de (2009, 25. Mai): Rituelle Kindstötungen am Amazonas gefilmt. https://www.welt.de/vermischtes/article3789678/Rituelle-Kindstoetungen-am-Amazonas-gefilmt.html. Zugegriffen: 10. Sept. 2018.

Weltspiegel-Reportage (2018, 18. Aug.): Megacity Mumbai. Eine Stadt, zwei Welten. ARD. (Ein Film von Peter Gerhardt) https://www.daserste.de/information/politik-weltgeschehen/weltspiegel/videos/weltspiegel-video-328.html. Zugegriffen: 10. Sept. 2018.

Werner, F. & Flohr, M. (2018, 16. Feb.): Kriminalität. „Wir spüren unsere Ängste". *ZEIT-Online*. (ursprünglich erschienen in *ZEIT Geschichte*, Nr. 1/2018) http://www.zeit.de/zeit-geschichte/2018/01/kriminalitaet-moerder-amok-psychologie-gewalt-taeter/komplettansicht. Zugegriffen: 10. Sept. 2018.

Wetzels, P. (1997): Gewalterfahrungen in der Kindheit – Sexueller Missbrauch, körperliche Misshandlung und deren langfristige Konsequenzen. Nomos Verlagsgesellschaft, Baden-Baden.

Wheeler, S. M., Williams, L., Beauchesne, P. & Dupras, T. L. (2013): Shattered lives and broken childhoods: Evidence of physical child abuse in ancient Egypt. In: *International Journal of Paleopathology*. Vol. 3, No. 2, S. 71–82.

Whitfield, C. L., Anda, R. F., Dube, S. R. & Felitti, V. J. (2003): Violent childhood experiences and the risk of intimate partner violence in adults: assessment in a large health maintenance organization. In: *Journal of Interpersonal Violence*. Vol. 18, No. 2, S. 166–185.

WHO – World Health Organization (2002): World report on violence and health. Child abuse and neglect by parents and other caregivers. http://www.who.int/violence_injury_prevention/violence/global_campaign/en/chap3.pdf. Zugegriffen: 10. Sept. 2018.

WHO – World Health Organization (2018): Adverse Childhood Experiences International Questionnaire (ACE-IQ). (Hinweis: Datum der Erstveröffentlichung ist online nicht angegeben, insofern habe ich das Jahr der Online-Abfrage durch mich angegeben) http://www.who.int/violence_injury_prevention/violence/activities/adverse_childhood_experiences/questionnaire.pdf?ua=1. Zugegriffen: 10. Sept. 2018.

Widl, R. (1992). Napoleons verhängnisvolle Familie. Seine Mutter als Zeugin der Geschichte. Stieglitz Verlag, Mühlacker.

Wiegel, M. (2015): HASNA AIT BOULAHCEN. Die Terroristin mit den vielen Gesichtern. *FAZ.NET*. http://www.faz.net/aktuell/politik/kampf-gegen-den-terror/hasna-ait-boulahcen-die-terroristin-mit-den-vielen-gesichtern-13922865.html. Zugegriffen: 10. Sept. 2018.

Wiezorek, C. (2002): Fallbeispiele zur biografischen Genese von Gewalt und Fremdenfeindlichkeit. In: Frindte, W. & Neumann J. (Hrsg.): *Fremdenfeindliche Gewalttäter. Biografien und Tatverläufe*. Westdeutscher Verlag. Wiesbaden.

Willms, J. (2009): Napoleon. Eine Biographie. C. H. Beck Verlag, München.

Wirsing, R. L., Logan, M. H., Micozzi, M. S., Nyamwaya, D. O., Pearce, T. O., Renshaw, D. C. & Schaefer, O. (1985): The Health of Traditional Societies and the Effects of Acculturation [and Comments and Replies]. In: *Current Anthropology*. Vol. 26, No. 3, S. 303–322.

Wirth, H.-J. (2006): Narzissmus und Macht. Zur Psychoanalyse seelischer Störungen in der Politik. Psychosozial Verlag, Gießen.

Woller, H. (2016): Mussolini: Der erste Faschist. Eine Biografie. C. H. Beck Verlag, München.

Woolf, A. (2004): Osama Bin Laden. Lerner Publications Company, Minneapolis.

ZDF-„Markus Lanz“, Sendung vom 30. 4. 2014 (u. a. mit Niklas Frank als Gast).

ZDF-„Mona Lisa“ (2015, 28. Nov.): Die Radikalisierung verhindern. „Ich wollte zum IS“.

Zdral, W. (2005): Die Hitlers. Die unbekannte Familie des Führers. Campus Verlag, Frankfurt am Main.

Ze'evi, C. (2012): Meine Familie, die Nazis und Ich. Maya Productions, Saxonia Entertainment. (Dokumentarfilm – Originaltitel: Hitler's Children)

ZEIT Online (2015, 17. Juli): „Du bist entweder tot oder tot". https://www.zeit.de/gesellschaft/zeitgeschehen/2015-07/islamischer-staat-ebrahim-rueckkehr-syrien-irak. Zugegriffen: 10. Sept. 2018.

Zenz, G. (1981): Kindesmisshandlung und Kinderrechte. Erfahrungswissen, Normstruktur und Entscheidungsrationalität. Suhrkamp Verlag, Frankfurt am Main.

Ziegler, H. (2013): Gewaltstudie 2013: Gewalt- und Missachtungserfahrungen von Kindern und Jugendlichen in Deutschland. Universität Bielefeld. http://kinderförderung.bepanthen.de/static/documents/Abstract_Gewaltstudie_Prof.Ziegler-1.pdf. Zugegriffen: 10. Sept. 2018.

Zimmer, D. E. (1983, 6. Mai): Adam und die Detektive. *DIE ZEIT*, Nr. 19. http://www.zeit.de/1983/19/adam-und-die-detektive/komplettansicht. Zugegriffen: 10. Sept. 2018.

Zittlau, J. (2010): „Sie meinten's herzlich gut": Berühmte Leute und ihre schrecklichen Eltern. List Verlag, Berlin.

Zolotor, A.J., Theodore, A. D., Runyan D.K., Chang J. J. & Laskey, A. L. (2011): Corporal punishment and physical abuse. Population-based trends for three-to-11-year-old children in the United States. In: *Child Abuse Review*, Vol. 20, No. 1, S. 57–66.

Zumbeck, S. (2001): Die Prävalenz traumatischer Erfahrungen, posttraumatische Belastungsstörung und Dissoziation bei Prostituierten: eine explorative Studie. Verlag Dr. Kovac, Hamburg.

Angaben zum Autor

SVEN FUCHS, geb. 1977, Vater von zwei Kindern, seit 2004 selbstständiger Kaufmann (ausgebildeter Industriekaufmann) bzw. Unternehmer, Studium der Soziologie zwischen 2001–2004 an der Universität Hamburg (ohne Abschluss). 15 Monate Zivildienst in einer Hamburger Drogentherapieeinrichtung, was ihm sehr viel zum Nachdenken mit nach Hause gegeben hat. Mitglied der Gesellschaft für Psychohistorie und Politische Psychologie (GPPP) und gelegentlich Beitragsautor der Jahrbücher für psychohistorische Forschung. Seit 2008 Autor des Internetblogs: www.kriegsursachen.blogspot.de (mit Kontaktmöglichkeiten).